Inhalt

Vorwort

Ein turbulentes Jahr liegt hinter uns. Was war, was kommt, was bleibt? – Gedanken zur österreichischen Gastronomie. Und zwei überraschende Sensationen.

Das Jahr 2023 hat die österreichische Gastronomie vor beispiellose Herausforderungen gestellt. In einer Zeit, in der Gastfreundschaft und positive kulinarische Erlebnisse im Sinne einer postpandemischen, kollektiven **Sehnsucht nach Wohlgefühl** essenziell sind, sah sich die Branche mit einer Vielzahl von Problemen konfrontiert.

Inflation, Preisschlacht, Fachkräftemangel

Damit dieses Editorial zu keinem destruktiven Lamento verkommt, hier die größten Herausforderungen in aller Kürze: Eine der drängendsten Sorgen war in den letzten 12 Monaten die **galoppierende Inflation,** die die Preise für Lebensmittel und Betriebskosten in die Höhe schnellen ließ. Die Gastronomen mussten einen Balanceakt bewältigen: Wie können sie Qualität und Gastfreundschaft aufrechterhalten, ohne die Preise in die Höhe zu treiben und somit die Gäste zu verschrecken? Einige Restaurants haben auf innovative Weise ihre Angebote umstrukturiert, um wettbewerbsfähig zu bleiben, ohne an Qualität zu verlieren. Das bedeutet, saisonale und lokale Zutaten zu betonen, um Kosten zu senken und gleichzeitig die Nachhaltigkeit zu fördern.

Ein weiteres schwerwiegendes Problem war und ist der **Mangel an qualifiziertem Personal.** Mit dieser Situation hatte die Gastronomie schon vor Corona zu kämpfen – sie wird zwar durch geänderte Aufenthaltsgesetze erleichtert, doch ist das Problem des Fachkräftemangels nach wie vor systemrelevant. In den USA waren vor der Pandemie mehr als 12 Millionen Menschen in der Gastronomie beschäftigt. Mit Corona fiel diese Zahl in kürzester Zeit auf die Hälfte. Mittlerweile erholt sich die Situation wieder, aber der bereits vor der Pandemie vorhandene Mangel an Arbeitskräften wird weiterhin spürbar sein. Köche, Kellner und Barkeeper sind wahre Diamanten der Branche. Die Betriebe müssen nun kreativ sein, um für die heiß umkämpften Arbeitskräfte Anreize zu schaffen, zu kommen beziehungsweise zu bleiben. Jeder Gastronom muss sich überlegen, wie er Prozesse optimieren kann, um auch mit weniger Mitarbeitern die gleiche Leistung erbringen zu können. Hierfür wird die **Digitalisierung** eine große Rolle spielen.

Nicht nur technische Begebenheiten haben sich durch die Pandemie geändert, auch der Gast ist ein anderer geworden. Viele Menschen gehen aufgrund der Inflation seltener ins Restaurant. Diejenigen, die sich doch etwas gönnen wollen, wünschen sich differenzierte Angebote, die genau auf ihre speziellen Bedürfnisse zugeschnitten sind. **Individualisierung und Nachhaltigkeit sind Zukunftstrends** in der Gastronomie. Viele Menschen, die ihren Urlaub planen, wünschen sich, dass ihre persönlichen Bedürfnisse in vollem Umfang erfüllt werden. So möchten sie beispielsweise nicht nur einen Wellnessurlaub machen, sondern erwarten sich auch hier maßgeschneiderte Spezialisierung. Ältere Reisende sind heutzutage oft noch sehr fit, sie möchten etwas erleben und gleichzeitig Gutes für ihre Gesundheit tun. Daher ist ein professioneller Onlineauftritt essenziell: Viele potenzielle Gäste recherchieren sehr genau vorab und entscheiden sich erst dann für oder gegen ein Restaurant oder ein Hotel.

Gastronomische Trends der Zukunft

Trotz aller Hindernisse, die der Gastlichkeit im Weg stehen, schaffen es doch viele, sie zu bewältigen und für spannende Entwicklungen zu sorgen.

Pflanzenbasierte Gerichte sind längst keine Neuerung mehr, aber sie nehmen in Menüs stark zu. Und sie werden immer besser und heben sich zum Teil stark von den Fleischgerichten in Bezug auf Kreativität und Eleganz ab. Eine Umfrage der Plant Based Foods Association (PBFA) zeigt, dass der Umsatz mit veganen Produkten innerhalb von einem Jahr um 19 Prozent gestiegen ist. Auch in Sachen Fisch tut sich einiges: In New York wird Seetang-Pasta serviert, in den Niederlanden Algen-Burger – und der mit Algen verfeinerte Lachsersatz eines Wiener Start-ups ist längst ein weltweit beliebtes Ersatzprodukt.

Wiener Schnitzel vegan? Um der wachsenden Nachfrage nach pflanzlichen Alternativen nachzukommen, experimentieren Köche und die Lebensmittelindustrie zunehmend mit traditionellen Rezepten und ersetzen dabei tierische Produkte. Die Herausforderung beim Zubereiten von **„Veganized Recipes"** liegt darin, den Geschmack des klassischen Gerichts beizubehalten, obwohl ein Großteil der Zutaten ausgetauscht wird. Allerdings muss die vegane Version keine exakte Kopie des traditionellen Gerichts sein, sondern lediglich eine kreative Interpretation.

Auf dem **Dessertsektor** wurde in der vergangenen Testsaison viel mit **Gemüse** experimentiert: Es sind uns einige exzeptionelle Kreationen untergekommen, aber auch einiges, das schlichtweg nicht funktioniert. Das Risiko des Experiments nehmen wir aber im Sinne einer Weiterentwicklung gerne auf uns.

Lokal, glokal, brutal oder exotisch

Regionale Produkte stammen heute nicht mehr nur vom nächsten Bauern. Ursprünglich als Möglichkeit gedacht, Qualität, Nachhaltigkeit und soziale Verträglichkeit entlang der gesamten Lieferkette transparent zu machen, unterlag das regionale Labelling oft PR- und Marketingverantwortlichen, die lukrative Absatzchancen erkannten. So schwenken wir um zum verschärften „Brutal Local", das ehrliche Regionalität fordert. The „New Glocal" hingegen sorgt dafür, dass Exotisches lokal angebaut wird – Kiwis und Kakis aus den Alpen etwa. Hand in Hand geht dieser Foodtrend mit den sogenannten „Local Exotics". Diese Bewegung nutzt die klimatischen Veränderungen und holt einst exotische Pflanzen und Tiere in heimische Gefilde. Damit freuen wir uns über abwechslungsreichen Genuss und unsere CO_2-Bilanz über verkürzte Transportwege.

Frauenpower

Ob Food-Start-up, Bloggerszene, Spitzengastronomie oder Ernährungswissenschaft: Frauen sind richtungsweisend in der Foodbranche. Zeit wird's! Die Foodtrendforscherin Hanni Rützler bezeichnet sie als „Female Connaisseurs", die zu Changemaker in einer lange männlich dominierten Branche wurden. Der allgemeine Trend zu Female Empowerment und mehr Frauen in der Wirtschaft zeigt sich damit auch in Gastronomie, Weinbau und Lebensmittelindustrie. Dass das auch im Fine Dining gelingt, beweisen auf der ganzen Welt haubengekrönte Köchinnen und ausgezeichnete Winzerinnen.

Blaupause

Alkoholfreie Monate wie der „Sober October" oder der „Dry January" werden so langsam Tradition. Die Gastronomie reagiert und erweitert Weinkeller, Cocktail- und Spirituosenauswahl mit nullprozentigen Getränken und einer spannenden Auswahl, die durch Essenzen, Auszüge und Fermentation den alkoholischen Gegenspielern die Stirn bieten können.

Digitalisierung

Kürzlich hat uns ein hochdekorierter Haubenkoch erzählt, dass er durch Digitalisierung und optimierte Logistik in der Küche dieselbe Leistung mit zehn Mitarbeitern weniger zustande bringt. Die Gastronomie stellt sich also von innen neu auf. Doch auch ein professioneller digitaler Auftritt nach außen ist essenziell. Die großen sozialen Netzwerke wie Tiktok und Instagram geben selbst kleinen Betrieben die Chance, kostengünstig ihre Geschichte zu erzählen. Auf breiter Ebene ist die Erkenntnis da, dass Glaubwürdigkeit elementar wichtig ist – dokumentiert durch gutes Storytelling. Denn Essen und Trinken allein reichen nicht. Die Gäste wollen sich wohlfühlen und etwas erleben.

Zusammengefasst: Die Megatrends wie Digitalisierung, Gesundheit und Urbanisierung bleiben. Drängende Themen sind Nachhaltigkeit und Klimaschutz, Sicherheit – und Frieden.

Die Gastronomie in Österreich steht zweifellos vor großen Herausforderungen, aber sie hat auch die Fähigkeit zur Anpassung und Innovation. Die kommenden Jahre versprechen aufregende kulinarische Entdeckungen und die Möglichkeit, die **österreichische Gastfreundschaft in neuem Glanz erstrahlen** zu lassen.

Apropos strahlender Glanz: Mit dieser Ausgabe dürfen wir eine noch nie dagewesene Sensation veröffentlichen. **Gleich zwei Restaurants haben den Sprung auf die fünfte Haube geschafft** und gehören somit zu den besten Restaurants des Landes, zur absoluten Elite. Die zwei Köche, die dahinterstehen, sind keine Unbekannten: **Andreas Döllerer (Restaurant Döllerer, Golling)** und **Juan Amador (Restaurant Amador, Wien)** haben durch jahrelange Weiterentwicklung einen Status der Perfektion erreicht, der seinesgleichen sucht. Und der mit nichts anderem zu bewerten ist als mit fünf Hauben. Das Ergebnis ist überraschend, trifft es doch zwei Köche, die unterschiedlicher kaum sein könnten. **Andreas Döllerer** ist so etwas wie der **„Godfather der Alpine Cuisine“** und hat sich schon auf Zutaten aus der Umgebung beschränkt, als regionale Küche für viele noch nicht einmal ein Schlagwort war. Tief verwurzelt in seiner Heimat, hechelt er keinen Trends hinterher und lässt Regionalität nicht zu einem Slogan verkommen, sondern verkörpert die Region mit Glaubwürdigkeit – und vor allem gibt er ihr einen sagenhaft guten Geschmack. Und **Juan Amador,** ein **Großmeister der feinen Nuancen** und Proportionen, der seinen Fokus weniger auf den Beschaffungsradius als auf die kompromisslose Qualität seiner Zutaten legt. Ein Alchemist, der die postmoderne Molekularküche in seiner Sturm-und-Drang-Zeit hinter sich gelassen hat und so souverän seine typische Präzision mit lässiger Kreativität zusammenführt.

Mit dieser Ausgabe dürfen wir Ihnen den 19. Restaurantguide unter unserer Herausgeberschaft präsentieren. Und wir können Ihnen versichern: Uns ist alles andere als langweilig! Alles bleibt in Bewegung, das macht unseren Beruf so spannend. Und jede Edition des Gault&Millau ist für uns ein aufregendes Abenteuer, das wir gerne mit Ihnen teilen möchten.

Wir wünschen Ihnen viel Vergnügen auf Ihren genussreichen Abenteuern und freuen uns, Sie dabei begleiten zu dürfen.

Herzlichst

Martina & Karl Hohenlohe

Fünf Hauben für Österreich

Im Jahr 2019 hat Gault&Millau Österreich sein Haubenspektrum nach oben erweitert und vergibt seitdem fünf Hauben.

Mit der neuen Bewertungsskala folgt Gault&Millau Österreich dem französischen Vorbild und trägt zu einer besseren internationalen Vergleichbarkeit bei.

Bewertet werden:

- Frische (Saison) und Qualität der verwendeten Produkte
- Kreativität (zeitgemäße Zubereitung der Landesküche) beziehungsweise Einfallsreichtum in Bezug auf neue Gerichte
- Harmonie der Zubereitung (Erhaltung des Eigengeschmacks)
- Beschaffenheit der Suppen und Saucen, Exaktheit der Garung

Alles unter Berücksichtigung unseres persönlichen Geschmacks.

Die Benotung erfolgt nach dem Gault&Millau-Punktesystem: 20 von 20 ist die Idealnote, bis dato noch nie vergeben. Die Noten beziehen sich nur auf die Küche, nicht aber auf Ausstattung und Service.

19 bis 19,5 von 20 Punkten
Höchstnote für die weltbesten Restaurants.

17 bis 18,5 von 20 Punkten
Prägende Küche, führend in Kreativität, Qualität und Zubereitung.

15 bis 16,5 von 20 Punkten
Hoher Grad an Kochkunst, Kreativität und Qualität.

13 bis 14,5 von 20 Punkten
Sehr gute Küche, die mehr als das Alltägliche bietet.

11 bis 12,5 von 20 Punkten
Ambitionierte Küche.

10 bis 10,5 von 20 Punkten
Gute Küche, wie man sie in jedem gutbürgerlichen Haus voraussetzen kann.

Die Besten
mit 19 Punkten

1 **Juan Amador**
Amador, Wien

2 **Andreas Döllerer**
Döllerer, Golling

3 **Konstantin Filippou**
Konstantin Filippou, Wien

4 **Martin Klein**
Ikarus, Salzburg

5 **Silvio Nickol**
Silvio Nickol Gourmet Restaurant, Wien

6 **Karl & Rudolf Obauer**
Obauer, Werfen

7 **Benjamin Parth**
Stüva, Ischgl

8 **Heinz Reitbauer & Michael Bauböck**
Steirereck im Stadtpark, Wien

1

2

3

4

5

6

7

8

Mit 18,5 Punkten

1 **Thomas Dorfer**
Landhaus Bacher, Mautern

2 **Gerhard Fuchs**
Die Weinbank – Restaurant, Ehrenhausen

3 **Fabian Günzel**
ænd, Wien

4 **Harald Irka**
Am Pfarrhof, Sankt Andrä

5 **Markus Mraz**
6 **& Lukas Mraz**
Mraz & Sohn, Wien

7 **Hannes Müller**
Die Forelle, Weissensee

8 **Lukas Nagl**
Bootshaus, Traunkirchen

9 **Philipp Rachinger**
OIS, Neufelden

10 **Andreas Senn**
& Christian Geisler
SENNS.Restaurant, Salzburg

11 **Julian Stieger**
Rote Wand Chef's Table, Lech am Arlberg

12 **Hubert Wallner**
Gourmet Restaurant Hubert Wallner, Dellach/Maria Wörth

13 **Alain Weissgerber**
Taubenkobel, Schützen am Gebirge

14 **Vitus Winkler & Ralph Kollnitzer**
Kräuterreich by Vitus Winkler, St. Veit im Pongau

1

2
DIE WEINBANK

3

4

5

6

7

8

9

10

11

12
Hubert Wallner
Gault&Millau

13

14

tele
saintstephens | Foto: Monika Saulich
DER
KLIMA-
WANDEL
MUSS
ENDLICH
GESTOPPT
WERDEN.
Adele Neuhauser
Schauspielerin und
Klimaaktivistin

Die Besten Österreichs

von 3 bis 5 Hauben

5 Hauben

MIT 19 VON 20 PUNKTEN

AMADOR
Wien

DÖLLERER
Golling (S)

IKARUS
Salzburg (S)

KONSTANTIN FILIPPOU
Wien

OBAUER
Werfen (S)

SILVIO NICKOL GOURMET RESTAURANT
Wien

STEIRERECK IM STADTPARK
Wien

STÜVA
Ischgl (T)

4 Hauben

MIT 18,5 VON 20 PUNKTEN

ÆND
Wien

AM PFARRHOF
Sankt Andrä im Sausal (ST)

BOOTSHAUS
Traunkirchen (OÖ)

DIE FORELLE
Weissensee (K)

DIE WEINBANK – RESTAURANT
Ehrenhausen (ST)

GOURMET RESTAURANT HUBERT WALLNER
Dellach/Maria Wörth (K)

KRÄUTERREICH BY VITUS WINKLER
St. Veit im Pongau (S)

LANDHAUS BACHER
Mautern (NÖ)

MRAZ & SOHN
Wien

OIS
Neufelden (OÖ)

ROTE WAND CHEF'S TABLE
Lech am Arlberg (V)

SENNS.RESTAURANT
Salzburg (S)

TAUBENKOBEL
Schützen am Gebirge (B)

MIT 18 VON 20 PUNKTEN

GESCHWISTER RAUCH – RESTAURANT
Bad Gleichenberg (ST)

GRIGGELER STUBA
Lech am Arlberg (V)

KILIAN STUBA
Hirschegg/Kleinwalsertal (V)

TANNENHOF
St. Anton am Arlberg (T)

TIAN RESTAURANT WIEN
Wien

MIT 17,5 VON 20 PUNKTEN

GLASS GARDEN
Salzburg (S)

GRÜNDLERS GOURMET STÜBERL
Achenkirch (T)

INTERALPEN-CHEF'S TABLE
Telfs-Buchen/Seefeld (T)

MESNERHAUS
Mauterndorf (S)

MÖRWALD „TONI M."
Feuersbrunn (NÖ)

ONIRIQ
Innsbruck (T)

PAZNAUNERSTUBE
Ischgl (T)

PRAMERL & THE WOLF
Wien

SCHWARZER ADLER
Hall in Tirol (T)

SHIKI JAPANESE FINE DINING
Wien

SICHER RESTAURANT
Tainach (K)

TANGLBERG
Vorchdorf (OÖ)

MIT 17 VON 20 PUNKTEN

APRON
Wien

AURELIO'S
Lech am Arlberg (V)

BEEF CLUB
Fiss (T)

BERGGERICHT
Kitzbühel (T)

DAHOAM
Leogang (S)

DER GANNERHOF
Innervillgraten (T)

DER HOLZPOLDL
Lichtenberg (OÖ)

ESSLOKAL
Hadersdorf am Kamp (NÖ)

ESSZIMMER
Salzburg (S)

GEIGER ALM
Altaussee (ST)

GUT PURBACH
Purbach (B)

HUBERTUSSTUBE
Neustift im Stubaital (T)

JAKOB & ETHEL IM KLÖSTERLE
Lech am Arlberg (V)

KAMMERLI
Nauders (T)

KIRCHENWIRT
Leogang (S)

KRAINER
Langenwang (ST)

LUKAS RESTAURANT
Schärding (OÖ)

MAYER'S RESTAURANT
Zell am See (S)

RAU
Großraming (OÖ)

ROSSBARTH
Linz an der Donau (OÖ)

SAZIANI STUB'N
Straden (ST)

SCHLOSSHERRNSTUBE
Ischgl (T)

SCHLOSSKELLER SÜDSTEIERMARK GOURMETSTUBE
Leibnitz (ST)

SIGWART'S TIROLER WEINSTUBEN
Brixlegg (T)

WEYRINGER WALLERSEE
Henndorf am Wallersee (S)

ZUR GOLDENEN BIRN
Graz (ST)

MIT 16,5 VON 20 PUNKTEN

ALPIN GOURMET STUBE
St. Anton am Arlberg (T)

ATELIER FISCHER
St. Gilgen (S)

DAS WOLF
Langenlebarn (NÖ)

DER LUIS
Anger (ST)

DIDI DORNER IM MAGNOLIA
Graz (ST)

DOLCE VITA
Klagenfurt (K)

FLIANA GOURMET
Ischgl (T)

FLOH
Langenlebarn (NÖ)

GUATZESSEN
Stumm im Zillertal (T)

HERZIG
Wien

HEUNISCH & ERBEN
Wien

HOFMEISTEREI HIRTZBERGER
Wösendorf (NÖ)

JOLA
Wien

LIEPERTS
Leutschach (ST)

NÄHRER
Rassing (NÖ)

NIBELUNGENHOF
Traismauer (NÖ)

SATTLERHOF
Gamlitz (ST)

SCHLOSS-TAVERNE
Zeltweg (ST)

THALLER
St. Veit am Vogau (ST)

WALDSCHÄNKE
Grieskirchen (OÖ)

WEYERHOF
Bramberg am Wildkogel (S)

ZEITRAUM
St. Kathrein am Offenegg (ST)

Aufsteiger des Jahres

AUFWERTUNG UM 3 PUNKTE

LA FENICE
Lech am Arlberg (V), 16/20

FRITZ & FRIEDRICH
Obertauern (S), 15/20

AUFWERTUNG UM 2,5 PUNKTE

FLOS RESTAURANT
Zell am See (S), 15/20

AUFWERTUNG UM 2 PUNKTE

BEEF CLUB
Fiss (T), 17/20

GEIGER ALM
Altaussee (ST), 17/20

WUNDERKAMMER
Lech am Arlberg (V), 15,5/20

DAS JAMES AM GOLFPLATZ
Bad Aussee (ST), 13,5/20

AUFWERTUNG UM 1,5 PUNKTE

BIBERS
Warth (V), 14,5/20

ALMA GASTROTHÈQUE
Wien, 14/20

WIRTSHAUS POSTSTUBE 1327
Traunkirchen (OÖ), 14/20

AUFWERTUNG UM 1 PUNKT

SHIKI JAPANESE FINE DINING
Wien, 17,5/20

FLIANA GOURMET
Ischgl (T), 16,5/20

GUATZESSEN
Stumm im Zillertal (T), 16,5/20

FORTHUBER
Munderfing (OÖ), 16/20

LILLI FINE DINING
Fehring (ST), 16/20

CSENCSITS
Kohfidisch (B), 15,5/20

DER UNTERWIRT
Ebbs (T), 15,5/20

HOSPIZ ALM
St. Christoph am Arlberg (T), 15,5/20

KOLM
Arbesbach (NÖ), 15,5/20

NEUSACHERHOF
Weissensee (K), 15,5/20

BERGERGUT
Afiesl (OÖ), 15/20

DAS GRANDER
Wattens (T), 15/20

ESSKULTUR
St. Jakob in Haus (T), 15/20

RAFFL'S EAT ART
St. Anton am Arlberg (T), 15/20

SCHULHAUS TIROL
Zellberg (T), 15/20

SAKAI
Wien, 14,5/20

STARCKE HAUS
Graz (ST), 14,5/20

ZUM REZNICEK
Wien, 14,5/20

AELIUM
St. Pölten (NÖ), 14/20

BRASSERIE POLDIE
Wien, 14/20

CRYSTAL
St. Johann in Tirol (T), 14/20

DIE KOHLMAYREI
Obertauern (S), 14/20

KEHLBERGHOF
Graz/Straßgang (ST), 14/20

ZAZATAM
Wien, 14/20

ZUR BLAUEN GANS
Weiden am See (B), 14/20

CAFE KANDL
Wien, 13,5/20

CARNOZET
Hirschegg/Kleinwalsertal (V), 13,5/20

DAS HIMMELWÄRTS
Nenzing (V), 13/20

GENUSSTREFFPUNKT HÖFER
Weinitzen (ST), 13/20

GOLDADER
Tamsweg (S), 13,5/20

HEINZLE
Weißenkirchen in der Wachau (NÖ), 13/20

LANGWIES
Bad Vigaun (S), 13/20

MANINSEO
Mondsee (OÖ), 13/20

MEHDAFU
Eichenberg (V), 13/20

SUDHAUS
Graz (ST), 13/20

HERZLSTUBN
Saalbach (S), 12,5/20

DAS LOKAL IM HOF
Wien, 12,5/20

GASTSTÄTTE FIGL
St. Pölten/Ratzersdorf (NÖ), 12,5/20

NIKOLAIHOF
Mautern (NÖ), 12,5/20

SCHLAWIENER
Wien, 12,5/20

FAT GEORGE
Wien, 12/20

FUCHSBAU
Wals bei Salzburg (S), 12/20

HERRNHAUS
Brixlegg (T), 12/20

HOTEL ZUM MOHREN
Reutte (T), 12/20

IMLAUER SKY BAR & RESTAURANT
Salzburg (S), 12/20

KLEE AM HANSLTEICH
Wien, 12/20

MOSER ALM
Mönchdorf (OÖ), 12/20

© md-pictures/Shutterstock

Neue Haubenlokale

MIT 17 VON 20 PUNKTEN

ZUR GOLDENEN BIRN
Graz (ST)

MIT 16 VON 20 PUNKTEN

DIE PALETTE
Wien

MAMA KONSTANTINA
Wien

PAULA
St. Wolfgang (OÖ)

MIT 15,5 VON 20 PUNKTEN

GAMSKOGELHÜTTE FINE DINING BY STEFAN LASTIN
Katschberg (K)

SONNENSTÜBLE
Hirschegg/Kleinwalsertal (V)

WALSERSTUBE-JÄGERSTUBE
Lech am Arlberg (V)

MIT 15 VON 20 PUNKTEN

ATELIER FREUND-SCHAFFT
Bad Häring (T)

AUREA
Villach (K)

AUSTRIA STUBE
Obergurgl (T)

DUCHARDT
Wien

ESSZIMMER BY ALEXANDER KUMPTNER
Wien

FUXBAU
Hof bei Salzburg (S)

GLASSWING
Wien

'S PAUL RESTAURANT
Traunkirchen (OÖ)

MIT 14,5 VON 20 PUNKTEN

BÄR & SCHAF WIRTSCHAFT
Völkermarkt (K)

DAS WALTERS
Biberwier (T)

DER GUTE FANG
Ybbs an der Donau (NÖ)

FINESSEN
Kaprun (S)

FRIERSS FEINES HAUS
Villach (K)

KNAPPENHOF
Reichenau an der Rax (NÖ)

L'ARC
Innsbruck (T)

MIT 14 VON 20 PUNKTEN

DIE SCHMIEDE
Pfaffing (OÖ)

GRUNSTUBE
Grän (T)

LANDHAUS ZU APPESBACH
St. Wolfgang (OÖ)

SPITZBUAM
Brixen im Thale (T)

TEXTUR
Lech am Arlberg (V)

WÖRGÖTTER
Ligist (ST)

ZUM GOLDENEN HIRSCHEN
Gmunden (OÖ)

ZUMA
Kitzbühel (T)

MIT 13,5 VON 20 PUNKTEN

BONKA
Oberkirchbach (NÖ)

GRÜNDLERS GENIESSER WIRTSHAUS
Achenkirch (T)

KNAPPENSTUBE
Bad Hofgastein (S)

SPECHT
Wien

MIT 13 VON 20 PUNKTEN

1870
Wien

BLACK SHEEP FINE ALPINE DINING
Sölden (T)

BLAUE GANS
Salzburg (S)

CHEZ BERNARD
Wien

DAIHACHI
Wien

DAS MARKTHOF
Siegersdorf (NÖ)

DAS PROST
Wien

GRÜNERHOF
Obergurgl (T)

LÖFFELSPITZE
Damüls (V)

MEIXNERS GASTWIRTSCHAFT
Wien

PEHAB
Ramsau am Dachstein (ST)

ULLRS WINE & DINE
St. Anton am Arlberg (T)

Kurz & bündig

1 GASTHAUS SEIDL

Für Wien war das Gasthaus Seidl in der Ungargasse eine wahre Institution, ein Edelbeisl und ein Ort für beständig gute Küche. Diese Ära ging zu Ende, als Franz Seidl im Sommer 2023 dessen Schließung bekanntgab. Seidl selbst blickt auf ein halbes Jahrhundert Gastronomie zurück – von der Lehre im Hotel Sacher über einen eigenen Würstelstand bis hin zum Gasthaus – und tritt mit 69 Jahren seinen Ruhestand an. Ein Nachfolger steht noch aus. Herzlichen Dank, Franz Seidl, und alles Gute für die Zukunft!

Ungargasse 63, 1030 Wien

2 RESTAURANT DOUBEK

Das Jahr 2023 hat auch der Hauptstadt Spannendes bereitet. Ein Highlight ist definitiv das Restaurant von Stefan Doubek und Nora Pein. Die beiden haben bereits bei Fünf-Hauben-Koch Konstantin Filippou zusammengearbeitet und tüfteln mittlerweile seit mehreren Jahren an einem eigenen Konzept. Mit dem Restaurant Doubek in Wien-Josefstadt haben sie nun ihren Ort gefunden. Zu Tisch kommen vielseitige Menükreationen, die in der Feuerküche – und gänzlich ohne elektrische Kochplatten – zubereitet werden.

Kochgasse 13, 1080 Wien

3 IRIS PORSCHE HOTEL & RESTAURANT

Mit Mai 2022 ist es im Luxushotel von Iris Porsche in Mondsee ruhig geworden. Grund für die Schließung war der einhergehende Fachkräftemangel der Coronapandemie. Nun darf sich der Betrieb über zwei neue erfahrene Pächter freuen: Stefanie und Christoph Reinhartshuber. Bis vor Kurzem hat das Gastropaar noch das eigene Restaurant im Gwandhaus in Salzburg geführt, nun möchte es dem traditionsreichen Haus neues Leben einhauchen. Zukünftige Gäste dürfen sich auf individuellen Service und beste Qualität freuen.

Marktplatz 1, 5310 Mondsee

4 EDVARD IM HOTEL PALAIS HANSEN KEMPINSKI

Thomas Pedevilla, einstiger Küchenchef im Wiener Hotel Palais Hansen Kempinski, verabschiedet sich nach fünfjähriger Tätigkeit, um sich neuen Herausforderungen zu widmen. Damit verliert der Betrieb einen herausragenden Koch, der ihm vier Hauben und einen Michelin-Stern bescherte. Pedevilla möchte sich nun weiterentwickeln und sein eigenes Lokal eröffnen – mit einer Kochinsel, hochkarätigen Menüs und einer Tafel für bis zu zehn Personen. Bis dahin steht er für Events und Private Dinner zur Verfügung.

Schottenring 24, 1010 Wien

5 GASTHAUS SCHMUTZER

Nach 28 Jahren voller Gastfreundschaft und Gaumenfreuden steht das Gasthaus Schmutzer in Winzendorf nun vor der Schließung. Die Inhaber Ute und Josef „Peperl" Schmutzer verabschieden sich mit Ende 2023, nach Abhaltung des beliebten Silvesterdinners, in ihren wohlverdienten Ruhestand. Damit schließt ein Zwei-Hauben-Betrieb, der seine Gäste seit 1994 mit feinster gutbürgerlicher Küche und vielen hausgemachten Spezialitäten verwöhnt hat. Wir wünschen alles Gute!

Hauptstraße 12, 2722 Winzendorf

6 RESTAURANT BY PRESLMAYER

Nach neun Jahren hat sich Haubenkoch Bernhard Preslmayer aus familiären Gründen dazu entschlossen, sein Restaurant in Linz zu verkaufen. Mit Thomas Huber, der bislang als Küchenchef im Nepomuk in St. Florian beschäftigt war, hat sich schnell ein entsprechender Käufer gefunden. Huber möchte auf einem hohen Niveau und zu leistbaren Preisen kochen. Dafür soll etwa eine Fleckerlspeise gleichermaßen auf der täglich wechselnden Karte zu finden sein wie Steinbutt oder Backhendl.

Pfarrgasse 18, 4020 Linz

Franz Seidl 1

2 Nora Pein & Stefan Doubek

Stefanie und Christoph Reinhartshuber 3

Thomas Pedevilla 4

5 Ute und Josef „Peperl“ Schmutzer

Koch des Jahres 2024

Alain Weissgerber

Taubenkobel, Schützen am Gebirge

Fotos: © Jürgen Schmücking

Alain Weissgerber ist kein Mann, der das Rampenlicht sucht. Wir haben uns entschieden, ihn trotzdem auf die Bühne zu holen. Für seine langjährige Performance und seine Kochkunst. Denn – Öffentlichkeit hin oder her – Alain Weissgerber ist eine fixe Größe am kulinarischen Himmel des Landes. Ein Fels in der gastronomischen Brandung – und genau dafür ehren wir ihn.

Alain Weissgerber ist Franzose. Er kommt aus dem Elsass, lernte in der Hotelfachschule und kochte dort in jungen Jahren bei Dominique Le Stanc, im Bristol in Niederbronn und im Stöneck in Heidelberg. Unter anderem. Übersiedelte dann nach Österreich und dockte im Steirereck an. Jener Kaderschmiede, die in Österreich für exzellente Küche ebenso bekannt ist wie als Grundstein für solide Karrieren. Weissgerber verlässt das Steirereck, übernimmt die Blaue Gans, um schließlich im Taubenkobel in Schützen am Gebirge anzukommen. Zugegeben, diese Darstellung ist ein Stakkato, das ein paar Stationen markiert, der persönlichen Entwicklung Weissgerbers aber nicht annähernd nahekommt.

> In der Küche ist Weissgerber ein begnadeter Handwerker, der den Elsässer in sich nicht wirklich verbergen kann.

Sein Weg ist von Erfolgen ebenso gezeichnet wie von Rückschlägen. Aber letztlich ist es genau das, was große Persönlichkeiten ausmacht. In der Küche ist Weissgerber ein begnadeter Handwerker, der den Elsässer in sich nicht wirklich verbergen kann. Warum auch? Im Gegenteil. Von Zeit zu Zeit schreibt er selbstbewusst alte französische Klassiker auf die Karte, die man nirgendwo im Land besser serviert bekommt als im Taubenkobel. Sonst ist seine Küche eher der Region und vor allem der Saison verschrieben.

Weissgerber bildet den Charakter der Zeit so dermaßen präzise in seinen Gerichten ab, wie man es sonst eigentlich nur aus der japanischen Kaiseki-Küche kennt. Die Teller sind geradlinig, aufs Wesentliche konzentriert und hochgradig präzise. Und das seit Jahren.

Preisträger:innen der vergangenen Jahre

2024 Alain Weissgerber
Taubenkobel, Schützen am Gebirge

2023 Lukas Nagl
Bootshaus, Traunkirchen

2022 Max Natmessnig
Rote Wand Chef's Table Im Schualhus, Lech am Arlberg

2021 Max Stiegl
Gut Purbach, Purbach

2020 Hubert Wallner
See Restaurant Saag, Techelsberg am Wörthersee

2019 Benjamin Parth
Restaurant Stüva, Ischgl

2018 Markus Mraz
Mraz & Sohn, Wien

2006–2016 Koch des Jahrzehnts
Heinz Reitbauer, Restaurant Steirereck, Wien

2016 Konstantin Filippou
Restaurant Konstantin Filippou, Wien

2015 Richard Rauch
Steira Wirt, Trautmannsdorf

2014 Silvio Nickol
Silvio Nickol Gourmet Restaurant, Wien

2004–2014 Köche des Jahrzehnts
Karl und Rudi Obauer, Obauer, Werfen

2012 Bobby Bräuer
Petit Tirolia, Kitzbühel

2010 Andreas Döllerer
Döllerer's Genusswelten, Golling

2009 Thomas Dorfer
Landhaus Bacher, Mautern

2008 Thorsten Probost
Griggeler Stuba, Lech am Arlberg

2007 Joachim Gradwohl
Meinl am Graben, Wien

2006 Leonard Cernko
Mörwald Kloster UND, Krems

2005 Alexander Fankhauser
Alexander (Hotel Lamark), Hochfügen

2004 Gerhard Fuchs
Saziani Stub'n, Straden

2003 Josef Trippolt sen. † und jun.
Zum Bären, Bad St. Leonhard

2002 Christian Petz
Meinl am Graben, Wien

2001 Klaus Fleischhaker
Pfefferschiff, Salzburg-Söllheim

2000 Koch des Jahrzehnts
Helmut Österreicher, Steirereck, Wien

2000 Martin Sieberer
Trofana Royal, Ischgl

1999 Jörg Wörther †
Schloss Prielau, Zell am See

1998 Heino Huber
Deuring-Schlössle, Bregenz

1997 Heinz V. Hanner
Kronprinz, Mayerling

1996 Johanna Maier
Hubertus, Filzmoos

1995 Walter Eselböck
Taubenkobel, Schützen am Gebirge

1994 Franz Fuiko
Mesnerhaus, Mauterndorf

1993 Reinhard Gerer †
Korso (Bristol), Wien

1992 Harald Fritzer
Ex-À la Carte, Klagenfurt

1991 Ewald Plachutta
Zu den 3 Husaren, Wien

1990 Sissy Sonnleitner
Kellerwand, Kötschach-Mauthen

1980–1990 Koch des Jahrzehnts
Jörg Wörther †, Villa Hiss, Bad Gastein

1989 Karl und Rudi Obauer
Obauer, Werfen

1988 Helmut Österreicher
Steirereck, Wien

1987 Hasi Unterberger †
Unterberger Stuben, Kitzbühel

1986 Alfred Süssenbacher †
Bleibergerhof, Bad Bleiberg

1985 Werner Matt †
Hilton, Wien

1984 Ernst Huber †
Ex-Zoll, Bregenz

1983 Lisl Wagner
Bacher, Mautern

Patronanz: METRO LOHBERGER seit 2018 Verleihung durch: Lohberger Küchen Competence Center GmbH

Patissier des Jahres
Jan Eggers

Sechs Dessertgänge als Herzstück eines Menüs. Umrahmt von unzähligen kleinen Kreationen, die ebenfalls aus der Patisserie kommen.

Ein Four-Hands-Dinner rund um süße Verführungen gemeinsam mit dem Dessertzampano Kay Baumgardt. Wobei – so süß waren die Gerichte gar nicht. Die Gerichte spielen mit allem, was Gaumen und Zunge wahrnehmen können. Und das sind neben Süße eben auch noch eine ganze Reihe anderer Empfindungen. Also gab es Gänseleber mit Kapuzinerblüten oder Marille mit Kalamata-Oliven und Bergheu. Jan Eggers hat Harmonien ebenso im Griff wie Dissonanzen. Er überrascht mit jedem Gang. Was allerdings wenig verwunderlich ist, sieht man sich den Werdegang und die Stationen Eggers an.

Jan Eggers hat Harmonien ebenso im Griff wie Dissonanzen. Er überrascht mit jedem Gang.

Zum Beispiel als Chefpatissier und Souschef bei Spitzenkoch Nelson Müller im Restaurant „Schote“ in Essen oder im Zwei-Michelin-Sterne-Restaurant „Meierei Dirk Luther“ in Flensburg. Danach verschlug es ihn 2019 nach Österreich, wo er erst als Chefpatissier bei „Simon Taxacher“ in Kirchberg und dann bei Hubert Wallner am Wörthersee arbeitete.

Außerdem – und das ist einer der Hauptgründe für unsere Entscheidung – ist er der Initiator und Gründer der „Kaiserschmarrn Elite“, einer Patissier-Vereinigung, die sich zum Ziel gesetzt hat, gemeinsam noch besser zu werden.

„Zur Goldenen Birn“ im Parkhotel Graz 17/20
Leonhardstraße 8, 8010 Graz

KIMMER
Spirituosenmanufaktur
LEINS
DORFER
1830
S
I.
II.
N
Kaiser Franz II.
• DER AMARO AUS DEM EIS •
WWW.KIMMERLEINSDORFER.AT

Barkeeperin des Jahres
Melanie Castillo

Wenn man ein Role Model für eine klassische American Bar sucht, dann sollte man das Barfly's von Melanie Castillo besuchen. Das Ambiente, die Stimmung und vor allem das tiefgründige Wissen um gepflegte Drink-Kultur machen die Bar im Hotel Josefine zu einer der ersten Adressen für anspruchsvolle Cocktail-Liebhaber.

Allerdings kann eine Bar noch so perfekt geplant sein: Wenn das Persönliche fehlt, dann ist es nur eine Immobilie. Doch auch das passt im Barfly's:

> Melanie Castillo ist aufmerksame und herzliche Gastgeberin, die sich nicht nur um ihre Gäste, sondern auch um ihr Team bemüht.

So ist sichergestellt, dass die Drinks in der Esterházygasse stets mit höchster Präzision zubereitet werden.

Melanie Castillo war Stewardess bei der Austrian Airlines, als sie ihren Mann Mario Castillo kennenlernte. Unbestritten gilt er als Gründungsvater der hochwertigen Wiener Barkultur. Jene, die damals bei ihm im ersten Barfly's gearbeitet haben, sind mittlerweile selbst Urgesteine der heimischen Barszene. Nach dem Tod von Mario im Jahr 2010 gab Melanie das Fliegen auf und entwickelte sich selbst zu einer zentralen Figur der Wiener Barszene. In dieser gibt es niemanden, der nicht anerkennend und respektvoll von ihr spricht. Nicht zuletzt deshalb, weil sie neben dem Unternehmertum auch ihre Rolle als Mutter aufopfernd ausfüllt.

Als ob eine Bar vom Format des Barfly's nicht genug wäre, hat Melanie ein zweites Projekt gestartet und „Castillo's Eis&Bar" in der Wiener Margaretenstraße eröffnet. In dem Eissalon gibt es nicht nur Speiseeis und leichte Drinks aus dem Barfly's-Repertoire, sondern auch eine Mischung aus beidem. Und was noch die wenigsten wissen, ist, dass es im Keller des Lokals einen Club gibt, in dem der Spirit des alten Barfly's wieder zum Leben erweckt werden soll. Wer könnte ihn besser repräsentieren als Melanie Castillo?

Barfly's, Esterhazygasse 33, 1060 Wien
Castillo's Eis&Bar, Margaretenstraße 42, 1040 Wien

LEGENDE

- Orte allgemein
- Orte mit
- Orte mit
- Orte mit
- Orte mit
- Orte mit

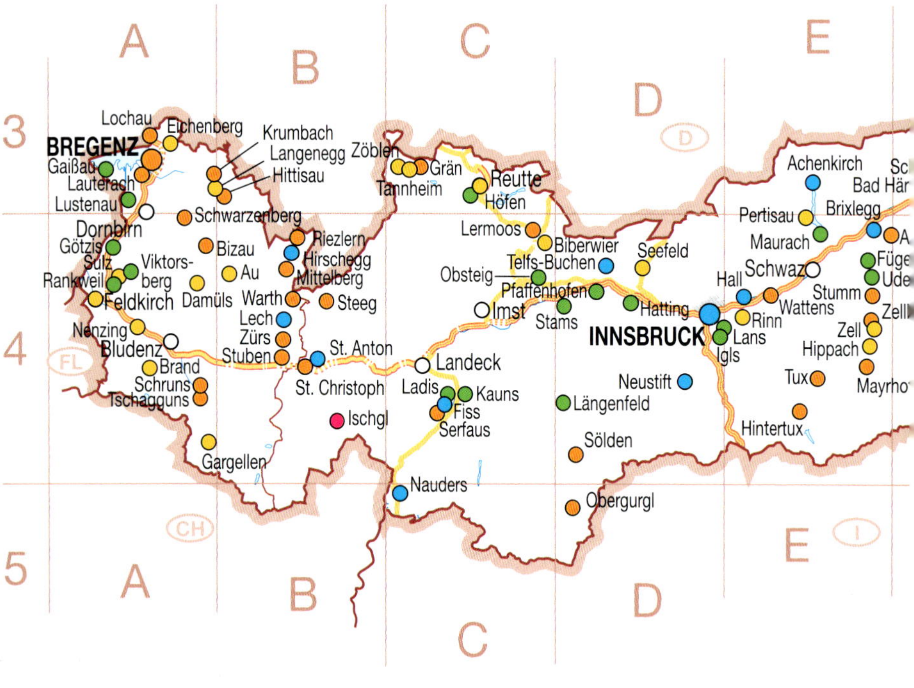

Service Award

Eva-Maria Utassy

© Jürgen Schmücking

Eva-Maria & Dominik Utassy

Maître, Sommelière, Seele des Hauses: Eva Utassy schupft die Reservierungen, das Management, den Weinkeller und den Service in der Geiger Alm in Altaussee.

Die Geiger Alm ist dabei ein ziemliches Unikat. Am Fuße des Losers gelegen, vormals eine beliebte und belebte Skihütte, in der viel frittiert und gefeiert wurde. Après-Ski eben. Jetzt ist sie ein kulinarischer Hotspot und aus der gastronomischen Landschaft des Ausseerlandes nicht mehr wegzudenken.

Dabei ist Eva Utassy keine „Dosige", wie die Ausseer sagen würden. Also keine von hier. Utassy hat ihr Handwerk in Deutschland gelernt. Eine Lehre zur Restaurantfachfrau in Baiersbronn und Bebenhausen, dann respektable Stationen wie Hofgut Rosenau in Tübingen, die (mittlerweile geschlossene) Zirbelstube in Stuttgart, bei Hans Haas im Münchener Tantris und im Frankfurter Spitzenrestaurant Lafleur. Nebenbei die Ausbildung zur Sommelière in München und Koblenz. Neben dieser soliden Ausbildung festigte Eva Utassy ihr Weinwissen noch beim Weinhändler KorkenGlück in Waldenbuch. Womit wir bei einem zentralen Punkt sind: der Weinkompetenz von Eva Utassy. Ihren Service zu genießen, ist eine Wohltat. Treffsichere Empfehlungen, erstaunliche Jahrgangstiefe und die Gabe, sich an die bestellten Weine beim Besuch vor drei Jahren zu erinnern.

Ihren Service zu genießen, ist eine Wohltat. Treffsichere Empfehlungen, erstaunliche Jahrgangstiefe und die Gabe, sich an die bestellten Weine beim Besuch vor drei Jahren zu erinnern.

Es ist die Kombination aus profundem Wissen über Küche und Keller, über Produzenten und die Weine selbst und einem sympathischen und unaufdringlichen Auftreten. Wein- und auch andere servicerelevante Entscheidungen werden auf Augenhöhe diskutiert und getroffen. Eva Utassy weiß genau, dass sie Expertin in Sachen Wein und Kulinarik ist. Sie weiß aber auch, dass der Gast Experte in Sachen seiner Vorlieben und seines Geschmacks ist. Und genau diese Einstellung macht einen Abend in der Geiger Alm so spannend.

Geiger Alm 17/20

Lichtersberg 85, 8992 Altaussee

Gastronom des Jahres
Josef Mühlmann

© Jürgen Schmücking

Auf der einen Seite ein geradliniger Osttiroler Sturschädel, der das Herz auf der Zunge trägt. Auf der anderen ein selbstbewusster, herzlicher und liebevoller Gastgeber.

Josef Mühlmann ist ein Wirtshauskind. Das alleine sagt vielleicht noch nicht allzu viel aus. Aber Mühlmann ist ein Villgrater Wirtshauskind. Und der Sohn der Grande Dame der Osttiroler Küche. Das – und vermutlich auch ein wenig die raue Natur des Villgratentals – hat ihn zu dem gemacht, was er ist.

Kennt man den letzteren Part von ihm, weiß man auch ersteren zu schätzen. Josef lernte sein Handwerk (das Kochen) im elterlichen Betrieb. Allerdings führten ihn die Lehr- und Wanderjahre der Jugend an den Arlberg und nach Serfaus. Nach Frankfurt und nach München. Nach St. Kassian und nach Bahrain. 2003, also genau vor 20 Jahren (herzlichen Glückwunsch zum Jubiläum!), übernahm Mühlmann die Verantwortung in der Gannerhofküche. Nicht ganz reibungslos, aber erfolgreich. Seit 2017 führen Carola und Josef Mühlmann den Gannerhof gemeinsam. Zusammen haben sie einen kraftvollen Ort gestaltet, an den man immer wieder gerne zurückkommt. Für uns ist Josef Mühlmann ein Paradebeispiel dafür, dass ein hervorragender Koch auch ein großartiger Gastgeber sein kann. Wir wünschen uns, dass seine Arbeit beispielgebend für junge Gastronomen ist. Eine Benchmark in Sachen Kulinarik ist sie ohnehin längst.

Der Gannerhof 17/20
Gasse 93, 9932 Innervillgraten

© Heimo Aga www.heimoaga.com

Lebenswerk

Christian Wanek

Herr Christian Wanek ist und war eine Institution. Er ist eine Legende, weil man, wenn man es einmal dorthin gebracht hat, zeitlebens eine Legende bleibt, er war eine, weil er sein Lokal verkauft hat. „Rudis Beisl" – alleine die Erwähnung des Namens zaubert unzähligen Anhängern von Christian Wanek ein Lächeln ins Gesicht.

„Rudis Beisl", das er im Jahr 2000 von Rudolf Stark gekauft hat, war der Olymp für traditionelle österreichische und Wiener Küche. Tafelspitz, Backhendl, Beinfleisch, Schnitzel, Schweinsbraten, Enten, Kalbsstelzen – und das alles von wunderbarer Qualität. Ein kleines Lokal, wo unzählige große Namen eingekehrt sind. Bundespräsidenten, Wirtschaftsbosse und Sportler, die Christian Wanek besonders ans Herz gewachsen sind. Aber in seinem Lokal waren alle gleich: Jeder wurde mit derselben Perfektion bekocht, jeder mit demselben Schmäh gepackt. Schon mit 15 Jahren ist er in der Küche gestanden und hat in ganz Europa gekocht.

„Rudis Beisl" war aber sein Lebenswerk. Eigentlich war er nicht zu Hause zu Hause, das Lokal war seine Heimat – und alle Gäste hat er so behandelt, als ob sie persönlich von ihm eingeladen worden wären. Alljährlich, wenn die Martinigansln auf der Speisekarte standen, lief Christian Wanek zur Bestform auf, oft musste man monatelang vorbestellen. Die Kochanleitung hatte er übrigens aus „Kurier freizeit", wo damals Martina Malle, heute Gault&Millau-Herausgeberin Martina Hohenlohe, für die Rezepte verantwortlich war. Wir gratulieren Herrn Wanek sehr herzlich zur Lebenswerk-Auszeichnung.

JOSEPHINEN HÜTTE
ENTDECKEN SIE
Weingenuss VÖLLIG NEU
DESIGNED VON KURT JOSEF ZALTO EXKLUSIV
FÜR JOSEPHINENHÜTTE, VEREINT DIE GLAS-KOLLEKTION
VISIONÄRES DESIGN UND FEINSTES HANDWERK.
WWW.JOSEPHINEN.COM

© Gloria Layr

Weinkarte des Jahres

Ein Abend in der Waldschänke ist ein unvergessliches Erlebnis. Dafür sorgen die Gerichte. Aber nicht nur. Es dauert nur wenige Augenblicke und man ist von der Leidenschaft Heinz Grabmers erfasst. Blitzschnell erkennt er die Vorlieben seiner Gäste. Jeder Gast, jeder Teller und vor allem jedes Glas Wein haben für Heinz Grabmer eine tiefe Bedeutung.

„Auch nach 30 Jahren genieße ich die Momente am Gast und will, dass es jedem nach dem Besuch besser geht als davor."

Wir haben das erlebt – mehrfach. Der Mann erreicht sein Ziel jedes Mal aufs Neue. Wein war früh eines seiner Themen, eine seiner Leidenschaften. 1983 als Maître im Schlosshotel Velden am Wörthersee und auf Reisen zu Legenden wie Witzigmann und Bocuse. Reisen, die ihm die Augen geöffnet haben und langjährige Freundschaften auf der soliden Basis der Kulinarik entstehen ließen. Im Keller der Waldschänke schlummert ein Schatz. Große Namen aus Österreich und Deutschland. Teils spektakuläre Raritäten. Champagne, Burgund, Bordeaux (auch weiß), Loire, Toskana und Südtirol sind weitere Schwerpunkte. Ganz besonders holt Heinz Grabmer Winzerinnen vor den Vorhang. Darauf sind seine Frau und seine Tochter besonders stolz.

Waldschänke 16,5/20
Kickendorf 15, Grieskirchen, Oberösterreich

2022 Sonnenhof, Grän
2021 Restaurant Fuhrmann, Wien
2020 Burg Vital Resort, Lech am Arlberg
2019 Palais Coburg Residenz, Wien
2018 Amador, Wien
2017 Pub Klemo, Wien
2016 Die Weinbank – Restaurant, Ehrenhausen
2015 Restaurant Floh, Langenlebarn

Patronanz: Josephinenhütte

ÖSTERREICHS WEINE: PERFEKTE SPEISENBEGLEITER

Liebe Freund*innen des guten Geschmacks,

ich freue mich sehr, dass die Österreich Wein Marketing GmbH (ÖWM) dieses Jahr die Patronanz für die **Österreich Weinkarte des Jahres** übernehmen darf und gratuliere dem Gewinner herzlich.

Wein und feines Essen – das gehört einfach zusammen. In Österreich sind wir in der glücklichen Situation, beides in Fülle zu haben. Die heimischen Weine mit **ihrer Frische, ihrem kompaktem Körper und ihrem Reifepotenzial** doch **ideale Speisenbegleiter** zu heimischen und internationalen Küchenstilen.

Das wissen auch Österreichs Gastronom*innen und geben ihr Wissen mit gut sortierten Weinkarten weiter. Erst der passende Wein macht schließlich den Genuss perfekt. Dabei gibt es **immer wieder Neues und Spannendes** zu entdecken.

Lassen Sie sich beim Schmökern durch die Österreich Wein Karte des Jahres und viele andere inspirieren. Wer dabei Lust auf mehr bekommt, dem empfehle ich, direkt in die Weingebiete zu fahren – **Österreichs Winzer*innen freuen sich, Sie willkommen zu heißen.**

Herzlichst,

Chris Yorke
Geschäftsführer
Österreich Wein Marketing GmbH

Weinkarte des Jahres mit Schwerpunkt Österreich

© K1326.com HJU von Günter Standl

Wenn wir hier die „Weinkarte des Jahres mit Schwerpunkt Österreich" vor den Vorhang holen, ist die Auszeichnung nie ganz von der Person zu trennen, die diese Karte kuratiert. Also holen wir auch den Sommelier und „Kellermeister" aufs Podest. Ganz zufällig einen, der sich mit Podesten schon ganz gut auskennt: Hans Jörg Unterrainer vom Kirchenwirt in Leogang. Der Mann war in seiner Jugend erfolgreicher Profisnowboarder.

Heute erzählt er noch gern, dass ihm als jungem Sportler oft die gleichen Dinge wichtig waren wie den Winzerinnen und Winzern. Mikroklima und Bodenbeschaffenheit. Terroir eben. Nur aus einer anderen Perspektive. Unterrainers „Weinkarriere" verlief dann so rasant wie der Ritt auf einer steilen Buckelpiste. Am Anfang kannte er die Winzerinnen und Winzer nicht und konnte sich kaum vorstellen, dass jemand mehr als 20 Euro für eine Flasche Wein ausgibt. Heute ist er der Herr über einen der spannendsten Weinkeller der Alpen und in der Szene so gut vernetzt, dass im Kirchenwirt Veranstaltungen stattfinden, die die Augen von Weinliebhaberinnen und Weinliebhabern zum Strahlen bringen. Die Linie ist klassisch, die Jahrgangstiefe atemberaubend und die Zahl heimischer Raritäten umwerfend. Wir gratulieren herzlich. Und freuen uns, wenn wir das nächste Mal mit ihm im Keller „versumpfen".

Kirchenwirt 17/20
Leogang 3, 5771 Leogang

2022 Stockerwirt, Sulz im Wienerwald
2021 Gasthaus Schwarz, Nöhagen
2020 Sodoma, Tulln

HERZKLOPFEN
FÜR EINGEFLEISCHTE
PROFIS.
Ob Simmentaler oder Angus-Rind, Wagyu-Beef,
Salzwiesenlamm oder Duroc-Schwein:
Die Spezialitäten unserer großen Fleisch-Auswahl
sind erstklassige Qualität und Frische.
METRO

Wirtshaus des Jahres
Zum Reznicek

Nehmen wir zwei Gerichte aus der aktuellen Speisekarte, die als Metapher und als Begründung dafür dienen, warum das Reznicek für uns das „Wirtshaus des Jahres" ist:

Alle Fotos: © Konstantin Reyer

Das Cordon bleu und das Altwiener Backfleisch. Zweimal Panier. Und zweimal die Renaissance eines früher beliebten Klassikers.

Das „Cordon“ ist verschwunden, weil wir es vergeigt haben. Grausiger Pressschinken und – im besten Fall – geschmacksfreier Analogkäse haben das ihrige getan. Warum das Altwiener Backfleisch die Gunst der Genießer verlor, wissen wir nicht genau.

Was wir sehr wohl wissen: Im Reznicek bekommt man beides wieder – und zwar in einer Qualität und Art, die Spaß machen. Genau wie die Kalbszunge. Oder das Bries. Und weil neben Julian Lechner in der Küche auch Simon Schubert mit von der Partie ist, machen auch die Weine Spaß. Wir finden es großartig, dass die Wiener Küche hier einen Ort gefunden hat, an dem ihre Geschichte weitererzählt wird. Emil Nikolaus Joseph, Freiherr von Reznicek, der Namensgeber für die Gasse, die wiederum Namensgeberin fürs Wirtshaus ist, war Kulturmensch. Komponist und Dirigent, um genau zu sein. Er hätte seine Freude am (und im) Reznicek.

Zum Reznicek 14,5/20

Reznicekgasse 10, 1090 Wien

METRO

Patronanz: Metro

„EIN WIRKLICH
UNVERGESSLICHER
GESCHMACK“
Unglaubliche
KAFFEEMOMENTE
Welt der
VIELFALT
Überragende
QUALITÄT
Perfekte
ZUBEREITUNG

© Zillerseasons

MalisGarten

Hotel des Jahres 2024

Im Juni 2020 eröffnete in Zell am Ziller im Tiroler Zillertal ein Hotel mit zukunftsweisender Architektur und Philosophie. Das MalisGarten ist ein Refugium aus nichts anderem als heimischem Holz. Und ein Ort zum Abschalten und Entspannen, der zeigt, worauf es im Tourismus künftig ankommt: den Weg zurück zur Natur zu finden. Das Green Spa Hotel MalisGarten ist das erste nachhaltig gebaute und geführte Fünf-Sterne-Superior-Hotel.

Das ist ein Statement, denn der Anspruch der Nachhaltigkeit ist im MalisGarten umfassend und reicht von den Mitarbeitern bis zur Unternehmerfamilie, von der Küche bis zur Bar, von den Zimmern bis zum Spa. Ein Hotel komplett aus Holz, vom Scheitel bis zur Sohle. Also in Gebäudesprache: vom Boden bis zum Dach.

Geplant hat dieses besondere Haus der italienische Stararchitekt Matteo Thun.

Der Südtiroler ist längst eine Ikone nachhaltiger Architektur. Was Gäste im MalisGarten erwartet? Im Herbarium Spa werden aus frischen oder getrockneten Kräutern Hydrolate und ätherische Öle destilliert, die je nach Bedarf zur Anwendung kommen. Das Wissen um die Wirkungen und Heilkräfte der heimischen Kräuter ist eine solide Basis, um die Welt der alpinen Naturheilkunde

Patronanz: NESPRESSO

kennenzulernen. Christina Binder-Egger ist ausgebildete Kräuterpädagogin und weiß die Vielfalt im Kräutergarten zu schätzen. Und zu nutzen. Während mit den Kräutern ganz klassisch und traditionell gearbeitet wird, bietet das MalisGarten Spa auch eine sehr moderne Anwendung, um Energie zu tanken, das Immunsystem zu stärken, Stress abzubauen und ganz generell die Gesundheit zu fördern: die Kältekabine. Bei minus 85 Grad Celsius bekommen Körper und Geist einen erfrischenden Kick. Man hat die Wahl: Finnische Sauna, Kräutersauna oder Sole-Dampfbad entspannen und beruhigen, nach einer Anwendung in der Kältekabine könnte man Bäume ausreißen. Letztlich ist es ein Haus, in dem Nachhaltigkeit keine leere Phrase ist, sondern täglich gelebt wird. Und ein Ort, der zeigt, dass auch ein Urlaubsziel ein Klimaziel sein kann. In ästhetisch anspruchsvoller Architektur, mit Garten und Pool und ganz nebenbei im wahren Wortsinn ausgezeichneter Kulinarik.

MalisGarten
6280 Zell am Ziller, Rohrerstraße 5

© Jürgen Schmücking

Familie Binder-Egger: v. l. Marie-Theres, Leni, Christina, Reinha

Unten & Mitte: © Zillerseasons

Immer ein Gewinn*
*Der Gault Millau unter den Wirtschaftsmagazinen: GEWINN.
GEWINN
DAS WIRTSCHAFTSMAGAZIN FÜR IHREN PERSÖNLICHEN VORTEIL
Was der Gault Millau bei den Restaurantführern, ist der GEWINN bei den Wirtschaftsmagazinen: die unangefochtene Nummer 1. Beide Medien bieten ihren kaufkräftigen Lesern seit Jahrzehnten höchste Qualität. Deshalb hat GEWINN auch den größten Abonnenten-Anteil aller Wirtschaftsmagazine. Interesse? Siehe www.gewinn.com.
www.gewinn.com
GEWINN
DAS WIRTSCHAFTSMAGAZIN FÜR IHREN PERSÖNLICHEN VORTEIL

Ambiente Award

Café Bel Étage im *Hotel Sacher*

alle Fotos: © Hotel Sacher

Sucht man in Wien nach einem Synonym für „Ambiente", dann wäre es wenig verwunderlich, würde das Österreichische Wörterbuch „Sacher" ausspucken. Ohne die exklusive Hotel- und Torteninstitution gegenüber der Staatsoper wäre die Stadt schließlich so etwas wie die Original Sacher-Torte ohne ihr Schlagobershauberl: sehr fein, aber nicht komplett! Ebendiese Kulttorte – und noch viel mehr – kann man im „Café Bel Étage" schnabulieren.

Das Café ist ein Ort des Wohlgefühls über zwei Etagen – und über allem liegt der Duft von Schokolade, Kaffee und dem vielleicht besten Schnitzel der Stadt. Edel-exklusiv, aber trotzdem sehr gemütlich, fast heimelig präsentiert sich das Interieur in warmem Rot. Es gibt viel zu betrachten: Fotos und Gemälde in barocken Rahmen an den Wänden, Kronleuchter über den Tischen, eine alte verschnörkelte Kassa hier, prächtig gefüllte Blumenvasen dort. Trotzdem wirkt nichts kitschig: Der Spagat aus Tradition und Moderne ist hervorragend gelungen und beeindruckt uns – genauso wie die gut gefüllte Mehlspeisvitrine im Zentrum des Raums und die Ausblicke von den Fensternischen auf das Treiben rund um Oper und Kärntner Straße. Ein großes Stück vom Glück in der Innenstadt – und unser Ambiente-Award-Sieger 2024!

Café Bel Étage 12,5/20
Philharmonikergasse, Ecke Kärntner Straße,
1010 Wien

Das Café ist ein Ort des Wohlgefühls über zwei Etagen – und über allem liegt der Duft von Schokolade, Kaffee und dem vielleicht besten Schnitzel der Stadt.

„EIN WIRKLICH
UNVERGESSLICHER
GESCHMACK“
Unglaubliche
KAFFEEMOMENTE
Welt der
VIELFALT
Überragende
QUALITÄT
Perfekte
ZUBEREITUNG

© Marco Bühlinger

Ambassador des Jahres

Wolfgang Puck

Geboren in Kärnten, betreibt er heute über 100 Restaurants weltweit und beschäftigt mehr als 5.000 Mitarbeiter. Die Rede ist von Wolfgang Puck, einer lebenden Gastronomielegende. Berühmt wurde er jedoch durch seine Präsenz bei den Oscar-Verleihungen, wo er seit Jahrzehnten für die Kulinarik beim Governors Ball zuständig ist.

Es ist eine Bilderbuchkarriere, auf die Wolfgang Puck zurückblickt, die neben einem exzellenten Netzwerk und einem Gespür für die richtigen Entscheidungen vor allem viel harte Arbeit erforderte. Seit den Anfängen in seinem ersten und mittlerweile legendären Restaurant Spago in Hollywood lieben die prominenten Gäste seine California Cuisine mit Elementen der alpinen Küche sowie seine Gastgeberqualitäten.

Es sind neben dieser filmreifen Laufbahn auch die Verdienste um die österreichische Kulinarik, für die Wolfgang Puck nun mit dem Titel „Gault&Millau Ambassador 2024“ ausgezeichnet wurde.

Preisträger:innen der vergangenen Jahre

2024 Wolfgang Puck
Koch

2023 HM King Charles III.

2021 Tobias Moretti
Schauspieler

2020 Michael Schade
Opernsänger

2019 Andreas Vitásek
Kabarettist

2018 Willi Klinger
Geschäftsführer der Österreich Wein Marketing

2017 Florian Scheuba
Kabarettist, Autor, Schauspieler

2016 Bernhard Paul
Zirkusdirektor, Regisseur

2014 Heinz Marecek
Schauspieler

2012 Erwin Steinhauer
Schauspieler und Kabarettist

2011 Sarah Wiener
TV-Köchin

2010 Dominique Meyer
Direktor der Wiener Staatsoper

2009 Dr. Michael Häupl
Bürgermeister der Stadt Wien

2008 Irmi und Hanno Soravia
Unternehmerpaar

2007 Hans-Peter Haselsteiner
Industrieller

2006 Peter Simonischek †
Schauspieler

2005 DI Josef Pröll
Bundesminister

2004 Prof. Rudolf Klingohr
TV-Produzent

2003 Agnes und Rudolf Buchbinder
Gastgeberin/Pianist

2002 Dr. Werner Schneyder †
Schriftsteller

2001 Louise Martini †
Schauspielerin und Autorin

2000 Wolfgang Rosam
Lobbyist und Connaisseur

1999 Gerhard Tötschinger †
Intendant und Autor

1998 Herbert Schimetschek
Präsident Aufsichtsrat UNIQA,
Generalrat Österreichische Nationalbank

1996 Hans Mahr
RTL-Redaktionsdirektor

1994 DI Friedrich und Catherina Stickler
Vorstandsdirektor/TV-Dame

1993 Prof. Peter Weck
Intendant und Schauspieler

1992 Eva Deissen †
Journalistin

Patronanz: LLI, café+co, Naber Kaffee Manufaktur

Die Grüne Haube

Hochqualitative Lebensmittel, viel Know-how, noch mehr Leidenschaft und ein klares Bekenntnis zu Nachhaltigkeit als essenzielle Zutat: Wir suchen Menschen, die mit ihrem Zugang zur Gastronomie beispielhaft und inspirierendsind– vom Haubenrestaurant über das Hotel und Café bis zur Buschenschank.

> Nachhaltigkeit ist mehr als das, was auf der Speisekarte steht.

Nachhaltigkeit ist mehr als das, was auf der Speisekarte steht. Hinter den Kulissen sind Umweltschutz und Mitarbeiterverantwortung Themen, an denen man heute nicht vorbeikommt, im Gegenteil: Sie rücken mehr denn je in den Fokus der gastronomischen Konzepte. Herausforderungen von Klimawandel,Ressourcenmangel und Artenschwund machen nicht nur ein Umdenken notwendig, sondern ein Handeln.

Betriebe verfügen über große Hebel, um Lebensmittelverschwendung zu vermeiden, von Zero Waste bis Doggybag.

Die Green Table Policy von Gault&Millau

Die Betriebe werden nach folgenden **Kriterien** bewertet:

- Verantwortungsbewusstes Einkaufen für Food und Non Food
- Abfallmanagement
- Bewusster Einsatz von Energie, Wasser und sonstigen Ressourcen
- Einbindung von Kundinnen und Kunden in die nachhaltigen Elemente des Gastrokonzepts
- Einbindung von Mitarbeitenden in die nachhaltigen Elemente des Gastrokonzepts

ALLES FÜR DEN GAST

Grüne Haube

Jeremias Riezler

Mit seinem wilden Bart und den funkelnden Augen erinnert Jeremias Riezler oft an einen freundlichen Berggeist. Der Rübezahl aus dem Riesengebirge könnte so ausgesehen haben. Riezler ist Walser. Das Volk kam vor ein paar Jahrhunderten aus dem Schweizer Wallis ins Kleinwalsertal – das hieß damals natürlich noch nicht so. Jedenfalls haben die Walser ihre Wanderung hier für beendet erklärt, weil sie überzeugt waren, dass es nicht mehr schöner werden könnte. Heute betreibt Jeremias Riezler gemeinsam mit seiner Frau Bettina ein wunderschönes Hotel mit spannender Küche. Und mit einer Philosophie, die beeindruckend und enkeltauglich gleichermaßen ist.

Umfassend biozertifiziert, Fokus auf alte Rassen und ebensolche Rezepte. Tradition wird in der Walserstuba großgeschrieben. Es gibt einen „Chef's Table", der heißt aber „Chuchetisch"

Statt Steinbutt, Kaviar und Langostinos gibt es Alpenschwein, Walser Gams und Enzian.

(Küchentisch). Statt Steinbutt, Kaviar und Langostinos gibt es Alpenschwein, Walser Gams und Enzian. Riezler ist auch Botschafter alter Traditionen: Er forscht und liest gern in alten Rezepten und Aufzeichnungen. Immer wieder großartig ist sein Maisriebel mit geräuchertem Ziger, ein von Slow Food geadeltes Produkt, für das Riezler die Fahnen hochhält.

Walserstuba 15/20
Eggstraße 2, 6991 Riezlern

Fotos unten: © Joerg Lehmann

Am Flughafen

Kulinarische Tipps für einen genussvollen Start in den Urlaub oder eine erste Stärkung bei der Ankunft in Wien.

Restaurant Zugvogel

Alle Bilder: © Lagardère Travel Retail

Am Flughafen Wien-Schwechat treffen nicht nur Reisende aus aller Herren Länder aufeinander, er ist auch ein Schmelztiegel kulinarischer Genüsse. Gäste, die sich auf eine geschmackliche Entdeckungsreise begeben möchten, finden an den verschiedenen Terminals und Gates eine breite Auswahl an von Gastro-Profi Lagardère Travel Retail betriebenen Restaurants, Cafés und Bierlokalen, die für jeden Geschmack etwas bieten.

Zentrale Anlaufstelle im Terminal 1 ist für genussfreudige Gäste das neu gestaltete Restaurant **Zugvogel** in der Plaza, von wo aus man bevorzugten Blick auf startende und landende Flugzeuge hat. Das kulinarische Angebot ist breit gefächert und bietet vom Frühstück bis zum Abendessen eine reiche Auswahl an klassischen und modernen Gerichten.

Kaffeekultur

Traditionelle österreichische Mehlspeisen und Kaffeehausklassiker gibt es in den beiden **AÏDA-Cafés** (Terminal 1 beziehungsweise G-Gates). Eine moderne Interpretation der Kaffeekultur stellt das Wiener **Café Bieder & Maier** dar. Die Kaffeemanufaktur setzt auf Kaffeespezialitäten in Barista-Qualität und zitiert beim Interior-Design die verspielte Wohlfühlarchitektur der Biedermaier-Zeit. Ob ein frisch gebrühter Kaffee oder ein Stück köstlicher Kuchen, hier wird die Wartezeit zur Genusszeit. Internationale Kaffeekultur zelebriert **Costa Coffee** in der Ankunftshalle. Egal, ob man sich nach dem Flug eine koffeinhaltige Stärkung gönnen möchte oder ob man sich die

- AÏDA (Terminal 1)
- AÏDA (Terminal 3, G-Gates)
- Bieder & Maier (Terminal 3)
- Ciao a tutti (Terminal 2, D-Gates)
- Costa Coffee (Terminal 3, Ankunft)
- Johann Strauss (Terminal 2, D-Gates)
- Ottakringer Zapfmeisterei The Beer Bar (Terminal 2, D-Gates)
- Zugvogel (Terminal 1, Plaza)

Bieder & Maier

AÏDA

Ottakringer Zapfmeisterei The Beer Bar

Ciao a tutti

Wartezeit bei der Abholung verkürzen möchte, hier wird man kompetent und freundlich bedient.

Genussvolle Stärkungen

Italienische Gaumenfreuden erwarten die Passagiere an den D-Gates, wo im **Ciao a tutti** köstliche Focaccias frisch vor den Augen der Gäste belegt werden. Das mediterrane Ambiente vermittelt das Gefühl eines Kurzurlaubs nach Italien. Die Reise durch die kulinarische Vielfalt setzt sich an den D-Gates fort. **Johann Strauss** lädt zu österreichischen Klassikern ein, während die **Ottakringer Zapfmeisterei The Beer Bar** mit einer großzügigen Auswahl an Bieren und frischen Brezen aufwartet.

Mit einer breiten Palette von Angeboten, die von traditionell bis international reichen, wird die Zeit am Flughafen zu einer kulinarischen Entdeckungsreise. Egal, ob man auf der Suche nach einem schnellen Snack oder einem entspannten Essen ist – hier findet jeder das passende kulinarische Erlebnis, um die Wartezeit zu versüßen.

Herausgeber	Mag. Martina Hohenlohe, Karl Hohenlohe
Chefredakteurin	Mag. Martina Hohenlohe
Chief Inspector	Jürgen Schmücking, M. A., *juergen.schmuecking@gaultmillau.at*
Produktionsleitung	Paul Golger, *paul.golger@gaultmillau.at*
MitarbeiterInnen der Redaktion	Kathrin Biffl, B. A., *kathrin.biffl@gaultmillau.at* Bernhard Degen, *bernhard.degen@gaultmillau.at* Derya Metzler, B. A., *derya.metzler@gaultmillau.at* Jürgen Schmücking, M. A., *juergen.schmuecking@gaultmillau.at*
Technische Umsetzung	i-security, 1050 Wien
	Blacksheep Productions
Lektorat	Das Textatelier, Mag. Sandra Bak, *office@das-textatelier.at*
Landkarten	ARGE KARTO, Mag. Herwig Moser, 3152 St. Georgen *arge.karto@aon.at*
Leserservice Österreich	*leserservice@gaultmillau.at,* Gault&Millau Strohgasse 21A, A-1030 Wien
	Tel.: +43/(0)1/7124384-25
Internet	www.gaultmillau.at
Vertrieb A	Mohr-Morawa, Wien, Tel.: +43/(0)1/680140
Vertrieb D/CH	Libri GmbH, Friedensallee 273, 22763 Hamburg
	Tel.: +49/(0)40/853980, *libri@libri.de*
Leitung Marketing & Sales	Josef Jungmann, *josef.jungmann@gaultmillau.at*
Marketing & Sales	Sebastian Bock, B. A., *sebastian.bock@gaultmillau.at* Oliver Gattringer, M. A., *oliver.gattringer@gaultmillau.at* Stefanie Haring, B. A., *stefanie.haring@gaultmillau.at* Jennifer Rahberger, B. Ed., *jennifer.rahberger@gaultmillau.at*
Layout & Satz	Sophie Wurnig, B. A., *sophie.wurnig@gaultmillau.at*
Herstellung/Herstellungsort	Druck Styria GmbH & Co KG, A-8042 Graz, www.styriaprintgroup.com
Verlag	KMH Media-Consulting GesmbH, Strohgasse 21A, A-1030 Wien
	Tel.: +43/(0)1/7124384-29
	© by GaultMillau S. A.
	© by KMH Media Consulting GesmbH
	Registered Trademark
ISBN	978-3-9505094-6-5

PERFORMANCE
ZUM GENIESSEN.
Als Weltmarktführer bei innovativen Kran- und Hebelösungen versteht es PALFINGER, auf große Herausforderungen mit zukunftsweisenden Rezepten zu reagieren. Wichtigste Zutat ist die Global Palfinger Organization (GPO), die internationale Märkte und deren lokale Ingredienzen regelmäßig in Erfolgsstorys verwandelt. Abgerundet durch ein Gespür für digitale Transformation, die durchdachte Weiterentwicklung aller Geschäftsbereiche und ganzheitliche, zukunftsfähige Lösungen. Ein Gesamtpaket, das nicht nur unseren Kunden, sondern auch Partnern hervorragend mundet.
PALFINGER
Unsere Erfolgsrezepte
Seit 1932
PALFINGER.AG

LE BRISTOL
PARIS
Echte Pariser Eleganz seit 1925.

WIEN

BEST OF

19/20	**AMADOR** Wien	Seite 72
19/20	**KONSTANTIN FILIPPOU** Wien	Seite 132
19/20	**SILVIO NICKOL GOURMET RESTAURANT** Wien	Seite 179
19/20	**STEIRERECK IM STADTPARK** Wien	Seite 184

18,5/20	**ÆND** Wien	Seite 69
18,5/20	**MRAZ & SOHN** Wien	Seite 153
18/20	**TIAN RESTAURANT WIEN** Wien	Seite 192
17,5/20	**PRAMERL & THE WOLF** Wien	Seite 166
17,5/20	**SHIKI JAPANESE FINE DINING** Wien	Seite 178
17/20	**APRON** Wien	Seite 74

1870 Ⓝ

13/20

im Grand Hotel Wien

Koch: Jürgen Lengauer

1010 Wien, Kärntner Ring 9 • 01 515809100
1870@grandhotelwien.com • de.grandhotelwien.com
Mo, Di, Do und Fr 12–15 und 18–22, Mi 12–15, Sa 18–22.30, So 12–16 und 18–22 Uhr • ♿ • €€

Der Name „1870“ ist neu, das luxuriöse Ambiente des ehemaligen „Le Ciel“ ist geblieben: Mit einem wienerisch-internationalen Cross-over-Konzept versucht das Team des kulinarischen Grand-Hotel-Flaggschiffs, möglichst viele Gaumen zu befriedigen. Der Oktopus mit Chorizo, Tomate und Sellerie ist dank Zitronenverbene ein gefälliger Auftakt. Der junge Maître flambiert bei Tisch gekonnt Black-Tiger-Garnelen als Zwischengang, bevor das Menü mit einem klassisch-verschwenderischen Filet „Rossini“ seinen eindeutigen Höhepunkt erreicht. Der ebenfalls am Tisch karamellisierte Kaiserschmarren gerät unauffällig. Gut sortierte umfangreiche Weinkarte.

808 restaurant®

12/20

1080 Wien, Laudongasse 36 Ecke Daungasse 1 • 0676 684 8887
office@restaurant808.at • restaurant808.at

Das „Eight o' Eight" – oder kürzer „808" – liegt, genau, im achten Bezirk und noch genauer: in der Laudongasse. Große Fensterfronten, warmes Holz, bequeme Sessel, eine Vielzahl bernsteinfarbener Glaslampen und ein instagrammabler Fotospot in Form einer Blumenwand gleich beim Eingang machen neugierig auf das, was sich hinter der schönen Fassade des neuen Restaurants verbirgt. Und das ist – wir verraten es vorweg – einiges. Da das „808" nicht nur Speiselokal, sondern auch Cocktailbar ist, starten wir auf der flüssigen Seite mit Erdbeer-Daiquiri in den Abend. Aus der Speisekarte, die von Pasta über Steaks bis zu Fisch und Veganem eine ansprechende Auswahl an mediterran Inspiriertem bietet, wählen wir gegrillten Oktopus (hauchzart!) und eine mit viel Safran abgeschmeckte Bouillabaisse. Zum Hauptgang lassen wir uns direkt in den Süden katapultieren: mit Trüffel-Tagliatelle aus dem Parmesanlaib, die am Tisch finalisiert werden. Zum Grande Finale laden Tarte Tatin oder Crème brulée ein. Ein ausgesprochen gutes Preis-Leistungs-Verhältnis.

A Barraca

12/20

Café-Restaurant-Pastelaria

Koch: Kurt Aberl

1010 Wien, Hohenstaufengasse 7 • 0660 346 5737
schoeneressen@abarraca.at • www.abarraca.at

Mo–Fr 11.30–15 und 18–22.30, Sa 18–22.30 Uhr • €

Ist das Verlangen nach Portugal gerade besonders groß? – Wir empfehlen als erste Hilfe bei zu großer Sehnsucht einen Besuch des kleinen charmanten Restaurants hinter der Börse. Von der Wirtin bestens beraten, gibt es erste Urlaubsgefühle im Glas, um uns dann mit cremiger Hühnersuppe, verfeinert mit Rotweinessig, und Stockfischbällchen auf Blattsalat – muito autêntico – zu erfreuen, gefolgt von nicht minder gelungenem algarvischem Perlhuhn in cremiger Tresterbrandsauce mit Ei-Kartoffeln. Auch die Nachspeise – generell eine Stärke des Hauses – in Form von Pastel negro, Mandeltörtchen mit Vanilleparfait, lässt keinen Wunsch offen. Und so haben wir den Verdacht, dass wir recht bald wieder einen Kurztrip wagen!

A'Frisella

14/20

Koch: Isli Vrami

1010 Wien, Johannesgasse 2 • 01 512 43 61
office@afrisella.at • www.afrisella.at

Mo–Sa 11.30–24 Uhr • €€

„Apulien im Herzen Wiens" ist das Motto dieses eleganten Italieners, der unweit der Kärntner Straße als Ristorante und Bar seinen gepflegten Auftritt hat. Das Team um Patron Mino Zaccharia pflegt die Tradition der Friselle, einem Brotgebäck, das als einfache Speise der apulischen Fischer gilt, hier aber ideenreich verfeinert wird. Zum Start werden riesige, schön fleischige Oliven und Focaccia (in unserem Fall leider etwas nicht mehr ganz taufrisch) gereicht. Anschließend ist man mit Fisch und Meeresfrüchten, roh oder gebraten, oder saisonal mit Trüffelgerichten gut beraten. Das Safran-Gamberi-Risotto gibt sich klassisch, die Orecchiette mit Sardinen sind vielleicht etwas sehr al dente geraten. Die Weinkarte hat viel Interessantes aus Italien und Österreich zu bieten, der Service ist engagiert und kompetent.

ænd

18,5/20

Koch: Fabian Günzel

1060 Wien, Mollardgasse 76 • 01 595 34 16
hello@aend.at • www.aend.at

Mo 19–23, Di–Fr 12–15 und 19–23 Uhr •

Die kulinarische Qualität einer Stadt zeigt sich nicht nur darin, dass es im Zentrum das eine oder andere schicke Luxusrestaurant für Business-Gäste gibt. Im legeren Ambiente des ænd geht es nicht ums Gesehenwerden, sondern um sehr gutes Essen und Trinken in entspannter Atmosphäre.

Nach ein paar Appetithäppchen geht es mit einer pochierten Auster mit Ribiseln los – ein nur scheinbar einfaches Gericht, das Lust auf mehr macht. Etwa rohen Thunfisch auf japanischem Milchbrot. Oder Taschenkrebs mit tagesfrischen Tomaten. Oder kleine Sandgarnelen mit Erbsen auf knusprigem „Rösti". Allesamt originelle Gerichte, bei denen die Komposition stimmig und die Umsetzung perfekt ist.

Der kulinarische Höhenflug wird nur durch leichte Turbulenzen bei den Gängen sieben und neun etwas getrübt. Das Saiblingsfilet – garniert mit selbst gepflückten Maiwipferln – ist etwas übergart, die dazu gereichte Honigmelone einfach zu süß. Auch der übernächste Gang – mit Hühnerfarce gefüllte Zucchiniblüten und eine großzügig dimensionierte Portion Osietra-Kaviar – hinterlässt uns trotz angenehmen Wohlgeschmacks mit ein paar Fragezeichen. Ja, es ist reizvoll, Kaviar einmal anders zu genießen, aber diese Kombination ist nicht der Weisheit letzter Schluss. Genug der kritischen Worte, denn das Positive überwiegt bei Weitem.

Ein echtes Highlight ist die Seezunge mit eingelegten Mini-Eierschwammerln und geschmolzenem Guanciale – einfach nur perfekt. Wir schätzen auch den Mut Günzels, bei einem Carte-blanche-Angebot einen Taubengang vorzusehen.

Alternativ oder als Zusatzgang gibt es bei unserem Besuch noch eine gebratene Scheibe von japanischem Wagyufilet. Eine nicht zu süße Creme aus frischen Haselnüssen und danach hocharomatische Mara-de-Bois-Erdbeeren mit Holunderblütensorbet stellen einen würdigen Abschluss für einen tollen Abend dar. Die Weinbegleitung ist auf eine sehr unaufgeregte Weise spannend. Das junge Serviceteam ist flott und aufmerksam und trifft bei jedem Tisch den richtigen Ton.

Gault&Millau
Genussmesse,
Weinfest
und vieles
mehr ...
Alle Tickets zu unseren
kulinarischen Events auf
gaultmillau.at

Albert

13/20

Koch: Mario Bernatovic

1080 Wien, Albertgasse 39/16 • 01 956 71 14
reservierung@albert.bar • www.albert.bar

Mo–Sa 11.30–14 und 17–22.30 Uhr • €€

Manchmal sind die kleinen Überraschungen die großen. Auf der Karte steht allen Ernstes: Avocado-Quinoa-Salat mit Rhabarber, Erdbeeren und veganem Cottage Cheese. Und jetzt die Überraschung: Was sich wie die Karikatur eines Zeitgeistgerichts liest, erweist sich – bei furchtloser Trotzdem-Bestellung – als Volltreffer: süffige Aromen, richtige Akzente, perfekte Gewichtung – da stimmt jedes Detail. Leider kann man das nicht von allen Gerichten behaupten. Der Cheddar im sonst durchaus luxuriösen „Albert-Burger" kommt als zähe Hartscheibe zum Tisch, beinahe so, als hätte er schon mehrere Schmelz-und-Wiederverfestigungs-Durchgänge hinter sich, und die wohl als Signature gedachte Hummersemmel fokussiert mehr auf die Yuzu-Majo als auf den Hummer. Manchmal sind die kleinen Enttäuschungen ziemlich groß. Trotzdem: positives Resümee, auch dank grundsätzlich stimmigem Konzept (Barfood de luxe) und erfreulicher Getränkeauswahl abseits der Trampelpfade.

Alma Gastrothèque

14/20

Köchin: Christina Maria Nasr

1040 Wien, Große Neugasse 31 • 01 997 44 46
alma@alma-gastrotheque.at • www.alma-gastrotheque.at

Mo–Fr 17–21 Uhr • €€

Schönes Lokal, mit mediterranem Fliesenboden und idealer Beleuchtung. Zur Wahl steht ein äußerst fair bepreistes Zwei-, Drei- oder Vier-Gänge-Menü mit vegetarischem Fokus. Wunderbar die Frühlings-Caprese mit Burrata und ungewohnt knackigen Erbsen, solide die Spinat-Kräuter-Creme mit pochiertem Ei und Schafskäse mit dominantem Räucheraroma. Das perfekte Sauerteigbrot wird von Bernadette Wörndl täglich frisch gebacken. Zum auf den Punkt gegarten Safranrisotto gibt es einen toll abgeschmeckten Wildkräutersalat (6,90 Euro extra). Eine Sensation ist das in einer sämigen Kamillebrühe pochierte Forellenfilet mit Fregola Sarda und reichlich Gartengrün.

Amador

19/20

Newcomer 2017

Koch: Juan Amador

1190 Wien, Grinzinger Straße 86 • 0660 907 0500
reservation@restaurant-amador.com • www.restaurant-amador.com
Mi–Fr 18.30–24, Sa 12–15 und 19–24 Uhr •

Wow, was für ein Abend! Reden wir nicht lange drumherum: Juan Amador (der Spanier) startet mit einer Reihe von Tapas. Das, was andere ihre „Grüße aus der Küche" nennen. Den Auftakt macht „Königskrabbe, Jalapeño und Gewürztee": ein Erdäpfelröllchen mit Königskrabbe und fein eingearbeitetem, keinesfalls zu scharfem Jalapeño. Leichtes Prickeln auf der Zunge. Perfekt dosiert. Dazu – à part serviert – ein Royal, über das feiner Gewürztee gegossen wird. Hocharomatisch. Hervorragend. Was dann, zwei Gänge später, kommt, ist ein Triumvirat guten Geschmacks: Erdäpfel, Buchweizen, Kaviar. Und zwar in Form eine kleinen Tarte, getoppt mit Almas-Kaviar. Also heller Albino-Kaviar vom Beluga-Stör. Amador ist produktversessen. Das werden wir im Lauf des Menüs noch öfter erleben. Die letzte der Tapas heißt schlicht „Rhabarber, Gambero Rosso, Himbeere". Der Gang wird sich unauslöschlich im limbischen System festkrallen. Einfach unvergesslich. Himbeere und der (rohe) rote Gambero bilden eine verführerisch süße Basis, der Rhabarber steuert Frische und Eleganz bei.

Dann Brantner-Brot und Bordier-Butter und anschließend der erste offizielle Gang im Menü: Kaisergranat. Und zwar so: Bester Seeigel aus Hokkaido in feiner Sauce verarbeitet, der Kaisergranat, Sanddorn und Piment d'Espelette trommeln einen dezenten, aber klaren Rhythmus im Hintergrund. Auch das nächste Gericht ist nicht aus dem Kopf zu bekommen. Diesmal wegen der Erbsen. Eine Schüssel frischer, leuchtend grüner Guisante lágrimas. Tränenerbsen. Umwerfend. Ach ja, das Gericht heißt eigentlich Felsenrotbarbe und wird – neben den „lágrimas" – noch mit Ricotta und Rizzoli-Sardelle präsentiert. Allerdings wird nach dem ersten Erbsenlöffel klar, dass der Fisch hier nicht die Hauptrolle spielt.

Es bleibt elegant und ein wenig experimentell. Der bretonische Steinbutt kommt mit Gulaschsaft, Kohlrabi und Presskopf, das Poltinger Lamm danach mit Melanzani, Morcheln und einer indischen Gewürzmischung. Samt deftigem Fettrand. Und ja, auch Klassiker der Amador-Küche werden ins Menü eingebaut. Die geeiste Beurre blanc mit Auster und Haselnussmilch hat zwar schon einige Jahre auf dem Buckel, ist aber immer noch eine Sensation. Amador schließt das Ganze mit ein paar „pequeñas locuras", kleinen Verrücktheiten, ab. Zum Beispiel mit einer mutigen Interpretation einer Schwarzwälder Kirsch. Salzig, sauer und mit Speck. Nur als Beispiel. Ganz zum Schluss noch zwei Pralinen als Hommage an Joan Miró. Wie gesagt: ein Wow-Abend, der nachhaltig im Gedächtnis bleibt.

Apron

17/20 🍴🍴🍴🍴

Service Award 2020

im Hotel am Konzerthaus

Koch: Stefan Speiser

1030 Wien, Am Heumarkt 35–37 • 01 907 47 47
welcome@restaurant-apron.at • www.restaurant-apron.at

Di–Sa 18–24 Uhr

Das Hotel am Konzerthaus darf zumindest von außen nicht als das eleganteste oder gar schönste Hotel Wiens bezeichnet werden. Die Lage ist gut, aber nicht exzellent, es gehört einer bekannten durchschnittlichen Hotelgruppe an und würde als Unterkunft mit nichts Besonderem herausstechen. Wäre da nicht das Hotelrestaurant Apron, das von Stefan Speiser bekocht wird und bereits einiges an internationalen Auszeichnungen einheimsen konnte.

Sein Kochstil lässt sich nicht kategorisieren: Er ist eine ausgewogene Mischung zwischen regional und saisonal mit Einflüssen aus den internationalen Küchen der „üblichen Verdächtigen“: Asien, Italien, Frankreich. Von allem nur das Beste. Die Gerichte sind ein wenig verspielt, vielteilig und dennoch ausgewogen in der Zusammenstellung. Eine Attraktion ist zum Beispiel die Butterkerze, die langsam runterschmilzt und sich mit einem Bratensaft vermischt, in den dann ein frisch gebackenes Hausbrot getunkt werden kann.

Einen fulminanten Auftakt macht das Vitello tonnato, das nur bedingt als solches erkannt wird: ein Blauflossen-Thunfisch mit Sulz vom Kalb und eingelegten Dirndln, die „Waldviertler Oliven“. Der Cobia mit grünem Spargel im Kokosfond gelingt vorzüglich, ebenso die Steckrübe mit Kobe Beef. Der Maibock mit Gänseleber-Tartelette ist großartig, speziell das dazugehörige Carpaccio mit Fichtennadeldressing und die gehobelte Foie gras.

Das Duroc-Schwein kommt mit dem Blunz'n-Knödel und knuspriger Chorizo vielleicht etwas deftig daher, aber das darf in diesem vielfältigen Menü auch sein. Dafür erfrischt das Dessert mit Ricottamousse und Beeren im Verbenesud. Selbstverständlich ist die Weinbegleitung entsprechend exklusiv gestaltet mit feinen Weinen und Sake von österreichischen und internationalen Winzern. Einen großen Applaus für diesen wirklich einzigartigen Abend und Stefan Speiser. Bitte weiter so.

Artner

12,5/20

am Franziskanerplatz

Koch: Patrick Trafoier

1010 Wien, Franziskanerplatz 5 • 01 503 50 34
franziskanerplatz@artner.co.at • www.artner.co.at

Mo–Sa 12–24 Uhr

Wer will, kann hier auch Fisch bestellen. Der Seesaibling matcht sich mit dem Zander um die Gunst der Fischliebhaber. Selbst Vegetarier finden hier mit Eierschwammerlgulasch oder Tagliatelle mit Mangold, Pfirsich und Sommertrüffel verlockende Angebote. Tatsächlich ist das Artner jedoch ein Paradies für Fleischliebhaber. Neben ordentlichen Steaks, Burger und Schnitzel gibt es auch einen vorzüglichen Zwiebelrostbraten. Die Verlässlichlichkeit der Küche sorgt dafür, dass nicht nur Touristen in dieses attraktiv gestaltete City-Restaurant stolpern, sondern auch viele Wiener Stammgäste gerne vorbeikommen. Glasweise kann man gleich aus zehn verschiedenen Sorten des familieneigenen Weinguts wählen.

Beaulieu

11/20

Bistrot

1010 Wien, Herrengasse 14, Palais Ferstel • 01 532 11 03
office@beaulieu-wien.at • www.beaulieu-wien.at

Mo–Sa 10–21.30 Uhr

Das französische Bistro mit angeschlossener Épicerie, in dem es an sehr kleinen Tischen immer wurlt, aber stets fein schmeckt. Das fängt beim Baguette an, als Original, das außen wahnsinnig knusprig und innen herrlich flaumig ist, und endet bei der Bouillabaisse mit Fisch, Krevetten, Muscheln, typischer Rouille sowie Croutons, die so dicht und üppig ist, dass sie auch sehr hungrige Menschen als Hauptgang satt macht. Nicht minder erfreulich die Moules marinières, also Muscheln in Weißwein, und das Glas Pétillant Naturel vorab. Dessert muss unbedingt sein, die Frage ist nur: Tartelette, Eclair oder Käse? Am besten alles zusammen.

BEEF & GLORY – Steakerei

12/20

Koch: Richard Stoklassa

1080 Wien, Florianigasse 35 • 01 997 41 55
steak@beefandglory.at • www.beefandglory.at

Mo–Sa 17–24, So 11–24 und Brunch bis 15 Uhr

Hier wird mehr geboten als das, was man sich von einem durchschnittlichen Steakrestaurant erwarten kann. Zur Begrüßung werden im dunkel getäfelten Restaurant frisches Brot mit Aufstrich sowie ein raffiniertes Amuse-Gueule aus Pilzen gereicht. Das Servicepersonal ist ausgesprochen aufmerksam und mit offensichtlicher Freude bei der Arbeit. Die Vorspeisenauswahl ist erfrischend und die Steaks werden bei bis zu 1000 Grad perfekt gegart. Spezialitäten vom Wagyu-Rind und von der Alten Kuh (XO Beef) bezeugen, dass hier auf hohem Niveau agiert wird. Die Weinauswahl ist klein, aber gut auf die Speisen abgestimmt, der Rotwein perfekt temperiert.

Benkei

12,5/20

1030 Wien, Ungargasse 65 • 01 718 18 88
benkei@aon.at

„Wir haben das beste Sushi", wird uns gleich bei der Bestellung erklärt. Nigiri und Maki sind in der Tat von sehr guter Qualität. Das spartanisch eingerichtete Lokal bietet traditionelle japanische Küche in feiner Auswahl. Unter den Kobachi, den kleinen Vorspeisen, empfehlen wir drei knusprig gebratene Tofus: Age, Yaki Atsuage und Age-Dashi, alle ausgezeichnet. Ebenfalls erwähnenswert: Wakame-Salat, Spinat in Sesamsauce und gekochte Sojabohnen. Köstlich auch der Kamameshi Tori, ein Hühner-Reis-Topf mit Shiitakepilzen. Charmanter Service durch Chefin und Chef persönlich. Mittags preisgünstige Menüs.

© Shutterstock/Helga King

Bolena

12/20

Restaurant & Weinbar

Koch: Domenic Rief

1080 Wien, Lange Gasse 61 • 01 405 03 70, 0664 210 8518
bolena@bolena.at • www.bolena.at

Di–Sa 17.30–22 Uhr • €

Gemütlich und ungezwungen ist die Einkehr in der Weinbar Bolena in der Wiener Josefstadt. Dafür sorgen der Schanigarten, das Interieur (Weinkisten an den Wänden usw.), ein herzlicher Service und eine saisonale kleine Speisekarte, die Köstlichkeiten wie Antipasti, Beef Tatar, Calamari fritti oder Tagliatelle mit Eierschwammerln bereithält. Zum Ende oder zum Wein bestellt man gerne auch die Käseselektion. Für ein süßes Finale stehen hausgemachte Eiscreme (Rhabarber!) oder Topfenknödel zur Auswahl. Ein zeitgeistiger internationaler Mix, der aufgeht. Das Weinsortiment verspricht österreichische Klassiker mit Ausflügen nach Italien und Spanien.

Boxwood

12/20

Koch: Joel Mikulan

1010 Wien, Grashofgasse 1 • 01 295 88 99
reservierung@boxwood.at • www.boxwood.at

Di–Fr 17–24, Sa und So 11–24 Uhr • €€

Essen soll Spaß machen. Genau das tut es im Boxwood. Besonders an Samstagen und Sonntagen, wenn das Motto Sharing-Brunch lautet. Dann teilt man sich Bruschetta mit Roastbeef oder Lachs, Eggs Benedict oder Beef Tatar. Bei den Hauptgerichten wählt man zwischen Wiener Schnitzel, getrüffelten Eiernockerln, Ziegenkäsetortelloni mit Rotkraut oder geschmorten Rindsbackerln mit Mango und lauwarmem Vermicelli-Kräuter-Salat. Bei den Desserts wird wieder geteilt: French Toast mit Ahornsirup oder Cheesecake. Sharing is caring.

Brasserie Poldie

14/20

Koch: Antoine Deshaires

1020 Wien, Taborstraße 81 • 01 356 350 015
salut@poldie.wien • www.poldie.wien

Di–Sa 17–22 Uhr • ♿ • €

Auf Laufkundschaft brauchen die Gastgeber Reinhold und Christina Six in dem verschlafenen Viertel in der Leopoldstadt (daher „Poldie") nicht zu hoffen. Ihr Lokal mit dem wunderschönen Innenhof ist ein verstecktes Juwel, das allerdings schon seine Fangemeinde gewonnen hat. Der neue französische Küchenchef Antoine Deshaires hat nicht nur das frankophile Profil weiter geschärft, sondern auch ein gutes Händchen für Saucen. Die Begrüßung mit einer Amuse-Gueule-Etagere fällt sehr vielversprechend aus. Die Karte ist – wie es sich für eine Brasserie gehört – überschaubar und bietet Klassiker wie frische Austern (roh oder frittiert), formidable Moules-frites oder handgeschnittenes Beef Tatar. Es lohnt sich auf jeden Fall ein Blick in die Vitrine, in der Köstlichkeiten abseits der Karte angeboten werden. Wir haben Glück und bekommen eine herrliche Pastete aus Hühnerherzen und Schweinebauch. Aber auch wachsweiche Eier mit Sellerie und lila Senf sind überzeugend. Der Fisch des Tages ist ein Wels „à la diable" mit Tomaten-Senf-Topping auf Chicorée, Kartoffeln, Austernpilzen und einer perfekt balancierten Orangensauce. Die Desserts sind schlicht, aber wohlschmeckend. Die vom Chef kuratierte Weinkarte enthält nicht nur eine große Auswahl österreichischer Tropfen, sondern auch viele spannende Franzosen.

Bristol Lounge

12,5/20

im Hotel Bristol

Koch: Stephan Zuber

1010 Wien, Kärntner Ring 1 • 01 515 165 46
restaurant.bristol@luxurycollection.com • www.bristol-lounge.at

6.30–24 Uhr • €€€

Im feinen Ambiente des legendären Ringstraßenhotels fühlt man sich zwischen Marmor, Messing, kunstvollen Wandspiegeln und einer imposanten Stuckdecke in imperiale Zeiten versetzt. Die Küche hat eine klar reduzierte Richtung eingeschlagen: Mit Tafelspitz, Wiener Schnitzel und Zwiebelrostbraten setzt man auf die internationalen Aushängeschilder der Wiener Küche. Dauerbrenner von Welt wie Caesar Salad, Burger und Clubsandwich können als Angebot an das durchreisende Publikum gelesen werden. Köstlich das vegane Tatar von Roter Rübe und Pilzen. Auch bei den Desserts besinnt man sich regionaler Größen wie Apfelstrudel und Kaiserschmarren.

Brösl

12/20

Koch: Florian Villiger

1020 Wien, Wohlmutstraße 23 • 0676 394 9105
hallo@broesl.at • www.broesl.at

Mo–Do 17–23, Fr und Sa 17–24 Uhr • ♿ • €

Die Sache mit der ultrasaisonalen Küche ist – zumindest im Spätwinter – nun ja, so eine Sache. Bei unserem Besuch im – sehr schön Nouveau-Grätzlwirtshaus-mäßig renovierten – Restaurant Brösl äußert sich das in einer erheblichen Rüben- und Wurzeldominanz, sprich: Kohlrabi, Fenchel, Karotte, Sellerie, Pastinake, Erdäpfel. Aber man macht hier eindeutig das Beste daraus, nämlich erstaunlich leichte, tendenziell Ottolenghi-hafte Gerichte, in denen das Gemüse durchwegs eine sinnvolle Hauptrolle spielt. Serviert wird per Sharing-Prinzip, getrunken natürlich Natural Wine – und ja, man darf hier ruhig ganzjährig eine gute Zeit haben.

Bruder

14/20 Küche & Bar

1060 Wien, Windmühlgasse 20 • 0664 135 1320
hallo@bruder.xyz • www.bruder.xyz
Mi–Sa 17–22 Uhr

Der einzige Wermutstropfen gleich zu Beginn: Auf das Restaurant mit Bar in der Windmühlgasse herrscht ein wahrer Run und entsprechend lang sind die Reservierungszeiten für einen Tisch – was im Umkehrschluss natürlich nur ein Indiz für die geniale Leistung von Getränkezauberer Hubert Peter und Küchenheld Lucas Steindorfer ist. Wir besuchen das „Bruder" daher mit entsprechender Vorfreude und nehmen an einem warmen Sommerabend unter bunten Lichterketten im Innenhof Platz. Kurz auch in den Innenraum, eine Art „Genusslabor", hineingespitzelt, wo in großen Gläsern Schmackhaftes in vielen Farbtönen vor sich hin fermentiert. Wir stoßen mit Kombucha mit Marille und Kürbiskernöl an und wählen das dreigängige Menü, „Die Goldene Mitte", bei dem man sich die Wunschspeisen aus den Kategorien „Darf ich kosten", „Endlich was Gescheits" und „Deine Waage lügt" selbst zusammenstellt: Zum Start eine üppig dimensionierte und sehr erfrischende Ceviche mit Pfirsich und Gurke; danach einmal Fisch (Waller am Spieß auf Kraut), einmal Fleisch (hausgemachte Bratwurst auf Kartoffelpüree) und einmal vegetarisch (Karfiol mit Haselnuss und Senfkörnern). Das alles mag bekannt klingen, kommt aber mit überraschenden Twists zum Tisch. Zum süßen Abschluss bekommen wir Stäbchen, denn die Mohnnudeln entpuppen sich als Udon-Nudeln im Schälchen. Dazu Sorbet und ein Glückskeks. Die Naturwein-Entdeckungen sind spannend, das Serviceteam agiert gut gelaunt und kompetent.

Buchecker & Sohn im Gusshaus

12,5/20

Koch: Franz Buchecker

1040 Wien, Gußhausstraße 23 • 01 929 56 74
franzbuchecker.wien@gmail.com • www.gasthaus-bucheckerundsohn.at
Mo–Fr 12–22 Uhr • ♿ • €

Ist das Buchecker & Sohn nun ein Nobelbeisl oder ein gutbürgerliches Restaurant? Sitzt man vorne, überwiegt der Beislcharakter, im hinteren Speiseraum fühlt man sich eher wie in einem Restaurant. Egal, die Altwiener Küche, die hier geboten wird, schmeckt hier wie dort. Ergänzt wird diese durch saisonale Gerichte, etwa ein Eierschwammerlrisotto mit Grana, wo die Liebe zu unserem südlichen Nachbarn zum Vorschein kommt. Ausgezeichnet sind auch die arbeitsaufwendigen Innereiengerichte – von der Prager Kuttelsuppe bis zum gebackenen Kalbskopf. Ein bisschen Hunger sollte man sich auch für den köstlichen Kaiserschmarren oder andere Verführungen der Wiener Mehlspeisküche aufheben. Die Weinkarte mit Schwerpunkt Österreich ist fair kalkuliert, der Service flott und freundlich. Einziger Wermutstropfen für zahlreiche Buchecker-Fans: Seit vergangenem Herbst ist nur noch abends geöffnet.

Buxbaum

13,5/20

im Heiligenkreuzerhof

Koch: Mathias Wagila

1010 Wien, Grashofgasse 3 • 01 276 82 26
reservierung@buxbaumrestaurant.at • www.buxbaumrestaurant.at
Mo–Sa 12–14.30 und 17–22 Uhr • €

Benjamin Buxbaums Restaurant im Wiener Heiligenkreuzerhof ist eine kleine Oase der Ruhe. Sowohl im Gastgarten als auch im Restaurant fühlt man sich sofort wohl. Das Menü startet mit einem gebackenen Ei auf Spinatcreme mit Imperial-Kaviar. Das Kotelett vom Ötscherblick-Schwein mit Fenchel, Ofenerdäpfeln und knuspriger Chorizo gerät perfekt gebraten und für die Größe der Portion preislich mehr als angemessen. Der im Ganzen gebratene Wolfsbarsch ist glasig, wird professionell am Tisch filetiert und ist eine uneingeschränkte Empfehlung. Die dazu gereichten Zitronenlinguine und die Kaviar-Beurre-blanc passen wunderbar zum Fisch. Eine Kritik auf hohem Niveau können wir nur beim Dessert anbringen: Die pochierte Birne mit Haselnuss und Karamell bleibt ob des verhaltenen Fruchtgeschmacks leider etwas unter den Erwartungen. Die Weinkarte bietet neben Klassikern auch viel Neues und Spannendes.

C.O.P. Ⓝ

12,5/20

1010 Wien, Biberstraße 8 •
office@copvienna.at • copvienna.at
Di–Sa 18–23 Uhr • €€

Zwar ist das Konzept des „Sharings“, bei dem alle Teller in die Mitte des Tischs wandern und sich jeder nach Lust und Laune bedient, nicht ganz so neu und innovativ, wie es uns unsere charmante Kellnerin vermitteln möchte, aber da man keine der zahlreichen Köstlichkeiten versäumen will, ist es an diesem Abend sehr willkommen. Auch die zwar kleine, aber klug zusammengestellte Getränkekarte trägt zum Gelingen eines Abends mit Köstlichkeiten wie zum Beispiel Ceviche von der Goldbrasse, Hühnerleber-Pâté mit Akazienhonig oder sautierten Calamari bei. Besonders herausstreichen aber müssen wir den im Ganzen golden gebackenen – grätenfreien – Wolfsbarsch mit Aioli. Kaum je einen so saftigen „Backfisch“ gegessen. Chapeau!

Café Bel Étage ⓝ

12,5/20

Ambiente Award 2024

im Hotel Sacher Wien

1010 Wien, Kärntner Straße 38 • 01 514 561 053
wien@sacher.com • www.sacher.com

Hat man es an den vielen Sachertorten im Erdgeschoss vorbeigeschafft, wird man im ersten Stock des Café Bel Étage willkommen geheißen. Das Ambiente ist gemütlich-plüschig und in Rot gehalten. Gemälde, Kaffeemühlen, Kristallluster und die mit Naschereien gefüllte Vitrine ziehen den Blick auf sich. Die Speisekarte erfüllt die Wünsche von Kaffeehausliebhabern vollends: Das Wiener Schnitzel in buttrig-knuspriger Panade ist mit Sicherheit eines der besten der Stadt, das Eierschwammerlrisotto mit Rieslingschaum cremig und zart. Die Melonenkaltschale erfrischt an heißen Sommertagen, ein Stück Sachertorte mit Schlag stärkt für den Shoppingbummel auf der Kärntner Straße. Diese und die Wiener Staatsoper hat man – Kirsche auf dem Sahnehauberl sozusagen – von den Fenstertischen aus im Blick.

Cafe Kandl

13,5/20

Koch: Georg Böhm

1070 Wien, Kandlgasse 12/2 • 01 890 893 815
mail@cafekandl.at • cafekandl.at
Di–Sa 18–24 Uhr • €€

Im Epizentrum der neuen Wiener Hipster-Weinbar-Welle (NWHWW) steppt der Zeitgeist natürlich lautstark – aber auch erstaunlich unpenetrant. Die Stimmung fällt lässig aus, die Küche schickt clevere, aber niemals obergescheite Gerichte: wolkig-leichtes Kohlrabi-Tempura mit sanft angegartem Forellenfilet; süffige Germknödel mit Époisses-Fülle und Lauchmarmelade; eine längst legendäre, weil ja wirklich fantastische Faux Gras aus Pilzen und Radicchio; dazu Specials wie Schnecken-Lauch-Ragout mit Babyerdäpfeln. Sehr schön auch: die auf historischen Diddl-Maus-Stickerbögen gedruckte Weinkarte, die bei allem Naturwein-Eklektizismus durchaus zugänglich bleibt (auch was die Preisgestaltung betrifft). Hashtag-Vorschlag: KSL (Kandl super leiwand).

Cantinetta Antinori

13,5/20

Koch: Lorenzo Dimartino

1010 Wien, Jasomirgottstraße 3–5 • 01 533 77 22
office@cantinetta-antinori.at • www.cantinettaantinori-vienna.at

11.30–22 Uhr • €€

Genießer verbinden mit dem Namen Antinori herausragende Weine aus verschiedenen Regionen Italiens. Zu gutem Wein gehört auch gutes Essen. Diesbezüglich werden Feinschmecker in der Wiener Jasomirgottstraße fündig. Für den ersten Hunger bietet die Küche Tomaten-Brotsuppe oder ein hervorragendes Vitello tonnato. Bei den Primi Piatti empfehlen wir Tagliatelle mit Ragù vom Kalb. Die Beilagen, etwa Rosmarinerdäpfel, muss man extra zu den Hauptgängen bestellen. Italophile Gäste kennen das. Jedenfalls hat man bei den Secondi, den zweiten Hauptgängen, die Qual der Wahl zwischen gegrilltem Beiried, Wolfsbarschfilet mit Kapern oder Kalbsrücken mit getrüffeltem Kartoffelpüree. Bei den Desserts verlässt die Küche nicht den Weg der Klassiker: Tiramisu, Pannacotta und warmes Schokotörtchen müssen für das süße Verlangen reichen. Und tun es auch. Kaum anderswo gelingen die Klassiker derart köstlich und präzise.

Casino Kulinarium Ⓝ

11,5/20

im Casino Zögernitz

1190 Wien, Döblinger Hauptstraße 76 • 0676 741 7036
restaurant@zoegernitz.com • zoegernitz.com/restaurant

Ein bisschen schlägt sich die neonbunte Diner-Stimmung im neuen Casino Zögernitz ja mit dem einigermaßen streng durchgezogenen Johann-Strauss-Konzept (die Vorspeisen heißen hier: „1. Takt“, die Getränke firmieren unter „Der fließende Walzer“). Andererseits kann so eine Dissonanz schon auch die Spannung erhöhen und im Fall des neuen „Kulinariums“ unter der Leitung von Stefan Glantschnig kommt dazu eine beruhigende Stabilität in Küchendingen. Es geht hier im Kern um die Altwiener Küche, aber „with a twist“ (im Walzertakt, mutmaßlich), also: Mayonnaise-Ei mit Beinschinken und Krensauce, Backhendl mit sehr instagrammablem Kernölsalat, Forelle Müllerin, Kaiserschmarren, jeweils sehr gut getaktet. Casino Royale.

Casino Restaurant Wien

12,5/20

das Restaurant im Casino Wien

Koch: Thomas Wohlfarter

1010 Wien, Kärntner Straße 41 • 01 512 483 621 500
cuisino.wien@casinos.at • www.wien.casinos.at

Mo, Di, Mi, Do und So 17–23, Fr und Sa 17–24 Uhr • €€€

Kärntner Straße, Casino, Haubenlokal ... da steht schon einiges an Erlebnis auf der Tagesordnung. Der teilbare Restaurantraum ist im vorderen Bereich, vom karierten Fußboden abgesehen, gediegen-prunkvoll, im hinteren Teil eher kitschig in Lackrot eingerichtet. Angeboten werden einerseits zwei Menüs – eines davon vegetarisch – und andererseits eine, wenn auch kleine Auswahl an attraktiven À-la-carte-Gerichten. Jedenfalls finden sich darunter ein Fisch-, ein Fleisch-, ein Huhn- und auch ein vegetarisches Gericht. Die Weinkarte ist national sehr ausgiebig, international eher dürftig. Die Nachspeisen sind hervorragend.

Champa

11,5/20

1230 Wien, Scherbangasse 9 • 0680 158 9179
www.champa.at

Die vielen neuen Wiener Grätzl bieten zwar attraktive Wohnungen, beim gastronomischen Angebot besteht aber meist noch Luft nach oben. Im Carrée Atzgersdorf im 23. Bezirk stellt das ansprechend modern eingerichtete Champa mit spannend-exotischer khmer-vietnamesischer Fusionsküche einen Lichtblick dar. Salate mit (Chili-)Schärfe, herrlich schlatzig-fette gebratene Austernpilze mit feinem Pfeffer-Limetten-Dip und das hierzulande zum besten aller Geflügel zählende Sulmtaler Huhn in unterschiedlichen Zubereitungsarten bereiten durchaus Vergnügen. Dazu ein freundlich-rascher Service und noch ausbaufähige Desserts. Alles in allem eine zwar unspektakuläre, aber doch recht erfreuliche Angelegenheit.

Chez Bernard Ⓝ

13/20

Koch: Markus Winkler
1060 Wien, Mariahilfer Straße 71A, Eingang Schadekgasse 20 • 01 581 46 00
restaurant@chezbernard.at • www.chezbernard.at
Mo–Fr 12–14.30, Sa und So 12.30–14.30 und 17.30–23 Uhr • ♿ • €€

Das im obersten Stock des Hotels Motto gelegene Chez Bernard – nach seinem Betreiber Bernd Schlacher benannt – hat sich durch seinen Brunch und die Dachterrasse mit Blick über Wien schon nach kürzester Zeit einen Platz im Herzen der Wiener erobert. Aber auch dinieren lässt sich's in dem opulent, aber äußerst geschmackvollen „Bistro" wunderbar, wie bei unserem Besuch unter anderem das Spicy-XO-Beef auf Salatherzen mit Tamarinden-Koriander-Dip, das Haricots-Blancs-Ragout – ein französischer Bohneneintopf mit Wurst, Wurzelspeck und Estragon – oder „Esterhazy's" – eine Interpretation der bekannten Torte mit Tonkabohneneis – eindrucksvoll unter Beweis stellen. Besonderes Lob gebührt auch dem Service, der aufmerksam, fachkundig und fröhlich agiert, und dem auf das Speisenangebot bestens abgestimmten Getränkeangebot.

Clementine im Glashaus

14/20

im Palais Coburg

Koch: Fabian Philler

1010 Wien, Coburgbastei 4 • 01 518 181 30
reservierung@palais-coburg.com • www.palais-coburg.com
12–14 und 18–22 Uhr • ♿ • €€

Ein Besuch im Restaurant Clementine im Glashaus bietet einen freien Blick in den Himmel und auf den idyllischen Garten des Palais Coburg. Chefkoch Fabian Philler interpretiert traditionelle Gerichte mit einem modernen, kreativen Twist. Wir starten unsere kulinarische Entdeckungsreise mit einer raffinierten Thunfisch-Frühlingsrolle mit frischen Limettenfilets und Bärlauchaioli. Köstlich die zarte Perlhuhnbrust mit Gnocchi und glasierten Apfelstücken und das Saiblingsfilet mit Erdäpfelpüree und Nussbutter. Zum Dessert genießen wir eine himmlische Zitronentarte. Das reichhaltige Weinangebot lässt keine Wünsche offen.

Cucina Cipriano ↗

13,5/20

Koch: Andrea Cipriano

1060 Wien, Aegidigasse 15 • 0660 164 7608
info@cucinacipriano.at • www.cucinacipriano.at

Purer mediterraner Genuss, höchste Produktqualität und die Fähigkeit, keine Ego-Küche zu bieten – danke, Carmela und Andrea Cipriano, für dieses kulinarische Ausflugsziel mitten in Wien. Manchmal ist es geschmacklich wertvoller, wenn man weniger ergänzt und stattdessen alles aus dem Vorhandenen rausholt. Das gelingt in der Cucina Cipriano auf herausragende Weise. Fregola Sarda im Meeresfrüchtefond zum Beispiel. Mit Muscheln, wie sie frischer nicht sein können, und Krabbenfleisch. Der Branzino kommt ausschließlich mit einem Hauch Olivenöl. Perfekt. Rundherum Rohes aus dem Meer, aber auch Traditionelles wie die luftige Kabeljaucreme. In der Weinkarte findet man auch weniger Bekanntes und einige Überraschungen aus Italien. Stammlokalpotenzial.

Da Moritz

12/20

Koch: Thomas Bös

1010 Wien, Schellinggasse 6 • 01 512 44 44, 0699 116 90353
tisch@damoritz.at • www.zum-huth.at

Mo–Mi 12–22, Do–Sa 12–22.30 Uhr • €

Im Da Moritz wird auf italienische Klassiker gesetzt – und diese werden mit Bravour auf die Teller gebracht. Ob Pizza oder hausgemachte Pasta, man kommt bestimmt auf seine Kosten. Neben Vitello tonnato und Burrata gibt es auch kleine Köstlichkeiten zum Teilen wie etwa knusprig gebackene Salbeiblätter. Als Secondi wird neben Huhn, Steak und Garnelen auch frischer Fisch wie etwa ein saftig gebratener Branzino mit Erdäpfeln und Aioli angeboten. Auch bei den Desserts bleibt Familie Huth klassisch italienisch mit Tiramisu, Pannacotta und Affogato. Auf der gut ausgewählten Weinkarte findet man zu jedem Gericht den passenden Tropfen.

Daihachi Ⓝ

13/20

Hotel Kempinski

1010 Wien, Schottenring 26 • 01 317 99 81
daihachisushi.at

Seit Kurzem findet man das Daihachi in eleganten Räumlichkeiten des Palais Hansen Kempinski wieder, wo Meister Pan gemeinsam mit seiner Frau die Kunst des Sushi zelebriert. Es gibt dort ausschließlich Sushi und Sashimi in ausgesuchter Qualität – das höchste der Gefühle in puncto warmer Gerichte ist eine Misosuppe, die man sich auch nicht entgehen lassen sollte. Man findet – zum Glück – auch keine kreativen Sushi mit Fusion-Hintergrund. Meister Pan bleibt hier puristisch. So puristisch, dass Nigiri, Maki oder Temaki auch mit Zutaten angeboten werden, die außerhalb Japans nur wenigen bekannt sind. Natto zum Beispiel: fermentierte Sojabohnen, die unglaublich aromatisch sind. Pan serviert sie als Maki oder Temaki. Bei den Getränken stehen – ebenfalls sehr japantypisch – Sake und Tee im Vordergrund.

das kraus

15,5/20

1020 Wien, Große Pfarrgasse 7/EG • 01 890 34 11
reservierung@daskraus.at • www.daskraus.at
Mi–Sa 18–24 Uhr •

Das Märchen könnte so beginnen: Geht ein leidenschaftlicher Karnivore ins Restaurant und kommt als Flexitarier wieder raus. Ein Abend im „das kraus" kann verwandeln. Mit dem „Casual-Fine-Dining"-Konzept ist es der Küche gelungen, Leidenschaft und Veganes „schmackhaft zu präsentieren". Auch weil zu jedem Gericht des Sechs-Gänge-Menüs eine Geschichte erzählt wird. Die man zwar nicht immer versteht, weil man dafür Experte für Fermentation mit Kimchi-Know-how und Shio-Koji-Kunde sein müsste. Das braucht's aber gar nicht, um überrascht festzustellen, wie etwa ein schlichtes Salatherz zur Geschmacksexplosion mutiert, wenn es mit Rhabarber, Käferbohne, Kichererbse und Minze eine geheimnisvolle Liaison eingeht. Nie fad, nie anstrengend, immer überraschend: So könnte man den Abend beschreiben, der mit Raps und Flechten, mit Belper Knolle und Austernseitling, mit grüner Mandel und Tofu eine Überraschung nach der anderen liefert. Und die Weinkarte kann auch ganz schön viel.

Das Loft ↗

12/20

Koch: Peter Duransky

1020 Wien, Praterstraße 1 • 01 906 168 110
dasloft@so-hotels.com • www.dasloftwien.at
18–22 Uhr • ♿ • €€

Es brummt und boomt, das Loft im 18. Stock des Sofitels beim Schwedenplatz. Wer sich die Stadt hautnah an den bis zum Boden reichenden Fenstern zu Füßen legen möchte, muss das viergängige Menü zum dreistelligen Preis bestellen, À-la-carte-Gästen bleibt nur die weniger attraktive „zweite Reihe“, wie es im elektronischen Reservierungssystem heißt. Erfreulicherweise befindet sich die Qualität der Küche eindeutig im Steigflug, wie der schön angerichtete gebeizte Saibling mit harmonierender Williamsbirne, Sellerie und Kaviar oder der zart ausgewogene Zander in einem Hauch von Dillschaum beweisen. Auch der Rehrücken in milder Wacholdersauce, gepimpt mit Schwarzwurzel-Haselnuss-Trompetenpilz-Topping, macht Spaß. Mit Fortschreiten des Abends verwandelt sich – bei zunehmender Lautstärke der Musik und Reduzierung der Beleuchtung – die Restaurantatmosphäre in Richtung Club-Feeling.

Das Lokal im Hof

12,5/20

Koch: Sebastian Slavicek

1040 Wien, Weyringergasse 36 • 01 9719141
office@daslokal.at • www.daslokal.at
Mo–Fr 11–23, Sa 16–23 Uhr • ♿ • €€

Beim Lokal im Hof handelt es sich um eine Hinterhof-Partie im besten Sinne. Nur wenige Schritte vom Hauptbahnhof entfernt, liegt es im verborgenen Innenhof der Alpenmilch-Zentrale. Der Gastgarten ist wahrlich puristisch, aber trotzdem stimmig, innen sitzt man sehr gemütlich. Neben attraktiven Mittagsmenüs gibt es eine kleine À-la-carte-Auswahl und ein „Chef's Choice"-Überraschungsmenü. Wir starten mit einer Ceviche vom Bachsaibling mit Leche de Tigre – sehr mild angelegt, aber tolle Produktqualität. Die folgende Vichyssoise mit Räucherforellen-Verhackertem ist wunderbar balanciert – ebenso der Hauptgang: ein Brunnenkresse-Risotto mit Steinpilzen und Eierschwammerln. Das Dessert – Pfirsich Melba 2.0 – mit sous-vide gegartem Pfirsich, Pfirsicheis, Vanilleschaum und Pistaziencreme ist ein würdiges Finale. Der Service ist besonders aufmerksam und freundlich. Die Weinkarte mit Naturweinschwerpunkt ist nicht nur exzellent bestückt, die Sommelière kann auch kundig Auskunft geben.

Das Prost®

13/20

1230 Wien, Speisinger Straße 224 • 0677 677 05032
mail@dasprost.at • dasprost.at

Schon 1899 eröffnete die Familie Prost (nomen est omen!) das gleichnamige Gasthaus mit dem lauschigen Gastgarten und der wunderbaren Schank, das dann – inzwischen vulgo Schwammerlwirt genannt – durstigen Wienerwald-Wanderern als Einkehr diente, um nach kleinem Dornröschenschlaf 2023 wunder- und liebevoll revitalisiert unter altem Namen seine Auferstehung zu feiern. Und so begrüßt uns die Kellnerschar bestens gelaunt zu reschem Spargel-Cordon-bleu und flaumigen Grammelknödeln, gefolgt von einer bestens abgeschmeckten confierten Goldforelle mit grünem Spargel, Mairübe und Babymangold und einem vorbildhaften Kalbsbutterschnitzel mit Erdäpfelpüree und Röstzwiebel. Dem wollen sowohl die Riesenportion Crème brulée als auch die Schokomousse-Bombe, gefüllt mit Himbeeren – ein Kracher (!) –, um nichts nachstehen. Der 23. ist im Glück!

Der Ringsmuth

11,5/20

Koch: René Ringsmuth

1100 Wien, Johannitergasse 1 • 01 6031835
restaurant@der-ringsmuth.at • www.der-ringsmuth.at

Di–Sa 11.30–22 Uhr • ♿ • €

Auf der Speisekarte des Ringsmuth im zehnten Wiener Gemeindebezirk dominieren bekannte Wirtshausklassiker. Neben Tafelspitz und Co finden jedoch auch vermehrt internationale Einflüsse ihren Weg in das Menü. Schwarzwurzel – mariniert, gebacken und gesulzt – etwa zum Start. Die französische Bratwachtel mit cremigen Linsen und Portweinquitten folgt und sorgt für einen gedanklichen Ausflug in die Normandie. Dreierlei Palatschinken mit Marille, Kirsche und Topfen bilden den Abschluss. Überraschend vielfältig und aussagekräftig ist die Weinkarte mit teils hervorragenden Weinen aus Österreich, Deutschland, Italien und Frankreich.

Der Stasta

11,5/20

Koch: Anton Brocic

1230 Wien, Lehmanngasse 11 • 01 865 97 88
hotel@stasta.at • www.stasta.at

Mo–Sa 11–15 und 18–21.30 Uhr • €€

Moderne Gasthausatmosphäre und eine sehr freundliche Bedienung zeichnen den Stasta aus. Stastas Minigrammelknödel und warmes Birnenkraut klingen nicht nur gut, sie schmecken auch hervorragend. Das ausgelöste Buttermilch-Backhuhn aus der Oberkeule ist supersaftig und ein Geschmackserlebnis. Das Fleisch ist in Buttermilch mit Kräutern gezogen, dazu gibt es einen köstlichen Erdäpfel-Blatt-Salat. Man merkt die Liebe, mit der die Speisen zubereitet werden. Das Restaurant ist definitiv einen Ausflug in den 23. Bezirk wert – wenn man sich mit traditioneller Wiener Küche verwöhnen lassen will.

Deval ↗

15/20

Koch: Daan de Val

1010 Wien, Doblhoffgasse 5 • 01 890 87 97
info@devalrestaurant.at • www.devalrestaurant.at
Mi–Sa 18–23 Uhr

In unmittelbarer Nähe des Parlaments kocht der aus den Niederlanden stammende Küchenchef Daan de Val mit viel Witz und Esprit. Jeden Gang erklärt er mit typisch holländischem Akzent – und die Abende verlaufen spaßig und kurzweilig. Evelyn Schranz im Service kümmert sich charmant um Weinempfehlungen und besondere Wünsche der Gäste, die sich über ein gelungenes Sechs-Gänge-Menü freuen dürfen. Nach hausgemachtem Brot und Aufstrichen kann es – abhängig von Saison und Marktangebot – einen aus Hülsenfrüchten hergestellten Burger mit Auberginen und würzigem Pesto geben. Der angeröstete Karfiol wird mit Gurke und Trüffel serviert – eine vegetarische Vorspeise, die begeistert. Zu den zerzupften Rinderbacken wird ein erfrischendes Spinat-Rucola-Sorbet serviert, zum rosa gegarten Kalb mit Heuaromen gibt es violette Erdäpfel. Der finale Ziegenkäse mit einem Schuss Schnaps, Schokosorbet und Birne überzeugt ebenso.

Die Palette®

16/20

Koch: Gerd Sievers

1020 Wien, Vorgartenmarkt, Stand 22 + 23 • 0664 200 0054
office@diepalette.at • www.diepalette.at

Mi 15–22, Do–Sa 12–22 Uhr •

Die Palette am Vorgartenmarkt hat sich zu einem der spannendsten Lokale Wiens entwickelt. Zugegeben, ein Tisch für acht Gäste und weder Speise- noch Getränkekarte sind eine Herausforderung. Daher ein Tipp: rechtzeitig reservieren, Anzahl der Gänge festlegen, den Rest dem Hausherrn überlassen. Traditionell wird mit einem Austerngericht gestartet. Urlaubserinnerungen weckt ein Sashimi mit Schwertfisch, Oktopus und Bottarga, das durch Kapern, Koriander, Fenchel und Olivenöl eine angenehm mediterrane Note erhält. Kross gebratener Spargel mit Babyspinat, Parmesan und Eidotter entpuppt sich im Mund als eine Geschmacksexplosion, die nicht nur Vegetarier glücklich macht – Umami pur! Die Froschschenkel sind durch den beigefügten Charapita-Chili etwas zu scharf geraten und beeinflussen den eigenen Geschmack. Als puristischer Hauptgang kommt ein Stück Entenbrust mit einer selbst gemachten, leicht süßen Hoisinsauce auf den Tisch. Eine Gubana mit Grappa-Rosinen schließt das Menü ab. Die Flasche Champagner 1818 brut von Charles le Bel ist die perfekte Begleitung.

DiningRuhm

14,5/20

Koch: Marcel Ruhm

1040 Wien, Lambrechtgasse 9 • 01 945 22 24
office@diningruhm.at • www.diningruhm.at

Di–Sa 11–14 und 17–22 Uhr • €€

Die japanisch-peruanische Fusionsküche im Diningruhm hat seit Jahren einen fixen Podestplatz beim Ranking der asiatischen Gourmetlokale. Die Speisekarte ändert sich, wenn auch minimal und saisonal, das ist allerdings auch gut so. Die Frische und Qualität der Produkte sind so überzeugend, dass wohl niemand auf Neuausrichtungen erpicht ist. Am besten beraten ist hier der hungrige Feinschmecker mit einem der Menüs, die Family-Style-mäßig in die Tischmitte serviert werden, feine Schätze wie: Mini-Tacos mit Yellow Tail, Hamachi mit Kaviar, Gänseleber mit Lachs, eine Riesengarnele mit Yuzubutter oder Lammkrone mit Teriyakisauce. Es könnte ewig so weitergehen, aber die Weinbegleitung sollte auch erwähnt werden, denn auch diese ist außergewöhnlich treffend und innovativ – sowohl beim heimischen Wein als auch bei allem, was über den Tellerrand hinausblickt. Das DiningRuhm ist für Nikkei-Fans ein absolutes Muss. Die Gaumenfreuden genießt man hier in einem sehr eleganten, coolen Ambiente, in dem ausgesprochen kompetente und äußerst freundliche Kellner die kulinarischen Wünsche der Gäste bestens erfüllen. Bitte weiter so.

DO & CO Albertina

12,5/20

Service Award 2016

1010 Wien, Albertinaplatz 1 • 01 532 96 69
albertina@doco.com • www.doco.com

Am Sonntag ist die Auswahl an Lokalen in Wien überschaubar. Das DO & CO in der Albertina sollte man dabei aber auf dem Radar haben. Eine gute Stimmung, der auch immer mehr Wienerinnen und Wiener folgen. Diesem Vibe folgt auch das kosmopolitische Food-Sharing-Konzept: mediterran, würzig, abwechslungsreich. Rib-Eye als Tataki (wie Carpaccio präsentiert) oder vom Rost, Croquetas mit Jamon, Kabeljau vom Grill, geschmorte Babykarotten und wunderbare Ochsenschlepp-Pasta, die mit ihrer geschmacklichen Tiefe überzeugt. Das Lokal könnte zu einem Sonntagsklassiker werden. Das junge Serviceteam trägt das seine dazu bei: absolut top!

DO & CO Stephansplatz

13/20

1010 Wien, Stephansplatz 12 (Haas-Haus) • 01 535 39 69
stephansplatz@doco.com • www.doco.com

Dass man im DO & CO am Stephansplatz exzellent wie exquisit speisen kann, wissen die Wiener und Touristen schon lange. Neu ist, dass der Service den großen Gästeansturm nicht immer bewältigt und es unter Umständen zu längeren Wartezeiten kommt. Die Austern, die hier serviert und gerne mit einem Glas Champagner genossen werden, sind von feinster Qualität, das gilt auch für das Sushi, welches hier oft bestellt wird. Das (arg dünne) Kalbsschnitzel ist zumindest schön souffliert paniert, dazu gibt es Gurkensalat und Preiselbeeren. Wer noch Lust auf eine Nachspeise hat, kann auf eine eigene Karte zurückgreifen. „Raspberry Bonfire“ etwa ist ein echter Burner aus Sorbet und Espuma. Oder die „Schwedenfrüchte“: Erdbeeren, die mit Limetten-Sauerrahm serviert werden. Last, not least steht für jene, die es gerne klassisch haben, eine Altwiener Vanillebuchtel parat.

Donnersmarkt®

12/20

im Almanac Palais Vienna

Koch: Andreas Mahl

1010 Wien, Parkring 16 • 01 266 010 840 66
donnersmarkt@almanachotels.com • www.donnersmarkt.com

In exklusiver Lage, am Wiener Parkring, liegt das Fünf-Sterne-Hotel Almanac Palais Vienna, das mit seinem Restaurant „Donnersmarkt“ bereits namentlich auf eine Verbindung anspielt: auf seinen Erbauer, den Industriellen Henckel von Donnersmarck, und auf dessen Vorfahren, die einst an Donnerstagen auf Märkten ihre Lebensmittel anboten. Die Hommage an die Familiengeschichte findet sich auch auf der Speisekarte wieder: Mit einer „Plant-forward-Küche“ macht man Gemüselover glücklich. Wir bestellen gefüllte Portobello-Pilze und Rote-Bete-Salat, genießen die „Wiener Urkarotte“ – nichts als Karotte in verschiedenen Texturen und Farbtönen – und enden mit beerigen und zitronigen Desserts für die Tischmitte. Wer Fleisch oder Fisch mag, wird ebenfalls fündig. Der Service ist freundlich, könnte aber aufmerksamer agieren; das Preis-Leistungs-Verhältnis überrascht positiv.

DOOR NO. 8

12/20

Steakhouse

Koch: Martin Kogler

1070 Wien, Neubaugasse 8 • 01 522 03 92
contact@door8.at • www.door8.at
Mo–Sa 17–21.30 Uhr • ♿ • €€

Flat Iron, Tomahawk, Chateaubriand: Begriffe, die auf der Speisekarte des Steakrestaurants im siebten Wiener Gemeindebezirk Fleischliebhabern bereits das Wasser im Mund zusammenlaufen lässt. Die diversen Cuts werden gerne auch als Surf-and-Turf-Kombination mit Jakobsmuscheln oder einer gegrillten Black-Tiger-Garnele angeboten. Tapas und Saucen können je nach Geschmack variieren. Die süßlich-scharfen Kohlsprossen sollte man jedoch probiert haben. Positiv überrascht ist man von der umfangreichen Weinkarte. Ein Auszug der österreichischen Weinvielfalt wird von Weinen aus Deutschland, Italien, Portugal und sogar Argentinien erweitert.

Dots Establishment

11/20

1060 Wien, Mariahilfer Straße 36 • 01 920 99 80
info@dotsgroup.eu • www.dotsgroup.eu

Moderne Zeiten: Die Speisekarte ist nur mittels QR-Code zu lesen und die Kellner servieren den bestellten Champagner oder den trendigen Cocktail im Kilt. Der Schickeria gefällt es. Für Feinschmecker bietet das Dots Establishment eine gute Sashimi- und Nigiri-Selektion. Zur Wahl stehen auch Dim-Sum, Pekingente und Rinderfilet mit Miso-Sauce. Die Dessertauswahl präsentiert sich dagegen leider eher bescheiden.

Dstrikt

13/20

im Hotel The Ritz-Carlton, Vienna

1010 Wien, Schubertring 5–7 • 01 311 886 16
vienna.restaurant@ritzcarlton.com • www.dstrikt.com

Jeden ersten Sonntag im Monat bietet das Dstrikt die Möglichkeit, sich bei einem Steakbrunch durch das Angebot zu kosten. An anderen Tagen ist das Restaurant nur abends geöffnet, die Gäste erwarten dann Gerichte, die sich in erster Linie an Fleischliebhaber richten. Chateaubriand, Rib Eye, Wagyu-Beef-Filet oder Lammkarree werden gegrillt und mit optionalen Beilagen, etwa Schwarzwurzel, getrüffelte Pommes frites oder Spitzpaprika mit Knoblauch, serviert. Dazu wählt man je nach Wunsch Pfeffersauce oder eine Sauce béarnaise. Seehecht mit Erbsen oder ein Caesar Salad mit gebackenem Huhn sind mögliche Alternativen. Und wer noch Lust auf Süßes verspürt, der kann den Abend mit Crème brulée oder Cheesecake ausklingen lassen. Nachahmenswert: Für jede Karaffe Leitungswasser, die Gäste konsumieren, wird ein Euro an die Caritas zur Hilfe von Bedürftigen gespendet.

Duchardt®

15/20

Koch: Marcus Duchardt

1010 Wien, Sonnenfelsgasse 17 • 01 512 98 71, 0676 383 4177
reservierung@duchardt.at • duchardt.at

Mo 18–22, Di–Fr 12–14 und 18–22 Uhr • • €€

Marcus Duchardt hat im ersten Post-Walter-Bauer-Jahr in der Sonnenfelsgasse Erstaunliches vollbracht: Er hat das Stammpublikum ohne gröbere Einbrüche über den Eigentümerwechsel hinübergebracht. Das liegt wohl auch an der beruhigenden Souveränität, mit der Duchardt das Wiener Traditionsrestaurant betreibt. Die Weinkarte mag nicht mehr ganz so legendär sein, die Gerichte sind klassisch geblieben. Statt Litschauer Leberkäse kommt als Gag aus der Küche ein Stück Mortadella mit Kaviar, gefolgt von einer aparten klaren Eierschwammerlessenz. Danach eine Taubenbrust in Consommé, als Zwischengang gebackene Zucchiniblüte auf Hummus und Schmorgemüse – klingt schwer, gelingt leicht und locker. Im Hauptgang überzeugt der Heilbutt in Safran-Fenchel-Jus mit Kräuterpolenta eher als das kurz gebratene Weidelamm mit Auberginencreme und – rätselhafterweise – Auster. Die Desserts fallen gar brav aus, aber auch das hat hier gewissermaßen Tradition.

Duspara

13/20

Koch: Danijel Duspara

1050 Wien, Wiedner Hauptstraße 115 • 01 945 71 20
info@duspara.at • www.duspara.at

Mo–Fr 11.30–15 und 17.30–22 Uhr • €

Wer Danijel Duspara mittags einen Besuch abstattet, erfreut sich an einer Auswahl abwechslungsreicher Menüs. Zu späterer Stunde bestellt man von der umfangreichen Karte mit bömisch-mediterranen Schwerpunkten. Fleisch, Innereien, Fisch und Nudelgerichte geben hier den Ton an und werden stets punktgenau von dem gebürtigen Bosnier zubereitet. Das gewisse Fingerspitzengefühl hat man sich im Kindesalter bei der Großmutter, später auch im Steirereck, antrainiert und es wurde schlussendlich in Eigenregie perfektioniert. Würzig, interessant, aber keinesfalls übertrieben erfreut sich der Gaumen an der gebackenen Ofenleber und einem Glas Blaufränkisch aus dem Burgenland. Zum Abschluss kredenzt man ein luftig-leichtes Soufflé mit fruchtig-frischem Sorbet.

Eckel

14/20

Köchin: Maria Zarl-Eckel

1190 Wien, Sieveringer Straße 46 • 01 320 32 18
gast@restauranteckel.at • www.restauranteckel.at

Di–Fr 11.30–14.30 und 18–22, Sa 11.30–15.30 und 18–22 Uhr • €€

Die Messlatte im Eckel lautet – ungefähr seit Menschengedenken – so: genau so, wie es sein muss. Dieser Vorgabe wird Maria Zarl-Eckel souverän gerecht und schickt urmeterhafte Gerichte aus ihrer Küche, die für jeden Lexikoneintrag zum Thema „Gutbürgerliche Wiener Kulinarik" herhalten könnten. Bestes Beispiel: die gefüllte Kalbsbrust, nur von ihrem eigenen Saft und einem erfreulich vielfältig gemischten Salat begleitet. Famos, wie in diesem Rahmen auch Innovation möglich ist, siehe das hauseigene Vitello trotato, sprich: von Räucherforellencreme umschmeicheltes Kalbfleisch – sinnvoll, selbstbewusst, sensationell. Im Service trägt man Anzug und das Herz auf der Zunge, die Weinkarte ist klassisch angelegt, aber es spricht ja auch wirklich nichts gegen einen Smaragd aus der Wachau zum Butterschnitzerl in Sievering.

El Gaucho

11,5/20

im Design Tower

Koch: Tiziano Fiorello

1020 Wien, Praterstraße 1 • 01 2121210
designtower@elgaucho.at • www.elgaucho.at
Mo–Do 11.30–14.30 und 17–22.30, Fr 11.30–22.30, Sa 13–22.30 Uhr •

Modernes, geschmackvolles Design und urbaner Lifestyle erwarten den Gast beim Besuch des Steakrestaurants El Gaucho. Vorzügliches Brot, das extra aus der Steiermark geliefert wird, wird zum Start gereicht. Herausragende Fleischqualität, eine breite Auswahl an Cuts, stets auf den (gewünschten) Punkt gegart und zart ohne Ende. Begleitet werden die Steaks von ordentlichen Sides und Saucen, die auch mit gebratener Gänseleber, Soft-shell Crabs oder Trüffel ergänzt werden können. Der Service ist professionell, humorvoll, sehr aufmerksam und sorgt für angenehme Atmosphäre. Die Weinkarte bietet ein internationales und umfangreiches Angebot.

El Gaucho am Rochusmarkt

11/20

Koch: Jeffrey Bartolome

1030 Wien, Rochusplatz 1 (Zugang über Erdbergstraße 4) • 01 381000
rochusmarkt@elgaucho.at • www.elgaucho.at

Mo–Do 11.30–22.30, Fr und Sa 11.30–23, So 12–22 Uhr •

Das El Gaucho mit seiner hohen Qualität gibt es nun vier Mal in Österreich. Das Ambiente sehr edel, teils romantisch, die Speisekarten gemäß einer Restaurantkette sehr ähnlich, fast ident gehalten. Dennoch gibt es eine Schwankungsbreite bei den Bewertungen. Hier, am Rochusmarkt, wird nicht immer der perfekte (beziehungsweise der gewünschte) Garpunkt getroffen. Für ein Steakhouse halten wir das aber für eine essenzielle Sache. Durchaus gut dagegen die diversen Side-Dishes oder die Lachsforelle mit Pasta Risoni. Den feinen Unterschied sollte man selbst herausfinden und dabei hier von einer großartigen Weinkarte profitieren.

Ella's Bar. Restaurant

11,5/20

Koch: Christoph Negele

1010 Wien, Judenplatz 9 • 01 535 15 77, 0676 599 6655
office@ellas.at • www.ellas.at

Mo–Sa 11–23 Uhr • ♿ • €

Graecophile finden hier zurückhaltend zubereitete griechische Gerichte, abseits von Gyros und Moussaka. Dennoch wäre nach langen Jahren der kontinuierlichen Qualität vielleicht etwas mehr Mut angesagt und etwas Modernisierung zu wagen. Die Weinauswahl ist zwar interessant, aber auch schon bekannt: autochthone Sorten, mit Klassikern gemischt. Das Ambiente ist hell und modern, eine Bar ist angeschlossen. Bei akuter Griechenland-Sehnsucht ist man hier so gut aufgehoben wie seit Jahren auf der gleichen malerischen ägäischen Insel.

Émile

11/20

im Hotel Hilton Vienna Plaza

1010 Wien, Schottenring 11 • 01 313 900 224 03, 0664 857 2239
viepw.emile@hilton.com • www.emile-plaza.at

Im Erdgeschoss des Hotels Hilton Vienna Plaza nahe dem Schottentor findet sich das Restaurant Émile. Im charmant eingerichteten Lokal wird dem Gast solide Bistroküche serviert wie etwa gut gewürztes Beef Tatar oder zwölf Stunden geschmorte Short-Ribs mit Süßkartoffelpüree, das nur eine der vielen Beilagen war, aus denen man wählen kann. Der Émile-Burger kann geschmacklich überzeugen, auch wenn das Fleisch etwas trocken ist. Neben dem À-la-carte-Angebot wird ein wechselndes Drei-Gänge-Menü angeboten. Die Weinkarte bietet einen guten Einblick in die österreichische Weinvielfalt.

EssDur

12,5/20

Restaurant im Konzerthaus

Koch: Christian Wallner

1030 Wien, Am Heumarkt 6 • 01 512 55 50
restaurant@essdur.wien • www.essdur.wien
• ♿ • €

Im EssDur im Wiener Konzerthaus kehren nicht nur die Konzertbesucher vor oder nach dem Konzert gerne ein. Vielmehr überzeugt das saisonale Küchenkonzept von Christian Wallner auch andere Einheimische oder Touristen. In stilvollem Ambiente genießt man zeitgemäße heimische Küche mit internationalen Einflüssen. Gebeizte Forelle gibt es da beispielsweise mit Erdäpfel-Royal, gebratenen Maibock mit grünem Spargel oder hausgemachte Teigtascherl mit Zucchini und Röstzwiebel – schön angerichtet und handwerklich tadellos umgesetzt auf dem Teller. Wer auf der süßen Seite zu Hause ist, will die Schokomousse-Schnitte nicht missen. Darüber hinaus wartet für Käsefreunde eine ausgewählte Auswahl von Jumi aus der Josefstadt.

Esszimmer by Alexander Kumptner ⓝ

15/20 🍴🍴🍴

Everybody's Darling

Koch: Alexander Kumptner

1010 Wien, Tuchlauben 22 • 0664 343 7779
office@everybodysdarling.at • everybodysdarling.at/esszimmer
Mi–Sa 18–24 Uhr • ♿

2020 eröffneten die Betreiber des Volksgarten-Clubs die Tagesbar „Everybody's Darling" – ziemlich cool, geschmackvoll und sehr gut besucht. Kämpft man sich durch, kommt man durch eine diskrete Tür in das Esszimmer, powered by Alexander Kumptner, bekannt aus erfolgreichen Kochshows. Das Ambiente ist gewöhnungsbedürftig, aber egal, unser Fokus liegt ohnehin auf dem Essen. Kürbis kann furchtbar langweilig sein, hier ist er genau das Gegenteil: Kürbisgnocchi, Kerne, Kernöl – erfrischend anders, gute Texturen, Crunch und leichte Schärfe. Der nächste Gang, Pappa al pomodoro mit Thunfischtatar, ist in seinen Komponenten tadellos, nur zusammen geht es sich nicht aus: Der Thunfisch hat in seiner zurückhaltenden Zartheit keine Chance gegen die Kraft der Tomate. Dasselbe Gericht gibt es im vegetarischen Menü mit Melanzani, da funktioniert es wunderbar. Ein spannender Take auf französische Zwiebelsuppe ist der knusprige Kaspressknödel auf Tropeazwiebeln mit Zwiebelessenz. Verantwortlich dafür sind aufgrund der medialen Einsätze von Chef Kumptner Oliver Oelze und Bernhard Rieger. Die beiden haben etwas auf dem Kasten, das ist unverkennbar. Ihre Küche macht Spaß, wir würden uns aber über etwas mehr Unverwechselbarkeit freuen.

Eugen21

14/20 🍴🍴

im Hotel Andaz Vienna am Belvedere

Koch: Richard Leitner

1100 Wien, Arsenalstraße 10 • 01 205 77 44 44 66
eugen21@andaz.com • www.restaurant-eugen21.at
Mo–Sa 12–14 und 18–22, So 6.30–13.30 Uhr • ♿ • €€

Im international wirkenden Ambiente rund um den Hauptbahnhof bekommt man entsprechend internationale Hotelküche. Die Wassermelonen-Gazpacho kommt mild und mit leichter Schärfe, bei der Ceviche versteckt sich der Seesaibling geschmacklich und mengenmäßig hinter Fenchel, Zwiebel und Radieschen. Die veganen Eierschwammerl-Pappardelle und das perfekte Steak sind die geschmacklichen Höhepunkte. Allgemein lässiger und besser, als man vermuten würde. Die Weinkarte ist sehr vielfältig und daher eine große Überraschung. Dieses Lokal sollte man nicht nur zum Businesslunch besuchen kommen.

Fabios

16/20

Koch: Christoph Brunnhuber

1010 Wien, Tuchlauben 6 • 01 532 22 22
fabios@fabios.at • www.fabios.at

Mo–Mi 12–22, Do–Sa 12–23 Uhr • €€

Wir wollen uns dieses Mal im renovierten Fabios ganz „entre nous" auf die kulinarischen Genüsse konzentrieren – und es gelingt, im hintersten Winkel, in Ruhe und voller Gelassenheit. Wir starten mit einer fulminanten Stracciatella pugliese mit gebratenem Radicchio und frittierten Artischocken jüdischer Art – herrlich, sollte man nicht auslassen –, dazu ein leichter Cavalchina von Piona. Auch die Ceviche von der Makrele ist ein voller Genuss – doch dann kommen erst die Hauptgänge: die Kalbsleber mit samtigem Erdäpfelpüree und der Lammrücken mit Couscous und Caponata, sehr gediegen und von der Fleischbehandlung spürt man eine ordentliche Portion Hingabe der Küche. Diese setzt sich fort bei dem klassischsten aller italienischen Desserts – Tiramisu – und den Profiteroles. Natürlich ist der Espresso – oder Caffè – ebenso Pflicht wie gut. Immer wieder ein Hit ist das Fabios, auch ohne Blick zur Seite. Gut geschultes Servicepersonal verbessert noch den Gesamteindruck.

Fat George ↗

12/20

Koch: Christopher Haas

1220 Wien, Gartenheimstraße 1 • 0660 625 4163
office@fat-george.at • www.fat-george.com

Di–Sa 17–22, So 11–14 Uhr • €

In der Donaustadt tut man sich nach wie vor schwer, ein gutes Restaurant zu finden. Zum Glück gibt es seit drei Jahren das „Fat George“ am Stadtrand in Essling. Preislich attraktiv das drei- oder fünfgängige Menü, bestehend aus kreativen Zusammenstellungen wie Zucchiniblüte mit Hummer im Tempurateig oder täuschend nach Thunfisch aussehendem Beef Sashimi mit Soja und Sesam. À la carte erfreuen der intensiv-zarte Maibock in Wacholderjus und die Mascarpone-Erdbeeren mit Matcha und subtiler Mousse von Valrhona-Guanaja. Eine etwas nervige und wenig an den Namenspatron Fatty George (gebürtiger Esslinger) erinnernde Musikberieselung, zufriedenstellende Weine (einiges auch glasweise).

&flora

15/20

Newcomerin 2023

Köchin: Parvin Razavi

1070 Wien, Breite Gasse 9 • 01 5231345100
foodlovers@undflora.at • www.undflora.at
Mo 12–14.30, Di–Fr 12–14.30 und 17.30–22, Sa 8–14.30 und 17.30–22, So 8–15 Uhr • ♿ • €€

Mit der Entdeckung des Restaurants &flora und dessen Küchchefin Parvin Razavi als Gault&Millau-„Newcomerin des Jahres" hat sich im vergangenen Jahr wohl einiges verändert. Zahlreiche Interviews und TV-Auftritte stehen für Parvin beinahe täglich auf dem Plan. Die Powerfrau mit persischen Wurzeln hat ein Händchen für die Zubereitung vegetarischer und veganer Speisen, aber auch das Rib-Eye-Steak brät sie auf den Punkt. Wenn Parvin vor der Kamera und nicht hinter dem Herd steht, wird sie durch ihr Küchenteam vertreten. Grundsolide verlassen die Rübenvariation, der gebratene Brokkoli mit veganer Sesammayonnaise sowie das Zitronen-Emmer-Risotto die Küche, der letzte Feinschliff und das nötige Fingerspitzengefühl fehlen jedoch. Das Dessert, eine pochierte Birne mit Schokomousse und zu starker Kaffeecreme, überzeugt im Zusammenspiel nicht wirklich.

Fuhrmann

16/20

Koch: Mike Feierabend

1080 Wien, Fuhrmannsgasse 9 • 01 944 21 45, 0660 575 9310
info@restaurantfuhrmann.com • www.restaurantfuhrmann.com

Mo–Fr 12–13.30 und 18–21.30 Uhr • €

Sommelier-Koryphäe Hermann Botolen hat mit dem Fuhrmann einen Sehnsuchtsort für Weinfans geschaffen, tolles Essen inklusive. Seine Auswahl mit Schwerpunkt Frankreich und Österreich spielt alle Stücke, die Beratung ist genauso exzellent wie das Wine-&-Food-Pairing unschlagbar. Walter Leidenfrost hat heuer das Fuhrmann verlassen. Wir danken ihm für großartige Abende und wünschen ihm das Allerbeste. Neu an Botolens Seite steht Mike Feierabend, vormals Küchenchef bei Walter Bauer. Mit ihm hat Botolen einen kongenialen Partner gefunden, der mit seinem durchaus klassisch-französischen Stil ausgezeichnet ins Konzept passt. Saftig kommt sein Kalbsrücken, dünn aufgeschnitten und begleitet von cremiger Sellerie, Walnuss und rotem Chicorée, daher. Herrlich dicht schmeckt die Consommé vom Ochsenschlepp mit Wurzelgemüse. Auf dem Punkt – samt toller Jus und cremiger Polenta – ist die Lammzunge und auch bei der Kalbsleber mit Äpfeln, Jungzwiebeln und Püree geht es in der gleichen Tonart weiter. Kirschen werden zum Abschluss mit Verbeneeis und Haselnuss-Financiers kombiniert. Unbedingt kostenswert ist auch die gepflegte Käseauswahl.

© Kurt-Michael Westermann

Gasthaus Pöschl

11/20

1010 Wien, Weihburggasse 17 • 01 513 52 88
www.gasthauspöschl.com
Mo–Sa 12–22 Uhr

Ein Stadtgasthaus mit Bistro- sowie einer Portion Dorfwirtshauscharme und bodenständiger Wiener Küche. An der Bar und den eng gestellten Tischen üben Touristen, der Anwalt von nebenan und Handwerker den Schulterschluss. Wer einander noch nicht kennt, hat hier gute Chancen, Kontakte zu knüpfen. Recht lässig der Service, der dem – ob der voll geladenen Teller – staunenden Gast mit schwungvoller Geste und einer obligaten Portion Schmäh Zwiebelrostbraten, Reisfleisch und andere beliebte Wirtshausköstlichkeiten serviert. Hier verlässt keiner hungrig den Raum! Das alles, inklusive einer soliden Getränkeauswahl, ist so kalkuliert, dass man gerne wiederkommt.

Gasthaus s' Eckbeisl Ⓝ

11/20

1190 Wien, Gatterburggasse 4 • 01 368 43 44

Ist hier die Zeit stehen geblieben? Fast scheint es so, denn dieses Döblinger Beisl überrascht mit unverfälscht holzvertäfeltem Ambiente und einer Speisekarte wie aus Stefan Zweigs Welt von gestern. Eiernockerl, Blunzenradeln, geröstetes Hirn auf Blattspinat – ja, Innereien spielen hier eine dauerhafte Hauptrolle. Wirtin Claudia Neubauer und Team können aber auch mit Rindfleisch (Tafelspitz mit köstlichen Rösti) oder Wild (bestens gewürztes Hirschragout) trefflich umgehen – und die Nachspeisen à la wunderbar saftige Mohnnudeln oder kross gebackene Apfelraderl sind ebenfalls top. Das Bier ist gut gezapft, die Weinauswahl (erwartbar) klein.

Gasthaus Wolf

12/20

Köchin: Daniela Huber

1040 Wien, Große Neugasse 20 • 01 581 15 44, 0664 142 3452
tisch@gasthauswolf.at • www.gasthauswolf.at

Mo–Fr 18–22 Uhr • €

Im Gasthaus Wolf erwartet die Gäste eine vielfältige Auswahl köstlicher Gerichte in einer authentischen Wiener-Wirtshaus-Atmosphäre. Beef Tatar mit Butter und Toast, geröstete Kalbsleber im Zwiebelsaft (leider etwas dünn) und die Zartbitter-Schokomousse sind die Klassiker in diesem Lokal. Die Weinauswahl, vor allem bei den offenen Weiß- und Rotweinen, ist bemerkenswert vielschichtig.

Geschmacks-Tempel

12,5/20

Koch: Thomas Edlinger

1020 Wien, Praterstraße 56/12 • 01 214 01 79
office@geschmacks-tempel.at • www.geschmacks-tempel.at

€

Carpaccio von der Roten Rübe, dazu Linsensalat und Schafkäse – herrlich! Auch die österreichische Version des Vitello tonnato mit Räucherforellencreme überzeugt geschmacklich. Einen ungewöhnlichen Gang bietet das Restaurant mit dem veganen Beuscherl. Der Hauptbestandteil der fleischlosen Version – Pilze – stammt aus einem Gewölbekeller der Praterstraße. Urban und auf dem Punkt der Zeit, wie wir finden. Mit dem Saibling aus Bad Aussee kann die Neuinterpretation allerdings nicht mithalten. Als krönenden Abschluss empfehlen wir eine luftig-leichte Heidelbeermousse mit karamellisierter Birne. Fazit: von der herzlichen Begrüßung bis zum letzten Bissen eine solide Leistung von Service und Küche.

Glasswing Ⓝ

15/20

im Hotel The Amauris Vienna

Koch: Alexandru Simon

1010 Wien, Kärntner Ring 8 • 01 221 22 12
reservation@glasswing-restaurant.com • glasswing-restaurant.com
Di–Sa 18–22 Uhr • ♿ • €€

Das Hotel The Amauris Vienna bietet im hauseigenen Restaurant eine moderne und freche Küche. Das Menü startet – nach einigen kulinarischen Grüßen aus der Küche – mit einer Auster, die gemeinsam mit einer Krautroulade serviert wird. Die unterschiedlichen Geschmäcker und Konsistenzen werden ausgezeichnet miteinander kombiniert und durch eine perfekt abgestimmte Dashi unterstützt. Die punktgenau gegarte Rotbarbe bekommt ihren zusätzlichen Kick durch einen Krustentiersud, Karotten und ein Taboulé – absolut perfekt! Das Kalbsbries ist hingegen überwürzt und nicht so harmonisch, die beigefügte geschmacks- und geruchslose Trüffel nicht mehr als ein optischer Aufputz. Erfreulich hingegen das Dessert: Aus Schokolade, Blutorange und Olivenöl wird ein absolut stimmiges Gericht kreiert, das sowohl in den Einzelkomponenten als auch in seiner Gesamtheit überzeugt. Die Weinkarte überrascht in der Rubrik „letzte Chance“ mit Weinen wie einer St. Laurent Reserve 1999 vom Reinisch oder einem Riesling Smaragd 2011 von F. X. Pichler.

GmoaKeller

11/20

1030 Wien, Am Heumarkt 25 • 01 7125310
reservierung@gmoakeller.at • www.gmoakeller.at
Mo–Sa 11–23.30

Der Gmoakeller ist in Wien seit Jahren eine Institution. Fußläufig vom Akademietheater erreichbar, inzwischen mit einem enormen Gastgarten und durchgehenden Öffnungszeiten ausgestattet, lässt er sich nicht mehr aus der heimischen Gastroszene wegdenken. Im Inneren darf man unter einem Nitsch-Gemälde standesgemäß gute Innereien, aber auch sonst wunderbare Klassiker der österreichischen Küche genießen. Dazu gibt es eine entsprechende und umfangreiche Weinauswahl an heimischen Tropfen. Da das Restaurant immer gut besucht ist, is(s)t man im Gmoakeller mittendrin im Leben – und so soll es auch bitte bleiben.

Goldfisch

11/20

Koch: Sven Wenig

1080 Wien, Lerchenfelder Straße 16 • 0664 254 9596
ahoi@goldfisch.wien • www.goldfisch.wien

Di–Fr 12–15 und 17.30–22, Sa 12–15 Uhr • €

In diesem vom nüchternen Industriechic geprägten Lokal mit hoher Stammgastdichte liegt die Frischware in der Vitrine aus. Beim Tagesgericht – Sepia-Spaghetti mit (drei) Jakobsmuscheln in Tomatencreme – sind die Nudeln zu trocken und die Sauce zu sparsam portioniert, auch der mohnummantelte Saibling auf einer Art Gurkenragout und der im Ganzen gebratene Saibling sind zu trocken geraten. Das schwarze Risotto mit Hummer und Kammmuscheln ist gut abgeschmeckt, die Konsistenz allerdings nicht cremig-fließend, sondern ein ziemlicher Gatsch. Ein Ärgernis ist die Käseplatte, die – wie wir auf Nachfrage erfahren – aus dem Großmarkt kommt.

Gourmet Gasthaus Freyenstein

15/20

Koch: Jakob Kaineder

1180 Wien, Thimiggasse 11 • 0664 439 0837
info@freyenstein.at • www.freyenstein.at

Mi–So 18–22 Uhr

Was Küchenchef Jakob Kaineder und sein Team hier auf die Teller zaubern, spielt in einer eigenen Liga. Das fängt damit an, dass es stets zwei Teller sind, die zeitgleich als ein Gang serviert werden. Zwei verschiedene Gerichte, bei denen es der Küche immer wieder gelingt, einen faszinierenden Bogen zwischen geschmacklichen Gegensätzen und Harmonien zu spannen. Der reicht vom gelierten Ochsenschlepp mit Kaviar und Linsenblini bis zu einer Knollenselleriervariation mit Äpfeln und Nüssen, vom Steinbutt mit Kochsalat und braunem Butterschaum bis zu Linguine mit Fenchel und Muscheln oder vom Kalbsfilet mit Zitronenbutter und Herbsttrompetenragout bis zur Lungenbraten-Rindsroulade mit Erdäpfelpüree. Nur bei der Paarung des perfekten Kalbsbriesrisottos mit etwas weniger spannender Kürbisschaumsuppe gibt es einen klaren Sieger. Das Kunststück, eine stets zu beiden Komponenten passende Weinbegleitung zu liefern, gelingt auch im Stereomodus: Balasz Sebestyen und Jasmin Vacha bieten darüber hinaus im Service eine sehr erfreuliche Kombination aus Freundlichkeit und Kompetenz.

Grünauer

14/20

1070 Wien, Hermanngasse 32 • 01 526 40 80
www.gasthaus-gruenauer.com

Mo–Fr 18–24 Uhr

Was kann einem am Abend in Wien mit Lust auf entspannte Kulinarik Besseres passieren, als beim Grünauer einen Tisch zu ergattern? Eigentlich nichts. Denn zwischen dem All-Time-Klassiker Frühlingsrolle von der Chiliblunze mit Ingwer-Rotkraut-Salat zum Start und den finalen, obligatorischen Mohnpalatschinken kommt so manches auf den Tisch, was einfach glücklich macht. Geröstete Kalbsnierndln mit Balsamicoschalotten und herrlich cremigem Erdäpfelpüree beispielsweise. Achtung, Suchtgefahr! Oder perfekt glasig und gleichzeitig knusprig gebratener Zander auf Paprikakraut. Dass die Weinauswahl hier aus österreichischer Sicht fast alle Stücke spielt, ist logisch. Und wenn es um Geheimtipps außerhalb der gelisteten Veltliner und Co geht, holt Chef Christian Grünauer stets noch das eine oder andere Spannende zusätzlich aus dem Keller.

Hansen

13,5/20

Das Restaurant im Börsegebäude

Koch: Daniel Fischer

1010 Wien, Wipplingerstraße 34 • 01 532 05 42, 0676 750 1753
restaurant@hansen.co.at • www.hansen.co.at

Mo–Fr 9–21, Sa 9–15 Uhr • €

Architekt Theophil von Hansen entwarf den ziegelroten Backsteinbau, in dem sich das nach ihm benannte Restaurant befindet. Im Souterrain sorgt die Küchen- sowie Servicemannschaft dafür, dass man auch bei starkem Gästeansturm angenehme Stunden verbringt. Die Hummus-Falafeln gelingen ausgezeichnet und dürften Liebhaber vegetarischer Gerichte sehr erfreuen. Die gebackenen Pulled-Pork-Pralinen mit Sellerie-Rettich-Birnen-Remoulade richten sich dagegen an die andere Fraktion. Das Goldbrassenfilet mit Orangenpolenta, Stangenbrokkoli und Chimichurri sowie der Biosaibling mit Petersilerdäpfeln und kleinem grünem Salat zeigen, dass man hier auch mit frischem Fisch umzugehen vermag – und die pochierte Birne mit Nussfülle und Schokoladensauce am Schluss überzeugt vollends.

© Katharina Schiffl

Hausbar↗

15,5/20

1010 Wien, Karlsplatz 5 • 0664 750 10417
reservierung@hausbar-wien.at • www.hausbar-wien.at

Dem Motto „Wir sind gekommen, um zu bleiben“ macht das „Hausbar“-Team im gemütlich-stylishen Souterrainlokal im Künstlerhaus schon einige Zeit lang Ehre: Aus der zur Coronazeit gegründeten Bar wurde zunächst ein Pop-up-Lokal. Das poppt nach vier Jahren zum Glück nicht mehr zu, sondern hat sich als heller Stern am Gastrohimmel Wiens etabliert. Viel gute „Bar“ und kreative „Küche“ ergeben den Mix, der das Restaurant auf hohem Haubenkurs segeln lässt: Das monatlich wechselnde Sieben-Gänge-Menü wird nämlich von Cocktails, Shots und Longdrinks begleitet (alle Drinks auch in der „Virgin“-Alternative). Den Gang aus Karotte, Sellerie und Sesam begleitet ein Getränk aus Zirbe, Chili und Fenchel. Die vegetarische „Gulaschsuppe“ wird von Gurke, Minze und Rose im Glas ergänzt. Braucht man da noch Wein? Nicht unbedingt. Und das Essen? Das ist auch wunderbar und richtet den Fokus auf die vegetarische/vegane Küche. Wem nach Fisch oder Fleisch gelüstet, wird trotzdem nicht enttäuscht: Das ausgesprochen nette Team macht zum Hauptgang auch Karnivoren glücklich.

Herzig

16,5/20

Koch: Sören Herzig

1150 Wien, Schanzstraße 14 • 0664 115 0300
servus@restaurant-herzig.at • www.restaurant-herzig.at
Mi–Sa 18–22 Uhr • ♿

Die riesige Dachterrasse mit dem großartigen, perspektivisch ungewohnten Blick über Wien liefert im Sommer den idealen Rahmen für einen auf die bevorstehenden kulinarischen Höhenflüge von Sören Herzig einstimmenden Aperitif. Bei unserem Besuch in der kühleren Jahreszeit beweist er aber, dass es auch ohne diese Einstimmung bestens funktioniert. Nach einer Serie gelungener Amuse-Gueules kommt gleich ein erster Höhepunkt: Aal-Bouillon mit Karfiol, Kürbis und Kaviar. Letzterer ist nicht dabei, um das Gericht zu pimpen, sondern um ihm eine aufregende geschmackliche Dimension zu verleihen. Bei der Bachforelle mit Brokkoli, Karotte und Sanddorn gelingt das nicht ganz so gut, dem leicht nussigen Aroma hätte weniger Salz gutgetan. Wunderbare Harmonie dann wieder bei Kaisergranat mit Hummersabayon und Fisolen – hier übertrumpft kein Geschmack den anderen. In der Kombination von Kabeljau mit Noir-de-Bigorre-Schwein hätte wiederum der Lardo einen etwas präsenteren Einsatz verdient gehabt und beim Roastbeef mit Spinatknödel und Entenleber übertrifft die fantastische Sauce das nicht ganz perfekte Fleisch. Gute Tarte Tatin zum Dessert und eine spannende Weinbegleitung runden den gelungenen, noch einen Hauch Luft nach ganz oben lassenden Abend ab.

Heuer am Karlsplatz

14/20

Koch: Sebastian Wandl

1040 Wien, Treitlstraße 2 • 01 890 05 90
reservierung@heuer-amkarlsplatz.com • www.heuer-amkarlsplatz.com
Di–Sa 16–1 Uhr • ♿ • €

Das Navigationssystem des Smartphones hat unter Umständen Schwierigkeiten, den richtigen Weg zum Heuer am Karlsplatz zu finden. Davon sollte man sich aber nicht abschrecken lassen. Die Küche ist auf jeden Fall einen Besuch wert. Zu einem guten Preis-Leistungs-Verhältnis genießt man – nach einem Cocktail an der Bar – geräucherten Saibling mit Kürbis, geschmorte Karotte mit Safran oder Austernseitlinge mit Belugalinsen. Auf der Speisekarte finden sich auch Lammbauch mit Käferbohnen oder Wildschweinrücken mit fermentiertem Knoblauch. Zum süßen Finale gibt es dann noch ein erfrischendes Rote-Rüben-Sorbet. Der Service agiert aufmerksam, könnte aber hinsichtlich Weinberatung besser trainiert sein.

Heunisch & Erben

16,5/20

Koch: Michael Gubik

1030 Wien, Landstraßer Hauptstraße 17, Seidlgasse 36 • 01 286 85 63
erben@heunisch.at • www.heunisch.at

Mo–Sa 18–22 Uhr • €

Vorweg etwas Grundsätzliches: Dieses lässige, unangestrengt stylishe Lokal hat eine der besten Weinkarten Österreichs, aus der viele der darauf zu findenden Kostbarkeiten auch glasweise angeboten werden, weshalb es zur Pilgerstätte vinophiler Freaks wurde. Aber: Selbst wenn man mit Wein nichts am Hut hat, wird man hier begeistert sein, denn die Küche steht mittlerweile dem Keller um nichts mehr nach. Gleich das erste Gericht stellt das unter Beweis: Schwarzwurzelchips mit Stracchino-Käse, Spitzpaprika und Bohnenkraut. Das ist gleichzeitig cremig, crunchy und unglaublich geschmacksintensiv. Auf diesem hohen Niveau geht es weiter: Seeforelle mit Romanasalat und Ponzu-Mayonnaise sowie confierter Waller mit Geselchtem, Röstzwiebel, Knollenziest und Haselnuss sind unglaublich gierige Kombinationen. Die in Krokettenform servierte Entenkeule mit Rotkraut und Quitte ist handwerklich ebenso großartig wie der Amurkarpfen mit Krenvelouté und das Kalbsrückenstück mit glaciertem Schwarzkohl. Beim abschließenden grünen Apfel mit Rosmarincreme und Crumble denkt man wieder an den Anfang: cremig, crunchy und unglaublich geschmacksintensiv. Das ist große Klasse.

© Thomas Droeszler

Huth Gastwirtschaft

11,5/20

Koch: Karl Spenger

1010 Wien, Schellinggasse 5/3 • 01 5135644, 0699 116 90353
tisch@zum-huth.at • www.zum-huth.at

12–22 Uhr • €

Die Gastwirtschaft Huth vertritt im Huth-Imperium rund um die Schellinggasse die Wiener Klassik. Die Speisekarte ist auf typische Gerichte der Wiener Küche ausgelegt: von der Frittatensuppe über den Tafelspitz, das Wiener Schnitzel und das Kalbsbutterschnitzel bis hin zum Kaiserschmarren und zum Apfelstrudel. Sicherlich nicht die leichteste Kost, vielleicht auch nicht optimal für Veganer, aber dafür in bester Qualität, tadellos zubereitet und von echten Wiener Kellnern zu Tisch gebracht. Dazu gibt es gute bis sehr gute österreichische Weine in einer gediegen-modernen Atmosphäre. Perfekt für Besucher und heimatverliebte Ansässige.

Il Melograno

14/20

1010 Wien, Blumenstockgasse 5 • 01 5127784
office@ilmelograno.at • www.ilmelograno.at

Das Restaurant von Roberto d'Atri liegt in einer der schönsten Gassen von Wien und wirkt mit seinen Gewölben im Altstadtumfeld stimmig und elegant. Die Philosophie ist schnell umrissen: Der Gastgeber setzt in jedem Bereich auf höchste Produktqualität italienischer Herkunft und gibt den hohen Wareneinsatz mit entsprechendem Aufschlag weiter. Nicht nur bei den Produkten und Preisen wird dick aufgetragen, auch beim Interieur: Die Tische sind mit Leder bespannt, das auch Ferrari für seine Sportwagenausstattung verwendet. Im Vergleich dazu fällt der Brotkorb mit dreierlei selbst gemachten Brotsorten etwas banal aus, Amuse-Gueules gibt es keine. Was dann kommt, ist allerdings hochkarätig. Die gratinierten Weinbergschnecken aus der Toskana sind hervorragend, das Fritto misto di mare ebenso. Kleiner Kritikpunkt: Der Oktopus war offenbar früher fertig als die perfekten Garnelen, er ist nicht mehr heiß und etwas trocken. Das gegrillte Filet vom „Riesen-Wolfsbarsch" ist dafür außergewöhnlich gut: tolle Struktur und erfreulich niedriger Garpunkt. Sehr gute Wildgarnelen werden bei Tisch geflämmt und dann noch mit Olivenholz unter einer Cloche geräuchert. Das bräuchte es zwar gar nicht, ist aber ein nettes Motiv für den Instagram-Account.

Jola ⊘

16,5/20

Koch: Jonathan Wittenbrink

1010 Wien, Salzgries 15 • 01 276 09 48
contact@jola.wien • www.jola.wien
Mi–Sa 18–23 Uhr •

Das Kochen ohne Knochen ist zur Zeit in aller Munde. Fleisch scheint mit dem Rücken zur Wand zu stehen und die Diskussion über die Ausbildung in vegetarischen und veganen Restaurants wird hochemotional geführt. Dabei zeigen Betriebe wie das Jola, dass sich ordentliches Fine Dining und eine rein pflanzliche Produktbasis wunderbar kombinieren lassen. Das aktuelle Menü im Jola kann sich jedenfalls sehen lassen. Die ersten Grüße aus der Küche sind eine Hommage an den Salat. Ein kleines Blattschiffchen mit dem Geschmack von Maiwipferln, den jungen Frühlingstrieben der Nadelbäume. Paprika und Fisole sind auch dabei, auch Steinpilze und Brennnessel. Alles, was die Natur halt gerade hergibt. Und Jonathan Wittenbrink, der Mann am Herd, beweist eine sehr sichere Hand bei der Aufgabe, die feinen Nuancen seiner pflanzlichen „Rohstoffe“ klar zur Geltung zu bringen. Wittenbrink hat überhaupt einiges auf dem Kasten. Schwarzwaldstube, Kim kocht, TIAN. Ein Praktikum bei Albert Adria in Barcelona und Stipendiat bei Magnus Nilssons Kaderschmiede MAD in Kopenhagen. Und jetzt gemeinsam mit Larissa Andres das Jola in Wien. Uns soll es recht sein – wenn wir weiterhin so außergewöhnliche Kombinationen bekommen wie Wassermelone und Wasabi oder Mais und Heidelbeeren.

Kanzleramt

10,5/20

1010 Wien, Schauflergasse 6 • 01 533 13 09
office@kanzleramt.wien • www.kanzleramt.wien
Mo–Sa 11–21, So 11–17 Uhr • €

Im Herzen Wiens, zwischen Michaelerplatz und Hofburg, ist das Kanzleramt mit seinem Altwiener Flair zu finden – es hat sich ganz der typischen Wiener Küche verschrieben. So lässt man sich hier mit klassischem Wiener Schnitzel, Cordon bleu und Kalbsleber verwöhnen und genießt mit einer heimischen Weinauswahl den gemütlichen Beisl-Charme. Mittags wird ein täglich wechselndes preiswertes Menü angeboten und der Sommer kann im schattigen Gastgarten erlebt werden.

© Sylvia Eccli

Kikko Ba

10,5/20

1040 Wien, Schleifmühlgasse 8 • 01 925138041
welcome@kikko.at • www.kikko.at
Di–Sa 17–22 Uhr

Das Kikko Ba in der Schleifmühlgasse ist eigentlich mehr eine Tapas-Bar als ein Restaurant. Die Tische stehen eng beieinander, die Karte – die nur in englischer Sprache aufliegt – bietet nur wenige Gerichte und oft ist eine durchgeführte Reservierung zeitlich begrenzt. Und so isst man in einer hektischen Atmosphäre Speisen, die weder enttäuschen noch begeistern. Pimentos mit Miso-Lime-Hollandaise, Erdäpfel mit Curry oder geschmorter Oktopus stillen den schnellen Hunger, vielleicht noch eine leicht pikante Softshell Crab. Die Portionen sind klein, die offene Weinauswahl interessant. Irgendwie weiß man nicht wirklich, woran man ist.

Kim kocht

16/20

Köchin: Sohyi Kim
1090 Wien, Währinger Straße 46 • 0664 425 8866
restaurant@kimkocht.at • www.kimkocht.at
Di–Do 12–15, Fr 12–15 und 18.30–23 Uhr • • €€€

Auch wenn es in den letzten Jahren medial ruhiger um Sohyi Kim geworden ist, so ist die gebürtige Südkoreanerin und Wahlwienerin nach wie vor ein Koch-Superstar. In ihrem kleinen Restaurant in der Währinger Straße geht die Post ab! Stammgäste und Touristen geben sich die Stäbchen in die Hand, um einen der begehrten Plätze zu ergattern, es werden Fanselfies gemacht und Kochbücher gekauft. Vor allem aber wird in die Aromenwelt Südkoreas eingetaucht. Wir wählen das Überraschungs-Lunch-Menü. Los geht's mit einem fruchtig-spicy marinierten Salat mit Garnelen, gefolgt von Vegi-Dim-Sum aus einem hauchdünnen Teig mit Erdnusssauce. Zum Zwischengang überrascht uns ein außen superkrosses, innen herrlich saftiges Lachsfilet auf Kräuter-Seetang-Risotto – süß, kokosmilchig und perfekt zum Fisch. Nach einem Tunasteak auf Reis und Gemüse folgt ein kleines Dessert: eine Schokomousse mit viel Minze. Übrigens: Einen sympathischeren Service als hier muss man zwischen Seoul und Wien erst einmal finden.

Klee am Hanslteich

12/20

Koch: Zoltan Jambor

1170 Wien, Amundsenstraße 10 • 01 4805150
office@klee.wien • www.klee.wien
Mo–Sa 11.30–22.30, So 11.30–21.30 Uhr • ♿

Urlaub mitten in Wien, na ja, fast mitten in Wien. Im 17. Bezirk, an der Höhenstraße, liegt das Restaurant idyllisch an einem kleinen Teich. Ein gemütlicher Außenbereich vermittelt ein sommerliches Urlaubsgefühl. Die Vorspeise – Thunfischtatar mit Avocado, Mango, Koriander und Kapern – lässt einen von fernen Ländern träumen. Das Kotelett vom österreichischen Biofreilandschwein mit Trüffelpommes und Grana ist auf dem Punkt und einfach köstlich! Das Dessert rundet das gelungene Gaumenspiel ab. Wir genießen einen Schokoauflauf mit Passionsfruchtschaum und Vanilleeis. Ein herrlicher Ort für Genießer.

Kommod

15/20

Koch: Stephan Stahl

1080 Wien, Strozzigasse 40 • 01 4021398
anfrage@kommod-essen.at • www.kommod-essen.at

Mi–Sa 18–23 Uhr

Seit 2019 gibt es im Restaurant Kommod die Möglichkeit, in wechselnden Ausstellungen die Werke von verschiedenen Künstlern zu betrachten. Parallel dazu bietet die Küche den Gästen während der Ausstellungsdauer einen Gang in Anlehnung an den jeweiligen Protagonisten. Feinschmecker erwarten nach einem Aperitif unkomplizierte Gerichte, die mit handwerklicher Präzision zubereitet werden. Die Fischsuppe wird dezent gewürzt und fokussiert auf damit den Eigengeschmack der Einlage. Das Stundenei mit Grünkohl schmeckt kräftig nach Trüffel. Zart und exakt gebraten und mit Radicchio und einer dezenten Blauschimmelsauce wird die Ente serviert. Keine alltägliche Kombination, das Ergebnis überzeugt jedoch. Île flottante – in Österreich kennt man das Dessert besser als Schneenockerl – wird von Orangenrahm begleitet und begeistert ebenso. Die gut bestückte Weinauswahl verdient ebenfalls eine Erwähnung.

Konstantin Filippou

19/20

Koch des Jahres 2016

Koch: Konstantin Filippou

1010 Wien, Dominikanerbastei 17 • 01 512 22 29
reservation@konstantinfilippou.com • www.konstantinfilippou.com
Lunch: Mi–Sa 12–14, Dinner: Mi–Sa 18–22 Uhr

Nach dem Champagner (Krug, was sonst?) schickt Filippou den ersten Gang aus der Küche. Er nennt seine ersten Gänge auch nicht Amuses-Gueules oder gar „Grüße aus der Küche" – für ihn ist es der „Prolog". Und auch das, der Name, ist ein Statement. Der erste Akkord im Prolog ist der Austerngang: Bélons. Jetzt ist das mit den Austern so, dass Austernfreaks ihre Gillardeaus, Bélons, Marennes-Olérons und wie sie alle heißen am liebsten roh und frisch haben. Zubereitet verschwindet das Terroir der See. Filippou macht, was kaum ein anderer macht: Er pochiert die Bélons und schichtet sie klein und fein säuberlich mit den letzten Marchfelder Artischocken der Saison. Verjus, Schalottenvinaigrette. Und aus. Nein, fast aus. Filippou garniert das Ganze noch mit in Olivenöl eingelegtem Meerfenchel. Die Auster wird zugänglich. Außerdem noch im Prolog: grüne Tomate, Garum, Noriblätter und kroatische Makrele.

Dann die Flusskrebse. Die kommen vom Gut Dornau, schweben in gereifter Sojamilch und einem Krustentierfond, für den die Panzer und Köpfe der Krebse durch das Sieb gedrückt wurden. Mehr Geschmack, mehr Umami wird man in einen Fond nicht hineinbekommen. Umwerfend. Für den Kaviargang haben Filippou und sein Team lange nach der passenden Sorte gesucht. Hat sich gelohnt. Der nussbraune feste N25 vom Kaluga-Stör ist wie für das Gericht gemacht. Genmai-Reis und Feigenblattöl liefern ein paar ergänzende Takte, die Komposition lebt aber von einer verführerischen Molligkeit.

Die norwegische Jakobsmuschel, klarerweise handgetaucht, kommt in zwei Gängen samt flauschig-krosser Brioche. Zuerst als zarte Creme, danach – eine Spur bodenständiger, herbstlicher – mit einer kräftigen Bergkäse-Emulsion, den letzten Scheiben vom Wintertrüffel und Rettich. Schließlich, als Hauptgang, schickt die Küche den Langostino ins Rennen. Weltklasse. Und ein ordentliches Trumm. Über den Langostino gibt Filippou getrocknete Cochayuyo. Die Braunalge kennen wird aus seinem Restaurant bereits, hier passt sie wieder einmal wie die sprichwörtliche Faust aufs Auge. Filippou sitzt der Schalk im Nacken. Auf den ersten Blick erinnert der Langostino an ein Fritto misto. Bis man ihn am Gaumen hat.

Filippou ist ein permanent Suchender. Im Moment eben nach dem Besten, was das Meer zu bieten hat. Und er findet es. Sein Thun ist ein Balfegó, der Lachs (kurz vor dem Hauptgang) kommt von Loch Duart, einer kleinen nachhaltigen Lachszucht in Schottland. Herausragende Produkte, Leidenschaft und der feste Wille, das Beste daraus zu machen. Pfeift.

KULINARIUM 7

12/20

Koch: Paolo Ugazio

1070 Wien, Sigmundsgasse 1 • 01 522 05 30, 0664 882 63970
office@kulinarium7.com • www.kulinarium7.com
Di–Sa 17–23, So 12–22 Uhr • ♿ • €€

Die kroatische Küche liegt Toni Bjelančič im Blut. In seinem Restaurant Kulinarium 7 am Rande des Spittelbergs serviert er Fisch und Meeresfrüchte vom Feinsten. Schon bei der Vorspeisenvariation bekommt man einen ersten Einblick in die gebotene Fischvielfalt. Garnelen, Thunfisch und Oktopus werden mit gegrilltem Gemüse serviert. Auch bei den Hauptgerichten, wie etwa der Fischsuppe und den Spaghetti neri, schmeckt man die kroatische Herkunft des Küchenchefs. Die Weinkarte bietet Klassisches aus Österreich, aber auch Kroatien ist vertreten. Bei den Desserts könnte man sich noch etwas mehr Finesse wünschen.

Kumar's Kitchen Ⓝ

10/20

Koch: Vijay Kumar

1230 Wien, Breitenfurter Straße 213 • 01 890 27 79
reservierung@kumarskitchen.com • kumarskitchen.com
Di–Fr 17–22.30, Sa 12–22.30, So 12–20 Uhr • ♿ • €€

Von außen wie von innen fällt das Palaisrestaurant Kumar's Kitchen sofort positiv auf: gehobene indische Fusionsküche in einem über hundertjährigen kaiserlichen Ambiente. Positiv bei diesem Veredelungsversuch gelingt die Farbvielfalt, die beim Anrichten bewusst in Szene gesetzt wird. Allerdings können die salzigen Saucen, der nicht richtig zubereitete Reis sowie die zur Hauptspeise vergessene Beilage den „sauren" Beigeschmack nicht wettmachen. Die Preise sind für die kleinen Portionen und die angebotene Qualität zu hoch. Obgleich an diesem Abend wenig Gäste anwesend sind, hat der Service wahrscheinlich nicht seinen besten Tag.

L'ORIENT

11/20

1020 Wien, Rotensterngasse 22 • 01 890 39 22, 0676 302 1230
office@lorient.at • www.lorient.at

Im geschmackvoll-orientalisch eingerichteten Restaurant inmitten des zweiten Bezirks lässt sich nach Herzenslust die nicht alltägliche marokkanische Küche erleben. Zu liebevoll komponierten antialkoholischen Drinks, ergänzt durch eine kleine, aber feine Weinauswahl, werden authentisch zubereitete Spezialitäten wie Zaalouk (gebratene Melanzani in würziger Tomatensauce), die Hausspezialität Pastilla Fassia (mit Zimt und Staubzucker vollendetes gesottenes Hühnerfleisch im Blätterteig) sowie eine klassische Tajine Fassi vom Lamm mit Dörrobst und Mandeln vom auffallend gut gelaunten Service charmant serviert. Eine feine Kurzreise nach Marokko!

© mnimage Shutterstock

Labstelle

13,5/20

Koch: Matthias Hausburg

1010 Wien, Lugeck 6 • 01 236 21 22
office@labstelle.at • www.labstelle.at
Mo–Fr 12–14.30 und 18–22, Sa 10–14 und 18–22 Uhr • ♿ • €

Moderne Atmosphäre, eher schickes Publikum. Regionale, biologische Produkte, der Zugriff darauf trendig-international, aber ohne klare Handschrift. Die Selleriecreme im Amuse-Bouche taucht in sehr ähnlicher Form als Erdäpfelfond zum gebeizten Saibling sowie bei den „gegrillten", tatsächlich harten und geschmacksneutralen Schwarzwurzeln auf. Es herrschen Temperierungsprobleme: Die Vorspeise ist zu kalt, der Rest maximal lauwarm. Übersüßt und gleichzeitig zu trocken gerät der Brownie mit Erdnusseis. Der Service ist beides: zu eifrig um den ersten Aperitif und die weiteren Bestellungen bemüht (liegt das am Zwei-Stunden-Zeitfenster?), uninformiert über bestimmte Zutaten und vergesslich. Überzeugter sind wir vom Lunchangebot, bei dem die Gerichte unprätentiöser und handwerklich gelungener sind.

Le Salzgries Paris

14/20

Koch: Denis König

1010 Wien, Marc-Aurel-Straße 6 • 01 533 40 30
reservierungt@le-salzgries.at • www.le-salzgries.at

Di–Sa 12–22 Uhr • €

Man darf Denis König durchaus als französischen Botschafter beschreiben, der trotz bester Innenstadtlage kein feines Restaurant betreibt, sondern sich zwischen Bistro und Brasserie beheimatet sieht. Die Speisefolge des Degustationsmenüs, das es nur abends gibt, ist ganz klassisch gehalten: Beef Tatar, rohe Garnelen, pochierte Seezunge, Kaninchenkeule, Marillen-Mille-feuille. Jeder Gang erfüllt souverän die Erwartungen. Kommt man zu viert und bestellt à la carte, raten wir zum Plateaux mit Meeresfrüchten als Vorspeise, so wie man es aus Paris in bester Erinnerung hat. Schnecken, Garnelencocktail, Hummercocktail, Froschschenkel – alle diese Sehnsuchtsgerichte bekommt man hier ebenfalls geboten. Und natürlich Steaks (Dry-Aged-Simmentaler) mit hausgemachten Pommes frites und Sauce béarnaise, die so manches protzige Steakhouse alt aussehen lassen.

Lebenbauer

12,5/20

Vollwert Restaurant

Koch: Marko Levjak

1010 Wien, Teinfaltstraße 3 • 01 533 55 56
reservierung@lebenbauer.wien • www.lebenbauer.wien

Mo–Fr 11.30–14.30 und 17.30–21.30 Uhr • €

Beim Lebenbauer lassen sich etwaige Vorurteile gegen vollwertige Kost abbauen. Wie hier Tofu, Seitan, Couscous, Quinoa und anderes mediterran oder asiatisch interpretiert werden – alle Achtung! Auch bei Fisch und Geflügel zeigt das engagierte Team seine Stärken und die gehaltvollen, spannend gewürzten Suppen sowie die liebevoll marinierten Rohkostteller sind eine Erwähnung wert. Der Ideenreichtum der Küche zeigt sich auch bei weniger alltäglichen Desserts, etwa dem verführerischen Quinoa-Kurkuma-Kokosnuss-Törtchen. Die Weinauswahl ist beachtlich, der Service besonders zuvorkommend.

Léontine

15/20

Koch: Nicolas Scandella

1030 Wien, Reisnerstraße 39 • 0650 856 999
reservierung@leontine.at • www.leontine.at

Di, Mi 11.30–14, Do–Sa 11.30–14 und 18.30–21 Uhr • €

2010 wurde erstmals eine kulinarische Leistung in die Liste des immateriellen Welterbes der Menschheit aufgenommen: das gastronomische Mahl der Franzosen. Und dann sitzt man im „Léontine" und denkt sich: „Ah, oui, zu Recht!" Das Restaurant ist ein entspannter Mix aus einem liebevoll-charmant renovierten Gasthaus und französischer Küche ohne Chichi, die der Idee der „cuisine bistronomique" folgt: Essen auf hohem Niveau mit regionalen Produkten und französischen Elementen, aber nicht überteuert. Großes Entree-Glück bei der Morchel-Focaccia mit Bärlauch, milder Zwiebel der Cevennen, geräuchertem Raclette sowie einem Spiegelei von der Wachtel. Das Glück geht weiter beim Hauptgang, dem knusprig gebratenen Wolfsbarsch mit weißem Spargel, Erbsen, Sauerampfer und Grenaille-Erdäpfel: Während der Rücken vom Milchkalb mit Süßkartoffelgnocchi, Artischocke und Brunnenkresse auch gleich optisch für Freuden sorgt, mutet das Gericht doch wie das bunte Tellergemälde eines expressionistischen Malers an. Tolle Weinkarte, naturellement!

Liebsteinsky

14,5/20

Koch: Felix Albiez

1010 Wien, Schubertring 6 • 01 208 89 76
reservierung@liebsteinsky.at • www.liebsteinsky.at

Mo–Fr 12–14.30 und 18–22 Uhr • • €

Was soll man sagen? Hier passt wirklich vieles – der „Mix aus französischem Bistro und NYC-Style-Restaurant" (so steht's auf der Webseite) ist sehr gelungen. Egal, wie man sich auch entscheiden mag – für die „Liebsteinsky Rallye", ein Degustationsmenü mit sechs Gängen, oder für à la carte. Im zweiten Fall lohnt sich das Teilen – sich gemeinschaftlich durch die „Small Bites" (zum Beispiel Pimientos de Padrón oder Vegan Watermelon Tuna) und die „Vorgerichte" zu kosten, macht viel Spaß. Artischocken im Ganzen – mit Zitronenaioli und Sauce gribiche – zum Zupfen. Oder das Onsenei, ein Biostundenei, mit Donaumorcheln, Bärlauchspinat sowie Gruyère. Wow-Effekt! Sehr fein und zart die Involtini vom Kaninchen mit Salbeifond, Morcheln und Fregola Sarda. Schöne Weinauswahl. Und es schadet gar nicht, noch Platz für ein Dessert zu lassen.

Lingenhel

14,5/20

Köchin: Yvonne Rauscher

1030 Wien, Landstraßer Hauptstraße 74 • 01 710 15 66
reservierung@lingenhel.com • www.lingenhel.com

Mo–Mi 9–15.30, Do und Fr 9–15.30 und 18–22, Sa 8–14.30 Uhr • €

Immer wieder gerne betritt man die stilvollen Räumlichkeiten von Johannes Lingenhel, zieht bei seinem Restaurantbesuch vorbei an der duftenden Käsevitrine und Schatzkammer des Hauses und genießt bei warmen Temperaturen den entschleunigenden Gastgarten im Hinterhof. Wer hier schon öfters eingekehrt ist, weiß, dass das mehrgängige gebotene Mittagsmenü hier weit über Übliches und schnelle Küche hinausgeht. Man wählt zwischen zwei oder drei Gängen und nach frischem Brot und Paradeisercreme vorab geht es dann qualitativ hochwertig und im saisonalen Stil weiter. So ist da beispielsweise die Apfel-Sellerie-Suppe mit Graupen, die dank der eingelegten Granny-Smith-Würfel ihren sommerlich-frischen Twist erhält. Aromatisch ausbalanciert die gebratene Bachforelle mit Zucchini, Ribisel und Kombucha-Schaum. Nicht im Menü, aber gar obligat ist die finale Zugabe von Süßem und Pikantem: Es warten Eis-Sandwich und ein Traum an Käseplatte, die unter anderem eigens hergestellten Ziegenbrie umfasst. Umfassend ist auch die Weinkarte mit Fokus Österreich. Und am Abend? Wartet ein nicht weniger hochwertiges Menü.

Livingstone Restaurant

13/20

Planter's Club

1010 Wien, Zelinkagasse 4 • 01 533 339 30
office@plantersclub.com • www.plantersclub.com

Mo–Sa 17–22.30 Uhr • ♿

Ein rosa gebratenes T-Bone-Steak, dazu Sauce béarnaise, Trüffel-Pommes-frites oder Corn-Ribs: Ja, das schmeckt. Doch im Livingstone erwartet Genießer noch mehr: etwa Miesmuscheln mit Speck und Chili – nicht zu scharf und nicht zu mild. Auch die Garnelen im Tempura mit pikanter Mayonnaise sind einen Versuch wert. Die Spareribs sind zart, dazu gibt es eine leicht süßliche Whiskeysauce. Angenehme Schärfe verspürt man beim Verzehr des Currys mit Hühnerkeule, dazu ein kühles Glas Rosé aus Wiener Rieden – exzellent. Zum Finale hat man die Qual der Wahl zwischen unzähligen Cocktailkreationen, Zitronensorbet mit Gin beziehungsweise Wodka oder dem erfrischenden Popcorneis mit Schokoladensauce. Der aufmerksame Service des Restaurants verdient sich ebenfalls eine Erwähnung. Zusammenfassend: Wir freuen uns auf den nächsten Besuch.

Lobo y Luna

11/20

Koch: Felix Becker

1070 Wien, Mondscheingasse 2 • 01 944 99 66, 0699 194 49966
office@loboyluna.at • www.loboyluna.at

Di–Sa 18–1 Uhr • ♿ • €

Das Lobo y Luna ist zweifellos ein Juwel unter den spanischen Tapas-Restaurants. Die unkonventionelle Atmosphäre schafft eine gelungene Verbindung aus Eleganz und Lässigkeit. Die Küchenchefs Felix Becker und Michael Hutterer verwöhnen ihre Gäste mit authentischen Geschmackserlebnissen. Die Vielfalt und Qualität der Tapas sind beeindruckend. Herrliche Gambas, köstliche Anchovis, gereifter Manchego-Käse und der Serranoschinken sind von erstklassiger Qualität. Ein besonderes Highlight ist die Möglichkeit, ab zwei Personen die kulinarische Reise durch Spanien anzutreten. Eine perfekte Gelegenheit, um Urlaubsfeeling pur zu erleben.

Loca

13/20

Better eat better

Koch: Michael Baumkirchner

1010 Wien, Stubenbastei 10 • 01 512 11 72
office@bettereatbetter.com • www.bettereatbetter.com

17–23 Uhr

Im Loca ist – wenn das Lokal gut besucht ist – unter Umständen mit längeren Wartezeiten zu rechnen. Die Speisen, die serviert werden, sind gut, jedoch fehlte uns in dieser Saison die Präzision beziehungsweise die Liebe zum Detail, die wir vom Loca kennen und schätzen. Burrata mit Gemüse, Petersiliensuppe mit Trüffelravioli, Kabeljau mit Krabben und Senfgurken, alles grundsätzlich in Ordnung, doch – sagen wir es diplomatisch – sehr zurückhaltend gewürzt. Dass die Ente mit wildem Brokkoli, die es als Hauptgang gibt, nicht besonders zart ist, passt irgendwie auch noch ins Bild. Bei der Nachspeise – Honigeis mit Pancakes und Speckwürfel – blitzt zum Finale noch gelungene Kreativität auf.

Ludwig van

15,5/20

1060 Wien, Laimgrubengasse 22 • 01 587 13 20, 0676 551 4143
info@ludwigvan.wien • www.ludwigvan.wien
Mi–Sa 18–24 Uhr • • €

Erfreulich frei von Beethoven-Kitsch ist das Ludwig van im ehemaligen Wohnhaus des Komponisten. Chef Oliver Jauk legt darauf keinen Wert, weshalb wir die übliche, mit Beethoven-Anspielung garnierte Beschreibung dieses wunderschönen Gasthauses gleich vorweg abfeiern wollen: Auffallend und gut, dass Jauk und sein Küchenteam in diesem Traditionsbetrieb auch modernen Strömungen Gehör schenken! Noch etwas unsicher bei der nicht ganz stimmigen Kombination von Kohlroulade mit Artischocke und Nüssen, umso gelungener aber bei einer sich mehr als Fond erweisenden Zwiebelsuppe mit Bergkäse und Majoran. Subtiler, aber nicht weniger auf dem Punkt: der Pulpo mit Granny Smith sowie der Loup de mer mit Kerbelknolle, Haselnuss und brauner Butter. Absoluter Höhepunkt sind aber Backerl und Bauch vom Ötscher-Schwein, die an Zartheit und gleichzeitiger Intensität nicht zu übertreffen sind. Dazu serviert Patron Jauk eine mit Überraschungen gespickte Weinbegleitung, die sich ebenfalls moderner Stilistik nicht verschließt.

Lugeck

12/20

Koch: Martin Leb

1010 Wien, Lugeck 4 • 01 512 50 60
info@lugeck.com • www.lugeck.com

11.30–22 Uhr

Am hübschen und denkmalgeschützten Regensburger Hof führt bei einem Wien-Besuch quasi kein Weg vorbei. Daraus schöpft das darin situierte Traditionslokal von Familie Figlmüller natürlich Energie und punktet mit Ambiente und Stil. Beständig zeigt sich auch die klassisch-österreichische Küchenlinie, die eine Mixtur aus Tradition und Zeitgeist verspricht. Neben Gerichten wie Beef Tatar, natürlich Wiener Schnitzel und glacierter Kalbsleber dürfen demnach auch urbane Speisen wie Burger, Curry oder Bowls erwartet werden. So wird man vielen Zielgruppen gerecht. Für noch mehr Auswahl sorgen saisonale Ergänzungen beim Menü. Die Weinkarte mit Fokus Österreich ist ansprechend. Erwähnenswert ist auch das breite Angebot an Bieren.

Made in Sud ↗

13,5/20

1040 Wien, Margaretenstraße 36 • madeinsud.at

Di–Sa 11–22 Uhr

Typischer kann eine Trattoria kaum sein. Ein paar einfache Holztische, rundherum gut bestückte Weinregale, eine Vitrine mit Salumi und Formaggi, die obligate Berkel-Aufschnittmaschine. Vorweg wird Mortadella gereicht, dann geht es – meist mit üppiger Fisch-Meeresfrüchte-Platte – zur Sache. Die Crudi sind exzellent, sie werden taufrisch aus Kroatien geliefert. Am Trüffel wird bei Artischocken und bei Tagliolini nicht gespart, die Gnocchi al nero di seppia sind üppig mit zarten Calamari bestückt. Etwas bissfester der Oktopus, klassisch der Fisch im Ganzen. Klassisch auch die italienische Fröhlichkeit von Wirtsleuten und Personal. Wie gesagt: eine authentische Trattoria mit fair kalkulierten Preisen.

Mama Konstantina®

16/20

Koch: Konstantin Filippou

1190 Wien, Döblinger Hauptstraße 17 • 01 438 00 95
hi@mamakonstantina.com • mamakonstantina.com

Mo, Di, Do und Fr 18–21 Uhr

Konstantin Filippou hat griechische Wurzeln. Nordgriechische, um genau zu sein. Seine Familie kommt aus Thessaloniki. Mit dem Mama Konstantina hat er sich jetzt den Traum erfüllt, den Geschmack seiner Heimat auf den Teller zu bringen. Und zwar auf seine eigene, sehr persönliche Art. Jedes einzelne Gericht im Menü hat unverwechselbar Filippou-DNA. Es sind die Dinge, die jede Griechenlandliebhaberin und jeder Griechenlandliebhaber kennt. Allerdings nicht so. Denn in Griechenland selbst müsste man schon sehr lange suchen, um Taramas in derart spannender Interpretation zu bekommen. Aber der Reihe nach. Es gibt zwei Menüs: ein vegetarisches, eines mit Tieren. Die Highlights im vegetarischen Menü sind eindeutig Spanakopita und Trachanas. Ersteres ist ein nordgriechischer Klassiker: Spinat, Filoteig, Feta. Filippou erweitert um Salzfenchel, Minze und Ouzo. Großartig. Und Trachanas? Wird hier als kraftvoller Hauptgang mit Eierschwammerl, schwarzem Trüffel und viel Thymian serviert. Das andere Menü startet mit einer großartigen Makrele, Kapern, Kritamo und Paprika. Das besagte Taramas macht Filippou aus den Rogen vom Kabeljau, verfeinert aber mit Schnittlauchöl und Kaviar. Als Fundament ein feines Erdäpfelpüree. Kurz vor dem Hauptgang noch Oktopodi: geräucherter Oktopus mit Salzzitrone. Butterweich. Augen schließen. Strand von Mykonos. Dann die Wachtel. Mit Stifado. Und gefüllt mit Orange, Kraut und Loukaniko, der griechischen Wurst. Noch einmal. Mit jeder Gabel, jedem Bissen ist man Griechenland nahe. Man erkennt und kennt die Geschmäcker. Aber nicht so. Und genau das ist der Unterschied, der einen Unterschied macht. Mahlzeit. Oder halt Καλή όρεξη.

Maria und Josef®

11/20

Koch: Shahab Jahanbekloo

1060 Wien, Rahlgasse 1 • 01 946 17 75, 0664 388 6666
contact@mariaundjosefwien.at • www.mariaundjosefwien.at

Di–Sa 16–22.30 Uhr • ♿ • €

Mariahilf hat eine neue Lokalität zu bieten: das „Maria und Josef" – und zwar gleich unterhalb der Stiegen, wo sich Mariahilfer und Gumpendorfer Straße kreuzen. Modern und chic ist das Ambiente: Dunkle Grüntöne, französische Fenster, Bistrot-Tische und die große Bar schaffen Stimmung. Das Speiserepertoire gestaltet sich aus mediterranen und orientalischen Aromen, die mit persischem Twist zubereitet werden. So finden sich im Menü solide zubereitete Starter wie Oliven-Tapenade oder geschmorte Nashibirne, beim Hauptgang reihen sich geschmorte Melanzani mit Tahina und Granatapfel neben gratinierte Ochsenherzparadeiser und spicy Oktopus; dazu schmecken Rosen-Labneh oder Berberitzenreis. Für Süße empfehlen wir das Marzipan-Baklava, serviert mit Safraneis. Auch wenn das Servicepersonal hier und da noch nicht ganz eingespielt wirkt, ist es bemüht. In Summe ist hier aber wohl – wie auch bei der Küche – noch Luft nach oben. Die Getränkekarte ist gut aufgestellt.

MAST Weinbistro

15,5/20

Koch: Lukas Lacina

1090 Wien, Porzellangasse 53 • 01 922 66 79
contact@mast.wine • www.mast.wine

Mi–Fr 12–14 und 18–22, Sa, So 18–22 Uhr • €

Matthias Pitra und Steve Breitzke haben mit ihrem MAST in kürzester Zeit Erfolgsgeschichte geschrieben. Mit ihrem Konzept eines lässigen Bistrorants samt Weinauswahl, die ihresgleichen sucht, haben sie den Nerv vieler Foodies getroffen. Die Gästeschar teilt sich in treues Stammpublikum sowie Gourmets aus dem Ausland, die den unprätentiösen, völlig entspannten Stil hier lieben. Einen guten Einblick in die Küchenlinie gibt das „Sechs-Gänge-Chef's-Choice-Menü", zu dem man sich vinologisch unbedingt in die Hände von Pitra und Breitzke begeben sollte. Wir kosten Kohlrabi mit Ricotta, Grapefruit und schwarzer Olive. Ein Gericht voll Frische und anregendem Kontrast. Großartig ist das glasierte Kalbsbries mit Semmelkren und Grünkohl, süchtig machend das Dirndldessert mit Nougat. Wer kein großes Menü mag, bekommt zum Wein auch einzelne Gänge oder eine Jause à la Chili-Käsekrainer mit Lustenauer Senf, Speck vom Höllerschmid oder perfekt gereiften Vorarlberger Bergkäse mit Schnittlauchbutter und Erdäpfeln.

Materia ↗

13,5/20

Koch: Stefano Patelli

1080 Wien, Tigergasse 31 • 01 402 69 16, 0681 842 06401
info@materia.restaurant • www.materia.restaurant
Di–Sa 18–23 Uhr

Die italienische Küche hat einen Vorteil, der ein Hemmnis darstellt: ihre große Tradition. Denn natürlich macht es wenig Sinn, an Gerichten herumzudoktern, die seit Jahrzehnten perfekt sind. Aber: Der Stillstand steckt im Detail. Stefano Patelli und Francesca de Rossi erheben sich mit Leichtigkeit über dieses Dilemma: In drei Menüs – Fisch, Fleisch, Gemüse – drehen sie alte Klassiker mit neuer Fantasie weiter, zum Beispiel: trocken gereifter Thunfisch mit in Austernsauce gebratener Wassermelone – eine Überraschung, ein Gedicht. Oder weißer und grüner Spargel mit Paprikacreme und geräuchertem Ricotta – eines der besten Spargelgerichte dieser Saison. Die Pastagänge sind erwartungsgemäß großartig (herausragend: Tortelli mit Sardellenfüllung, Zitronenmangold und Seppie), die Secondi überraschend famos (Seebarsch mit geräuchertem Couscous und gegrilltem Brokkoli) – und die Tradition ist wohlbehalten in der Zukunft angekommen.

Meierei im Stadtpark

15/20

Köche: Heinz Reitbauer & Michael Bauböck

1030 Wien, Am Heumarkt 2a • 01 713316810
wien@steirereck.at • www.steirereck.at

Mo–Fr 8–23, Sa 9–19 Uhr

Zweitlokale hochdekorierter Restaurants könnten es sich ja so einfach machen: im Windschatten des Ruhms fahren und unter prominenter Flagge mit Preis-Leistungs-Argumenten punkten. Was soll da noch schiefgehen? Nun, man könnte ein bisschen auf die Leistung vergessen. Im Hause Reitbauer kommt so etwas nicht infrage. Die Präzision, mit der in der Steirereck-Meierei vom Edelfrühstück über den Lunchbetrieb bis zum abendlichen Sechsgänger alle Disziplinen angegangen werden, ist schlicht bemerkenswert. Am Beispiel eines rezenten Abendmenüs: vielschichtiger Spargelsalat mit Kerbel und Holunderblüte; tiefgründige Süßwasserfischsuppe mit Fenchel und Apfelpaprika; gebratene Kräuterseitlinge mit Einkorn und Melanzani. Kleiner Schönheitsfehler: Im Lauf des Menüs werden die Gerichte immer schwerer, das Stubenküken mit Grünspargel und Erbsenmus hätte die Hollandaise obendrauf jedenfalls nicht gebraucht. Der Käsegang ist hier natürlich trotzdem unumgänglich, die Weinbegleitung auf unkomplizierte Weise spannend. Zweite Geige, erste Klasse.

Meissl & Schadn

11,5/20

1010 Wien, Schubertring 10–12 • 01 90212
wien@schnitzellove.com • www.schnitzellove.com
Mo–So 12–23 Uhr

Das lässig-stilvolle Restaurant am Schubertring mit seiner offenen Salonküche steht für zeitgeistige Wiener Küche. Dabei erfreut es sich sowohl bei Einheimischen als auch Touristen an großer Beliebtheit. Die Kernkompetenz des Hauses, mit der man hier auch gerne wirbt, ist die Schnitzelbackkunst, die jedoch mit urbanen Traditionsgerichten ergänzt wird. Demnach reihen sich neben Wiener Schnitzel Speisen wie Paprikahendl, vegetarischer Tafelspitz oder Shrimpscocktail. Auch rar gewordene Innereien wie geröstete Rindsleber und gespicktes Rahmherz befinden sich im Angebot. Für noch mehr Auswahl sorgt das saisonale Menü. Ansprechend ist auch das Angebot an Mehlspeisen. Am Apfelstrudel oder den Salzburger Nockerln kommt man hier selten vorbei.

Meixners Gastwirtschaft®

13/20

Köchin: Beata Skoparova

1100 Wien, Buchengasse 64 • 01 6042710
janette.civic@gmx.at • www.meixners-gastwirtschaft.at

Mo–Sa 11.30–22 Uhr

Alles neu macht der Mai – und hier hat sich der Wechsel von den Meixners auf die nächste Generation, die Cerics, bemerkbar gemacht. Nicht in Form der Gaststube, auch nicht beim mit Schmäh begabten Servicepersonal, sondern die Küche lief bei unserem Besuch im Frühling noch nicht ganz rund. Der Spargelsalat entpuppt sich als Blattsalat mit wenig Spargel, die Spargelsuppe kann mit zarter Feinheit überzeugen ebenso wie die Grießbällchen auf lauwarmem Kraut. Die zu unseren Speisen empfohlenen Weißen sind wohlfeil. Während der Solospargel durch die zu fest geratene holländische Sauce nicht überzeugt, kann das Bries mit Morcheln und Gröstl begeistern. Ganz wie immer bekommen wir dann Marillenpalatschinken; sozusagen der Ausblick, dass wir in diesem traditionsreichen Lokal nächstens eine Konsolidierung der Küchenleistung vorfinden.

Mochi

14/20

Service Award 2017

Koch: Manuel Reisinger

1020 Wien, Praterstraße 15 • 01 925 13 80
welcome@mochi.at • www.mochi.at

Mo–Sa 11.30–22 Uhr • €

Wer einen Tisch im Mochi will, braucht Geduld. Die Glücklichen erwartet ein dunkler Raum mit Minitischen und hohem Geräuschpegel. Freundlicher, kundiger Service. Die aus einer offenen Küche kommenden japanisch inspirierten Gerichte sind noch immer State of the Art. Hamachi-Ceviche wird durch Radieschen und Sprossen frühlingsfit gemacht, die Dragon Roll mit krossem Garnelentempura und perfekt reifer Avocado setzt Maßstäbe bei der Frage, wie viele Komponenten in einen Bissen passen. Beide Vorspeisen geizen nicht mit Mayonnaise, weswegen diese Art Esskultur mit mindestens einem Bein in Kalifornien steht. Fantastisch die butterweiche Miso-Aubergine mit Bonitoflocken, auch das gewagt scharfe Kimchi kann was. Einziger Wermutstropfen: Am Nachtisch, einem Apfel-Rhabarber-Auflauf mit Fadennudeln, haben wir eine cremige Komponente (Eis!) vermisst.

Modern Korean

12,5/20

Koch: Danny Kim

1090 Wien, Lustkandlgasse 4 • 0664 196 7972
restaurant@modernkorean.at • www.modernkorean.at

Mo–Sa 12–22 Uhr • €

Bei einem Besuch des Modern Korean sollte man sich vor der Bestellung unbedingt über Portionsgrößen und Schärfegrade erkundigen. So vermeidet man Überraschungen. Die Speisekarte ermöglicht eine kleine Reise durch Asien: Gemüseteigtaschen mit Erdnusssauce, scharfes Chili Beef mit Salatherzen oder heißer Eintopf mit Kimchi und geschmorten Schweinerippen bieten sich für eine Verkostung an. Das Korean Fried Chicken mit süßer Chilisauce wird mit langweiligen Pommes frites serviert. Hier sollte man über eine kleine Änderung nachdenken. Die Desserts, zum Beispiel Tiramisu mit Grüntee, klingen zwar spannend, bieten aber keinen besonderen Höhepunkt.

Motto am Fluss

12,5/20

Ambiente Award 2010

1010 Wien, Franz-Josefs-Kai 2 • 01 25255
office@mottoamfluss.at • www.mottoamfluss.at

Das durchgestylte Lokal empfängt mit modern-urbanem Flair seine Gäste. Geboten wird neben dem Blick aufs Wasser eine internationale Küche mit österreichischen Schwerpunkten passend für alle Tageszeiten. Bei gedämpftem Licht am Abend fällt es einem zwar schwer, die optische Tellergestaltung genau zu erkennen, dafür muss man sich auf seine Geschmacksnerven verlassen. Die einzelnen Gerichte sind sehr gut ausbalanciert. Der Oktopus ist handwerklich gut gemacht, die Portionsgröße zu diesem Preis könnte man ein wenig überdenken. Das Paprikagemüse stiehlt der Lammkeule fast die Show. So pur, frisch und einfach gehalten, dass die Beilage hier der Star ist.

Mraz & Sohn

18,5/20

Koch des Jahres 2018 (Markus Mraz), Newcomer 2019 (Lukas Mraz)

Köche: Markus & Lukas Mraz

1200 Wien, Wallensteinstraße 59 • 01 330 45 94
restaurant@mrazundsohn.at • www.mrazundsohn.at

Mo–Fr ab 19 Uhr

In Sachen Aufsperren herrscht beim Mraz ein strenges und klares Regiment. Tische gibt es ab 19 Uhr – und genau dann wird auch aufgesperrt. Jene Gäste, die für diese Zeit reserviert haben, warten draußen auf den Einlass. Und kommen sich vor der verschlossenen Tür schon etwas näher. Das hat was. Drinnen ist dann alles sehr entspannt. Vermutlich eine der entspanntesten Fine-Dining-Adressen des Landes. Gleichzeitig aber auch eine der spannendsten. Kulinarisch gesehen.

Der Stil ist außergewöhnlich. Geschmack hat deutlich Vorrang vor der Optik. Was nicht heißt, dass die Teller nicht gut aussehen. Es sind eben keine fein ziselierten und mit Pinsel und Pinzette angerichteten Avantgarde-Kunstwerke. In der Küche vom Mraz zischt, dampft und riecht es. Genau das schmeckt man auch.

Konkret: Sepia kommt in zwei Gängen, einmal als tiefdunkle, bodenständige und köstliche Siu Mai, dann der Tubus, hauchdünn geschnitten und hochgradig erfrischend angerichtet – mit Schönbrunner Kaffirlimetten und Granny Smith. Herrlich. Dann ist da noch ein von Vitello tonnato inspiriertes Gericht. Aber eben Huhn. Der erste von drei Hühnergängen. Die Mrazens nennen es Huhntello Shinato, mit Miso-Mayo und der Haut vom Hendl. Ein Gericht, bei dem man versucht ist, die Kinderstube zu vergessen, um mit Zunge oder Finger auch noch das letzte Restl vom „Shinato" aus der Schüssel zu bekommen.

Die Pasta asciutta heißt K & K, weil das Ragù aus Karotten und Kimchi zusammengestellt wird (und absolut großartig ist). Das Huhn hat dann noch zwei Auftritte. Einmal als Paprikahendl (Eins a) und als Supperl (nicht weniger gut). Last, not least das Dessert. Das kommt zwar in mehreren Teilen, was aber in Erinnerung bleibt, ist der bodenständige Teil des Reigens: ein sündhaft guter flaumiger Krapfen mit einem deftigen Batzen Creme darauf. Summa summarum: Geschmacks- und Wohlfühlküche vom Allerfeinsten. Weinbegleitung top, es gibt aber auch eine üppige Weinkarte, die sich sehen lassen kann.

Nagano®

12/20

1010 Wien, Schellinggasse 3 • 01 588 53 07
kontakt@naganowien.com • www.nagano-wien.com
Di–Sa 12–14.30 und 18–22 Uhr

Unverputzte Wände, minimalistisch gedeckte Tische: Das Ambiente, das die Gäste im Nagano begrüßt, ist modern, kühl und polarisiert. Die zubereiteten Gerichte hingegen überzeugen jedoch ohne Wenn und Aber. Ein kühles Glas Sake harmoniert etwa mit dem mit Koriander zubereiteten wilden Brokkoli oder mit dem süß-salzigen Schweinebauch. Einen Versuch wert sind die kreativen Maki-Kombinationen, bestehend etwa aus Schneekrabbenkrokette, Garnele, Gurke, Shiso-Avocado-Creme, Trüffelmayo, Parmesan und schwarzem Trüffel. Und wer zum Finale noch ein Dessert wünscht, der ist mit Yuzu-Eis oder Yuzu-Zitronengras-Crème-brulée auf dem richtigen Weg.

NihonBashi

12/20

1010 Wien, Kärntner Straße 44 • 01 890 78 56
reservation@nihonbashi.at • www.nihonbashi.at

Das in Opernnähe liegende Lokal bietet eine umfangreiche Karte mit überzeugendem authentisch-japanischem Speisenangebot. Ein guter Griff ist stets die menüartige Empfehlung Nihonbashi Bento, das neben guter Miso-Suppe auch zwei Sorten Sashimi und Chirashi-Sushi mit Lachskaviar und Sesam auf den Tisch bringt. Nicht fehlen darf hier natürlich Spinat mit Sesamsauce, japanisches Omelett, gebackenes Hühnerfleisch, gegrilltes Lachsfilet, Riesengarnelen und Tempura. Auch das vegane Gozen mit Gemüse-Tempura, Seidentofu, Wakame-Salat, vegetarischen Maki und Inari-Sushi ist sehr zu empfehlen. Umfangreiche Sake-Auswahl.

o boufés ↗

15,5/20 🍴🍴🍴

Natural Wine Bistro

Koch: Konstantin Filippou

1010 Wien, Dominkanerbastei 17 • 01 512222910
reservation@konstantinfilippou.com • konstantinfilippou.com/oboufes

Di–Sa 18–22.30 Uhr • €

Mit seinem zweiten Standbein, dem Bistro, hat Konstantin Filippou in der Wiener Gastroszene zweifelsohne Pionierarbeit geleistet. Die Mischung aus lässigem Understatement, Shabby-Chic, hochwertiger, aber unaufdringlich ehrlicher Küche und auf Natural Wines fokussierter Weinkarte hat mittlerweile an mehreren Orten der Stadt durchwegs erfreuliche Nachahmer gefunden. Das o boufés ist mittlerweile nicht mehr Avantgarde und erfüllt die Erwartungen ohne große Überraschungen. Das gilt für die Saiblingsterrine mit Rettich und Pistazie ebenso wie für das Garnelensaganaki – was übrigens nicht, wie man vielleicht vermuten könnte, ein asiatisches Gericht ist, sondern ein Klassiker der griechischen Küche. Die Goldbrasse wird von sehr intensiv schmeckenden Edamame (grün geerntete Sojabohnen) ein wenig zugedeckt, beim Stör mit Enoki-Pilzen und dem gefüllten Stubenküken mit Specklinsen und Trüffel passt hingegen alles – und das gilt auch für die Desserts. Die im Vorjahr hier als „ausgedünnt“ bemängelte Weinkarte ist wieder bestens bestückt und bietet viel Interessantes.

Oak 107 Smokehouse®

11/20

1060 Wien, Mariahilfer Straße 47 • 0676 785 7097
www.oak-107.at

Für einen kleinen Trip in die Südstaaten braucht es nur einen kleinen Schlenker von der Mariahilfer Straße – und schon heißt es: Barbecue mit allen Finessen. Aber nicht nur Brisket oder die Beef Ribs samt allen Side Dishes wie (Sweet) Potatoe Fries, Coleslaw und Co gelingen vorzüglich, nein, auch vegetarische bis vegane Gerichte wie Karfiol mit Nussbutter, Haselnusscreme, Kartoffelpüree und Senfvinaigrette oder lightly smoked Melanzani mit einer Hummus-Harissa-Creme, Tahin, knusprigen Kichererbsen und Granatapfel munden. Dazu beste Bierkultur, ein begehbarer Weinschrank und eine junge aufgeweckte Bedienung ... und schon ist der Kurztrip ein gelungener.

ON

12/20

1050 Wien, Wehrgasse 8 • 01 585 49 00
office@restaurant-on.at • www.restaurant-on.at

Der „Dschungel“ vor der Tür verleiht dem Lokal ein ganz besonderes Entree und bringt erfrischendes Grün in die kleine Gasse. Innen ist alles wie gehabt, was als beruhigendes Zeichen zu betrachten ist. Die Karte ist vielleicht noch eine Spur umfangreicher geworden, was eigentlich nicht notwendig gewesen wäre. Wer das erste Mal kommt, ist vielleicht etwas ratlos, was er bestellen soll. Mit einem der zahlreichen Tofugerichte macht man nie einen Fehler. Witzig sind Sushi mit Jahrgangssardinen – die regulären Varianten sind ordentlich, aber nicht herausragend. Ausgezeichnet schmecken alle Innereiengerichte, die mit Schärfe und asiatischen Aromen ihren ganz eigenen Reiz entwickeln. Ansonsten gilt: Probieren geht über studieren!

One Night in Beijing

12/20

1190 Wien, Nussdorfer Platz 8 • 01 318 53 03
office@onib.at • www.onib.at
Mo, Di, Do und Fr 17–23, Sa und So 12–23 Uhr • €€

Gehobene Asiaküche, die überrascht – und das nicht im Schatten rotgoldener Drachen, sondern in stylishem Ambiente. Herausragend die Frühlingsrolle mit Hühnerbrust, Morcheln und Shiitake – abseits des üblichen Frühlingsrollen-Images, so schön knusprig. Überraschend: der feine Gurkensalat mit Chili und Fischsauce sowie das vielfältige Angebot an Sushi- und Sashimi-Spezialitäten, etwa die „Spicy Tuna Roll" mit Bonitoflocken. Als Signature Dish des Hauses gilt die Pekingente, die mit sechzehn Gewürzen gebeizt und mit Gurke, Lauch, Mango, Reisfladen und einer intensiven Sauce serviert wird. Die Weinkarte kann sich ebenfalls sehen lassen.

Patara

12/20

1010 Wien, Petersplatz 1 • 01 99719380
email@patara.at • www.patara-wien.at

Patara heißt – so die Website des Lokals – in Thailand so viel wie „anmutiges Mädchen“. So nennt man eine junge Dame, die sich mit Hingabe um ihre Familie und Freunde kümmert. Freundlichkeit ist auch ein Trumpf dieses elegant-gemütlichen Thai-Restaurants unweit des Grabens, hier wird Siam-Küche auf hohem Niveau zelebriert. Den besten kulinarischen Überblick bieten mit jeweils zehn Gängen das Discovering-Thailand- und das Signature-Set-Menü, aber auch à la carte ist man etwa mit erfrischendem Papayasalat sowie in puncto Würze mit Chicken-Curry oder spicy Beef gut beraten – allerdings sind bei unserem Besuch sowohl Huhn als auch Rindfleisch eher von der bissfesteren Sorte. Charmant-süß dagegen die knusprigen Bananenrollen mit Cashews und Honig. Überraschend umfangreich präsentieren sich das Weinangebot und die diesbezügliche Beratung.

Paul & Vitos

12/20

Koch: Patrick Pannosch

1010 Wien, Petersplatz 11 • 01 532 37 66
office@paulundvitos.wien • www.paulundvitos.wien

Mo–Sa 12–22.30 Uhr

Ein Hauch von Paris neben Wiens barocker Peterskirche. Das farbenfrohe französische Bistroflair des Paul & Vitos trifft auf ein kreatives Küchenkonzept: Denn die EssBar setzt auf globale Tapas-Variationen zum Teilen und lädt zum Durch-die-Karte-Probieren ein. So landet im Laufe des Besuchs rasch eine kleine kulinarische Weltreise in der Tischmitte – von Panzerotti über Vienna Phở und Butterschnitzel vom Wels bis zu Topfenknödel. Ausgesprochen freundlicher und professioneller Service, vielseitiges Getränkeangebot.

Pfarrwirt

12/20

Koch: Deli Gjocaj

1190 Wien, Pfarrplatz 5 • 01 3707373
info@pfarrplatz.at • www.pfarrwirt.com
12–22 Uhr •

Der Pfarrwirt ist nicht nur eine begehrte Vorstadtadresse, die von den Bewohnern der inneren Bezirke am Abend gerne besucht wird. Auch zahlreiche Gäste aus der näheren Umgebung kommen gerne hierher, was sich besonders zur Mittagszeit zeigt. Die Küche steht dem gemütlichen Ambiente um nichts nach. Für Klassiker der Wiener Küche (Zwiebelrostbraten, Kalbsbutterschnitzel, Tafelspitz) gibt es kaum eine bessere Adresse. Saisonale Angebote und geliebte Klassiker wie Beef Tatar runden das Angebot ab. Die Weinkarte bietet neben dem aktuellen Jahrgang der zum Betrieb gehörigen Weingüter Rotes Tor und Mayer am Pfarrplatz auch gereifte Raritäten an. Der Gastgarten mit alten Kastanienbäumen ist und bleibt einer der schönsten der Stadt.

Pichlmaiers zum Herkner

14,5/20

Koch: Roman Artner

1170 Wien, Dornbacher Straße 123 • 01 480 12 28
pichlmaiers@zumherkner.at • www.zumherkner.at

Mo und Do 18–24, Fr, Sa und So 12–24 Uhr • €

Eine Institution. Nicht mehr und nicht weniger ist dieses sympathische gepflegte Gasthaus am Stadtrand von Wien. Ideal gelegen auch für Wanderungen in den Wienerwald. Die Karte bietet vieles an Klassikern, die Küchenchef Roman Artner auch gerne, aber wohl dosiert, verfeinert, was im Fall der Eiernockerl auch – saisonal bedingt – mit weißem Trüffel passieren kann. Beliebte Klassiker sind die Krautfleckerl und die Kalbsleber in ihrer dichten Sauce. Das Herkner-Schnitzel ist sowieso eine Bank. Sehr zu empfehlen sind auch die Powidltascherl in reichlich Butterbrösel und mit Langem Pfeffer spannend gewürzt. Der Service wird auch mit größerem Wochenendansturm entspannt fertig und ist in Sachen Weinberatung bestens geschult.

PISQU Ⓝ

12/20

1020 Wien, Große Pfarrgasse 5 • 01 212 96 05, 0699 111 42818
office@pisqu.at • www.pisqu.at
Di–Do 18–23, Fr und Sa 18–2, So 18–22 Uhr • €

Gegensätze ziehen einander an – so auch im PISQU, denn hier serviert man japanisch-peruanische Tapas. Die kreative Zusammenführung beider geschmacklicher Ursprünge lässt sich mit dem einfachen Wort „Nikkei“ betiteln. Gemüsetempura mit würziger Ponzusauce, saftiger Schweinebauch, Miso-Melanzani und Udon-Nudeln mit Shiitakepilzen werden als Tapas serviert. Für einen angenehmen Schärfegrad sorgen Aji Amarillos (gelbe Chilis aus Südamerika). Die Ceviche mit Tintenfisch, Wolfsbarsch und Süßkartoffeln findet man hierzulande auf keiner zweiten Speisekarte vor – sie ist unserer Meinung nach ein absolutes Must-have. Zu trinken gibt es ein Sammelsurium an Cocktails – manche klassisch, manche ein wenig extravaganter, beispielsweise mit Wasabi.

Plachutta Nussdorf

12/20

1190 Wien, Heiligenstädter Straße 179 • 01 370 41 25
nussdorf@plachutta.at • www.plachutta-nussdorf.at
11.30–22.30 Uhr • €

In der Nähe der Wiener Weinberge, eingebettet in den Dorfcharakter von Nussdorf in Döbling, heißt das Restaurant Plachutta seine Gäste willkommen. Hier ist die gehobene Wiener Küche zu Hause. Der berühmte Tafelspitz, ein Klassiker mit all seinem Beilagenreichtum, ist für Genießer ein besonderes Highlight. Herrliche Geschmackserlebnisse bieten auch die zarte Kalbsleber und das vorzügliche Butterschnitzel. Der süße Abschluss lässt mit einer flauschigen Schokomousse mit Waldbeerencreme keine Wünsche offen. Sehr stimmig dazu der flinke, kompetente und freundliche Service. Das Ambiente ist gediegen klassisch und der Sommer lässt sich im gemütlichen Hofgarten zelebrieren.

Plachutta Stammhaus Hietzing

12/20

1130 Wien, Auhofstraße 1 • 01 877 70 87
hietzing@plachutta.at • www.plachutta-hietzing.at
11.30–22.30 Uhr • €

Wer sich als Hobbykoch je gewundert hat, ob die eigenen Interpretationen der Wiener Küche einem „Reality-Check" standhalten, der kommt um einen Besuch der ewigen Benchmark in diesem Bereich nicht herum. Aber auch sonst ist das Publikum im Stammhaus der Plachuttas bunt gemischt, gut versorgt von einer freundlich-engagierten und sehr flott agierenden Servicetruppe. Schwerpunkt liegt hier natürlich auf allem, was das Rind hergibt und was gekocht werden kann, klassisch-geniale Beilagen inklusive. Aber nicht einmal Vegetarier müssen sich fürchten, einen Fuß über die Schwelle zu setzen, auch an sie wurde gedacht.

Plachutta Wollzeile

12/20

1010 Wien, Wollzeile 38 • 01 512 15 77
wollzeile@plachutta.at • www.plachutta-wollzeile.at
11.30–23 Uhr • €

Das Wiener Weltkulturerbe „gekochtes Rindfleisch“ erfreut sich auch in der beginnenden veganen Ära ungebrochener Beliebtheit. Das ist zu einem Gutteil ein Verdienst der Familie Plachutta, deren Tafelspitztempel strategisch klug über die Stadt verteilt sind; die repräsentativste Filiale bleibt jene in der unteren Wollzeile. Die Qualität ist über jeden Zweifel erhaben: Gesottenes vom Beinfleisch bis zum Weißen Scherzel, im Kupferreindl serviert, samt Apfelkren, Schnittlauchsauce und Rösterdäpfel, hat klar die Hauptrolle, als Einspringer werden saisonal Eierschwammerlterrinen oder Solospargel vorgelegt. Das Kalbsbutterschnitzel ist und bleibt ein wichtiger Geheimtipp.

Plachuttas Gasthaus zur Oper

12/20

1010 Wien, Walfischgasse 5–7 • 01 512 22 51
oper@plachutta.at • www.plachutta-oper.at
11.30–23 Uhr • ♿ • €

Das Speisenangebot ist unverändert. Wieso sollte man auch eine Erfolgsformel, die bei Einheimischen wie Touristen sehr beliebt ist, verändern? Was jedes Mal aufs Neue überrascht, ist die bemerkenswerte Freundlichkeit des sehr jungen Serviceteams. Auch bei Hochbetrieb, der hier praktisch jeden Abend gegeben ist, agiert es wie eine gut geölte Maschine – allerdings stets mit einem freundlichen Lächeln im Gesicht. Genauso verlässlich geht es in der Küche zu. Trotz aller Routine kommen alle Speisen durch die Bank akkurat zubereitet zu Tisch. Die Weinkarte ist traditionell gehalten mit Schwerpunkt Österreich. Die teureren Weine sind fairer kalkuliert als die billigen. Erstbesucher halten sich zumeist an die Klassiker, Stammgäste freuen sich über die saisonalen Specials wie die gerösteten Steinpilze mit Petersilerdäpfeln. So hat auch dieser Tempel der Fleischeslust ein veganes Highlight zu bieten.

Pramerl & the Wolf

17,5/20 ◻◻◻◻

Koch: Wolfgang Zankl-Sertl

1090 Wien, Pramergasse 21 • 01 946 41 39
office@pramerlandthewolf.com • www.pramerlandthewolf.com

Mi Do 19–24, Fr und Sa 18–24 Uhr

Man muss verstehen, dass sich alles rechnen muss. Ein intimes Restaurant wie dieses sowieso. Weshalb man dem Gast im Pramerl & the Wolf die Möglichkeit verschafft, Premium-Pairing und Superpremium-Flight rauf und runter zu bestellen. Coravin macht's möglich. Wer „nur" die Standard-Weinbegleitung trinken will, kommt sich schnell ein bisschen vor wie der arme Verwandte auf der protzigen Familienfeier. Dass am Ende statt des bestellten „normalen" Champagners zunächst die Spitzenvariante auf der Rechnung steht (wird auf Zuruf im Nu korrigiert), hinterlässt einen faden Beigeschmack.

Letzteres lässt sich vom Essen nicht behaupten. Jederzeit würden wir wieder zu Wolfgang Zankl-Sertl ins Servitenviertel gehen, denn vom Kohlrabi-Kimchi mit Apfel und Guanciale über die Croustade von Rindertatar mit Kaviar bis zum genialen Pimiento, gefüllt mit altem Gouda, ist alles dicht, aromatisch, durchdacht.

Fast bei jedem Gang lohnt es sich, jeden Bissen auszukosten. Beim Chinese-Pancake doppelt, weil sich Knochenmark, Kräuter, Fischsauce und Melone zu einem kleinen Kunstwerk verbinden – fast hätten wir um eine zweite Portion gebeten. Die Carbonara mit Calamari statt Pasta und der Aal statt Guanciale sind vier Hauben wert.

Es folgen Steinbutt (mit Vin-Jaune-Schaum und einem Jus vom Ibérico-Schinken, also ungeheuer komplex), Lammbauch (mit Vongole-Sud) und Schwarzfederhuhn. Zum Fleisch passt der Viña Tondonia, teuer ist er auch nicht – man muss bloß mit Simone Andreoli, dem Sommelier, in Kommunikation treten und sich nicht grämen, wenn am Tisch nebenan ein Premier Cru Classé geöffnet wird. (Wer besonders intensiv kommunizieren will, bucht einen Platz am sogenannten Sommeliertisch an der Ecke des Tresens.) Toperdbeeren mit Heu-Eis sind ein spannender Abschluss eines Mahls, das in Wien nicht allzu häufig übertroffen werden dürfte.

Promise®

11,5/20

Koch: Michael Luchici

1090 Wien, Nußdorfer Straße 39 • 01 310 44 10, 0664 417 9955
office@promise-restaurant.at • promise-restaurant.at
Mi–So 17–24 Uhr • €€

Das Versprechen, das diesem Restaurant seinen Namen gab, war an die Mutter der Betreiber gerichtet: Wir schaffen das – ein schönes hochwertiges Restaurant. Leider hält dessen Küche nicht, was die Karte verspricht, und schickt bunt designte, aber unter dem Zauber etwas blasse Gerichte, die mit Cremes und Crackern sowie Schäumen ein Zentrum umkreisen, das unklar bleibt. Was bei den Vorspeisen noch durchgeht (etwa einem gebeizten Seesaibling mit fermentierten Radieschen und Apfelsorbet), hinterlässt bei den Hauptgängen leichte Langeweile (der Schweinebauch mit Grammel-Germknödel und Süßkartoffelpüree bleibt eindimensional). Am Schluss wird es einfacher, weil klassischer: Erdbeer-Pannacotta mit Rhabarber. Ja, so könnte es gehen.

Pure

13/20

am Praterstern

Koch: Gerald Angelmahr

1020 Wien, Praterstern 9 • 0664 885 02380
office@pure-restaurant.at • www.pure-restaurant.at
Mo–Fr 11–22, Sa 9–22, So 9–15 Uhr • ♿ • €

Das in den Rundbau der ehemaligen Polizeistation am Praterstern eingezogene vegetarische Restaurant Pure bietet eine erfreuliche Abwechslung zum kulinarischen Angebot der Umgebung. Besonders die kleinen, liebevoll angerichteten Speisen wie etwa vielfältig-kreative Tapas oder der geschmorte Genusskürbis mit feinem Hummus bereiten Freude. Wer danach noch Buchweizennudeln oder die knusprige Quiche schafft, braucht schon ziemlich Appetit – die Gerichte sind doch sehr sättigend. Schade ist lediglich, dass gegen Abend oft schon vieles aus ist (bei unserem letzten Besuch sämtliche Smoothies und alle in der Küche zubereiteten Desserts).

Q'ero

12,5/20

1010 Wien, Börsegasse 9/16 • 01 532 03 95
office@qero-viena.at • www.qero-viena.at
Mo–Fr ab 11–24, Sa 17–24, Fei ab 17 Uhr

Das lebendige peruanische Lokal Q'ero bietet Speisen mit einer Vielzahl südamerikanischer Aromen – daneben aber auch eine ausgezeichnete Bar mit herrlichen Cocktails. Vor allem auch Pisco, ein traditionelles Traubenmost-Destillat, das man unbedingt probieren sollte. Wir starten mit einer Selektion tagesaktuell angebotener Ceviche-Kreationen – immer wieder ein Gedicht. Die gegrillten Rinderherzspieße sind geschmackvoll, teilweise vielleicht eine Spur zu fest im Biss, der Oktopus ist hingegen sehr gelungen. Das gezupfte Hühnerfleisch kommt bedeckt von einer Sauce, die uns wenig begeistert. Das hat jedoch das Soufflé „Dulce de Leche" geschafft, das man auf keinen Fall versäumen darf. Ein eher wenig spannendes Quinoa-Eis hingegen schon. Es gibt gute Gründe, wieder einen Besuch im Q'ero einzuplanen. Noch lieber wäre uns allerdings, wenn die Küche wieder durchgängig zu ihrer alten Form zurückfinden würde.

Rudis Beisl

11/20

1050 Wien, Wiedner Hauptstraße 88 • 01 5445102
info@rudisbeisl.at • www.rudisbeisl.at

Eine Wiener Institution wurde im Februar 2023 neu übernommen: Das winzige ehrwürdige Beisl im vierten Wiener Gemeindebezirk versucht, mit neuen Betreibern fortzuführen, was Christian Wanek und sein Team seit mehr als 20 Jahren zur Legende werden ließen. Das kultige Interieur blieb weitestgehend unangetastet, der auffallend gut gelaunte Service strahlt herzliche Gastlichkeit aus. Die Karte bietet vieles, was sich die Wiener Seele erwartet, ergänzt durch saisonale Akzente. Zu einem tadellos gezapften Bier präsentiert sich das Spanferkelsülzchen mit Kernölvinaigrette durchwegs solide, das Altwiener Backfleisch überrascht mit seiner Eipanade nach „Pariser Art". Die klassische „Böhmische Palatschinke" mit Mohn und Sauerrahm erfreut das Auge mehr als den Gaumen. Der Weinservice ist bemüht, speziell der Rotwein wird jedoch deutlich zu warm serviert.

Sacher – Restaurant „Rote Bar"

14,5/20

im Hotel Sacher Wien

1010 Wien, Philharmonikerstraße 4 • 01 514561555
culinary.wien@sacher.com • www.sacher.com/de/restaurants/restaurant-rote-bar

Blaue Bar, Grüne Bar, Rote Bar – im legendären Hotel Sacher kann man gleich aus mehreren farbigen Bars wählen. Schön sind sie alle, doch nur die Blaue Bar ist tatsächlich eine Cocktailbar. Die Varianten in Rot und Grün sind eigentlich Salons, in denen man sich kulinarisch verwöhnen lassen kann. Das Angebot ist vielfältig. Internationale Gäste bestellen am liebsten Tafelspitz und Wiener Schnitzel, das es hier auch in einer vegetarischen („plant-based") Variante gibt. Typisch Wienerisches muss an dieser Adresse natürlich auch angeboten werden. Kreativer geht es beim Gourmetmenü zur Sache: Im Sommer gibt es Kalbsleberparfait mit Sommertrüffel und Kirsche oder gefüllte Zucchiniblüten mit Molke und Zitronenverbene. Sowohl heimische Fische (Stör, Saibling) als auch Meerestiere (Gelbflossenmakrele, Wolfsbarsch) werden fachgerecht und kreativ veredelt. Dazu noch Rind- und Wildgerichte. So bietet die Rote Bar (die Grüne war vorübergehend geschlossen) ein sehr vielfältiges kulinarisches Angebot in bezauberndem Ambiente zu einem angemessenen Preis.

Sakai ↗

14,5/20

Koch: Hiroshi Sakai

1080 Wien, Florianigasse 36 • 01 729 65 41
restaurant@sakai.co.at • www.sakai.co.at

Theodor Fontanes Zitat „Man wird nicht älter, sondern besser" gilt eins zu eins für das Sakai. Im zehnten Jahr seines Bestehens kocht Hiroshi Sakai besser denn je. So unaufgeregt und schlicht das Interieur ist, so vielseitig und ambitioniert ist seine Küche. Natürlich kann auch à la carte bestellt werden, aber warum? In den Kaiseki-Menüs finden sich ohnehin Sashimi oder Nigiri, sie bieten aber tatsächlich die „geschmackliche und ästhetische Perfektion", die per definitionem so ein Menü sein sollte. Daher sind sie unbedingt empfehlenswert. Dazu ist die Sake-Begleitung von Frau Sakai so profund und liebevoll, dass man sich sogleich auf die Reise nach Japan machen möchte. Ein Klassiker des Menüs ist die im Siphon zubereitete Suppe – der Aufwand lohnt sich sowohl optisch als auch kulinarisch – und auch die Vorspeisenvariation, die aus zehn bis zwölf kleinen Gourmetjuwelen besteht, ist ein Muss. Wer keine Zeit hat, nach Japan zu reisen, könnte in der Florianigasse zumindest kulinarisch sein Auslangen finden.

Schatz Imhof®

12/20

Koch: Max Zechmeister

1010 Wien, Universitätsstrasse 11 • 01 295 37 54
hello@schatzimhof.at • www.schatzimhof.at

Mo–Fr 11.30–22, Sa 17.30–22 Uhr • ♿ • €

Seit Herbst 2022 gibt es eine neue alte Lokalität nahe der Wiener Hauptuni. Das ehemalige „Stadtkind" wurde von Gregor Imhof und Sebastian Schatz, den beiden Betreibern des Sass am Karlsplatz, übernommen, wo sie mit Küchenchef Max Zechmeister eine zeitgemäße Schiene fahren. Regionale Produkte treffen dabei auf internationale Aromen, man bestellt solo oder einigt sich auf ein Sharing-Konzept – das bietet sich ob der ansprechenden Speiseauswahl nämlich an. Gebackenen Karfiol gibt es da beispielsweise gekonnt inszeniert mit Kürbis, Rotkraut und Blattspinat, dazu schmeckt der frische Sakura-Salat. Mit Chimichurri und Spitzpaprika überzeugt der servierte Kalbsrücken und auch die Tagesempfehlung – gebratener Wolfsbarsch mit Erdäpfel und Beurre blanc – ist handwerklich einwandfrei zubereitet. Die Getränkekarte ist gut sortiert und hält einige Lichtblicke abseits des Mainstreams bereit. Die Klientel dort ist bunt: Von Hipsterrunden bis hin zu Business- und Candle-Light-Dinner finden sich hier alle ein – und fühlen sich in der ungezwungenen Atmosphäre sichtlich wohl. Das junge Servicepersonal agiert gewitzt und lässig, gelegentlich vielleicht etwas zu lässig. Sei's drum, der Wiener Schmäh sitzt.

Schlawiener

12,5/20

Koch: Florian Schulz

1040 Wien, Preßgasse 29 • 0677 629 53854
reservierung@schlawiener.wtf • www.schlawiener.wtf

Di–Sa 17–24 Uhr

Das Schlawiener nennt sich Wirtshaus und ist doch auf keinen Fall mit einem solchen echten Wiener Wirtshaus zu verwechseln. Hier werden Klassiker verrückt international interpretiert. Als da wären: koreanisch gebackener Karfiol, Szechuanrind-Teigtaschen oder ein eigens komponierter Zwiebelrostbraten. Die Weinauswahl ist genauso experimentell und hervorragend mit den Gerichten abgestimmt – so es gewollt wird. Das Personal ist ausnehmend freundlich und kompetent in der Beratung und im Service, das Ambiente verspielt. Im Ganzen ein äußerst sympathisches und ambitioniertes Lokal, von dem noch einiges zu erwarten ist.

Schnattl

13,5/20

Koch: Wilhelm Schnattl

1080 Wien, Lange Gasse 40 • 01 405 34 00, 0664 141 9121
schnattl@aon.at • www.schnattl.com

Mo–Do 11.30–15, Fr 11.30–15 und 18–23 Uhr • €

Im Gasthaus von Wilhelm Schnattl wird schon seit einiger Zeit nur noch mittags und freitags ganztags aufgekocht. Sitzt man nun zu Mittag dort inmitten der gehobenen Gesellschaft, meint man, die Zeit sei stehen geblieben – irgendwann in den guten alten Zeiten, wann immer die auch waren: gediegene Atmosphäre, frische Blümchen, Stoffservietten, versierte Kellner. Auch die Küche ist nicht gerade modern, agiert allerdings – sowohl von den Zutaten als auch von der Zubereitung – auf hohem Niveau. Sie ist sehr saisonal und klassisch ausgerichtet, ganz ohne Panier und Co. Auf der Karte finden sich Saltimbocca, Fische vom Gut Dornau, je nach Saison Spargel, Eierschwammerln, Wild. Dazu gibt es selbstverständlich die passenden Tropfen von ausgesuchten heimischen Weingütern.

Schreiners Gastwirtschaft ↗

12,5/20

1070 Wien, Westbahnstraße 42 • 0676 475 4060
wohnen@schreiners.cc • www.schreiners.cc

Was Thomas Schreiner da im Westbahngrätzel auf die Beine stellt, ist nichts weniger als ein kulinarisches „safe house“ für hungrige Stadtflanierer. Im Sommer, wenn die Abende lau sind, steht ein Innenhof zur Verfügung, den man in der Westbahnstraße so nicht vermuten würden. Auch die Speisekarte kann sich sehen lassen. Sie ist zwar nicht üppig, dafür aber – und das halten wir für die viel bessere Wahl – präsentiert sie Gerichte, die frisch und mit Leidenschaft zubereitet werden. Heimische Küche, wie sie sich gehört. Brimsentascherl, Rindfleisch- oder Fischsulz, Grammelknödel, Powidltascherl. Weiter so!

Settimo Cielo

12/20

Koch: Jürgen Ederer

1010 Wien, Singerstraße 3, 10. Stock • 01 5123875
restaurant@settimocielo.at • www.settimocielo.at

Di–Sa 12–14.30 und 18–22 Uhr

Im Restaurant Settimo Cielo erlebt man eine kulinarische Reise nach Italien, begleitet von einem atemberaubenden Blick auf die majestätische Stephanskirche. Der Küchenchef ist ein Meister seines Fachs und zelebriert die Aromen Italiens mit Leidenschaft. Das Saiblingstatar mit Avocado in Buttermilch ist eine harmonische Verbindung von frischer Delikatesse und cremiger Textur. Die Linguine mit Calamari sind al dente gekocht und mit einer klaren Meeresnote versehen und der butterzarte Wolfsbarsch erweckt Erinnerungen an malerische Küstenstädte. Jedes Gericht ist mit Sorgfalt zubereitet – und die frischen Zutaten sprechen für sich.

Shanghai

13,5/20

Koch: Lei Cao

1010 Wien, Jasomirgottstraße 6 • 01 533 74 19
info@shanghairestaurant.at • www.shanghai.at

Mo–Sa 11.30–22.30 Uhr • €

Nur einen Steinwurf vom Stephansdom entfernt, befindet sich das zweitälteste Chinarestaurant Österreichs, ein eleganter in Rot und Gold gehaltener Speiseraum. Besonderer Wert wird auf die Qualität der Grundprodukte (Steirerhuhn, Donauland-Lamm, Wildfangfische) und die Weinkultur gelegt. Die Küchenlinie hat „austro-chinesische Schmankerl" im Fokus. So finden sich auf der Karte zum Beispiel eine vorzügliche Blutwurst-Frühlingsrolle, 8 Schätze „made in Austria" (mit Ötscherblick-Schwein und Simmentaler Rind), Zweierlei vom Wiener Kräuterseitling oder zarte Kremstaler Kalbsleber aus dem Wok. Der trefflich würzige Mapo-Tofu mit Wiener Shiitake überzeugt vollends. Besonders erwähnen muss man hier auch die Weinberatung: Für diese sorgen mit Tim Urban und Robert Stark zwei exzellente Sommeliers.

Shiki Brasserie & Bar

15,5/20

Köche: Alois Traint & Gerhard Bernhauer

1010 Wien, Krugerstraße 3 • 01 5127397
info@shiki.at • www.shiki.at

Di, Mi und Do 18–22.30, Fr und Sa 12–22.30 Uhr • €€€

Lange – und das war auch Corona geschuldet – war die Grenze zwischen der Brasserie und dem Shiki Fine Dining nicht ganz klar. Das haben Joji Hattori und sein Team klar gelöst. Im hinteren Teil des Restaurants befindet sich der edle Raum, in dem das Fine-Dining-Degustationsmenü serviert wird, im Rest des Lokals ist die Brasserie beheimatet. Großartig essen kann man in beiden, nur ein wenig anders. Jedenfalls ist das Brasserie-Angebot im Shiki schon einmal eine Klasse für sich. Klassiker wie das auf Sesamcreme und frischem Basilikum servierte Carpaccio vom Wagyu-Rind begeistert seit Jahren – und immer noch. Sashimi vom Hamachi wird mit fassgereifter Soja-Sauce und in Sudachi-Marinade präsentiert. Und mit frischem Wasabi. Das Nigiri-Angebot ist für Österreich einzigartig und der Black Cod (in Saikyo eingelegt und mit mariniertem Myoga-Ingwer, einer Schale Koshihikari-Reis und hausgemachtem Sardellen-Furikake serviert) hat das Zeug zum Signature Dish. Die Wein- und Sake-Karte sind extrem beeindruckend. Viel mehr Japan wird man in Wien nicht finden.

Shiki Japanese Fine Dining↗

17,5/20

Gourmetrestaurant

Köche: Alois Traint & Gerhard Bernhauer

1010 Wien, Krugerstraße 3 • 01 5127397
info@shiki.at • www.shiki.at

Do–Sa 18–19.30 Uhr

Oishi! Das Fine Dining im Shiki ist praktisch angekommen. Und macht enorm Spaß. Der Reigen beginnt mit einer japanischen Jakobsmuschel, gebeizt und geflämmt, mit Gurkenfond, Shiso, Ingwer und geriebenem Hon-Wasabi. Das Shiki ist das einzige Restaurant in Österreich, in dem frischer, auf Haihaut geriebener Wasabi serviert wird.

Es geht weiter mit einem wunderbar eleganten vegetarischen Gang, der Rose von der Goldrübe. Das Gericht wird mit marinierter Nashibirne und Rote-Rübe-Espuma serviert. Erfrischende Säure, wunderbarer Anblick. Und dann der Hummer. Sie nennen das Gericht „Atlantik Hummer & Eidotter". Der Name ist subtiles Understatement. Feinstes Ragout, Wagyu-Dotter-Schaum, Kizami-Nori (in dünne Streifen geschnittene Algen). An der Stelle sei auch die Sake-Begleitung gewürdigt. Hier hat sich das Shiki zu einem soliden Kompetenzzentrum entwickelt. Zum Atlantik-Hummer wird ein sehr spezieller Junmai von Sensho Masamune aus der Präfektur Miyagi serviert. Eine echte Entdeckung.

Steinbutt (in Pankobrösel gebraten und mit in Yuzu mariniertem Karfiol) und Sirloin vom „Hida"-Wagyu aus der Präfektur Yida (mit einer Pastinakencreme, eingelegten Perlzwiebeln und Soja-Jus) bilden den Höhepunkt des Menüs, eine Topfenmousse im Mochi-Mantel rundet es ab.

Man kann mit Gewissheit sagen, dass das Degustationsmenü im Shiki das wohl beste japanische Fine-Dining-Erlebnis des Landes ist. Die Säulen dieser Leistung: ein hochmotiviertes Team, eine gehörige Portion Leidenschaft und der Wille, nur das Beste aus dem Land der aufgehenden Sonne zu holen.

Silvio Nickol Gourmet Restaurant

19/20 🎩🎩🎩🎩🎩

Koch des Jahres 2014

im Palais Coburg

Koch: Silvio Nickol

1010 Wien, Coburgbastei 4 • 01 51818130
www.palais-coburg.com

Di–Sa 18.30–24 Uhr

Sieben Jahre ist es bereits her, dass Silvio Nickol für sein gleichnamiges Restaurant die Höchstnote von uns erhielt. Damals vier Hauben, durch eine Angleichung an das internationale Bewertungssystem wuchsen sie 2019 auf fünf an. So viel zur Historie. Aber was macht er besser als andere Köche? Was darf man von einer Fünf-Hauben-Küche erwarten? Sie muss nicht nur weit über dem Durchschnitt liegen, sondern voller Finesse, überraschend in der Kreation und in jedem Fall einzigartig sein. Ja, das ist möglich. Siehe Nickol.

Die französische Klassik ist dank seiner Ausbildung tief in der DNA des gebürtigen Deutschen verankert, jedoch erwartet uns kein abgehobenes Menü aus ausschließlich importierten Nobelprodukten anhand einer statischen Abfolge in Form von jahrelang erprobten Signature Dishes. Nickol gehört mittlerweile zu jenen Köchen Österreichs, die erkannt haben, dass eine fundierte kulinarische Identität nur mit lokaler Qualitätsproduktion und in Zusammenarbeit mit engagierten heimischen Produzenten möglich ist.

Alleine für die Amuse würden wir wiederkommen: Mettbrötchen mit Jahrgangssardine und Lauch auf Sauerteigchip, knusprige Schweinbratenröllchen mit Sauerkraut erfüllen voll und ganz ihre Job-Description: allesamt kleine Geschmacksbomben, die neugierig machen, was kommt. Es folgt Nickols Signature-Gericht: der Wald – Entenleber, Fichte, Pilze, Schokolade. Die Optik eine Illusion, der Geschmack genau das Gegenteil. Die Mischung aus Leber, Fichte, Schokolade und Haselnüssen ist so wohltuend wie explosiv.

Auch der Kingfish macht seinem Name alle Ehre: fein und elegant mit Alge, Zwiebel und einer Essenz, die man sich aus einer Austernschale selbst in den Teller gießt. Wie ein tiefer Atemzug Meeresluft, so intensiv, frisch und duftig. Adlerfisch und Kaisergranat sind erwartungsgemäß von Topqualität, dazu eine ganze Litanei an Zutaten – zu viel von allem, der Protagonist hat zu wenig Gelegenheit, sein wahres Gesicht zu zeigen. Das ist der einzige Kritikpunkt an Nickols Küche: Sein Genie liegt im Detail. Manchmal geht es diesbezüglich mit ihm durch, aber meistens funktioniert es brillant. Wenn nicht, schlägt es in jede Richtung aus.

Zum Abschluss noch Blutorangenpraline mit Madacamia und Zitrone, Grießflammeri mit Tonkabohne, Mohn und Nussbutter und eine salzige Erdnusscreme. Die Weinbegleitung ist exzeptionell, Sommelier Sebastian Gabriel sorgt etwa mit Tschidas Non-Tradition und Marc Colins Puligny Montrachet Le Trézin 2014 für spannende Begleiter, die man nicht unbedingt erwarten würde. Für uns erfüllen Silvio Nickol und sein Team jede Box auf der Fünf-Hauben-Checklist. Ein Erlebnis auf vielen Ebenen, das man nicht so schnell vergisst.

Sinohouse

12,5/20

Koch: Jin Loh
1090 Wien, Nußdorfer Straße 86 • 0699 103 27168
jin@sinohouse.at • www.sinohouse.at
Mi–Sa 17–23 Uhr

„Pekingenten in die Nußdorfer Straße bringen" könnte mittlerweile als Synonym für „Eulen nach Athen tragen" gelten. Im unscheinbaren Sinohouse am Alsergrund – die Dekoration der braun-beigen Gasträume beschränkt sich auf Auszeichnungen diverser Gastronomieführer, darunter auch unsere Haube – wird laufend die vielleicht beste Pekingente Wiens mit deren klassischen Beilagen auf einem scheppernden Servierwagen herangekarrt. Wer diese nicht rechtzeitig spätestens am Vortag bestellt hat, kann immer noch knusprige Stücke derselben, auch in reizvoll-üppiger Kombination mit sättigendem Schweinebauch, genießen. Zum Einstieg empfehlen sich Dim-Sum, etwa mit Garnelen und allerlei unterschiedlichem Gemüse gefüllt. Ausgesprochen freundlich-familiärer Service. Günstige Preise und gute Weine vervollständigen das authentische Asia-Erlebnis.

Specht Ⓝ

13,5/20

1010 Wien, Bäckerstraße 12 • 01 512 05 11
office@specht-lokal.at • www.specht-lokal.at

Chansons und jazzige Klänge anstatt Heurigenmusik: Im Restaurant Specht, dessen Ursprünge bis ins Mittelalter reichen, setzt man nicht gerade auf Wien-Klischees. Natürlich muss man hier nicht auf das goldgelb gebackene Wiener Schnitzel oder den flaumigen Kaiserschmarren verzichten, doch als Feinschmecker sollte man sich eher auf andere Gerichte konzentrieren. Würzig-süße Erdnussramen mit einer Spur Koriander oder zarte Schnecken mit Knoblauchsauce und angenehm säuerlichen Radieschen lassen einen zu Beginn aufhorchen. Die geräucherte Wachtelbrust und die gebackene Wachtelkeule auf Schalottencreme haben nur einen kleinen Fehler: Die Portion hätte durchaus größer ausfallen können. Und wer im grün gehaltenen Ambiente noch Lust auf ein Dessert verspürt, der kann sich eventuell auf eine luftige Joghurtmousse mit Zitronenthymian-Granité und Holler-Espuma freuen.

Spelunke ↗

12,5/20

Koch: Ralph Kampf

1020 Wien, Taborstraße 1 • 01 212 41 51
ahoi@spelunke.at • www.spelunke.at
Mo–Do 12–2, Fr 12–4, Sa 10–4 Uhr • ♿ • €€

Die Spelunke wird ihrem Namen nicht gerecht – und das bedeutet in dem Fall nur Gutes. Der Ankerplatz für Foodies und Cocktail-Aficionados im Media Tower ist ein stilvoller. Eine große Bar im Zentrum, gemütlich-stylishe Sitzbereiche, „hängende Gärten“, bunte Wandgemälde und ein Aquarium mit Leuchtquallen. Der Service kümmert sich aufmerksam um alle Genusspiraten und serviert Trendiges wie hausgemachte Gnocchi, Beef Tatar, Steaks oder Bananensplit mal anders: Vanilleparfait mit Bananenmousse und dunkler Schokolade. Dazu Weine, Cocktails oder hausgemachte Limonaden. Samstags Brunch mit Live-Band.

Gault&Millau
Entdecken,
genießen
& erleben.
Newsletter abonnieren und informiert bleiben auf
gaultmillau.at
© Maksym Fesenko/Shutterstock

Stadler & Thomas

14/20 🍳🍳

Koch: Andreas Thomas

1070 Wien, Burggasse 64 • 0664 219 1605
hello@stadler-thomas.at • www.stadler-thomas.at

Di–Sa 17–23 Uhr • €

Stadler & Thomas ist ein gehobenes Neighborhood-Restaurant, wie man es aus London oder Paris kennt und hier sehr oft vermisst. Ohne viel Tamtam und Szene – also ein guter Kontrast zu vielen anderen Betrieben im Bezirk Neubau in Wien. Entsprechend divers auch das Publikum. Das Fünf-Gänge-Menü ist hier sicher die beste Wahl. Vielfaches von der Lachsforelle, Pilzconsommé mit Teigtasche und eine Beiried sind Teil des Menüs. Zwischendurch noch ein Schnitzel – das wird hier auch beherrscht. Alles macht Spaß und unterstreicht die gute Stimmung. Wir sind überzeugt, dass im Handwerk (Garpunkte, Temperaturen, Komplexität) noch Potenzial ist. Tolle Weinkarte und schöne Tischkultur.

Steirereck im Stadtpark

19/20

Koch des Jahrzehnts (Heinz Reitbauer), Service Award 2018

Köche: Heinz Reitbauer & Michael Bauböck

1030 Wien, Am Heumarkt 2a • 01 713 31 68
wien@steirereck.at • www.steirereck.at

Mo–Fr 11.30–14 und 18.30–22 Uhr

Wien ohne den Stephansdom? Schwer vorstellbar. Wien ohne das Steirereck? Unmöglich! Jenes beispielhafte Restaurant, vor dem sich die kulinarische Anhängerschaft in ebensolcher Demut verneigt, was wir nach unserem heurigen Besuch mehr denn je nachvollziehen können. Seit Jahren wird Heinz Reitbauer als Vordenker einer modernen österreichischen Regionalküche mit Auszeichnungen aus aller Welt überhäuft. Vordenkerisch hat er nun die hierarchische Spitze erweitert und seinen langjährigen Souschef Michael Bauböck zum Küchenchef ernannt.

Wir sitzen in einem verwinkelten Seitenarm des Restaurants, das Fenster ist hochgefahren, draußen flanieren Spaziergänger, es jubeln Kinder auf dem Spielplatz und Sommelier René Antrag schafft mit seinem fröhlich-ungezwungenen Wesen Entspannung und Vorfreude. Antrag versorgt uns mit Unbekanntem, Spannendem und vor allem unerwarteten Perfect Matches. Hier ist die Weinbegleitung keine gastronomische Pflichterfüllung nach Plan, sondern ein unterhaltsamer Paarlauf mit jedem Gericht auf höchstem Niveau.

So, jetzt kommen wir aber endlich zum Essen. Das Menü ist umfangreich, wir möchten drei Highlights hervorheben, die unserer Meinung nach die Steirereck-Küche am besten repräsentieren: die scheinbar bizarre Kombination von Kaviar, Linsen, Speck und Banane. Linsen und Speck, eh klar, aber nie hätten wir gedacht, dass sich Pilzcreme mit Babybanane zu so einer Köstlichkeit vereint, die das gesamte Sensorium in Anspruch nimmt. Chapeau, ein großer Wurf. Ebenso begeistert uns die Sonnenblume mit Currykraut, Joghurt und gelben Fisolen. Also: Der Boden einer Sonnenblume wurde gedämpft, gebacken und glaciert, dazu wurden eine in Nussbutter confierte gebratene Süßkartoffel sowie Wiesenchampignons, Sonnenblumenkern-Miso, Ringelblumen und Currykrautjoghurt arrangiert. Am Ende, nachdem nicht ein Millimeter dieses Geniestreichs übriggeblieben ist, stellt sich uns nur eine Frage: Wie kommt man auf so etwas?

Die Hauptspeise wird ihrer Bezeichnung völlig gerecht: Das Pogusch-Lamm ist butterzart, gegrillt und glaciert. Dazu gegrillte Steinpilze à la crème mit Lauch, gegrilltem Zuckermais und eine weiße Zwiebel-Limetten-Vinaigrette mit Zitronenthymian. Mundfüllender Schmelz, ansprechende Säure, etwas Crunch – alles da. Zum Niederknien. Keine affektierte Showeinlage, sondern in der ehrlichen Bodenständigkeit spektakulär.

Birgit Reitbauer hat kaum weniger Auszeichnungen vorzuweisen als ihr Mann, sie ist die Verkörperung der charmanten und professionellen Gastgeberin, die die Abläufe im Restaurant nicht nur im Auge, sondern auch im Griff hat. Wie schon eingangs gesagt: Wien ohne das Steirereck? Unmöglich.

© Heinz Reitbauer

Stellas 7

12,5/20

Koch: Matthias Eichblatt

1070 Wien, Zieglergasse 54 • 01 526 11 08, 0664 886 65021
bistrosieben@stellas.at • www.stellas.at

Di–Sa 17–22 Uhr • €

Das Stellas 7 ist das Schweizer Messer der aufstrebenden Gastronomie-Nachbarschaft im Wiener Bezirk Neubau. Es gibt, seit vielen Jahren unverändert, ein vielfältiges Angebot mit Schwerpunkt Grill – und durchaus das Potenzial, etwas regionaler und mit einer Spur mehr Produktqualität zu kochen. Die – an Wolfgang Puck angelehnte – Tuna-Pizza fällt zu süß aus, das Rib-Eye kommt ohne Aroma und der Tagesfisch mit Fregola Sarda in Sepia ist eine kochtechnisch ambitionierte Angelegenheit, die in dem Lokal gar nicht notwendig wäre. Lockerer Vibe, aufmerksamer Service. Ein Neuanstrich würde dem Lokal wieder diese Vorbildfunktion geben, die es vor einiger Zeit schon hatte.

Stern Ⓝ

12,5/20

Koch: Christian Werner

1110 Wien, Braunhubergasse 6 • 01 749 33 70
office@gasthausstern.at • www.gasthausstern.at

Mi–Sa 11–24, So 11–16 Uhr • €

Das Gasthaus Stern hat sich bereits in den vergangenen Jahren einen sehr guten Ruf als verlässliche Pilgerstätte der vor allem Innereien-lastigen Wiener Küche erarbeitet. Diesem Image wird der Stern gerecht. Zum Augustiner Edelstoff vom Fass wird eine Innereien-Rarität gereicht: „Weiße Nierndln" – oder auch Stierhoden – werden in einem aromatisch-dichten Jus serviert. Die gebratenen Mangalitza-Medaillons auf Schupfnudeln geraten tadellos, die Dessertkombination von innen flüssigem Schokokuchen mit dem glasweise angebotenen Tawny stellt eine in Österreich viel zu selten offerierte Kombination dar. Die hervorragend sortierte Weinkarte orientiert sich am oberen Preislimit, was die Lust auf eine oder mehrere weitere Flaschen leider etwas trübt. Fazit: Simmeringer Beisljuwel mit Kultcharakter!

Stuwer

12/20

Köchin: Petra Pandurevic

1020 Wien, Stuwerstraße 47 • 0660 601 0369
hallo@stuwer.com • www.stuwer.com

Mo–Sa 17.30–23, So und Fei 12–22 Uhr • €

Wer die traditionelle Wiener Beislkultur zeitgemäß und urban erleben will, ist mit einem Besuch in diesem sympathischen Wirtshaus im aufstrebenden Stuwerviertel goldrichtig. Mit internationalem Weitblick blickt man bei der Speisenzusammenstellung hier auf österreichische Klassiker und findet einen gelungen Twist. So reihen sich neben Fritattensuppe, Beef Tatar (handgeschnitten und mit hausgemachtem Brot!) und Gulasch Gerichte wie Gnocchi mit Eierschwammerln und Salbei, gebratenes Steak vom Karfiol mit Miso und natürlich die legendären Langos, die man mit hausgebeizter Lachsforelle oder Bergkäse ordern kann. Empfehlenswert ist hier auch der Kaiserschmarren, der mit Zwetschkenröster serviert wird. Zu trinken gibt es Hauslimo aus Minze und Holunder, Lavendel-Weizen oder man wählt aus dem ansprechenden – auch glasweise erhältlichen– Weinangebot.

Tancredi

11,5/20

Köchin: Senia Magura

1040 Wien, Große Neugasse 5/Rubensgasse 2 • 01 941 00 48, 0699 101 13712
restaurant@tancredi.at • www.tancredi.at

Mo–Fr 11.30–14.30 und 18–24, Sa 18–24 Uhr • €€

Dicht verbaute Wohnviertel brauchen Erholungsinseln. Der Rubenspark ist so eine Grünoase, an die der Gastgarten des Restaurants unmittelbar anschließt. Aber nicht nur im Sommer wird dieses angenehme Nachbarschaftslokal von den Bewohnern der Umgebung hochgeschätzt. Hier wird auch unter der neuen Küchenleitung eine stimmige Mischung aus heimischen und mediterranen Gerichten mit Schwerpunkt Meeresfisch geboten. Schwertfischcarpaccio, Vitello tonnato und Spaghetti Vongole stehen für Italien. Kalbsbutterschnitzel, Wiener Schnitzel und Marillenpalatschinken sind in Österreich beheimatet. Internationale Klassiker wie Beef Tatar, Caesar Salad und Filetsteak runden das relativ breite Speiseangebot ab. Die mitunter langen Wartezeiten bei den Speisen hat der Oberkellner/Sommelier mit Witz und einem aufmerksamen Getränkeservice erfolgreich entschärft.

Terra Rossa

11,5/20

Koch: Mario Gattinger

1160 Wien, Roterdstraße 3 • 01 4841480
willkommen@laterrarossa.at • www.laterrarossa.at
Mi–Fr 18–22, Sa 12–22, So 12–16 Uhr • ♿ • €

Auf die herzliche Begrüßung des Servicepersonals folgt ein hausgemachter Arancino mit cremigem Fior di latte, dazu ein Tomaten-Basilikum-Dip – das ist bereits ein gelungener Start in den Abend. Auch der Hauptgang lässt nicht lange auf sich warten: ein gegrillter Saibling auf getrüffeltem Pilzrisotto. Die Erwartungen an die rosa gegrillte Tagliata vom gereiften Innviertler Kalb sind groß und werden sogar noch übertroffen. Dazu gesellen sich gegrilltes Gemüse, Parmesan sowie eine würzige Pfefferrahmreduktion. Auf der Karte sucht man vergeblich nach Pizzen. Hat man erst die hausgemachte Sauerteig-Pinsa probiert, möchte man behaupten, dass diese die klassische Pizza in jedem Fall übertrumpft. Fluffig, saftig und dennoch knusprig, ist der Teig schlichtweg ein Gedicht.

The Bank Brasserie & Bar

13,5/20

Ambiente Award 2014

im Hotel Park Hyatt Vienna

Koch: Stefan Mörth

1010 Wien, Bognergasse 4 • 01 227401236
restaurant-thebank.vienna@hyatt.com • www.restaurant-thebank.at
Mo–Sa 12–14.30 und 18–22.30, So 12–15 und 18–22.30 Uhr • €€

Das im ehemaligen Kassensaal der Länderbank gelegene Restaurant des mondänen Park Hyatt Vienna ist eine der schönsten Locations, um in Wien zu speisen. Neben dem beliebten Frühstück, dem Sonntagsbrunch und dem günstigen Businesslunch ist auch das Dinner zu empfehlen. Die Küche ist international mit französischem Touch und lokalen Delikatessen ausgelegt. Austern werden perfekt serviert, geschmorter Karfiol mit mariniertem Mangold ist eine gelungene Erfrischung zum Start. Steaks werden perfekt gebraten, in den offenen Showküchen kann man den Profis dabei zusehen. Das Rib-Eye vom Atterox ist eine Herausforderung für Schneide- und Kauwerkzeuge, der einmalige Geschmack lohnt aber die Mühe. Dass alle Fleischgerichte von Rind bis Huhn mit der gleichen Garnitur aus Pimientos de Padrón und Zwiebel-Relish serviert werden, ist dem prächtigen Rahmen nicht würdig. Das kleine Manko macht aber die tüchtige Patisserie wieder wett.

The Guesthouse Vienna ↗

11,5/20

Brasserie & Bakerry

Koch: Benjamin Wlach

1010 Wien, Führichgasse 10 • 01 512132015
brasserie@theguesthouse.at • www.theguesthouse.at
♿ • €€

Das beliebte Genre „Hotelrestaurant" wird in Wien auf sehr verschiedene Arten – und mit recht unterschiedlichem Ergebnis – gespielt. Im The Guesthouse Vienna versucht man es – mit erfreulichem Resultat – auf die französische Weise: klassische Brasserieküche (Salade niçoise, Moules-frites, Steak au poivre) mit modernen Einsprengseln (geräucherter Kürbis mit Ziegenkäse), dazu lokale Klassiker (Schnitzel, eh kloa!), ganztägiges Frühstück (Eggs Benedict, bien sur!), toller Service und eine ambitionierte hauseigene (Zucker-)Bäckerei. Unterm Strich: souveräne Performance mit leichtem Aufholbedarf in Sachen Überraschung und/oder Eigensinn.

The View

11/20

Koch: Stephan Ribisch

1020 Wien, Handelskai 265 • 01 890 83 74
office@theview.at • www.theview.at

Die Lage direkt an der Donau bei der Wiener Reichsbrücke samt hübscher Terrasse ist wahrlich bevorzugt. „The View" soll ein Lokal für Gourmets wie auch für Flaneure und Flusskreuzfahrt-Touristen sein. Folgerichtig beschreiben die Betreiber ihr Konzept auch als „Restaurant, Café und Bar". Es ist ein breiter Spagat, bei dem der kulinarische Anspruch manchmal zu kurz kommt. Ein gebratener Oktopus auf Karfiolcreme ist solide, aber langweilig sous-vide gegart, das Carpaccio klassisch und gut. Selbst gemachte Pasta ist fein, die Linguini sind aber einfach zu viel und zu zurückhaltend gewürzt, die Wildfang-Langustinos gehen ob der Masse an Nudeln unter. Das Mittelstück vom schottischen Lachs wird einsam und ideenlos serviert, hier fehlt es an Raffinesse. Der abschließende Schokokuchen mit flüssigem Kern ist eher ein flüssiger Schokokuchen mit dünner Rinde. Die Weinkarte ist offensichtlich wenig nachgefragt, die Jahrgangsangaben stimmen schon länger nicht mehr. Nichtsdestotrotz ist der aufmerksame Service ein Lichtblick. Ohne Zweifel beherrscht Küchenchef Stephan Ribisch sein Handwerk auf gutem Haubenniveau, er braucht aber auch ein Publikum, das sein Können zu schätzen weiß – das würde vielleicht für etwas mehr Motivation sorgen.

TIAN Restaurant Wien

18/20

Köche: Paul Ivić & Mathias Martin

1010 Wien, Himmelpfortgasse 23 • 01 890 46 65
wien@taste-tian.com • www.tian-restaurant.com/wien

Di–Sa 18–20 Uhr • ♿

„Es lebe der ungeliebte Spinat, der missverstandene Fenchel, die neidische Stachelbeere …" Egal, mit welchen Charakterzügen das „Grünzeug" auch ausgestattet sein mag: Hier, in der Himmelpfortgasse, verhelfen Paul Ivić und sein Team selbst dem frechsten Kohlspross zu himmlischen Weihen. Dass es für ein kreatives Menü auf höchstem Niveau weder Fleisch noch Fisch braucht, beweisen die „Gemüseflüsterer" dabei immer wieder aufs Neue.

Das Ambiente reduziert-gemütlich, fühlen wir uns schon bei der Begrüßung willkommen. Der Service ist sympathisch und kompetent. Wir wählen zum Menü eine Wein- und eine alkoholfreie Begleitung, die aus Shrubs, Kombuchas und Säften aus Gemüse- und Obstresten besteht. Bestens präsentiert werden die Weine von Nico Hammerl, der gemeinsam mit André Drechsel das „Gault&Millau-Sommelier-Duo des Jahres 2023" bildet.

Zum Start schickt Paul Ivić ein Schälchen voll cremigem Topinamburschaum, dazu Mini-Tartelettes und gefüllte Kohlsprossen. Eine blanchierte pinke Radicchio-Kugel überrascht mit einer „versteckten" Füllung aus Radicchio und Schwarzwurzel, dazu ein Schwarzwurzelmousse-Nockerl und ein intensiver Koji-Aufguss. Ebenfalls mit Tiefe begeistert die Consommé aus getrockneten Pilzen. In den Gläsern korrespondieren zu diesem Zeitpunkt ein Welschriesling vom Neusiedler See und ein Drink aus Smreka (fermentierten Wacholderbeeren) und Wurzelgemüse mit dem Essen.

Erst dann kommt das Brot. Der Gang nennt sich „Seinerzeit", ist fast schon ein TIAN-Ritual und eine Hommage an die gute alte Almjause: warmes Sauerteigbrot mit Keffirbutter, Stosuppe, Schlehdornbeeren, Flower Sprout in Selleriecreme und Selleriejus – herrlich! Danach geht es mit einem Knollensellerietörtchen weiter, bevor der auf zwei Gänge aufgeteilte Hauptgang folgt: ein für unseren Geschmack etwas zu al dente gegarter Bärlauchraviolo mit confiertem Eidotter sowie gebackener Porree mit Buchweizensticks und gefülltem Lauchröllchen.

Als Gang Nummer acht kommt Gebsenkäse mit Brotcrumble und Sig – auf der flüssigen Seite ein 2017er Riesling aus Kammern oder süßlich-erfrischender Popcornkombucha. Nach Minibuchteln mit Kwas und Magnolienkaviar wird es fruchtig-schokoladig mit Topfenknöderl mit weißer Schokolade und dem „Sweet Underground": Mousse von der Arhuaco-Schokolade an Dirndlsorbet. Dazu der spannende Dessertwein Diables 2021 aus Penèdes sowie ein Melone-Karotte-Apfel-Drink. Das könnte ewig so weitergehen … „Es lebe das Wiedersehen!"

Trattoria Martinelli

12/20

Koch: Daniel Kellner

1010 Wien, Freyung 3/Palais Harrach • 01 533 67 21
martinelli@barbaro.at • www.barbaro.at

Mo–Sa 12–23 Uhr • €

Bei der Trattoria Martinelli von Luigi Barbaro im eleganten Palais Harrach auf der Freyung handelt es sich um ein gehobenes Restaurant mit freundlichem, typisch italienischem Service und klassischer Küche. Doch von einer Touristenfalle zu sprechen, trifft die Sache nicht, denn die Qualität von Fleisch, Fisch und Pasta ist makellos. Herrliche Tortellini mit Kalbfleischfüllung und feinem Gemüse, Calamari in bester Konsistenz mit Taleggio-Espuma sowie subtile Tagliata di Manzo mit einem Berg von Rucola. Lediglich bei den Dolci, den Desserts, ist noch Luft nach oben. Die Schokomousse schmeckt verdächtig nach Convenience und die dazu servierte Crème bavaroise hat an Süße zu viel, was ihr an Finesse fehlt.

TwentyTwo ®

11,5/20

im Holiday Inn Vienna South

Köche: Fabian Eder & Markus Brandstetter

1100 Wien, Wienerbergstraße 7, 22. Stock • 01 8909998700
info@restaurant-twentytwo.at • www.restaurant-twentytwo.at
Mo–Fr 11.30–14 und 17–22, Sa 17–22 Uhr • ♿ • €€

Dass man vom Wienerberg einen fulminanten Ausblick auf die Stadt hat, ist hinlänglich bekannt. Das TwentyTwo bietet aus dem 22. Stockwerk (daher der Name) Wien und seinen Süden aus vier atemberaubenden Perspektiven. Das Angebot an Speisen und Getränken richtet sich fast ein wenig nach den Tageszeiten, zu denen diese Ausblicke zu genießen sind. Ein Restaurant, das mittags wie abends Spannendes bietet, einen Brunch am Sonntag und („Haben Sie Wien schon bei Nacht gesehen? Haben Sie das schon erlebt?") – eine Bar. In der Abendkarte gibt es Tatar – wahlweise vom Beef oder von der Roten Rübe, Wiener Schnecken von Andreas Gugumuck (bei Schönwetter kann man sogar seinen Zukunftshof sehen), Short Ribs oder einen Teller mit verschiedenen Pilz-Tempuras. Ja, okay, Fabian Eder und Markus Brandstetter sind Neueinsteiger und die eine oder andere Schraube könnte noch nachjustiert werden. Aber das ist Finetuning. Die Richtung stimmt.

Unkai – Japanese Cuisine ⦶

14/20

im Grand Hotel Wien

Koch: Condiano Zamora

1010 Wien, Kärntner Ring 9 • 01 515809110
unkai@grandhotelwien.com • www.unkai.at
Mi–Sa 18–23, So 11.30–16 Uhr • ♿ • €

Definitiv erhält man im obersten Geschoss des Grand Hotels Wien eines der besten japanischen Menüs der Stadt: das traditionelle Kaiseki-Menü. Hier wird nicht nur der allerorts beliebten Sushi-Sashimi-Lust gefrönt, sondern es wird darüber hinaus entscheidend differenzierende Kulinarik geboten. Beginnend mit vorzüglich einstimmenden Amuse-Gueules, köstlich auf den Punkt gegarten Garnelenschwänzen und luftig-zartem Tempura – hier State of the Art zubereitet –, aber auch Nigiri und „creative" Sushi. Wirklich gelungen ist auch der Abschluss in Form eines Nashi-Desserts, das aufgrund seiner vielfältigen Komponenten begeistert. Alles in allem muss gesagt werden, dass man nicht die Innovationen im Unkai suchen darf. Aber eine solide und hochstehende Küchenleistung mit dem einen oder anderen Highlight kann einen hier durchaus überraschen.

Veranda

12/20

im Hotel Sans Souci

Koch: Stephan Luksch

1070 Wien, Burggasse 2 • 01 5222520194
veranda@sanssouci-wien.com • www.veranda.wien
Mo, Di 12–14.30, Mi–Fr 12–14.30 und 18–21.30, Sa 18–21.30 Uhr • ♿ • €

Wir kommen mittags – ohne Reservierung – und obwohl das Restaurant ausgebucht ist, wird uns rasch ein Tisch im Nebenzimmer hergerichtet. Dass der anschließende Service etwas holprig verläuft – nachbestellte Getränke und die Beilage zum Hauptgang werden vergessen –, ist zwar schade, aber die nette Art des Kellners gleicht die Hoppalas aus. Die Qualität der verwendeten Produkte ist hoch, die Vorspeisen überzeugen: Beef Tatar mit gebeiztem Eigelb und frittierten Kapern sowie Spargel-Erdbeer-Salat mit Schafskäse an Rhabarberdressing. Das nachfolgende Wiener Schnitzel ist perfekt gemacht – außen knusprig, innen zart –, der gebratene Zander an Zucchini-Sauté schmeckt, das violette Erdäpfelpüree kommt allerdings zu kühl zum Tisch. Beim Dessert – marinierter Apfel an Himbeersorbet und Macadamia-Balsam-Crunch – stimmt das Preis-Leistungs-Verhältnis für uns nicht. Wir finalisieren unseren Besuch mit dem Blick aufs schicke Ambiente und einem sehr guten Kaffee mit Cantuccini und Praline.

Verde Ⓝ

11,5/20

Koch: Thomas Haberl

1010 Wien, Wallnerstraße 2 • 0660 507 8716
hello@verde.wien • www.verde.wien

So–Do 9–22, Fr und Sa 9–23 Uhr • ♿ • €

Das Verde ist ein Tausendsassa: An der großen Fensterfront mit Blick auf die Wallnerstraße lassen sich problemlos ganze Tage verbringen. Morgens locken Eierspeisen, belegte Krustenbrote, Shakshuka, Bowls und Schoko-/Vanilla-Pancakes in einwandfreier Qualität, zum Lunch und Dinner wird dann mit italienisch-mediterranen Aromen das Restaurant gerockt – inklusive viel herrlich knuspriger Pizza-Poesie und authentischer Pasta-Amore. Auch bei den Desserts setzt man ausnahmslos auf Hausgemachtes, zum Beispiel Profiteroles oder Tiramisu. Im Glas ist Gin der Star. Der aufmerksam-fröhliche Service passt zum lebendigen Ambiente.

Vestibül ↗

16/20

im Burgtheater

Köche: Christian Domschitz & Christoph Schuch

1010 Wien, Universitätsring 2 • 01 532 49 99
restaurant@vestibuel.at • www.vestibuel.at

Di–Do 12–14 und 18–22, Fr und Sa 18–22 Uhr • ♿ • €€

Der Tisch, an dem wir platziert sind, ist ein geschichtsträchtiger: Hier ist früher der Kaiser ausgestiegen und in die Burg geschritten. Die opulente Optik zeugt noch davon und auch Maître Domschitz weiß darum und pflegt das Andenken. Bestens umsorgt vom motivierten Service starten wir mit dem Menü – zunächst noch ein wenig verhalten mit einem Schwarzwurzelsalat, gefolgt von einem Beef Tatar mit interessantem Erdnuss-Miso. Mit den Ricottabällchen nimmt das Menüerlebnis Fahrt auf, wobei sich der leichte kroatische Weißwein Cetinka etwas schwertut nach dem Blaufränkischen von davor. Erstes Highlight ist sicherlich der Zander im Duett mit Topinambur, der pfälzische Spätburgunder dazu schmeckt interessant. Ein zartes Kaninchenfilet, das ein wenig gegen die Specklinsen ankämpft, beschließt die Hauptspeisen. Der umbrische Rote unterstützt mit Frische. Ein „falscher" Topfenstrudel rundet ein solides Ergebnis ab.

Wetter

13/20

1160 Wien, Payergasse 13 • 01 406 07 75

Di–Fr 17–23.45, Sa 10–15 Uhr

Im Wetter am quirligen Yppenplatz wird man in die Welt der authentischen italienischen Küche entführt. Die Speisekarte überrascht mit kreativen und modernen Gerichten. Das Personal ist äußerst zuvorkommend und trägt zu einer angenehmen Atmosphäre bei. Das umfangreiche Weinangebot lässt die Herzen von Weinliebhabern höherschlagen. Die wechselnde Speisekarte zeigt die Sorgfalt und Hingabe, mit der die mediterranen Köstlichkeiten ausgewählt werden. Besonders hervorzuheben sind die handgemachten Ravioli, die die Geschmacksknospen verwöhnen. Leider trübt ein Aspekt die Stimmung: die etwas zu hohen Preise. Insgesamt verspricht das Restaurant jedoch ein kulinarisches Erlebnis.

© Shutterstock/Helga King

Wildling

14/20

Koch: Wernher Schörkmayr

1080 Wien, Laudongasse 8 • 0664 105 9789
office@wildling-foods.at • www.wildling-foods.at
Mi–Sa 17–21.45 Uhr • ♿ • €

Bei schönem Wetter wird man im gemütlichen Schanigarten – Marke Eigenbau – begrüßt. Das angekündigte Gewitter lässt uns im Inneren Platz nehmen. Das schlichte, in Erdtönen gehaltene Design ohne viel Schnickschnack wirkt keinesfalls kalt und ungemütlich, sondern authentisch und echt. Der Tisch bleibt nicht lange leer. Nach und nach werden kleine Happen eingestellt, beginnend mit knackig eingelegtem Gemüse, frischer Focaccia aus Erdäpfelteig und einer unkonventionellen „Kräuterbutter". Stark geröstete Kartoffelschalen ersetzen die üblichen Gewürze. Mit freudig angeregten Geschmacksknospen werden weitere Tapas serviert – alle größtenteils vegetarisch und vegan. Für ein geschmackliches Donnerwetter sorgen die geräucherten Melanzani mit Kürbiskernöl. Weiter geht es mit gefüllten Teigtaschen, Pilz-Stroganoff auf Brioche und würzigen Maiskolben. Dazu serviert man hausgemachte Limonaden – erfrischend würzig und nicht süß – sowie österreichische Weine.

Winklers zum Posthorn

12/20

1030 Wien, Posthorngasse 6 • 0664 431 21 23
w-winkler@chello.at • www.winklers-zumposthorn.at
Mo, Fr 17–23, Di–Do 12–14 und 17–23 Uhr

Vielerorts hört man Bedauern über den Verlust von typisch wienerischen Gaststätten. Winklers zum Posthorn gilt als Beweis, dass es sie immer noch gibt. Mustergültige Schweinsbraten, Beiriedschnitten, Nierndln, Beuschel – alles, wie es sich gehört. Kein Wunder, dass der Anteil an Stammgästen hoch ist und dass diese vom Patron, dem Hofrat Winkler, mit viel Schmäh hofiert werden. Vorsichtige Modernisierungsversuche (Wiener Paradeiservielfalt mit Büffelmozzarella, Erdbeertiramisu) sorgen für eine willkommene Ergänzung. Eine kleine, aber sorgfältig ausgesuchte Weinkarte (Winkler ist nicht nur Hofrat, sondern auch Diplomsommelier), besonders fein ist die rote Cuvée Trilogie vom Weingut Stadler.

Wirtschaft am Markt

12,5/20

Köchin: Heidi Ratzinger

1120 Wien, Meidlinger Markt 89–92 • 0660 594 4125
office@wirtschaftammarkt.at • www.wirtschaftammarkt.at
Di–Sa 11.30–21 Uhr • ♿ • €

Ungezwungen isst und trinkt man bei Heidi Ratzinger und ihrem Team in der Wirtschaft am Meidlinger Markt, wo sich Wiener Küche die Hand mit mediterranen Aromen gibt. Immer gut ist da beispielsweise das Beef Tatar, sommerlich-leicht der gebratene Ziegenkäse mit Wassermelone und Fladenbrot. Es geht aber auch deftig und rustikaler, wie die tadellos zubereiteten Chili-Bratknödel mit Paprikakraut oder das Kalbsbutterschnitzel mit wildem Brokkoli beweisen. Flaumig und zum Hineinsetzen sind die Marillenknödel mit Zimtbrösel. Die Getränkekarte ist erlesen und gut sortiert und wird allen Ansprüchen – von Averna Sour und Spritzer bis hin zu einem ansprechenden glasweisen Weinangebot – gerecht.

Woracziczky

12,5/20

1050 Wien, Spengergasse 52 • 0699 112 29530
gasthaus@wora.at • www.woracziczky.at

Das Woracziczky (sprich Woraschitzki) ist ein Traum von einem Wirtshaus. Mitten im fünften Bezirk, der Mittagstisch lässt Freude aufkommen und die Einrichtung zeigt bis hin zu den Zeitschriften, die in den Fensterbrettern liegen, dass hier Leute mit Leidenschaft am Werken sind. Im Detail: Immer wieder stehen die Klassiker der heimischen (vor allem aber der Wiener) Küche auf dem Plan. Gebackener Kalbskopf zum Beispiel. Pipifein, nicht zu klein und mit sensationellem Erdäpfelsalat. Wein und Bier sind absolut stimmig. Und das Woracziczky ist das einzige Wirtshaus, das wir kennen, in dem die Magazine der Healthy-Boy-Band aufliegen. Alle drei.

Wrenkh Ⓝ

10/20

1010 Wien, Bauernmarkt 10 • 01 533 15 26
reservierung@wrenkh-wien.at • wrenkh-wien.at
Mo–Fr 11–23, Sa 12–23 Uhr

Gemütlich ist es im Gastgarten des Wrenkh am Bauernmarkt, einem der Pioniere des vegetarisch-veganen Lebensstils in Wien. Unweit des Stephansdoms gelegen, bietet die kleine Weinkarte des Restaurants ausgefallenere Bouteillen, die Spaß machen. Spaß, den auch das junge fachkundige Personal an seinem Tun merklich hat. Die Gerichte wie Dashi-Udon – japanische Fischsuppe mit Gemüse, Udon-Nudeln und Tempura-Backerbsen –, der Klassiker Erdäpfelschmarren mit Miso-Gemüse und Steirer-Topfen oder das Kimchi-Gröst'l aus gebratenem Quinoa und Buchweizen mit Kimchi, Pilzbratwurst und Nori gelingen grundsolide, auch wenn bei Würze und Abstimmung durchaus noch nachgeschärft werden darf.

Z'SOM

15/20

Koch: Diego Briones

1040 Wien, Gußhausstraße 12 • 01 920 44 54
reservierung@zsom-restaurant.at • www.zsom-restaurant.at

Mi–So 17.30–22 Uhr • €€

Wie schön, wenn ein Lokal ganz offensichtlich mit Leidenschaft und Freude an der Sache betrieben wird. Das spürt man zunächst beim Service und nach der Bestellung dann auch gleich auf dem Teller. Es ist schon beeindruckend, mit wie viel Kenntnis und Aufwand der aus Chile stammende Diego Briones seine Gerichte zubereitet. Die Freude wird noch gesteigert, weil sich das Angebot so wohltuend von allen anderen Lokalen der Stadt abhebt. Nach einer Mini-Brandade in Ceviche-Sud geht es sommerlich-leicht mit einer Mais-Pannacotta in Rhabarberwasser los, dann eine Burrata mit Pfirsich, Gurke und Forellentatar – optisch und geschmacklich äußerst attraktiv. Originell und vorzüglich der Adlerfisch mit Muschelmayonnaise und Haselnussschaum, köstlich die Beiried mit Kirsche und Eierschwammerln. Die Lust an ungewöhnlichen Kombinationen zeigt sich dann auch beim „Pre-Dessert": Wasabi-Mascarpone mit Erbsen und Karotten-Safran-Sorbet. Wow! Eine kleine, aber sehr gelungen zusammengestellte Weinkarte trägt entscheidend zum Spaßfaktor dieses durch und durch sympathischen Restaurants bei. Weiter so!

© Graeme Kennedy

Zazatam

14/20

Koch: Felix Müller

1020 Wien, Hillerstraße 11 • 0670 602 2997
office@zazatam.com • www.zazatam.com
Mi–Sa 17–2 Uhr • ♿ • €

Im Souterrain des Hotels Zola passiert Erstaunliches: Es geschieht vier Mal pro Woche und unter dem Vorzeichen einer radikalen Globalisierung. Küche und Crew des Restaurants Zazatam vollbringen da eine rasante Siebenmeilenstiefelei durch die kulinarische Welt, wollen sich partout nicht entscheiden zwischen Ostasien, Westeuropa und Südamerika, weil: warum auch? Und jetzt das Wunder: Bei aller Vielfalt gerät hier nichts beliebig, bleibt nichts oberflächlich: von den Kleinigkeiten zum Teilen, die niemand teilen mag (Bao Bun mit Rindfleisch in XO-Sauce) über die famose Pasta (Bucatini Cacio e Pepe mit Trüffel und Bergpfeffer) bis zu den polyglotten Hauptgängen: Hühnerbrust in tiefdunkler Mole mit fermentierter Ananas; Gochujang-Rindszunge am Spieß; Seeteufel in Tandoori-Marinade mit Curryblatt-Pesto. Dazu gibt es naturnahe Weine, davor und danach hervorragende Cocktails und obendrauf eine Weisheit fürs Leben: Reisen bildet.

Zum finsteren Stern

12/20

1010 Wien, Schulhof 8 • 01 535 21 00
restaurant@zumfinsterenstern.at • www.zumfinsterenstern.at

An einem der ältesten Plätze im Wiener Zentrum platziert, garantiert das Lokal Charme und angenehmes Ambiente. Besonders im Sommer sitzt man hier schön im Schanigarten und genießt unter freiem Himmel saisonal wechselnde und erfrischende Speisen, die à la carte oder in Menüform geordert werden können. Ungekünstelt und ohne viel Chichi, dafür mit ausgeklügelten Aromen, kommt man dadurch in den Genuss von Speisen wie Peperonata mit Ziegenkäse und Yufka-Teig, marinierte Goldbrasse mit Artischocke oder Huhn mit Ras-el-Hanout und Mandelcouscous. Ein leuchtender und seit vielen Jahren beständiger Einkehr-Stern mit fairen Preisen.

Zum Reznicek

14,5/20

Wirtshaus des Jahres 2024

Koch: Julian Lechner

1090 Wien, Reznicekgasse 10 • 01 310 44 07
kontakt@reznicek.co.at • www.reznicek.co.at

Das Reznicek heißt Reznicek, weil es in der Reznicekgasse liegt – und es ist ein guter Grund für einen Besuch am Alsergrund. Was Julian Lechner (in der Küche) und Simon Schubert (an den Flaschen) hier auf die Beine gestellt haben, ist schlicht großartig und ein echter Gewinn für Wien. Auf der Karte findet man Dinge wie Kalbsbries (mit sanft geschmorten Karotten und einer kraftvollen Sauce, in der der Kürbiskern eine tragende Rolle spielt). Oder Hirsch, so gerade Jagdsaison ist. Dieser Hirsch (eigentlich ist es der Rücken vom Hirschkalb) ist umwerfend. Normalerweise klatscht man bei Wildgerichten eine völlig zerkochte Dosenbirne mit einem Löffel Ribiselmarmelade auf den Teller. Hier nicht. Julian Lechner legt einen knackigen Gewürzbratapfel an die Seite des Hirschs. Außerdem Mangold und Schupfnudeln. Groß! Der Käse für hernach kommt von Maître Bernard Antony und ist perfekt gereift. Auch bei den Weinen greift Simon Schubert gerne in die Schatzkiste. Eine tiefdunkle Trockenbeerenauslese aus dem Jahr 2001 zur Zitronen-Meringue-Tarte? Genau das sind die Kombinationen, die einen Abend unvergesslich machen.

Zum Schwarzen Kameel

14/20

Ambiente Award 2007

Köchin: Sevgi Hartl

1010 Wien, Bognergasse 5 • 01 533812511
info@kameel.at • www.kameel.at

12–14.30 und 18–20 Uhr • €

Es brummt und wuselt im Kameel, so kennt und mag man es dort – je voller, je besser, das fördert die Kommunikation. Jedoch sind wir nicht in jenem Teil des Lokals, in dem man köstlichste Brötchen und glasweise Spitzengewächse vornehmlich lokaler Provenienz genießt, sondern im Restaurant. Und dieses überrascht uns mit einer sehr reduzierten Karte, wie wir sie hier nicht gewohnt waren. Zunächst kommt ein Avocadotatar genannter grüner Taler mit gut gebratener Garnele, gefolgt von einer passablen Spargelcremesuppe. Der Service agiert ein wenig lustlos, insbesondere bei der Weinauswahl. Die Hendlbrust mit Selleriepüree ist saftig und geschmackvoll, der Zander-Rostbraten leicht übergart und das Schnitzel zu trocken. Die Marillenpalatschinken sind wie gewohnt gut – und da sind wir gleich ein wenig zufriedener beim Abschied. Wenngleich auch nicht ganz zufrieden.

Zum weissen Rauchfangkehrer

12,5/20

Service Award 2008

Koch: Matthias Schicht

1010 Wien, Weihburggasse 4 • 01 512 34 71
info@weisser-rauchfangkehrer.at • www.weisser-rauchfangkehrer.at
€€

Gemütlich, urig und wienerisch – das ist das geschichtsträchtige Restaurant inmitten der Wiener Innenstadt. Seit vielen Jahren steht es für verlässliche österreichische Küche und bietet ohne Rücksicht auf Trends qualitativ stimmige und traditionelle Speisen. So reihen sich auf der Speisekarte Klassiker wie Wiener Schnitzel, Zwiebelrostbraten oder Beef Tatar aneinander. Immer gut ist der Kalbstafelspitz, der süße Strudel danach ist quasi obligat. Sympathisch und mit altbekanntem Schmäh umsorgt einen das Serviceteam hier freundlich. Eine gut sortierte Weinkarte mit Fokus – wie kann es anders sein – Österreich schafft die passende Begleitung. Wiener Küche at its best.

Zwischenbrückenwirt

13/20

1200 Wien, Treustraße 27 • 01 333 10 62
www.zwischenbrueckenwirt.at

Diese angenehme Gaststätte liegt nicht nur geografisch zwischen den Brücken, sondern auch stilistisch. Irgendwo zwischen Restaurant und Wirtshaus sowie kulinarisch zwischen kreativ-internationaler und bodenständig-österreichischer Küche. Dass der Platz zwischen den Stühlen eine sehr gute Position sein kann, beweisen das pfiffige Oktopus-Bohnen-Gulasch mit Chorizo und das feine Welsfilet mit Senf-Kapern-Sauce mehr als das etwas geschmacksarme Kastanienrisotto. Keine Zwischenlösung bei der Frage „Inoder Ausland?" auf der ausschließlich heimische Tropfen bietenden Weinkarte, die angesichts großer Vielfalt und fairer Preise nichts vermissen lässt.

575 Sagmeister

TIPP

1030 Wien, Schimmelgasse 11 • 069911177646, 0664 883 15023
office@575sagmeister.at • www.575sagmeister.at
Di–Fr 16–21.30, Sa und So 11–21.30 Uhr • €

Der würzige Linseneintopf mit Speck und Debriziner zaubert den Gästen ein Lächeln auf die Lippen und so entschließt man sich kurzerhand auch dazu, diese beim freundlichen Kellner zu ordern, der uns zusätzlich das Welsfilet mit Mangold und Weißweinsauce schmackhaft macht. Davor sollte man das Rote-Rüben-Tatar mit Paradeiserjus und Schnittlauchmayo probieren. Kreativität und Ideenreichtum bringt man im Sagmeister auch beim Dessert auf den Teller. Luftig-süßes Baiser auf cremiger Zitronenzabaione, dazu noch frische Erdbeeren – einfach herrlich!

Figlmüller

TIPP

1010 Wien, Bäckerstraße 6 • 01 512 17 60
reservierung@figlmueller.at • www.figlmueller.at
11.30–22 Uhr • €

Das Wiener Schnitzel gilt als kulinarisches Wahrzeichen Wiens und als Spezialität des Hauses. Das dünn plattierte Fleisch in knuspriger Panade mit Erdäpfel-Vogerlsalat lockt gleichermaßen Touristen wie Einheimische an. Wem es nicht nach einem Schnitzel gelüstet, sollte den Tafelspitz probieren. Zum süßen Abschluss gibt es die luftigen Buchteln aus dem Ofen nach altem Familienrezept. Der Geschmack von Powidl ist nicht jedermanns Sache und so weicht man auf den Apfelstrudel aus.

Fromme Helene

TIPP

1080 Wien, Josefstädter Straße 15 • 01 406 91 44
restaurant@frommehelene.at • www.frommehelene.at
11–22 Uhr • ♿

Jedes Jahr eröffnen in Wien zahlreiche Lokale und greifen die neuesten Trends auf. Ist man jedoch auf der Suche nach traditioneller Hausmannskost, einem gemütlich versteckten Gastgarten und Wiener Charme, wird man im Herzen der Josefstadt fündig. Seit mehr als 30 Jahren steht Michael Vogel täglich hinter dem Herd. Altwiener Backfleisch, Backhendl mit Erdäpfelsalat und hausgemachte Eiernocken bereitet er mit Leidenschaft zum Handwerk zu und das schmeckt man auch. Das bestehende Reportoire erweitert er gerne um saisonale Spezialitäten. Auf der Suche nach den besten Marillenknödeln der Stadt sind wir hier fündig geworden. Die hausgemachten Topfen-Marillen-Knödel werden in Butterbröseln geschwenkt und wecken Kindheitserinnerungen.

Gelbmanns Gaststube

TIPP

1160 Wien, Wilhelminenstraße 62 • 01 486 15 99
reservierung@gelbmanns.at • www.gelbmanns.at
Di–Sa 11–22 Uhr • €

Fast ein wenig unscheinbar und auf den ersten Blick nicht gleich ersichtlich lockt der herrliche Geruch der Gaststube nach Ottakring. Man sollte ein Buch nicht nach seinem Umschlag bewerten, ebenso das Gelbmann, denn die gemütliche Stube, der ruhige Gastgarten und der Abwechslungsreichtum an Speisen können sich sehen lassen. Die Pfeffernierndln mit gebratenen Erdäpfeln und feiner Rahmsauce wurden uns empfohlen und auch wir würden diese wärmstens weiterempfehlen. Der Nachspeisenmagen wird im Gelbmanns selbst bei Naschkatzen auf die Probe gestellt. Die Salzburger Nockerl sind ein Muss, ebenso wie die fruchtigen Zwetschkenknödel.

HAN am Stadtpark

TIPP

1030 Wien, Am Heumarkt 9/2/3 • 01 535 50 50
reservierung@han-wien.at • www.han-wien.at
Di–Fr 17–22, Sa, So 11.30–15 und 17–22 Uhr • €

Es braucht keinen Langstreckenflug und mühselige Sicherheitskontrollen, um die kulinarische Vielfalt Koreas kennenzulernen. Das dynamische Mutter-Tochter-Duo entführt seine Gäste im Herzen Wiens nicht nur geschmacklich, sondern auch optisch in den Fernen Osten. Bokkeum, Bulgogi und Kimchi (die Spezialität des Hauses) werden nach den Rezepten der Familie zubereitet. Keinesfalls missen sollte man die „Spicy Korean Ribs", eine geschmackliche Offenbarung mit aushaltbarer Schärfe. Auch die bekannten Gemüse-Pancakes gibt es hier. Zum Schluss bietet sich die süße Variante mit zimtiger Sesam-Füllung und hausgemachtem schwarzem Sesameis an.

Herbeck

TIPP

1180 Wien, Scheibenbergstraße 11 • 01 470 37 57
office@herbeck.wien • www.herbeck.wien
Di–Sa 11.30–15 und 17.30–22.30 Uhr • €

Wer in Währing aufgewachsen ist, kennt das Herbeck als traditionelles Gasthaus mit urig-gemütlichem Charme. Das etwas verstaubte Image wurde aufpoliert, die Wände neu gestrichen und auch die Speisen fallen zeitgenössisch aus. Auf ein paar Klassiker wollte man trotzdem nicht verzichten und so gesellen sich zu Frittatensuppe, Wiener Schnitzel und ausgelöstem Backhenderl internationale Speisen. Das Trio aus Wels, Saibling und Zander wird in Form einer würzigen Fischsuppe präsentiert und ist das Highlight des Abends. Selbst die Kalbsleber mit glacierten Äpfeln und Erdäpfelpüree kann hier nicht das Wasser reichen.

Lieblingsfisch

TIPP

1020 Wien, Karmelitermarkt 44 • 0664 262 4189
bestellungen@eishken.at • www.eishken.at
Di–Fr 10–18 und Sa 8–14 Uhr

Eishken ist wohl der bekannteste und gleichzeitig beliebteste Fischlieferant der gastronomischen Szene Österreichs. Wie schön, dass nicht nur gelernte Köche, sondern auch Hobbyköche und blutige Anfänger am Karmelitermarkt frischen Fisch und Meeresfrüchte in bester Qualität beziehen können. Auf der Suche nach Inspiration für neue Gerichte ordert man das tagesaktuelle Angebot an Oktopussalat, würzig marinierten Austern oder knusprigem Backfisch.

Neue Hoheit®

TIPP

im Hotel Rosewood Vienna

1010 Wien, Tuchlauben 4 • 01 7 999 888 877 7
vienna.neuehoheit@rosewoodhotels.com • neuehoheit.at
♿ • €€

Hoch über den Dächern der Wiener Innenstadt, herrscht in der Brasserie des neuen Hotels Rosewood Vienna exklusives Ambiente. Dafür sorgen neben den vielen Glasfronten (Hallo, Aussicht!) das elegante Interieur, eine Show-Kitchen sowie eine sonnendurchflutete Terrasse. Zu essen gibt es hier alles, was Glanz und Luxus versprüht. Gerichte wie Ceviche, Austern, gratinierte Schnecken, Sepiapasta mit Meeresfrüchten und Tomahawk-Steak vom Grill sind Speisen, welche sich die Zielgruppe hier wünscht – und auch entsprechend entlohnt. Dazu gesellt sich eine Handvoll österreichischer Klassiker. Die Getränkekarte ist gut sortiert.

Plachuttas Grünspan

TIPP

1160 Wien, Ottakringer Straße 266 • 01 480 57 30
office@gruenspan.at • www.gruenspan.at
11–22.30 Uhr • ♿ • €

Wer die Wiener Wirtshauskultur zelebriert und sich an lauen Sommerabenden gerne mit einem kühlen, frisch gezapften Bier erfrischt, ist im schattigen Ottakringer Gastgarten an der richtigen Adresse. Der Backhendlsalat, die Krautfleckerl sowie der Zwiebelrostbraten sind fixer Bestandteil der umfangreichen Karten, die durch saisonale Schwerpunkte ergänzt werden. Spargel und Schwammerl dominieren in den Sommermonaten. Im Herbst lockt der Duft nach gebratener Gans, frischem Rotkraut und Knödeln die Gäste in die gemütliche Stube. Auf fleischlose Alternativen hat man nicht vergessen. Vegetarier und Veganer freuen sich über die würzige Tofupolenta mit Tomatensalsa sowie den Spinatstrudel. Der hausgemachte Apfelstrudel ist ein Muss. Aber auch die schokoladige Pralinenmousse mit frischen Erdbeeren überzeugt.

Prilisauer

TIPP

1140 Wien, Linzer Straße 423 • 01 979 32 28
office@prilisauer.at • www.prilisauer.at
Mi–Sa 11–23, Sa 11–22 Uhr • ♿ • €

Das Hütteldorfer Traditionsgasthaus blickt auf mehr als 140 Jahre Bestehen zurück und wird inzwischen in der fünften Generation geführt. In der gastronomischen Szene ist dies inzwischen eine Seltenheit, welche sich auf eine authentisch wienerische, hervorragende bodenständige Küche und eine niemals grantige Gastlichkeit zurückführen lässt. Das Fiakergulasch sowie das Wiener Schnitzel (natürlich vom Kalb) zählen ganzjährig zu den beliebten Klassikern. In die umfangreiche Saisonkarte sollte man dennoch einen Blick werfen: Denn hier treffen Einfallsreichtum und saisonales Gemüse aufeinander – das erfreut vor allem vegetarische Gäste. Dazu serviert man frisch gezapftes Bier und österreichische Weine.

Unkai Bar & Sushi

TIPP

im Grand Hotel Wien

1010 Wien, Kärntner Ring 9 • 01 515809773
unkai@grandhotelwien.com • www.unkai.at
11–23 Uhr • €

Sushi und Maki bekommt man in Wien schon beinahe an jeder Ecke. Die Qualität lässt jedoch oftmals zu wünschen übrig. In der Unkai Bar & Sushi im Grand Hotel wird man vom Gegenteil überzeugt. Das Sashimi wird frisch aufgeschnitten und die Maki werden erst nach der Bestellung gerollt. Bevor die kleinen Kunstwerke serviert werden, stellt man die Geschmacksknospen mit Misosuppe oder Kaisou, dem wohlbekannten Seetangsalat, auf Umami ein. Ein Glas Sake gilt als Pendant zum Grünen Veltliner. Neben dem Reiswein wird jedoch auch Kirin Beer serviert. Das erfrischende helle Bier wird vor allem in den Sommermonaten als Alternative zum hochprozentigeren japanischen Wein konsumiert.

Wein & Co

TIPP

Weinrestaurant am Stephansplatz

1010 Wien, Jasomirgottstraße 3–5 • 05 07 06 3122
jasbar@weinco.at • www.weinco.at

€

Die Wein-&-Co-Filiale überzeugt nicht nur durch ihre prominente Lage. Nur wenige Meter vom Wiener Stephansdom entfernt, genießt man seinen Businesslunch, aber auch das feierabendliche Dinner im modernen und klimatisierten Schauraum. Die mediterran angehauchten Speisen werden – wie sollte es auch anders sein – von ein paar edlen Tropfen begleitet. In den Sommermonaten findet man ebenso auf der beschatteten Terrasse ein gemütliches Plätzchen. Für privatere Anlässe steht ein Separee zur Verfügung. Geführte Verkostungen wie beispielsweise das Wein- und Käse-Pairing finden dann ungestört statt. Dem im Untergeschoss liegenden Raritätenkeller sollte man in jedem Fall einen Besuch abstatten. Wer eine Flasche für einen besonderen Anlass sucht, wird hier mit Sicherheit fündig.

Wein & Co Naschmarkt

TIPP

1060 Wien, Linke Wienzeile 4 • 01 0507063102
nasbar@weinco.at • www.weinco.at

Der Naschmarkt gilt als einer der beliebtesten Hotspots der Wiener Foodszene. Der Geruch von frischen und getrockneten Früchten, Käse, eingelegten Weinblättern sowie Oliven und Gewürzen liegt in der Luft. Weinkenner und -liebhaber mit geschulter Nase nehmen ebenso leichte Weißwein- sowie aussagekräftige Rotweintöne wahr. Folgt man dem Duft, landet man an der gemütlichen Wein-&-Co-Bar. Frisch aufgeschnittener Prosciutto, gereifter Bergkäse sowie in Balsamico eingelegte Zwiebeln begleiten die Weine. Dazu serviert man ofenfrisches Biobrot der Bäckerei Joseph.

Wein & Co Schottentor Ⓝ

TIPP

1010 Wien, Universitätsring 12 • 05 07063142
luebar@weinco.at • www.weinco.at

Ein Businesslunch, ein Abendessen unter Freunden oder die Geburtstagsfeier im kleinen Rahmen: Unter der leuchtenden Decke aus 80 Burgunderflaschen im Wein & Co Schottentor, umgeben von einer Vielfalt an nationalen wie internationalen Topweinen, fühlt man sich keineswegs bedrängt oder von der Auswahl erschlagen. Hier kann man schmökern und gustieren. Das freundliche Personal steht beratend zur Seite und lädt gerne zum Verkostungsschluck ein.

© Feichtinger

Zur goldenen Kugel

TIPP

1090 Wien, Lazarettgasse 6 • 01 405 83 63
lokal@zurgoldenenkugel.at • www.zurgoldenenkugel.at
Mo–Fr 11.30–22 Uhr • €€

Selten findet man auf einer täglich wechselnden Karte solch eine Auswahl vor wie in der goldenen Kugel. Dabei bleibt sich Küchenchef Christian Berger stets treu. Saisonal, kreativ und niemals einfältig sind seine Gerichte. Besonders viel Fingerspitzengefühl beweist der Koch im Umgang mit Innereien. Manch einer möchte sogar meinen, dass es sich hierbei um die Königsdisziplin handelt. Egal, ob Beuschel, Leber oder Kalbskopf – die Zubereitung stimmt jedes Mal. Trotz der Affinität zu fleischlastigen Speisen, versucht man im gleichen Maße vegetarische Speisen anzubieten – mit Erfolg. Einfallsreichtum und raffinierte Zubereitungsarten stellen das Gemüse in den Vordergrund und machen Freude beim Essen.

Burgenland

Fotos © Burgenland Tourismus: Peter Podpera, Birgit Machtinger/Monika Nguyen/beigestellt

Krafttanken im Weingarten: So geht Genießerurlaub im Burgenland.

Restaurant Ratschen im Südburgenland

Scheilbhofers „The Resort"

Wie vielfältig die Genusskultur im Burgenland ist, verdeutlicht der Umstand, dass die Gastronomen keine internationalen Lieferanten brauchen, um ihr Angebot zu gestalten. Natürlich kommt der Wein von hier, auch Fisch und Fleisch werden von lokalen Fischern, Züchtern und Metzgern angeliefert. Das darf man sich von vielen Regionen Österreichs erhoffen, aber im Burgenland geht es noch viel weiter: Wie selbstverständlich findet man Güssinger Garnelen, Stör-Kaviar aus Rettenbach oder hochwertigsten Wasabi von einer Indoorfarm in Oberwart auf den Speisekarten. Wie man sich auf den folgenden Seiten überzeugen kann, gibt es im Burgenland eine Vielzahl an Gourmetrestaurants, aber auch die authentische pannonische Küche ist flächendeckend bestens vertreten.

SÜDLICHES FLAIR

Kulinarische Gesamtkunstwerke wie das Ratschen am südburgenländischen Eisenberg sind eine Urlaubsdestination für sich: In der Vinothek genießt man eine Weinverkostung, im Restaurant ein hochkarätiges Menü, in der Wohnothek übernachtet man nur wenige

Schritte weiter und im Wellnessbereich erholt man sich vom Vorabend. Am Heimweg könnte man noch das Bullinarium mitnehmen, ein Vorreiterprojekt für Kreislaufwirtschaft, wo im größten Rinderstall Österreichs die jungen Bullen auf natürliche Weise heranwachsen. Es empfiehlt sich nicht nur für einen Einkauf, auch die Gastronomie vor Ort macht verwöhnte Gaumen glücklich.

DIE GOLDENE MITTE

Das Mittelburgenland steht ganz im Zeichen einer Rebsorte: dem Blaufränkisch. Paradeweingüter wie die von Albert Gesellmann, Silvia Heinrich oder der Familie Wellanschitz gehören nicht nur national zur absoluten Spitze, auch international verzeichneten sie schon bemerkenswerte Erfolge. Es ist eine alte Gourmetweisheit, dass man überall, wo man gut trinkt, auch gut essen kann. Hier sind es Betriebe wie „Das Blaufränkisch", das „Gasthaus zur Traube" oder das Hotel „Zum Oberjäger", wo man regionale Köstlichkeiten ins Glas und auf den Teller bekommt. Eine einzigartige Kombination aus Gastfreundschaft und Genusserlebnis erfährt man im „Ziegelwerk" in Wimpassing an der Leitha, wo die Wimmer-Brüder ein gastronomisches Kleinod aufgebaut haben.

Die Philosophie ist die eines Gasthauses wie früher: Hier trifft man sich, hier wird gemeinsam gegessen, getrunken und geheiratet. Alles nachhaltig und tief mit der Region verwurzelt.

AM NEUSIEDLER SEE

Fast mediterranes Flair genießt man in den direkt am Wasser gelegenen Lokalen um den Neusiedler See. Für jede Uhrzeit das passende Angebot hat das Trendlokal „Das Fritz" in Weiden am See. Ob zum Frühstück, zu Mittag oder am Abend: Im Lokal herrscht den ganzen Tag über entspanntes Urlaubsfeeling wie am Meer – Sundowner inklusive. Traditioneller geht es in Betrieben wie „Zum fröhlichen Arbeiter" oder im „Gasthof zur Linde" im Seewinkel her, hier erfährt man pannonische Genusskultur für alle Sinne. Diese spricht auch Erich Scheiblhofer mit seinem hedonistischen Kunstwerk „The Resort" an. Der Erfolgswinzer hat sein nicht gerade kleines Weingut um ein imposantes Wellnesshotel samt Gourmetrestaurant erweitert.

Das „Ziegelwerk" in Wimpassing

„Das Fritz“ am Neusiedler See

Und weil wir zum Schluss den Gaumen gerne mit etwas Süßem erfreuen: Der Seewinkel ist die Heimat der besten Süßwein-Winzer der Welt. Hans Tschida aus Illmitz beispielsweise wurde bei der International Wine Challenge in London heuer bereits zum neunten Mal zum „Sweet Winemaker of the Year“ gewählt!

VILA VITA Pannonia

Das Naturresort im burgenländischen Seewinkel.

Alle Fotos © Vila Vita Pannonia

Am Rande des Nationalparks Neusiedler See – Seewinkel liegt Burgenlands größtes Ferienresort: VILA VITA Pannonia. Ein unvergleichbarer Urlaubsort, nur etwa eine Stunde von Wien entfernt. Auf über 200 Hektar stehen den Gästen im Vier-Sterne-Superior-Haus unterschiedlichste Auswahlmöglichkeiten zur Verfügung: von romantischen Bungalows mit eigener Terrasse über moderne, großzügig gestaltete Pannonia-Suiten bis hin zu exklusiven Residenzen am See lakeside & parkside, die mit je zwei separaten Schlafräumen wie auch dazugehörigen Badezimmern ausgestattet sind.

Ebenso vielfältig präsentiert sich auch das kulinarische Angebot des Hauses. Ob im Csarda-Stadl – dem rustikalen Heurigen–, im Familien- & Buffet-Restaurant VITAVESTA oder im Gourmetrestaurant „die Möwe“ mit der idyllischen Terrasse direkt am hauseigenen Badesee, die Möglichkeiten scheinen beinahe grenzenlos zu sein. Doch eines haben alle Restaurants im VILA VITA Pannonia gemeinsam: Hier dürfen regionale und saisonale Highlights nicht fehlen.

Grenzenlos präsentiert sich auch die Region rund um das Resort. Die unverwechselbare Land-

schaft der Pannonischen Tiefebene gewährt kilometerlange freie Sicht, wie es an keinem anderen Ort des Landes der Fall ist. Zahlreiche Rad-Rundwege laden dazu ein, die Umgebung zu erkunden. Die passenden Fahrräder in allen Größen stehen kostenlos bereit.

Für alle, die es vorziehen, ihre Urlaubstage innerhalb der weitläufigen Anlage zu verbringen, stehen zahlreiche Sport- und Freizeitaktivitäten zur Verfügung. Sportbegeisterte können sich auf den Fußball-, Tennis- oder Beachvolleyballplätzen wie auch im Motorikpark, im Fitnessraum oder bei den angebotenen Sporteinheiten mit den VILA VITA Coaches auspowern. Zusätzlich befinden sich mehr als 70 Kilometer beschilderte Laufstrecken in dem und rund um das Resort. Bis in den Spätsommer lädt der hauseigene Badesee zum Verweilen ein. Stand-up-Paddling, Kanufahrten oder gemütliche Tretboot-Touren dürfen dabei nicht fehlen.

Wenn die Tage wieder kürzer werden und es spürbar kühler wird, zieht es viele Gäste in den Wellness- & Saunaparc, um dort die wohlige Wärme zu genießen. Ein beheizter Indoor- und Outdoorpool garantieren ganzjährigen Badespaß. Das idyllische Saunadorf mit Naturschwimmteich, Panorama-, Schilfhütten- und Naturteichsauna lässt kaum

Wünsche offen. Auch der neue Relax-Outdoor-Whirlpool trägt das seine dazu bei. Beautyfarm und Massage dürfen selbstverständlich nicht fehlen und befinden sich ebenfalls direkt vor Ort. Hier ist es ein Leichtes, die Seele richtig baumeln zu lassen und neue Energie zu tanken.

VILA VITA Pannonia steht auch bei verliebten Paaren, die sich das Ja-Wort geben möchten, hoch im Kurs. Sowohl für standesamtliche als auch kirchliche Trauungen gibt es zahlreiche Möglichkeiten.

VILA VITA Pannonia****s
Storchengasse 1 | 7152 Pamhagen
Tel.: +43/2175/2180-0
www.vilavitapannonia.at

BEST
OF

18,5/20 **TAUBENKOBEL** Seite 254
Schützen am Gebirge

17/20 **GUT PURBACH** Seite 250
Purbach

15,5/20 **CSENCSITS** Seite 243
Kohfidisch

15,5/20 **GREISSLEREI BEIM TAUBENKOBEL** Seite 253
Schützen am Gebirge

15/20 **RATSCHEN** Seite 241
Deutsch Schützen

15/20 **ZIEGELWERK GASTHAUS** Seite 259
Wimpassing an der Leitha

LEGENDE

- Orte allgemein
- Orte mit 1 Haube
- Orte mit 2 Hauben
- Orte mit 3 Hauben
- Orte mit 4 Hauben
- Orte mit 5 Hauben

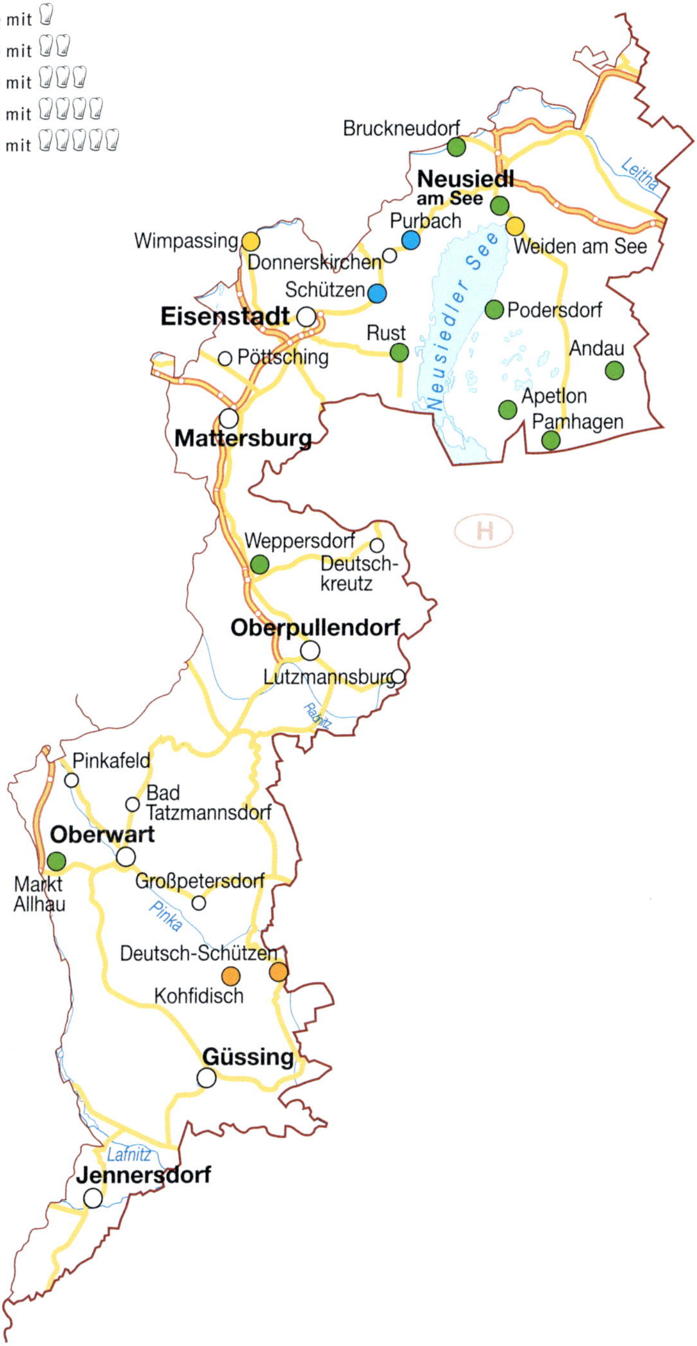

Infinity The Restaurant®

12,5/20

Scheiblhofer – The Resort

Köche: Thomas Sandhofer & Gabor Grof

7163 Andau, Resortplatz 1 • 02176 26108 00
reservation@theresort.at • www.theresort.at
12–14 und 18–21 Uhr

Wer durch Andau im Seewinkel fährt oder spaziert, merkt sogleich: Scheiblhofer ist hier der Platzhirsch. Das größte Gebäude befindet sich seit Kurzem am Nordende des Orts: Scheiblhofer – The Resort. In den großen Speiseräumen wird auch der À-la-carte-Gast platziert, der von einem erweiterten Gedeck mit Amuse-Bouche – köstlich der geräucherte Saibling auf knusprigem Teig – profitiert. Das Weitere hinterlässt einen zwiespältigen Eindruck: ausgesprochen säuerlicher Zander mit grünen Paradeisern und angeblich Buttermilch; erfrischend-feines Basilikumsorbet, mit Frizzante Rosé aufgegossen. Danach ein braves Kalb mit unauffälligem Erdäpfelpüree und Eierschwammerln sowie eine durchschnittliche Schokotarte mit diversen Früchten. Das überkomplette, weit über die Erzeugnisse des eigenen Weinguts reichende Weinangebot begeistert, die mangelnde Präsentation der Flasche bei glasweiser Bestellung weniger.

Zum fröhlichen Arbeiter

12,5/20

Koch: Hannes Tschida

7143 Apetlon, Quergasse 98 • 0 2175 2218, 0699 197 71203
gasthaus@froehlicherarbeiter.at • www.froehlicherarbeiter.at
Mo, Di 11.30–14 und 17.30–21, Fr 17.30–21, Sa, So 11.30–21 Uhr • ♿ • €

Nomen est omen! – Die Mitarbeiter der Familie Tschida sind Frohnaturen und die Gäste werden spätestens nachziehen, wenn sie einen Blick in die kaum Wünsche offenlassende Speisekarte werfen. Zur Euphorie wird's, wenn man sich die beiden Weinkarten für Rot beziehungsweise Weiß zu Gemüte führt, die kaum ein Eckerl der Weinwelt unabgebildet lassen. Und so lassen wir uns einen staubtrockenen Franzosen zu Entenleberterrine und paprizierter Fischsuppe mit Tarhonya, gefolgt von mürben wie g'schmackigen Rindsrouladen mit sämigem Kartoffelpüree und gefüllter Paprika mit Perlgraupen und Schafkäse auf fruchtiger Paradeisersauce schmecken. Bei den Somloer Nockerln schmieden wir dann schon Pläne für die nächste Flasche beim nächsten Mal.

Rosengarten

TIPP

7202 Bad Sauerbrunn, Bahngasse 2 • 0660 523 8466
office@rosengarten-badsauerbrunn.at • www.rosengarten-badsauerbrunn.at
Mi 16–21, Do bis Fr 11.30–21, So 11.30–15 Uhr; an Feiertagen geöffnet • €€

Im burgenländischen Rosengarten passt sich das Menü von Harald Hinteregger an die Produkte der Saison an. Das ofenfrische Brot mit aufgeschlagener Butter gilt als Konstante vor dem wöchentlich wechselnden Menü. Auf der Karte findet man den altbekannten Tafelspitz, aber auch allerlei einfallsreiche Neuinterpretationen wieder. Als besonders fein entpuppte sich die Sulz von heimischen Süßwasserfischen. Außer Konkurrenz standen schlussendlich die Gnocchi mit einer originellen Version der Carbonara: Der Speck wurde durch Eierschwammerl ersetzt, der Parmesan vom rauchigen Scamorzakäse abgelöst. Eine vegetarisch-sommerliche Alternative zum italienischen Klassiker.

Treiber

TIPP

Gasthaus

7431 Bad Tatzmannsdorf, Jormannsdorferstraße 52 • 0 3353 82 71, 0664 300 7431
info@burgenlandurlaub.at • www.burgenlandurlaub.at
Do–Mo 11–21 Uhr • ♿

In mehr als sechs Jahrzehnten haben sich die Speisen auf der Karte des Traditionsgasthauses immer wieder geändert. Die Liebe zum Handwerk ist noch dieselbe wie anfangs. Wer sich bei der großen Auswahl an Bodenständigem sowie internationalen Spezialitäten einfach nicht entscheiden kann, trifft mit dem Vier-Gänge-Degustationsmenü nie die falsche Entscheidung. Zur Spargelterrine mit Eierschwammerl reicht man einen pfeffrig-fruchtigen Grünen Veltliner aus der Wachau. Ein gelungener Einstieg, wie wir finden. Es folgen eine Spargelcremesuppe und ein zartrosa Entrecôte mit Sauce béarnaise. Von den warmen Rahmdalken mit Marillen träumen wir heute noch.

Pannonia

TIPP

7434 Bernstein, Hauptstraße 58 • 03354 6543, 0660 262 0104
office@pannonia-roth.at • www.pannonia-roth.at
Di–Do 11–20, Fr und Sa 11–21, So 11–19 Uhr • €

Seit mittlerweile 51 Jahren wird das Restaurant Pannonia von Familie Roth geführt. Als Gast erlebt man hier, in Bernstein, burgenländische Gemütlichkeit und Gastfreundschaft, gepaart mit saisonaler Küche. Für Letzteres arbeiten die Inhaber mit einer Vielzahl an heimischen Produzenten, Landwirten und Winzern zusammen, um ganzjährig die Vielfalt des Südburgenlands auszudrücken. Auf der Karte zeigt sich das in Form von Gerichten wie Schafskäse in Vulcanoschinken, Beef Tatar, Cordon bleu und burgenländischem Hochzeitsschnitzel. Daneben erfährt der Betrieb auch für seine Pizzen und Pasta große Beliebtheit. Zusätzlich zum À-la-carte-Angebot werden täglich Mittagsmenüs sowie jeden ersten Samstag im Monat ein umfangreicher Frühstücksbrunch serviert. Je nach Jahreszeit kann entweder auf der Terrasse oder in der traditionellen Gaststube genossen werden.

Joseph(N)

12/20

Restaurant – Hotel – Café

2460 Bruckneudorf, Lagerstraße 2 • 02162 64357
info@joseph.rest • www.joseph.rest
Di 8–15, Mi–Sa 8–22, So 9–15 Uhr

Seit einiger Zeit macht das Hotelrestaurant Joseph in Bruckneudorf auf sich aufmerksam. Bekannte Gerichte in einer hervorragenden Qualität sowie einige für diese Gegend untypische Speisen machen neugierig. Wir starten mit einer Auswahl von Tapas. Die perfekt marinierten Jakobsmuscheln in Ingwer-Orangen-Sauce, gebratene Garnelen oder Hendlflügerl machen sowohl optisch als auch geschmacklich Freude. Weiter geht es eher bodenständig mit Zwiebelrostbraten, Rumpsteak und gegrilltem Wels, alles in Bioqualität und mit großartigem Geschmack. Erwähnenswert ist die interessante Cocktail-, Bier- und Weinauswahl.

Ratschen

15/20 🍴🍴🍴

Restaurant & Wohnothek

Koch: Mateo Lopez

7474 Deutsch Schützen, Am Ratschen 5 • 0664 418 0705
office@ratschen.at • www.ratschen.at

Mi–Sa 17–24, So 11–17 Uhr • ♿ • €€

Das Restaurant Ratschen ist – seit Jahren – ein kulinarisches Highlight im südlichen Burgenland. Harmonisch in die spektakulären Weinberge Deutsch Schützens integriert, passt hier alles: die Architektur, der Ausblick, die Weine und natürlich auch die Küche. Getan hat sich in den letzten Jahren ja einiges. Ein neuer Betreiber (innerhalb der Familie Wiesler), ein bekannter Investor und letztlich auch ein neues Team in der Küche. Die aktuelle Karte ist klein, aber ausgesprochen fein. Ausnahmsweise bei den Hauptgängen beginnend: Bries oder Backerl. Alleine diese Auswahl verdient Respekt. Ob das Bries unbedingt mit roter Garnele serviert werden muss, sei dahingestellt. Die Beurre blanc wäre völlig ausreichend gewesen. Aber das ist Meckern auf hohem Niveau. Attraktiv ist der Gang allemal. Ebenso die Rindsbackerl mit Karfiol und Wurzelgemüse. Deftig zwar, aber butterweich und verführerisch. Bei den Weinen ist man im Ratschen ohnehin immer auf der sicheren Seite. Eine Entdeckung ist der Welschriesling Prantner 3330 von Thomas Straka, der das Bries begleitete.

beim Krutzler

TIPP

Genussgasthof & Hotel

7522 Heiligenbrunn im Burgenland, Heiligenbrunn 16 • 03324 7240
post@hotel-krutzler.at • www.hotel-krutzler.at
Mo–So 11.30–14.30 und 18–21 Uhr • €€

Wer auf der Suche nach Klassiker der österreichischen Küche ist, wird beim Krutzler in Heiligenbrunn fündig. Das Restaurant befindet sich im gleichnamigen Hotel und weist bereits beim Interieur auf einen gutbürgerlichen Schwerpunkt hin. Helle Materialien, viel Holz und ansehnlich gedeckte Tische schmücken die Räumlichkeiten des familiengeführten Betriebs. Familie Krutzler, die das Haus seit mehreren Generationen ihr Eigen nennt, setzt seit jeher auf Traditionen und die kulinarischen Stärken des Südburgenlands. Hierfür finden sich Speisen wie Eiernockerl, Baounlsterz, Gulasch und Somlauer Nockerln auf der Karte. Für Abwechslung sorgen saisonale Spezialitäten, darunter Spargel, Martinigansl und Kletzenbrot, die vom aufmerksamen Personal zu Tisch kommen. Die Weinkarte schließt sich dieser Philosophie an und bietet beste Tropfen der Region.

Csencsits ↗

15,5/20 🝖🝖🝖

Gasthaus

Koch: Jürgen Csencsits

7512 Kohfidisch, Harmisch 13 • 03366 77220, 0664 314 8844
reservierung@csencsits.at • www.csencsits.at

Do 18–20, Fr, Sa 11.30–13.30 und 18–20, So 11.30–14 Uhr • ♿ • €

15 Jahre hat Jürgen Csencsits an der Seite von Walter Eselböck im Taubenkobel gekocht. 2007 übernahm er das Gasthaus seiner Mutter in Harmisch. Seither hat er das Gasthaus nicht nur modernisiert (erst kürzlich wurde wieder renoviert), sondern zum besten Restaurants im Südburgenland gemacht. Die dritte Haube ist aus unserer Sicht hochverdient. Csencsits' Küche ist ein Spiegelbild seiner Herkunft. Der Biohof, von dem er seine Lämmer (vom Krainer Steinschaf) bezieht, ist nur einen Steinwurf entfernt, die Tauben kommen aus Tschantschendorf, der Spargel aus dem Südburgenland und die Kräuter gar aus dem eigenen Garten. Das pochende Herz seiner Küche ist der alte Holzofen. Lodernde Flammen, das Knistern des Feuers, der Braten im Reindl. Dinge, die für Csencsits elementare Bestandteile guter Küche sind. Ja, wir haben auch konkrete Tipps und Empfehlungen. Die Fischsuppe mit Zander, Fenchel und Kohlrabi ist mittlerweile legendär. Zu Recht, wie wir meinen. Oder der Saibling. Ganz pannonisch mit rotem Paprika, Linsen und Tomaten. Den Service meistern Jürgens Frau Melanie, eine leidenschaftliche und großartige Gastgeberin, und „Herr Geza“, als Kellner längst eine Legende. Last, not least: der Weinkeller. Einzigartig.

Bullinarium ⓝ

11,5/20

7411 Markt Allhau, Gemeindestraße 30 • 03356 22212
office@bullinarium.com • www.bullinarium.com

Das Bullinarium ist weit mehr als ein bloßes Steakhouse. Hier wird das Konzept der Kreislaufwirtschaft gelebt, ganz nach dem Motto: „Fleisch genießen ohne Reue". Geschlachtet werden die Bullen vom eigenen Hof, denen Zeit gelassen wird zu wachsen und die naturnah mit Gras und Heu gefüttert werden. Das Bull Beef reift in eigenen Reifekammern, die Vermarktung erfolgt direkt im Restaurant, im angeschlossenen Shop oder über den Internet-Versandhandel. Und natürlich kann das Bull Beef in allen erdenklichen Varianten im mustergültig gestalteten Bullinarium mit Schauküche gegessen werden: als Tatar, Schinken, Leberknödel, Burger, Wade oder Filet, Rib-Eye, Rump- oder Hüftsteak. Die Saucen und Beilagen sind individuell orderbar. Auffallend gefällige Weinkarte und freundlicher Service.

Mole West

11,5/20

7100 Neusiedl am See, Seegelände 9 • 02167 20205, 0664 208 6600
office@molewest.at • www.mole-west.at

Ein fantastischer Sonnenuntergang und der Blick auf den weiten Neusiedler See lassen unvergessliche Glücksmomente sammeln. Dazu ein kühler Drink, ein guter Wein und Köstlichkeiten in der Mole West – das sorgt für ein Wohlfühlerlebnis der besonderen Art. Zum Auftakt empfehlen wir Tuna-Tatar, Calamari oder Garnelen. Zum Schluss sollte man sich die herrliche Mole-Tarte oder die Schokomousse nicht entgehen lassen – beides handwerklich perfekt und wunderschön arrangiert. Der Service agiert flink und aufmerksam.

Die Möwe

11/20

im Vila Vita Pannonia

Koch: Kevin Szalai

7152 Pamhagen, Storchengasse 1 • 0 2175 2180 0
info@vilavitapannonia.at • www.vilavitapannonia.at
Mi, Do, Fr 17–23, Sa 12–23, So 12–17 Uhr • ♿ • €

Der hauseigene See und eine fantastische Naturlandschaft bilden den reizvollen Rahmen für „Die Möwe“ in Pamhagen. Hier trifft eine malerische Kulisse auf Kochkunst. Die stilvolle Seeterrasse schafft ein gemütliches Ambiente, das zum Verweilen einlädt. Die Mitarbeiter bleiben mit ihrem charmanten und außergewöhnlich aufmerksamen Service in angenehmer Erinnerung. Der Küchenchef begeistert mit innovativer und raffinierter Esskultur. Ein zartes Weidekalb im himmlischen Bärlauchmantel und mit Heidelbeercreme gefüllte Topfenknödel begeistern. Auch der Abschluss bleibt in Erinnerung: eine vielfältige Schokovariation, die keine Wünsche offenlässt. Hier wird gekonnt mit Texturen gespielt und mit viel Leidenschaft und Liebe gekocht. Ein Besuch in der „Möwe“ lohnt.

Weinstube Szemes

TIPP

7423 Pinkafeld, Hauptstraße 33 • 03357 42305, 0664 558 2007
gasthaus@szemes.net • www.szemes.net
Do, Fr 17–22, Sa 11–22, So 9–12 Uhr • • €€

Die rustikal-urige Stube beherbergt nicht nur Weine aller Art, sondern ist ebenso bekannt für Hochprozentiges. Und so wird zum mehrgängigen Genießermenü stets das passende Pairing gereicht – Bier, Wein, Gin, Whisky sowie andere Edelbrände. Je nach Gusto entscheidet man sich für vier bis acht Gänge, die auf Wunsch gerne auch vegetarisch oder vegan zubereitet werden. Auch à la carte wird allerhand geboten. Regionale Schwerpunkte, saisonale Speisen und Produkte aus eigener Herstellung finden bei den Gästen großen Anklang. Auf Empfehlung des Hauses serviert man ein Taubensülzchen mit wachsweichem Wachtelei und würzigem Senfkaviar. Es folgt das Highlight des Abends: ein zartrosa Straußensteak – auf den Punkt gegart –, dazu angenehme Bitternoten vom Chicorée auf cremiger Polenta.

Zur Dankbarkeit

12,5/20

Koch: Josef Roiss

7141 Podersdorf, Hauptstraße 39 • 02177 2223
gasthaus@dankbarkeit.at • www.dankbarkeit.at

Do, Fr 11.30–14 und 18–21, Sa und So 11.30–21 Uhr • €

Wer im urigen Wirtshaus von Josef Roiss in Podersdorf einkehrt, wird – in kulinarischer Hinsicht – voll auf seine Kosten kommen. Hier treffen burgenländische Traditionsküche und regionale Zutaten auf zeitgemäße Interpretation und Zubereitung. Die handgeschriebene Karte verheißt jedenfalls schon einmal nur Gutes und die Auswahl fällt nicht leicht. Quasi ein Muss ist die Jiddische Hühnerleber. Ein Dankbarkeit-Klassiker, cremig, hocharomatisch und im Weckglas serviert. Passend dazu warme Brioche und – ebenfalls sehr empfehlenswert – ein Schluck Beerenauslese Pinot Gris 1995 vom Josef Lentsch. Mehr braucht es eigentlich nicht. Ebenfalls hervorragend: die würzige Wildgansbrust im Speckmantel samt fruchtigem Quitten-Rotkraut. Oder die Erdäpfelcremesuppe, die mit einem saftigen Pilztatar serviert wird. Oder die Fischsuppe mit Paprika, die daran erinnert, dass die Grenze ganz nah ist. Kurz, für die Dankbarkeit muss man dankbar sein. Wir sind es.

© Steve Haider

Gault&Millau
Entdecken.
Entspannen.
Erleben.
Newsletter abonnieren und informiert bleiben auf
gaultmillau.at
© August_0802/Shutterstock

Braunstein – Pauli's Stuben ↗

11,5/20

Koch: Marek Semanak

7083 Purbach, Fellnergasse 1a • 02683 55130
restaurant@braunstein.at • www.braunstein.at

Mo, Do, Fr und Sa 11.30–21, So 11.30–16 Uhr • €

An der Hauptstraße liegt das Restaurant „Paulis Stuben" der Familie Braunstein – ein Garant für gute Küche seit Jahr und Tag. Großartig zum Beispiel die frische Ceviche vom Zander mit Mangomarinade und Kichererbsenschaum. Geschmacklich und optisch ein Highlight! Dem um nichts nachstehend: der marinierte Kohlrabi mit geräucherten Karotten und Pesto sowie die asiatisch inspirierte Fischsuppe mit Zitronengras, Kaffirblättern, Kokosmilch und Zuckererbsen. Gelungen dann auch der Angus-Beef-Burger mit Speck, Spiegelei, Bärlauchmayonnaise und Cheddar und die gekonnten Somlauer Nockerln zum Abschluss. Und die Weinkarte? Die ist fest in (weiblicher) Familienhand, denn sie wird von den hervorragenden Bouteillen der Birgit Braunstein dominiert – und das ist gut so!

Gut Purbach

17/20

Koch des Jahres 2021

Koch: Max Stiegl

7083 Purbach, Hauptgasse 64 • 02683 56086, 0699 110 38241
office@gutpurbach.at • www.gutpurbach.at

Mo 18–21, Do–Sa 12–13.30 und 18–21, So 12–17 Uhr • €€€

Max Stiegl, der immer wieder sagt, dass das Braten von Edelteilen barrierefreies Kochen sei, zeigt vor Ort eindrucksvoll, dass er mit seinem Küchenteam in einer eigenen Liga spielt. Und dass er nicht Wasser predigt und Wein trinkt. Denn auf seiner Karte finden sich tatsächlich „from nose to tail" viele Teile eines Tieres wieder. An dieser Stelle sei erwähnt, dass die angebotenen Weine und Empfehlungen zum Menü hervorragend sind. Vegetarier und Veganer entdecken hier nicht ihren kulinarischen Himmel, aber das wissen die Betreffenden bereits vor einem Besuch auf Gut Purbach. Was man vorher noch wissen sollte, ist, dass kein klassisches Fine Dining auf den Teller kommt, sondern einfach außergewöhnlich gutes Essen.

Es gibt zwei Menüs zur Auswahl, zwischen welchen man je nach Gusto hin und her kombinieren kann. Die pannonischen Kleinigkeiten entpuppen sich als Lardo-Creme, hauchdünne Scheiben vom Mangalitza-Speck, kalter Tafelspitz, Kräuterbutter, frisches Bauernbrot und – zwar weniger pannonisch, dafür umso würziger zum Fleisch – Kimchi und Ajvar.

Der salzig marinierte Hering harmoniert perfekt mit seinen Begleitern Melanzani und saurem rotem Rettich. Die Halászlé, die „Pannonische Fischsuppe", zeigt, wie gut Zander mit Linsen, Safran und kleinen gebratenen Speckwürfeln kann. So Umami, so köstlich schmeckt das würzige Entenmagen-Ragout mit Scheiben von süß eingelegtem Rettich on top, einem Hauch Orange und viel Majoran.

In einer feurig heißen Tajine – der mediterrane Duft nach dem Öffnen ist unwiderstehlich – werden die butterzarten Kalbskutteln und die ebenso zarten Calamari mit roten Bohnen serviert. Das rosa gebratene Roastbeef vom Galloway-Kalb als Hauptgang ist längst ein Klassiker des Hauses. Die Somlauer Nockerln auf Eierlikör zum Dessert sind eine umwerfende ungarische Spezialität. Die Empfehlung darf als Muss verstanden werden.

Bleibt zu sagen, dass in der Gaststube auch die stimmungsvolle Komponente nicht zu kurz kommt. Weinverkostungen über die Tische hinweg, rockiger Sound vom Plattenteller und Kochempfehlungen des Kellners machen den Sonntagmittag zum echten Erlebnis.

Wirtshaus im Hofgassl

12,5/20

Koch: Michael Pilz

7071 Rust, Rathausplatz 10 • 02685 60763
hofgassl@hofgassl.at • www.hofgassl.at

Mi–So 12–14 und 18–21 Uhr • €

In der kleinen Weinstadt Rust mit ihren typischen Storchennestern liegt das Wirtshaus im Hofgassl. Ein bezaubernder Gastgarten lädt mit seinem charmanten Ambiente zum Verweilen ein. Zum Einstieg empfehlen wir das gebackene Ei mit Spargel und Erdäpfelschaum. Höhepunkt des Menüs ist ein rosa gebratener Lammrücken. Es ist eine kulinarische Reise durch die gutbürgerliche österreichische Küche mit pannonischen Einflüssen. Die Bananenmousse fällt hierbei zwar leicht aus der Reihe, ist aber trotzdem ein gelungenes Dessert.

Greisslerei beim Taubenkobel

15,5/20

Koch: Alain Weissgerber

7081 Schützen am Gebirge, Hauptstraße 29–33 • 0 26 84 22 97
restaurant@taubenkobel.at • www.taubenkobel.at

Mi–Sa 12–14.30 und 18–22, So 12–15 und 18–20 Uhr • €€

Direkt am Kirschblütenweg, zwischen Ruster Hügelland und Leithagebirge, befindet sich die Greisslerei, ein idyllischer Nebenschauplatz des Taubenkobels. Im geschmackvollen Ambiente erwartet die Gäste ein spannender Mix aus französischer Küche und pannonischen Köstlichkeiten. Am Morgen wird hier den Taubenkobelgästen das Frühstück serviert. Es ist eines der großartigsten Frühstücke des Landes nebenbei und das Spiel von Licht und Schatten, wenn frühmorgens die ersten Strahlen der aufgehenden Sonne auf den Tisch scheinen, ist unvergleichlich. Unsere Empfehlungen: Miesmuscheln und Schnecken in herrlichem Kräuteröl und die wunderbare Hühnerleber. Im hinteren Teil der Greisslerei werden viele Köstlichkeiten in Gläsern und Flaschen zum Kaufen angeboten.

Taubenkobel

18,5/20

Koch des Jahres 2024, Ambiente Award 2005

Koch: Alain Weissgerber

7081 Schützen am Gebirge, Hauptstraße 29–33 • 02684 2297
restaurant@taubenkobel.at • www.taubenkobel.at
Mi–Sa 12–14.30 und 18–22, So 12–15 und 18–20 Uhr • €€

Der Taubenkobel ist ein Gesamtkunstwerk. Ein Fest für sämtliche Sinne und ein Wohlfühlort sondergleichen. Da gehören die einzigartig eingerichteten Zimmer (man genießt nicht nur die Ruhe, sondern auch Kunst von Prachensky, Damisch und Co), der Garten mit seinem Teich und die kunstvollen Artefakte ebenso dazu wie die Menschen, die das alles geschaffen haben und mit Leben füllen. Auch drinnen, im Restaurant, spielen Kunst und Ambiente entscheidende Rollen. Spannende Skulpturen an den Tischen, Drucke von Arnulf Rainer an den Wänden.

In kulinarischer Hinsicht schöpft Alain Weissgerber aus dem Vollen. Er verwendet, was um ihn herum blüht und gedeiht, und er verwendet es nur dann und so lange, wie es perfekt ist. Manchmal sind das Tage, manchmal ein paar Wochen. Unser Menü startet – nach ein paar grandiosen Grüßen – mit einem wunderbaren Gericht, das schlicht „kerbel – erdäpfel – gerissener gouda" heißt. Und genau das macht, was ein erster Akt machen soll: das Thema anreißen und Lust auf mehr machen. Volltreffer.

Auch mit einem der nächsten Gänge – Zwiebelbrioche mit Bauernbutter – zeigt Weissgerber, dass zu Ende gedachte Einfachheit zu den schönsten Erlebnissen führen kann. Der Amurkarpfen kommt, in Kohlsprossenblätter gebettet, mit etwas Kaviar, der Aal (leicht geräuchert) dagegen mit Robuschka, einer grandios eleganten Roten Rübe, und Kren. Auch dieses Gericht ist – ebenso wie der Karpfen davor – eine Augenweide.

Der dritte Fisch im Bunde ist fast schon ein Signature Fish des Elsässers: Steinbutt. Der Garpunkt: schlicht Weltklasse. Mit Petersilie und Kapern verfeinert. Ein Machtwort. Und ein Gericht, das zeigt, dass der Mann das Feuer im Griff hat. Jedenfalls ist der Steinbutt ein Gang, der lange in Erinnerung bleibt und unsere Entscheidung, Alain Weissgerber als Gault&Millau-„Koch des Jahres" auszuzeichnen, goldrichtig war.

Danach noch Ente aus dem Holzofen – großartig – und ein süßsäuerlich-bitteres Dessert mit Rhabarber, hellen Bittersalaten und Klee. Dazu wird ein Pet Nat von der Mammutquitte von Wachstum König aus der Südsteiermark serviert. Wobei wir beim letzten Punkt, den Weinen, sind. Einzigartig. Auswahl, Tiefe, Kreativität – „great job" von Maître Barbara Eselböck und Sommelier Sebastian Höpfner.

Kastell Stegersbach

TIPP

7551 Stegersbach, Sparkassenplatz 2 • 03326 53925, 0660 222 1234
info@kastellstegersbach.at • www.kastellstegersbach.at
Mi–Sa 11.30–21.15, So 11–20.15 Uhr • ♿ • €€

Das Design des hellen Gastraums wirkt zeitlos und schlicht. Der Stil der Küche ist von italienischen Dolce-Vita- und Asia-Einflüssen geprägt. Aber auch auf Steaks und Gegrilltes muss man hier nicht verzichten. Nach kurzer Überlegung fällt die Wahl auf ein Drei-Gänge-Menü. Auf die grundsolide Misosuppe folgt der zarte Seehecht im Bambuskorb mit gedämpftem Reis und knackigem Gemüse. Sushi wird hier als Dessert serviert. Anstelle von Lachs, Thunfisch und Co wird dieses mit Mango und Erdbeeren garniert – originell und einfallsreich. Für eine passende Weinbegleitung ist ebenfalls gesorgt. In der Vinothek findet man stets das Richtige.

das Fritz

11,5/20

Koch: René Gross

7121 Weiden am See, Seebad 1 • 0 21 67 40 2 22
info@dasfritz.at • www.dasfritz.at
9–22 Uhr • ♿ • €

In Weiden am See liegt eines der stylishen Restaurants des Burgenlands. Mit einer weitläufigen Terrasse am Seeufer und einer unvergleichlichen Aussicht, verspricht es eine sinnliche Erfahrung. Die Küche präsentiert moderne Interpretationen von abwechslungsreichen Gerichten. Tatar vom Almochsen und rosa Thunfisch, Burrata mit lauwarmen Paradeisern, Medaillon vom Rehbock mit Heidelbeeren, Eierschwammerln und Topfenstrudel. Auch die klassischen Gerichte wie Schnitzel und Spanferkel werden gekonnt zubereitet. Unser Tipp für die Nachspeise: Topfen-Nougat-Knödel – ein wolkenweicher Traum. Die Familie Tösch betreibt „Das Fritz" mit Liebe und Gespür.

Zur Blauen Gans ↗

14/20

Koch: Oliver Wiegand

7121 Weiden am See, Seepark Weiden • 02167 70000
blaue-gans@seepark.at • www.zurblauengans.at

Oliver Wiegand kocht im Seepark in Weiden am See wie im Urlaub. Genau so fühlt man sich, wenn man das helle Lokal betritt. Man könnte in Nordfrankreich, auf Sylt oder auch in Griechenland sitzen. Die Karte gibt sich lokal verwurzelt, es gibt aber auch aus das eine oder andere aus der großen Weltküche. Schaumige Kerbelsuppe, Kalbsbries, Backhendl, um nur ein paar Beispiele für Ersteres zu nennen. All das ist aber nur eine Aufwärmübung für ein gigantisches Highlight: gefülltes Huhn im Ganzen. Die Fülle aus Semmelknödel mit Gemüse und Pilzen. Perfekt zartes Fleisch. Applaus! Alleine dieses Gericht ist die Reise nach Weiden wert. Die Weinkarte ist sehr lokal und eher klassisch. Da wäre vielleicht etwas mehr Zeitgeist wünschenswert. Die Aufwertung ist jedenfalls verdient.

Gasthaus Fuchs

12/20

Koch: Thomas Fuchs

7331 Weppersdorf, Hauptstraße 33 • 02618 2250
info@gasthaus-fuchs.at • www.gasthaus-fuchs.at
Mi–Sa 11.30–14 und 17.30–20.30, So 11.30–14 Uhr • • €

Astrid und Thomas Fuchs führen das Traditionsgasthaus seit 2008 in dritter Generation. Neben der Modernisierung des Innenbereichs wurde auch ein wenig an der Speisekarte gefeilt. Auf österreichische Klassiker möchte man jedoch keinesfalls verzichten. So gesellen sich zum gekochten Tafelspitz, dem Kalbsbeuschel mit Serviettenknödeln und der gebackenen Blunze eine mediterrane Hendlbrust mit Zucchini. Das Angebot an Nachspeisen ist zwar überschaubar, man könnt aber auch behaupten, dass es auf das Beste reduziert ist. Zitrusfrucht, Kaffee und schokoladige Noten geben hier den Ton an.

Ziegelwerk Gasthaus ↗

15/20

Koch: Markus Zapfel

2485 Wimpassing an der Leitha, Ziegelofengasse 28 • 0 26 23 737 96
info@ziegelwerk-gasthaus.at • www.ziegelwerk-gasthaus.at
Mo, Do, Fr 16–23, Sa 11–23, So 11–16 Uhr • ♿ • €

Bereits der erste Blick auf das Ziegelwerk mit seinem schönen Garten lässt erahnen, dass Gäste hier Außergewöhnliches erwartet. Wir freuen uns über das vielfältige Angebot der Speisekarte, das Nachhaltigkeit, saisonale Zutaten und viele Spezialitäten aus der Umgebung verspricht. Ein aufmerksamer und flinker Service serviert einen außergewöhnlichen Gruß aus der Küche. Uneingeschränkte Empfehlung: das gebackene Bioei mit Erdäpfelschaum, Forellenkaviar und Grammelknödel. Eine Hommage an Lisl Wagner-Bacher – aber ein wenig aus der Klassik zu zitieren, muss erlaubt sein. Für den Hauptgang bieten sich rosa gebratenes Lamm mit Gurken-Apfel-Relish und Selleriepüree oder ein zartes Steak an. Hier wird eindeutig mit Liebe und Kreativität auf höchstem Niveau gekocht. Man spürt, dass der Gast willkommen ist und mit feiner kulinarischer Raffinesse verwöhnt wird. Auch die Patisserie genießt im Ziegelwerk einen hohen Stellenwert. Die Zitronentarte mit Baiserhaube bleibt in Erinnerung.

KÄRN
TEN

BEST
OF

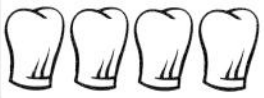

18,5/20	**DIE FORELLE** Weissensee	Seite 316
18,5/20	**GOURMET RESTAURANT HUBERT WALLNER** Dellach – Maria Wörth	Seite 272
17,5/20	**SICHER RESTAURANT** Tainach	Seite 304

16,5/20	**DOLCE VITA** Klagenfurt	Seite 284
16/20	**BÄRENWIRT** Hermagor	Seite 279
16/20	**MORITZ** Grafenstein	Seite 277
16/20	**TRIPPOLT ZUM BÄREN** Bad St. Leonhard	Seite 269
15,5/20	**DAS LOEWENZAHN** Weissensee	Seite 315
15,5/20	**GAMSKOGELHÜTTE BY STEFAN LASTIN** Katschberg	Seite 280
15,5/20	**LA TORRE** St. Veit an der Glan	Seite 299
15,5/20	**NEUSACHERHOF** Weissensee	Seite 318

Alte Point

13,5/20

Gasthof

Koch: Bernhard Trügler

9543 Arriach, Arriach 4 • 04247 8523, 0664 120 9025
office@altepoint.at • www.altepoint.at

Mi 18–20.30, Do–So 12–14 und 18–20.30 Uhr • €€

In Arriach, dem geografischen Mittelpunkt Kärntens, bietet sich die Alte Point als Treffpunkt für Genießer an. In der Küche setzt Bernhard Trügler auf heimische Produzenten und Saisonales und beweist Können bei Feinheiten, die – zumindest in Kärnten – lange ein Mauerblümchendasein geführt haben. Geschmorte Wangerl vom Duroc-Schwein zum Beispiel. Oder Beuscherl vom Angus-Rind. Im Service sorgt Claudia Trügler für ein herzliches Willkommen, einen angenehm getakteten Ablauf und eine sympathische Weinberatung abseits des Mainstreams. Neben dem Tagesmenü wird ein viergängiges Genussmenü offeriert, bei dem die Küche Klassiker elegant variiert. Da gibt es dann grünen Spargel mit warmem Löwenzahnsalat und in der Brennnesselcremesuppe sitzt eine Jakobsmuschel auf einem Erdäpfelstockerl. Die Trügler-Cremeschnitte landet im Ranking locker vor der berühmten Verwandten aus Bled.

Gellius®

11/20

Köchin: Brigitte Gell

9546 Bad Kleinkirchheim, Dorfstraße 74 • 0664 212 6526
reservierung@gellius.at • www.gellius.at

Di–Sa 11.30–20.30, So 11.30–19.30 Uhr • ♿ • €€

Jahrelang hatte Heinz Gell mit seinem „Gasthaus Dråge" in Bad Kleinkirchheim 14 Punkte und eine Haube. Eigentlich zwei, denn bekannt war der großartige Koch nicht nur für seine Küche, sondern auch für sein gehäkeltes Hauberl im DJ-Ötzi-Style. Jetzt ist seine Tochter am Zug. Nicht im „Dråge", sondern im Schwimmbad. Das im Römerbad gelegene „Gellius" überzeugt durch ausgeprägte Kärntner Gastfreundschaft und Warmherzigkeit. Die nüchterne Architektur der Räumlichkeiten kaschiert man geschickt mit Elementen, die man in einem Wohnzimmer vermutet. Kulinarisch widmet man sich Bekanntem und präsentiert sich dabei modern und kreativ. Überzeugen können vor allem die Vorspeisen – hier insbesondere das hervorragend zubereitete Beef Tatar und die perfekt abgestimmten Salate. Erwähnenswert ist die beeindruckende Auswahl an heimischen Craft-Bieren und deren fachkundige Vorstellung. In Summe ein Restaurant mit solider Leistung und einer guten Portion Slow-Food-Affinität.

Loystubn

13/20

in der Thermenwelt Hotel Pulverer

Koch: Ralf Kreuzenbeck

9546 Bad Kleinkirchheim, Thermenstraße 4 • 04240 744
hotel@pulverer.at • www.pulverer.at

18–20.30 Uhr

Bereits 1928 hat Familie Pulverer die ersten Touristen in der Loystubn verköstigt, bald darauf wurde rundherum das bekannte Hotel gebaut. Regionalität wird in jeder Hinsicht großgeschrieben, nicht nur auf der Karte. Unser Besuch wird von den melancholisch-schönen Klängen eines Kärntner Chors akustisch begleitet, der dort seine Proben abhält und sich perfekt ins Ambiente fügt. Küchenchef Ralf Kreuzenbeck ist bemüht, mit seinem Team Hotelgäste und externe Besucher gleichermaßen zufriedenzustellen – die Übung gelingt größtenteils. Während das Vorspeisenbuffet und das Tiramisu zum Dessert in die Kategorie „Ganz okay" fallen, überraschen die Spinat-Ricotta-Tortellini mit feinem Biss und Cremigkeit, das Schnittlauchöl ist eine ideale Ergänzung. Ebenfalls in einer eigenen Liga spielt der Hirschbraten mit Schupfnudeln und Rotkraut.

Trattlers Einkehr

TIPP

9546 Bad Kleinkirchheim, Teichstraße 7 • 04240 8114
einkehr@trattlerhof.at • www.trattlers-einkehr.at
11.30–22 Uhr • €€

Eine urige Hütte, die man ebenso auf einer Wanderung in mehreren hundert Höhenmetern vorfinden kann, befindet sich im Zentrum Bad Kleinkirchheims. Hinter der traditionellen Holzfassade verbergen sich zuvorkommender Service, gemütliches Ambiente und erstklassige Tischkultur. Von Brettljaus'n mit rauchigem Speck und frischem Bauernbrot wird man nicht enttäuscht. Die Küche von Daniel Horvath hat jedoch um einiges mehr zu bieten. Dreierlei vom Tatar, Kärntner Kasnudeln – natürlich von Hand gekrendelt – und einen Schweinsbraten in malzigem Kümmelsaft, der sogar die Omas aus der Region neidisch macht. Der Nachtisch ist süß, eiskalt und hochprozentig und natürlich hausgemacht: Zirbeneis mit Zirbenschnaps. Einfach herrlich!

Trippolt Zum Bären

16/20

Koch des Jahres 2003

Koch: Josef Trippolt

9462 Bad St. Leonhard, Hauptplatz 7 • 04350 2257, 0664 445 5288
silvia.trippolt@zumbaeren.at • www.zumbaeren.at

Mi–Sa 11.30–14 und 18–21 Uhr • €

Der Spagat von der Adria zu den Alpen, respektive ins Lavanttal, ist hier Programm. Silvia und Josef Trippolt erkunden seit Jahren regelmäßig Küche, Keller und Landschaft an der Oberen Adria und in Istrien, das im Einflussbereich verschiedener kulinarischer Kulturen liegt. Was das sympathische Paar auf seinen Streifzügen entdeckt, packt die Journalistin Silvia Trippolt in liebevoll gestaltete Bestseller und Josef Trippolt in eigenständig interpretierte kulinarische Erlebnisse. Seit jeher besonders, sowohl was den Teig als auch das Innenleben angeht, sind im Haus am Hauptplatz die Nudeln: Tortellini, Tortelli, Ravioli etc. verdienen allesamt Sonderapplaus. Die Bouillabaisse trumpft mit geräuchertem Branzino auf, in ihrer Schlichtheit überzeugend ist die Forelle mit Butterspargel. „Zart, zarter, Trippolt!“, möchte man angesichts des in Blütenhonig gebratenen Perlhuhns rufen. Das selbst gemachte Eis betört mit intensivem Geschmack, das Angebot an offenen Weinen lässt kaum einen Wunsch offen.

Gault&Millau
Genussmesse, Weinfest und vieles mehr ...
Alle Tickets zu unseren kulinarischen Events auf gaultmillau.at

Bistro Südsee®

11/20

by Kerstin & Hubert Wallner

Koch: Hubert Wallner

9082 Dellach – Maria Wörth, Wörthersee-Südufer-Straße 258 • 0664 41 81400
office@sued-see.at • www.sued-see.at

Mi–So 12–16 und 18–20.30 Uhr • €€

Vier-Hauben-Koch Hubert Wallner und Partnerin Kerstin Wallner sind die Gastgeber des Seebistros, in das – bei stärkerem Wind – theoretisch die Wellen des Wörthersees reinschwappen könnten. Fazit: Näher am Wasser kann man kaum sitzen und essen. Die Karte ist klein und durchdacht mit Rennern wie Beef Tatar, Burrata, Burger, Steak, Backhendl. Letzteres heißt hier Tori Karaage und wird auf spicy Gurkensalat serviert. Auch Kasnudeln gibt es, besonders mini und ideenreich umgesetzt. Das Weinangebot ist gut, glasweise aber überschaubar.

Hubert Wallner

18,5/20

Gourmet Restaurant

Koch des Jahres 2020

Koch: Hubert Wallner

9082 Dellach – Maria Wörth, Seeplatz Nr. 6 • 04273 38589, 0664 401 2730
hw@hubertwallner.com • www.hubertwallner.com
Di–Fr 18–21, Sa 13–21 Uhr • ♿ • €€€

Hubert Wallner hat sein Restaurant im Gegensatz zu vielen anderen Lokalen rund um den See erfreulicherweise ganzjährig geöffnet. Und doch hat der Sommer, wenn man hier auf der Terrasse mit Traumblick genießen kann, einen ganz besonderen Reiz. Stilvoll starten wir den Abend mit einem Glas Champagner, zu dem sogleich die ersten Miniaturen bei Tisch eintreffen. Während der kalten Jahreszeit bietet Wallner ein großes Menü und À-la-carte-Gerichte, im Sommer stehen in bewährter Manier zwei Menüs zur Auswahl, die man beliebig kombinieren kann.

Wallners Küchenlinie zu beschreiben, ist nicht so einfach. Das ist als Kompliment gemeint. Mit spielerischer Leichtigkeit kombiniert er heimatliche Produkte und Aromen mit Mediterranem und Fernöstlichem. Beim Menü „Seefahrt“ kommen neben einem rohen Kingfish-Sashimi noch ein Kaisergranat sowie ein Wildfang-Branzino zum Einsatz. Kingfish und Kaisergranat werden mit asiatischen Aromen inszeniert, der Branzino bleibt in mediterranen Gefilden. Beim zweiten, fleischbetonten Menü geht die Reise von einer Biogänseleber über Kalbsbries bis zur französischen Taube sowie zum Beiried vom Hochlandrind.

Wir wählen – so wie die meisten Gäste an den Nachbartischen – eine Kombination aus beiden. Wallner versteht es, Gerichte trotz intensiver Aromatik leicht zu präsentieren, wie etwa bei einem Melanzani-Ring in Dashi-Brühe. Genial ist das Beef Tatar in Pani-Puri-Teig, das als Zwischengang serviert wird. Die Étouffée-Taube mit Amarant-Würzung ist eine der besten des Jahres.

Kreativität zeigt Wallner bei den Desserts: Weiße Schokolade mit Miso und Fenchel klingt zwar schräg, schmeckt aber wunderbar. Und doch ist Wallners Interpretation einer Piña colada an diesem warmen Sommerabend noch einen Tick verführerischer. Für alle Gerichte gilt: Sie werden mit viel Aufwand und großer Liebe zum Detail extrem ansprechend präsentiert.

Sommelier und Serviceleiter Andreas Katona hat zu jedem Gericht gleich mehrere perfekt passende Weine zur Hand. Neben ganz großen Etiketten aus Frankreich finden kenntnisreiche Genießer auch richtige „Schnäppchen“ – also extrem fair kalkulierte Geheimtipps. Ein junges, flottes und sehr sympathisches Serviceteam kümmert sich mit viel Engagement um die Gäste. Auch das gehört zu einem rundum gelungenen Restaurantbesuch schlussendlich dazu.

Seefischer

13/20

Koch: Jürgen Moldaschl

9873 Döbriach, Fischerweg 1 • 04246 7712
hotel@seefischer.at • www.seefischer.at

12–17 Uhr • €€

Das Restaurant Seefischer in Döbriach ist ein charmantes Restaurant am Ufer des Millstätter Sees, das Ambiente ist warm und einladend, die Einrichtung stilvoll und modern, mit einem Hauch von maritimem Flair. Große Fenster bieten einen atemberaubenden Blick auf den See und schaffen eine entspannte Atmosphäre für die Gäste. Das täglich wechselnde Abendmenü wird mit größter Sorgfalt und Liebe zum Detail zubereitet. Koch Jürgen Moldaschl legt großen Wert auf Qualität und verwendet nur die frischesten Zutaten. Neben dem ausgezeichneten Essen bietet das Restaurant auch eine umfangreiche Auswahl an erlesenen Weinen.

Karnerhof

11/20

Hotel – Restaurant

Koch: Peter Brandstätter

9580 Drobolach am Faaker See, Karnerhofweg 10 • 04254 2188
hotel@karnerhof.com • www.karnerhof.com

12–13 und 18.30–20 Uhr • €€

Im À-la-carte-Restaurant des Hotels Karnerhof, mit der wohl schönsten Terrasse am Faaker See, erleben auch Gäste, die nicht im Hotel wohnen, genüssliche Kurzurlaube (telefonische Vorreservierung notwendig). Zur Auswahl steht eine erfreulich kreative Melange aus dem Hoteltagesmenü und einer sorgfältig abgestimmten À-la-carte-Auslese samt ansprechender Weinkarte. Allem gemein sind der deutlich erkennbare handwerkliche Anspruch und die Sensibilität für die verarbeiteten Produkte. Die probierte Schokoladentarte ist, neben der einzigartigen Berg-See-Kulisse, eine optische und geschmackliche Offenbarung.

Der Tschebull

12/20

Gastwirtschaft

Koch: Johann Tschemernjak

9580 Egg/Faaker See, Egger Seeuferstraße 26 • 04254 2191 0
office@tschebull.cc • www.tschebull.cc

Mi–So 12–14.30 und 18–21.30 Uhr • €

In bester Lage, am bezaubernden Faaker See, liegt der Traditionsbetrieb der Familie Tschemernjak. Die klassisch-elegante Einrichtung unterstreicht den Charakter des etablierten Betriebs. In der Speisekarte spiegelt sich die kulinarische Identität Kärntens wider. Der Enthusiasmus für Entengerichte ist tief verwurzelt. Zum Beispiel die in Schmalz gebackenen Enten-Reinkerln mit Mölltaler Siaßkraut – passende Weinbegleitung inklusive. Ein absolutes Highlight ist zweifelsohne die berühmte Cremeschnitte, die als unverwechselbarer Klassiker des Hauses begeistert. Aber auch das vegane Erdbeer-Rhabarber-Sorbet lässt sich im schmucken Gastgarten hervorragend genießen.

Landhotel Lindenhof

13/20

Koch: Martin Schretter

9544 Feld am See, Dorfstraße 8 • 04246 2274
urlaub@landhotel-lindenhof.at • www.landhotel-lindenhof.at

Do–So 18–21.30 Uhr • €

Nur fünf Tische fasst die Gourmetstube im Lindenhof. Die Plätze sind begehrt, denn Küchenchef Martin Schretter ist hier ein Garant für eine leichte Linie voller kleiner Überraschungen. Sein Credo: Die Produkte sollen von möglichst nahen Erzeugern oder Bauern bezogen werden. Diese Philosophie zieht sich vom Frühstück bis zum Dinner erfreulicherweise durch sämtliche kulinarische Angebote des Hauses. Aus dem Millstätter See entspringt die Forelle, die als Tatar serviert wird und mit der roten Rübe einen erdigen Mitspieler bekommt. Aus Lieserbrücke kommt das Wagyu-Jungrind, dazu Eierschwammerl vom Mirnock – so einfach, so gut. Erwähnen wollen wir auch die Greißlerei, in der es die bekannten Glasgerichte von Martin Schretter auch für den Genuss zu Hause gibt. Der Lindenhof: ein Genuss-Eldorado.

Seebacher

12/20

Landgasthof vlg. Blaser

9563 Gnesau, Gurk 23 • 04278 257, 0676 962 2387
gasthof.seebacher@aon.at • www.seebacher.at

Der Seebacher ist eine richtige Perle von einer Gastwirtschaft und die Betreiberfamilie legt sich in ihrer Gesamtheit so ins Zeug, dass wirklich jeder Besuch zum Erlebnis wird. Schwiegersohn Peter hilft bei der Suche nach der passenden Weinbegleitung, der Chauffeur des Abends – ohne den man in diese wildromantische Gegend sonst nur schwer kommen wird – kann sich über eine attraktive Auswahl feiner Säfte freuen. Die Küche gibt sich gleichermaßen verspielt wie ambitioniert, bodenständig und experimentierfreudig. Wer kann, sollte aber unbedingt auch einmal während der Steakwochen vorbeischauen – eine echte Empfehlung!

Moritz

16/20

Koch: Roman Pichler

9131 Grafenstein, Oberwuchel 5 • 0664 424 0316
info@restaurantmoritz.at • www.restaurantmoritz.at

Di–Sa 17–21.30 Uhr • €€

Am Rande von Grafenstein findet sich dieser idyllische Platz, den Patronin Anja Margaretha Moritz mit viel Umsicht, Geschmack und Feingefühl zu einem Paradies für Genießer gestaltet hat. Sie, die Allgegenwärtige, kümmert sich mit Umsicht und Charme um die Gäste, während der hochbegabte Roman Pichler den Kochlöffel schwingt und die Pinzette sprechen lässt. Fein ziseliert sind Kombinationen aus saurer Forelle, Fenchel und grüner Gazpacho – was für ein Sommergericht – oder der mollige, schmeichelnde, mit Erdtönen spielende Sellerie mit Zwiebel, Ei und Bärlauch. Großartig dann auch der Dialog von dichter Consommé, Morchel-Royal, Spargel und Estragon im Gegensatz zum sich uns nicht ganz so erschließenden Spargel-Barbecue mit Aioli und Schwarzbrot. Als Höhepunkt des Abends aber präsentieren sich diesmal die Hauptspeisen: der Saibling mit Maiwipferl und Topinambur, umschmeichelt von beurre Blanc, und die Lavanttaler Frühlingsente mit Melanzani, Szechuan und Zucchini, denen die zarte Liaison von Honig und Mandel zum Abschluss in Nichts nachstand.

Kropf

14,5/20

Gasthof

Koch: Andreas Morolz

9112 Griffen, Lind 1 • 04234 255, 0664 931 9596
info@gasthof-kropf.at • www.gasthof-kropf.at
Mo 11–14, Do und Fr 11–14 und 17–20, Sa 11–15 und 17–20 Uhr, So 11–15 Uhr •

Es ist ganz großes Kino, was die Morolz-Brüder da jeden Freitag mit viel Verve ihren Gästen auftischen. Etwas prosaisch unter Erlebnisgastronomie firmierend, zaubern sie aus dem Besten, was die Region so zu bieten hat, spannende Vier- bis Sechs-Gänge-Menüs, die alle Sinne ansprechen sollen. Auch diesmal sind einige echte Highlights dabei, etwa die Seeforelle, wachsweich und cremig-säuerlich mit geeistem Nuartfrischkäs – Wahnsinn! Auch der Huchen aus der Zucht in Feld am See ist perfekt in Szene gesetzt mit einer Creme aus Erdnüssen und Curry, die sich glücklicherweise deutlich subtiler ins Spiel bringt, als man vermuten könnte. Ein kleiner Schwachpunkt vergangener Jahre ist jedenfalls ausgemerzt: Ins Dessert ist viel Liebe und Energie geflossen. Mit marinierten Erdbeeren und einer weißen Schokoladenmousse kann zwar nicht viel schiefgehen, die Kombination mit Maiwipfeleis ist aber jedenfalls gelungen.

Brunnwirt Kassl

12/20

Gasthof & Hotel

Koch: Mohammad Ali

9334 Guttaring, Unterer Markt 2 • 04262 8125, 0664 242 8344
brunnwirtkassl@aon.at • www.kassl-brunnwirt.at

Fr–Di 11.30–14 und 18–20.30, So 11.30–15 Uhr • €€

„Vom Tellerwäscher zum Haubenkoch" – so lautete heuer eine Schlagzeile in der „Kleinen Zeitung", nachdem Hausherr Ferdinand Kassl dem aus Syrien geflüchteten Kurden Mohammad Ali den Herd im Brunnwirt überließ. Dass dieser gelernter Bautechniker ist, würde man nicht erraten, so hauchdünn ist der Teig, der die Schlickkrapferl in der kräftigen Rindsuppe umhüllt. Und auch weitere Klassiker zeugen von solider Handwerkskunst, etwa das gebackene Kalbsbries oder die große Auswahl an Mehlspeisen, die zum Dessert locken. Die Weinkarte verführt mit einer kleinen, feinen Auswahl offener Weine aus dem näheren In- und Ausland, der Service glänzt mit ansteckender Freundlichkeit.

Bärenwirt

16/20

Wirtshaus des Jahres 2018

Koch: Manuel Ressi

9620 Hermagor, Hauptstraße 17 • 04282 2052, 0664 751 13935
hallo@baerenwirt-hermagor.at • www.baerenwirt-hermagor.at

Do–Mo 12–14 und 18–20 Uhr • • €€

Unser Besuch beim Bärenwirt in Hermagor fällt auf die Tage nach Weihnachten, was uns das Glück beschert, das Weihnachtsmenü genießen zu dürfen. Und das ist richtig großartig. Los geht es mit dem „Flussdelta", einem Zusammenspiel von Austern, Karfiol, Seegras und Stangensellerie. Ein echtes Highlight! Das „Périgord", eine raffinierte Komposition aus Topinambur, Trüffel, Ravioli und Winterkresse, führt uns über die „Entenweide", einen Dialog von Ente, Viola-Butternuss, Polenta und Oliven, an die „Adriaküste" mit Stör, Lauch, Artischocke und Erdäpfeln. Über die „Almweide" – Beiried vom Ochsen, Strudel, Pak Choi, Schotten und Wassermelonenrettich – wandernd, landen wir zum Ausklang in der „Kastanienallee": Edelkastanien, Karamell, Orange und Uhudler-Sorbet. Was für ein genialer Trip mit so fröhlicher wie kompetenter Begleitung durch den Service.

Gamskogelhütte by Stefan Lastin Ⓝ

15,5/20

Fine Dining

Koch: Stefan Lastin

9863 Katschberg, • 0664 337 6678
info@gamskogel.at • www.gamskogelhuette.at

Do, Fr 17.30–21 Uhr •

Bereit für den Gipfelsturm? Hinauf auf die 1.850 Meter hoch gelegene Gamskogelhüttel am Katschberg geht es mit dem Skidoo. Ein rasanter Ritt – vor allem, wenn Hüttenchef Peter Aschbacher am Steuer sitzt. Es soll für diesen Abend nicht der einzige Ausflug in höchste Gefilde bleiben: Denn seit der Maltataler Stefan Lastin (zuletzt jahrelang erfolgreich im Frierss in Villach tätig) hier im neuen Fine-Dining-Bereich aufkocht, bewegt man sich auch kulinarisch auf Höchstniveau. Das Menü ist wählbar von drei bis sechs Gängen: viele bodenständige Almprodukte und eine virtuose Umsetzung. Den obligatorischen Zirbenschnaps gibt es zum Apéro als Zirbencocktail mit Campari. Die Kärntner Kasnudel wird mit geflämmtem Kopfsalat serviert, exzellent dazu das Schnittlauchöl und der großzügig gehobelte Périgordtrüffel. Den Klassiker „Ei mit Bärlauch“ hebt Lastin auf eine neue Geschmacksebene mit gereiftem Bergkäse und Knollenzist. Ein Highlight ist die Entenleber – perfekt ausbalanciert die dichte Sauce mit der Säure des Apfels. Ungewöhnlich für die Alm, aber unverzichtbar im Menü: Carabinero in einer betörenden Mandarinen-Beurre-blanc. Ein Schneeball zum Absch(l)uss: weiße Schokolade mit Mango, Passionsfrucht und Banane.

151

11,5/20

Bar & Restaurant

Koch: Thomas Lück

9073 Klagenfurt, Höhenweg 151 • 0676 615 1151
151@151.at • www.151.at

Mo–Sa 16–2 Uhr • €€

Das Attribut „lässigster Gastgarten Klagenfurts“ macht dem 151 niemand streitig. Das Ambiente ist – sieht man von den hier ebenfalls gern gastierenden Gelsen ab – Romantik pur. Kulinarisch haben wir dieses Restaurant mit Cocktailbar aber schon lässiger erlebt, diesmal hatte sich der Schlendrian eingeschlichen. Die Karte mit ihren internationalen Sidesteps liest sich nach wie vor spannend, aber lieblose Nachos und total zerkochte Artischocke? Nein, tut uns leid, aber das geht gar nicht. Auch im „veganen Wunder“, einem Gemüsebeuschel, hockt ein patziger Knödel. Das Kalbspaillard reißt es gut heraus und rettet den Abend. Die ist gut und köstlich wie stets. Beeindruckende Weinauswahl.

Das Hobisch ↗

12/20

Gourmet-Landgasthof & Suitenhotel

Köche: Luca Serfezeu & Vladimir Dlugos

9061 Klagenfurt/Wölfnitz, Tultschnig 1, Wölfnitz • 0463 49 90 50, 0664 102 9888
info@dashobisch.at • www.dashobisch.at

Mo, Do und Fr 15–21, Sa 12–21, So 12–18 Uhr • €€

Im Vorort Tultschnig, unweit des Golfplatzes Seltenheim, verbindet Das Hobisch ein kleines Landhotel mit einem Restaurant. Die Karte des Kochduos Luca Serfezeu und Vladimir Dlugos ist klein, man will „Kärntner Küche auf Haubenniveau neu interpretieren". Interpretiert wird mit asiatischen und mediterranen Zitaten auf ansprechendem Niveau. Die Sellerie-Blutorangen-Suppe gelingt hervorragend, die Artischocken-Nudeltaschen würden auch in Italien als gut durchgehen, der knusprige Schweinebauch mit Pak Choi ist top gewürzt. Köstlich auch die mit Ricotta und Feige gefüllte Palatschinke. Ansprechende Weinauswahl und besonders charmanter Service.

Das Vogelhaus

15/20

Koch: Fabian Kautz

9020 Klagenfurt, Domgasse 22 • 0664 194 9542
restaurantvogelhaus@gmail.com • www.restaurant-vogelhaus.at

Di–Sa 18–22 Uhr

Sie: Falkenberg. Er: Kautz. Ergibt in Summe, richtig: Vogelhaus. Abgesehen von diesem Wortwitz geht man im ehemaligen „Ofenloch“ in der Nähe des Klagenfurter Doms ernsthaft zur Sache. Das Abendmenü, in drei bis fünf Gängen bestellbar, wechselt einmal im Monat, mittags wird nur an Montagen und Dienstagen gekocht. Die Küchenlinie lässt sich mit regional mit mediterranem oder alpen-adriatischem Einschlag am besten beschreiben. Fabian Kautz ist ein Vertreter der kleinteiligen, komponentenreichen Gerichte, da wird Tatar vom Kalb mit Champignons, Miso, Datterino-Tomaten und Oliven kombiniert, den Oktopus lässt Kautz mit Bohnen, Speck, Birne und Süßkartoffel matchen, die Rosenbauer Kirchtagssuppe ist eine feinwürzige Komposition aus Zimt, Lustock, Huhn, Tafelspitz und Brotchip. Die Ergebnisse auf dem Teller sind stimmig, die Preise werden vom Wirtsduo als „menschlich“ beworben. Der Service ist jung und unverkrampft, die Weinauswahl wird dem selbst gewählten hohen Anspruch gerecht.

Dolce Vita

16,5/20

Koch: Stephan Vadnjal

9020 Klagenfurt, Heuplatz 2/Ecke Purtscherstraße • 0463 55499
restaurant.dolcevita@aon.at • www.dolce-vita.at

Mo–Fr 11.30–14 und 18–21 Uhr • €€

Gute Dinge braucht man nicht neu erfinden. Im besten Fall verfeinert man sie noch ein bisschen. Besucht man das Dolce Vita, weiß man als Stammgast, was einen erwartet: klassische italienische Fischküche nahe der Perfektion. Was sich verändert, sind die saisonal wechselnden Beilagen. Ein geliebter Klassiker sind die Sarde in Saor, die man selbst in Venedig nur selten so zart und aromatisch findet. Eine erfrischende Gazpacho ist ein willkommener Ausflug nach Anadalusien, das Vitello tonnato – diesmal mit ein paar knackigen Fisolen ergänzt – schmeckt hier immer fantastisch. So lässt man sich von einer abwechslungsreichen Abfolge von Kleingerichten (Mini-Jakobsmuscheln mit würziger Kräuterbutter, Tortellini mit Roten Rüben, Calamaretti auf cremiger Polenta, Herzmuscheln mit Bottarga und den wohl luftigsten Gnocchi nördlich von Udine) zum Hauptgang führen. Bei unserem Besuch ist es ein Branzino aus dem Rohr mit gebackenen Kartoffelscheiben, Babyspinat und extrazarten, nur kurz in Olivenöl gebratenen Babyzucchini. Eigentlich ganz einfach, doch jeder einzelne Bissen überzeugt mit Geschmack und Textur. Stephan Vadnjal und sein Team beweisen ihr Können nicht mit scheinbar kreativen Spielereien. Sie überzeugen mit höchster Produktqualität und solidem Handwerk, sodass wirklich jeder Bissen begeistert. Dass hier seit Jahren die gleichen zwei Damen für einen aufmerksamen und herzlichen Service verantwortlich sind, passt zum harmonischen Gesamtbild. Die Weinkarte ist beachtlich und beinhaltet einige empfehlenswerte Geheimtipps aus dem Friaul.

Kochwerkstatt

13/20

Koch: Christian Cabalier
9020 Klagenfurt, Benediktinerplatz, Stand 15–16 • 0664 217 8877
Mo–Sa 10.30–15.30 Uhr

Der Benediktinermarkt ist ein beliebter Treffpunkt für die Klagenfurter, wo sich nicht nur ein breites Angebot von Produkten aus dem Alpen-Adria-Raum findet. Es lässt sich auch gemütlich das eine oder andere Gläschen probieren und natürlich hervorragend essen. Wer ein Plätzchen in der Kochwerkstatt ergattern will, sollte also vor allem zu Mittag unbedingt reservieren. Belohnt wird man dafür mit einem kreativen Feuerwerk, das Christian Cabalier aus regionalen Zutaten zaubert. Weshalb es auch müßig wäre, über einzelne Menüs zu berichten: Die Karte wechselt mit atemberaubender Geschwindigkeit, nur die Qualität bleibt immer auf hohem Niveau

Okto Dining

11,5/20

9020 Klagenfurt, St. Veiter Ring 31 • 0660 794 6907
office@okto-dining.com • okto-dining.com

Im früheren „Kleeblatt“, das für gesundheitsbewusste und vegetarische Küche bekannt war, hat sich mit dem Okto Dining ein junges, modernes asiatisch-arabisches Konzept erfolgreich etabliert. Glanzstück der Küche sind die üppigen und variantenreichen Special Sushi Rolls (mitunter sind sie allerdings schon fast zu üppig). Mit den Mezze à la Edamame, Hummus, puristisch oder mit Avocado, Baba Ganoush und köstlich krossen Falafeln ist man ebenfalls gut beraten, die Hauptspeisen wie Sous-vide-Ribs oder Butter Chicken können dieses Niveau nicht ganz halten. Die Weinauswahl ist okay, der Gastgarten liegt an einer verkehrsreichen Kreuzung.

Oscar

13/20

Koch: Domenik Lechner

9020 Klagenfurt, St.-Veiter-Ring 43 • 0463 50 23 00
oscar@a1business.at • www.oscar-restaurant.at
Mo–Fr 11.30–14 und 18–21.30, Sa 18–21.30 Uhr • ♿ • €€

Urbanes Flair, ein ausgezeichnetes Mittagsangebot (vielfältige Menüs um 12,50 Euro) und abends die perfekte Adresse, um vor dem Theater gut und schnell zu essen oder sich auf gemütliches Degustieren zu freuen. Alle Speisen werden auch in einer kleinen Version angeboten. Durchkosten ist praktisch Pflicht. Unter dem Regiment von Chefkoch Domenik Lechner kommen durchwegs harmonisch abgestimmte Kreationen auf den Tisch, von einer eleganten, doppelt geklärten Rindsuppe über Saiblingsfilet auf exzellentem Artischockengröstl bis zum Hirsch mit Fregola Sarda. Die Desserts, etwa die Maronitarte mit Marzipan, sind eine Wucht. Sehr ansprechend auch das Weinangebot. Reservieren lohnt, speziell mittags. Wer alleine kommt, wurde auch schon weggeschickt.

Osteria Veneta

12/20

9020 Klagenfurt, Kardinalplatz 3 • 0463 91 57 10, 0660 594 0637
info@osteriaveneta.at • www.osteriaveneta.restaurant
Di–Sa 11–15 und 17–22 Uhr • €€€

„No Pizza". Eine große Kreidetafel am Eingang weist potenzielle Gäste darauf hin, dass man hier weder Margherita noch Calzone bekommt. In der Osteria Veneta im Stadtzentrum vom Klagenfurt erfreut man sich lieber an al dente gekochten Spaghetti mit Vongole oder genießt die gratinierten Jakobsmuscheln. Dazu gibt es – wie in Italien üblich – reichlich Brot und das eine oder andere Glas Weißwein, das der Patron des Hauses mit seinem rauen Charme serviert. Der Chef filetiert auch den Wolfsbarsch für zwei Personen vor den Augen der Gäste, dazu gibt es Röstgemüse und Erdäpfel. Tiramisu, Pannacotta, Espressi und ein gut eingeschenkter Grappa lassen zum Finale Urlaubsgefühle aufkommen. Reservierung empfohlen.

Restaurant Leiten

13/20

am Weingut Karnburg

9063 Klagenfurt, Leiten 6 • 0676 350 4220
leiten@alpenspirit.eu • www.leiten.eu

Die Abzweigung von Stegendorf auf die Leiten unter dem Ulrichsberg ist diskret beschildert, das Straßerl hinauf zum Weingut dann etwas eng. Dafür ist oben Weitblick angesagt. Von der Restaurantterrasse aus sind die Karawankenberge im Breitbandformat zu bewundern. Die Speisekarte wird als Kreidetafel zum Tisch gebracht. Eine Hauptrolle spielen die hauseigenen Duroc-Schweine: Deren Speck (im Gedeck) ist umwerfend zart schmelzend, die Blunz'n saftig-gehaltvoll und gut gewürzt. Der Koch übt sich beim Anrichten in liebevoller Kunstfertigkeit und vertraut auf Produkte aus der Umgebung, Fische bezieht man aus der Sirnitz. Auch Vegetarier werden trotz des überschaubaren Angebots fündig. Beim Wein kann man sich den Karnburger Gewächsen getrost anvertrauen.

Gasthof Zum Dorfschmied

12,5/20

Koch: Josef Müller

9373 Klein St. Paul, Marktstraße 16 • 04264 2280, 0676 538 8597
zumdorfschmied@aon.at • www.zumdorfschmied.at

Mi, Do 18–20.30, Fr, Sa 12–13.30 und 18–20.30, So 12–14 Uhr

Der Dorfschmied ist so etwas wie der Prototyp eines gehobenen Landgasthauses. Ein Familienbetrieb mit eigener Landwirtschaft und großem Engagement in Küche und Keller. Die Karte ist nicht zu umfangreich, Klassiker, teils mit mediterranen Zutaten, geben den Ton an. So gelingt ein Rib-Eye mit Polentaterrine und Merlot-Balsamico-Safterl ganz vorzüglich, auch Zwiebelrostbraten oder Kalbsbeuscherl kann man hier immer vertrauen. Besonders fein sind die gefüllten Kärntner Nudeln mit süßen Kletzen, eine regionale Spezialität. Sehr umsichtig auch die Weinberatung von Patronin Julia Müller.

Soleo Ⓝ

12/20

Koch: Bernd Thaller

9201 Krumpendorf, Am Föhrenwald 17 • 0 42 29 24 76, 0664 246 8433
office@soleo.at • www.soleo.at

Mi–Sa 17.30–22, So 12–15 Uhr • ♿ • €€

Auf halbem Weg zwischen Krumpendorf und Pörtschach liegt dieses engagiert geführte kleine Hotel mit Restaurant. Familie Frank legt Wert auf besonderes Ambiente und regionale Produkte. Die Linie spannt einen Bogen von traditionell bis mediterran mit asiatischen Zutaten. Man beginnt etwa mit „ehrlicher Rindsuppe" oder dezent scharfer Kokos-Curry-Suppe. Wörthersee-Fische (Reinanken!) werden im Ganzen zubereitet, Steak und geschmorter Kalbstafelspitz sind optimal zart. Vegetarier sind mit Linguine mit istrischer Trüffel oder Risotti gut bedient. Engagierte Weinauswahl, sehr freundlicher Service.

Burg Landskron

13,5/20

Kronensaal

Koch: Bernhard Jessenitschnigg

9523 Landskron, Schlossbergweg 30 • 04242 41563, 0664 464 4280
office@burg-landskron.at • www.burg-landskron.at

Juli bis September • €€

Auf Landskron gibt man sich – so scheint es – offen für Kritik und hat sich beim Candle-Light-Dinner jetzt auch einiges für Vegetarier ausgedacht. Das mit der Zeit ist allerdings immer noch Thema. Abseits wirklich schwer Verliebter, für die diese ja wie im Flug vergeht, sollte man Geduld oder alternativ auch interessante Gesprächspartner mitbringen und davon ausgehen, dass es ein sehr, sehr langer Abend wird. Belohnt wird man dafür, abseits der genialen Aussicht, mit einem zwar etwas aus der Zeit gefallen wirkenden, aber durchaus ansprechenden Menü, das sich diesmal stark am Französischen beziehungsweise Mediterranen orientierte. Höhepunkt davon die à point getroffene Lammkrone, begleitet von einer fantastisch gefüllten Zucchiniblüte und Kartoffelgratin. Abseits kleiner Startschwierigkeiten war auch der Service freundlich und stets zur Stelle.

Harry's Farm

11,5/20

9581 Ledenitzen, Kumweg 8 • 04254 2359
office@harrys-farm.at • www.harrys-farm.at

Wer ein wirklich gutes Steak haben will, ist hier richtig. Harald Warum ist Fleischhauer, weiß um Dry-Aged, Prime Ribs, Entrecôte oder Porterhouse (ein sattes Kilo) und wie man die mächtigen Stücke perfekt zubereitet. Das Fleisch spielt hier also neben den eher faden saisonunabhängigen Desserts (Eis mit Himbeeren, Eierlikör etc., Crème brulée) die Hauptrolle. Wer vorweg gegrillte Markknochen oder Beef Tatar probieren will, teilt sich eben das große Rib-Eye, das auf einer Gusseisenplatte am Tisch tranchiert wird – eine perfekte Inszenierung im Übrigen. Die umfangreiche Weinkarte hat Gutes zu schlanken Preisen zu bieten. Für alle, die daheim die Challenge annehmen wollen: An der Fleischtheke neben dem Eingang gibt es alles von der Karte auch zum Mitnehmen.

Glantalerhof

11,5/20

Koch: Hannes Siegel

9556 Liebenfels, Lebmach 16 • 04215 2440, 0664 510 0482
office@glantalerhof.at • www.glantalerhof.at

Mi–Sa 11.30–13.30 und 17.30–21.30, So 11.30–17.30 Uhr • €€

Gute Qualität zu fairen Preisen: Bei diesen Attributen ist es kein Wunder, dass der Glantalerhof die meiste Zeit gut besucht ist. Daher gilt: unbedingt reservieren, wenn man etwa eine leicht pikante Hühnersuppe mit Koriander, Vogerlsalat mit Kernöldressing oder eine kräftige Rindsuppe mit Frittaten genießen möchte. Auf der Speisekarte findet sich zwar auch Gebackenes – Stichwort Wiener Schnitzel –, die Küche zeigt aber auch bei glasig gegarten Seeteufel-Medaillons, bei zarten Rinderfiletspitzen in Pfefferrahmsauce oder bei Pannacotta handwerkliches Können. Einen Versuch wert sind die angebotenen Weine aus Kärnten – ein vinophiles Vergnügen, das man nicht jeden Tag hat.

Kunsthandwerk⊘

13/20

Koch: Johannes Magnet

9556 Liebenfels, Radelsdorf 1 • 04215 2894, 0664 357 4612
wirtshaus.kunsthandwerk@a1.net • www.wirtshaus-kunsthandwerk.at
Mi–Sa 17–20, So 12–14 Uhr • €€

Im verwunschen-idyllischen ehemaligen Forsthaus der Familie Goess scheint die Zeit stehen geblieben zu sein. Aber nur fast, denn Küchenchef Johannes Magnet versteht es, mit seiner sehr individuellen Philosophie jedes Mal aufs Neue zu verzaubern. Selbst seine Standards, die man schon zu kennen glaubt, sind dann nie so, wie man sie vermeintlich in Erinnerung hatte. Sein Faible für den Wok hat sich ja schon länger in der Speisekarte niedergeschlagen, neuerdings wird mit Tofu und Hummus experimentiert. Da ist es nur konsequent, dass es im „Kunsthandwerk" auch für Veganer ein Menü gibt – dafür braucht es aber jedenfalls eine Vorbestellung.

Neugebauer

12,5/20

Landgasthof & Landhotel

Koch: Lothar Krings-Neugebauer

9335 Lölling, Lölling-Graben 6 • 04263 407
neugebauer@loelling.at • www.landgasthof-neugebauer.at
Mi–Fr 11.30–14 und 17.30–20.30, Sa 11.30–20.30, So 11.30–19 Uhr • ♿ • €€

Das Kärntner Sushi (auf Vorbestellung) in diesem abgelegenen Graben ist zwar mittlerweile schon Tradition, aber noch immer eine Überraschung unter den großzügig portionierten Spezialitäten des Hauses. Die da wären: das knusprige Backhendl, selbst gemachte Eierteigpasta, kross gebratene Forellen und (oft übertrieben rahmige) Suppen. Mit einer vegetarischen Pasta – sehr geschmeidig und vorsichtig pikant – holt man alle ab, die den Fleischkonsum drosseln möchten. Zudem lässt sich das Gericht mit Garnelen oder Rindfleisch „auffetten". Über den Tellerrand hinaus reichen auch die Wein- und Bierauswahl sowie der Schmäh des Seniorchefs im Service.

Sandwirt Ⓝ

11,5/20

Gasthof

9063 Maria Saal, Hauptplatz 5 • 0676 663 0700
www.sandwirt.at

Was für ein Ambiente! Der mit Blumen und Kräutern gut bestückte und mit großen Schirmen sonnengeschützte Gastgarten vor dem Maria Saaler Dom ist Romantik pur. Die auf einer Kreidetafel präsentierte Tageskarte ist Regionalität mit einem Schuss Mediterranem. Wirt Zlatko Konec ist Produktfanatiker, Lamm, Zicklein und Spanferkel kauft er bei diversen Bauern, dann wird gebraten oder geschmort. Mit meist zartem, g'schmackigem Ergebnis, nur die Gemüsebeilagen sind etwas rustikaler. Sehr gut auch die hausgemachten Nudeln. Die Nachspeisen – Cremeschnitten, Strudel, Torten – sind süße Bodenständigkeit, im Weinkeller finden sich stets interessante Gewächse.

Stiftsschmiede

13/20

Fischrestaurant und Zimmer am See

Koch: Florian Satran

9570 Ossiach, Ossiach 4 • 0676 401 1793
office@stiftsschmiede.at • www.stiftsschmiede.at

Mi–So 17–22 Uhr • ♿ • €€

Essen und Trinken gehören bekanntlich zusammen. So sieht das auch Patron Gerhard Safran. Wenn er Schätze aus seinem gut gefüllten Weinkeller empfehlen kann, ist er in seinem Element. Aber auch wer alkoholfrei genießen will, ist hier bestens aufgehoben. Statt „Zuckerwässer" von weltweit agierenden Konzernen schenkt Safran lieber hochwertige Limonaden und Säfte von regionalen Kleinproduzenten aus. Abgesehen von ein paar wenigen mediterranen Produkten (Muscheln, Krustentiere) setzt er bei den Lieferanten auf Bauern, Fischer und Jäger aus der Region. Die Gerichte kann man als verfeinert-bodenständig bezeichnen und sie sind allesamt liebevoll angerichtet. Besonders gut gefallen hat uns diesmal das Saiblingsfilet auf cremiger Polenta mit Saiblingskaviar und Grammeln: originell und absolut stimmig. Ebenfalls sehr fein war die Beiriedschnitte mit Sellerie- und Kartoffelpüree. Nicht zu toppen ist im Sommer der Blick von der Terrasse, aber auch die Innenräume sind sehr geschmackvoll gestaltet.

Das Badehaus Restaurant

12/20

9210 Pörtschach, Werzerpromenade 8 • 04272 2231 138
badehaus@werzers.at • www.badehaus.werzers.at

♿ • €

Nah am Wasser gebaut und trotzdem nicht zum Weinen: Im nostalgischen Badehaus spiegelt sich die Sonne im Wörthersee und nicht nur das Maishenderl auf der Speisekarte. Im Spannungsfeld zwischen Tradition und Moderne bietet die verlässliche Küche bei mehreren Gerichten eine Alternative an, demnach kann man das Hendl mit Rucola und Grammerln oder mit Kichererbsen und Ingwer bestellen. Die Karte ist überschaubar, schaut in die Berge (Maibock) und ans Meer (Muscheln, Fisch), dem Gast bleibt der unverbaute Blick auf den See. Kontraproduktiv: Der nette Service fährt mit überhöhter Geschwindigkeit an und drosselt erst auf unsere Bitte hin das Tempo.

© Heldentheater

Jilly Beach Wörthersee

TIPP

9210 Pörtschach, Alfredweg 5–7 • 04272 2391, 0664 214 8184
gastronomie@jilly.at • www.beach-jilly.at
12–15 und 18–22 Uhr • ♿

Ob After-Work-Drinks in der Bar oder köstliche Menüs am Steg: Das Jilly Beach am Wörthersee ist mit seinem beeindruckenden Ambiente die passende Location für jeden Anlass. Geboten werden Signature Drinks, Aperitifs und sommerliche Gerichte. Das Seerestaurant liegt direkt am Ufer, ist stilvoll mit maritimen Elementen ausgestattet und vermittelt pure Urlaubsgefühle. Die gute Nachricht: Auch abseits der warmen Jahreszeit kann man vom Seeausblick profitieren, die Glaslounge bietet dank der Panoramafenster das ganze Jahr über freie Sicht. Die Speisekarte ist jedenfalls mit leichteren Gerichten bestückt: Tuna Sashimi, Burrata mit Tomate, Summer Bowl mit Bulgur und Garnele sowie verschiedene Pastagerichte. Außerdem kann zwischen einem „Catch of the day" aus dem See und dem Meer gewählt werden. Und wie wäre es mit einem Sundowner als Abschluss?

La Terrasse

15/20

im Hotel Schloss Seefels

Koch: Richard Hessl

9212 Pörtschach, Techelsberg am Wörthersee, Töschling 1 • 04272 2377
office@seefels.at • www.seefels.at

12–14 und 18.30–21 Uhr • ♿ • €€

Das La Terrasse im gediegenen Hotel Schloss Seefeld ist mit seiner zeitlosen Eleganz nach wie vor einer der schönsten Plätze für ein Dinner mit Aussicht. An kühleren Sommerabenden werden die Gäste mittels Heizstrahler von oben gewärmt, die hohen Energiepreise schlagen sich einstweilen nicht im Menüpreis nieder, denn vier Gänge um 70 Euro sind an dieser Adresse und angesichts der stattlichen Servicebrigade fast ein Schnäppchen. Wir versuchen unser Glück à la carte und erleben eine kontinuierliche Steigerung. Beim Duo Saibling und Muschel versetzt ein kaltes Buttermilch-Kresse-Süppchen dem aufdringlich salzigen Fisch den notwendigen Dämpfer. Hübsch, aber brav und ohne Käsearoma kommen Quinoa und Parmesan. Aber dann: Famos in Geschmack, Vielfalt und Präsentation sind sowohl die asiatische Frühlingsente als auch „Alles oder nichts" vom Lamm. Köstlich die Schoko-Schock-Therapie und Mille-feuille mit Pistazien und Himbeeren zum Abschluss. Großartig (auch in Demi-Bouteillen) das Weinangebot.

Metzgerwirt

13,5/20

Koch: Emanuel Stadler

9545 Radenthein, Hauptstraße 22 • 04246 2052, 0699 159 54515
stadler.emanuel@metzgerwirt.co.at • www.metzgerwirt.co.at

Fr–Di 11.30–14 und 17.30–21 Uhr • €€

Emanuel Stadler und sein Metzgerwirt: Das sind zwei Originale und zwei sehr gute noch dazu. Eine alte Schank, ein paar rustikale Stuben, eine Jukebox, in der sich alte Platten von Bill Ramsey stapeln. Die Speisekarte listet solide Gerichte, die Teller wirken wie aus der „guten alten Zeit". Was die Küche aber rausschickt, ist Wohlfühlwirtshausküche vom Allerfeinsten. Donnerstags bekommt Emanuel Stadler seine Innereien, dann stehen Nierndln, Bries und andere Köstlichkeiten auf dem Programm. Bei den Vorspeisen sollte man zur Haussulz greifen. Eine mustergültige Presswurst. Solides Handwerk eben.

Liegl am Hiegl

14,5/20

Köchin: Elisabeth Warmuth-Liegl

9313 St. Georgen am Längsee, St. Peter 2 • 0 42 13 21 24
office@lieglamhiegl.at • www.lieglamhiegl.at
Do–So 11.30–14 und 17.30–21 Uhr • • €

Die hausgemachten Kasnudeln mit frischem Salat aus dem eigenen Garten sind immer noch legendär. Allerdings kommen immer mehr Gäste hierher, um sich in einer kleinen oder großen „Küchenschau" von Elisabeth Warmuth-Liegl mehrgängig verwöhnen zu lassen. Dieser sympathische Landgasthof hat sich in den letzten Jahren zu einem anspruchsvollen Restaurant gewandelt, ohne allerdings etwas von seinem rustikalen Charme einzubüßen. Die Küchenchefin will zeigen, dass sie nicht nur Klassiker wie Wiener Schnitzel, Tafelspitz oder Rostbraten – die es à la carte auch weiterhin gibt – perfekt zubereiten kann, sondern auch komplexere Gerichte wie ein Filet Wellington mit mehreren elaborierten Spargelbeilagen beherrscht. Auch die Weinkarte ist gewachsen und bietet neben Klassischem aus ganz Österreich und Italien eine interessante Kollektion an Kärntner Weinen. Und weil hier alles so gut schmeckt, nehmen wir auch stets ein paar Leckereien aus dem Hofladen mit.

La Torre

15,5/20

Köchin: Rosemarie Trabelsi

9300 St. Veit an der Glan, Grabenstraße 39 • 04212 39250, 0664 124 7676
ristorante@latorre.at • www.latorre.at

Di–Sa 12–14 und 18–22 Uhr • €€

Von dieser Geschichte im alten Wehrturm der St. Veiter Stadtmauer kriegt man nie genug. Es geht um Rosemarie und Ammar Trabelsi und den Wildfang, der seit Jahrzehnten eine dominante Rolle im Leben des Paars einnimmt. Wie souverän die Kärntner Köchin die Omega-3-Lieferanten bändigt, mit hervorragenden Olivenölen (die man hier auch kaufen kann) und Kräuterbuketts bezirzt und zu bezaubernden Stillleben arrangiert, verführt zum Schwelgen. Die vier- bis sechsgängigen Menüs, die sich am Wildfangangebot orientieren, sind aufregend wie eh und je. Tigergranate mit pikantem Couscous, Tatar von der Meerbarbe, kombiniert mit der zart bitteren Rose von Gorizia, Wildfang-Skrei mit leicht nussigen Artischocken, perfekt gegarte Seezunge mit Kapern, mediterranem Gemüse und Erdäpfeln. Alles wunderbar. Und die hausgemachte Pasta und das selbstgebackene Brot! Dass Hausherr Ammar die grandiosen Kreationen speziell auch mit Weinen aus seiner Heimat Sizilien begleitet, macht das Gesamtkunstwerk komplett.

Das Moerisch

13/20

9871 Seeboden, Tangern 2 • 04762 81372, 0664 887 37941
info@moerisch.at • www.moerisch.at

Das Hotel „Das Moerisch“ in Seeboden ist ein charmantes Haus, das sich in einer malerischen Lage am Millstätter See in Kärnten befindet. Das Hotel bietet seinen Gästen eine Vielzahl von Annehmlichkeiten und Services, um einen angenehmen Aufenthalt zu gewährleisten. Die kulinarischen Genüsse spielen im Hotel ebenfalls eine wichtige Rolle. Es gibt ein Restaurant, in dem regionale und internationale Gerichte serviert werden. Die Küche legt Wert auf frische und qualitativ hochwertige Zutaten aus der Region. Am Abend wird ein fünfgängiges Gourmetmenü serviert. Die Weinkarte ist sehr ansprechend und umfangreich.

mo.wi Ⓝ

11,5/20

im Hotel Moserhof

Koch: Mario Naschenweng

9871 Seeboden, Hauptstraße 48 • 04762 81400
hotel@moserhof.com • www.moserhof.com

Di–Sa 16–21 Uhr

Mario Naschenweng gilt als einer der talentiertesten Köche der Region. Nach dem Aus seiner Altdeutschen Weinstube in Spittal durfte man gespannt sein, wohin es den Koch zieht. Glücklicherweise nicht allzu weit. Er heuerte am Millstätter See im Moserhof an und verfeinert hier nun die Küche des hauseigenen Restaurants mo.wi. Herrlich schon der Einstieg mit dem Beef Tatar auf der Waffel und den White-Panther-Garnelen als Topping. Oder auch die Eierschwammerl mit Erbsencreme und Kresse. Fangfrisch aus dem See kommt der Kärntner Låxn, großartig dazu die Komponente mit dem Thymianschaum. Eine wiederentdeckte Genussadresse für Seeboden.

Kleinsasserhof

11,5/20

9800 Spittal an der Drau, Kleinsass 3 • 04762 2292, 0664 519 1305
buchung@kleinsasserhof.at • www.kleinsasserhof.at
Do–Fr 17–23, Sa 12–15 und 17–23, So 12–20 Uhr

Der Kleinsasserhof von Waltraud und Josef Gasser zählt zweifelsohne zu einer nicht mehr wegzudenkenden Institution im Kärntner Raum. Und das liegt nicht nur am ausgefallenen Ambiente, das die Gäste dort dank der zahlreichen Kunstwerke an den Wänden und eines bunten Sammelsuriums im Interieur erwartet, sondern allem voran auch an der gelebten Gastfreundschaft und der konstanten Küchenleistung. Heimische und traditionelle Speisen geben hier den Ton an und überzeugen Jahr ein, Jahr aus – ohne viel Chichi – auf dem Teller durch Handwerk und Qualität: Sauer marinierter Bauernmozzarella, kross-knuspriger Schweinebraten aus dem Holzofen, Kärntner Kasnudeln (!) und Crème brulée – ach, Kulinarikherz, was willst du mehr? Ein passendes Glas Wein vielleicht? Auch dafür ist im gut bestückten Weinkeller gesorgt. Und weil sich derartige Besuche besonders großer Beliebtheit bei Jung und Alt erfreuen, wird eine rechtzeitige Reservierung angeraten. Ein kleines Unikat.

Das Herrenhaus

TIPP

9341 Straßburg, Hauptplatz 3 • 04266 2251, 0664 884 67960
dasherrenhaus@aon.at • www.dasherrenhaus.at

Mi–Sa 11.45–13.45 und 18.15–20.45, So 11.45–14.30 Uhr • €

Inmitten einer alten Kulturlandschaft, umgeben von viel Natur und am Fuße des bewaldeten Schlossbergs, liegt das Herrenhaus, ein Wirtshaus mit viel Tradition. Das Haus befindet sich seit Generationen unter der Leitung von Familie Krainer, die es von einem reinen Gasthaus schließlich zu einem Hotel erweitert hat. Nun kann man im Herrenhaus nicht nur die gutbürgerliche Küche genießen, sondern auch nächtigen und sich vom stressigen Alltag erholen. Wenn es die Temperaturen erlauben, speist man gemütlich und in besonderem Ambiente im Innenhof unter dem Lindenbaum. Die Speisen werden ausschließlich aus qualitativen Produkten und nach altösterreichischen Traditionen zubereitet. Herausragend ist hier das Wiener Schnitzel, aber auch Gerichte mit Innereien und sonstige heimische Spezialitäten finden zu Tisch.

Sicher Restaurant

17,5/20

Koch: Michael Sicher

9121 Tainach, Mühlenweg 2 • 04239 2638
office@sicherrestaurant.at • www.sicherrestaurant.at
Mi–Fr 17–21, Sa 11.30–14 und 17–21 Uhr • • €€

Ist es okay, die Familie Sicher nicht zu mögen? Wer Jahr für Jahr für Jahr für Jahr immer wieder abliefert, nicht einfach irgendwie, sondern mit großem Talent, nie am Stand verharrend, immer besser werdend, der muss einem doch suspekt sein, oder? Fehlanzeige. Die Familie ist, genau wie ihr top eingespieltes Team, auch noch supersympathisch, ein Inbegriff von Gastfreundschaft. Aber im von ihr in Tainach erschaffenen Garten Eden könnte vermutlich auch der Grinch höchstpersönlich das Essen servieren – und man würde trotzdem mit einem betörenden Lächeln im Gesicht das Lokal verlassen.

Es ist beeindruckend, mit welcher Akribie und mit welchem Spaß am Experimentieren Michael Sicher neue Kreationen erdenkt. Hat er sich zuletzt an Kärntner Schnecken versucht, haben es heuer Alpengarnelen in ein köstliches Kleinkunstwerk geschafft. Von denen war ja in diversen Medien schon einiges zu lesen und jetzt, wo wir mitreden können, unser (natürlich subjektives) Urteil: zu Recht! Die sind einfach wow, cremig, leichter Biss, perfekte Balance aus Süße und einer leicht bitteren Note. Ein neues Kraut dürfen wir natürlich auch kennenlernen: Sassafras. Von dem verrät uns Wikipedia Dinge, die wir lieber nicht wissen wollen, es bestätigt sich aber die kühle Zitrusnote, die sich kongenial mit Fisch und Meeresfrüchten verträgt.

An dieser Stelle vielleicht der einzige Kritikpunkt auf Weltmeisterniveau: Mit dem berühmten Saiblingskaviar wird wie gewohnt nicht gegeizt, wir haben jedes einzelne Kügelchen genossen. Aber auch wenn es den eigenen Interessen zuwiderläuft: Bei manchen Gerichten hatte er es schwer, sich bemerkbar zu machen. In bleibender Erinnerung wird jedenfalls das Dessert bleiben, das sich so hübsch präsentiert, dass seine völlige Vernichtung uns fast leid tut. Aber eben nur fast. Was optisch wie eine perfekte kleine Aprikose wirkt, ist eine himmlische Komposition aus weißer Schokoladenmousse, Gelee, Granita von erstaunlicher Konsistenz und Hanfeis. Dass auch die Weinauswahl exzellent ist, bedarf dann vermutlich keiner Erwähnung mehr.

Kollerwirt

11,5/20

Koch: Tom Soete

9063 Tanzenberg, Affelsdorf 3 • 0664 795 9706
office@kollerwirt.com • www.kollerwirt.com

Wenige Autominuten von Klagenfurt entfernt liegt dieses Landgasthaus, das der aus Belgien stammende „Kollerwirt" Tom Soete auch ein bissl edel ausschauen lässt. Die kleine Karte spielt große Stücke. Zu den Klassikern wie Wiener Schnitzel, Tafelspitz, Backhendl und Kärntner Nudeln gesellen sich Extravaganzen wie Moules-frites, Gänselebermousse mit lauwarmer Brioche und eine französische Käseauswahl, bei der sich vermeintlich bessere Restaurants ein Käseeck abschneiden können. Das als sehr pikant avisierte Curryhuhn hat als „Dämpfer" Gemüse, Reis, Apfelspäne und Sprossen dabei und sorgt nicht im Geringsten für Zungenlähmung. Solide Wein- und Bierauswahl.

Terra Sarda

12/20

Koch: Serri Marco

9582 Unteraichwald, Aichwaldseestraße 26 • 0664 514 9673
info@terra-sarda.at • www.terra-sarda.at

Mo, Mi, Do, Fr und Sa 17.30–22.30, So 12–20 Uhr • ♿ • €€

Das Terra Sarda begeistert mit authentischer, lockerer Atmosphäre und Herzlichkeit. Das Interieur mag zwar nicht mit der Qualität der Speisen mithalten können, doch das wird durch das überragende kulinarische Erlebnis mehr als wettgemacht. Die Überraschungsmenüs in vier oder fünf Gängen werden von erlesenen, passend ausgesuchten Weinen begleitet. Auch auf kleine Details wird bei der Inszenierung von Speisen und Getränken geachtet. Die perfekt auf den Punkt gegarten, nicht zu üppigen Fischgerichte werden schon auch mal vom Küchenchef persönlich präsentiert. Die Schwertmuscheln sind ein weiteres der vielen mediterranen Highlights, die nachhaltig in Erinnerung bleiben werden.

Die Yacht

15/20

Restaurant im Casino Velden

Koch: Marcel Vanic

9220 Velden am Wörthersee, Am Corso 17 • 0664 206 4515
cuisino.velden@casinos.at • www.casinos.at

18–23.30 Uhr • ♿ • €€

Auf der Speisekarte wird stolz die Kooperation mit regionalen Produzenten ausgelobt. Tatsächlich dominieren dann aber doch internationale Spezialitäten die Karte. Oktopus, Zarenlachs, Loup de Mer und Jakobsmuscheln aus dem Nordatlantik sind in einem Restaurant, das in einem noblen Casino liegt, offensichtlich unverzichtbar. Zumindest beim umfangreichen Steakangebot setzt man auf heimisches Rind. Und auch der Caesar Salad bekommt mit Gailtaler Speck und Bergkäseflocken eine regionale Interpretation. Ausgezeichnet die „Quellwasser-Bouillabaisse“, die eine sympathische Alternative zur zweifellos ebenfalls wohlschmeckenden Hummer-Bisque ist. Das Spiel regional versus international setzt sich auch bei den Desserts fort: hier der Weinbergpfirsich mit Himbeeren, dort der Cheesecake mit Heidelbeeren und Limonen. Originell ist das Angebot des „Seebutlers“, der einen auf dem hauseigenen Motorboot begleitet, während man eine Fahrt zu den Hotspots rund um die Veldener Bucht unternimmt. Der Blick ist toll, die Gerichte allesamt akkurat zubereitet und der Service agil und freundlich. Das Weinangebot ist klassisch mit Schwerpunkt Österreich gehalten.

Geschmackssache Ⓝ

12/20

Gasthaus & Laden

Koch: Patrick Samek

9220 Velden am Wörthersee, Keutschacher Straße 127 • 0699 199 21995
briefkasten@geschmackssache-ktn.at • geschmackssache-kaernten.at

In diesem liebevoll gestalteten Wirtshaus in Augsdorf bei Velden trifft man in Service und Küche auf alte Bekannte aus der Messnerei am Sternberg. Ein Teil des dortigen Teams hat sich in der ehemaligen „Puszta Stube“ selbstständig gemacht. Die kleine Speisekarte verbindet Regionales mit Mediterranem: von der Kaspressknödelsuppe über gut gewürzte Kärntner Roggen-Empanadas – einer Variation der Kasnudel – bis hin zu Sardinen auf istrische Art. Bei den Hauptspeisen überzeugen gebackenes Lamm mit Minzjoghurt und Regenbogenforelle mit Fregola Sarda, als Dessert das Maiwipferl-Joghurt-Törtchen. Die Weinauswahl passt, der Service ist besonders freundlich.

Hubertushof im Garten

13/20

Seehotel Hubertushof

9220 Velden am Wörthersee, Europaplatz 1 • 04274 2676
office@seehotelhubertushof.com • www.seehotelhubertushof.com

Der Name ist hier Programm. Der liebevoll gestaltete Garten des Seehotels ist ein wahre Wohlfühloase mitten im Zentrum von Velden. Auch ohne Seeblick macht sich Urlaubsstimmung schlagartig breit. Die kulinarische Ausrichtung zeigt eine gelungene Kombination aus heimischen und vorwiegend italienischen Geschmackselementen. Die Zutaten der überschaubaren Portionen sind vorwiegend regionalen Ursprungs. So wird die Ceviche von der Wörthersee-Reinanke mit Schafsjoghurt und Yuzu auf raffinierte Weise kombiniert. Ein wahrer Genussmoment auch der Ossobucco vom Milchkalb. Die fehlende Frische des karamellisierten Topfen-Kaiserschmarrens tut der Urlaubsstimmung keinen Abbruch. Der passende Tropfen im Glas und der freundliche Service sind die richtigen Zutaten, um einen Urlaubstag perfekt ausklingen zu lassen.

Seespitz

13,5/20

Falkensteiner Schlosshotel Velden

Koch: Thomas Gruber

9220 Velden am Wörthersee, Schlosspark 1 • 04274 520000
schlossvelden@falkensteiner.com • www.falkensteiner.com/schlosshotel-velden
11.30–23 Uhr • ♿ • €€

Das Seespitz bietet Gästen einen wunderschönen Ausblick auf den Wörthersee. So exklusiv präsentiert sich das kulinarische Angebot des Restaurants im Schlosshotel Velden zwar nicht, aber man wird auch nicht enttäuscht. Man genießt gegrilltes Rindermark mit Kren oder eine kräftige Rindsuppe mit Grießnockerl oder Frittaten. Die Garnelen im Tempura werden von Kopfsalat und Chili-Mayonnaise begleitet, während das gegrillte Stubenküken mit Pommes frites beziehungsweise Petersilienerdäpfeln serviert wird. Wer auf Fleisch nicht verzichten will, kann zwischen Filetsteak mit Café-de-Paris-Butter oder Tomahawk vom Ötscherblick-Schwein mit Röstzwiebeln wählen. Das Dessert, eine Kombination aus Bitterschokolade, Kürbis und Sanddorn, überrascht und bleibt in guter Erinnerung.

Aurea Ⓝ

15/20

Koch: Armin Rauscher

9500 Villach, Paracelsusgasse 6 • 0664 186 7561
hallo@restaurant-aurea.at • www.restaurant-aurea.at

Di–Sa 18–23 Uhr

Aureas Geschichte im Stenogramm: Villacher kehrt nach Kochwanderschaft durch Topgastronomie wieder heim, eröffnet mit Partnerin im Zentrum kleines legeres Lokal. Es gibt nur ein Menü, aus dem man in drei bis fünf Gängen überrascht wird. Die Überraschung gelingt total: Denn was Armin Rauscher da so komponiert, ist in Komposition und Geschmack große Oper. Seine Saucen und Sößchen sind von einer Komplexität und Dichte, dass die Geschmackspapillen nur so jauchzen. Da wird sanft gebeizte Lachsforelle in Kombination mit Buttermilch, Forellenkaviar und Erdfrüchten zum Ereignis, da brilliert ein vegetarischer Teller „Karottenvielfalt“ mit Thaiaromen und sagenhaft köstlichen Buchweizenravioli. Die Weinauswahl ist klein, aber oho, die Preise sind mehr als fair – weiter so!

Enotega®

11,5/20

By Tschudlhof

Koch: Egor Kirikov

9500 Villach, Hausergasse 15 • 04242 28877, 0660 122 7787
info@enotega.at • www.enotega.at
Do–Mo 16.30–23 Uhr • ♿ • €

Die Enotega gilt seit jeher als Villacher Institution in Sachen Gemütlichkeit und Kulinarik. Dementsprechend hoch ist die Erwartung an die neuen Betreiber, Familie Putz-Himmel. Auf die Teller gelangt, was auf dem eigenen Bauernhof – dem Tschudlhof – produziert wird, den Rest bezieht man von Bauern aus den Kärntner Tälern. Bei der Menüwahl geht man neue Wege, auf eine klassische Menüfolge wird bewusst verzichtet. Sämtliche Speisen werden in Form von kleinen Gerichten serviert und präsentieren sich bodenständig und ideenreich. Hier führt die Leidenschaft Regie, Bewährtes wird konsequent weitergeführt und somit werden alle Erwartungen erfüllt.

Frierss Feines Haus®

14,5/20

Koch: Patrick Pass

9500 Villach, Gewerbezeile 2b • 0 42 42 30 40 45
info@feines-haus.at • www.feines-haus.at

Mo–Sa 9–14 und 18–21.30 Uhr • ♿ • €€

Im „Industriegebiet“ von Villach versteckt sich dieses Juwel der gehobenen Gastronomie, das eben nicht nur Fleisch- und Feinkostparadies, sondern auch eine solide Fine-Dinig-Location ist. Nach dem Wechsel des Küchenchefs hin zu Patrick Pass erweist sich das Feine Haus der Frierss mit der internationalen Weinkarte schon wieder in brillanter Form, wie es mit einer California Roll, gefüllt mit Flusskrebs, Avocado und Crème fraîche, und der Schaumsuppe vom grünen Curry unter Beweis stellt. Auch der gebratene Rücken vom Milchkalb mit Eierschwammerlgulasch und die Marillentarte mit weißer Schokolade gelingen ganz vorzüglich, ganz im Gegensatz zur leider völlig versalzenen Scholle in der Salzkruste. So etwas kann und darf passieren. Nicht passieren darf die Reaktion des unsouveränen Kellners der, als wir uns erlauben, es anzumerken, mitten im Gespräch den Tisch verlässt. Wir sehen die neue Bewertung nicht als Abwertung, sondern als neue Einordnung. Das Potenzial für mehr ist jedenfalls deutlich erkennbar.

Bär & Schaf Wirtschaft Ⓝ

14,5/20

9100 Völkermarkt, 2.-Mai-Straße 18 • 0660 210 0498
hallo@baerundschafwirtschaft.at • baerundschafwirtschaft.at

Zwei motivierte Köche mit respektabler Vergangenheit, ein Gasthof – mit Geschichte und Geist –, Partner, die sich sehen lassen können. Was Martin Nuart und Philipp Medved da gerade im Prinz Johann in Völkermarkt abziehen, ist eine echte Bereicherung für die Kärntner Szene. Anfangs, das war 2022, gab es „Bär & Schaf" nur als Pop-up, geöffnet während der Sommermonate. Allerdings hatten die beiden von Beginn an – sollte es funktionieren – eine dauerhafte Lösung im Kopf. Es hat funktioniert. Und wie. Ein paar Beispiele gefällig? Wildkarpfen. Mit Gurke und Leindotter. Oder Bachforelle, um bei den Fischen zu bleiben (Nuart war immerhin Küchenchef beim Fischzampano Hannes Müller am Weissensee). Hier schickt er die Bachforelle mit Miso, Karotte und Senfsaat aus der Küche. Großartig. Oder – ein kleiner Gang, ganz groß: Artischocke mit geräuchertem Frischkäse vom Schaf mit Pfefferoni und Zitrone. Es sind herrlich frische, moderne Gerichte, entspannt angerichtet und mit Zutaten von den besten Produzenten der Region. Menüs von drei bis sechs Gängen. Weiter so.

Biohotel Gralhof

14,5/20

Newcomerin 2022

Köchin: Clara Aue

9762 Weissensee • 04713 22 13
info@gralhof.at • gralhof.at

Einen der raren Tische zu ergattern, um die viel gelobten Speisen der Pensionsgäste als externer Besucher à la carte genießen zu können, ist gar nicht einfach im schönen Gralhof. Das hat einen Grund. Es gibt nur so viele Tische wie Zimmer und als Hotel ist der Gralhof beliebt und gut gebucht. Eine Karte gibt es keine – und so ist man Pensionsgast für einen Abend mit Auswahlmöglichkeit bei der Hauptspeise. Vom Speckflammkuchen über die Reinanke mit Apfel und Sellerie und die Topinambursuppe bis hin zum äußerst schmackhaften Gralhof-Schwein mit Kohlsprossen und Karfiol – oder zu den Ricotta-Gnudi mit Kürbis als vegetarische Alternative – gelingt alles formidabel. Erfreulich das Fondant au Chocolat mit Crème Chantilly zum Abschluss, die mit Umsicht zusammengestellte Weinkarte und die freundliche Crew.

Gault&Millau
Entdecken,
genießen
& erleben.
Newsletter abonnieren und informiert bleiben auf
gaultmillau.at

Das Loewenzahn

15,5/20

Koch: Jakob Lilg

9762 Weissensee, Neusach 46 • 04713 93080
info@dasloewenzahn.at • www.dasloewenzahn.at

Di–Sa 18–23 Uhr

Das Loewenzahn – so schreibt sich das Paradelokal – ist eines jener kulinarischen Highlights, an denen der wunderbare Weissensee nicht gerade arm scheint. Die Köstlichkeiten, die der junge und spitzbübisch anmutende Jakob Lilg aus der Küche entlässt, werden durch eine perfekte Weinkarte und einen aufmerksamen Service bestens unterstützt. Dann noch ein Klassiker – das Trio Kartoffel, Trüffel, Eigelb – und schließlich hin zum Höhepunkt des Abends: Karpfen mit Kimchi, Süßkartoffel und Erdnuss. Zu guter Letzt noch eine perfekte Ente mit Topinambur, Kohlsprossen und Lauch und Bratapfel, Schokolade und Sanddorn. Ein schöner Abend! Und als kleiner Tipp zu guter Letzt: Besuchen Sie doch tagsüber das Loewenzahn-Gartl. Der Meister zaubert in einer kleinen „Gartenhütte“ einfachere Gerichte auf hohem Niveau. Für den (kleinen) Hunger zwischendurch.

Die Forelle

18,5/20

Genießerhotel Die Forelle

Koch: Hannes Müller

9762 Weissensee, Techendorf 80 • 04713 2356, 0676 706 5501
info@dieforelle.at • www.dieforelle.at
Mi–Sa 18–20 Uhr • • €€€

Es ist schon ein ganz besonderer Ort, den Monika Müller, die das Wohl der Gäste nie aus den Augen verliert, und ihr kongenialer Mann Hannes am Herd hier geschaffen haben. Der Weissensee ist eine kulinarische Oase. Umso bemerkenswerter, wie sehr die Forelle als „Primus inter pares" herauszustechen vermag. In der vergangenen Saison hatten wir gleich öfter das Vergnügen. Jedes Mal das große (wohlfeile) Menü und jedes Mal schien es noch mal eine Spur präziser, akzentuierter und eigenständiger.

Im Juli wurden wir, wie immer der Saison folgend, unter anderem mit Eierschwammerl-Breitwegerich-Miniwrap und einer gefüllten ersten Kartoffel begrüßt. Zum Sauerteig-Gewürzbrot vorab gab es dann nicht nur cremige Sig-Sauerrahmbutter, sondern auch (wie Kapern eingelegte) Bärlauchknospen (Achtung: Suchtpotenzial!).

Dann ging der Reigen mit einem echten Highlight, der Feldgurke, in harmonischer Eintracht mit Saibling, Rahm, Wacholder und Feta, und dem hocharomatischen Fenchel aus dem Teigmantel mit Molke, Verbene und Mandel los. Sehr charaktervoll folgte die Zwiebel im Gemüsejus, die Goldrübe zur Unterstützung einer fangfrischen Wildfang-Reinanke mit Apfel, Indianernessel und Buchweizen, und die Rote Rübe und einem hauchzarten Filetstück der Sprinzen-Kalbin, Linsen, Dirndl und Brennnessel. Wunderbarer Abschluss dann das nur dezent süße Dessert Ampfer und Klee mit Landmais, Birne und Olivenöl. Und zu all dem die geniale Frau Müller'sche Naturweinbegleitung. Zum Niederknien!

Ein guter Tipp zu guter Letzt: An den Tagen, an denen das große Menü nicht angeboten wird, besteht nach rechtzeitiger Anfrage durchaus die Möglichkeit, auch als interessierter externer Gast das in zwei Varianten angebotene Abendmenü der Hotelgäste zu erproben und selbst zu erkunden, wie gut es den treuen Forellengästen Tag für Tag geht.

© Lukas Kirchgasser

Neusacherhof↗

15,5/20 🍴🍴🍴

9762 Weissensee, Neusach 1 • 04713 20155
direktion@neusacherhof.at • www.neusacherhof.at

Was für ein wunderbarer Hybrid zwischen hochklassiger Wirtshausküche und Fine Dining das „Wirtshaus" des Stefan Glantschnig im Neusacherhof doch ist. Auf der einen Seite das siebengängige Gourmetmenü (alle Gänge können auch à la carte bestellt werden!) mit Köstlichkeiten wie grünem Spargel mit Zitrusgel, Bottarga vom Branzino, Buttermilch und Schnittlauch, dem Weissenseer Caesar's Salad mit Speckcreme, Parmesan und Croutons (ein Salatherz im Ganzen mariniert!) oder Bachforelle in Molke mit Saiblingskaviar, Champignons und Nori-Alge (Suchtgefahr!) und auf der anderen Seite Köstlichkeiten wie der Zwiebelrostbraten von der Beiried mit Sauerrahmspätzle, Roscoff-Zwiebel und Bratensaftl oder das hauchzarte Backhendl mit Schnittsalat, Jalapeño und Kürbiskernmayo. Niemals vergessen sollte man aber das späte Highlight des Abends: den Apfelschmarrn mit Grantnschleck und Vanilleeis. Unser Kellner ist überaus aufgeräumt und lässt uns ob seiner Fröhlichkeit die leichten Defizite der Weinkarte vergessen.

Strandhotel am Weissensee

13,5/20 🍴🍴

Koch: Christoph Krassnitzer

9762 Weissensee, Neusach 18 • 04713 2219, 0676/96 58340
info@strandhotel-weissenseerhof.at • www.strandhotel-weissensee.at

18.30–20.30 Uhr

Immer wieder ein Vergnügen: Der Blick auf den klaren Weissensee ist die perfekte Einstimmung auf einen Abend, bei dem ebenso die Natur die Hauptrolle spielt. Das gesamte Hotel hat sich der vegetarischen beziehungsweise veganen Küche verschrieben. Die allermeisten Produkte dazu stammen aus der Region und sind biologisch. Eine wunderbare Spielwiese für Küchenchef Christoph Krassnitzer, der nach Stationen in aller Welt nun wieder in seiner Heimat aufkocht. Die Karotten-Ingwer-Cremesuppe bringt gleich zu Beginn ordentlich Power auf den Gaumen, herrlich leicht dazu der Limettenschaum. Das Chardonnay-Risotto mit Ratatouille, Erbsen, Kerbel und Safranschaum ist nicht nur ein kreativer Einfall, sondern auch ein optisches Highlight. Ebenso wie das Dessert: Haselnuss-Schokolade-Kuchen mit Kokosschaum und Blumensorbet. Körper, Geist und Seele sind im Einklang.

Zimmermann's Gasthaus

TIPP

9762 Weissensee, Techendorf 6 • 0 4713 22 71, 0676 922 1526
info@zimmermann-weissensee.at • www.zimmermann-weissensee.at
Di–So 12–14 und 18–21 Uhr

Im Zimmermann's Gasthaus setzt man auf Altbewährtes. Das Kärntner-Kasnudl-Rezept stammt aus vergangenen Zeiten, der Geschmack hat sich jedoch bewährt und findet auch heute noch Anklang im gemütlichen Gastraum. Regionales Gemüse, frischer Fisch aus dem nahe gelegenen Bergsee und mediterrane Geschmacksnoten geben den Ton auf dem Teller an. Die geografische Nähe zu Italien spiegelt sich auch auf der Weinkarte wider. Neben Grünem Veltliner und Pinot Noir findet man auch den einen oder anderen Chianti vor. Im Sommer lässt sich dieser besonders gut auf der sonnigen Terrasse mit Blick auf den See genießen.

Sternberg

11,5/20

Wirtshaus des Jahres 2023

Gasthaus Messnerei

Köchin: Dani Sternad

9241 Wernberg, Sternbergerstraße 19 • 0664 417 2490
anfrage@sternberg-messnerei.at • www.sternberg-messnerei.at

Do–So 11.30–20.30 Uhr • €

Ganz rund lief es am Sternberg diesmal nicht. Nein, man isst weiterhin nicht schlecht hier, doch die Küche zeigt bei unserem Besuch doch einige Unsicherheiten. So sind die Tacos – gefüllt mit Lammfleisch und Wildkräutersalat – eine nicht gewürzte Vorspeise und der als veganes Tagesgericht angebotene Karfiol mit Salsa eine leider sehr bissfeste Angelegenheit. Zufrieden kann man mit dem Filet vom Saibling im Kräutermantel sein, der von seinem eigenen Kaviar sowie Couscous begleitet wird. Die Palatschinken mit Marillenmarmelade oder einen Streuselkuchen sowie einen Espresso im schattigen Gastgarten sollte man sich nicht entgehen lassen.

Gault&Millau
Entdecken.
Entspannen.
Erleben.
Newsletter abonnieren und informiert bleiben auf
gaultmillau.at

Niederösterreich

Die kulinarischen Verlockungen Niederösterreichs sind vielfältig und reichen von Heurigen bis zur Haubenküche.

Über Geschmack lässt sich trefflich schreiben

Das beste Beispiel dafür sind die fein kuratierten Entdeckertouren zum Thema Kulinarik in Niederösterreich. Bei all den hervorragenden Tipps – vom Heurigen bis zur Haubenküche – und den vielen Geschichten

und Interviews mit den besten Produzenten des Landes bekommt man sofort Hunger auf mehr. Ob Wein oder Most, innovative Talente am Herd oder geschichtsträchtige Heurige: Niederösterreich steckt voller Überraschungen und erwartet dich mit offenen Armen, gefüllten Gläsern, vollen Tellern und einem herzlichen Lächeln.

Richtig lustig wird es aber erst dann, wenn der Wein neben Strömen fließt. Ob die Römer auch mit dem WeinGenuss.Taxi von Weingut zu Weingut gefahren sind? Tagträumen kannst du ja, wenn du an der Donau entlang genießt, was aus den Früchten der Weinberge kultiviert wird. Ein absolutes Highlight ist „Genuss on Tour“ in der Wachau. Ein einzigartiges Projekt, bei dem gleich mehrere Topgastronomen zusammenarbeiten.

In der Birne muss man es haben. Im Mostviertel dreht sich das ganze Jahr alles um die Birne. So startet auch die Entdeckertour bei 300.000 blühenden Birnbäumen und endet erst beim veredelten Obst. Als sortenreiner Birnenmost, Birnenbalsam-Essig, Kuchen, Schnaps oder gleich als Star eines ganzen Menüs bei den „Mostviertler Feldversuchen“: Die Birne ist genauso wandelbar wie köstlich.

Der Köstlichkeit letzter Schluss? Niemals! In den Wiener Alpen kann man voll Genuss erleben, wie ein erfolgreicher Generationswechsel funktioniert. Innovation, Tatkraft und Mut machen aus einem Problem einfach ein neues Geschäftsmodell und verwandeln die Worte „betagt" und „behäbig" in „belebt" und „beliebt". Ein perfektes Beispiel dafür ist das einzigartige Projekt „Haubenkoch trifft Hüttenwirt“. Zurück zu den Wurzeln geht es vor den Toren Wiens. Denn dort kann man...

... Tradition neu erschmecken. Die Entdeckertour durch den Wienerwald macht den Ursprung des Heurigen erlebbar. Diese Geschichtsstunde wird aber sicher nicht trocken. Denn als Anschauungsmaterial warten fast vergessene Rebsorten wie Zierfandler und Rotgipfler, die man entlang der Genussmeile an der „längsten Schank der Welt“ neben vielen anderen Weinen verkosten kann. Von den Kellergassen geht es direkt auf die...

… (Natur-)Bühnen des guten Geschmacks. Bauernläden, Greißlereien und „Tafeln im Weinviertel“ inszenieren die Erzeugnisse der Region bestmöglich und ersparen dem Genuss jeden Umweg. Ein Glück für die Produzenten – aber auch für uns Genießer, da wir endlich wieder die frischesten Produkte kaufen oder inmitten der Weingärten und Kellergassen verkosten dürfen, veredelt von den besten Köchen des Landes.

Zum Abschluss sagt der Fuchs zum Hasen: Cheers! Im Kamptal herrschen ganz besondere Boden- und Klimabedingungen, mit denen die Waldviertler Winzer ausgesprochen kreativ umzugehen wissen. Doch nicht nur die Keller bringen Großes hervor. Auch aus den Küchen werden großartige Speisen auf internationalem Niveau serviert. Freue dich auf das beste beider Welten – im Glas und auf dem Teller.

Alle Touren ⇢ www.niederoesterreich.at/entdeckertouren-kulinarik

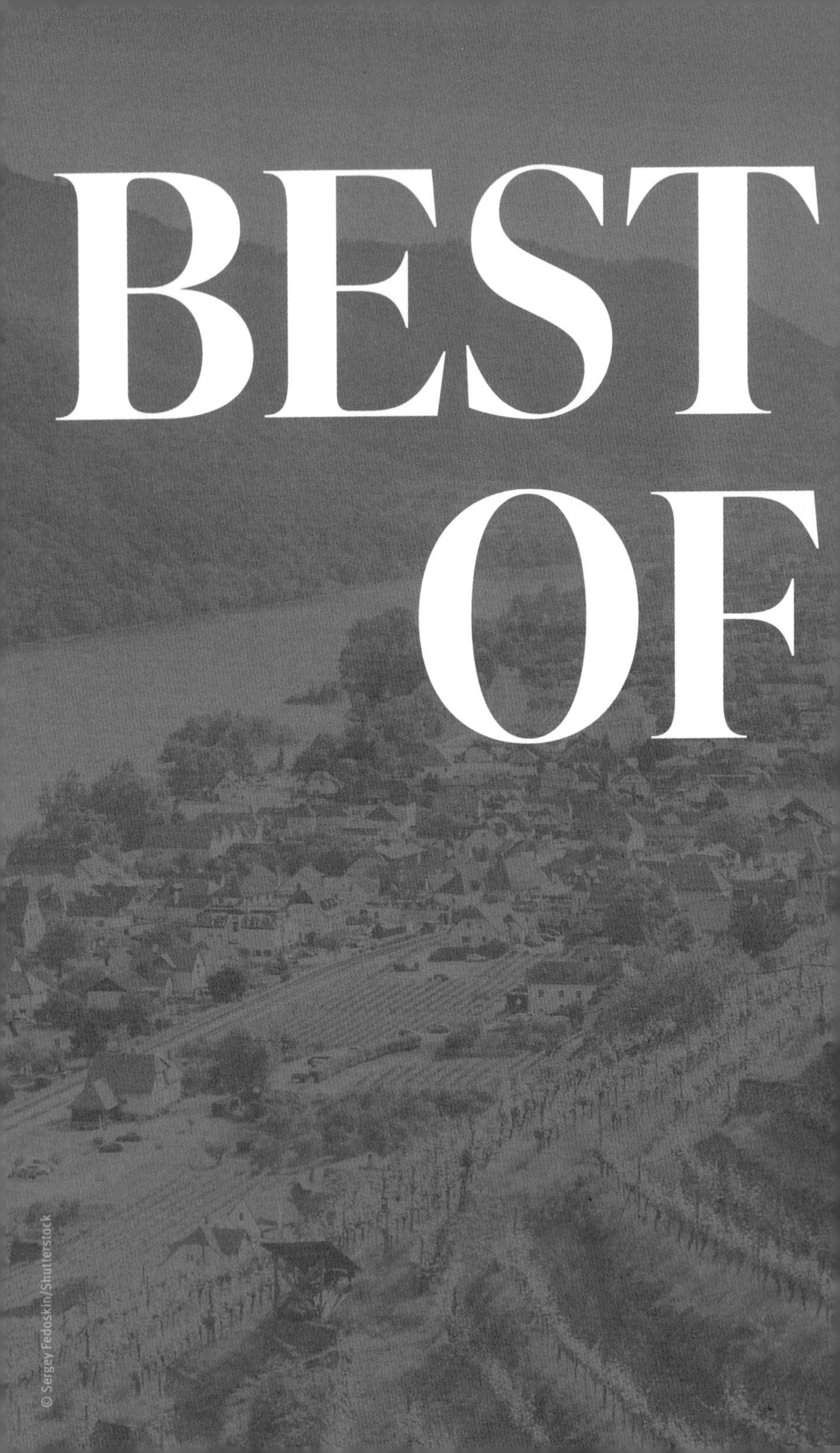

BEST OF

Residenz Wachau

TIPP

3394 Aggsbach Dorf, Rosenweg 2 • 02753 8221, 0664 187 4923
info@residenz-wachau.at • www.residenz-wachau.at
12–21 Uhr • ♿ • €€

Inmitten von Rad- und Wanderwegen, Marillenbäumen und Weinreben liegt das romantische Hotel Residenz Wachau. Mit Blick auf die Donau genießt man sowohl optisch als auch kulinarisch alle Vorzüge der Genussregion, dies spiegelt sich leider auch im Preis wider. Traditionelle Gerichte sowie Neuinterpretationen findet man auf der umfangreichen Speisekarte vor. Lob erhält der Küchenchef für die geschmorten Rinderbackerl – butterweich. Luft nach oben besteht jedoch bei der Auswahl an vegetarischen Alternativen.

Kolm ➚

15,5/20 🍳🍳🍳

Koch: Michael Kolm

3925 Arbesbach, Schönfeld 18 • 02813 242, 0680 300 0753
info@kolm.restaurant • www.kolm.restaurant

Mi–Sa 11–14 und 18–22, So 11–15 Uhr • ♿ • €

Michael Kolm ist ein ganz eigener Charakter. Stark und fokussiert auf der einen, verspielt und leicht verrückt auf der anderen Seite. Kunststück. Der Mann hat seinen letzten Schliff in der Küche vom Mraz und Sohn bekommen, bevor es ihn wieder ins Waldviertel verschlagen hat. Genau wie die Gerichte, die er und sein Team in Arbesbach im Waldviertel aus der Küche schicken. Es gibt – wie es sich fürs Waldviertel gehört – eine klassische Speisekarte mit großartigen Positionen darauf. Ceasar's Salad mit Karpfen und Parmesan. Oder bei den Hauptgängen Seeteufel mit Mohnfalafel, Steinpilz und Aubergine. Und dann gibt es noch das Bärentrail-Menü. Der eigentliche Grund, warum wir mit Freude und Überzeugung aufwerten. Das Wadl vom Biorind mit Karotte und Chimichurri ist eine Zierde seiner Art, die Lachsforelle mit Einkorn und Petersilie nicht weniger mustergültig. Überhaupt das ganze Menü – ein guter Grund, dem Waldviertel einen Besuch abzustatten.

Das Linsberg

13,5/20 🍳🍳

Asia Resort Linsberg

Koch: Michael Suttner

2822 Bad Erlach, Thermenplatz 1 • 02627 48000
mail@linsbergasia.at • www.linsbergasia.at

Di–Sa 18.30–22 Uhr • €

Nach einem Besuch in der Therme Linsberg zahlt sich ein Besuch im „Das Linsberg" mit Sicherheit aus. Eine fair kalkulierte Weinkarte, ein aufmerksamer Service und eine Küche, die mit asiatischen Aromen spielt, sorgen für einen angenehmen Abend. Vielleicht könnte man bei dem einen oder anderen Gang noch mehr mit Gewürzen oder Schärfe agieren, aber wahrscheinlich möchte man den österreichischen Gaumen nicht zu sehr herausfordern. Egal, die Speisen, die auf dem Tisch landen, überzeugen: Das Sashimi von der Gelbschwanzmakrele begleitet in unserem Fall knackiges, leicht säuerliches Gemüse – eine Kombination, die gefällt. Tom Kha Gai – Kokosmilchsuppe mit Hühnerfleisch und Zitronengras – überbrückt die Zeit bis zur gebratenen Perlhuhnbrust, die von Artischocken begleitet wird: Die Haut kross gebraten und das Fleisch heiß, so macht ein Hauptgang Vergnügen. Wenn dann noch der „Linsberg Snicker" – Erdnuss in verschiedenen Texturen – auf einen wartet, kann man nur von einem gelungenen Besuch sprechen.

Gault&Millau
Genussmesse, Weinfest und vieles mehr ...
Alle Tickets zu unseren kulinarischen Events auf gaultmillau.at

Triad

16/20

Köche: Uwe Machreich & Roman Chnapek

2853 Bad Schönau, Ödhöfen 25 • 02646 8317
office@triad-machreich.at • www.triad-machreich.at

Di–Sa 18–20 Uhr • • €€

Die Anreise ins Triad in der malerischen Gegend der Buckligen Welt lässt bereits das Herz höherschlagen. Auf der Anhöhe angekommen, dürfen die Gäste bei warmen Temperaturen draußen sitzen und den Ausblick genießen, in der kalten Jahreszeit lädt die modern-ländliche Stube der Familie Machreich ein. Das Team kocht mit saisonalen und regionalen Zutaten über den Tellerrand hinweg, Veronika Machreich kredenzt dazu eine ambitionierte und sehr spannende Weinbegleitung hauptsächlich heimischer Winzer, allerdings die außergewöhnlichen Editionen dieser. Entsprechend oft, teilweise täglich, wechselt das Menü, das als „Menu surprise", „Vegetarisches Menü" oder als „Triad Menü" in je vier bis acht Gängen genossen werden kann. Das Überraschungsmenü beginnt mit eingelegtem Spargel mit Lachsforelle und Apfelessenz, einer wunderbaren Steinpilzmousse, garniert mit knusprigem Krokant, folgt. Großartig ist danach der gedämpfte Seesaibling mit Chiasamen, Radieschen und Saiblingskaviar, nur um dann vom Rehfilet mit gebratenem grünem Spargel und einem Teigkörbchen mit Spargelsalat, garniert mit eingelegten Weichseln, übertroffen zu werden. Wenn möglich sollte man sich danach in eines der romantischen Zimmer begeben und ein „da capo" am nächsten Tag erwägen.

Allerley ↗

13/20

Koch: Johannes Ley

2540 Bad Vöslau, Tattendorfer Straße 2 • 02252 251879, 0664 534 1069
office@allerley.at • www.allerley.at

Do 17–24, Fr und Sa 12–15 und 17–24 Uhr • €

Im Allerley wurde heuer getüftelt und probiert und so entstand kurzerhand eine neue Speisekarte. Den Tapas blieb man treu, jedoch änderten sich sowohl die Ingredienzen als auch die Zubereitung. Nun treffen neben den Klassikern Saibling auf Morcheln und Karfiol und saftig zartes Kalb auf Pistazien, Eierschwammerl und Portwein. Asiatische Geschmacksnoten greift man mit der Beiried-Sushi-Roll auf. Die leichte Schärfe von Kimchi sowie Koriandernoten sprechen sicherlich nicht alle Gäste an. In Kombination mit dem roten Fleisch und geräucherter Forelle jedoch eine gewagte Kombination, die man zumindest probiert haben sollte. Vor Kreativität und Geschmack strotzt auch die Nachspeise. Einen Gewürzkuchen mit Süßkartoffelcreme und süßem Ahornsirup-Eis findet man auf keiner anderen Speisekarte wieder. Eigentlich schade, denn die kuriose Kombination ist äußerst stimmig.

Cuisino Restaurant Baden

12/20

im Casino Baden

Koch: Walter Zwiletitsch

2500 Baden bei Wien, Kaiser-Franz-Ring 1 • 02252 43502
baden.restaurant@casinos.at • baden.casinos.at

Di–Do 18–22, Fr und Sa 17–22 Uhr • €€

Im Badener Kurpark befindet sich das monumentale Restaurantgebäude unmittelbar an das Casino angeschlossen. Die Räumlichkeiten sind festlich bis kitschig eingerichtet, die Tische zum Teil durch transparente Vorhänge getrennt. Die Speisenauswahl ist nach wie vor sehr kompakt. Wird man fündig, wird der Gaumen nicht enttäuscht. Jedenfalls gibt es perfekt gebratene Steaks, aber auch vegetarische Gerichte. Die Weinkarte ist beeindruckend – und bei den hervorragenden Nachspeisen kann der Black-Jack-Tisch noch eine Weile warten.

Le Rendez-vous

12,5/20

Koch: Juraj Gajac

2500 Baden bei Wien, Weilburgstraße 3 • 0 2252 85551, 0676 490 2791
reservation@le-rendezvous.at • www.le-rendezvous.at

€€€

„Très vite“ wird klar, dass man hier sehr diszipliniert an die Maxime „französische Küche“ herangeht – beginnend beim Namen über die köstlichen Gerichte bis hin zur Weinkarte, die ausschließlich französische Gewächse enthält. Das Lokal ist entzückend klein und mit nostalgisch-romantischen Details ausgestattet. Die „nur“ sechs vorhandenen Tische garantieren aber die volle Aufmerksamkeit für den Gast. Klein ist auch die Speisenauswahl, daher lohnt sich vorab ein Blick auf die Homepage. Als Liebhaber der französischen Küche – und deswegen ist man ja hier – wird man aber sicherlich fündig werden. Hervorzuheben sind das pochierte Wachtelei mit Sauce hollandaise und der vorzügliche Knurrhahn mit Schwarzwurzel und Dill. Die vorjährige Kritik an der Dessertauswahl hat man sich anscheinend zu Herzen genommen, denn – voilà – diese ist nun exzellent. So gesehen sind wir sicher, dass man sich im Le Rendez-vous auch heuer wieder unsere Kritik zu Herzen nehmen wird. Der Grund, warum wir um einen halben Punkt abgewertet haben, waren handwerkliche Fehler in mehreren Gerichten. So war der Knurrhahn zwar sehr gut, wurde aber zu kühl serviert. Die Filets vom Schwein waren zu trocken und zäh und das Tuna-Tatar wiederum eine Spur zu blass. Spaß machte der Abend allemal, daher eindeutig ein kulinarisches „Au revoir“!

Marchfelderhof

TIPP

2232 Deutsch-Wagram, Bockfließer Straße 31 • 02247 2243
office@marchfelderhof.at • www.marchfelderhof.at
Mo–Fr 16–23, Sa und So 11–23 Uhr • ♿ • €€

Nicht nur rein optisch ist im Marchfelderhof einiges zu sehen. Die mit Dekorationen, Gemälden und Erinnerungsstücken ausgestatteten Räumlichkeiten sind nicht nur eine Augenweide für sich, sie bieten auch einen außerordentlichen Rahmen für die gebotene Küche. Kein Wunder, dass der Marchfelderhof, der vom Gastronomen Gerhard Bocek groß gemacht wurde, eine Vielzahl an Stammgästen, darunter auch prominente Persönlichkeiten, zählt. Serviert wird eine Küche, die sich aus saisonalen Gerichten und österreichischen Klassikern zusammensetzt. So kommen etwa Bärlauch-Weinbergschnecken mit Gruyère überbacken, gesottenes Ochsenwangerl, Marchfelder Spargel und Cordon bleu zu Tisch. Auch vegane Speisen werden angeboten. Bedient wird man stets freundlich, das Personal weiß, was gute Gastlichkeit ist, und kümmert sich zuvorkommend um die Gäste.

Hotel Schloss Dürnstein

12/20

Koch: Florian Fink

3601 Dürnstein, Dürnstein 2 • 02711 212
hotel@schloss.at • www.schloss.at

12–14 und 18.30–20.30 Uhr • €€

Der Start in das Frühjahr ist leider nicht sonderlich gelungen in einem der traditionellen ersten Häuser in der Wachau. Man muss eine gewisse Patina der Einrichtung dem Schloss entsprechend nobel übersehen, um nicht den Eindruck der Lieblosigkeit zu gewinnen, doch spätestens die Leistung der Küche ist dann nicht mehr adäquat. Wir bestellen uns beide angebotenen Menüs und können die in beiden Menüs vorkommenden gebratenen Salatherzen mit entweder geräucherter Entenbrust oder Ziegenkäse noch verhalten loben. Die anschließend servierte dünne Basilikumsuppe kann das „Schaum“ im Namen definitiv nicht rechtfertigen, noch dazu kommt sie mit einem recht salzig-scharfen Abgang daher.

MÖRWALD „Toni M."

17,5/20

Gourmetrestaurant

Koch: Toni Mörwald

3483 Feuersbrunn, Kleine Zeile 15 • 02738 22980, 0676 842 29833
toni@moerwald.at • www.moerwald.at
Di–Sa 18–22 Uhr • • €€

Das Gourmetrestaurant „Toni M." hat sich als moderner und weltoffener Vertreter der österreichischen Küche etabliert und bietet eine kreative und zeitgemäße Interpretation traditioneller Gerichte. Das Ambiente im stilvollen Garten und der aufmerksame Service sorgen im Restaurant für eine gemütliche Atmosphäre.

Das Gedeck und der Gruß aus der Küche überzeugen mit ihrer außergewöhnlichen Vielfalt. Besonders beeindruckend ist das gebackene Ei mit White-Panther-Gebirgsgarnelen, Kräuterbrösel und Sherry-Beurre-blanc, das vor allem durch seine Raffinesse überzeugt.

Leider können uns die beiden Hauptspeisen nicht so begeistern. Solide, ja, aber das Kalbsbries mit Zucchiniblüte, Ziegenkäse und Eierschwammerl sowie das Sauté vom Störfilet können weder mit Kreativität noch mit Geschmack punkten.

Dafür begeistert das Passionsfrucht-Dessert wiederum und sorgt für ein Geschmackserlebnis zum Abschluss des Abends. Die Weinkarte bietet eine umfangreiche Auswahl an heimischen und internationalen Weinen.

Insgesamt ist das Restaurant „Toni M." eine Empfehlung für all jene, die österreichische Spitzenküche in einem zeitgemäßen Ambiente zelebrieren möchten.

MÖRWALD „Zur Traube“

14,5/20

3483 Feuersbrunn, Kleine Zeile 13–17 • 02738 22980
traube@moerwald.at • www.moerwald.at
Mo–Fr 12–14 und 18–22, Sa, So 12–22 Uhr •

Toni Mörwald, le grand chef. Er ist präsent wie kaum ein anderer. Er kennt jeden Gast und lebt seine Rolle als Patron. Vorbildlich. Die Karte liest sich grandios, klassisch, zeitlos. Zeit für die Weinkarte sollte man auch einplanen – nicht günstig kalkuliert, aber mit echter Tiefe. Die Klassiker auf der Karte: Carpaccio vom Rind, Melonenkaltschale, Ceviche vom Seesaibling, Grammelknödel, Wolfsbarsch mit Risotto. Aber auch Steaks, Kalbsleber, Gyoza und Schnitzel. Allesamt solides Handwerk und mit sicherer Hand gemacht. Aber: Die Karte ist vielfältig und üppig. Ein bisschen weniger wäre vielleicht etwas mehr und würde bei manchen Gerichten wieder den letzten Schliff und das besondere Extra bringen, das wir bei Toni Mörwald so schätzen.

Schickh

14/20

Landgasthof

Koch: Christian Schickh

3511 Furth bei Göttweig, Avastraße 2 • 02736 7218
office@schickh.at • www.schickh.at
Mo, Di, Fr 11.30–14 und 18–20.30, Sa 11.30–20.30, So 11.30–19.30 Uhr • €

In diesem gutbürgerlichen Landgasthof mit reizendem Gastgarten scheint die Zeit ein wenig langsamer zu verstreichen als anderswo. In familiärer Atmosphäre werden die Klassiker der heimischen Küche zelebriert, ergänzt um Gerichte mit internationalem Anstrich wie Pastavariationen, Austern oder asiatische Salate. Ob die seidig-weichen Tournedos in Cognacsauce, ein animierend gewürztes Lammhuftsteak mit Karottengemüse und gratinierten Kartoffeln oder eine Rhabarber-Erdbeer-Mousse – alles ohne Fehl und Tadel. Das Getränkeangebot bietet eine ansprechende Vielfalt bei alkoholfreien Getränken, Kaffeespezialitäten, Digestifs, hausgebrannten Schnäpsen und Bieren. Die Auswahl an glasweise ausgeschenkten Weinen ist groß und fair bepreist. In der Weinkarte lässt sich trefflich schmökern, wenn das Herz für österreichische Weine schlägt.

Muhr

12,5/20

Landgasthof & Hotel

Koch: Jakob Muhr

2463 Gallbrunn bei Schwechat, Hauptstraße 87 • 02230 2858, 0660 285 8001
info@muhr.co.at • www.muhr.co.at

Fr–Di 11.30–14.30 und 17–21 Uhr • ♿ • €

Jede Gemeinde, die über so einen Betrieb wie den Landgasthof Muhr verfügt, darf sich wahrlich glücklich schätzen. Von klassischen Wiener Schnitzeln über Köstlichkeiten aus der eigenen Schlachtung bis zu Gourmetmenüs wird eine große Bandbreite geboten. Der Gastgarten ist mit seiner großzügigen Bepflanzung sehr gemütlich, aber auch der wetterfeste Wintergarten ist sehr einladend. Der Brotkorb, Buttervariationen und der Gruß aus der Küche zeugen von seriösen Ambitionen. Ein Carpaccio vom Almrind mit Sesam-Ingwer-Vinaigrette und Rucola ist ein schöner Einstieg, eine Crème brulée von der Gänseleber schmeckt leider nur sehr verhalten nach der erwarteten Hauptzutat. Scharf angebratenes Filetsteak vom Angusrind ist dafür wahrlich meisterlich, ein Gericht mit Scampi, Flusskrebs und Kaisergranat steht dem nur wenig nach. Eine Gallbrunner Interpretation von Salzburger Nockerln ist handwerklich gut gemacht, das Beste dabei ist allerdings der super süßsauer eingestellte Passionsfruchtspiegel am Fuße der „Berge". Die Weinkarte ist nicht nur ob des Umfangs, sondern auch ob der Kalkulation ein wahres Vergnügen.

Bevanda

13,5/20

Koch: Leo Doci

2640 Gloggnitz, Hauptstraße 11 • 0 26 62 435 28, 0676 971 6008
info@bevanda.restaurant • www.bevanda.restaurant

Di 17–23, Mi–So 11–23 Uhr

Um – in kulinarischer Hinsicht – mediterranes Flair zu genießen, muss man eigentlich nur bis zum Semmering fahren. Seit Jahren begeistert das modern eingerichtete Bevanda im Zentrum von Gloggnitz mit italienischen Klassikern – inklusive sehr guter Pizze. Besonders hervorzuheben sind das Safranrisotto mit Languste, Zucchini und karamellisierten Tomaten sowie die raffiniert verfeinerten Fisch- und Meeresfrüchtegerichte. Aber auch köstliche, auf dem Lavasteingrill perfekt gegarte Steaks werden hier geboten. Die Weinkarte ist variantenreich, zudem ist auch glasweise eine gute Auswahl vorhanden. Das Dessertangebot ist überschaubar, dafür überzeugt wiederum der umfangreiche Käsewagen. Das Personal ist ausgesprochen freundlich und bemüht. Alles in allem ist es die Reise in den kleinen Ort jedenfalls wert.

Der Jungwirt

14/20

Koch: Johannes Jungwirth

2464 Göttlesbrunn, Landstraße 36 • 0 2162 89 43, 0676 337 5946
info@derjungwirt.at • www.derjungwirt.at

Do 17–21.30, Fr–So 11–21.30 Uhr • €

Was Langenlebarn kann, kann Göttlesbrunn schon lange. Auch in dieser urigen Weingemeinde sind es nicht einmal 2000 Einwohner und doch ist Platz für zwei Haubenrestaurants. Aber nun gilt die ganze Aufmerksamkeit Johannes Jungwirth, der hier seit Jahren auf höchstem Niveau in seinem geräumigen Landgasthaus mit großgeschriebener Regionalität kocht. Längst hat sich die durchdachte Mottospeisekarte mit Kategorien wie zum Beispiel „Bach, See & Fluss“ für Fischgerichte oder „Wald, Wiese & Weinberg“ für vegetarische Spezialitäten etabliert. Hervorzuheben sind die hausgebeizte Lachsforelle sowie die knusprigen Spinatkrapfen. Und natürlich gibt es auch Wirtshausklassiker wie zarte Backhenderl, Schnitzel oder einen köstlichen Tafelspitz. Die Weinkarte ist breit gefächert und die Desserts, vor allem das „3erlei der Schokolade“, sind fantastisch.

Genusswirtshaus Bittermann

12,5/20

Vinarium Göttlesbrunn

2464 Göttlesbrunn, Abt-Bruno-Heinrich-Platz 1 • 02162 81155, 0664 884 47044
info@bittermann-vinarium.at • www.bittermann-vinarium.at

Etwas über 1000 Einwohner und dann gleich zwei Haubenrestaurants in der „Wein"-Gemeinde Göttlesbrunn. Chapeau! Trotz des Grill-Weltmeistertitels lässt sich Adi Bittermann auch in puncto Gourmetküche in seinem mächtig-edlen und modern eingerichteten Genusswirtshaus nicht lumpen. Die Vorspeisen sind selektiv gehalten: vom gebratenen Schafskäse über marinierten Thunfisch bis hin zum Kalbsrahmbeuschel. Seine Affinität zu Fleisch und Wild ist dann allerdings bei den Hauptspeisen erkennbar. Aber das ist auch der Grund, warum man hierherkommt! Vom Hirschragout und Wildhasenrücken mit Schupfnudeln über eine perfekt gegarte Beiriedschnitte mit Pfefferrahmsauce bis hin zum Flat-Iron-Steak oder Wildschweinburger wird alles geboten, was das Herz begehrt. Wer Hunger mitbringt, ist bei den Portionsgrößen goldrichtig. Eine großzügig eingerichtete Ortsvinothek im oberen Stock sorgt für eine gute Weinauswahl.

Grafenegg Restaurant

13,5/20

Toni Mörwald

Koch: Toni Mörwald

3485 Grafenegg, Grafenegg 12 • 02735 26160, 0676 842 29826
grafenegg@moerwald.at • www.moerwald.at

Mi–So 12–22 Uhr • €€

Sehr freundlich empfangen, sitzt man gemütlich im eleganten Restaurant der Schlosstaverne – im Sommer genießt man den Gastgarten am Rande des Schlossparks. Geschmackvolle Aufstriche sowie gebackener Tempura-Spargel und Pilze als Gruß eröffnen einen erfreulichen Restaurantbesuch. Ansprechend in Aussehen und Konsistenz, aber etwas bitter ist die gelbe Paprikaschaumsuppe mit Edelfischen, appetitlich und fein gewürzt das Spargelrisotto mit Morcheln und pochiertem Ei. Tadellos schmeckt auch die geschmorte Lammstelze mit Bärlauch-Erdäpfelpüree, das grüne Thaicurry mit knusprigem Tofu, Reisnudeln und Kalamansi überzeugt mit vorzüglich pikantem Geschmack. Die Dessertauswahl lässt jeden Geschmack etwas finden und auch das glasweise Weinangebot kann sich sehen lassen – ebenso wie der freundliche, aufmerksame Service.

Markthaus

13/20

3484 Grafenwörth, Mühlplatz 3/1 • 0664 536 6093
office@markthaus.info • www.markthaus.info

Do–Fr 11.30–14.30 und 17.30–23, Sa 11.30–23, So 11.30–17 Uhr • €€

Im idyllischen Grafenwörth heißt das Markthaus seine Gäste willkommen. Das moderne Ambiente und ein aufmerksamer Service laden zum Verweilen ein. Das Rehragout mit hausgemachten Topfennockerln ist geschmacklich gelungen. Das Butterschnitzel ist zart und saftig und die Begleitung von Erdäpfelpüree und Eierschwammerl erweist sich als gute Ergänzung. Auch das Dreierlei von der Marille als Dessert ist ein Genuss. Trotzdem vermissen wir Finesse und Kreativität. Insgesamt ist das Markthaus aber eine empfehlenswerte Adresse.

HIRSCH28

TIPP

WIRTShaus & delikatESSEN

3920 Gross Gerungs, Zwettler Straße 28 • 0676 566 6673
rudi@wirtshaushirsch.at • www.hirsch28.at
Do–Sa 11.30–13.30 und 18–20, So 11.30–13.30 Uhr • ♿ • €

Seit 2016 betreibt Renate Stadlhofer das Hirsch28 in Groß Gerungs. Wer bei ihr einkehrt, erlebt eine Mischung aus Waldviertler und steirischer Regionalküche, jedoch, wie sie es beschreibt, „mit einem weiten Blick über den Tellerrand“. Das bedeutet, dass auf der Speisekarte Klassiker der österreichischen Küche gleichermaßen vertreten sind wie saisonale sowie internationale Köstlichkeiten. Im Sommer wird etwa eine leichte Gemüse-Bowl mit Polenta-Laibchen angeboten, in den kälteren Jahreszeiten werden auch gerne deftigere Speisen gereicht. Für die Gerichte setzt das Küchenteam ausschließlich auf Zutaten von Lieferanten aus der Umgebung. Viele der Obst- und Gemüsesorten sowie sämtliche Kräuter entstammen sogar aus dem eigenen Garten. Im hauseigenen Delikatessengeschäft werden überdies selbst gemachte Marmeladen, Chutneys und Röster angeboten.

Heuriger Spaetrot

12/20

Koch: Konstantinos Bampalas

2352 Gumpoldskirchen, Wiener Straße 1 • 02252 62230, 0664 145 9159
johanna.gebeshuber@heuriger-spaetrot.com • www.heuriger-spaetrot.com

Mo, Do, Fr 17–23, Sa und So 11–23 Uhr • €

Das Team rund um Johanna Gebeshuber sorgt im Herzen von Gumpoldskirchen seit vielen Jahren für gepflegte nachhaltige und regionale Heurigenkultur. Lokales Slowfood und Bioprodukte geben in den historischen Gewölben den Ton an. Das verleiht den klassischen Heurigenspeisen modernen Twist. Natürlich ist auch die klassische Schank mit altbewährten und neu interpretierten Aufstrichen und kalten Kleinigkeiten vorhanden. Begleitet werden die Gerichte von den hauseigenen Weinen – Regionsherz, was willst du mehr?

Klostergasthaus Thallern Ⓝ

12,5/20

2352 Gumpoldskirchen, Thallern 2 • 02236 53326
office@klostergasthaus-thallern.at • www.klostergasthaus-thallern.at

Der ehemalige Klosterkomplex Thallern (dank eigener Südbahn-Haltestelle auch öffentlich gut erreichbar) befindet sich inmitten des Weinanbaugebiets Thermenregion. Der idyllischen Lage und der guten Qualität der Speisen wegen ist das Klostergasthaus vor allem am Wochenende gut besucht. Küche und Service bewältigen den Ansturm in der Regel problemlos und erfreuen mit einer abwechslungsreichen Auswahl an reizvoll klingenden Gerichten: von Klassikern wie dem Kalbsrahmbeuschel über kreative Gemüsegerichte bis hin zur tiefdunklen Étouffée-Taube mit Périgord-Trüffeln und sämigem Risotto. Neben den Weinen des Hauses wird eine Auswahl eines „Winzers des Monats" angeboten.

Gasthaus an der Kreuzung

12,5/20

Wirtshaus des Jahres 2021

Koch: Manfred Hausgnost

2042 Guntersdorf, Guntersdorf 110 • 02951 2229
info@hausgnost.at • www.hausgnost.at
Mo, Di, Fr, Sa 10–21, So 10–20 Uhr • €

Ein Gasthaus wie aus dem Bilderbuch: herzliche Wirtsleute, familiäre Atmosphäre, gute Weine und eine vor allem hervorragende Küche, die unsere Erwartungen auch heuer nicht enttäuschte. Im Gegenteil: Die Küche hat sich weiterentwickelt, ohne die ehrliche Bodenständigkeit zu verlieren. Die Eierschwammerlsulz strotzt vor knackigen Eierschwammerln und ist gut gewürzt, dazu Wachtelei und Kräutervinaigrette. Es folgen gegrillte butterweiche Schweinsmedaillons mit Eierschwammerln à la crème und Nudeln – einwandfrei. Wenn man mehr probieren möchte, empfiehlt es sich, kleine Portionen zu bestellen, ansonsten ist das kaum zu bewältigen. Wäre schade, wenn die Marillenpalatschinken, die Marillenknödel oder die Apfelschnitte keinen Platz mehr hätten. Gute (auch glasweise) regionale Weinauswahl.

Jagdhof

12/20

2353 Guntramsdorf, Hauptstraße 41 • 0 22 36 52 2 25
info@jagdhof.cc • www.jagdhof.cc

Ambitionierte Wirtshausküche mit internationalen Einflüssen ist die Kernkompetenz des Hauses. Österreichische Klassiker treffen dabei auf asiatische und mediterrane Einflüsse. Das Handwerk und die Speisenqualität stehen dabei im Fokus. Gerichte wie Beef Tatar, Rieslingbeuschel oder gebratene Laberl vom Hirschen reihen sich neben Ossobuco mit hausgemachten Ravioli, Saltimbocca von der Dorade mit Risotto oder Pannacotta ein. Toll ist auch die Weinauswahl mit Fokus Österreich und einem Sortiment abseits des Mainstreams. Urig-gemütlich ist das Ambiente im Gasthaus des Landhotels, das auch über einen hübschen Gastgarten verfügt.

Südufer

12/20

Koch: Christian Karner

2353 Guntramsdorf, Danfoss-Straße 7 • 0676 440 4445
reservierung@suedufer.at • suedufer.at
Di–Sa 17–22 Uhr • ♿ • €€

Am Südufer des Windradlteichs im Industriegebiet von Guntramsdorf findet sich dieses moderne Lokal, das mit einer gut sortierten Weinkarte und sehr aufmerksamem Personal überzeugt. Besonders in Erinnerung bleiben Rosengemüse und Paprikahummus – eine Komposition aus eingelegtem Karfiol und Romanesco und geröstetem Brokkoli und Kichererbsen. Ebenso das knusprige Lachsforellenfilet mit Süßkartoffelpüree, Blattspinat und Beurre blanc. Als Abschluss empfehlen wir die Kastanienmousse mit karamellisierten Kastanien, Granatapfel und Biskuit.

Mitter

13/20

Koch: Albin Hawel

3350 Haag-Stadt, Linzer Straße 11 • 07434 42426, 0660 377 9696
office@mitter-haag.at • www.mitter-haag.at

Fr–Di 11.30–13.30 und 18–21 Uhr • €

Viele Gasthäuser schließen in diesen Tagen ihre Türen für immer. Das bedeutet für Genießer, die beim Mitter essen wollen, vor allem eines: unbedingt rechtzeitig reservieren, denn die gute Küche des Hauses wird von vielen geschätzt – und oft gibt es keine freien Plätze mehr. Liegen kann das an der großartigen Maronicremesuppe oder dem ausgezeichneten Lachstatar. Auch ein Ausflug in die Hausmannskost ist nicht zu verachten. Die Eiernockerl mit grünem Salat oder den Rostbraten mit reichlich Röstzwiebel können wir wärmstens empfehlen. Als süßer Drüberstreuer bieten sich Schneenockerl mit Kumquat-Ragout an.

Esslokal

17/20

Koch: Roland Huber

3493 Hadersdorf am Kamp, Hauptplatz 16 • 0664 887 47020
office@esslokal.com • www.esslokal.com

Di–Do 18–20.30, Fr, Sa 12–13.30 und 18–20.30 Uhr • €

Das Esslokal ist ein kleines Juwel inmitten der ländlichen Weinregion am Hauptplatz von Hadersdorf. Mit einem weitläufigen Garten im Innenhof und modernen Kunstwerken ist die Atmosphäre hier zweifellos einladend und inspirierend. Das von Roland und Barbara Huber gestaltete Interieur verspricht stilvolles Wohlfühlen und spiegelt ihre Liebe zum Detail wider. Das freundliche und entspannte Servicepersonal trägt dazu bei, dass sich die Gäste sofort wohl- und willkommen fühlen.

Das Herzstück des Esslokals sind zweifellos die kreativen und fantasievollen Rezepte, die mit hochwertigen Zutaten und Standards zu einem unprätentiösen Esserlebnis verschmelzen. Die Kombination von regionalen und lokalen Zutaten mit exotischen Aromen, um „Wohlfühlgerichte“ zu kreieren, klingt äußerst verlockend. Die sorgfältig zusammengestellte Weinkarte, die eine Auswahl an Naturweinen und lokalen österreichischen Weinen bietet, verspricht den Weinliebhabern etwas Neues und Unerwartetes. Es ist immer aufregend, unkonventionelle Weine zu entdecken und sie mit den kulinarischen Köstlichkeiten zu kombinieren.

Die Beschreibung der Gerichte allein lässt einem das Wasser im Mund zusammenlaufen. Angefangen von einem köstlichen Wolfsbarsch mit Sesam, Ingwer und Limette als Vorspeise bis hin zu den verlockenden Crispy Chicken Skin Rolls schmeckt alles einfach fantastisch. Das BBQ-Rind mit einer raffiniert zubereiteten Zucchini, Erdäpfeln und einer Champignonkombination macht neugierig. Und um die kulinarische Reise gebührend abzurunden, gibt es ein herrliches Zitronendessert, das süchtig macht. Hier können die Gäste eine kulinarische Reise der besonderen Art erleben, die in Erinnerung bleibt.

Die Kombination aus regionalen, lokalen und exotischen Aromen macht dieses Restaurant zu einem unvergesslichen Erlebnis für alle Sinne. Wer in der ländlichen Weinregion unterwegs ist, sollte sich diese kulinarische Perle nicht entgehen lassen.

Zum goldenen Anker

TIPP

Hotel & Restaurant

2410 Hainburg an der Donau, Donauländе 27 • 0 2165 64810
restaurant@goldeneranker.at • www.goldeneranker.at
Mo–Sa 11.30–21, So 11.30–19 Uhr • ♿ • €€

Die Lage des Goldenen Ankers in Hainburg könnte nicht schöner sein – hier speist und trinkt man direkt an der Donau. Das familiengeführte Restaurant, das gleichzeitig ein Boutiquehotel ist, zeichnet sich unter anderem durch sein mittelalterliches Ambiente aus, das insbesondere in der Gaststube vorzufinden ist. Hier befinden sich gemütliche Nischen, die auch für Feierlichkeiten gemietet werden können. Bei allem, was von der Küche zu Tisch kommt, legt man großen Wert auf die Herkunft der Produkte. Kooperationen mit heimischen Bauern, Winzern und kleineren Produzenten sorgen dafür, dass den Gästen nur die beste Qualität geboten wird. Dementsprechend wird die Speisekarte der Saison sowie der Verfügbarkeit der Lebensmittel angepasst. Hinsichtlich Wein und der passenden Speisebegleitung steht das Servicepersonal beratend zur Seite.

Gasthaus Herbst

13/20

Koch: Matthias Herbst
2136 Hanfthal, Hanfthal 48 • 02522 2480
hanfthal48@gmail.com • www.gasthaus-herbst.at
Mi–Sa 11–21, So 10–14 Uhr • ♿ • €

Ein Besuch beim Herbst ist zu jeder Jahreszeit eine uneingeschränkte Empfehlung. Das frühsommerliche Menü überrascht mit einer frischen Wildkräuterterrine mit Löwenzahn-Radieschen-Salat und der Vorspeisenportion eines knusprig gebratenen mährischen Karpfens mit Erdäpfel-Kren-Püree und Kernöl. Es folgt ein mustergültiges Steak mit Grillgemüse und Speckerdäpfeln und ein gebratenes Lachsforellenfilet mit grünem Spargel und Erdäpfelwürfeln in Grüner-Veltliner-Sauce. Das Vanille-Baileys-Törtchen auf Beerenspiegel zum Abschluss sollte man sich ebenso wenig entgehen lassen wie die auf die nähere Umgebung spezialisierte Weinkarte und das süffige Bier von der Cousine des Hausherrn. Man könnte sich natürlich auch für das große Überraschungsmenü entscheiden, das der begabte Herr Herbst ab 17 Uhr anbietet, und wäre damit in kulinarischer Hinsicht auf der sicheren Seite.

Buchinger – Das Wirtshaus

13/20

Koch: Franz Buchinger
3713 Harmannsdorf, Harmannsdorf 18 • 02984 8241, 0676 844 906400
info@gasthofbuchinger.at • www.gasthofbuchinger.at
Mi–Sa 10–14 und 18–22, So 10–14 Uhr • ♿ • €

Am Sonntag steppt in Buchingers „Das Wirtshaus" der Bär. Feuerwehrmänner nach Kirchgang oder Feuerwehrfest, treue und begeisterte Stammgäste – und wir. Zum Start kommen lauwarme Schafkäsepralinen im Kürbiskernmantel auf Wildkräutersalatbett und ein Tatar vom geräucherten Alpenlachs mit Erdäpfelrösti, Rahmgurke und Forellen-Kaviar-Creme. Ein erfreulicher Auftakt. Gebratenes heimisches Zanderfilet auf hausgemachten Eierschwammerlrahmnudeln und Backfleisch vom Tullnerfelder Schulterscherzl mit Erdäpfel-Vogerl-Salat und Schnittlauchsauce gibt es hernach. Ebenfalls eine gute Wahl. Selbst der auf heimischen Speisekarten häufig anzutreffende ofenfrische Schokoladenkuchen mit hausgemachtem Vanilleeis und Joghurt-Crumble setzt Akzente und erweist sich als würdiger Abschluss. Schön!

Haslauerhof

15,5/20

Landgasthof

Koch: Roland Lukesch

2402 Haslau an der Donau, Hauptstraße 17 • 02232 80221
info@haslauerhof.at • www.haslauerhof.at

Do–So 11–21.30 Uhr • €

Der Hinweis, dass es im Haslauerhof als Alternative zur Terrasse mit dem prächtigen Blick über die Donauauen auch einen bei jedem Wetter gemütlichen Gastraum gibt, ist wertvoll, aber als Argument für einen Besuch des Restaurants mittlerweile zu vernachlässigen. Denn die beste Begründung, um hier einzukehren, ist die vielseitige, handwerklich gekonnte und immer wieder auch überraschende Küche von Roland Lukesch. Der gebackene Wallerknödel mit Krautsalat, Bauchspeck und Saubohnen überzeugt genauso wie das Thunfischfilet mit Avocado und Erdnuss-Miso oder der köstliche Blunznstrudel mit Gänseleber und Veltliner-Apfel. Das gebackene Hirn ist schlicht perfekt, das Haslauer Lamm kommt tatsächlich aus der Nachbarschaft und schmeckt geschmort gleichermaßen gut wie gebraten und das Wildschwein aus dem Holzofen mit Morcheln und Wuzinudeln hat der Küchenchef am Vortag selbst erlegt. Waidmannsheil! Ein wenig Luft nach oben gibt es noch bei den Desserts. Die Weinkarte ist jetzt schon mit ein paar Schätzen aus der Umgebung eine würdige Ergänzung zum hervorragenden Mahl.

Wagner's Wirtshaus ➚

13,5/20

Koch: Christoph Wagner

2020 Hollabrunn, Gschmeidlerstraße 32 • 0676 308 6536
catering@diewagners.at • www.diewagners.at

Do–Sa 11–22, So 11–15 Uhr • €

Für einen derart unscheinbaren Ort ist das, was man beim Wagner erwarten kann, eine echte Überraschung. Aber hat man die gemütlichen Räumlichkeiten von Wagner's Wirtshaus einmal geentert, wird schnell klar, dass es hier in hohem Maß um der Gäste Wohl geht, denn der Service ist außergewöhnlich, die Weinkarte optimal auf die Speisekarte abgestimmt, die uns bei unserem Besuch unter anderem mit selbstbewusst gewürzten Enten-Frühlingsrollen mit erfrischendem Spinatsalat im Dialog mit fruchtigem Mangodressing und einer hocharomatischen Garnelenschaumsuppe – mit Curry bestens abgeschmeckt – erfreut. Weiter geht es mit hausgemachten Krebstascherln mit Safran und knackigem grünem Spargel. Als Abschluss ein fluffiges Schokoladensoufflé und die Gewissheit wiederzukommen.

Zum Topf

13/20

Landgasthof

Koch: Oswald Topf

3902 Kaltenbach bei Vitis, Kaltenbach 26 • 02841 8329, 0664 345 0680
landgasthaus.topf@A1.net • www.landgasthof-topf.at

Do–So 11.30–14 und 18–22 Uhr • ♿ • €

Ein Landgasthof, wie man ihn sich wünscht – das ist der „Topf“ in Kaltenbach. Die eleganten Speiseräume mit den einladend gedeckten Tischen lassen Nostalgie aufkommen, im schattigen Garten lässt es sich im Sommer wohlig genießen. Mit erfrischendem Aperitif, Jourgebäck, Aufstrichen und feiner Perlhuhnterrine verwöhnt der freundliche Service gleich zu Beginn. Eine etwas andere Vorspeise kommt mit der köstlichen Frühlingsrolle von der Waldviertler Bauernente auf den Tisch, sehr fein und lobenswert das Mousse-törtchen vom geräucherten Bachsaibling. Ein „Wohlfühlessen“ ohnegleichen wird mit dem geschmorten Kalbstafelspitz mit großartigem Erdäpfelknödel serviert, zart und gut abgestimmt die Filetspitzen mit Knoblauchrahm und Schnittlauchgnocchi. Zum Abschluss wartet eine Reihe von Dessertklassikern, auch mit Mohn, zur süßen Verführung.

Schloss Thalheim

13/20

Restaurant „Am Schlossgarten“

Koch: Adam Vasko

3141 Kapelln an der Perschling, Thalheim 22 • 02784 20079
reservierung@schlossthalheim.at • www.schlossthalheim.at

Fr 17–21, Sa 11.30–21, So 11.30–14.30 Uhr • €

Betritt man dieses Schloss, ist man von einer noblen Eleganz gefangen: Ob im eleganten, weiß gedeckten Restaurant oder auf der sonnigen Terrasse am Rande des Schlossparks – hier ist wohliges Genießen angesagt. Warmes knuspriges Brot, Hummus, Butter und Kalbfleischröllchen sorgen für Freude und Erwartungen. Aus der gut zusammengestellten umfangreichen Weinkarte sucht man sich seinen Favoriten zur mächtigen, geschmacklich nicht näher erkennbaren Gemüsecremesuppe und einem herzhaften Spargelsalat mit Spargelsorbet aus. Bildhaft angerichtet der Lammrücken mit Thalheimer Honig, sehr gelungen der Seeteufel mit violetten Erdäpfeln und Vanille-Safran-Beurre-blanc. Gut, süß und sehr mächtig die Nuss-Honig-Torte mit hausgemachtem Honigwein. Beim Erdbeersoufflé mit Lavendeleis ist einiges an Luft nach oben. Sehr aufmerksam und freundlich der Service, entspannt und einzigartig die Umgebung mit Blick in den Schlosspark.

Kupfer-Dachl

15/20

Köche: Martin & Stefan Görg

2801 Katzelsdorf/Leitha, Eichbüchl 23 • 02622 78236
info@kupfer-dachl.at • www.kupfer-dachl.at

Mi–Fr 16–21, Sa 11–15 und 17–21, So 11–15 Uhr • €€

Ruhig am Waldrand gelegen, umgeben von erholsamer Natur und mit stimmungsvollem Ausblick – das ist der Wohlfühlbetrieb der Familie Görg in Eichbüchl bei Katzelsdorf. Fulminant schon der Auftakt mit dem Gruß aus der Küche: Rehbutterschnitzel mit eingelegten Vogelbeeren. Geschmackvolle, auf der Zunge schmelzende hausgemachte Gnocchi mit Spargel, Jungzwiebel, Chili und Tomaten überzeugen ebenso wie einmalig flaumige Rehtascherl mit Liebstöckel, Sellerie und Pilzen. Kräftig gewürzt, aber lobenswert und zart das Stroganoff vom Maibock, köstlich und gut abgestimmt der Seesaibling mit Spargel aus der Buckligen Welt, Risotto und Kresse. Die in Butter-Nuss-Brösel gewälzten Nougatknödel sind süße Verführer. Aus der gut bestückten Weinkarte sucht man sich seinen Begleiter, von einem der beiden Brüder perfekt serviert, während der andere für die gute Küche sorgt. Nicht zu vergessen: die gemütliche Terrasse und die Möglichkeit, vor Ort zu übernachten.

Gut Oberstockstall

15,5/20

Koch: Christoph Wagner

3470 Kirchberg am Wagram, Ringstraße 1 • 0 22 79 23 35
restaurant@gutoberstockstall.at • www.gutoberstockstall.at

Mi–Fr 17.30–20.30, Sa 11.30–20.30, So 11.30–15.30 Uhr • €

Küchenchef Christoph Wagner ist zu beneiden. Im Gut Oberstockstall kann er mit besten Produkten arbeiten und zu seinen kreierten Gerichten gibt es Toprieslinge und -veltliner aus dem hauseigenen Weingut. Wer hier einkehrt, der weiß auch den aufmerksamen Service zu schätzen, der sich mit Charme um die Gäste kümmert. Und so gibt es nach einem Glas Sekt und dem Gedeck (Hummusaufstrich, selbst gebackenes Brot sowie Traubenkernöl) etwa Crème brulée und Parfait von der Entenleber. Zur überraschend gar nicht deftigen Vorspeise wird warme Brioche serviert – klassischer geht es eigentlich nicht mehr. Schaumsuppe vom Kerbel mit Kalbsbries, Coq au vin mit Polenta und Kräuterseitlingen oder geschmorte Rindsroulade vom Waldviertler Blondvieh mit Erdäpfelpüree ergänzen das Angebot. In Niederösterreich darf natürlich auch Gebackenes nicht fehlen: So finden sich auf der Speisekarte auch Lammschnitzel oder ein im Butterschmalz zubereiteter Knoblauchrostbraten. Und für den süßen Abschluss sorgt eventuell ein geeister Walnuss-Himbeer-Schmarren. Eine kleine Aufwertung für die große Vorbildwirkung.

Weinhaus

13/20

Kirchberg am Wagram

Köche: Lukas Humer & Rafael Reisser

3470 Kirchberg am Wagram, Marktplatz 33 • 0676 415 7045
office@weinhaus-kirchberg.at • www.weinhaus-kirchberg.at

Mo, Fr 16–21, Sa, So, 12–14 und 16–21 Uhr

Es ist ein wirklich schönes Platzerl, das die Gastronomen für ihr junges Restaurant in Kirchberg am Wagram gefunden haben. Im Gastgarten sitzt man superlauschig und wenn Wetter oder Saison nicht passen, ist es auch innen gemütlich und dank großer Panoramafenster freundlich und hell. Es gibt zwei Menüs zur Wahl, eines mit modern interpretierten Gerichten, eines mit Klassikern. Zum Auftakt wählen wir eingelegten Chicorée mit Erbsen, Passionsfrucht und Erdnüssen. Die Zutaten sind gut, wollen aber nicht so recht miteinander harmonieren. Beim Beef Tatar mit Kräutermayo und Senfsaat machen die Köche alles richtig, es wird sehr stimmig im Knochen serviert. Das rote Radlberger Wallerfilet steht vielleicht am symptomatischsten für die Philosophie des Hauses: hochwertige Zutaten aus der Region, mit viel Pfiff in Szene gesetzt. In diesem Fall mit Chinakohl, Heidelbeeren und Cashewnüssen. Aber auch die klassische Küche beherrschen die Gastgeber, das Wiener Schnitzel vom Biomilchkalb ist perfekt zubereitet. Die Weinkarte wird dem Namen des Hauses mehr als gerecht: Neben einem umfassenden Wagram-Schwerpunkt gibt es Verlockungen aus Österreich, Deutschland und Frankreich mit schöner Jahrgangstiefe.

Gaumenkitzel

15/20

im Hotel Molzbachhof

Koch: Peter Pichler

2880 Kirchberg am Wechsel, Tratten 36 • 0 26 41 22 03
office@molzbachhof.at • www.molzbachhof.at

Di, Fr, Sa 18–20 Uhr •

Das Restaurant Gaumenkitzel ist ein Kleinod, wo Peter Pichler seine herausragenden Kochkünste präsentiert. Unter dem Motto „Cook the gart'l" werden Zutaten aus dem eigenen Garten verwendet, darunter sogar Zitrusfrüchte. Ein besonderer Fokus liegt auf Nachhaltigkeit und auf der Auswahl von regionalen Lieferanten. Die Speisen sind variantenreich und kunstvoll inszeniert. Die Größe der Portionen sind Programm: Die Gerichte sind zart bemessen, sodass sie den Gaumen lediglich sanft kitzeln. Die Kombinationen der Geschmacksnoten begeistern – sei es die Lachsforelle mit Kohlrabi, Apfel und Bronzefenchel oder der Maibock mit Spargel, Thymian und Kirschen. Der effiziente Service von Nina Pichler ist geprägt von Fachwissen. So gibt es trotz der unkonventionellen Paarungen der Speisen immer die passende Weinempfehlung. Das Menü wird alle drei Monate erneuert und bietet neben der Möglichkeit, zwischen vier oder sechs Gängen zu wählen, auch Zwischengänge mit selbst gebackenem Brot, Buttervariationen, Fingerhäppchen und einem süßen Abschluss.

Kalteis

13/20 🍴🍴 Gasthof

Koch: Hubert Kalteis

3204 Kirchberg an der Pielach, Melker Straße 10 • 02722 7223
office@kalteis.at • www.kalteis.at

Do–Sa 11–14 unf 17–21, So 11–14 und 17–20 Uhr • €

Die Montagskarte!!! Wow! Im vergangenen Jahr haben wir Hubert Kalteis einen lebensfrohen und wachen Geist genannt. Quasi einen Wirt, dem der Schalk im Nacken sitzt. Genau das haben wir jetzt schwarz auf weiß. In der Montagskarte wird den alten Klassikern gefrönt. Gerichte, deren Namen schon lange nicht mehr auf Karten und Menüs zu lesen waren. Und bei denen wir jetzt, wenn wir sie lesen, merken, wie sehr sie uns gefehlt haben. Schinkenrolle, Russische Eier, sogar die „Beamtenforelle“, eine gebackene Knacker, hat Kalteis auf der Karte. Der Toast Hawaii kommt in einer Luxusvariante mit Sauerteigbrot, einer Beiriedschnitte und geräuchertem Schafkäse vom Eckbauern daher. Wir sind entzückt. Und natürlich bestätigt auch das Menü für den Rest der Woche unsere Einschätzung. Großartiges Rehbutterschnitzel, sensationelles Rahmherz mit Voralpentrüffel.

Hönigwirt

TIPP im Hotel Post

2860 Kirchschlag in der Buckligen Welt, Günser Straße 2 • 02646 2216
kontakt@hotel-post-hoenig.at • www.hotel-post-hoenig.at

Mi, Do 11.30–14 und 17.30–21, Fr, Sa 11.30–21, So 11.30–16 Uhr • €

Der Betrieb von Familie Hönig vereint Wirtshaus mit Hotel. Während Gäste im Hotel Post nächtigen können, schafft der Hönigwirt das kulinarische Pendant. Allgegenwärtig ist etwa auch das Zusammenspiel von Altem und Neuem, das im ganzen Haus spürbar ist. So erlebt man ein modernisiertes Haus mit einzelnen Möbelstücken, die an Vergangenes erinnern. Im Gasthaus in Kirchschlag in der Buckligen Welt darf man sich auf hohe Qualität und regionale sowie saisonale Produkte freuen. Tagesspezialitäten wie das Dry-Aged Beef aus dem Reifeschrank und wechselnde Gerichte mit Innereien sorgen für eine willkommene Abwechslung zur regulären gutbürgerlichen Küche. Gespeist werden kann entweder im urigen Gastzimmer, im hellen Wintergarten oder im neu gestalteten Innenhof mit Terrasse. Es lohnt sich, auch die angebotenen Themenabende – wie das Grillmenü – zu verfolgen.

Landgasthof Mann ➚

11,5/20

Köchin: Theresia Mann

3465 Königsbrunn am Wagram, Rathausplatz 14 • 02278 2334
gasthaus@mann.co.at • www.mann.co.at

Mo, Mi, Do, Fr 11.30–14 und 18–21, Sa, So 11.30–14 Uhr • €

Ein breit gefächertes Spektrum der Wagramer Weinvielfalt befindet sich im gut bestückten Weinkeller des Königsbrunner Landgasthofs. Dazu gesellen sich namhafte Weine aus ganz Österreich sowie naturbelassene Orange Wines. Auch in der Küche liegt der Fokus auf regionalen Zutaten und saisonalen Schwerpunkten. Etwa die Bärlauchcremesuppe mit Wildschweinschinken – ein Spiel aus cremiger Würze und knusprigem Raucharoma. Oder danach die gebackene Kalbsleber sowie Rindsrouladen. Beides bodenständig und klassisch. Als Abschluss bietet sich eine Pannacotta aus Bananen mit beschwipsten Weichseln an. Verspielt, aber solide. Das lauwarme Schokoladenküchlein mit Nougateis setzt allerdings noch eins drauf.

Goldstein Ⓝ

12,5/20

im Haus der Regionen

Köchin: Nadine Stangl

3500 Krems, Steiner Donauländе 56 • 02732 83676, 0664 781 61690
restaurant@gold-stein.at • gold-stein.at

Di 17.30–21.30, Mi–Sa 11.45–13.30 und 17.30–21.30 Uhr • ♿ • €

Krems hat eine neue empfehlenswerte Adresse: Das Restaurant Goldstein im Haus der Regionen bietet Liebhabern guter Küche einen interessanten Querschnitt unterschiedlicher Gerichte. Branzino-Ceviche mit Maismehl-Tortillas, eine kräftige Hühnerconsommé mit Ricotta-Teigtaschen oder ein Dry-Aged-Bavette-Steak mit Trüffelsauce und Eiszapfen (eine kleine Rettichsorte) finden Feinschmecker auf der kreativ zusammengestellten Speisekarte. „Frankreich küsst die Steiermark" lautet dann das Motto bei der Nachspeise, die aus Baba au rhum (Kuchen, mit Rum getränkt) und Zirbensorbet besteht. Die Weinkarte bietet eine interessante Auswahl, teils zu recht vernünftigen Preisen.

Gozzo

13/20

3500 Krems, Hoher Markt 11 • 02732 747455
reservierung@gozzo.at • www.gozzo.at

Inmitten des mittelalterlichen Stadtkerns von Krems liegt mit der Gozzoburg ein Architekturjuwel, das durch Kontraste überrascht. Denn hinter geschichtsträchtigen Mauern befindet sich ein modernes Restaurant im Bistro-Bar-Stil: das „Gozzo by Late". Hier sitzt man nicht nur bequem auf Polstermöbeln an schlichten Hochtischen, hier versteht man sich auch darauf, den Gast auf eine kulinarische Reise mitzunehmen. Wir wählen die „Gozzo Experience" (samt Weinbegleitung), die mit Gerichten zum Teilen einen Überblick über alles bietet, was die Küche kann – und das ist viel: California-Roll mit Lachs und Kaviar, cremiges Erdäpfelrisotto mit Ei, Poké-Bowl mit Pilz-Wan-Tan, butterweiches Schmorrind in Rotweinsauce ... und Nougatknödel, die man nicht besser machen kann. Der Service ist sehr zuvorkommend. Gute Auswahl an Limonaden und Terrasse mit Blick über die Altstadt.

Jell ↗

12/20

Gasthaus

Koch: Laurent Amon

3500 Krems, Hoher Markt 8–9 • 02732 82345
gasthaus@amon-jell.at • www.amon-jell.at

Di–Sa 11.30–13.45 und 18–21 Uhr • €

Hier findet man sie noch: altösterreichische Wirtshausklassiker wie gebackenen Kalbskopf, Beuscherl, geröstete Nierndln, gebackenes Hirn. Das Haus im historischen Kern der Stadt ist ein Ort heimeliger Gastlichkeit. In den schmucken Stuben mit Pölstern, Häkeldeckchen und Rehkrickerln werden kulinarische Traditionen wie das samstägliche Ofenbratl hochgehalten. Auch die jüngste Generation mit Laurent Amon geht bewusst diesen Weg – allen Trends zum Trotz wird hier einer frugalen Fleischküche gehuldigt. Eine minimale Auswahl vegetarischer Gerichte tut dem Zeitgeist Genüge. Klassisch auch die Desserts, erfreulich das Sortiment an offenen Weinen.

Zum Kaiser von Österreich

14/20

Koch: Hermann Haidinger

3500 Krems, Körnermarkt 9 • 02732 86001
restaurant@kaiser-von-oesterreich.at • www.kaiser-von-oesterreich.at

Di–Sa 18–22 Uhr

Das Restaurant von Silvia und Hermann Haidinger ist eine wundervolle Adresse für alle, die eine herzliche Gastfreundschaft zu schätzen wissen. Das denkmalgeschützte Ambiente des kleinen Kremser Bürgerhauses oder der Schanigarten bieten eine angenehme Atmosphäre für einen gelungenen Abend. Besonders beeindruckend ist die stimmige Verbindung von mediterranen und bodenständigen Gerichten. Der Küchenchef legt dabei sehr viel Wert auf regionale Lebensmittel. Ausgesprochen gut ist das köstliche Butterfischcarpaccio mit Avocadosalat. Aber auch das rosa gebratene Beiried mit hausgemachten Nudeln und Pilzrahmsauce sowie das gebratene Welsfilet in Zitronen-Kapern-Butter mit Erdäpfellaibchen sind kulinarische Highlights, die auf der Zunge zergehen. Allerdings ist die Zeitspanne von vier Stunden für ein Drei-Gänge-Menü doch etwas lang. Insgesamt ist das Restaurant jedoch eine ausgezeichnete Empfehlung für Genießer, die regionale Küche und eine herzliche Atmosphäre schätzen.

Weiler

13/20

Koch: Martin Weiler

2136 Laa an der Thaya, Staatsbahnstraße 60 • 02522 2379
martin@weilerlaa.at • www.weilerlaa.at

Mi, Fr 11.30–14 und 18–20.30, Do 11.30–14, Sa und So 11.30–14.30 Uhr • €

Solides Landwirtshaus, Treffpunkt der Umgebung. Freundliches, locker geführtes Lokal, in dem man sich sofort wohlfühlt. Oft gesehene Gerichte wie Beef Tatar oder Lachsforelle mit Gurke klappen hier gut. Frische, Schärfe, Kräuter – wunderbar. Die veganen Erbsenravioli mit Kohlrabi und Schwammerlragout sind so mild, dass sie fast als Kurgericht durchgehen könnten. Beim Tafelspitz blitzt die Erfahrung bei den Klassikern, aber auch die Produktqualität (Fleisch) hervor. Das Gemüse hat allerdings keinen Biss mehr. Sehr vorbildlich werden auf der Karte alle Lieferanten aufgeführt. Gute Weinkarte mit großteils Regionalem – sehr fair kalkuliert. Etwas mehr Liebe bei der Tischkultur und im Garten würde dem Weiler guttun.

Zur Linde

12,5/20

Köchin: Regina Waldherr

3053 Laaben bei Neulengbach, Laaben 28 • 0 2774 8378
linde@linde-laaben.at • www.linde-laaben.at

Mo, Di 18–21, Fr, Sa 12–14 und 18–22, So 12–20 Uhr • €€

Tradition, Herzblut und viel Feingefühl verbergen sich hinter jedem Gericht. Kochen ist Handwerk – und genau das wird in diesem Betrieb zelebriert. Das „Himmlische Pot-au-feu", eine raffinierte Kombination aus Saibling, Garnele, Hummer und Muscheln, macht seinem Namen alle Ehre. Darauf folgt ein mit Grammeln gefüllter Schweinslungenbraten vom Duroc – saftig und zart gleichermaßen. Zum Lungenbraten werden Spitzkraut und ein Süßkartoffelstrudel serviert. Unverfälschten Geschmack erlebt man auch bei der Weinbegleitung. Die bereits umfangreiche Weinkarte wurde um zahlreiche Naturweine ergänzt. Seit Kurzem erstrahlt auch der Gastraum in neuem Design.

Das Wolf

16,5/20

Koch: Christian Wöber

3425 Langenlebarn, Bahnstraße 58 • 0 2272 62567, 0676 961 3399
restaurant@daswolf.at • www.daswolf.restaurant

Mi, Do 17.30–20.30, Fr, Sa 11.30–13.30 und 17.30–20.30, So 11.30–19.30 Uhr • ♿ • €€

Das schicke Lokal in Tulln überzeugt durch freundlichen und kompetenten Service. Den Auftakt in Christian Wöbers Menü macht ein zartes Lammtatar mit Paradeisern, gefolgt von einer hervorragenden Safranschaumsuppe mit Meerestier. Die Spargelcremesuppe, zart ergänzt durch Blutorange, überzeugt ebenso, ab dann geht es Schlag auf Schlag – und immer ansprechend: Sei es eine Jakobsmuschel in duftigem Schaum, ein Seeteufel, kombiniert mit Sanddorn und Ingwer, oder ein Blunzenkuchen – alles ist von höchster Genauigkeit und geschmacklich treffsicher. Oder weiter mit Lammrücken und Maibock – auch hier wieder erwähnenswert: die Saucen. Zum Abschluss kommen nach reifen Käsen noch Hollerblüte und ein Traum in Pink mit Baiser und Sorbet. Erfrischend und poppig. Klar überzeugend und eine starke Ansage.

Floh

16,5/20

Koch: Josef Floh

3425 Langenlebarn, Tullner Straße 1 • 02272 62809
floh@derfloh.at • www.derfloh.at
Mo, Fr 11.30–14 und 17.30–21, Do 17–21, Sa, So 11.30–15 und 17.30–21 Uhr • ♿ • €

Josef Floh treibt vieles um. Er engagiert sich für Produkte aus organischer Landwirtschaft im Sinne des Radius 66 und ist immer auf der Suche nach dem echten Geschmack. Darauf basiert seine persönliche Charta, die ein respektvolles Leben und Handeln in allen Bereichen einschließt. Eine Einkehr in Langenlebarn wird so zur Wohltat für Leib und Seele. Die Speisekarte ist facettenreich – Fleischtiger werden genauso fündig wie Fans der vegetarischen Küche. Klassiker stehen ganz selbstverständlich Seite an Seite mit Kreativem. Eine Kostprobe: Herrlich erfrischend ist die Gurkenvielfalt mit Brunnenkresse und Ziegenfrischkäse. Ein Gericht zum Niederknien und ein brillantes Spiel von sauer und mollig: die lauwarme Kalbszunge mit Kernöl und Kren. Schlicht genial auf dem Punkt kommt das Saiblingsfilet mit sommerlichem Gemüse daher. Der Service ist zugewandt und herzlich, die riesige Weinauswahl ein außergewöhnliches Vergnügen. Nicht versäumen sollte man die Empfehlungen von Sommelier Benjamin Neiber-Trybek.

Heurigenhof Bründlmayer

14,5/20

Koch: Jan Pfeiffer

3550 Langenlois, Walterstraße 14 • 0 27 34 28 83
office@heurigenhof.at • www.heurigenhof.at

Mi–So 15–22 Uhr • €€

Schon die Anfahrt macht Spaß: Vorbei an den Weinbergen im Kamptal, über den pittoresken Kornplatz in Langenlois und rauf auf den Parkplatz beim Heurigenhof, der direkt an den Bründlmayer-Weinberg angrenzt. Auch im Restaurant gibt es viel zu schauen: Wir sitzen im liebevoll dekorierten Innenhof und bestellen das Überraschungsmenü in fünf Gängen. Ein sehr feiner Saibling kommt auf Streifen vom Granny Smith und einem für uns zu linden Kräutersud zum Tisch, danach folgen zwei Spargelgänge: grüner Spargel auf Erbsencreme mit Piemonteser Haselnüssen und einer Zabaione aus geröstetem Sauerteigbrot sowie eine herrliche Cremesuppe vom weißen Spargel mit einem Raviolo mit Kerbel-Estragon-Füllung. Eine Gebirgsforelle auf sardischer Pasta mit Radicchio und Spinat an kräftiger Fischvelouté rockt den Hauptgang, bevor der Abend fruchtig-süß endet: mit Mohnküchlein, Rhabarber, Nussbuttereis und Ingwerchutney. Die Getränkeauswahl fällt schwer: Das Weinbuch ist dick und enthält das Beste aus dem eigenen Keller, aber auch einen großen Querschnitt von nah und fern.

Gault&Millau
Entdecken,
genießen
& erleben.
Newsletter abonnieren und informiert bleiben auf
gaultmillau.at
© Maksym Fesenko/Shutterstock

Kräuterwirtin Ⓝ

11,5/20

Köchin: Gerda Stocker

2860 Lembach, Lembach 11 • 02646 2288
info@gasthaus-stocker.at • www.kräuterwirtin.at

Wer auf der Suche nach dem einen urigen Landgasthaus ist, der sollte unbedingt der „Kräuterwirtin" Gerda Stocker in Lembach einen Besuch abstatten. Die weit über die Region hinaus bekannte Köchin aus Leidenschaft setzt auf Frische und Bioqualität sowie regionale und saisonale Zutaten für ihre Wildkräuterküche. Auch Wildfrüchte und Baumfrüchte finden ihren Platz auf dem Teller. Liest sich gut und schmeckt noch besser: die Petersilienwurzelcremesuppe mit Vogelmiere, das perfekt gebackene Wildkräuter-Cordon-bleu mit Ziegenkäse und Geselchtem und danach ein mürber Apfelkuchen, frisch aus dem Ofen.

Genusswirtschaft

15,5/20

Koch: Christoph Schüller

2024 Mailberg, Mailberg 252 • 02943 30056, 0664 913 0427
reservierung@genusswirtschaft-mailberg.at • www.genusswirtschaft-mailberg.at
Fr–Di 11.30–13.30 und 18–20.30 Uhr • • €

Lassen sich die Begriffe „Niederschwelligkeit" und „Fine Dining" verbinden? „Ganz locker und gleichzeitig kompromisslos", lautet die Antwort, die Christoph und Verena Schüller mit ihrer Genusswirtschaft geben. Das beginnt beim familiären Empfang und Service, setzt sich mit verblüffenden Amuse-Gueules vom Nutria fort und gipfelt in einem neungängigen Überraschungsmenü, dessen Preis-Leistungs-Verhältnis in Österreich seinesgleichen sucht. Höhepunkte sind der Sprossenkohl mit zart knuspriger Spianata-Salami Calabrese, eine perfekt gebratene intensive Rehleber mit Senfsauce, die Krone vom Bergsee-Saibling mit Wurzelgemüse-Ratatouille und rotem Reis sowie ein im Ganzen gebratenes Rebhuhn, gefüllt mit Gänseleber und Brioche, begleitet von Trüffel-Erdäpfelpüree. Das ist höchstes Niveau und Kochkunst ohne Sicherheitsnetz – nicht jeder Gang überzeugt hundertprozentig, aber hier wird eben alles andere als seelenlose Topgastronomie-Routine geboten. Die Weinkarte konzentriert sich auf das Beste aus dem Weinviertel und passt somit zur Küche, die weitgehend auf die immer besser und vielfältiger werdenden Grundprodukte regionaler Zulieferer setzt.

Weindomizil Hagn

12/20

Koch: Ferenc Herczegh

2024 Mailberg, Mailberg 422 • 0 29 43 22 56
reservierung@hagn-weingut.at • www.weindomizil.at

Do 16–21, Fr, Sa 10–21, So 10–19.30 Uhr

Gut sitzt es sich auf der stylishen Terrasse des Weindomizils Hagn an einem lauen Frühsommertag bei einem kühlen Glas des hauseigenen Weins, der hier vorrangig angeboten wird. Auch das Personal ist bestens disponiert und verwöhnt mit Köstlichkeiten wie geräuchertem und geflämmtem Forellenfilet mit Buttermilchschnitte, Kaviar und Kren oder gebackenem Parmesan-Ei mit saftigen Pastramistreifen, Rucola und Kürbis. Oder mit sommerlichen Gemüsemedaillons mit weißem Tomatenschaum und knusprigem Parmesan und dem Besten von der belgischen Schokolade mit Colloredokirsche und Salzkaramell. Fesch!

Hotel Schachner

13,5/20

Koch: Wolfgang Bauer

3672 Maria Taferl, Maria Taferl 24 • 07413 6355
office@hotel-schachner.at • www.hotel-schachner.at

So–Do 18–20 Uhr • ♿ • €

Einfach wow! Ein unglaublicher Ausblick – das Restaurant selbst wirkt stilistisch zwar etwas in die Jahre gekommen, aber der Blick von der Terrasse macht schnell klar, warum die Leute hierher pilgern. Unter anderem. Die Karte bietet eine erstaunliche Vielfalt von lokaler Klassik bis globaler Avantgarde: Oktopus, Rote Garnele, Risotto bis hin zu den Must-haves der heimischen Küche. Das Beef Tatar hat eine klare Schlagseite in Richtung Tomate und wird sehr pastenartig angerichtet; das Wiener Schnitzel vom Kalb wird mit Butterschmalz überwältigt – und auch mit einer Spur zu viel Hitze gebraten. Warum also die Aufwertung? Das poëlierte (eine schonende Gartechnik im Ofen) Seesaiblingsfilet mit Waldstaudenkorn und einer Art Crumble ist so überragend, dass uns gar nichts anderes übrig bleibt. Mit geschlossenen Augen ist man hier plötzlich in der absoluten Spitzenklasse. Ein grandioses Gericht. Mehr davon. Bitte! Die Weinkarte erfüllt sowieso alle lokalen Träume und mehr. Wir kommen garantiert wieder. Hier ist alles möglich.

Berghotel Tulbingerkogel

14/20

Koch: Georg Bläuel

3001 Mauerbach, Tulbingerkogel 1, Mauerbach bei Wien • 02273 7391, 0676 629 0088
hotel@tulbingerkogel.at • www.tulbingerkogel.at

12–21 Uhr • €€

Gerade in unsicheren, krisenhaften Zeiten wird Beständigkeit geschätzt. Das nostalgisch-elegante Restaurant des Berghotels Tulbingerkogel erfüllt diesen Anspruch aus gastronomisch-kulinarischer Sicht. Beruhigt entnimmt man der von der langjährigen, jovialen wie resoluten Saalchefin gereichten Karte, dass solide Klassiker der feinen Küche nach wie vor verfügbar sind. Kalbsbries, zum Beispiel. Fein, glaciert mit geräuchertem Aal und Erbsenpüree. Wohl jeder schätzt hier die harmonischen Fischgerichte wie den zarten Steinbutt auf mild-cremigem Rübenrisotto und Babyspinat. Sofern verfügbar, sollte man vor oder statt der – etwas biederen – Desserts die reifen Rohmilchkäse vom Wagen probieren und das Menü damit abschließen.

Vier Jahreszeiten im Park

11/20

im Schlosspark Mauerbach

3001 Mauerbach, Herzog-Friedrich-Platz 1 • 01 970 30 100
info@imschlosspark.at • www.schlosspark.at

Von der Terrasse aus beobachtet man den Seerosenteich des romantischen Schlossparks, lauscht dem Gezwitscher der Vögel und dem Plätschern des kleinen Bachs. Ein Idyll, welches zusätzlich durch bodenständig-saisonale Gerichte mit einem Schuss Extravaganz ergänzt werden. So serviert man beispielsweise das Beef Tatar mit wachsweich gebackenem Ei und Avocado. Beim Tafelspitz bleibt man dem Original mit Erdäpfelschmarren, Rahmgemüse, Schnittlauchsauce und frischem Apfelkren treu. In der Patisserie ist man stets bemüht. Die Dessertauswahl könnte jedoch abwechslungsreicher ausfallen.

Landhaus Bacher

18,5/20 🍴🍴🍴🍴

Genießerhotel

Koch des Jahres 2009, Service Award 2012

Koch: Thomas Dorfer

3512 Mautern, Südtirolerplatz 2 • 02732 82937
info@landhaus-bacher.at • www.landhaus-bacher.at

Mi 18.30–20.30, Do–Sa 12–13.30 und 18.30–20.30, So 11.30–19.30 Uhr • €€

Hier herrscht immer gute Laune. Das liegt nicht nur am guten Essen, an den tollen Weinen und am angenehmen Ambiente. Es ist vor allem das junge Serviceteam, das seit Jahren von Johanna Stiefelbauer souverän geführt wird, das uns vom ersten Moment an liebevoll umsorgt. Manche Spitzenköche erwarten von ihren Gästen, dass sie sich dem Regime einer Carte blanche unterwerfen und sich auf eine fremdbestimmte Entdeckungsreise einlassen. Hier darf man bestellen, worauf man Lust hat.

Es werden vier Menüs geboten, eines davon ist vegetarisch gehalten. Sie umfassen neue Kreationen und saisonale Gerichte wie auch alte Klassiker. Das berühmte Kaviar-Ei, das es seit über 30 Jahren gibt, darf natürlich auch nicht fehlen. Edelteile von Rind und Lamm oder zarte Innereien (Kalbsbries!) stehen genauso zur Auswahl wie Meeresfrüchte (Kaisergranat) und Süßwasserfische (Räucheraal, Stör, Forelle).

Mit spielerischer Leichtigkeit wechselt Küchenchef Thomas Dorfer zwischen heimischen, mediterranen und exotischen Aromen. Dorfer besitzt die geniale Gabe, aus einem Füllhorn an Möglichkeiten jeweils die stimmigste Kombination zu finden. Dabei hilft es natürlich, dass die Saucen und Jus jedem Gericht ein verlässliches Rückgrat verleihen. Sie vereinen verführerischen Leichtigkeit gepaart mit komplexer Tiefe und Intensität.

Geschmeckt hat jeder Gang, besonders in Erinnerung bleibt das klassische Bœuf bourguignon mit Erdäpfel-Mousseline und Blätterteig-Fleuron: scheinbar einfach, aber doch grenzgenial. Dass dazu ein 2001er Saint-Émilion glasweise gereicht wird, unterstreicht die Klasse dieses Hauses.

Bevor es Richtung süßes Finale geht, kommt noch ein warmes Käsedessert (Nuart-Schafkäse mit Marillenconfit) zu Tisch. Wunderbar! Schade, dass diese attraktive Art des Pre-Desserts nicht öfter angeboten wird. An den meisten Nachbartischen werden die obligatorischen Marillenknödel geordert. Wir begnügen uns mit einem schlichten Erdbeersorbet, sodass wir nicht nur gut gelaunt, sondern auch beschwingt die gastliche Stätte verlassen.

Nikolaihof

12,5/20

3512 Mautern, Nikolaigasse 3 • 02732 82901
wein@nikolaihof.at • www.nikolaihof.at

Das Wachauer Traditionsweingut gilt als das älteste Weingut Österreichs und ist bekannt für seine einzigartigen Ausbauten ortstypischer Rebsorten. Eine umfangreiche Weinverkostung sowie eine Führung durch den gut bestückten Weinkeller lassen sich ebenso mit einer – wie wir finden – gelungenen kulinarischen Darbietung im gemütlichen Innenhof verbinden. Wie auch bei den Weinen arbeitet man ohne viel Chichi die Aromen der jeweiligen Hauptkomponenten heraus. Neben klassischen Heurigenspezialitäten wie Liptauer, durchzogenem Speck und selbst gebackenem Roggenbrot empfehlen wir das Dreierlei vom Räucherfisch mit Kräutersalat. Die Ochsenzunge mit cremigen Linsen und Knödel findet man auf keiner zweiten Speisekarte wieder. Ebenso das Wildkräuterrisotto. Zu guter Letzt die Desserts, welche die Vorzüge der Region hervorheben. Das Resultat: bodenständig und ein ehrlicher, vor allem authentischer Geschmack vom Anfang bis zum Ende.

Wachauer Stube

TIPP

im Hotel Wachau

3390 Melk, Am Wachberg 3 • 02752 52531
info@hotel-wachau.at • www.hotel-wachau.at
Mo–Sa 17–22 Uhr • ♿ • €€

Die Wachauer Stube der Familie Hipfinger befindet sich im Hotel Wachau in Melk. Hier wird auf traditionelle Zubereitungsweisen und auf eigene Produkte gesetzt. Seit vielen Jahren etwa werden der Bärlauch selbst aus den Melker Auen und die Marillen sowie Wildkräuter aus dem eigenen Garten gesammelt. Das Fleisch stammt ebenfalls aus eigener Zucht vom familiengeführten Biohof, der seit 1823 im Einklang mit der Natur betrieben wird. Das Ergebnis kann man als Gast im urigen Restaurant erleben. In bodenständiger, gemütlicher Atmosphäre genießt man hier gutbürgerliche Gerichte, die im ständigen Rhythmus der Saison und Regionalität monatlich wechseln, dazu werden österreichische Qualitätsweine eingeschenkt. Ein weiteres Highlight im Sommer ist die Panoramaterrasse, die einen wunderschönen Blick über die Wachau eröffnet.

Apfelbauer

10,5/20

Koch: Markus Kuchner

2761 Miesenbach, Ascherstraße 15 • 0 26 32 82 44
info@apfelbauer.at • www.apfelbauer.at

Fr und Sa 11–21, So 11–17.30, Fei 11–15 Uhr • ♿ • €

Immer wieder eine Freude ist es, das gemütlich-urige Gasthaus mit der so netten Bedienung zu besuchen. Bei einem perfekt gezapften dunklen Kozel – Böhmens bestem Bier – entscheiden wir uns für Nudeltascherln mit Spargelfülle, Ofenparadeiser und Bärlauchpesto, die – im Gegensatz zur perfekten Safran-Paprika-Suppe mit Alpenlachsstreifen – leider so gar nicht gefallen mögen. Die Tascherln zu weich, die Fülle zu nichtssagend! Auch das Paradegericht des Apfelbauern – Reisfleisch mit Champignons und gehobeltem Bergkäse – fällt diesmal durch zu viel Paprika und eine zu lange Garzeit auf. Der karamellisierte Apfelschmarren mit hausgemachtem Topfen-Rum-Eis ist dann zum Trost wieder perfekt wie immer und gibt zur Hoffnung Anlass, dass es nur an der Tagesform lag.

Babenbergerhof

12/20

Koch: Mario Szücs

2340 Mödling, Babenbergergasse 6 • 0 22 36 22 2 46
hotel@babenbergerhof.com • www.babenbergerhof.com

Mo–Fr 12.30–14.30 und 18–21, Sa und So 7.30–13 Uhr • €

Seit einigen Jahren hat Mödling eine verlässliche Anlaufstelle für Foodies: den Babenbergerhof in der Fußgängerzone. Nach erfolgreicher, auch optischer Mauser isst man hier auf verlässlich hohem Niveau. Auf der kleinen Karte finden sich beliebte Wirtshausklassiker wie Tafelspitz und Backhenderl sowie Mediterran-Leichtes wie Paprika-Fischsuppe und Krebssalat. Vegetarier und Veganer spricht man mit kreativen Speisen an, etwa geschmorten Rüben auf Kürbiscreme mit „veganem Mozzarella“. Stylishe Terrasse im Sommer, Natural-Wein-Angebot, jeden Morgen Genussfrühstücksbuffet.

Pino Ⓝ

12/20

Koch: Giuseppe Barbieri

2340 Mödling, Brühlerstraße 6 • 0 22 36 86 01 87, 0676 634 8069
info@pino-ristorante.at • www.pino-ristorante.at

Di–Sa 12–14.30 und 18–22 Uhr • €€

Die Haube steht ihm gut, dem Stammitaliener der Mödlinger. Pino und sein Team servieren im Refugium in der Fußgängerzone schon viele Jahre eine authentische Küche, die das mediterrane Genießerherz zu schwierigen kulinarischen Entscheidungen zwingt: hausgemachte Pasta – etwa Gnocchi mit Zitronencreme – oder knusprig-saftige Pizza mit Pilzen und schwarzem Trüffel? Herrliche Gamberoni oder gebratenes Kräuter-Lammkotelett? Tiramisu oder Pannacotta? In der Symbiose aus Ristorante, Pizzeria und Enoteca versteht man sich auch auf Wein aus allen Regionen Italiens. Wozu noch in den Süden reisen?

Zur Palme

16/20

Köchin: Theresia Palmetzhofer

3364 Neuhofen an der Ybbs, Marktplatz 6 • 07475 52794, 0660 527 7730
kontakt@zur-palme.at • www.zur-palme.at

Do 17.30–20.30, Fr, Sa 11.30–14 und 17.30–20.30, So 11.30–14 und 17–19.30 Uhr • ♿ • €

Immer wieder aufs Neue ist es eine Freude, bei der so charmanten wie begabten Theresia Lucia Palmetzhofer in ihrem Gasthaus zur Palme einzukehren und von ihrer bestens geschulten und gelaunten Truppe in Zusammenarbeit mit der hochinteressanten Weinkarte verwöhnt zu werden. Einzig die Speisekarte, sie macht Probleme! – Denn nichts will weggelassen, alles probiert werden. Und so entscheiden wir uns „schweren Herzens“ für eine wunderbare Komposition aus Apfel, Saiblingstatar und Sesam, das Stundenei mit Shiitake, Ziegenkäseschaum und Wildreis und die mehr als sämige Krustentierschaumsuppe, begleitet von Wurzelgemüse und Garnelen. Es folgen ein wunderbarer vegetarischer Gang, der alle Fleischeslust vergessen macht – die hocharomatische Kerbelknolle mit Orange, Chevre und Walnüssen –, und ein beispielhafter Fischgang – der hauchzarte Steinbutt mit Kartoffel, Rahm, Speckbrösel und Lauch. Zum Abschluss darf die knusprige Birne mit weißer Schoko und Pistazieneis nicht fehlen.

Weingartl

13/20

Koch: David Orsag

3040 Neulengbach, Alter Markt 6 • 02772 53133
restaurant@weingartl.co.at • www.weingartl.co.at

Mi, So 11.30–14.30, Do–Sa 11.30–14.30 und 18–21.30 Uhr

David und Monika Orsag überraschen in ihrem Weingartl Gäste mit tadellos zubereiteten Speisen, die geschmacklich ebenso überzeugen wie optisch. Die Wachtel kommt mit würzigem Püree auf den Tisch, der gebratene Ziegenkäse mit Stangensellerie, Äpfeln und schwarzen Nüssen. Rindsroulade oder gekochte Kalbszunge sind zwar ausgezeichnet, aber leider nicht immer verfügbar. Als Alternativen bieten sich dann Rehragout mit Rotkraut oder Beiried mit Steinpilzrisotto. Bei den Desserts empfehlen sich die Powidltascherl. Mittwochs bis freitags werden mittags Tagesteller sowie verschiedene Mittagsangebote offeriert. Achtung: Nur Bares ist Wahres! Konkret: keine Kartenzahlungen möglich.

Schwarz

14/20

Gasthaus

Koch: Erwin Schwarz

3521 Nöhagen, Nöhagen 13 • 02717 8209
office@gasthaus-schwarz.at • www.gasthaus-schwarz.at
Mi–Sa 11.30–13.30 und 17.30–20.30, So 11.30–13.30 und 17.30–19 Uhr, Fei • ♿ • €€

Gute Wirtshausküche – und was will man mehr? – bietet der Schwarz zu Nöhagen seit Jahr und Tag unprätentiös, aber auf höchstem Niveau – begleitet von einer Weinkarte, die vor allem punkto klassische Wachau alle Stücke spielt und in Sachen Jahrgangstiefe kaum Wünsche offenlässt. So führt uns große Vorfreude ins doch recht verschlafene Nöhagen, die von Beinfleisch-Semmelkren-Ragout und gebackenem Kalbskopf sowie gebackener Blutwurst mit Erdäpfelsalat flugs zu Freude transformiert wird. Auch das Alpensaiblingsfilet auf Hummerkraut und das Geschmorte vom Kalbsschulterscherzl mit Erdäpfelknödel sind ohne Kinkerlitzchen, Fehl oder Tadel, was man getrost auch von den Topfenschupfnudeln mit reichlich Mohn und perfektestem Marillenröster zum krönenden Abschluss sagen kann. Auf bald!

Bonka ⓝ

13,5/20

Koch: Herbert Bonka

3413 Oberkirchbach, Oberkirchbach 61 • 0 22 42 62 90
bonka@aon.at • www.bonka.at

Do 17–21, Fr und Sa 11–21, So 11–18 Uhr • ♿ • €

Das Restaurant Bonka ist ein Ort der Widersprüche. Außen ein altes Haus, innen eine moderne Gaststätte. In der Küche ein 120-jähriger Holzofen, daneben zeitgemäßes Gerät; traditionelles Essen, modern präsentiert. Schon der erste Teller ist so konzipiert, dass sich der Gast aus Rind- und Pferdefleisch sowie fünf weiteren Zutaten sein spezielles Beef Tatar kreiert. Wie es sein soll: das Wiener Schnitzel vom Schwein mit gemischtem Salat. 220 Gramm Fleisch reichen zum Glücklichsein, besonders dann, wenn es sich um ein unglaublich zartes Pferdefilet mit Süßkartoffel-Wedges und Röstgemüse handelt. Zum Schluss noch superflaumige Topfenknödel mit Zwetschkenröster. Aus der mit heimischen Weinen bestückten Karte wählen wir eine Flasche Riesling Smaragd 2011 vom Knoll aus Unterloiben. Und kein Widerspruch: sehr kompetente und gastfreundliche Wirtsleut'.

Goldenes Bründl

15/20

Koch: Norbert Steiner

2105 Oberrohrbach, Waldstraße 125 • 02266 80495, 0664 383 8679
gasthaus@goldenesbruendl.at • www.goldenesbruendl.at
Do–Fr 11–14.30 und 18–21, Sa 11–21, So, 11–14 Uhr • ♿ • €€

Bereits im Jahre 1278 erfrischte sich Rudolf von Habsburg am „Goldenen Bründl", einer Quelle mitten im Wald bei Oberrohrbach, nach der das hier errichtete Gasthaus benannt ist. In der warmen Jahreszeit lockt der idyllische Gastgarten, Platz zu nehmen und sich kulinarisch verwöhnen zu lassen. Stets empfehlenswert ist das große Menü (drei- bis fünfgängig), mit dem Küchenchef Norbert Steiner zeigt, was er kann. Schon die an einem heißen Sommertag höchst willkommene geeiste Gurkenkaltschale gerät ungemein erfrischend, ebenso die Buttermilchterrine in geeister Erbsen-Minz-Suppe. Steiner liebt außergewöhnliche Kombinationen: kross gebratener Branzino mit gepfefferter Marille und Pilzessenz oder Wachtelbrust mit Haselnussmousse, Radicchio und Sommertrüffel. Alles durchaus harmonisch und gelungen. Fein, dass es zu jedem Gang den passenden Wein glasweise gibt – im perfekten Glas und gut erklärt vom freundlichen Service. Einer der Höhepunkte: das Zweierlei vom Donaulamm (geschmort sowie rosa, mit knusprigem Fettranderl) mit köstlichen gebratenen (hauchdünnen) Auberginenscheiben. Das Dessert ist eine wahre Augenweide: Himbeer-Tartelette mit eingelegten Himbeeren, weißer Schokomousse und Rahmeis. Der Sohn des Hauses werkt/wirkt derzeit übrigens im Steirereck – gute Aussichten für eine langfristige Qualitätssicherung!

Die Schmauserei

13,5/20

Koch: Patrick Lentavitsch

2120 Obersdorf bei Wolkersdorf, Hauptstraße 56 • 0 22 45 82 4 28
dieschmauserei@gmail.com • www.die-schmauserei.at
Mi, Do 16–22, Fr, Sa 11.30–14.30 und 17.30–22, So 10–15 und 17.30–22 Uhr • ♿ • €

Ein Name, ein Programm – oder wie der Lateiner so schön sagt: nomen est omen. Hier isst man mit großer Freude, hier wird mit Freude und Leidenschaft kreiert, gekocht, serviert. Von den umliegenden Landwirten und Winzern kommt viel Köstliches. Neugierige lassen sich am besten auf ein mehrgängiges Überraschungsmenü ein. Die Rindsuppe mit Kaspressknödel ist schön kräftig, der in Tempurateig gebackene Grünspargel mit Chili-Mayo und Salat vom Gemüsehof Jöchlinger knackig-fein. Das Welsfilet mit Fregola Sarda, Blattspinat und Cordyceps-Pilz ist eine schöne Kombination, aber – ebenso wie das Bio-Galloway-Rind, sous-vide gegart, mit (großartigen!) Safrangnocchi – ein Hauch zu salzig. Erfreulich das Weinangebot, mitunter biodynamisch. Freunde des gepflegten Biers werden ebenso fündig, etwa mit den kreativen Sorten der Biermanufaktur Loncium aus Kötschach-Mauthen.

Fontana Restaurant®

12/20

Koch: Oliver Hoffinger

2522 Oberwaltersdorf, Fontana-Allee 1 • 0 2253 606 2311
office@fontana-restaurant.at • www.fontana.at
Mi–So 11.30–21 Uhr • ♿ • €€

Im Fontana Restaurant verschmelzen amerikanischer Vorstadtcharme und zeitgenössische Eleganz. Österreichische und internationale Klassiker auf der Wein- sowie auch auf der Speisekarte erwarten den Gast in einem modernen, etwas kühlen Ambiente. Seit Kurzem leitet Oliver Hoffinger die Küche. Während einige Gerichte mit ihrer exquisiten Präsentation und einer ausgewogenen Geschmackskomposition begeistern, ist bei anderen Gerichten noch Raum für Verbesserungen. Das Zweierlei vom Tullnerfelder Lamm ist auf jeden Fall ein wahres Erlebnis. Hausgemachte Gnocchi, Ceviche von der Lachsforelle und Safranrisotto sorgen für weitere große Genussmomente. Genießen lässt sich dies alles besonders gut auf der Terrasse, von der man einen einmaligen Überblick über die Golfanlage und den Badesee hat.

Bärenwirt ↗

14/20

Landgasthof

Köchin: Renate Schaufler

3252 Petzenkirchen, Ybbser Straße 3 • 07416 52153, 0676 639 3300
info@baerenwirt1.at • www.bärenwirt.at
Mo–Sa 11–21 Uhr • ♿ • €€

Hin und wieder steht groß auf der Homepage, dass der Bärenwirt ein paar Tage geschlossen ist. Nicht oft, aber wenn das der Fall ist, sollte man auf jeden Fall weiterlesen. Meist ist Erich Mayrhofer dann mit ein paar Freunden, auch Mostviertlern, unterwegs und macht ein paar „Feldversuche". Ein kreatives Projekt, bei dem Gastronomen der Region schauen, was ebendiese bietet, und Wahnsinnsgerichte daraus machen. Für die, die gerne im Wirtshaus in Petzenkirchen bleiben, gibt es das „Feldversuchsmenü" auch dort. Ganz große Empfehlung aus diesem Menü: die geschmorte Kalbsschulter mir Erdäpfelkuchen, Eierschwammerl und Artischocken. Oder das Neubrucker Lachsforellenfilet. Mit Nussnudeln, Marillenchutney und Kürbis. Gibt es alles natürlich auch so auf der Karte. Aber als ganzes „Feldversuchsmenü", das hat was. Großes Wirtshauskino. Und die Weinkarte kann sich sowieso sehen lassen.

Hansls Linde Ⓝ

12/20

Köchin: Michaela Hansl

3002 Purkersdorf, Rechenfeldstraße 1 • 0660 830 5380
office@hanslslinde.at • www.hanslslinde.at
Mi–Fr 17–22, Sa 12–22 Uhr • ♿ • €

Fast märchenhaft klingt der Name „Hansls Linde" – und ähnlich romantisch liegt es auch, das alte Gasthaus am Waldrand von Purkersdorf. Michaela Hansl hat das Restaurant im vergangenen Jahr übernommen und einige Monate lang renoviert. Im April war Eröffnung und nun treffen urgemütliches Wirtsstubenambiente auf klare Akzente und moderne österreichische Gerichte auf althergebrachte Rezepte, etwa mit Haferreis. Wie und zu was man diesen am besten verarbeitet, erfährt man in einem eigenen Kochbuch – oder man bestellt das Haferreis-Risotto mit Zitronencreme aus der Karte. Wir haben uns diesmal für die Spargelcremesuppe mit Karottenchips entschieden – sehr sanft und samtig –, für ein knuspriges Backhuhn sowie ein kross gebratenes Saiblingsfilet mit Salbei-Gnocchi, Weißweinsauce, Kaviar und Purpurkarotten. Zum Abschluss eine Mousse au Chocolat und ein Erdbeertörtchen auf Biskuit, das den „Geschmack aus der Kindheit" wachgeküsst hat. Das junge Serviceteam ist sehr um den Gast bemüht, die Weinkarte klein, aber fein.

Nährer

16,5/20

Koch: Michael Nährer

3141 Rassing, Hubertusstraße 2 • 0 27 84 22 24
office@gasthaus-naehrer.com • www.gasthaus-naehrer.com
Mo, Di 18–21, Fr, Sa 11.30–14 und 18–21, So 11–15 Uhr • • €

Einst war Michael Nährer ein „junger Wilder". Das ist lange her. Wild ist er immer noch. Seine Teller sehen teilweise aus wie Bilder von Jackson Pollock. Das mag rein optisch nichts jedermanns Ding sein, geschmacklich sind sie – unbestreitbar – eine Wucht. Kein Wunder, Nährers Lehrmeister waren unter anderem Walter Eselböck und Marc Veyrat. Ein paar Beispiele für seine außergewöhnlichen Wirtshausgerichte? Da wären etwa das Rieslingbeuschel vom Hirsch, Reh und Wildschwein, das man entweder als Vor- oder besser gleich als Hauptgang ordern kann. Oder der gebackene Kalbskopf mit Erdäpfel-Vogel-Salat und Senfsaatsauce. Oder – als regionaler Klassiker – das Mostviertler Krenfleisch. Allesamt solides Handwerk und pure Leidenschaft. Einst wurde Nährer für seinen feinen Gaumen beim Abschmecken gelobt. Das hat er nicht verlernt. Ganz im Gegenteil. Außerdem gibt es da noch das Projekt der eigenen Weine aus „vergessenen Gärten". Großartiger Stoff. Spontan, ungeschönt und nicht filtriert.

Knappenhof

14,5/20

Hotel & Restaurant

Koch: Matthias Birnbach

2651 Reichenau an der Rax, Kleinau 34 • 0 26 66 536 33
reception@knappenhof.at • www.knappenhof.at

Ein Ausflug zum Hotel Knappenhof lässt Erinnerungen hochkommen. An die eigene Kindheit, aber auch an ein pittoreskes Damals, lange vor der eigenen Kindheit. Sigmund Freud, Arthur Schnitzler oder Viktor Frankl sind diese Strecke auch schon gefahren. Weites Land, die Festspielstadt Reichenau, Gebirge rundherum. Der Knappenhof ist wunderschön und renoviert. Jetzt kann es nur großartig werden. Aber irgendetwas fehlt. Wir erleben einen Service nach Vorschrift. Freundlich, bemüht. Aber der Maître wird eindeutig vermisst. Auf den Tisch kommt ein Berglinsensalat mit Kohlrabi, der sich als Beilage besser eignet. Selchfleischknödel auf Paradeiskraut: Milder kriegt man einen Knödel wahrscheinlich nicht hin und endlich einmal ein Kraut, das nicht laut schreit, sondern genussvoll summt. Der gebackene Waller ist auch gut gelungen und die Kalbsbutterschnitzel sind fein faschiert. Ein Gedicht. Wir sehen die neue Bewertung nicht als Abwertung. Eher als neue Einordnung. Tolle Ausflugs- und Wirtshausküche mit viel Potenzial.

Buchingers Gasthaus zur Alten Schule

12,5/20

Koch: Manfred Buchinger

2122 Riedenthal, Wolkersdorfer Straße 6 • 02245 82500
manfred@buchingers.at • www.buchingers.at

Eine Einkehr in Manfred Buchingers „zur Alten Schule“ ist immer wieder eine Reise wert. Seit über drei Jahrzehnten kocht er wie ein Fels in der Brandung auf Haubenniveau und begeistert seine Gäste dabei nicht nur mit seinem besonderen Schmäh, sondern allem voran auch mit seinem beherrschten Handwerk und seiner ungekünstelten Art, hochwertige Produkte zu bodenständigen Gerichten zu initiieren. Gerichte wie gebackener Kalbskopf, Kuttelsuppe und Rücken vom Wildhasen bekommt man heute nur mehr selten und selten so gut wie hier. Dazu gesellen sich auf der Karte internationale Ausflüge wie die hausgemachten Trüffel-Gnocchi, das Truthahn-Sandwich mit Erdäpfeln oder die sardische Wildschweinsuppe. Immer gut und quasi obligat sind die finalen Schneenockerl mit Vanillesauce und Dirndl. Dazu trinkt man eigens hergestellten Wermut, regionale Weine oder Buchingers Interpretation der Schulmilch: Grünen Veltliner mit Holler und Soda-Zitron.

Schlosshotel Rosenau

TIPP

Koch: Michael Pehn

3924 Rosenau Schloss, Schloss Rosenau 1 • 0 28 22 58 2 21, 0664 240 5157
schloss@hotelrosenau.at • www.schlosshotelrosenau.at

Mi–So 9–15 und 16.30–19 Uhr • ♿ • €

Regionale Köstlichkeiten treffen auf internationale Kreativität. Ob saure Rindszunge oder Matcha-Maisflammeri – im Schloss Rosenau gibt es das Richtige für jeden Geschmack. Im Sommer genießt man die Kochkunst von Küchenchef Michael Pehn und seinem Team auf der Terrasse: In der heißen Jahreszeit wirft er jeden Donnerstag den Griller an. Sollte das Wetter nicht mitspielen, kann man im rusikalen, gemütlichen Gewölbe Platz nehmen. Auch für die Romantik, etwa beim fünfgängigen Candle-Light-Dinner, ist gesorgt. Das Küchenteam setzt natürlich vorrangig auf regionale und saisonale Zutaten, exemplarisch dafür ist der Waldviertler Mohn, der für köstliche Mohnnudeln eingesetzt wird. Das Schloss Rosenau bietet aber nicht nur das Restaurant, es gibt auch ein Hotel, das zudem sehr gerne von Brautpaaren als Hochzeitslocation ausgewählt wird.

Essl

15/20 🍴🍴🍴

Landgasthaus

Koch: Philipp Essl

3602 Rührsdorf, Rührsdorf 17 • 02714 6384
info@landgasthaus-essl.at • www.landgasthaus-essl.at

Mi 18–21, Do und Fr 11.30–14 und 18–21, Sa 11.30–14.30 und 18–21, So 11.30–15 Uhr • ♿ • €

Nicht nur zur Marillenblüte ist das Landgasthaus Essl in Rossatz eine äußerst beliebte kulinarische Pilgerstätte für Wachaubesucher. Philipp Essl und sein Team spielen virtuos auf der Kulinarik-Klaviatur und liefern einen Geschmackshöhepunkt nach dem nächsten. Das gelingt prächtig mit Klassikern wie einem hauchdünnen, perfekt souffliertem Wiener Schnitzel oder einem in Rahm und Zitrone marinierten und anschließend knusprig gebackenen Henderl, aber auch mit einer kreativen und produktverliebten Jahreszeitenküche. Wir haben das Landgasthaus zur Osterzeit besucht und konnten aus dem Vollen an Spargel, Pilzen und Bärlauch schöpfen, etwa marinierte Wachauer Biopilze an Waldviertler Brimsen, Ceviche mit eingelegtem Solospargel oder Ramsauer Alpsaibling an Erdäpfel-Bärlauch-Risotto. Zum Abschluss locken Schokomousse an eingelegtem und mariniertem Rhabarber und Wachau Gâteau, die sündig-süße Essl-Interpretation der Wachauer Torte. Auf der Weinkarte findet sich schwerpunktmäßig die Wachau in all ihren Facetten.

Aelium ↗

14/20

Koch: Christoph Vogler

3100 St. Pölten, Fuhrmannsgasse 1 • 02742 30515
restaurant@aelium.at • www.aelium.at

Di–Sa 12–14 und 18–21 Uhr • ♿ • €

St. Pölten ist nicht Marseille, aber wer im Sommer draußen vor dem Lokal speist, meint, die Mittelmeerbrise zu spüren. Zumal Burrata mit Nektarine und Paradeisern oder Schaschlik di Mare mit Fregola Sarda und Melanzane auch in der Provence oder im Languedoc serviert werden könnten. Gut, die Lammnierndln mit Liebstöckel würden im Süden eher Skepsis auslösen, wir aber waren sehr angetan von Würzung und Garzeit zollen Küchenchef Christoph Vogler Respekt. Und bei den Erdbeeren zum Schluss mit Pistazien und Kakaofruchtsaft wähnen wir uns wieder am Strand. Elena Rameder hat dafür gesorgt, dass hier viele erstklassige Weine zu sympathischen Preisen verfügbar sind (nächstes Mal bestellen wir eine ganze Flasche Top-Manzanilla zu läppischen 29 Euro). Den coolen Service unter der Leitung von Christoph Essl gilt es auch zu erwähnen.

La Dolce Vita

11/20

Koch: Nicola Guarino

3100 St. Pölten, Rathausplatz 5 • 02742 20233
info@zanettigroup.at • www.zanettigroup.at/ladolcevitastp
Mo–Do 11–14.30 und 17–21.30, Fr und Sa 11–14.30 und 17–22, So 11–21.30 Uhr • €

Mitten am St. Pöltener Rathausplatz kann man dank des Teams rund um die Gastronomenfamilie Zanetti das pure Dolce Vita genießen. Dafür sorgen authentische italienische Gerichte, stilvoll-gemütliches Ambiente und hochwertige Grundprodukte. Neben schmackhaften Pizzen aus dem Holzofen und hausgemachter Pasta dürfen mediterrane Spezialitäten wie gegrillte Calamari, Risotto oder Bistecca alla fiorentina erwartet werden. Darüber hinaus versucht man mit Speisen wie Beef-Maki, Thunfisch-Tataki oder Burger auch Mainstream-Klassikern gerecht zu werden. Ob diese Erweiterung ein Muss in einem italienischen Ristorante ist, sei fürs Erste dahingestellt. Wir lassen uns von diesen Ausreißern vorerst nicht beirren und bleiben der Länderküche bei finalem Tiramisu mit Espresso treu.

Vinzenz Pauli

TIPP

3100 St. Pölten, Alte Reichsstraße 11–13 • 0650 620 2077
frag@vinzenzpauli.at • www.vinzenzpauli.at
Di–Fr 17–21.30, Sa 11.30–13.30 und 17–21.30 Uhr

Das Vinzenz Pauli in St. Pölten wurde 2015 im Rahmen einer Neuübernahme von Grund auf neu gestaltet. Das ehemalige alte Gasthaus erstrahlt heute in hellen Farben, viel Holz, Vintage-Möbeln sowie einer neuen Veranda. In kulinarischer Hinsicht darf man sich auf Gerichte mit Biolebensmitteln freuen, die großteils aus unmittelbarer Umgebung kommen, etwa dem Pielach- oder Traisental. Das Küchenteam hat es sich zum Ziel gesetzt, klassische Speisen auf raffinierte Art und Weise umzusetzen. Dabei ist es ihm auch ein Anliegen, dass Vegetarisches und Veganes nicht lediglich Beilagen sind, sondern auch alleine gut funktionieren. Auf der Karte stehen Seesaibling-Tataki, gefüllte Zucchiniblüte, Fehlrippe vom Biorind und gebratene Erdäpfelkissen. Eine Hauptrolle spielt daneben auch der Wein, der ebenfalls gerne bio, aber auch mal biodynamisch ist.

Gaststätte Figl

12,5/20

Koch: Sebastian Kickinger

3100 St. Pölten/Ratzersdorf, Hauptplatz 4 • 02742 257402
office@gaststaette-figl.at • www.gaststaettefigl.at

Di–Sa 11.30–14 und 18–21.30 Uhr • €

Freundlicher Service, ausgezeichnetes Preis-Leistungs-Verhältnis und eine Küche, die mit ihren Leistungen überzeugt. Das Matjesfilet etwa wird mit verschiedenen eingelegten Gemüsen serviert und die Bärlauchsuppe verströmt im Frühling nicht nur den beliebten Bärlauchton, sie kommt auch auf eine angenehm leichte Art auf den Tisch. Wer sich für den Lungenbraten vom Tullnerfelder Schwein entscheidet, darf sich zusätzlich über ein würziges Koriander-Chili-Spitzkraut und Pommes Duchesse freuen. Rosmarinerdäpfel und knackiger Wildbrokkoli begleiten das Rinderfilet, das in unserem Fall „medium rare" serviert wird. Auch der süße Abschluss – Schokoladenbrownie mit Kalamansi-Gelee – ist eine uneingeschränkte Empfehlung.

Weingut Nigl

13/20

Weingut, Hotel & Restaurant

3541 Senftenberg, Kirchenberg 1 • 0 2719 260 95 00
reservierung@weingutnigl.at • www.weingutnigl.at
Mo 16–22, Di–Fr 14–22, Sa 11.30–22 Uhr • €€

Viel los war beim Nigl, draußen und drinnen. Gesellschaften, Paare. Ist ja auch schön hier – und mit einem zwar etwas mächtigen, allerdings auch imposanten Privat-Veltliner im Glas kann man nachprüfen, warum das Weingut zur österreichischen Spitze zählt. Ob die Küche da mithalten kann? Kaum. Ja, Brot und Beinschinken sind super. Aber vom Parfait von der grob wirkenden Waldland-Entenleber mit Kirsche, Haselnuss, Sellerie und einem recht süß wirkenden French Toast sind wir enttäuscht. Das Stundenei mit grünem Spargel, Kernöl und Brotwürfeln wirkt ein bisschen langweilig-routiniert. Geht wohl nicht anders, wenn die Küche das umfangreiche, zwischen rustikal und fein pendelnde Programm durchziehen will. Ordentlich: die Wildfang-Reinanke. Am besten das schlichte Dessert: Marillenpalatschinken.

Das Markthof®

13/20

Köche: Fabian Schasching & Max Eichberger

3041 Siegersdorf, Kellergasse 1 • 0664 815 5638
office@markthof.at • markthof.at

Do–Sa 11.30–13.30 und 18–20.30, So 11.30–18 Uhr • ♿ • €

Nahe Neulengbach liegt der beschauliche Ort Siegersdorf, in dem man alles erwartet, nur keine kulinarischen Überraschungen. Spätestens bei Erreichen des von Johannes und Angelika Strasser-Edhofer betriebenen Biobauernhofs wird man eines Besseren belehrt. Den Auftakt macht ein gegrillter Saibling, der harmonisch mit Gurken, Pistazien, Spitzpaprika und Oliven daherkommt und wunderbar pikant gewürzt ist. Auch das Filet vom Schwein mit Spitzkraut ist eine Überraschung. Bei den Desserts ist noch etwas Luft nach oben, sie können mit den herausragenden Gerichten davor noch nicht wirklich mithalten. Wobei auch da Kreativität und frischer Wind spürbar sind. Der Zwetschkenröster zu den Powidltascherln wird zum Beispiel als Eis serviert und als Wein zu den Desserts der schräge Vin Doux Naturel von der Domäne Wachau empfohlen. Überhaupt sind die Weine eine Erwähnung wert: Nahezu 30 Weine werden glasweise angeboten.

Schiller

15,5/20

2453 Sommerein, Hauptstraße 31 • 0676 944 4049
mail@landgasthausschiller.at • www.landgasthausschiller.at

Nur 40 Minuten von Wien entfernt betritt man ein gehobenes, aber nicht abgehobenes Restaurant. Es ist, wie man es sich vorstellt und wünscht: das perfekte Vorstadtwirtshaus. Hier kommen Stammgäste nach der Kirche, Familien und zielstrebig angereiste Feinspitze zusammen. Dieses breite Publikum abzudecken, ist auf diesem Niveau eine große Herausforderung, die großteils gut bis sehr gut gelingt. In den wunderschönen japanischen Tellern wirken auch Suppen plötzlich eleganter – an diesem Tag können diese (Leberknödelsuppe, Erdäpfelcremesuppe) aber nicht mit der Keramik mithalten. Perfekt gekochtes Suppengemüse mit Knochenmark und Zander mit Kohlrabi, Erbsen und Rhabarber sind die Highlights. Da ist es plötzlich Paris in Sommerein! Wir wünschen uns alle Gerichte auf diesem Niveau. Besonders hervorzuheben ist der charmante und präzise Service, glänzend auch bei der Weinkompetenz. Die Weinkarte ist einzigartig fair kalkuliert – allein das ist eine Reise wert.

Prankl

13,5/20

Koch: Daniel Petz

3620 Spitz, Hinterhaus 16 • 02713 2323, 0664 968 2117
office@gasthof-prankl.at • www.gasthof-prankl.at
Fr–Di 11.30–20.30 Uhr • €

Edle Tropfen, gutes Essen, Bilderbuchlandschaft – das ist die Wachau. Mittendrin der Gasthof Prankl im alten Schiffsmeisterhaus mit seiner langjährigen Tradition. Terrasse, Garten und gemütliche Gasträume laden zum Verweilen ein. Appetitliche Aufstriche zu Beginn, die gebeizte Lachsforelle und die cremig-feine getrüffelte Kohlrabicremesuppe sind stimmige, vorzügliche Gerichte. Auch mit Prankls Fischvariation auf Bärlauchrisotto und Spitzpaprika sowie einer saftigen Hendlbrust mit wildem Brokkoli und Gnocchi weiß Daniel Petz zu überzeugen. Fruchtige, erfrischende und gaumenfreundliche Sorbets aus Marille und Sauerampfer verwöhnen zum Abschluss. Das umfangreiche Weinangebot mit allem, was die Wachau bietet, ist selbstverständlich.

Hopfeld – Dreikönigshof

12,5/20

Koch: Martin Mocnik

2000 Stockerau, Hauptstraße 29 • 02266 627880
familie@hopfeld.at • www.hopfeld.at
Di–Fr 11.30–14.30 und 18–21, Sa 11.30–21 Uhr • ♿ • €

Das nach der Betreiberfamilie des Hotels Dreikönigshof benannte Restaurant Hopfeld ist das kulinarische Aushängeschild Stockeraus und bietet mit einer gut sortierten, klassischen Weinkarte, einem flinken wie aufmerksamen Serviceteam und der saisonalen Küche, ergänzt mit einigen Ganzjahresklassikern, zum Beispiel einem sommerfrischen „Carpaccio" von Sellerie und Apfel mit Pinienkernen und Ziegenkäse oder einer bestens abgeschmeckten Eierschwammerl-Cremesuppe, alles, was das Herz begehrt. Weiters begeistern uns der gebratene Gebirgssaibling mit Pilz-Tagliolini und die gebratene Hendlbrust auf Eierschwammerl-Gröstl sowie zum Abschluss der Weinviertler Marillenknödel und die flaumigen Marmeladenpalatschinken.

Renate's Postschänke Ⓝ

11,5/20

2392 Sulz im Wienerwald, Hauptstraße 51 • 0676 510 1101
office@renates-postschaenke.at • www.renates-postschaenke.at
Mi–Sa 11.30–21, So 11.30–20 Uhr • ♿

Die Postschänke in Sulz im Wienerwald hat in den vergangenen Jahrzehnten eine bewegte Geschichte hinter sich gebracht. Doch seit einiger Zeit sind die Fahrwasser wieder ruhig. Dafür sorgt Gastgeberin Renate gemeinsam mit ihrer Tochter Teresa, einer gelernten Patissière: Die beiden haben das ortsprägende schmucke Haus zu einem Sammelpunkt für Genussmenschen, Ausflügler und Familien gemacht. Gut gemachte Wirtshausküche, ein schönes Angebot an Vegetarischem, zum Beispiel Risotti der Saison, und wunderbare Desserts (Cheesecake, Buchteln, hausgemachtes Eis). Themenwochen, etwa zu Pizza oder Fisch, sowie Grillabende im Sommer auf der Terrasse.

Stockerwirt

13,5/20

Koch: Roman Hlousek
2392 Sulz im Wienerwald, Rohrberg 36 • 02238 82590
landgasthaus@stockerwirt.com • www.stockerwirt.com
Mi–Sa 11.30–21, So 11.30–19 Uhr • €€

Nahe der Stadt und doch mitten im Grünen, umgeben von Wald und Wiesen, ist man hier weit weg vom schnellen Leben. Dass sich beim Gast augenblicklich Entspannung einstellt, ist neben dem behaglichen wie stilvollen Ambiente – mit einem von Bäumen beschatteten Garten – auch dem überaus freundlich agierenden Team zu verdanken. Bewundernswert, mit welch unaufgeregter Leichtigkeit hier alles wie am Schnürchen läuft. Man lehnt sich zurück und genießt – ob knuspriges Backhendl, butterzarten Hirschrücken oder kreativ marinierte zarte Räucherforelle. Einzig die Desserts können am Tag unseres Besuchs nicht mit dem allgemeinen Niveau mithalten. Nicht zuletzt macht ein sehr klug gewähltes Spektrum an offenen Weinen, vom preiswerten, sehr guten Schankachtel um 3,50 Euro bis zur Rarität um 20 Euro, den Ausflug in den Wienerwald zum Vergnügen.

Thomas im Johanneshof

13/20

Koch: Thomas Reinisch

2523 Tattendorf, Im Weingarten 1 • 0 2253 8142316, 0699 171 72570
essen@thomasimjohanneshof.at • www.j-r.at/restaurant

Mi–Sa 12–21.30 Uhr • ♿ • €

In der idyllischen Weingartenatmosphäre offenbart sich eine wahre kulinarische Entdeckungsreise. Saisonale Köstlichkeiten werden dabei gekonnt in Szene gesetzt. Von der herrlich zarten Hühnerbrust an Maispüree bis hin zum köstlichen Scheiterhaufen begeistern die Gerichte mit ihren geschmacklichen Kompositionen und abgestimmten Texturen. Besonders hervorzuheben sind die exzellenten Weine, die natürlich aus dem hauseigenen Weingarten stammen. Das gemütliche Interieur des Restaurants besticht durch seine natürliche holzgeprägte Atmosphäre, ohne aber dabei überladen zu wirken. Ein Geheimtipp: Wer frühzeitig erscheint, kann sich vorab mit einer Weindegustation ideal auf den Abend einstimmen.

Nibelungenhof

16,5/20

Koch: Rainer Melichar

3133 Traismauer, Wiener Straße 23 • 0 27 83 63 49, 0676 400 4645
office@nibelungenhof.at • www.nibelungenhof.at

Mi–Sa 12–14 und 18–21, So 12–18 Uhr • €

Die traditionelle Reihenfolge eines Menüs zu ändern, ist mutig, eigentlich ein kulinarischer Dogmenbruch. Genau das macht Rainer Melichar gleich zweimal. Zuerst startet er mit dem Hauptgang und am Ende des Menüs serviert er den Käse nach den süßen Desserts. Die Idee hat was. Den Auftakt des Menüs bildet ein Lamm im Sud mit Erdäpfelpüree und Süßkartoffelchips. Dramaturgisch mit dem Höhepunkt zu beginnen, ist außergewöhnlich und eine neue Erfahrung – man hat nach dem Hauptgericht noch Lust auf mehr. Diese Lust wird durch Hummer mit Ochsenmaultörtchen befriedigt – bei diesem Gericht wird mit Geschmäckern und Texturen regelrecht jongliert: Der knackige Hummer, das zarte Törtchen und die perfekte Succowell-Gemüsesauce schmecken bei jedem Bissen sensationell anders. Warum noch niemand auf die Idee kam, Taube und Reisfleisch zu kombinieren, bleibt ein Rätsel. Perfekt gewürzt und mit Trüffel verfeinert, ist dieser Teller der nächste Knaller. In einer leicht gesüßten Tomatensauce kommt ein gebackener Waller mit Kohlrabi-Erbsen-Gemüse auf den Tisch und leitet zu den Nachspeisen über. Zwei süße Gänge und Käse beenden den Abend.

Sodoma

15/20

Zur Sonne

3430 Tulln, Bahnhofstraße 48 • 02272 64616
www.gasthaussodoma.at

Di–Sa 11.30–13.30 und 18–20.30 Uhr

Im Sodoma-Garten trifft man sich. Abgesprochen oder unweigerlich. Weil es ja in Tulln und Umgebung nun mal nicht unendlich viele Restaurants mit großer, prächtig sortierter und fair kalkulierter Weinkarte gibt und weil die Idylle hier fast perfekt ist. Fast, weil der Autoverkehr an dieser Ausfahrtsstraße zur Rush Hour erheblich ist. Als der nette Kellner gerade unseren Wein karaffiert hatte – unaufgefordert –, nimmt neben uns also mal eben eine bekannte Winzerin Platz, nur um eine Kleinigkeit zu essen. Wir bleiben länger, um die Flasche 2016er Riesling Heiligenstein Alte Reben von Bründlmayr zu leeren, die wir nach langem Hin und Her zwischen Knoll und F. X. Pichler, Barolo und Burgundern gewählt hatten. Was die Speisen angeht, ist die Entscheidungsfindung kaum weniger haarig. Sie sind mal klassisch gehalten (Grammelknödel mit Krautsalat), mal ambitioniert (Rindsfilet mit Tropea-Portweinzwiebel) inszeniert. Irgendwo dazwischen dürfte die Sulz vom Kalbstafelspitz liegen haben – saftig und würzig. Noch besser: Steinbuttfilet mit getrockneten Paradeisern und safranisiertem Fenchelgemüse. Fisch muss man erst mal so gut hinbekommen! Reichlich Schlag ziert den warmen Haselnussauflauf mit geschmorten Pfirsichen.

Süddeck

11,5/20

Ambiente Award 2023

Köche: Angelo Spielauer & Marian Hendler

3430 Tulln, Donaulände 3 • 02272 23222
genuss@sueddeck.at • www.sueddeck.at

8–24 Uhr • ♿ • €€

„Ein Blick sagt mehr als 1000 Worte“: Ob Sonnenauf- oder -untergang – Urlaubsgefühle sind hier garantiert. Sehr modern und doch verspielt wie im Kräutergarten sowie kitschig wie am Meer könnte man das Ambiente beschreiben. Vorspeisenklassiker wie Beef Tatar oder Burrata fehlen ebenso wenig wie Hummer Bisque und Gambas. Dieser „Meereseinfluss“ spiegelt sich auch bei den Hauptspeisen wider. Hervorzuheben sind die köstlichen Lobster-Linguine sowie das Miso-Lachsfilet. Doch keine Sorge, es gibt auch ausgezeichnetes Kotelett vom Duroc-Schwein mit Trüffelbutter oder saftiges Rib-Eye. Die Nachspeisen sind fantastisch, das Personal sehr freundlich.

Gasthaus zum Goldenen Schiff

TIPP

3430 Tulln, Wiener Straße 10 • 02272 62671, 0664 356 6900
office@zumgoldenenschiff.at • www.zumgoldenenschiff.at
Mo–Fr 11.30–14 und 18–21 Uhr • €

In Tulln an der Donau wird den Gästen im Gasthaus zum Goldenen Schiff gelebte Wirtshaustradition geboten. Das Restaurant wird mittlerweile in fünfter Generation geführt und verbindet Altbewährtes mit Neuem sowie Tradition mit Innovation. Was dabei nie aus den Augen verloren wird, ist das Bewusstsein für die Region. Aus diesem Grund stammt ein Großteil der Produkte aus dem unmittelbaren Umfeld des Gasthauses. Die Erdäpfel und Zwiebeln etwa vom Bauer Fritz und die Kräuter aus Omas Garten. In der Küche, in der übrigens auch noch die Großmutter tätig ist, werden die Produkte letztendlich zu gutbürgerlichen Gerichten vollendet. Auf der Speisekarte steht geröstete Schweinsleber, Wiener Schnitzel, Tafelspitz und Saiblingsfilet mit Spargelrisotto. Das süße Pendant schaffen Marillenpalatschinken, Schokokuchen und Hollerblütenparfait.

Pollak's Wirtshaus

13/20 🍽🍽

Der Retzbacherhof

2074 Unterretzbach, Bahnstraße 1 • 02942 20171, 0664 454 2307
pollak@retzbacherhof.at • www.retzbacherhof.at

Ob im einladend gedeckten Wintergarten oder im schattigen Garten, bei den Pollaks ist man richtig, um sich mit geschmacklich sehr guter Küche verwöhnen zu lassen. Das gute, ausgesuchte Weinangebot ist von der Region geprägt und bietet auch glasweise einiges. Der Genuss beginnt mit köstlichem Kaninchen-Butterschnitzel, knusprigem Winterpilz und Erbsencreme, geschmackvoll und originell die frischen Bandnudeln mit Bärlauchpesto und Schafkäse. Zum hinreißend zarten Backhendl wird mustergültiger Erdäpfel-Vogerl-Salat serviert. Eine verlockende Kombination ist auch der Tagesfisch in Form von Wels-Butterschnitzel, Spargel, Artischocken und Weißweinsauce. Und als Abschluss empfiehlt sich eine echte Köstlichkeit: Nussstrudelschmarren mit Kanarimilch.

Foggy Mix

13/20

Koch: Bernhard Zimmerl

3830 Waidhofen an der Thaya, Heidenreichsteiner Straße 28 • 02842 24184
zimmerl@foggy-mix.at • www.foggy-mix.at

Do–Mo 11.30–14 und 18–21 Uhr •

Fine Dining in Waidhofen an der Thaya? Mit dem würde man nicht rechnen, doch Bernhard Zimmerl belehrt uns eines Besseren. Das Menü, das man an vier Tagen pro Woche bestellen kann, überrascht mit allerlei kreativen Kompositionen. Ob es sich um einen Lolli aus Spargel mit Spargelkaramell als Amuse oder ein Radieschensorbet als Pre-Dessert handelt, der junge Küchenchef zeigt, was er kann. Natürlich darf das Signatur Dish, der Schweinebauch im Karpfendashi, nicht fehlen – dieser gleicht einer Umamibombe. Karpfen hat generell einen hohen Stellenwert, denn sogar der Wein, der für das zehnjährige Jubiläum gekeltert wurde, lagerte im Karpfenteich. Die Weinkarte ist gut sortiert, sie umfasst Klassiker aus Österreich und der ganzen Welt. Auch à la carte kann gespeist werden: Hier wird auf einfachere Küche gesetzt, aber dennoch die Qualität hochgehalten.

Blauenstein

TIPP

Schlossküche Walpersdorf

3131 Walpersdorf, Schlossstraße 2 • 0699 193 07883
restaurant@blauenstein.at • www.blauenstein.at
Mi–Sa 11.30–14 und 17.30–21, So 11.30–15.30 Uhr • ♿ • €

Im beeindruckenden Schloss Walpersdorf in Niederösterreich hat sich mit dem Blauenstein eine angemessene Schlossküche aufgetan. Gäste können hier durch die alten Gemäuer in historischer Atmosphäre eine schöne und zudem köstliche Zeit verbringen. Der Küchenchef Florian Mistelbauer und sein Team legen größten Wert auf regionale und saisonale Produkte. Gesetzt wird hier neben österreichischen Klassikern auch auf internationale und kreativ interpretierte Speisen. Auf der Karte finden sich neben Kalbsbeuschel, gebeizter Lachsforelle, Ziegenkäsemousse und Beef Tatar auch ein portugiesischer Fischeintopf sowie Tagliolini mit Garnelen. Zum großen Finale gibt es gereiften Käse sowie Desserts wie Mille-feuille oder Topfenknödel. Weinliebhaber werden mit den angebotenen Positionen aus dem Traisental, der Wachau und dem Kremstal genauso glücklich.

Landgasthof Hinterleithner

15/20

Koch: Hans Jörg Hinterleithner

3681 Weins Hofamt Priel, Weinser Straße 95 • 07414 7203
office@hinterleithner.at • www.hinterleithner.at
Mi–Fr 11–15 und 17–22, Sa 11–15 und 17–23 Uhr

Tradition und Kreativität verbinden, das möchte Hans Jörg Hinterleithner den Gästen mit seinem Team bieten. Und da er sich auf seine Küchen- und Servicemannschaft verlassen kann, gelingt ihm das auch. Nach hausgemachtem Sauerteigbrot, Speck und Kimchi zum Glas Sekt startet er etwa mit Krustentierschaumsuppe mit Garnele. So ein Einstieg tut der Seele gut – und der Gaumen freut sich auch über die folgenden Kreationen, die die Küche verlassen: Muscheln mit Karotten-Chili-Creme, Thai-Garnelen-Curry oder Ricota-Agnolotti lassen keine Wünsche unerfüllt. Originell und geschmacklich sind auch die „Fish & Chips“ vom Karpfen, zu denen es Pommes frites und Sauce tartare gibt. Genießer können zudem zwischen in Portwein geschmorten Schweinsbackerln, Perlgraupen im Spinatblatt oder dem klassischen Wiener Schnitzel wählen. Dass hier auch die süßen Gelüste nicht zu kurz kommen, versteht sich von selbst: Mohnnudeln oder Yuzu-Curd mit Kokossorbet sorgen für einen würdigen Abschluss.

Böhm am Weinzierl

13,5/20

Landgasthaus

Koch: Michael Böhm

3004 Weinzierl am Riederberg, Dorfstraße 4 • 02271 2240
info@landgasthaus-boehm.at • www.landgasthaus-boehm.at

Mi–Sa 11–14 und 18–21, So 11–15 Uhr • ♿ • €€

Das Landgasthaus Böhm ist ein unprätentiöser Treffpunkt für ein Wirtshauserlebnis. Seit über 15 Jahren wird hier auf Haubenniveau gekocht und man versteht sich als sozialer Knotenpunkt der Umgebung. Eine große Auswahl (30 Gerichte!), die sich herrlich liest. Die Suppen (Steinpilzconsommé und Chili-Safran-Fischsuppe) haben richtig Power. Auch die Blunzenradln mit Krautsalat und geschärftem Apfelmus überzeugen. Pulled-Reh mit Kartoffelschaum und Feigen sowie der Kalbsrücken mit Bandnudeln und Eierschwammerln können hier leider geschmacklich, aber auch kochtechnisch nicht mithalten. Das Fleisch ist zu durch, das Reh überwürzt und die Nudeln sind zu weich. Man hat das Gefühl, dass die Konstanz unter der großen Vielfalt der Gerichte leidet. Großes Lob an einen der freundlichsten Oberkellner der Region. Das ist vorgelebte Gastfreundschaft.

Heinzle

13/20

Koch: Gerhard Heinzle

3610 Weißenkirchen in der Wachau, Weißenkirchen 280 • 02715 2231, 0664 428 7869
restaurant@heinzle.at • www.heinzle.at

Mi–Sa 11.30–15 und 17–20, So 11.30–16 Uhr • €

Mit dem Wort „Erlebnisgastronomie" beschreibt Familie Heinzle ihr Angebot. Man könnte die Speisekarte jedoch auch als kulinarisches Spiegelbild der Wachau bezeichnen. Selten findet man eine Adresse, an der Regionalität in diesem Maße gelebt wird. Bereits die leichte Wachauer Fischsuppe sowie das geräucherte Filet von der Forelle mit frischem Nussbrot, knackigen Radieschen und würzigem Topfen überzeugen sowohl optisch als auch geschmacklich. Zum Zanderfilet auf Balsamicolinsen und knusprigem Speck empfiehlt das zuvorkommende Serviceteam einen leicht gereiften Grünen Veltliner Smaragd – eine hervorragende Wahl. Und was wäre die Wachau ohne ihre berühmt-berüchtigten Marillen? Lassen wir die Frage einmal im Raum stehen. Zum Dessert gab es jedenfalls Crème brulée mit Marillensauce. Ein Traum.

Jamek

13,5/20

Ambiente Award 2008

Koch: Alexander Groß

3610 Weißenkirchen in der Wachau, Joching 45 • 02715 2235
info@weingut-jamek.at • www.jamekwein.at

Di–Do, Sa 11.30–16, Fr 11.30–14.30 und 17.30–21 Uhr • €

Legenden leben – und „der Jamek" gehört hier fix dazu. Das stilvolle Haus in der Wachau ist nicht nur für seine grandiosen Weine berühmt, sondern lädt auch mit hervorragender Küche an die Donau – und mit Speisen von Edeltraud Jamek, die Geschichte schrieben und sich als zeitlose Klassiker nach wie vor auf der Karte finden: Hechtnockerl (mit Safran und Reis), Kalbsbeuschel oder gebratene Blutwurst mit Sauerkraut und Erdäpfelschmarren. Wirtshausküche pur – so, wie man sich's vorstellt. Doch auch die Freunde der leichteren Muse werden hier froh: Der Frühlingssalat mit Trüffelvinaigrette, knusprigen Buttercroutons und Weißbrotschaum erfrischt als perfekte Vorlage für den knusprig gebackenen Karpfen. Danach: Marillenpala mit einem Glas Süßwein, what else? So muss das sein, in der schönen Wachau. Mit etwas Glück im Garten.

Kirchenwirt Weissenkirchen

11/20

Koch: Jürgen Bicker

3610 Weißenkirchen in der Wachau, Kremser Straße 17 • 02715 2332
hotel@kirchenwirt-wachau.at • www.kirchenwirt-wachau.at

11–20 Uhr • €€

Dank des freundlichen Personals und der kulinarischen Köstlichkeiten ist der Kirchenwirt ein idealer Platz zum Entschleunigen. Das Forellenfilet mit Oberskren und einem Klecks Kaviar ist ein sommerlich-leichter Beginn. Beim tadellos gegarten Rehrücken ist leider der Jus etwas dünn und macht den Eindruck, als ob der dazu servierte Brokkoli sowie der grüne Spargel noch Wasser gelassen hätten. Die Schupfnudeln schmecken langweilig, die Pfeffermarillen könnten um eine Spur bissfester sein. Der Marillen-Schokolade-Kuchen hingegen besticht durch seine Flaumigkeit. Weißweine aus der Wachau und aus dem Kamptal sowie Rote aus ganz Österreich stehen zur Auswahl.

Prandtauerhof

14/20

im Weingut Holzapfel

Köchin: Karin Irk

3610 Weißenkirchen in der Wachau, Prandtauerplatz 36 • 02715 2310
weingut@holzapfel.at • www.holzapfel.at

Mo, Di und Fr 10–15, Sa 10–20 Uhr; ab Ende Mai Mo 10–22 und Mi 10–15 Uhr • €€

Fehlt nur noch die passende Musik in diesem barocken Juwel. Besonders gerne lässt man sich hier im schmucken, von Oleandern umrahmten Arkadenhof nieder. Die historischen Gemäuer des Prandtauerhofs beherbergen Boutiquehotel, Restaurant und Weingut, die von der Familie Holzapfel mit großer Hingabe und Umsicht geführt werden. Serviert wird saisonal ausgerichtete bodenständige Küche, handwerklich top gemacht, mit kreativen Ambitionen und häufigem Einsatz der Wachauer „Signature-Frucht", der Marille. Eine marinierte Lachsforelle mit knackigem Grünspargel überzeugt ebenso wie geschmorte Kalbsbackerln. Idealtypisch erfreut das Rieslingbeuscherl ebenso wie die Topfennockerln, die flaumiger nicht sein könnten. Das Weinangebot konzentriert sich auf Kreszenzen aus dem eigenen Weingut – das ist gut so, zählt es schließlich zu den besten der Wachau.

Altes Backhaus

14/20

Koch: Bernhard Gruber

2700 Wiener Neustadt, Bahngasse 1 • 0 26 22 81 0 89
restaurant@altes-backhaus.at • www.altes-backhaus.at

Di–Fr 11.30–14 und 17.30–22.30, Sa 17.30–22.30 Uhr • €€

Kleines, feines Restaurant in Bahnhofsnähe, in dem man sofort merkt, dass hier alle mit Herzblut und höchst ambitioniert am Werk sind. Das beginnt mit einem sehr herzlichen Empfang. Küchenchef und Wirt Bernhard Gruber setzt auf eine verfeinerte Regionalküche mit Pfiff, wobei es ihm wichtig ist, heimischen Produzenten eine Bühne zu geben. Neben saisonalen Gerichten, mit Raffinesse komponiert und variiert, gehört ein perfekt souffliertes Wiener Schnitzel vom Kalb zu den Standards. Ein preiswerter Businesslunch in zwei Gängen lohnt einen Abstecher zur Mittagszeit an diesen gastfreundlichen Ort. Köstlich etwa die Tagliata mit Pilzen, himmlisch die Lavendel-Cremeschnitte sowie auch die Pannacotta mit Rhabarber. Das Weinangebot konzentriert sich auf heimische Produzenten, Schwerpunkt Thermenregion, alles zu durchaus genussfreundlichen Preisen.

Puchegger-Wirt ↗

13/20

Koch: Christoph Puchegger

2722 Winzendorf, Bahnhofplatz 86 • 02638 22224, 0664 371 2857
info@puchegger.at • www.puchegger.at

Mi–Sa 11.30–13.45 und 17–20.15, So 11.30–13.45 Uhr • €

Eine ausgeprägte Wirtshauskultur, ein leidenschaftlicher Familienbetrieb, eine ausgezeichnete Küche – und noch immer ist nicht alles gesagt. Mit einer entzückenden Freundlichkeit wird man hier vom Seniorchef im rustikalen wie modernen Gasthof empfangen. Hervorragende bodenständige regionale Küche, modern interpretiert, gesucht? Gefunden! Unbedingt zu erwähnen ist der köstliche hausgemachte Rauchschinken. Die beiden Fischgerichte – Lachsforelle und roter Wels (beide vom Gut Dornau) – gelingen vorbildlich. Die Liebe der Familie zum Wein kommt dem Abend sehr zugute. Außerdem wird dieser durch die ausgezeichneten Desserts wie zum Beispiel dem Apfel-Birnen-Scheiterhaufen in lauwarmer Vanillesauce, dem Nusseis oder dem Nougatschaum mit Haselnüssen, die für solide Bodenhaftung sorgen, perfekt abgerundet.

Gasthaus Figl

12/20

Koch: Patrick Friedrich

3424 Wolfpassing, Wiener Straße 1 • 02242 70155
willkommen@gasthaus-figl.at • www.gasthaus-figl.at

Mo, Di und Sa 11.30–14 und 18–21, Fr 18–21, So 11.30–20 Uhr • €

Das Gasthaus Figl unter Chefkoch Patrick Friedrich zählt seit vielen Jahren als Fixpunkt und Anlaufstelle für gehobene Wirtshauskultur. Österreichische Klassiker werden hier zeitgeistig umgesetzt, saisonal adaptiert und ohne viel Chichi – dafür mit beherrschtem Handwerk und viel Geschmack – auf die Teller drapiert. So geben sich Tradition und Moderne auf der Speisekarte die Hand: Grammelknödel, ofenfrischer Schweinsbraten und Zwetschkenknödel reihen sich an gelungene Interpretationen wie Schaffrischkäse mit gegrillter Wassermelone und Lavendelmarmelade, Burger oder hausgemachtes Sauerteigcroissant mit Miso und Kräutern. Gemütlich ist das Ambiente in der Stube mit der Holzschank, passend die Getränkeauswahl.

Hofmeisterei Hirtzberger

16,5/20

Koch: Erwin Windhaber

3610 Wösendorf, Wösendorf 74 • 02715 22931, 0650 287 6325
restaurant@hofmeisterei.at • www.hofmeisterei.at
Mo, Sa 11.30–14 und 18–21, Do, Fr 18–21, So 11.30–21 Uhr • ♿ • €€

Ungezwungen genießen, im frühgotischen Gemäuer auf höchstem Landgasthofniveau – und das in der schönen Wachau. Diesmal als vorweihnachtlicher Abend samt stimmigem Menü. Die Herbstrompetensuppe mit Topfen und (knusprigem) Salbei gerät intensiv-aromatisch, ebenso wie die konfierte Entenkeule mit Spitzkraut, Orange und Vogelbeere. Eine Kombination, die auf der Zunge zergeht – genau wie der Fasan, der ja oft einmal trocken daherkommen kann. Hier ist er schön saftig, begleitet von Schwarzwurzel, Topinambur und Schafgarbe. Beim „Hofmeister-Menü" überzeugt das gebackene Ei mit Sauerrahm, Petersilie und Krenkaviar. Wunderbar, wie sich das Eigelb mit den Zutaten vermengt! Der Hirsch wird im Baumkuchenmantel serviert, dazu Maronignocchi und Quitte – eine Fusion der Freude. Wow-Effekte auch bei der Lektüre der Weinkarte, eher ein Buch als Karte mit circa 1500 Positionen, weit über die Wachau und das Weingut Hirtzberger hinaus, mit vielen spannenden Tropfen aus internationalen Kellern.

Der Gute Fang®

14,5/20

Koch: Jakob Neunteufel

3370 Ybbs an der Donau, Donaulände 1 • 07412 20801, 0660 925 3016
office@dergutefang.at • dergutefang.at
Mi–Sa 17–21 Uhr • ♿ • €

Alle Fischliebhaber in Ybbs und Umgebung können sich mehr als glücklich schätzen, denn sie haben mit dem neuen modernen Lokal an der Donaulände gleich bei der Anlegestelle einen doppelt guten Fang gemacht. Lässig und für alle Tage das Fischbistro, aber auch das Fine-Dining-Restaurant zeigt bei unserem Besuch mit den wunderbar harmonierenden Kompositionen aus Wagyu mit Räucheraal und Foie gras wie auch Hummer mit Safran und Yuzu zum Start Klasse. Weiter geht es nicht weniger beeindruckend mit frischem Seeigel mit Dashi und Kohlrabi – unserem Favoriten – und der Bouillabaisse mit Erdäpfelbrot und Sauce Rouille. Aber auch der Hauptgang – Seepapagei mit Einkorn und Vadouvan (einer indischen Gewürzmischung) und die weiße Schokolade mit Kardamom und Artischockeneis überzeugen. Einzig an der Weinkarte darf gern noch nachjustiert werden!

Babenbergerhof

TIPP

3370 Ybbs an der Donau, Wiener Straße 10 • 07412 54334
office@donau-lodge.at • www.babenbergerhof.at

Mo–Sa 11–14 und 17.30–21, So 11–14 Uhr; Fei 11–14 Uhr • €€

Nur einen Steinwurf von der Wachau entfernt liegt der Babenbergerhof in Ybbs an der Donau, der seit über zehn Jahren von Karin und Ernst Gruber-Rosenberger betrieben wird. Neben einer Vielzahl an Klassikern der österreichischen Küche – durchaus mit internationalem Twist – werden die Gäste insbesondere mit Spezialitäten aus dem Mostviertel und Waldviertel verwöhnt. In idyllischer Lage direkt am Wasser genießen Gäste somit Gerichte wie Beef Tatar, Wiener Schnitzel, Eierschwammerl-Rostbraten und Fischgerichte wie Forelle im Ganzen mit Petersilkartoffeln. Alle Produkte werden dafür aus den umliegenden Regionen in Niederösterreich bezogen. All jene, die einen mehrtägigen Ausflug in Niederösterreich geplant haben, können in der dazugehören Donau Lodge übernachten – ein Hotel direkt am Donauufer, mit Weitblick über die Landschaft im Nibelungengau.

Himmelreich

15/20 🍴🍴🍴

Koch: Marco Gangl

3701 Zaußenberg am Wagram, Ortsstraße 4 • 0 2278 28 241
office@restaurant-himmelreich.at • www.restaurant-himmelreich.at

Marco Gangl, der für die Küche im Restaurant Himmelreich verantwortlich ist, hat sein Handwerk unter anderem im Schlossbergrestaurant in Graz, im Landhaus Bacher in Mautern, im Heurigenhof Bründlmayer in Langenlois und im Restaurant Frantzén in Stockholm verfeinert. Nun zeigt der aus dem steirischen Ligist stammende Küchenchef im niederösterreichischen Zaußenberg am Wagram, wie moderne Küche funktionieren kann. Die Gäste können zwischen zwei Menüs – vier oder sechs Gängen – wählen und werden dann nach den Grüßen aus der Küche etwa mit knackigen Karotten mit Zwergorangen und Joghurt von den Vorzügen fleischloser Gerichte überzeugt. Die Krensuppe mit gebratener Blutwurst überzeugt uns durch eine angenehme Schärfe. Zum Kalbsrücken gibt es gut gewürzte Linsen und Wirsing, dazu ein Glas gut gereiften Rotwein vom benachbarten Weingut Josef Fritz. Nach dem Nougateis mit Gewürzbirne verabschiedet sich das Küchenteam noch mit lauwarmen Madeleines. Aufgrund der geringen Kapazitäten des Restaurants (rund 24 Sitzplätze) ist eine Tischreservierung unbedingt ratsam, wenn nicht sogar notwendig.

Zum grünen Baum

11,5/20

Gasthaus

Koch: Georg Kruder

2225 Zistersdorf, Landstraße 1 • 0 25 32 815 55, 0680 307 5706
gasthaus.zumgruenenbaum@utanet.at • www.gasthauszumgruenenbaum.at
Mo 11–14 und 18–21, Di 11–14, Fr 11–14 und 17.30–21, Sa und So 11–14.30 Uhr • €€

Das urige Gasthaus von Familie Kruder im Weinviertel ist seit vielen Jahren ein Beispiel für verlässliche Landküche – und damit ein klarer Fels in der Brandung, was die österreichische Küche betrifft. Klassiker und Traditionsgerichte wie Leberknödelsuppe, Tafelspitz und Powidltascherl dürfen hier erwartet werden. Dazu gesellen sich in der Tageskarte saisonale Köstlichkeiten wie Eierschwammerl mit hausgemachter Pasta, flaumige, zum Hineinlegen wollende Marillenknödel oder Wagramer Lachsforelle mit Heurigen. Dazu wählt man eine passende Begleitung aus der gut sortierten Weinkarte. Die umliegende Weingegend spricht für Qualität. Nicht unbegründet sind die gemütlichen Räumlichkeiten für Familienfeiern sehr beliebt. Im Sommer genießt man seine Einkehr im schattigen Gastgarten.

Oberösterreich

Hungrig auf echt.

Steeg
wirt

Oberösterreich ist ein Land ehrlicher Gastfreundschaft mit engagierten und innovativen Wirtsleuten. Selbst erfahrene Genießerinnen und Genießer werden immer wieder mit unerwarteten Freudenmomenten überrascht. Ob im

Wirtshaus, im Gourmetrestaurant, in der Mostschänke oder in ausgesuchten Lebensmittel-Manufakturen – wer sich den echten Genuss und authentische Begegnungen mit Menschen wünscht, die den Geschmack Oberösterreichs immer wieder in neuen kreativen Zubereitungen zur Geltung bringen, ist hier genau richtig.

Rund ums ganze Jahr werden regional produzierte, saisonale Lebensmittel von Genusshandwerkerinnen und -handwerkern veredelt. Oberösterreich ist mit mehr als 60 aktiven Brauereien, einer enormen Sortenvielfalt und dem größten Hopfenanbaugebiet Österreichs das Bierland Nummer eins.

Der genussvolle Horizont reicht in Oberösterreich weit über den Rand des Tellers hinaus. Neben traditioneller Küche und innovativer Haubengastronomie garantieren Oberösterreichs Gastronomiebetriebe frische regionale Zutaten und höchste Qualität, begleitet von edlem Design und Tischkultur. Denn vom Küchenbauer bis zu Leinen- und Keramikmanufakturen gibt es viele Handwerksbetriebe, die das Wohlfühlerlebnis komplettieren.

Wirtshauskultur

Einzigartig ist die oberösterreichische Wirtshauskultur, bei der Klassiker neu interpretiert werden: vom Knödel, Fisch und Bier bis zum Bratl in der Rein. Basis dafür sind die rund ums ganze Jahr produzierten hochwertigen Lebensmittel. Viele Betriebe, ob Wirtshaus oder Restaurant, sind familiengeführt, das Generationenwissen wird weitergegeben und der gute Geschmack liegt in der Familie. Der Weg einer jungen Generation von Köchinnen und Köchen führt oftmals über Auslandsaufenthalte wieder zurück nach Oberösterreich. So ergänzt sich gelebte Regionalität mit internationalem Know-how.

Genussvolle Events

Genauso kreativ wie in den Küchen geht es auch auf den Bühnen des Landes zu. 2024 ist ein kulturelles Ausnahmejahr in Oberösterreich: Bad Ischl – Salzkammergut ist Europas Kulturhauptstadt, das ganze Land feiert den 200. Geburtstag von Komponist Anton Bruckner, St. Wolfgang zelebriert das Wolfgangjahr und die Premiere der Seebühne. Viele weitere Anlässe im ganzen Land

versprechen echten Genuss – kulturell wie kulinarisch: Vom **Innviertler Biermärz** über das Kulinarikfestival **TAVOLATA** in Steyr und die **Linzer Genuss-Landstraße** bis bin zum **Genussherbst** in der Region Attersee-Attergau werden viele genussvolle Events abgehalten. Kulinarischer Höhepunkt ist vermutlich **FELIX – das Wirtshausfestival** Traunsee-Almtal, bei dem unter der Führung von Aushängeschild und Vier-Hauben-Koch Lukas Nagl die komplette Bandbreite der oberösterreichischen Gastronomie abgedeckt wird – vom Wirtshaus über Produzentinnen und Produzenten bis zur Spitzengastronomie.

hungrigaufecht.at
oberösterreich.at

Geinberg^5

Unvergessliche Genussmomente im Restaurant und den Private Spa Villas.

Fotos © Julia Traxler

Ein perfekter Ort, um oberösterreichische Genusskultur zu erleben, sind die Geinberg^{5} Private Spa Villas mit dem Geinberg^{5} Restaurant. Im Sommer lockt das Zwei-Hauben-Lokal mit einer traumhaften Terrasse am Seerosenteich, im Winter mit dem herrlichen Wintergarten mit offenem Kamin. Die Gäste erfreuen sich am farbenfrohen Meerwasser-Aquarium, der offenen Schauküche und dem hauseigenen Weinkeller.

Im Geinberg^{5} Restaurant werden morgens, mittags und abends Spezialitäten aus regionaler und internationaler Küche serviert, das kundige Sommelierteam findet zu jedem Gericht den passenden Wein aus der umfassenden Karte. Mit der im gesamten Spa Resort

Fotos © Spa Resort Geinberg/Chris Perkles

Geinberg gelebten Nachhaltigkeitsstrategie werden hochwertige regionale Produkte mit viel Fingerspitzengefühl zu außergewöhnlichen Kompositionen verarbeitet. Das Geinberg^5 Restaurant ist für viele Anlässe ein vielfach erprobter Wohlfühlort, insbesondere bei Candle-Light-Dinners können unvergessliche Genussmomente erlebt werden.

Am meisten kann man die kulinarischen Versuchungen genießen, wenn man gleich im Spa Resort Geinberg übernachtet. Unprätentiösen Luxus und tiefe Erholung erleben Genießer in den Geinberg^5 Private Spa Villas mit eigenem Wellnessbereich und einer exklusiven Badebucht am Naturbadeteich. Alle bis zu 300 Quadratmeter großen Suiten und Villen sind mit frei stehender Badewanne, finnischer Sauna, Dampfbad, Außen-Whirlpool mit 36 Grad warmem Thermalwasser und offenem Kamin ausgestattet. Von der privaten Terrasse aus können sich Gäste direkt nach ihrem Saunagang in einem der beiden Naturbadeteiche ab-

GEINBERG^5
RESTAURANT

kühlen. Neben den großzügigen Indoor- und Outdoorschwimmbereichen des Private Spa, mit Sauna auf der Dachterrasse und stilvollen Ruhebereichen können sich alle Besucher in der eleganten Lounge mit dazugehöriger Bar verwöhnen lassen. Leichte Köstlichkeiten und Getränke werden direkt an die Liege gebracht. Noch exklusiver wird es, wenn Butler die Kreationen der Haubenküche direkt in die eigene Villa servieren. Geinberg^5 ist ein wahres Paradies für anspruchsvolle Genießer.

Geinberg^5
Thermenstraße 13 | 4943 Geinberg

Tel.: 0 7723 8501 55 56
www.geinberg5.com

BEST
OF

18,5/20	**BOOTSHAUS** Traunkirchen	Seite 502
18,5/20	**OIS** Neufelden	Seite 488
17,5/20	**TANGLBERG** Vorchdorf	Seite 508
17/20	**DER HOLZPOLDL** Lichtenberg	Seite 470
17/20	**LUKAS RESTAURANT** Schärding	Seite 498
17/20	**RAU** Großraming	Seite 464
17/20	**ROSSBARTH** Linz an der Donau	Seite 477

16,5/20	**WALDSCHÄNKE** Grieskirchen	Seite 463
16/20	**FORTHUBER** Munderfing	Seite 487
16/20	**PAULA** St. Wolfgang	Seite 494
16/20	**VERDI** Linz an der Donau	Seite 481
15,5/20	**KAMMER5** Ort im Innkreis	Seite 491

LEGENDE

- Orte allgemein
- Orte mit 🦷
- Orte mit 🦷🦷
- Orte mit 🦷🦷🦷
- Orte mit 🦷🦷🦷🦷
- Orte mit 🦷🦷🦷🦷🦷

CZ
Afiesl
Rohrbach
. Oberösterr.
Bad Leonfelden
Freistadt
St. Johann
a. Wimberg
Neufelden
Hellmonsödt
Kefermarkt
Aschach
an der Donau
Gallneu-
kirchen
Lichtenberg
Pregarten
Mönchdorf
LINZ
Eferding
Steyregg
Leonding
Mauthausen
Perg
Enns
Grein
Traun
Wels
Kronstorf
Neuhofen
a. d. Krems
Enns
Steyr
Krems
Bad Hall
Garsten
Steyr
Kirchdorf
a. d. Krems
Großraming
Weyer Markt
Windischgarsten
Vorder-
stoder

Bergergut ↗

15/20 🍴🍴🍴

Genießerhotel & Restaurant

Koch: Thomas Hofer

4170 Afiesl, Oberafiesl 7 • 07216 4451
bergergut@romantik.at • www.romantik.at

Afiesl ist weder London noch Paris. Und doch gilt die Mühlvierter 1100-Seelen-Gemeinde als kulinarische Metropole. Das ist vor allem Thomas Hofer und Eva-Maria Pürmayer zu verdanken. Hofer verpackt seine Kreativität und sein handwerkliches Geschick in fein nuancierte Speisen, die sich streng an der Regionalität orientieren. Seine Gerichte sind von geschmacklicher Präzision getragen und verwirren den Gast nicht unnötig. Brot bäckt er selbst und gibt dazu auch regelmäßig Kurse. Gebackenes Bries betört mit wolkiger Konsistenz, dazu eine perfekte Panier und ein lauwarmer Erdäpfel-Vogerl-Salat mit Radieschen. Die Innereienliebe zeigt sich weiters beim Kalbsbeuschel, das an große Wiener Kochkunst erinnert. Wer es exklusiver möchte, findet in Wildfangzander mit Kaviar, jungem Spinat und hocharomatischem Sud die Antwort. Sehr gute Bierauswahl. Mühlviertel eben.

Die Stube im Maximilianhof

13/20

Koch: Florian Eckmair

4813 Altmünster, Maximilianstraße 1 • 07612 87800, 0664 182 1188
reservierung@maximilianstube.at • www.maximilianstube.at
Di–Sa 17–24 Uhr, variabel • ♿ • €€

Der Maximilianhof, das war einmal ein großes, altes Landhotel, inzwischen verwandelt in Wohnungen und Büros. Gastronomisch überlebt hat die Stube – noch dazu (fast) im Zustand wie vor 150 Jahren: Kachelofen, Holzboden und Holzluster, Malereien von Franz von Zülow. Weil der Neffe von Leopold Figl das Haus einst führte, findet sich auch ein Raum mit Erinnerungsstücken an Österreichs ersten Kanzler. Neben Schnitzel und gekochtem Rindfleisch gibt es Grammelknödel mit dünnem Teig und knuspriger Fülle. Dann noch Matjes aus Lachsforelle, sehr fein. Wunderbar geraten auch die Variation vom Karfiol mit Cheddar und das Cordon bleu mit Dörrzwetschken – eine überraschende und interessante Variante. Tiramisu mit Mohn: Eins a. Eindrucksvolle Weinkarte, kompetenter und flotter Service.

Zur Nocken Toni

11/20

Landgasthaus

Koch: Ernst Siegesleitner

4820 Bad Ischl, Köhlerweg 1 • 06132 23327, 0699 127 62662
info@nockentoni.at • www.nockentoni.at

Mi–Sa 11.30–13.30 und 18–21, So 11.30–13.30 Uhr • €€

Ernst Siegesleitner serviert zwar keine Holzknechtnocken, die dem Lokal den Namen verliehen haben, aber er kocht erfrischend traditionell und begeistert damit Stammgäste und Urlauber. Im Restaurant, etwas außerhalb des Zentrums gelegen, stellt hausgebeiztes Saiblingsfilet mit weißem Spargel und Salatherzen eine wohltuende Juni-Vorspeise dar. Markenzeichen und das ganze Jahr top: fein geschnittenes „Beuschel" von der Kalbszunge mit flaumigen Serviettenknödeln, stilgerecht in der Kupferkasserolle serviert. Bei den Nachspeisen locken einerseits gebackene Erdbeeren oder andererseits der Klassiker aus dem Salzkammergut: luftige Salzburger Nockerln mit Preiselbeeren.

Rettenbachalm

TIPP

4820 Bad Ischl, Rettenbach 74 • 06132 23631, 0650 794 7653
anfragen@rettenbachalm.co.at • www.rettenbachalm.co.at
Do–Di 11.30–20 Uhr • ♿ • €

Die Rettenbachalm ist keine Labstation im klassischen Sinne. Mit einem herzlichen „Servus" begrüßt man gleichermaßen Autofahrer, Spaziergänger und Wanderer in der gemütlichen Stube. Neben der bodenständigen Almjause, dem deftigen Holzofenbrat'l oder dem fluffigen Kaiserschmarren – natürlich frisch aus dem Ofen – verlassen auch mehrgängige Menüs die Küche. Fleisch, Fisch und Milchprodukte stammen aus der direkten Umgebung, ebenso das Gemüse.

Kirchenwirt Diersbach

13/20

Koch: Daniel Hutsteiner

4776 Diersbach, Am Berg 8 • 07719 20106
kirchenwirt.diersbach@gmail.com • www.kirchenwirt-diersbach.com

Mo, Do, Fr und Sa 17–21, So 11.30–14 Uhr

Küchenchef Daniel Hutsteiner bietet seinen Gästen im Kirchenwirt in Diersbach verschiedenste Menüs an, wobei sich die Gerichte zu einem Großteil an der klassischen österreichischen Wirtshausküche orientieren. Und so finden sich auf der Speisekarte naturgemäß Wiener Schnitzel – mit einer aus Sardellenring und Kapern bestehenden Garnitur –, Backhenderl, eine kräftige Rinderbouillon mit Grießröllchen oder flaumige Topfen-Marillen-Knödel. Das geschmorte Kalb überzeugt mit einer kräftigen Sauce, das Fleisch selbst hätte bei unserem Besuch durchaus zarter sein können. Zu den Gerichten empfiehlt der Service den passenden Wein – oder man löscht den Durst mit einem frisch gezapften Bier. Der glacierte Schokoladen-Erdbeer-Riegel zum Finale zeigt das kreative Potenzial der Küche. Das Preis-Leistungs-Verhältnis entspricht dem Gebotenen.

Gorfer Natur Gourmet ↗

13/20

Koch: Reinhard Gorfer

4451 Garsten, Herrenweidestraße 20 • 0664 325 3962
ngg@naturgourmet.at • www.gorfernaturgourmet.at

Fr–So 12–14 und 18–21 Uhr • • €

Etwas außerhalb von Garsten, auf einer Anhöhe, liegt der Biohof der Familie Gorfer umrahmt von Streuobstwiesen. Hier verschmelzen Regionalität und Wohlgeschmack zu einer perfekten Einheit. Wer will, nimmt sich selbst gefertigte Produkte mit nach Hause oder schnabuliert in einer der lauschigen Stuben. Selbst gebackenes Brot wird der Saison angepasst, zart schmelzende Blunzn in knusprige Ravioli verpackt und mit eingebranntem Kraut serviert. Fein gehachelte Rauna bilden mit der Krenschärfe und konfierter Forelle ein ideales Trio. Sehr gut: Hachis Parmentier mit rosa gebratenem Rehschlögl. Zum Abschluss empfehlenswert: hausgebrannte Schnäpse.

Geinberg⁵ Restaurant Ⓝ

12,5/20

4943 Geinberg, Thermenstraße 13 • 07723 850 125 85
restaurant@aqarium.at • www.aqarium.at
Mo–So 7.30–22 Uhr • ♿ • €€€

Das Geinberg⁵ Restaurant (ehemals Restaurant Aqarium) gilt als die kulinarische Perle im Reich des feinen Spa-Resorts Therme Geinberg. Mit dem Abgang des langjährigen Küchenchefs Peter Reithmayr kam allerdings etwas Sand ins Getriebe. Butter oder Aufstrich zum Gedeck werden vergessen und mürrisch nachgebracht, Tagliolini mit Sommertrüffel erinnern an aufdringliches Trüffelöl und die Crème brulée ist kaum karamellisiert. Stattdessen hinterlassen die künstlich schmeckenden Zuckerkristalle ein unangenehmes Prickeln auf der Zunge. Aber es gibt auch Lichtblicke: Das Beef Tatar ist tadellos abgemacht, wenngleich die zwei Chilischoten nicht sein müssten. Das Zanderfilet auf Berglinsen mit Spargel (im Juli!) ist saftig und stimmt halbwegs optimistisch für die Zukunft. Erfreulicherweise wurde die umfangreiche Weinkarte beibehalten, die viele gute Tropfen aus dem In- und Ausland listet.

Zum Goldenen Hirschen ®

14/20

Koch: Giovanni Montagnoulo

4810 Gmunden, Linzer Straße 4 • 07612 23444
info@hirschengmunden.at • www.hirschengmunden.at
Mo, Do, Fr, Sa 12–14 und 18.30–21, So 12–15 und 18.30–21 Uhr •

Das Haus mit dem traditionellen Namen ist über 400 Jahre alt. Es war immer ein Wirtshaus, stand aber lange still – jetzt strahlt es in neuem Glanz. Es heißt „Goldener Hirsch", also ist auch klar, dass viele Trophäen und Geweihe an den Wänden prangen. Dazu Gmundener Keramik, ein Kachelofen plus Bänke in den Dirndlfarben Rosa und Grün – schon hat man ein gemütliches Restaurant. Der Küchenchef hat bei Gordon Ramsey in London gearbeitet, seine Produkte sind ein Mix aus regionaler Herkunft und weiter Welt. Italienisch-mediterran inspiriert ist das Ragout vom Oktopus zu Babyartischocken, zart mariniert der Traunseefisch zu buntem Salat, perfekt rosa der Hirschkalbsrücken mit kräftigem Schwarzkohl. Erstklassig auch das Dessert: Joghurtterrine mit Zitronenton, Orangensorbet und Marshmallows. Die Weinkarte zeigt 140 Positionen – von erschwinglich bis zu Spitzenbouteillen samt Jahrgangstiefe. Flott und kompetent der Service. Der Hirsch röhrt wieder.

Gault&Millau
Süße, Säure & Tannine
Alle News rund um österreichische Weine im Newsletter und auf gaultmillau.at

Waldschänke

16,5/20

Weinkarte des Jahres 2024

KöchInnen: Elisabeth & Clemens Grabmer

4710 Grieskirchen, Kickendorf 15 • 07248 62308
restaurant@waldschaenke.at • www.waldschaenke.at

Di 11.30–14, Mi–Sa 11.30–14 und 18–22 Uhr •

Wenn der Sommer anklopft, ist der zauberhaft am Waldrand gelegene Garten ein Muss. Die Tische stehen in der Wiese, man speist unter einer Trauerweide, Patron Heinz schupft den Service und in der Küche spornt sich das Mutter-Sohn-Gespann Elisabeth und Clemens zu neuen Glanzleistungen an. Immer gut ist der Gruß des Hauses: Ofenkarfiol, der auf die Reise zum „Hoamatgaung" einstimmt. Kohlrabi- und Rhabarberstifterl in knallig grünem Gemüsesud zeigen mit geröstetem Buchweizen, wie gut vegetarische Gerichte schmecken können. Ebenso Heurige, fein gehachelt, zum Türmchen geschichtet, gratiniert und mit leicht herber Brennnesselessenz sowie geschäumter Ziegenmilch kombiniert. Klassisch der Zander: makellos auf der Haut gebraten, mit Paprika und Radieschen veredelt. Wer Fleisch bevorzugt, darf sich über Filet und Leber vom Reh, begleitet von Mangold, Eierschwammerl und Gerstl freuen. Sommerlich das Dessert: Grießflammerie mit Erdbeersauce. Immer Saison haben die Weine aus der umfangreichen Karte.

Rau ↗

17/20 🍴🍴🍴🍴

nature-based cuisine

Koch: Klemens Schraml

4463 Großraming, Pechgraben 23 • 0664 124 6986
office@im-rau.com • www.im-rau.com

Mi–Do 13.30–23, Fr und Sa 12–23 Uhr • ♿ • €€€

Küchenchef Klemens Schraml nennt seine Küche „RAU nature-based cuisine“ und meint damit – auch, aber nicht nur – seine Küchenlinie. Vielmehr ist das Rau in Großraming ein kulinarisches Gesamtkonzept. Zumindest vom Empfinden her, das man als Gast dort hat. Ein Naturerlebnis eben. Da gehört das Restaurant selbst genauso dazu. Ein Wintergarten mit hohen Fensterfronten, der die Grenze zwischen innen und außen verschwimmen lässt. Ein steinverfließter Boden, Stühle aus Eichenholz. Der Wald spürbar nahe.

Und dann die Gerichte. Da geht die Geschichte weiter. Es startet mit einer feinen Tartelette mit Forelle. Großartig. Noch viel großartiger ist aber der Drink, der dazu serviert wird: Combuchont, ein eleganter und komplexer „Schaumwein“ auf Teebasis. Eine Entdeckung!

Im Menü geht es weiter mit Zander, einer Paradeisparade, Carpaccio vom Reh, wildem Brokkoli (der mit einer sensationellen, von Kräutern getragenen Currysauce und Bubikopfbasilikum daherkommt). Und das sind nur einige Beispiel aus dem umwerfenden Menü. Schramls Gerichte sind klar und fokussiert. Sie sind ebenso durchdacht wie das Menü selbst. Es folgt einer kristallklaren Dramaturgie, bei der die Natur erlebbar wird.

© Mathias Heschl

Gasthof Bauböck

12,5/20

Koch: Dominik Bauböck

4942 Gurten, Hofmark 8/10 • 07757 6202
office@bauboeck.info • www.bauboeck.info

Mi–Sa 11.30–14 und 17.30–21, So 10–15 Uhr • €

Der Familienbetrieb im Innviertel zeigt, dass der Spagat zwischen traditioneller Kost und gehobener Gastronomie gelingen kann. Als Standards auf der Karte stehen Schnitzel (vom Schwein) oder Buchteln, aber auch hausgemachte Pasta mit Périgord-Trüffel. Regionale, saisonale Produkte kommen zu ihrem Recht. Hervorragend zum Beispiel der Gang aus der Schwarzwurzel, die im Speckmantel mit Frischkäse serviert wird. Danach Reh (einmal rosa, einmal als Ragout auf cremigem Blattspinat). Regionalität ist der Küche zwar wichtig, wird hier aber nicht zum Dogma. Der Heilbutt (ausgezeichnet übrigens) kommt aus dem Atlantik. Netter Service, vorwiegend heimische Weine.

Landgasthaus Zum Edi

TIPP

4293 Gutau, St. Oswalder Straße 3 • 07946 6302
zum-edi@aon.at • www.zum-edi.eu
Mi–Sa 11.30–14 und 17–20.30, So 11–17 Uhr • • €

In Gutau geht man „zum Edi". Edi Priemetshofer war viele Jahre auf Reisen, bevor er sich in seiner Heimat, dem Mühlviertel, niederließ. Das Ambiente seines Gasthauses ist eine gute Mischung aus rustikal und elegant. Dem Mühlviertler Handwerk des Blaudrucks wird auch immer wieder Tribut gezollt, entweder als Wandtapete oder Tischset. Regionalität und Saisonalität werden bei der Küchenlinie großgeschrieben, neben dem Gansl gibt es im Herbst natürlich auch Wild. Die Klassiker der österreichischen Küche wie etwa das Schnitzel oder die gebratene Lachsforelle findet man über alle Jahreszeiten hinweg auf der Karte. Eine Spezialität des Hauses sind die Kalbshaxentascherl, die auf einer Erbsencreme serviert werden. Sämtliche Lebensmittel werden, so gut es nur möglich ist, von Produzenten und Landwirten aus der Umgebung bezogen.

Gasthof Post Ⓝ

11,5/20

4202 Hellmonsödt, Marktplatz 5 • 07215 38600
reservierung@ghpost.at • ghpost.at

Im Gasthof Post bietet man den Gästen am Abend neben Wiener Schnitzel und Eispalatschinken ein mehrgängiges Menü an, das zu überzeugen versteht. Die kräftige Consommé mit Shiitakepilzen oder die auf den Punkt gegarten und stimmig gewürzten Ricottaravioli, die wir verkosten, kann man kaum besser zubereiten. Aufholbedarf hingegen besteht beim Versuch, Kimchi – das in Korea so beliebte fermentierte Kraut – herzustellen. Die uns zum Tonkatsu – in Pankomehl frittiertes Schweinsschnitzel – servierte Variante erinnert eher an ein halbfertiges Sauerkraut. Egal, spätestens beim Dessert – Erdbeergranité mit Baiser – ist uns klar: In Hellmonsödt gibt es eine Adresse, die einen Halt wert ist.

Wirt z'Kraxenberg ↗

13/20

Koch: Florian Schlöglmann
4932 Kirchheim im Innkreis, Kraxenberg 13 • 07755 6494
info@wirtzkraxenberg.at • www.wirtzkraxenberg.at
Di, Fr 18–21, Mi, Do, Sa 11.30–14 und 18–21 Uhr • €

Ein Glücksfall: Der Wirt z'Kraxenberg ist ein kulinarischer Nahversorger im Innviertel, der als Wirtshaus eine wichtige soziale Funktion erfüllt und dabei die Zeit nicht verschlafen hat. Auch moderne kreative Küche wird geboten. Erfreulich hoch ist der Anteil saisonaler Gerichte. Im Frühling erfreut Spargel nicht nur klassisch mit Sauce hollandaise, sondern auch als Suppe oder als erfrischender Salat. Unbedingt empfohlen ist auch der Schweinsbraten in der Frühlingsrolle – Hausmannskost in Snackform! Es muss nicht Fleisch sein, auf Fisch versteht sich die Küche ebenso. Und zu flaumigen Topfenknödeln als Ausklang sollte man nie Nein sagen.

Gasthof Rahofer

15/20

Koch: Alexander Imb

4484 Kronstorf, Hauptstraße 56 • 07225 8303
gasthof@rahofer.at • www.rahofer.at

Mi–Sa 11.30–13.30 und 17.30–21.30, So 11.30–14 Uhr

Neue Karten – neues Spiel. Oder im Fall eines Gasthofs eher genau umgekehrt. Neues Spiel – neue Karte. Jedenfalls hat sich beim Rahofer einiges getan. Mit Alexander Imb und Paul Hinterndorfer übernehmen zwei Jungprofis die Küche und schaffen den Sprung zur dritten Haube auf Anhieb. Und mit Bravour. Das Rindertatar, das so manches Rahofer-Menü eröffnet, ist außergewöhnlich und ausgesprochen gut. Angerichtet wird es mit Röstzwiebel, einem Erdäpfelschaum und darüber geraspelter Belper Knolle. Ein Gedicht. Oder der gebeizte Saibling in Tigermilch, Schnittlauchmayo und Buchweizen. Auch das ein Gericht, das zeigt, dass die Jungs mit Säure und Aromen umgehen können und darüber hinaus eine erfrischende Kreativität an den Tag legen. Bei den Desserts findet sich neben richtigen Klassikern (wie etwa Tarte Tatin) auch ein eher selten zu findender Mostschober mit handgeschlagenem Zimtschlag. In Summe ein feines Team und ein ebenso feines Konzept, das Marie Rahofer da auf die Beine gestellt hat. Ästhetisch anspruchsvolle Zimmer stehen übrigens auch zur Verfügung.

Der Holzpoldl

17/20

Koch: Manuel Grabner

4040 Lichtenberg, Am Holzpoldlgut 2 • 07239 6225, 0676 384 5707
holzpoldl@manuelgrabner.at • www.manuelgrabner.at

Do, Fr 18–23, Sa 11.30–15 und 18–23, So 11.30–17 Uhr • ♿ • €€

Im Außen so unscheinbaren, ja, unbespielt wirkenden wie im Innern schmucken Holzpoldl zu Lichtenberg bei Linz spielt es sowohl den (heimatlichen) Kurzfilm – zum Start ein Eierschwammerl-Schaumsupperl, danach ein in Butterschmalz artgerecht souffliertes Wiener Schnitzel vom Milchkalb mit Petersilienerdäpfeln und anschließend ein gekochter Nougatstrudel mit eingelegtem Rhabarber, altem Balsamico, Nussbutterbröseln und hausgemachtem Vanilleeis – als auch das ganz große Kino im Form eines großartigen Menüs, das auch internationalem Vergleich standhält.

Hauchzartes Zanderfilet mit Kapuzinerkresse, rotem Paprika und schmelzender Blutwurst (was für eine schöne Kombination!) und Lichtenberger Knusper-Ei mit Eierschwammerln und Maggikraut. Ein fulminanter Start, der mit Malossol-Störkaviar mit fluffigen Mini-Erdäpfelgnocchi, Sauerrahm und Nussbutter seine Fortsetzung findet.

Und dann die beiden Höhepunkte des Abends: einerseits die steirische White-Panther-Gebirgsgarnele mit Grammelknödel (!), Fingerlimette und grenzgenialer Bisque und andererseits die am Gaumen zerfließende (gebratene) Scheibe Foie gras mit Marillen-Crêpe-Suzette, Estragon und Schafjoghurt, gefolgt von einem rosa gebratenen Rücken vom Sommerbock im Dialog mit Knusper-Topfenstrudel, Heidelbeeren und Pfefferkraut.

Spannend dann auch die Auswahl vom Käsewagen. Der Brillat-Savarin von Antony mit karamellisierter weißer Kuvertüre, Gewürzkakao, Erdbeere, Rose und Rosenwasser zum Abschluss gelingt bestens und ergibt zusammen mit der bestens aufgelegten Servicecrew und einer Weinkarte, die alle Stücke spielt, einen genussreichen Abend.

Essig's

14,5/20

Koch: Georg Essig

4020 Linz an der Donau, Niederreithstraße 35 b • 0732 77 01 93
info@essigs.at • www.essigs.at

Di–Fr 11–16 Uhr • ♿ • €€

Georg Essig ist seit Langem ein Fixpunkt der oberösterreichischen Gastroszene: früher in seinem „Vogelkäfig" in Lichtenberg, heute am Fuß des Froschbergs. Und das auf dem Niveau, das seine Gäste schon lange zu schätzen wissen. Die Lachsforelle mit Orangen-Fenchel-Gemüse oder der zarte Kalbsrücken mit Trüffelsauce sind uneingeschränkte Empfehlungen. Zum süßen Finale stehen Schokoladen-Crème-brulée oder eine Auswahl erfrischender Sorbets zur Wahl.

Göttfried

15/20

Koch: Christian Göttfried

4020 Linz an der Donau, Hofgasse 5 • 0732 99 70 23, 0664 152 6532
office@goettfried.at • www.goettfried.at

Di–Sa 11.30–13.30 und 17.30–21 Uhr

Das Restaurant in der Linzer Altstadt zählt zu den ältesten und gilt als Institution. Schon allein deswegen, weil der charismatische und sozial engagierte Hausherr Christian stets einen Schmäh auf den Lippen hat, oft aus der Küche grüßt und die Gäste herzt. In der schönen holzvertäfelten Stube werden zu Mittag und am Abend sowohl Menüs als auch à la carte angeboten. Göttfried lässt den Gästen die Freiheit, aus der österreichischen und mediterran inspirierten Karte wählen zu können. Wiener Schnitzel, für viele das beste in Linz, wird frisch zubereitet, in Butterschmalz aus der Pfanne geschupft und mit leicht gesüßtem Erdäpfel-Vogerl-Salat gereicht. Blunzen-Maki, die andere kulinarische Visitenkarte, begeistert mit zartem Schmelz und Wohlgeschmack, gebratene Kalbsleber kombiniert Göttfried mit den ersten Eierschwammerln, als Dessert beglücken flaumige Marillenknödel. Besonders empfehlenswert sind die Weinempfehlungen von Ehefrau Simone, die immer etwas anderes als Mainstream im Angebot hat.

Johann's®

12/20

im Prielmayerhof

Koch: Johann Aspalter

4020 Linz an der Donau, Weißenwolffstraße 33 • 0732 77 50 24
aspalter@johanns-restaurant.at • www.johanns-restaurant.at

Mo–Fr 11.30–14 und 18–21.30 Uhr • ♿ • €€

Küchenchef Johann Aspalter und sein Team bieten den Gästen im Restaurant Johann's eine solide Auswahl klassischer Gerichte. Rindssuppe mit Frittaten, Rehbeuschel mit Serviettenknödel, gefüllte Kalbsbrust oder Wiener Schnitzel mit Petersilienerdäpfeln stehen für Liebhaber bodenständiger Küche zur Wahl. Wer es abwechslungsreicher wünscht, kann sich bei Rauner-Carpaccio mit Grapefruit-Vinaigrette und Burrata oder gegrilltem Oktopus mit Zitronenrisotto verwöhnen lassen. Zu den Nachspeisen: Auch wenn der Schokoladenbrownie von der belgischen Schokolade mit Topfen-Honig-Eis ausgezeichnet ist, eine größere Auswahl im Dessertbereich ist dringend notwendig.

Kliemstein Vino Vitis

15/20

im Salzamt

Koch: Michael A. Müller

4020 Linz an der Donau, Obere Donaulände 15 • 0732 997079
restaurant@kliemstein-linz.at • www.kliemstein-linz.at
Mi–Sa 16–23 Uhr •

Seit einigen Jahren ist im historischen Salzamt eine der Topadressen in Linz untergebracht. Patron Michael Müller achtet stets auf beste Qualitäten bei den Zutaten und auch beim Wein. Die Weinkarte ist voll mit klassischen, aber auch ausgefallenen Weinen mit Jahrgangstiefe, außerdem mangelt es nicht an alkoholfreien Alternativen. In der Küche prallen zwei Kulturen aufeinander: Spanien und Österreich reichen sich hier die Hand. Das Menü startet mit neu interpretierten Tapas wie etwa Tortilla de patatas mit Miso. Bei der dekonstruierten Paella handelt es sich um ein Safransüppchen mit butterweichem Oktopus. Dem mit Trüffellack glasierten Karfiol mit Lauchstroh gilt eine besondere Empfehlung. Weitere Highlights sind die knusprige Rotbarbe mit Apfelperlen sowie das Ibérico mit Kümmeljoghurt. Am Ende des Menüs wird es mit einer modernen Variante des Apfelstrudels wieder eine Spur heimischer.

© Ludwig Pullirsch

La Madrina Ⓝ

11/20

Köchin: Liliana Alzesberger

4020 Linz an der Donau, Hafferlstraße 5 • 0660 382 2255
info@lamadrina.at • www.lamadrina.at
10–22 Uhr • ♿ • €€€

Das La Madrina bietet Genießern im Zentrum von Linz die Möglichkeit, sich einen kleinen Überblick über die unglaubliche Vielfalt der spanischen Küche zu verschaffen. Auf der Speisekarte findet man etwa Garnelen in Chilli-Knoblauch, Salami vom iberischen Paradeschwein, dem Pata Negra, Spiegelei mit Bratkartoffeln und Schinken, geschmorten Oktopus oder eine Meeresfrüchte-Paella für zwei Personen. Unbedingt versuchen sollte man die hausgemachten Churros, ein Brandteiggebäck, das mit Schokoladen-Orangen-Sauce serviert wird.

Muto

15/20

Koch: Werner Traxler

4020 Linz an der Donau, Altstadt 7 • 0699 110 89063
restaurant@mutolinz.at • www.mutolinz.at

Mi–Sa 18–24 Uhr • ♿ • €

Das Muto ist ein zeitgeistiger Anlaufpunkt in der Linzer Innenstadt. Sehr einladend und verbunden mit den Linzer Gourmets und Aficionados. Michael Steininger leitet mit entspannter Sicherheit und Witz Service und Wein (Kellerbesuche sind unterhaltsam – Geheimtreppe und Geheimtipps inklusive). Die Speisen sind (teilweise außergewöhnlich) von Werner Traxler konzipiert. Herausragend die Artischocken mit Zucchiniblüte und grünen Erdbeeren. Oder alternativ mit Fischleberkäse – oder Rahmkohlrabi mit Haselnuss und Bergamotte. Hier spielt es sich am Gaumen schon mal richtig ab. Hier fühlt man sich so wohl – oft sperrt man das Lokal mit den Inhabern zu. Über dieses eigenständige Restaurant kann Linz sehr froh sein.

Rossbarth

17/20

Köche: Marco Barth & Sebastian Rossbach

4020 Linz an der Donau, Klammstraße 7 • 0677 622 39314
speisen@rossbarth.at • www.rossbarth.at

Mo–Fr 18–23.30 Uhr

Großartiges Essen in entspannter Atmosphäre, so ließe sich das Rossbarth beschreiben. Oder auch so: Geschmack pur! Von der Einrichtung bis zum Anrichten der Teller ist bei Sebastian Rossbach und Marco Barth Understatement angesagt. Und das Menü, das es in fünf, sechs oder mehr als sechs Gängen gibt, strahlt eine fast schon japanisch anmutende Gelassenheit und Harmonie aus.

Auf einen anregenden Beginn mit einem Salat aus Spinat, Avocadocreme und Salzzitrone folgt mit dem Zwiebelgericht ein erstes Highlight: die Zwiebel im Ganzen geschmort, als Püree und Jus, dazu fermentierter Kampot-Pfeffer und Majoran. Dem Himmel nahe kommt man beim Fisch: Wan-Tan, gefüllt mit Skrei, dazu Fischsauce und Chiliöl. Schön rund und vergleichsweise unspektakulär der Hauptgang aus Tafelspitz, Melanzane und Shiitake.

Bei den Desserts ist die Küche wieder ganz in ihrem Element: Petersilieneis, Birne, Limette, eine herrlich erfrischende Mischung aus leichter Süße und Säure. Eigentlich würde man danach am liebsten von vorne beginnen. Was auch an der gelungenen Weinbegleitung mit viel Bio und dem angenehm ruhigen, herzlichen Service liegt.

Rosso di Acqua e Sole

13,5/20

Restaurant & Delikatessen

Koch: Florian Gintenreiter

4020 Linz an der Donau, Weingartshofstraße 29 • 0699 111 12212
office@restaurantrosso.at • www.restaurantrosso.at
Mo–Fr 11.30–15 und 17.30–23 Uhr • • €€€

Seit der letzten Testsaison hat es im Restaurant „Rosso di Acqua e Sole" in der Küche einige personale Veränderungen gegeben. Florian Gintenreiter hat vom Rahofer in Kronstorf nach Linz gewechselt. Die Folge: Man isst auch weiterhin sehr gut, allerdings merkt man noch Anlaufschwierigkeiten an der einen oder anderen Stelle. Austern oder in schwarzem Teig frittierte Sardinen zu Beginn sind solide. Wer Gintenreiter kennt, weiß: Der Mann kann noch mehr. Wer nicht zu hausgemachten Nudeln mit Trüffeln greifen möchte, kann sich bei den Zwischengerichten an Risotto mit Radicchio satt essen. Der Seeteufel – laut Angabe auf der Speisekarte aus Wildfang – wird mit Lardo und Püree serviert. Italienische Küche, wie man sie aus dem Urlaub kennt. Das Zweierlei vom Lamm – einmal rosa gebratener Rücken, einmal eine geschmorte Variante – ist bei unserem Besuch gut gewürzt und überzeugt in seiner Gesamtheit. Die Desserts? Wie schon letztes Jahr festgestellt: Tiramisu oder gerührtes Zitronensorbet spiegeln die Möglichkeiten, die der Nachspeisenbereich bietet, nicht wirklich ausreichend wider.

Royal Bombay Palace

11,5/20

4020 Linz an der Donau, Goethestraße 34 • 0732 65 86 05, 0664 514 5852
www.bombaypalace.at

Mo, Mi und Do 18–22.30, Fr und Sa 18–23, So 11.30–14.30 und 18–21.30 Uhr

Zugegebenermaßen ist die indische Küche nicht unbedingt die, die man als Verbindung zur oberösterreichischen Landeshauptstadt herstellt. Umso erfreulicher sind derartig authentische Anlaufstellen wie jene hier: Exotische Aromenvielfalt, Spezialitäten aus dem Holzkohlenlehmofen wie Chicken Tikka – gegrillte Hühnerkeule mit Joghurtmarinade –, mit Bockshornklee gebratenes Lammfleisch oder hausgemachter Paneer werden von Familia Shashia hier zu fairem Preis zum Besten gegeben. Dazu schmeckt frisch gebackenes Fladenbrot und Kachumber, ein würziger Salat aus geraspelter Karotte, Gurke, Kumin und Koriander. Unbedingt probieren sollte man auch die Fischsuppe. Die Weinkarte mit Fokus auf Österreich bietet die passende Begleitung im Glas. Im Sommer punktet der gemütliche Gastgarten.

Urbanides

13/20

Koch: Andreas Mühlberger

4040 Linz an der Donau, Rudolfstraße 11 • 0732 711110, 0660 103 0600
restaurant.urbanides@gmail.com • www.urbanides.at

Di 16–20, Mi–Fr 17.30–23.30, 10–21 Uhr

Hinter einer unscheinbaren Fassade befindet sich eine lebendige Linzer Kulinarikadresse. In sehr heimeliger Stimmung serviert Koch Andreas Mühlberger unkomplizierte, aber geschmacksintensive Gerichte: Thunfisch mit fermentiertem Spargel und Wasabi, Eierschwammerl-Terrine, eine sehr intensive Krustentier-Bisque. Oder man gönnt sich ein Filetsteak. Man merkt bei jedem Teller, dass hier Leidenschaft mit transportiert wird. Nicht umsonst ist das Lokal ein beliebter Treffpunkt in der Stahlstadt.

Verdi

16/20 🍴🍴🍴

Köche: Erich & Philipp Lukas

4040 Linz an der Donau, Pachmayrstraße 137 • 0732 73 30 05
lukas@verdi.at • www.verdi.at

Di–Sa 17–24 Uhr

Das Restaurant Verdi bietet seit vielen Jahren hochwertige Genüsse, die den Vergleich mit großer Oper durchaus nicht scheuen müssen. Nun stehen Vater Erich und Sohn Philipp Lukas gemeinsam in der Küche. Das Menü trägt denn auch den Titel „Vater & Sohn". Zusätzlich werden einige À-la-carte-Gerichte angeboten. Nicht vorbeigehen sollte man hier an den Fischgerichten. Die Zandernockerl und Langostinos mit Duxelles und Champagner als Auftakt sind das pure Glück. Darauf folgt ein interessanter, wenn auch keine wirkliche Einheit ergebender Teller aus Karfiol, Vogelmiere und Kokos. Fantastisch dann wieder der Hauptgang. Wir entscheiden uns gegen den Maibock und für den Steinbutt aus der Bretagne, natürlich perfekt gegart und in guter Gesellschaft von Spargel, Erdbeere und Amalfizitrone. Und das Dessert: Mohn, Joghurt, eingelegte Zwetschken – mehr braucht es nicht für ein famoses Finale. Neben spannenden Weinen gibt es auch reizvolle alkoholfreie Alternativen. Der Service ist erstklassig.

Verdi-Einkehr

13/20

Koch: Erich Lukas

4020 Linz an der Donau, Pachmayrstraße 137 • 0732 73 30 05
lukas@verdi.at • www.verdi.at

Di–Sa 17–24 Uhr

Die Einkehr gilt immer als die kleine Schwester des Restaurants Verdi. Das bedeutet jedoch nicht, das die vermutlich einfacheren Gerichten weniger aromatischen Tiefgang aufweisen. Immerhin kommen alle Speisen aus der gleichen Küche und werden dort veredelt. Während Filius Philipp Lukas sich immer mehr dem Restaurant widmet, zeigt sein Vater in der Einkehr eine feine Klinge. In die voll Aroma strotzenden Grammelknödel mit Veltlinerkraut und Speckkruspeln mag man sich am liebsten reinlegen. Sehr gut gelingt auch Modernes wie Thunfischtatar, ummantelt von erfrischenden Radieschen – mit Miso und Limette fein abgeschmeckt. Etwas zu opulent gerät das geschmorte Milchkalb – weniger Komponenten wären hier besser. Lauwarmer Karottenkuchen stimmt wieder glücklicher, ebenso die Weinkarte, die von günstig bis exklusiv und rar viele gute Tropfen bereithält.

Das Landhof

TIPP

4020 Linz an der Donau, Pummererstraße 4a • 0732 77 98 32, 0676 682 9057
office@daslandhof.at • www.daslandhof.at
Mo–Fr 11–21 Uhr • ♿ • €€

Seit Jahrzehnten als gehobenes Wirtshaus und Restaurant geführt, ist Das Landhof eine vielversprechende Adresse in Linz. Das Ambiente, sowohl im neu umgebauten Landhof als auch in der traditionellen Gaststube, lädt zum Verweilen ein. Im Sommer genießt man die Speisen sowie ausgewählten Weine und Getränke im schattigen Biergarten. Auf die Teller kommt feinste österreichische Kulinarik, jedoch mit modernen, internationalen Einflüssen. Zu Mittag, von montags bis freitags, wird ein schneller und abwechslungsreicher Businesslunch angeboten, abends werden auch gerne mehrere Gänge serviert. Gekocht werden Speisen wie Beef Tatar, Consommé vom Weiderind, Maishendlbrust und Wiener Schnitzel. Auch vegetarische Alternativen stehen auf der Karte. Das freundliche Personal hilft einem gerne bei der Frage nach der passenden Speisebegleitung.

Weindlhof

13/20 🍽🍽

Koch: Christian Siebenhofer

4310 Mauthausen, Kirchenweg 12 • 07238 2641, 0664 734 05888
office@weindlhof.at • www.weindlhof.at

Di–Fr 12–14 und 18–21 Uhr • ♿ • €€

Schon seit vielen Jahren bietet der Weindlhof in Mauthausen zuverlässige Qualität. Neben einer klassischen, gut sortierten Weinkarte präsentiert Familie Siebenhofer-Weindl eine kreative Speisekarte. Die Thunfisch-Ceviche mit Rettich und Gurke strotzt vor Frische. Die Pilztartelette mit Pilzen aus einer nahe gelegenen Manufaktur liefert Umami pur. Die geschmorten Bäckchen vom Duroc-Schwein mit Erdäpfelroulade und Urkarotten überzeugen fast vollständig. Einzig der Speck, der um die Karotte gewickelt wird, ist so intensiv, dass er das gesamte Gericht dominiert. Ausgeglichen hingegen präsentiert sich der Wels mit Roten Rüben, Erdäpfelschaum und Kren. Exotisch wird es dann beim Dessert mit einem saftigen Baba au Rhum mit Ananas und Kokos. Wer im Sommer dem Weindlhof einen Besuch abstattet, sollte sich unbedingt einen Platz auf der Terrasse mit Blick auf die Donau sichern.

Moser Alm ↗

12/20

Koch: Niko Danninger

4281 Mönchdorf, Mönchwald 6 • 07267 23330
info@moseralm.at • www.moseralm.at
Do–Sa 11.30–14 und 17.30–20, So 11.30–14 und 17.30–19 Uhr • ♿ • €

Was hier auf der Moser Alm geboten wird, ist nichts weniger als Wirthausküche auf hohem Niveau. Familie Lumetsberger-Danninger setzt auf regionale Produkte und kreiert damit köstliche und kreative Gerichte. Der sous-vide gegarte Kalbsrollbraten mit Butterkarotten und Safrangrieß ist geschmacklich ausbalanciert. Die Vielfalt von der Zwiebel mit Perldinkel ist ein mit Bravour ausgeführtes vegetarisches Gericht. Wer am Wochenende auf die Moser Alm fährt, hat die Möglichkeit, das bekannte Kistenbratl mit verschiedenen Knödeln und warmem Krautsalat zu bestellen. Auch bei den Desserts bleibt man kreativ, etwa mit Milch und Honig mit Haselnüssen und Kamille. Der Weinkeller bietet einiges von österreichischen Klassikern bis zu internationalen Highlights mit Jahrgangstiefe. Auch das Serviceteam ist immer um das Wohl der Gäste bemüht.

Maninseo

13/20

im Hotel Seehof

Koch: Jozef Ilcin

5310 Mondsee, Auhof 1, Loibichl • 06232 5031
hotel@seehof-mondsee.com • www.seehof-mondsee.com

12–13.30 und 18.30–21 Uhr • €€

Im beschaulichen Garten des luxuriösen Hotels Seehof am Mondsee scheint die Zeit stehen geblieben zu sein. Man speist hier in Abgeschiedenheit und völliger Ruhe. Die Küche passt zum gediegenen Ambiente und setzt Klassiker der österreichischen Küche gekonnt um. Der Spargelsalat mit Erdbeeren, Sauermilch und Petersilienöl ist da schon fast gewagt-modern. Der Tafelspitz wird hier in Perfektion umgesetzt, auch der Umgang mit Fisch ist dem eines Toprestaurants am Mondsee würdig. Als Fang des Tages gibt es Reinanke, die kross gebraten alle Erwartungen erfüllt. Variationen von der Callebaut-Schokolade – weiß, dunkel und als Brownie – sind geschmacklich toll und sehr ansprechend inszeniert. Die kenntnisreich zusammengestellte Weinkarte bietet eine große Vielfalt – auch bei internationalen Spitzenweinen – und überrascht mit schöner Jahrgangstiefe.

Restaurant Lackner

13/20

Koch: Martin Lackner

5310 Mondsee, Mondseestraße 1 • 06232 2359
office@seehotel-lackner.at • www.seehotel-lackner.at

Mo, Di, Do–Sa 14–20.30, So 13–20.30 Uhr • ♿ • €€

Eine tolle Lage mit Aussicht – so ist das Essen auf der Terrasse über dem Mondsee immer etwas Besonderes. Die Kost von Martin Lackner hingegen war in den Verdacht von allzu großer Routine geraten. Langweilig also? Mal sehen. Er hält die Karte schmal, Schwerpunkt der Produkte: regional. Manche Gerichte kennt man seit Jahren, karamellisierten Ziegenfrischkäse zum Beispiel: frisch-süßes Aroma zu Salat und allerlei Gemüsecremen. Auch die gebratene Maishendlbrust zu Polenta, tadellos. Der Zander unter krosser Haut korrespondiert prächtig mit Spargel und Erdäpfelpüree. Erstklassig locker und doch würzig: die Topfenknödel zu Marillen und Sauerrahmeis. Das mag alles bekannt sein, aber es schmeckt jedes Mal gut. Der Service ist höflich, in der Weinkarte könnte man sich verlieren: enorm weit mit großer Tiefe. So kommt man gern zum Speisen am See.

Forthuber

16/20

Koch: Christoph Forthuber

5222 Munderfing, Munderfing 52 • 0676 429 0224
office@restaurant-forthuber.at • www.restaurant-forthuber.at

Di–Sa 18–21 Uhr • €€

Gut bezahlte Jobs in Wien aufgeben, um in Munderfing ein leer stehendes Bräu zu beleben – das traut sich nicht jeder. Doris und Christoph Forthuber investierten ihre Ersparnisse in den Traum vom eigenen Lokal – er als Koch, der in den besten Häusern gearbeitet hat, sie als Expertin in Sachen Wein. Ihr Restaurant ist eine gemütliche Innviertler Gasthausstube mit Holzpaneelen und Kachelofen – und dazu eine modernere Lounge mit Blick auf gut gefüllte Weinschränke. Derart doppelt ist auch das Angebot: Klassiker wie gekochtes Rindfleisch und Wiener Schnitzel gibt es immer, sagt der Koch. Dazu viel Vegetarisch-Veganes. Junger Kohlrabi mit Portulak plus Crème fraîche bringt den Frühling auf den Teller, die Schwammerlsuppe mit Hagebutte führt aromatisch in den Wald. Käferbohnen finden sich süßsauer zwischen Zitrone und Marsala, sanft gegart der Waller mit Wirsing und Senf. Karamelleis trifft auf Yuzu und Rote Rüben – ein hübscher Mix. Alles sehr exakt zubereitet und freundlich serviert. Attraktiv, das Bräu.

Ois

18,5/20

im Genießer- & Designhotel Mühltalhof

Koch: Philip Rachinger

4120 Neufelden, Unternberg 6 • 07282 6258
reception@muehltalhof.at • www.muehltalhof.at

Sie haben Neufelden zu einem Hotspot progressiver und gleichzeitig bodenständiger Kulinarik gemacht, die Rachingers. Die Mühl, ein Quell der Entschleunigung, egal, ob bei Sonne, Regen oder Nebel, ein Braugasthof oben im Dorf, der Fernruf 7, wo Helmut Rachinger, unbeirrt von Hauben und Moden sein (großartiges) Ding macht. Und dann das Ois. Oberösterreichisches Idiom für „alles". Die Wirkstätte von Philip Rachinger. Auch das ein Ort der kulinarischen Offenbarung.

Das Menü ändert sich oft, manchmal sehr kurzfristig. „Spätestens wenn Sie da sind, wissen Sie, was es zu essen gibt." Philip Rachinger hat es nicht so mit den Speisekarten. Macht nichts. Dafür hat er es mit den Menüs. Und an den Tisch kommen ohnehin nur Gerichte mit kristallklarer Rachinger-DNA.

Ganz am Anfang stehen Grüße wie Zander in saurer Rahmsuppe, Kümmel und Bärlauch oder – noch früher – eine Sellerietartelette mit Koji, Topinambur und Eigelb. Oder Brustflosse mit Rhabarber-Ponzu und reichlich Schnittlauch. Ein Gruß nur, aber ein Gedicht von einem Gericht.

Danach, der erste offzielle Gang, Maibocktataki, Consommé und Kaviar. Der kommt übrigens – und damit sind wir auch gleich beim Wein – von KATE & KON, die zu jedem Gang einen sensationellen Begleiter stellen. Weiter mit gegrilltem Grün, wieder mit Kaviar, Sauerampfer und Guanciale, im Ribisellaub gegrilltem Wallersauerbraten mit Pommes soufflées und als Hauptgang gegrilltem Rücken vom Reh mit Speck, Sauce Royal und sauren Linsen.

Nach Käse von Maître Antony noch zwei Desserts. Das erste, Rhabarber-Mille-feuille mit Shizo und Hibiskus, das zweite, „Mühlviertler Granit", eine gegrillte Birne mit Graumohn und Meringue. Name und Gericht fast aufgelegt für Éric Bordelets Poiré Granit, den legendären Birnencidre aus der Normandie.

Ein großartiges Menü, das einerseits aufgrund der Weine enorm Spaß gemacht hat, gleichzeitig aber auch zeigt, wie klar und ausgeprägt Rachingers Stil bereits ist. Im Moment gibt er alles. Oder auf gut Oberösterreichisch: ois hoid.

1er Beisl im Lexenhof

14/20

Koch: Johann Lugstein

4865 Nußdorf am Attersee, Am Anger 4 • 07666 80000, 0676 477 1932
einserbeisl@lexenhof.at • www.lexenhof.at

Mo–Fr 17–22 Uhr (im Juli und Aug. auch am Samstagabend geöffnet) • €€

Im 1er Beisl in Nußdorf am Attersee serviert Patron Johann Lugstein ehrliche Küche ohne viel Schnickschnack. Regionalität wird großgeschrieben, gerade was Fisch anbelangt – ein Leichtes, wenn man den Attersee vor der Haustüre hat. Schon der Einstieg in das sechsgängige Menü ist herrlich: klassisches Beef Tatar mit einem gebackenen Wachtelei. Braune Butter, Trüffel und Reis – klingt nach einem Erfolgsrezept und das ist es auch, immerhin ist das Risotto eines der Highlights des Abends. Der Saibling mit Hummerschaum kommt wunderbar glasig zum Tisch und das auf den Punkt gebratene Reh wird von ersten knackigen Eierschwammerln begleitet. Das Einzige, was das kulinarische Vergnügen ein wenig trübt, sind die großen Portionen – gerade bei einem Sechs-Gänge-Menü könnte der eine oder andere Gang etwas kleiner ausfallen.

Das Bräu

14,5/20

im Boutiquehotel Aichinger

4865 Nußdorf am Attersee, Am Anger 1 • 07666 8007
office@hotel-aichinger.at • www.hotel-aichinger.at
Mi–So 12–14 und 18–21 Uhr • €€

Das Bräu in Nußdorf ist so etwas wie das Trumpfass am Attersee. Zum Niederknien sind seine Blunzn-Gyoza mit Sauerkraut-Beurre-blanc, Räucheraal und Haselnuss. Wie ein wunderschönes Bijou auf dem Teller kommt die Pannacotta von Schafskäse im Kohlrabimantel mit Senfeis, Linsen und Weintrauben daher. Ein knuspriger Schweinebauch wird mit butterweich geschmorten Schweinsbackerln und Marillen kombiniert. Genial! Fantastisch für alle Fans des Klassischen: gebackenes Hirn vom Milchkalb mit Erdäpfel-Gurken-Salat. Herzerfrischend ist der Service, ein Glücksfall die Weinberatung von Sommelier Philipp Gerbl und die breite Auswahl auf der Weinkarte sucht sowieso weit und breit ihresgleichen.

Kammer5

15,5/20

Fine Dining

Koch: Wolfgang Wohlschlager

4974 Ort im Innkreis, Kammer 5 • 07751 80650
restaurant@kammer5.at • www.kammer5.at

Fr–Mo 18.30–24 Uhr •

In einem alten Bauernhof im Innviertel befindet sich das Kammer5. Man nimmt Platz in einem aufwendig renovierten Gewölbe, in dem einst Kühe standen. Heute wird von einem bestens ausgebildeten jungen Team eine Mischung aus heimischer und französischer Küche aufgetischt. Geboten wird ein Sechs-Gänge-Menü, auf Vorreservierung auch vegetarisch. Bereits bei den Amuse-Gueules dominiert kräftiger Geschmack. Wurzelgemüse-Dim-Sum mit Mayonnaise oder Beef Tatar unter einem Röstkartoffel-Espuma. Ein Gedicht: der erste Gang aus Roter Rübe in diversen Konsistenzen und Räucherfischmousse – gut ausbalanciert zwischen Säure und leichter Schärfe. Ein heißer Tipp ist auch die austro-französische Zwiebelsuppe mit Bergkäsepofese als Einlage. Der Fisch kommt edel: pochierte Seezunge mit Kerbelknolle und Beurre blanc. Die Ente dann in zwei Tranchen: die Keule geschmort und mit einer mächtigen Entenfett-Hollandaise, das Filet mit Topinambur und Marille. Mit dem Dessert aus Apfel und Whiskey gelingt es, das Menü zur runden Sache zu machen. Freundlicher, kundiger Service, stimmige Weinbegleitung und eine nicht weniger spannende antialkoholische Variante.

Die Schmiede®

14/20

Koch: Martin Kinast

4870 Pfaffing, Pfaffing 7 • 07682 42996
pfaffing@gasthaus-schmiede.at • gasthaus-schmiede.at

Was für ein Glücksfall für das kleine Pfaffing! Nachdem die Gemeinde die Gastwirtschaft von Grund auf renoviert hatte, zogen hier Alexandra Strobl, Markus Fussi und Martin Kinast ein. Letzterer kochte vorher unter anderem bei Simon Taxacher im Rosengarten. Das Team macht seine Sache brillant. Der Spagat zwischen klassischer Wirtshausküche – mit viel Liebe zum Detail und hochwertig auf den Teller gebracht – und kreativer Kost gelingt mit Bravour. Ein Must ist das sechsgängige Genussmenü. Daraus überzeugen die sanft-würzige Schaumsuppe von der Yacónwurzel mit Curry sowie die gebackenen Gänseknödel auf Rahmkohlrabi mit Kren und eingelegten Herzkirschen. Top auch das Duett vom heimischen Milchkalb. Herzerfrischend der Service, hochspannend die Weinkarte, die abseits des Üblichen viele Überraschungen bereithält. Tu felix Pfaffing!

Keplingerwirt

14/20

Hotel & Restaurant

KöchInnen: Dominik Keil & Andrea Lunson

4172 St. Johann am Wimberg, St. Johann 14 • 07217 7105
info@keplingerwirt.at • www.keplingerwirt.at

Mi–Sa 11.30–13.30 und 18–21, So 11.30–14 Uhr • €€

Ein Mühlviertler Fixstern: Seit 30 Jahren wird hier Gastfreundschaft gelebt. Eine zugängliche, aber auch anspruchsvolle Küche bringt hier einen hohen Stammgästeanteil. Diese Vertrautheit spricht für den Keplingerwirt. Die Grammerltascherl mit Kraut dürfen hier nie fehlen. Rindsuppe, Bachforelle, Blutwurst und Mohnnudeln ebenfalls nicht. Allein beim Schreiben läuft einem das Wasser im Mund zusammen. Alle Gerichte sind geschmacklich auf gutem Niveau und haben den Anspruch, mit den besten Restaurants in Oberösterreich mitzuhalten – doch es fehlt in letzter Konsequenz die Exzellenz in den Details, die Finesse in den Kompositionen und die Vielfalt im Angebot. Der Service ist sehr persönlich und jeder individuelle Wunsch wird gerne erfüllt – das kommt sehr selten vor, daher ein großes Lob an das Team. Der Gast steht hier wirklich im Mittelpunkt. Spannende Weine – nicht nur die großen Namen – und daher auch sehr günstige Prädikatsweine aus den besten Gebieten des Landes.

Landhaus zu Appesbach ®

14/20

Koch: Thomas Höfler

5360 St. Wolfgang, Au 18 • 06138 2209, 0664 853 4279
willkommen@landhauszuappesbach.at • landhauszuappesbach.at

12–14 und 18–21.30 Uhr • €

Das romantische Landhaus zu Appesbach liegt an einem der schönsten Plätze im Salzkammergut. Für die Küchenlinie verantwortlich ist Thomas Höfler – vormals Küchenchef im Salzburger „Carpe Diem". Am Wolfgangsee kocht er befreit auf. Neben den À-la-carte-Gerichten bietet er ein Gourmetmenü, wählbar als Variante in drei, vier oder fünf Gängen. Wir kosten eine herrlich würzige Kräutertarte mit Aberseer Schafskäse und Bärlauchkapern. Sehr fein ist auch der glasierte, dünn geschnittene Schweinebauch mit Pfirsich und Cashewkernen. Anschließend dann saftige Tascherl, gefüllt mit roter Zwiebel, auf Erbsenpüree, Buchenpilzen und erfrischender Wassermelone.Echtes Comfort-Food kommt als Pappardelle mit Sugo vom Authaler Hirschkalb auf den Teller. Wer Klassiker wie Wiener Schnitzel oder Bœuf Stroganoff liebt, kommt natürlich auch auf seine Kosten. Eine gute, fair ausgepreiste Weinauswahl und ein zugewandter, sehr netter Service runden das Erlebnis ab.

Paula Ⓝ

16/20

Koch: Sebastian Leutgeb

5360 St. Wolfgang, Markt 88 • 06138 20333, 0664 136 5501
office@weisserbaer.at • weisserbaer.at

Fr–Mo ab 18 Uhr

Sebastian Leutgeb hatte einen Traum: Sollte er einmal ein Restaurant eröffnen, dann würde er es nach seiner Oma Paula benennen, von der er das Kochen gelernt hat. Und in St. Wolfgang konnte er sich schließlich seinen Herzenswunsch erfüllen. Als Genießer kann man nur froh sein, dass er hier im Hotel Weißer Bär eine Heimstätte gefunden hat, in der er sein Talent ausleben kann. Schon die Grüße aus der Küche – pochierte Auster mit Kaviar sowie Beef Tatar mit Trüffeln – lassen zu Beginn eines erahnen: Hier bahnt sich Sensationelles an. Dass wir uns nicht irren, beweisen die kräftigen und gut gewürzten Fonds und Saucen, die die folgenden Gerichte begleiten. Dass sich dazu noch exakt gegarte Fische und auf den Punkt gebratenes Fleisch auf den Tellern wiederfinden, möchten wir besonders bemerken. Hervorzuheben sind jedenfalls der Saibling mit Kohlrabi, die Forelle im Tomatenfond und der Raviolo mit Kalbsbries. Die Entenleber – einmal gebraten und einmal als Terrine – oder der Atterox mit Paprika sind ebenfalls Empfehlungen – und zwar uneingeschränkte.

Poll's Kaiserterrasse

15/20

Gourmetrestaurant im Weissen Rössl

Koch: Hermann Poll

5360 St. Wolfgang, Markt 74 • 06138 2306 66
restaurant@weissesroessl.at • www.weissesroessl.at

Mi–So 18.30–21 Uhr • €€

Im Weissen Rössl am Wolfgangsee werden Erinnerungen an Peter Alexander und Waltraut Haas wach. Altösterreichischer Charme und ein Hauch von Monarchie wehen durch das Haus, wo sich im Restaurant Poll's Kaiserterasse – schon mal begleitet von gediegener Live-Pianomusik – ausgezeichnet essen lässt. Dafür bürgen seit Jahren verlässlich Küchenchef Hermann Poll und Serviceleiter Zoran Babic. Nicht stehen geblieben ist die Zeit bei den beiden angebotenen Menüs. Die Linie ist sehr regional, manches stammt sogar aus eigener Produktion. Der hier „Rössling" genannte Saibling wird im Tal des nahen Rußbachs großgezogen, ist von fantastischer Qualität und kommt confiert auf den Teller. Die Bouillabaisse präsentiert sich kräftig und rund. Den Höhepunkt bildet das Abtenauer Kalb, serviert werden Backerl und Bries mit Steinpilzen und Sellerie. Auch wer sich aus Süßem nicht viel macht, wird fündig: Stangensellerie mit weißer Schokolade und Kerbel entpuppt sich als erfrischende Dessertoption zum Ausklang.

Gault&Millau
Entdecken.
Entspannen.
Erleben.
Newsletter abonnieren und informiert bleiben auf
gaultmillau.at
© August_0802/Shutterstock

ANNO1928

TIPP

4784 Schardenberg, Schönbach 2 • 07713 50287, 0676 411 9339
info@anno1928.at • www.anno1928.at
Fr–Di 11–22 Uhr • ♿ • €€

Der Name Anno1928 geht auf den Hof in Schardenberg zurück, in dem sich das Restaurant befindet. Wo früher die Stallungen waren, sind nun über 40 Sitzplätze, die zum Einkehren einladen. Der Außenbereich bietet 60 Personen Platz. Geboten werden eine Tageskarte sowie wöchentlich wechselnde Mittagsmenüs. Der Küchenchef Hans-Peter Jungmann-Wenzel ist Tiroler – diese Wurzeln sind auch in seiner Küche spürbar. So werden Klassiker der Hausmannsküche, darunter Leberknödelsuppe, Wildgulasch und faschierte Laberl, serviert. Bei den Produkten wird stets darauf geachtet, dass man mit regionalen Produzenten zusammenarbeitet. Eine Besonderheit ist der eigene Kräutergarten, der sich auf dem Gelände des Restaurants befindet. Außerdem verfügt das Anno1928 über einen Weinkeller, der zum Verkosten einlädt und wo zudem hausgemachte Spezialitäten erstanden werden können.

Lukas Restaurant

17/20

Newcomer 2018

Koch: Lukas Kienbauer

4780 Schärding, Unterer Stadtplatz 7 • 0664 341 3285
lukas@lukas-restaurant.at • www.lukas-restaurant.at

Mi–Sa 18–22 Uhr •

Schärding ist fest in Lukas' Hand! Zumindest kulinarisch gesehen. Denn der talentierte 30-Jährige betreibt am idyllischen Hauptplatz der Barockstadt nicht nur das vielfach prämierte Fine-Dining-Restaurant Lukas, sondern auch die lässige Lukas Izakaya, die sich für den Aperitif empfiehlt, und das edle Teile adelnde Lukas.Steak.

In dem kleinen, sehr geschmackvollen Lokal mit offener Küche, die Gelegenheit bietet, den talentierten Chefs auf die Finger zu schauen, bringen schon die fein ziselierten Snacks zur Begrüßung zum Staunen, von denen vor allem das Taubenherz mit Teriyaki und Wasabi-Mayonnaise in Erinnerung bleiben wird. Es sind souveräne Kombinationen, die Lukas Kienbauer aus seiner Küche schickt.

Der erste Gang zum Beispiel, die geflämmte Lachsforelle ist ein echter Burner. Herausragende Qualität, mit Blutorange und Safran kombiniert. Wow! Es folgt ein Dialog von Sellerie, Koji – fermentiertem Reis – und Fichte, der Erdigkeit, aber auch Frische auf den Teller bringt. Schließlich der Gang des Abends: eine Auster, die zusammen mit Sauerkraut und Schwein überraschend effektvoll präsentiert wird.

„Einfach mal den Alltag beiseitelegen und Geist und Gaumen verwöhnen lassen!", meint Lukas auf der Website und das fällt nicht schwer bei Kompositionen wie Stör, Grünkohl und Senf oder Reh, Quitte und Räucheraal, die verbinden, was scheinbar schon immer zusammengehörte. Zu guter Letzt Zitrone, Mascarpone und Tequila – ein höchst erfrischender Abschluss.

Besondere Erwähnung müssen aber das bestens disponierte Team und sowohl die vergorene als auch die unvergorene Getränkebegleitung finden, die Raritäten (Furmint „Filep" – ein Tokajer von Filep Gergö aus Ungarn) und Originelles (Pyrus Naturalis – ein Birnenwein vom Obsthof am Steinberg in Hessen) beinhaltet.

Langostinos

11/20

Koch: Christian Rutschetschin

4861 Schörfling, Bahnhofstraße 4 • 07662 29050, 0650 448 6144
office@langostinos.at • www.langostinos.at

Fr–Di 11.30–14 und 18–21.30 Uhr • €€

Das Langostinos hat sich seine Lage am nördlichen Spitz des Attersees zum Vorteil gemacht und bietet täglich fangfrischen Fisch an. Während Hecht und Reinanke im Ganzen bereits auf dem Grill brutzeln, stimmt man sich mit einem Glas Rosé, den Blick auf die zahlreichen Segelboote gerichtet, auf regionale Köstlichkeiten ein. Der Fisch gelingt wie erwartet saftig, zart und mit leichtem Raucharoma. Dazu Erdäpfel mit frisch gehackter Petersilie, ein Klassiker, der immer gut ankommt. Die italienische Dessertvariation, bestehend aus Profiteroles, Tiramisu und Cassata (eine sizilianische Schichttorte mit kandierten Zitrusfrüchten), ist in jedem Fall eine gute Wahl.

Franz Ferdinand

12/20

Köchin: Maria Reitner

4400 Steyr, Gleinker Gasse 1 • 07252 90412, 0650 525 0034
office@franzferdinand.at • www.franzferdinand.at

Do 17–23, Fr, Sa 12–14.30 und 17–23 Uhr • €

Im historischen Stadtteil Steyrdorf befindet sich das Franz Ferdinand von Maria Reitner und Bernhard Forstreiter. Sie ist eigentlich Psychotherapeutin, aber eben auch eine sehr gute Köchin, während seine große Leidenschaft Wein ist. Zusammen zelebrieren sie hier die Alpen-Adria-Küche. Zum Einstand darf es gern ein Teller Spaghetti Vongole in köstlichem Weinsud mit ein wenig Fenchel sein. Auch das Gulasch Triestiner Art mit Polenta macht Freude. Die Portionen sind durchaus großzügig kalkuliert. Beim Wein empfiehlt es sich, die hauseigenen Tropfen aus dem Weingarten im Retzer Land oder aus Kooperationen mit Winzern zu probieren.

Rahofer

12,5/20

Koch: Maximilian Rahofer

4400 Steyr, Stadtplatz 9 • 07252 546 06, 0660 320 5952
cafe@restaurant-rahofer.at • www.restaurant-rahofer.at

Di–Sa 11.30–13.45 und 18.30–21.45 Uhr

Erwischt man beim Rahofer, dieser kulinarischen Institution im Zentrum von Steyr, einen lauschigen Abend und darf im romantischen Innenhof Platz nehmen, stellt sich das mediterrane Lebensgefühl ein, bevor die Küche überhaupt den ersten Teller schickt – und dann sowieso: Die Parmigiana di Melanzane würde auch in Süditalien bestehen. Die Fischsuppe ist kräftig, aber auch subtil im Geschmack – und bei der Einlage wird nicht gespart. Allgemein versteht sich Max Rahofer auf Gerichte mit Fisch und Meeresfrüchten, etwa Goldbrasse im Salzmantel oder gegrillte Tintenfische mit Safranrisotto. Die Weinkarte ist gut kuratiert und wirklich fair kalkuliert.

Bootshaus

18,5/20

Koch des Jahres 2023

Koch: Lukas Nagl

4801 Traunkirchen, Klosterplatz 4 • 07617 2216
traunsee@traunseehotels.at • www.dastraunsee.at
Mo, Do und Fr 18–20, Sa und So 12–13.30 und 18–20 Uhr; Fei 12–13.30 Uhr •

Anfang 2023 hat sich Lukas Nagl eine Auszeit gegönnt. Nein, nicht, um auf der faulen Haut zu liegen und um sich auf den Lorbeeren seines Erfolgs auszuruhen. Immerhin war der Mann in der vergangenen Saison unser „Koch des Jahres". Vielmehr war Lukas Nagl ein paar Wochen in Japan unterwegs. Hat dort in Hokkaido gekocht, Festivals besucht und sich intensiv mit der Fermentation auseinandergesetzt. Noch intensiver als bisher, was einiges heißt, denn sein Projekt „Luvi" gilt jetzt schon als maßgeblich in Sachen Miso, Fisch- und Sojasaucen. Die Richtung ist also klar: noch tiefer in die Materie eintauchen, noch besser werden.

Das Menü im Bootshaus ist auch heuer wieder eine Benchmark in Sachen Fischkochkunst. Das beginnt bei den Grüßen aus der Küche, die eigentlich deutlich mehr als nur „Grüße" sind. Es sind kraftvolle Machtwörter, die Lukas Nagl aus seiner Küche in den Gastraum schickt. Gurken-Kren-Eis mit Kopfsalatcreme, Forellenkaviar mit Buttermilchschaum oder Mondseekarpfen-Cornetto. In Summe sind es zehn (oder noch mehr) dieser Grüße, und im Grunde machen sie genau das, was Amuse-Gueules machen sollen: Sie zeigen, der Ouvertüre einer Oper gleich, was einen erwartet.

Die ersten vier Gänge sind Nagls Kernkompetenz gewidmet: Fisch. Die Seeforelle – Garpunkt schlicht Weltklasse – kommt mit Ponzu, Giersch und Kohlrabi auf den Teller, die Traunseekrebse dagegen mit Liebstöckel, Gurken und saurem Rahm. Beide Gerichte, die Forelle und die Krebse, zeigen, dass Nagl eine sichere Hand für Harmonie und Komponenten hat. Beide sind eine Augenweide und am Gaumen einfach großartig. Das gilt natürlich auch für die nächsten beiden Gänge, den Traunbarsch und den Aal. Letzerer kommt aus dem Attersee und mit Buddhas Hand, Sellerie und Molkesauce.

Als Hauptgang – Nagl wechselt hier ins fleischliche Milieu – lässt er Rutzenmooser Lamm in zwei Gängen servieren: einmal mit Brennnesseln, Bärlauch und eingelegten Weichseln, einmal im Blätterteig und mit kandiertem Gemüse. Und ja, Nagl kann auch Fleisch. Ziemlich gut sogar.

’s Paul Restaurant Ⓝ

15/20

Koch: Paul Wieder

4801 Traunkirchen, Mitterndorf 23 • 07617 221958
info@spaul-restaurant.at • www.spaul-restaurant.at
Do–Mo 12–14.40 und 18–21 Uhr • ♿ • €€

Eine paradiesische Dichte an guten Lokalen wie in Traunkirchen findet man selten in Oberösterreich. Erfreulicherweise rückt nun das Restaurant ’s Paul in die Riege der besten auf. Paul Wieder perfektionierte sein Handwerk bei Thorsten Probost in der Griggeler Stuba und zieht die Nose-to-tail-Philosophie kompromisslos durch. Tiere bekommt er im Ganzen geliefert und verarbeitet sie im Sinne eines Großmeisters: Milzschnitte, Kalbsleber oder Rehbeuschel zählen zum Standardprogramm. Im Mehr-Gänge-Menü tobt sich Wieder mit Kalbszunge und Kalbkopf aus, kombiniert dazu Melone und Kürbiskerne und beweist aromatischen Weitblick. Ebenso bei langsam gegartem Schweinsbauch, der knusprig gebraten mit Dashi und eingelegten Kirschpeperoni ein wunderbares Säure-Schärfe-Süße-Spiel am Gaumen offenbart. Der Koch versteht sich auch auf Klassiker wie cremiges Schokosoufflé aus Brandteig, das jedem Schokokuchen mit flüssigem Kern die Grenzen aufzeigt. Eine gute Weinkarte und selbst gemachte Wermuts sprechen für eine Anreise mit dem Zug, der direkt vor der Haustüre hält.

Wirtshaus Poststube 1327

14/20

im Hotel Post am See

Koch: Stefan Griessler

4801 Traunkirchen, Ortsplatz 5 • 07617 2307
post@traunseehotels.at • www.hotel-post-traunkirchen.at

12–21 Uhr • €€

Eine Zeitreise in die 1980er-Jahre erlebt man angesichts des Interieurs der Gaststube schon beim Betreten des Lokals. Davon sollte man sich aber nicht täuschen lassen, denn die Küche ist weder retro noch bieder, sondern ganz im Gegenteil: eine überaus gelungene Mischung aus Regionalität, bestem Handwerk, überraschenden Ideen und asiatischen Einflüssen. Sashimi vom Seesaibling mit österreichischem Wasabi, Perlfischknödel mit Pfefferoni-Sauerkraut, hausgemachte Blunzen mit Liebstöckel und Erdäpfelsauce oder das „Koji Fried"-Backhendl mit Erdnuss und Koriander sind moderne Fusion-Küche im besten Sinn. Das unter „Magenpflanzerlvariation" servierte Vorspeisenfeuerwerk erinnert sogar an die stets sensationell guten Amuse-Gueules in Lukas Nagls Hauptrestaurant „Bootshaus". Mit Stefan Griessler hat er für seine Dependance einen absoluten Könner als Küchenchef gefunden.

Die Röhre

TIPP

4866 Unterach am Attersee, Eichenweg 1 • 0664 133 98 64
mail@dieroehre.com • www.dieroehre.com

Mo, Do, Fr 15–21.30, Sa 9–21.30, So 9–19 Uhr • ♿ • €

In der Röhre trifft Architektur auf innovative Gastronomie. Die Räumlichkeiten des Lokals sind dabei multifunktional und vereinen Restaurant, Coffeeshop und Weinbar. Darüber hinaus kann die Röhre auch als kulinarische Raststätte an der Attersee-Bundesstraße für kleine Mahlzeiten dienen. Im Sommer lässt es sich auf der Sonnenterrasse wunderbar aushalten. Neben einem vielfältigen Frühstücksangebot, darunter Eierspeisen, vegane Angebote und spannende Kombinationen, kann sich auch die Standardkarte sehen lassen. Serviert werden Thai Cashewnut Chicken, Surf and Turf, Burger, Spätzle-Variationen und vieles mehr. Für die Kleinen bietet das Kids-Menu das passende Gericht. Zum süßen Abschluss hat man die Wahl zwischen einem Dessert oder einem hausgemachten Eis. Das Angebot und das Ambiente machen die Röhre zu einem Tipp, der alles, außer gewöhnlich ist.

Schloss Hochhaus

13/20

4655 Vorchdorf, Schlossplatz 1 • 07614 21110
gasthaus@schloss-hochhaus.at • www.schloss-hochhaus.at

Das Schloss Hochhaus ist ein Segen für alle, die auf der A1 west- oder ostwärts unterwegs sind. Dass hier in Vorchdorf immer noch mehr Leute einen Boxenstopp beim McDonald's einlegen, anstatt ein paar Meter ins Dorf zu fahren, wird uns immer ein Rätsel bleiben. Die Hochhaus-Küche ist solide und ausgesprochen gut. Bodenständig, regional und handwerklich ohne Tadel. Immer wieder tauchen auch außergewöhnliche Gerichte auf der Karte auf. Etwa der gebackene Ochsenschlepp. Oder das Theuerwanger Reh, das die Küche gemeinsam mit geschmorten Rindsbackerln serviert. Das Ambiente in den Stuben ist angenehm und gediegen.

Tanglberg

17,5/20

Ambiente Award 2011

Restaurant und Galerie

Koch: Maximilian Schellerer

4655 Vorchdorf, Pettenbacher Straße 3–5 • 07614 8397, 0650 840 1066
office@tanglberg.at • www.tanglberg.at

Mi–Sa 18–22, So 12–14 Uhr • €€

Es gibt nur wenig Autobahnausfahrten, wo es sofort im Finger zuckt, wenn der Name eines Orts erscheint, man den Blinker einschaltet und nicht anders kann, als abzufahren. Vorchdorf ist so eine Abfahrt – aus gutem Grund. Ein Schmuckstück wie das Tanglberg findet man selten. Galerist Erich Spitzbart verwandelte vor vier Jahrzehnten das ehemalige Bürgerspital in einen anmutigen Ort für zeitgenössische Kunst und Feingeister. Das Restaurantteam blieb sich stets seiner Linie treu, ließ nordische und japanische Trends vorbeiziehen und widmete sich lieber französischer Kochkunst. Foie gras, Hummer oder Steinbutt zeigen, dass es in Oberösterreich möglich ist, die besten Produkte, fernab von dogmatischem Regionaldenken, serviert zu bekommen.

Mit dem Einstieg von Max Schellerer vor zwei Jahren änderte sich an der Ausrichtung wenig. Der Schwerpunkt gilt weiterhin französisch inspirierten Gerichten, die in zwei verschiedenen Menüs wählbar sind. Speisen sind untereinander austauschbar oder einzeln bestellbar. Es herrscht eine wohltuende Unkompliziertheit, die dank Ricki Staudinger perfekt orchestriert wird.

Die Küche grüßt mit mehreren Miniaturen. Unter anderem Velouté vom roten Paprika, Mille-feuille mit Dottercreme und Trüffel, Tomaten-Basilikum-Macaron oder als Reminiszenz an die Saisonalität: Eierschwammerlragout mit feinem Pálffy-Knödel. Außergewöhnlich die Foie gras im ersten Gang. Passionsfruchtgel verleiht der Leber angenehm fruchtigen Säuretwist. Dazu Vogelbeeren, ein Seufzer der Zufriedenheit und die Welt kann ruhig stehen bleiben. Tut sie aber nicht. Sie dreht sich weiter.

Auch gut, denn Sellerie mit Herbstrompeten oder Steinbutt mit knackigem Karfiol und angeflämmten Nektarinenscheiben sind von aromatischer Eleganz getragen. Nichts erscheint zu opulent und zu gewagt, sondern verschmilzt in Reduziertheit zur perfekten Melange. Extraordinär auch das Pistazieneis, umhüllt von luftigem Champagnersabayon und begleitet von Pfirsichspalten. Haeberlin wäre entzückt.

Das ist man auch nach einem Blick in die Weinkarte. Geht nicht gibt's nicht. Nahezu alles ist vorhanden, vor allem Gewächse aus dem Burgund. Wer ob der Vielfalt überfordert ist? Kein Problem. Am besten vertraut man auf Ricky Staudingers Expertise.

Bergpfeffer

11,5/20

Wirtshaus

Koch: Andreas Eder

4574 Vorderstoder, Dorf 197 • 07564 20059
wirt@bergpfeffer.at • www.bergpfeffer.at
Do–So 11–14 und 17–20.30 Uhr • ♿ • €

Der Wirt und Sommelier des Hauses ist der Meinung, dass erst die passende Weinbegleitung jedem Gericht den finalen Feinschliff verleiht und zu einem kulinarischen Hochgenuss verwandelt. Deshalb serviert er zum Saiblingsfilet mit Spinat und Zitronengras-Risotto oder auch zum zartrosa Lammrücken auf Ratatouille edle Tropfen aus seinem international bestückten Weinkeller. Die Rotwein-Gewürz-Birnen passen hervorragend zum cremig-kalten Schokoladenparfait – ein Muss für Schokoholics! Geduldige Gäste warten auf den frisch zubereiteten Kaiserschmarren mit hausgemachtem Zwetschkenröster. Das Warten lohnt sich.

Fortino

13,5/20

Koch: Christoph Parzer

4600 Wels, Europastraße 45 • 07242 211889, 0664 423 1747
info@fortino.at • www.fortino.at

Di–Fr 11.30–14 und 18.30–21, Sa 18.30–21 Uhr • €€

Mittags lockt das Fortino mit einem günstigen Menü. Abends erreichen die Preise in Wels schwindelerregende Höhen. Gäste haben die Wahl zwischen Steaks – auf die war Christoph Parzer schon in der Klosterstube Traunkirchen spezialisiert – und einem Menü, aus dem sich auch einzelne Gänge ordern lassen. Der Oktopus gelingt ausgezeichnet, dazu gibt es stark gesüßten Kürbis. Die Hauptgänge sind harmonischer: Skrei mit Bouchot-Muscheln, Hirsch mit Schalotte und Erdäpfeln. Richtige Glücksgefühle stellen sich aber nicht ein. Und der Service sollte in einem Haus mit hohem Anspruch kompetenter agieren.

Salzburg

Hotel
Goldener
Hirsch
© SalzburgerLand Tourismus/Hotel Goldener Hirsch

HOTEL GOLDENER HIRSCH.
Der Ort, an dem Wünsche
erfüllt werden.
Bevor sie entstehen.

Direkt in der Getreidegasse 37 gelegen, stellt es seit 1407 ein eindrucksvolles Zuhause für Künstler, Kenner, Genießer, Gourmets und Kunstliebhaber aus aller Welt inmitten der Salzburger Fußgängerzone dar.

Eine Kombination aus raffinierter österreichischer Küche, die Salzburger lieben und internationale Gäste
zur Wiederkehr bewegt.

Mit regionalen und heimischen Spezialitäten erwarten Sie im Restaurant Goldener Hirsch Genussfreuden, die in Worten nicht zu fassen sind.

Der kulinarische Stil des berühmten Zwei-Hauben-Gourmetrestaurants Goldener Hirsch hat weltweit zahlreiche Anhänger und zeichnet sich durch eine inspirierende Küche aus, die mit Leidenschaft auf handwerklichem Können, Frische und besten Zutaten regionale Klassiker mit internationalen Einflüssen kombiniert. Das genießen auch die Festspielgäste nach jeder Vorstellung in den benachbarten Festspielhäusern.

An keinem Ort der Welt verschmelzen Traditionen und Luxus derart harmonisch wie hier.

HIER SCHMECKT SALZBURG. NACH SALZBURG.

Die Kulinarik spielt im Traditionshotel eine wichtige Rolle und das Restaurant und seine kleine Schwester, das „Herzl“, sind Salzburger Institutionen, in denen mit Küchenchef Daniel Mild und seinem Team frischer Wind durch die Klassiker der österreichischen Küche weht.

Es gibt eines der besten Wiener Schnitzel der Stadt, Rehrücken mit klassischen Beilagen und himmlische Desserts wie zum Beispiel das Hausdessert Rigó Jancsi oder Salzburger Nockerln. Im Sommer bei Schönwetter genießt man alles auf der schönen „Herzl“-Terrasse.

„Mache das, was du gut kannst, aber das mache perfekt“, bringt der Generaldirektor die Küchenphilosophie auf den Punkt. Und erzählt, dass die Gäste die Klassiker haben wollen. Aber natürlich sei es wichtig, für die Salzburger auch immer wieder neue Gerichte auf der Karte zu haben. Modern, aber gut, g'schmackig, aber ohne Schnickschnack.

Und man geht in beiden Restaurants mit der Zeit: Vegetarische und vegane Köstlichkeiten sind auch hier schon immer eine Selbstverständlichkeit.

Restaurant
Herzl

Restaurant
Goldener Hirsch

„Im Mittelpunkt stehen regional-saisonale Zutaten, einfallsreich und raffiniert zubereitet.“
Daniel Mild

HOTEL GOLDENER HIRSCH,
SALZBURG

A LUXURY COLLECTION HOTEL.

GETREIDEGASSE 37
5020 SALZBURG

bezahlte Einschaltung

BEST OF

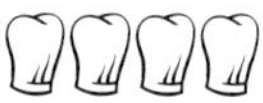

LEGENDE
Orte allgemein
Orte mit
Orte mit
Orte mit
Orte mit
Orte mit
Matt-see
Mattsee
Waller-see
Elix-hausen
Hall-wang
Wals
Anif
D
Lofer
Saalach
Salzach
Werfen
Saalfelden am St. Meer
Leogang
Bischofs-
Saalbach
Maria Alm
Saalach
St. Veit
Gold-egg
Zell am See
Zeller See
Bramberg a. Wildkogel
Stuhlfelden
Neukirchen a. Großvenediger
Mittersill
Salzach
Kaprun
Taxen-bach
Rauris

traßwalchen
eumarkt am Wallersee
ndorf
orf
of
Fuschl am See
G
St. Gilgen
Wolfgangsee
Strobl
igaun
ng
Salzach
Annaberg
Radstadt
Johann
ongau
Altenmarkt
im Pongau
lachau
ach
Obertauern
oßarl
jastein
Mauterndorf
stein
Tamsweg
Mur
St. Michael
i. Lungau

Friesacher

11,5/20

Koch: Martin Schmid

5081 Anif, Hellbrunner Straße 17 • 06246 8977
office@friesacher.com • www.friesacher.com
11.30–21.30 Uhr •

Das Preis-Leistungs-Verhältnis ist beeindruckend: Selten findet sich ein dreigängiges Menü mit Suppe oder Vorspeise, Fleisch beziehungsweise Fisch und Dessert um 27 beziehungsweise 31 Euro. Natürlich kann auch à la carte gewählt werden. Und wenn der Wechsel eines Küchenchefs nach 20 Jahren Regentschaft (der neue heißt Martin Schmid) fast schon unbemerkt vonstatten geht, dann ist das schon mal eine bemerkenswerte Leistung. Besonders hervorzuheben sind all die From-nose-to-tail-Angebote, die aus der eigenen Landwirtschaft kommen. Etwa die glacierte Schweinsschulter, das gekochte Brustbein oder das Ochsenherz. Mustergültig auch das Wiener Schnitzel. Im Sommer wird der lauschige Gastgarten zu einer wahren Ruheoase. Die Weinauswahl passt, der Service bleibt auch bei größerem Ansturm freundlich.

Maximilian's Ⓝ

12/20

im Hubertushof

Koch: Manuela Moser

5081 Anif, Alpenstraße 110 • 06246 8970
hotel@hubertushof-anif.at • www.maximilians.at

Di–Fr 18–21, Sa 11.45–14 und 18–21 Uhr • €€

In wunderschöner Lage in Anif liegt der Hubertushof. Das Vier-Sterne-Hotel mit 84 Zimmern bietet nicht nur einen exzellenten Platz für Hochzeiten, Firmungen oder andere Familienfeiern, sondern auch eine Gastronomie auf Topniveau. Der fein dekorierte Gastgarten lädt zu kulinarischen Reisen ein: ob im Deers oder Maximilian's. Topqualität im Service wie in der Küche sind garantiert. Die Spargelsuppe als Einstieg überzeugt ebenso wie die veganen Kartoffelpflanzerl mit Spargel, Romanaherz und Gremolata. Auch das klassische ausgelöste Backhendl mit Kartoffel-Vogerl-Salat und Preiselbeeren macht seinem Namen alle Ehre.

Schlosswirt zu Anif

12/20

Koch: Stefan Kleinberger

5081 Anif, Salzachtalbundesstraße 7 • 06246 72175
info@schlosswirt-anif.at • www.schlosswirt-anif.at

Di–Sa 11.30–14 und 18–21 Uhr • ♿ • €

Salzburg wie im Bilderbuch: Das Schloss thront nebenan, der Gasthof steht seit den Tagen des Biedermeiers, ein Salettl schmückt den Gastgarten und in der gepflegten Stube knarzt der Holzboden. Und die Karte? Traditionelle Kost? Nicht ganz. Manches kommt sogar sehr modern daher. Fein die Ziegenkäseterrine. Die Schwarzwurzelsuppe könnte zwar eine Spur kräftiger sein, dafür zeigt die Kalbsleber volles Aroma. Der Stör wird auf Bohnenpüree angerichtet, Zwetschkeneis und Pofesen ergeben ein stimmiges Dessert. Umfangreiche Weinkarte, aufmerksamer Service. So lässt es sich gut gehen. Im Bilderbuch-Salzburg.

Winterstellgut

15,5/20

Koch: Florian Huber

5524 Annaberg, Braunötzhof 4 • 06463 600780
willkommen@winterstellgut.at • www.winterstellgut.at
Mi 12–21, Do–Sa 9–21 Uhr • ♿ • €€

Fünf Serpentinen in Richtung nirgendwo und dann noch durch ein kleines Waldstück – wow! Hier erstrahlt ein Wirtshaustraum mit Stallungen und Nebengebäuden. Vor der Türe ein Gemüsebeet und man riecht, dass hier Speck geselcht und geräuchert wird. Küchenchef Florian Huber setzt auf Tradition und bringt diese auf ein herausragendes Niveau. In einem souveränen Doppelspiel mit einer erfahrenen Crew im Service gelingt ein Wirtshauserlebnis, wie es kaum zu überbieten ist. Kurzer Abstecher in die Weinkarte: sehr Aktuelles und weit Gereiftes. Man trinkt zwischen 1970 und 2022, hauptsächlich aus Österreich. Das gebeizte Rinderfilet mit Ricottamousse (die Säure überstrahlt das tolle Gericht leider etwas) ist ein guter Start. Eidottercreme und Petersilaioli sind farblich und geschmacklich tolle Ergänzungen. Das Saiblingsfilet mit Eierschwammerl-Lauch-Risotto ist fein und mild, könnte aber durchaus mehr Power vertragen. Der Hirschkalbsrücken mit Eierschwammerln, Kirschen und Schupfnudeln ist der wohl beste, den es auf dieser Erdkugel gibt. Dick aufgetragen. Wissen wir. Aber hin und wieder geht die Emotion mit uns durch.

Bertahof

12,5/20

5630 Bad Hofgastein, Vorderschneeberg 15 • 06432 7608, 0664 120 9160
landgasthof@bertahof.at • www.bertahof.at

Der Bertahof, am Rande von Bad Hofgastein gelegen, ist seit Jahren ein verlässlicher Ort unkompliziert-regionaler, produktbezogener Küche. Das hochsommerliche Mittagsmenü bietet zum Start eine feine Auswahl hausgemachter Aufstriche nebst reschem Brot, gefolgt von einer angenehm würzigen Gemüsebouillon mit zweierlei knackigen Karottenwürfelchen. Fein mariniert präsentiert sich ein Bauernsalat in Form von knackigen Blattsalaten, garniert mit elegant-g'schmackigem Gröstl von Speck, Erdäpfeln, Zwiebeln und regionalen Eierschwammerln. Der Trauben-Nuss-Strudel mit Vanilleeis ist ein gelungener Abschluss. Solides Weinangebot, freundlicher Service.

Knappenstube Ⓝ

13,5/20

Weitmoser Schlössl

5630 Bad Hofgastein, Schlossgasse 14 • 06432 6601
schloss@weitmoser.at • www.weitmoser.at

Das Restaurant Knappenstube im malerisch gelegenen Weitmoser Schlössl am Rande von Bad Hofgastein lädt zum im besten Sinne gemütlichen Verweilen ein. Nach einem braven, in Graumohnpanade gebackenen Kalbsbries läuft die Küche zu absoluter Höchstform auf: Der lackierte gegrillte Stör eines regionalen Züchters ist auf säuerlich-feine Molke-Beurre-blanc gebettet – ein Gericht, welches kulinarisch höchste Weihen verdienen würde. Die für das Salzburger Land klassischen Schwarzbeernock'n mit hausgemachtem Honigeis werden auch weiter nördlich in Golling nicht besser kredenzt. Feine Weinkarte mit interessanten Entdeckungen, aufmerksamer Service.

Kellerbauer

14,5/20

Koch: Alexander Rettenbacher

5424 Bad Vigaun, Kellerbauerweg 41 • 06245 83474
info@kellerbauer.at • www.kellerbauer.at

Do 16–20.30, Fr–So 12–20.30 Uhr

Wer auf Kur in eine Heiltherme fährt oder fahren muss, weiß, dass die Verpflegung dort nicht immer dem entspricht, was man sich als Genießer wünscht. Im Fall von Bad Vigaun kann man dem entkommen, indem man einfach zum Kellerbauer geht. Das Haus ist ein wildromantischer 70er-Jahre-Bau, in dem abends wohlig das Kaminfeuer lodert. Der Wirt schafft es stets, gute Stimmung zu machen. Wobei auch Kreativität und Qualität stimmen: mild gebeizter Saibling mit Marille und Kren, leicht süßscharf. Kräftiger dann die Chorizo-Sauce zum gerösteten Oktopus. Das Kitz in drei Zubereitungsarten mit Ratatouille, der gebratene Rücken der alten Kuh ist ausgesprochen aromatisch. Eis aus Vogelmiere und Grießflammeri zum Schluss: tadellos. Die Weinkarte birgt viele unbekannte Güter, die Preise sind attraktiv kalkuliert. So besuchen den Kellerbauer neben küchenflüchtigen Patienten auch Genießer, die von weit her kommen.

Langwies

13/20

Genussherberge

Koch: Rupert Herzog

5424 Bad Vigaun, Langwies 22 • 06245 8956
hotel@langwies.at • www.langwies.at
Mo–Fr 17.30–21, Sa 11.30–21 Uhr, Fei durchgehend geöffnet •

Auf eine kleine Weltreise nimmt Küchenchef Rupert Herzog seine Gäste mit. In den wahlweise drei- bis viergängigen Menüs, aber auch à la carte sorgen internationale Einflüsse für abwechslungsreiche Geschmacksbilder. Das Mille-feuille von der Blutwurst, verfeinert mit Jakobsmuschel, Apfel und Vanillejus, stellt sich als der Star des Abends heraus. Selbst der Seeteufel mit Portweinbutter und Safranrisotto kann da nicht mithalten. Der Mohnknödel mit rumigem Topfeneis und Hollerröster liefert sich schlussendlich noch ein Kopf-an-Kopf-Rennen mit der Vorspeise. Letztlich fällt die Entscheidung – wenn man sich schon auf das Spiel einlässt, den Gang des Abends zu wählen – auf das Dessert. Die dazu servierte Vanille-Zabaione ist schlicht fantastisch und sorgt garantiert für einen gelungenen Abschluss.

Weyerhof

16,5/20

Köche: Franz Meilinger & Andreas Stotter

5733 Bramberg am Wildkogel, Weyer 9 • 06566 7238
info@weyerhof.at • www.weyerhof.at

Do–Mo 11.30–14 und 17.30–21 Uhr • €€

Der Weyerhof in Bramberg ist ein charmantes Hotel, das inmitten der atemberaubenden Landschaft des Nationalparks Hohe Tauern liegt. Der Hof bietet seinen Gästen eine authentische und idyllische Atmosphäre, um einen erholsamen Aufenthalt zu genießen. Die Küche im Weyerhof steht für köstliche regionale Spezialitäten und kulinarische Genüsse. Das Hotel legt großen Wert auf frische saisonale Zutaten und arbeitet eng mit lokalen Lieferanten zusammen, um den Gästen qualitativ hochwertige Gerichte anzubieten. Ein besonderes Highlight ist das Überraschungsmenü, das vorbestellt werden muss. Hier kann ein mehrgängiges Menü genossen werden, das mit raffinierten Aromen und einer ansprechenden Präsentation begeistert. Liebhaber von wunderbar abgestimmten Saucen und Jus kommen hier voll auf ihre Kosten. Die Weinkarte bietet zudem eine Auswahl an erlesenen österreichischen Weinen, die das Essen perfekt begleiten.

Elixhauser Wirt

12,5/20

Spa-Hotel

Koch: Benjamin Maillaud

5161 Elixhausen, Dorfstraße 14 • 0662 48 02 12
romantikspahotel@elixhauserwirt.com • www.elixhauserwirt.at

12–14 und 18–21 Uhr •

Die Küchenlinie im Elixhauser Wirt von Familie Gmachl steht seit vielen Jahren für eine gelungene Mixtur aus österreichischer Klassik und internationalem Zeitgeist. Dies wird beim mehrgängigen Menü ebenso bewiesen wie bei den À-la-carte-Gerichten: Speisen wie Rinderkraftbrühe, Wiener Schnitzel und Tafelspitz reihen sich hier neben Carpaccio vom Alpenlachs, gebackenes Hummernockerl und Karottenrisotto. Für Fleisch- und Grillliebhaber warten Rumpsteak und Lachsforelle vom Rost, die je nach Wunsch mit Trüffelpommes, Speckbohnen oder Chorizo-Spinat serviert werden. Auch bei den Desserts wählt man zwischen Tradition und Moderne: Topfen-Marillen-Knödel oder karamellisierte Pfirsichtarte? Besonders gemütlich sitzt man in der Gaststube mit Kamin. Bei warmen Temperaturen spenden Kastanienbäume auf der Terrasse reichlich Schatten.

Hotel-Restaurant am Hochfuchs

12,5/20

Koch: Michael Oberreiter

5301 Eugendorf bei Salzburg, Bergweg 2 • 06225 8289
office@hochfuchs.at • www.hochfuchs.at

Mi–Do 18–21, Fr–Sa 11.30–14 und 18–21, So 11.30–14 und 18–19 Uhr • ♿ • €€

Bodenständige Wirtshausküche liegt der Familie Oberreiter aus dem Hochfuchs in Eugendorf im Blut. Mit dem Anspruch an sich selbst, sich stetig zu fordern, sich weiterzuentwickeln und den Gast mit immer neuen Geschmacksbildern zu überraschen, tüftelt Küchenchef Michael an innovativen Menüfolgen. Eine davon legt den Fokus auf Innereien. Die feine Schweinszunge auf Erdäpfelkas und Schwarzbrot wird mit frischem Kren kombiniert. Darauf folgt eine leichte Petersilienschaumsuppe mit etwas fettigen Hirnpofesen. Für eine angenehme Frische beim Zweierlei von der Kalbsleber sorgt eine Apfelnote. Als Schlussakkord ein Dessert aus Pistazie, Vanille und Karotte.

Hoagascht

12/20

Koch: Hermann Oberreiter

5542 Flachau, Flachauer Straße 14 • 06457 32490
hoagascht@sbg.at • www.hoagascht.at

€€

Ein Restaurant im früheren Kuhstall, der aussieht wie eine zu Tal gerutschte Almhütte. Der Name ist Dialekt: „Hoagascht" steht fürs Zusammenhocken. Volkstümlich-heimatliche Kost? Falsch. Hermann Oberreiter hat bei den Obauers in Werfen, am Arlberg und in Korea gearbeitet. Pong-Asia nennt der Pongauer seinen Küchenmix. Da kommt die Frühlingsrolle auf buntem Salat, der lockere Leberknödel schwimmt in der Kimchi-Suppe, es gibt Wasabi auf Karfiol zum butterweichen Rindsgulasch. Heimatlich ist nur der Hollerkoch. Breite Weinkarte von günstig bis Granate, freundlicher Service. Da stimmt die Qualität.

Hecht!

14,5/20

im Hotel Der Seehof

Koch: Sepp Schellhorn

5622 Goldegg am See, Hofmark 8 • 06415 81370
office@derseehof.at • www.derseehof.at

Di–Sa 19–21 Uhr • €€

Unterschätze niemals die lebensbejahende Wirkung eines Beuschels. Sepp Schellhorn weiß natürlich um die Bedeutung dieser Maxime, also beherzigt er sie und serviert – in seiner mutmaßlich letzten Saison als Chefkoch im Goldegger Seehof – ein Beuschel, das dem Abend von Beginn an Würde und Größe verleiht. Was er sonst noch aus der Küche schickt, steht diesem Auftakt kaum nach: Kutteln, federleicht und selbstbewusst und mit einem zitronigen Petersiliensalat ausbalanciert; gebratenes Zanderfilet mit knackigem Kohlrabigemüse, frischen Erbsen und Salzzitrone; Beiried, ganz pur mit Zwiebelcreme, wildem Brokkoli und klassischem Jus und zum Schluss noch ein Highlight: famoseste Marillenknödel mit Sauerrahmeis. Die Weinkarte ufert nicht aus, aber erfüllt alle Wünsche, gern auch die unkonventionelleren. Sepp, was machst du? Alles richtig!

Zum Bierführer®

11/20

5622 Goldegg am See, Hofmark 19 • 06415 20300
bierfuehrer@derseehof.at • www.bierfuehrersonstnix.at

Das Wirtshaus „Zum Bierführer" wurde von Sepp Schellhorn (Restaurant Hecht!) übernommen, das rustikale Ambiente der jahrhundertealten Gaststube blieb erfreulicherweise vollständig erhalten. Einheimische und Besucher des nahen Kulturzentrums Schloss Goldegg schätzen die bodenständige Küche. Die Spargel-Lachs-Mousse mit Krenrahm schmeckt gut, die Spargelcremesuppe könnte vielleicht eine Spur mehr Geschmack vertragen. Als große Portion kommt Spanferkelrücken mit Heurigen-Erdäpfeln und Spargel gut zubereitet auf den Tisch. Und die Erdbeer-Marzipan-Knödel mit Einmach-Rhabarber und Vanilleeis? Einfach köstlich. Kompetenter und freundlicher Service. In Summe ein wiederbelebter Klassiker und ein Juwel der heimischen Wirtshauskultur.

Döllerer

19/20

Koch des Jahres 2010, Service Award 2014

Restaurant

Koch: Andreas Döllerer

5440 Golling, Markt 56 • 06244 42200
office@doellerer.at • www.doellerer.at

Di–Fr 18–21, Sa 12–21 Uhr •

Erster Gang, erster Coup. Er (der Gang) heißt „Huchen" aus der Bluntau, und dahinter steckt gleich die erste Geschichte. Der Fischzüchter, der gemeinsam mit Andreas Döllerer den Bluntausaibling geprägt hat, Siegfried Schatteiner, geht in Pension. Während die für Andreas Döllerer so wichtigen Bluntausaiblinge mittlerweile in der Torrener Ache schwimmen und der Nachschub gesichert ist, fischt Schatteiner peu à peu seinen Teich leer. Hin und wieder geht ihm auch ein alter Huchen ins Netz. 15 bis 20 Jahre haben diese Fische teilweise am Buckel. Mit seinem Gericht setzt Döllerer ihnen ein Denkmal. Lauwarm mariniert, mit Walser Rettich, Sauerklee und Sauerkleewurzel. Famos. Ein unglaublicher Start und eine Freude für alle beteiligten Sinne.

Der nächste Gang ist gleich der nächste Hammer. Mit seinem „Gletscherschliff" hat Döllerer ein Kultrezept geschaffen: die Fenchelknolle, gebacken in einem Teig aus zermahlenen Felsen. Jetzt hat er das Rezept weiterentwickelt. Die neue Variante heißt „Gletscherrübe 23": eine getrocknete und mit Rübensaft rehydrierte Rote Rübe, wieder im Gletschersand gebacken. Umwerfend. Mit Semmelkren und Krenveloutė, Rübeneis angerichtet. Der Romanasalat dazu kommt mit Hollerblütenvinaigrette. Alexander Koblinger, der Sommelier des Hauses, stellt den Tradition Heritage 50 vom Schloss Gobelsburg dazu. Ein außergewöhnlicher Wein zu einem außergewöhnlichen Gericht. Well done. Beide. Koch und Sommelier.

Das Menü kündigt als nächsten Gang Lamm an, stattdessen wird aber Ziege serviert. Ein Glücksfall, wohlgemerkt. Großartiger Gang. Vor allem das aufgeschlagene Fencheljoghurt. Irgendwann stellt Döllerer ein Glas mit schwarzen Kugerln auf den Tisch. Die „Kugeln" stellen sich als getrocknete Zitrone heraus, die wie Trüffel oder Belper Knolle übers nächste Gericht gehobelt wird. Zwiebeltarte. Aus karamellisierter und geschmorter Zwiebel. Mit Salzzitrone, Frühlingskräuteraufguss und eben der gehobelten schwarzen Zitrone. Beim Käse matchen sich Döllerer und Koblinger ein letztes Mal. Döllerer schickt einen hochreifen Parmesan und einen nicht minder gereiften Comté ins Rennen. Koblinger stellt einen Amontillado aus dem Jahr 1952 dazu. Beim Döllerer wählt man übrigens zwischen Käse und Dessert. Zugunsten des Käses haben wir auf falschen Bienenstich mit Hefe-Eis verzichtet. Samt Rhabarber und gebackener Maus. Leicht war die Entscheidung nicht. Dafür, dass der Döllerer ein Wohlfühlort sonder gleichen ist, sorgen viele Faktoren. Etwa das Ambiente im Restaurant. Warm und modern gleichermaßen. Aber kulinarisch – da geht im Moment ordentlich die Post ab.

© Helge Kirchberger

Döllerers Wirtshaus

14,5/20

Genießerhotel

Koch: Andreas Döllerer

5440 Golling, Markt 56 • 0 62 44 42 20
office@doellerer.at • www.doellerer.at

Di 17–22, Mi–Sa 11.30–22 Uhr • €€

In gemütlich-ländlicher Atmosphäre vom Döllerers Wirtshaus werden wir mit Kürbisaufstrich und herzhafter Hauswurst begrüßt. Die kreative Alpine Cuisine bietet pure und unverfälschte Gaumenfreude in Anlehnung an das nebenan befindliche Döllerers Fine-Dining-Restaurant, einfacher gehalten, aber ausgesprochen gut. Das auch mitttags angebotene Fünf-Gänge-Fischmenü startet mit fein gebeizter Bluntauforelle mit Ingwer und klarem Joghurtsud. Sehr gut sind auch die Flusskrebssuppe mit Krebstascherl oder das Zanderfilet mit Karfiol, Karamell, Puntarelle und Rotweinjus. Torrone-Tascherln mit Gewürzzwetschken, Moscato-Zabaione und Zimteis bilden einen köstlichen Abschluss. Hervorragend passt dazu die jeweilige Weinbegleitung mit Spezialitäten aus dem hauseigenen Weinhaus und der Enoteca. Flinker und sehr kompetenter Service.

Gasthaus Adler

12,5/20

Koch: Rupert Eibl

5440 Golling, Markt 58 • 0 62 44 47 95, 0660 219 0426
restaurant@adler-golling.com • www.adler-golling.com/restaurant

Di–Do 17–24, Fr und Sa 17–1 Uhr • ♿ • €€

Das Angebot von Küchenchef Rupert Eibl vereint das Beste der österreichischen Küche mit Einflüssen aus aller Welt. Bei einem derart breit gefächerten Repertoire ist für jeden Geschmack etwas dabei. Besonders empfehlenswert ist die würzige Curryschaumsuppe. Dazu serviert Eibl einen saftig gebratenen Hühnerspieß mit leichten Zitrusnoten. Die Adler-Salatvariation mit Putenstreifen, Frühlingsrollen und gebackenem Emmentaler – eine Empfehlung des Hauses – ist für unseren Geschmack definitiv zu deftig. Das Saiblingsfilet mit Morcheln, Selleriepüree und Erdäpfeln gefällt da weitaus besser. Als sehr kompetent und zuvorkommend zeigt sich die Beratung von Sommelier Sven Zanner.

Edelweiß Mountain Cuisine

13,5/20

Salzburg Mountain Resort

Koch: Alexander Hettegger

5611 Großarl, Unterbergstraße 65 • 06414 3000
info@edelweiss-grossarl.com • www.edelweiss-grossarl.com

11–13.30 und 17.30–21.30 Uhr • €€

Das mondäne Fünf-Sterne-Hotel Edelweiss heißt in seinen Restaurants auch externe Gäste willkommen. Das Restaurant Mountain Cuisine ist mittags und abends geöffnet und stellt die Basiskategorie der Edelweiss-Kulinarik dar. Es bietet eine große Bandbreite: von österreichischen Klassikern und Steaks vom Simmentaler Rind über Pizzen bis hin zu Asiagerichten. Zudem gibt es eine Sushi-Karte, die von einem laotischen Sushi-Meister auf hohem Level zubereitet wird. Man erkennt, dass es im Haus eine ausgeprägte Genusskompetenz gibt. Alle Speisen – von Crispy Prawn und ausgelöstem Wiener Backhendl bis zum wohlfeilen „Edelweiss-Set“ aus 20 Sushi, Nigiri, Maki und Temaki – überzeugen. Die Getränke- und Weinkarte lässt keinen Wunsch offen. All dies macht neugierig auf die ebenfalls für À-la-carte-Gäste geöffneten Restaurants „Sirloin Grill & Dine“, „Sakura“ und „Kork & Gloria“.

Nesslerhof

13,5/20

Koch: Florian Toferer

5611 Großarl, Unterbergstraße 50 • 06414 81200
info@nesslerhof.at • www.nesslerhof.at

12–14 und 18–21 Uhr • €€

Die Wohlfühlatmosphäre des großzügig dimensionierten neuen Restaurants können Haus- wie auch À-la-carte-Gäste genießen. Einen abwechslungsreichen Querschnitt der Küche und gute Qualität zeigt das Vorspeisenbuffet mit großer Auswahl an Antipasti und Meeresfrüchten. Nett dekoriert kommt die confierte Perlhuhnbrust mit Thymianpolenta, Roter Rübe und frittiertem Stangensellerie auf den Tisch. Ausgewogen fein fruchtig das gebratene Saiblingsfilet auf Süßkartoffelschaum und köstlichem Marillenchutney, etwas einfallslos dagegen die rohen Spinatblätter. Das Wildragout mit Rotkraut und Kräuternockerln ist solide, hat aber Luft nach oben. Netter und aufmerksamer Service, gute österreichische und internationale Weinauswahl.

Die Genusskrämerei®

12/20

Koch: Aaron Priewasser

5400 Hallein, Gollinger-Tor-Gasse 1 • 0664 750 32236
office@genusskraemerei.at • www.genusskraemerei.at
hello@genusskraemerei.at • €

Das Haus am Stadttor steht seit 600 Jahren. Innen entstand ein lässiges Restaurant mit abstrakter Kunst an den Wänden, die schönen Holztische bleiben ohne Tuch. Hier kocht Aaron Priewasser mit viel Überzeugung, es geht um Haltung und Nachhaltigkeit. Klar, dass es vor allem Bioweine gibt. Die Karte ist übersichtlich und attraktiv. In der Käsesuppe kontrastiert das Sauerkraut mit den Maroni, klassisch im Gemüsesud die Muscheln, butterweich geschmort die Short-Rib auf Schoko-Chili-Sauce, die Amalfizitrone parfümiert die weiße Schokolade. Flinker Service, moderne Kost im alten Gemäuer.

Toro Toro ↗

14/20

Koch: Gabriél de Garcia

5400 Hallein, Schloss-Altendorff-Straße 2 • 06245 84223, 0664 530 8219
info@toro-toro.at • www.toro-toro.at

Nach rund 30 Jahren als das wohl beste spanische Restaurant des Landes vollzog sich 2023 ein Eigentümer- und Richtungswechsel. Unter dem neuen Patron und Küchenchef Gabriél de Garcia, ehemals Küchenchef bei Quique da Costa, steht nun eine weit modernere Küche in der Form eines Tapas-Konzepts auf dem Programm. Die Tapas verstehen sich als kleine komplexe Gerichte mit Würze und Texturenspiel auf Basis exzellenter Grundprodukte. So wird eine exquisite paprizierte Gazpacho mit 25-jährigem Sherry-Essig verfeinert. Garnelen mit Karfiolcreme und Petersilienschaum, Jakobsmuscheln mit Miso-Kokos-Creme oder eine Wolfsbarschceviche mit gepickelten Zwiebeln, gebratenen Shiitake in einem Fond aus Chipotle, Passionsfrucht und Yuzu läuten eindrucksvoll eine neue Ära an dieser Lokalität ein, die künftig unter BCN, dem Kürzel für Barcelona, firmieren wird.

Hohlwegwirt

12/20

KöchInnen: Ernst & Biljana Kronreif

5400 Hallein-Taxach, Salzburger Straße 84 • 0624582 4150
gasthof@hohlwegwirt.at • www.hohlwegwirt.at

Di 18–21, Mi–Sa 16–21, So 12–14 Uhr • ♿ • €€

Unweit von Mozarts Geburtsstadt entfernt, befindet sich der traditionsbewusste Gasthof von Ernst Kronreif. Während der äußere Anschein bodenständige österreichische Küche vermuten lässt, wird man bei einem Blick auf die umfangreiche Speisekarte von italienischen Klassikern überrascht. Auf Antipasti und Thunfischterrine folgt eine gegrillte Goldbrasse, verfeinert mit frischem Zitronenöl, dazu Mangold und Erdäpfel. Mit seiner Konsistenz überzeugt auch das schwarze Tintenfischrisotto. Das Tiramisu mit Feigen ist unser klarer Favorit unter den Desserts, das Zitroneneis kann da nicht mithalten. Alles in allem ein rundum gelungenes Menü, das Lust auf den nächsten Italienurlaub macht.

Vigne Pfefferschiff

16/20

Koch: Jürgen Vigne

5300 Hallwang/Salzburg, Söllheim 3 • 0662 661242
restaurant@pfefferschiff.at • www.vigne.at
Di–Fr 18–21.30, Sa 12–13.30 und 18–21 Uhr • • €€

Zeit nehmen und sich vom Stress und den Sorgen des Alltags befreien: Wer im Pfefferschiff einkehrt, der möchte genau das tun. Und bei einem Glas Champagner, dem hausgemachten Erdäpfelbrot und den Grüßen aus der Küche entspannt man schon zu Beginn seines Besuchs. Viel Liebe zum Detail und zu geschmacklicher Balance stellt man bereits beim Ziegenkäse mit Sanddorn fest. Mit angenehmer Schärfe kommt die Misosuppe auf den Tisch, die Kräuterveloutè sorgt ebenso für Begeisterung. Auf das angebotene Sorbet verzichten wir – eigentlich könnte man es einfach in das angebotene Menü integrieren, denkt man sich, während man auf die Hauptgänge wartet. Die Taleggio-Ravioli mit Chicorée sind tadellos, beim Lamm hat man in der Küche den optimalen Garpunkt jedoch übersehen. Das Fleisch ist nicht mehr rosa. Egal, die Beilagen – Shiitake mit Liebstöckel-Gelee und wilder Brokkoli – zeigen wieder solides Handwerk. Die Nachspeise gibt die notwendige Erfrischung – kein Wunder bei der Kombination aus knackigem Rhabarber und Milchrahm.

Weyringer Wallersee

17/20

Koch: Emanuel Weyringer

5302 Henndorf am Wallersee, Fenning 7A • 06214 61872, 0664 152 6218
office@weyringer-wallersee.at • www.weyringer-wallersee.at

Mi–So 12–14 und 18–21 Uhr • €€

Im Sommer scheint eigentlich nur eine Frage offen: vor dem Essen oder danach schwimmen? Alles andere steht ja bei Emanuel Weyringer so gut wie fest. Zum Beispiel, dass man einen Tisch auf der Terrasse mit Blick auf den Wallersee bucht (drinnen ist es, wenn das Wetter nicht mitspielt, aber auch nett). Oder dass man das Degustationsmenü in vier Gängen bestellt. In Wirklichkeit sind es nämlich mehr als vier, da pro Gang mehrere Speisen in überschaubarer Menge aufgetragen werden. Herrlich! Ein Feuerwerk an Aromen – mal mediterran, mal asiatisch, mal klassisch, mal verspielt.

Terrine von der Gänseleber, handwerklich prima, mit Olivenmarmelade sowie Tempura von der Auster samt Reissud und thailändischem Paradeisersalat. Das gratinierte Reh mit Pfirsichchutney bestellen wir fast nach – so gut ist es. Mit zweierlei Dim-Sum (einmal Zander, einmal Kalb als Füllung) geht es im Zwischengang weiter. Zum Hauptgang dann der absolute Kontrast: Ceviche von der Wallersee-Reinanke und Taube mit Dattellasagne. Kein Zweifel, da ist ein Koch am Werk, der zupackend kombiniert, aber auch einen Sinn für Harmonien hat.

Allerdings tut sich dann doch noch eine Frage auf, nämlich jene nach den Weinen. Gar nicht so einfach, angesichts der vielen Nuancen in den Speisen die passenden zu finden. Naturweine und verwandte Gewächse sind stark vertreten – wie der Sauvignon Blanc Fosilni Breg von Tement oder der weiße Táganan von Envinate, dem wohl bekanntesten Teneriffa-Weingut. Susanne Weyringer berät und serviert selbigen mit Charme – und wir trinken den letzten Schluck rechtzeitig aus, bevor der Marillenknödel mit Marillensorbet kommt: ein klassischer, aber perfekt zubereiteter Abschluss. Dass man hier preiswert wegkommt, sofern man nicht den 1986er Haut-Brion bestellt, sei ebenfalls erwähnt.

Fuxbau ®

15/20

Koch: Johannes Fuchs

5322 Hof bei Salzburg, Schloss-Straße 1 • 06229 23720
fuxbau.gourmet@arabella.com • www.arabella-jagdhof.com
Fr und Sa 18–22.30 Uhr • ♿

Schloss Fuschl, Wirkungsstätte von Johannes Fuchs, erhält im Jahr 2023 ein gründliches Makeover, bevor es 2024 von Rosewood im High-End-Segment neu eröffnet wird. Dem Eigner der Immobilie, die Münchener Schörghuber-Gruppe, gehört auch der nahe gelegene Jagdhof. Dort hat der Küchenchef zwischenzeitlich eine neue Wirkungsstätte gefunden. Aufgetischt wird im Wirtshaus Cervus klassischer Stil. Freitags und samstags geht es daneben im kleinen Rahmen etwas luxuriöser zu. Das Gourmetmenü (in vier, fünf oder sechs Gängen) spielt nahezu alle Stücke. Bretonische Jakobsmuscheln kommen mit Osietra-Kaviar und Zucchinicreme auf den Teller, marinierte Gänseleber wird mit Rhabarber und Briocheeis kombiniert. Ein geschmortes Kopfsalatherz begleiten Artischocken und Mimolettesauce. Wunderbar saftig die Crépinette vom Kalb mit Petersilienwurzel, erfrischend zum Schluss ein Kokos-Passionsfrucht-Dessert und Kakaobohneneis. Bravo! Größtes Lob geht auch an den herzerfrischenden Service. Wunderbar, dass es diesen Platz gibt. Wenn auch nur für einen limitierten Zeitraum.

Finessen ⓝ

14,5/20

im Tauern Spa Zell am See – Kaprun

Koch: Christof Schernthaner

5710 Kaprun, Tauern-Spa-Platz 1 • 06547 20400
office@tauernspakaprun.com • www.tauernspakaprun.com
Do–Mo 18–22 Uhr •

Nicht nur regionale Produkte, auch traditionelles Küchenhandwerk aus dem Pinzgau finden im kleinen Fine-Dining-Bereich der Tauern-Spa-Gastronomie Anwendung. Speck, Schinken und Weckerl sind ein stimmiges Œuvre für das, was noch folgen mag. Es sind großzügige und deftige Grüße, die Küchenchef Christof Schernthaner aus der Küche sendet und persönlich erklärt. Dann erst der erste Gang: Mit gebeiztem Seelachs aus Saalbach, Lachskaviar, zweierlei Spargel, Grammeln und Schweinepopcorn sowie Erbsenspargel wird es raffinierter. Im „Stein" serviertes Stundenei im Erdäpfelschaum auf Brennnessel-Spinat, verfeinert mit delikatem Schottenkäseabrieb, ist unser Lieblingsgericht des Abends.Ein wiederum deftiger Bauernkrapfen mit Morchel im Ganzen sowie Morchel-Kalbsbries-Ragout schmeckt trotz eintretendem Sättigungszustand großartig. Ein Karottengranité mit gebackener Holunderblüte bereitet den Gaumen auf den Hauptgang vor: Dry-Aged Pinzgauer Ox mit Gemüse und Grünkernrisotto. Hier wird wirklich viel geboten, alle Zutaten sind aus der Region. Das Dessert mit Erdbeeren, Rhabarber, weißer Schokomousse und Vanilleeis kann mit dem hohen Niveau des bis dahin Gebotenen nicht ganz mithalten.

Hilberger's Beisl

12/20

Koch: Christopher Hilberger

5710 Kaprun, Wilhelm-Fazokas-Straße 12 • 06547 7246
hilberger@hilberger.at • www.hilberger.at

Die gemütliche Atmosphäre beim Hilberger genießen Einheimische und Gäste sehr. Mittags und abends wird beste regionale Küche angeboten. Zum „Three ways to dive“ – gebeizte Leoganger Bachforelle, Speck vom Wels und Zander – sollte man das köstliche Knoblauchstangerl mit bestellen. Ausgezeichnet auch das gebackene Kalbsbries. Das geschmorte Lammhaxerl mit cremiger Polenta und Ackergemüse ist von hervorragender Qualität und stattlicher Größe. Zum Abschluss gibt es ein herrliches Kastanientiramisu im Glas. Gute Auswahl an alkoholfreien Getränken, Bieren und Weinbesonderheiten wie Schilcher und Uhudler.

Sagwirt

11,5/20

Koch: Gerald Pichler

5425 Krispl, Gaißau 58 • 06240 209, 0664 544 2663
office@sagwirt.at • www.sagwirt.at

Mi–Fr 11.30–14 und 17.30–20.30, Sa 11.30–20.30, So 11.30–19.30 Uhr • €

Seit vielen Jahren ist der Sagwirt für Einheimische und Gäste Garant für verlässliche Qualität einer bodenständigen Küche. Neben ambitionierten Vier- und Fünf-Gänge-Menüs bietet die Wirtshauskarte ein kleines, aber feines regionales Angebot. Sehr gut ist die klare Rindsuppe mit Kaspressknödel. Beim gebratenen Bluntautal-Forellenfilet hat der Kartoffelstampf jedoch zu wenig Geschmack. Bestens zubereitet kommt das ausgelöste Backhuhn mit Erdäpfel-Vogerl-Salat auf den Tisch – ein besonderer Genuss! Köstlich die Eispalatschinken mit Schlag. Freundlicher Service und gute Getränke runden den Eindruck dieses Landgasthofs ab.

Jadorferwirt Ⓝ

12/20

Koch: Josef Ramsauer

5431 Kuchl, Jadorf 9 • 06244 5244
info@jadorferwirt.at • jadorferwirt.at

Mi–Sa 11.30–13.45 und 18–20.45, So 11.30–13.45 und 18–20.30 Uhr • €

Jadorf ist ein Dorf außerhalb von Kuchl mit einem Wirtshaus, dessen Mauern seit 1560 stehen und das mit luftigen Stuben in hellem Holz klug modernisiert wurde. Tradition und Moderne dann auch in der Küche: Der Wirt kennt die klassischen Rezepte, der Sohn bringt die Raffinesse ins Spiel. Würzig die Wildleberknödelsuppe, herrlich der Fischknödel, kross und saftig der Zander, rosig-zart gebraten der Hirschkalbsrücken mit Herbsttrompeten. Die Pannacotta ist mit Maroni parfümiert. Die Weinkarte ist bunt und freundlich kalkuliert, der Service familiär. Kein Wunder, dass das Wirtshaus gut besucht ist.

Biohotel Rupertus

12,5/20

Koch: Norman Köhler

5771 Leogang, Hütten 40 • 06583 8466
info@rupertus.at • www.rupertus.at

Im Biohotel Rupertus können auch die À-la-carte Gäste aus den zwei Drei- und Fünf-Gänge-Menüs (Fleisch/Fisch oder Vegan-Pflanzenkraft) jeden einzelnen Gang nach Belieben auswählen. Dem Standard des Hauses entsprechend, ist alles biozertifiziert. Sämtliche Lieferanten (von Rupertus auch Partner genannt) werden präsentiert. Sehr guter Start mit Tafelspitzsülze, Sauerrahm und Brotchips. Bestens zubereitet und nett serviert kommt der gebratene Saibling Müllerin Art mit Petersilienkartoffeln, Mandel und Zitronensauce auf den Tisch. Köstlich das Dessert: Bananentarte mit Topfeneis. Freundlicher Service und gute Getränkeauswahl mit stattlicher – und ziemlich einzigartiger – Biobar.

dahoam ⊘

17/20

im Genießerhotel Riederalm

Koch: Andreas Herbst

5771 Leogang, Rain 100 • 06583 7342
info@riederalm.com • www.restaurant-dahoam.com
Mo, Di, Fr und Sa 18.30–19.30 Uhr • ♿

Was die Küche betrifft, ist der Name des Restaurants „dahoam" Programm – was die Optik betrifft, führt er in die Irre. Elegant, mit urbanem Flair, einer betörenden Lichtstimmung und viel Luft zwischen den Tischen bietet es Wellness für Auge und Seele.

Was beim achtgängigen Menü in dieses Ambiente eingestellt wird, toppt diesen Eindruck noch. Patron und Küchenchef Andreas Herbst komponiert aus Lebensmitteln seiner näheren Umgebung kleinteilige Meisterwerke aus Aromen, Texturen und Temperaturen. Seine Menüs sind Beleg für die Finesse und Power der alpinen Küche.

In Latschenbutter konfiertes und geschmortes Milchkalb bekommt eine alpine Note wie selten zuvor. Der im Ofen gegarte Knollensellerie, die fermentierte Pfefferoni sowie Kohlsprossencreme und -blätter lassen in perfekter Konsistenz und Würze das Fleisch nicht im Stich.

Die Getränkekarte bietet eine bemerkenswerte alkoholfreie Abteilung. Die Weinkarte misst sich hinsichtlich Vielfalt und Jahrgangstiefe mit den besten Karten des Landes.

echt. gut essen.

16/20

im Naturhotel Forsthofgut

5771 Leogang, Hütten 2 • 0 65 83 85 61
restaurant@forsthofgut.at • www.forsthofgut.at

Der Gastraum ist von verglasten Weinschränken, der Hotelküche und der offenen Fine-Dining-Küche eingefasst: Darin sind drei kleine Chef's Tables platziert, die von einem Koch exklusiv bekocht und von einem Maître serviciert werden – ein einzigartiges Setting! Zur Auswahl stehen ein Acht-Gänge-Menü oder ein auf fünf Gänge reduziertes „Überraschungsmenü". Für Kinder können auch Speisen aus dem Hotelrestaurant geordert werden. Die Seeforellenceviche spielt in einem Ensemble aus hauchdünnen Granny-Smith-Scheiben, Gurkenemulsion und geeistem Krenschaum eine würzig-frische Hauptrolle. Der Wolfsbarsch mit Portobello-Streifen und einem tiefgründigen Steinpilzsud lässt uns jubeln. Inklusive dreier Amuse und einem Petit-Fours-Feuerwerk bietet auch das kleine Menü eine exzellente Speisefolge, der es für eine noch höhere Bewertung im Detail an Komplexität mangelt. Die Wein- und Getränkekarte ist ganz großes Kino. Die alkoholfreie Getränkebegleitung der Menüs zählt mit zu den besten des Landes.

Ess:enz – Garden of Eating

13/20 🍴🍴

im Naturresort Puradies

Koch: Albert Dschulnigg

5771 Leogang, Rain 9 • 0 65 83 82 75
info@puradies.com • www.puradies.com

Do–Mo 18–22 Uhr • €€

Sie sind ein perfekt eingespieltes Team: Küchenchef Albert Dulschnigg und Maître Zdravko Katusic schupfen das Restaurant Ess:enz im Puradies Resort als Duo. In der großzügigen Showküche werden nur wenige Plätze bespielt, weshalb eine rechtzeitige Reservierung unabdingbar ist. Bei einem preislich attraktiven Menü in drei Gängen starten wir mit einer exzellent abgeschmeckten Bärlauchsuppe: cremig, feine Pikanz, gut balancierte Knoblaucharomen. Das Kalbsfilet mit zwei verschiedenen Saucen und wildem Brokkoli ist ein Signature Dish des Hauses – eine sichere Bank. Die hausgemachte Pasta („Trottole") ist die Überraschung des Dinners: Das Ensemble mit Selleriecreme und frisch gehobeltem Trüffel ist hervorragend. Ein stattliches Kabeljaufilet wurde zweifach angebraten und in Orangenjus geschwenkt – tadellos zubereitet, allerdings hatten wir schon einmal eine bessere Produktqualität, das Fleisch ist etwas faserig und geschmacksarm. Die Desserts sind wieder auf hohem Niveau, der Schokoladenauflauf mit Glühweinsorbet hat bestimmt eine große Fangemeinde. Noch raffinierter ist der Paradiesapfel mit genialem Apfel-Wasabi-Minz-Sorbet.

Gault&Millau
Entdecken,
genießen
& erleben.
Newsletter abonnieren und informiert bleiben auf
gaultmillau.at
© Maksym Fesenko/Shutterstock

Forsthofalm

10,5/20

Kukka Lounge & Terrace

5771 Leogang, Hütten 37 • 0 65 83 85 45
info@forsthofalm.com • www.forsthofalm.com

Im Restaurant der Forsthofalm werden vegetarische Menüs mit veganer beziehungsweise Fleisch- oder Fischoption angeboten. Leider ist nur wenig davon richtig gut. Am besten präsentiert sich noch die Seeforelle mit krosser Haut. Alles andere ist das Geld nicht wert: Das Brot kommt sichtlich angetrocknet, drei Scheiben Entenbrust sind ob Größe und Geschmack kaum wahrnehmbar, französische Zwiebelsuppe und Nevettenschaumsuppe ohne Akzente. Der Hauptgang – ein vegan-vegetarisches Sharing-Gericht, bestehend aus Bimi, Kapern, Hanfsamen, Brätlingen, Karotten und Shimeji mit Schweinefilet – ist kreativ, leider ist das Fleisch kalt. Eines der beiden angebotenen Desserts – das mit Macadamia, Mango und Papaya – ist richtig gut. Das andere – Birne, weiße Schokolade und Zitrone – schmeckt weder nach Birne noch nach weißer Schokolade. Die liebevoll zusammengestellte Weinkarte ist ein kleines Trostpflaster.

Kirchenwirt

17/20 (4 Hauben) — Gourmetwirtshaus & historisches Hotel

Weinkarte des Jahres Schwerpunkt Österreich 2024

Koch: Stefan Birnbacher

5771 Leogang, Leogang 3 • 06583 8216
info@k1326.com • www.k1326.com
Do–Mo 17–21 Uhr • €€

Es gibt vieles, was Barbara Kottke und ihr Bruder, Hansjörg Unterrainer, richtig machen. Auf den Punkt (oder auf zwei) gebracht, sind sie einfach großartige Gastgeber und ganz offensichtlich auch herzliche und professionelle Arbeitgeber. Mit Stefan Birnbacher haben sie jedenfalls einen Profi als Küchenchef an der Seite, der nach Stationen im Steirereck und im Schloss Mittersill nun schon seit drei Jahren die Küche im Kirchenwirt verantwortet.

Das Menü, der Kirchenwirt nennt es „K1326-Menü" (nach der ersten urkundlichen Erwähnung des Kirchenwirts), startet mit einem Gang, der „Alpenglühen" heißt. Gamswurst (aus der familieneigenen Jagd), Trüffel-Almbutterschmalz (als Kerze, die auf dem Tisch schmilzt), Wildererwurz und Steckerlbrot. Der eigentliche Gruß aus der Küche, eine kleine Tarte mit Tatar und Saiblingskaviar, wird auf einer leeren Rochelt-Flasche serviert. Sehr kreativ.

Dann aber der erste richtige Gang – und der erzählt bereits eine überaus spannende Geschichte. Gebeizter Alpenlachs. Einmal mit Lardo, Kohlrabi und Mönchsbart, einmal mit Hanfnuss. Außergewöhnlich ist der Fond, in dem der Alpenlachs schwimmt. Es ist ein Safransud und das Außergewöhnliche ist, dass der Safran aus Leogang kommt. Kleine Projekte, für die Unterrainer immer zu haben ist. Das Gericht selbst ist auch geschmacklich außergewöhnlich.

Und eigentlich war das gar nicht der erste Gang. Zuvor serviert Birnbacher (persönlich) noch den Kaviargang. 30 Gramm (eine solide, großzügige Menge) Imperial-Kaviar, verfeinert mit saurem Obers, Weißbrot und geräuchertem Bio-Dotter-Nussbutterschaum, den Birnbacher am Tisch aus dem Ei pellt. Effektiv und überaus köstlich. Dann hausgemachter Raviolo mit Steinpilz, Steinpilzsud, Spitzpaprika und Quendel, Krone vom Milchkalb mit glaciertem Bries, Mangold, Erbsen und schwarzen Sommertrüffeln.

Bevor man das Menü ordert, unbedingt auch einen Blick in die Wirtshauskarte werfen. Man kann das Menü auch mit Gerichten aus dieser Karte erweitern und sollte das auch tun. Hier findet man zum Beispiel saure Nierndeln vom Milchkalb mit Wildkräutern und Topfenknödeln. Die Weinkompetenz im Kirchenwirt ist ohnehin ein eigenes Kapitel. Schwer zu toppen.

Der Kirchenwirt seit 1326

Almhof

13,5/20

Kaiserstub'n

5761 Maria Alm, Hinterthal, Kreidenbachweg 5 • 06584 8414, 0664 381 6099
office@almhof.co.at • www.almhof.co.at

Die Liebe steckt im Detail. Um für den Gast allgemeines Wohlbefinden zu schaffen, muss alles passen – von der stimmigen Einrichtung über den Geruch und die Beleuchtung bis hin zum aufmerksamen und herzlichen Service. Dies alles bietet der Almhof in Hinterthal am Hochkönig. Die Küche fügt sich harmonisch in das Ensemble und bietet weit mehr, als man sonst in der Region erwarten darf. Die Stärke liegt in authentischer Umsetzung von Pinzgauer Spezialitäten mit einem Hauch Raffinesse. Das Carpaccio vom Hinterthaler Hirsch ist pures Vergnügen, das Beef Tatar butterzart – für uns mit einem Tick zu viel Zwiebel. Hirsch ist auch bei den Hauptgängen unschlagbar, für den Rücken mit Preiselbeer-Gin-Sauce nimmt man gern einen Umweg in Kauf. Aber auch der Kalbsrücken mit hausgemachter Pasta von der Tageskarte ist sündhaft gut. Die Patisserie hält das hohe Niveau, das Walnusseis transportiert puren Nussgeschmack, auch der Schokokuchen mit flüssigem Kern ist geschmacklich auf der Höhe, nur etwas zu ausgebacken. So erfreulich das beständig hohe Niveau der Küche ist, so wünschenswert wäre eine Weiterentwicklung der Weinkarte, die zwar mit glasweiser Vielfalt punktet, aber mit etwas mehr Variantenreichtum besser zur Küche passen würde.

Iglhauser Schlosshotel

12/20

Köchin: Anna Iglhauser

5163 Mattsee, Schlossbergweg 1 • 06217 5205
schlosshotel@iglhauser.at • www.schlosshotel-igl.at

Mo, Di 18–21, Mi–Sa 12–14 und 18–21 Uhr • €€

Hecht, Zander und vieles mehr: Die Liebe zu ihrer Heimat und die kulinarische Vielfalt rund um den Mattsee spiegeln sich in den Gerichten von Küchenchefin Anna Iglhauser wider. Abwechslungsreich, leicht und pfiffig ist der frische Zander mit knackigem Gemüse. Ein wenig mehr Auswahl und Abwechslungsreichtum der Beilagen wären jedoch wünschenswert gewesen. Auf die umfangreiche Weinkarte trifft das nicht zu. Der Keller umfasst einen Querschnitt der österreichischen Weinlandschaft mit erstklassigen Tropfen. Fazit: tolle Fischgerichte mit spannender Weinbegleitung in bester Lage direkt am Mattsee.

Lustreich

12/20

im Kuschelhotel Seewirt

Koch: Helmut Blüthl

5163 Mattsee, Seestraße 4 • 06217 5271
lustreich@seewirt-mattsee.at • www.seewirt-mattsee.at

12–14 und 18–21 Uhr • €

Ein Kuschelhotel für Paare, ein Restaurant namens Lustreich, wobei eine gewisse erotische Note mitschwingt. Was isst man hier? Die sonnige Terrasse ist vom See nur durch die Promenade getrennt. Koch Helmut Blüthl arbeitete früher im Ikarus im Hangar-7. In der Karte findet man zwar keine Aphrodisiaka, dafür aber reichlich Regionales. Etwa eine leichte Spargelsuppe oder frischen Apfel und Sellerie zu gebeiztem Saibling. Harmonisch ist der gebratene Zander zu Karotten, hübsch die Maishendlbrust zu Popcorn und erstklassig die Kokos-Pannacotta. Die Weinkarte ist freundlich kalkuliert bis hin zu richtigen Granaten. Sehr flott, selbst im Stress: der Service.

Mesnerhaus

17,5/20

Koch: Josef Steffner

5570 Mauterndorf, Markt 56 • 06472 7595, 0664 122 5551
info@mesnerhaus.at • www.mesnerhaus.at

Mi–Sa 11.30–13.30 und 18–20.15 Uhr • ♿ • €€

Das kulinarische Herz des Salzburger Pongau schlägt im Ortskern von Mauterndorf. Dieser Herzschlag ist weit über die Grenzen der Region hinaus wahrnehmbar. Er schlägt fest, zuverlässig und regelmäßig. Die Geschichte des Hauses reicht weit. 1420 die erste Erwähnung. Maria und Josef Steffner bespielen und beleben das Mesnerhaus seit 2007. Also auch schon eine ganze Weile. Josef am Herd, Maria schupft den Service und die Weine. Beide meistern ihren Job mit Bravour. Leidenschaftliche Gastgeber eben. Und bevor wir zum Kern der Sache, dem Menü „Große Verführung" kommen, sei noch kurz gesagt, dass es im Mesnerhaus auch Zimmer gibt. Gemütliche und vor allem nagelneue.

Das Menü startet mit ein paar richtig spannenden Grüßen aus der Küche: Sauerteigbrot (der Tauernroggen spielt eine zentrale Rolle in der Region und daher auch im Mesnerhaus), Speck, Salz, Leindotter, Bauernbutter und Distelöl. Dann die Stopfleber. Bio-Entenstopfleber, wohlgemerkt. Einmal frisch, einmal im Parfait und geräuchert. Dazu dreimal Rote Rübe. Eingelegt, als Creme und Pulver. Karamellisierter Apfel und Gel vom selbigen. On top Aalrutten-Mousse und geröstete Haselnüsse. Wir beschreiben das deshalb so detailliert, weil das Gericht ein komplexer, hocharomatischer und feingliedrig komponierter Burner ist. Richtig großes Kino – und das gleich als Tusch zum Auftakt.

Zwei Gänge später der Hirsch. Genauer gesagt: Lungauer Hirsch aus dem Biosphärenpark. Tatar, Mönchspfeffer. Der Rücken geräuchert und gehobelt. Dazu viel Pastinake für die Erdigkeit und Kumquats für die Säure. Wieder zwei Gänge später ein Klassiker des Hauses. So wie der Tauernroggen, spielt auch der Eachtling, eine Kartoffel, eine wesentliche Rolle in der Region. Josef Steffner zollt der Knolle seinen Respekt, indem er sie zerstampft und mit Eidottercreme, Sauerrahm und Störkaviar unvergesslich macht.

Danach der Stör höchstselbst. Gebraten, mit Zwetschken und Schwarzwurzel – jeweils in verschiedenen Formen und Texturen. Zwei Scheiben rosa gebratene Huft vom Wagyu, danach Blauschimmelkäse vom Nuart. Neuerlich einiges vom Tauernroggen und viel von Schwarzbeeren. Quasi eine abgerundete Sache und eine uneingeschränkte Empfehlung.

Schloss Mittersill

11/20

Koch: Benjamin Jochum

5730 Mittersill, Thalbach 1 • 06562 20200
office@schloss-mittersill.com • www.schloss-mittersill.com

18–20.30 Uhr

Das Restaurant bietet einen wunderschönen Innenhof. Die Speisesäle im Inneren des Schlosses sind einladend und bieten ein tolles Ambiente. Das angebotene Vier-Gänge-Menü beinhaltet keine besonderen Höhepunkte. Die Vorspeise – Rote Bete mit Schafskäse – ist sehr gut und macht Lust auf die weiteren Gänge. Die Spargelcremesuppe gefällt ebenfalls. Die Hauptspeise – ein sanft gegarter Saibling – ist leider sehr enttäuschend. Auch die Nachspeise – eine Schokoladenmousse – ist wenig liebevoll zubereitet und durch den hohen Anteil an Beeren und Früchten im Geschmack eher sauer. Es gibt keine Weinempfehlung und die Weinkarte wird nicht angeboten.

Winkler

13/20

Koch: Wilfried Oberreiter

5202 Neumarkt am Wallersee, Uferstraße 32 • 06216 5270
info@winkler.at • www.winkler.at

Do 12–14 und 18–21, Fr 12–14 und 18–22, Sa und So 12–21 Uhr • ♿ • €

Wer hochwertigen Süßwasserfisch essen möchte, ist im Seehotel Winkler in Neumarkt am Wallersee genau richtig. Hier versteht man es, Zander, Hecht, Reinanke, Huchen oder Saibling im Ganzen und auf den Punkt zu braten. Die Fische aus den umliegenden Gewässern werden je nach Wunsch gegrillt oder in der Salzkruste serviert und vor den Augen der Gäste fachgerecht filetiert. Dazu gibt es Salat und Erdäpfel. Auch die mit Chili-Öl gebratenen Miesmuscheln oder das Backhenderl überzeugen. Zum Dessert stehen Palatschinken mit Schokoladensauce, Salzburger Nockerl oder Walnusseis mit Amarenakirschen zur Wahl. Der Service agiert flink und aufmerksam.

Das Seekarhaus

15/20

Koch: Stefan Fischer

5562 Obertauern, Seekarstraße 32 • 06456 20010, 0664 859 9660
www.seekarhaus.at

Im Sommer am See, im Winter auf dem Berg: ein Konzept, das in der Gastronomie nicht gänzlich unbekannt ist. Was Stefan Fischer allerdings fundamental vom Großteil der Saisonhopper unterscheidet: Er kocht hier wie da auf sensationellem Niveau und wurde – ebenfalls hier wie da – mit jeweils drei Hauben ausgezeichnet. Im Seekarhaus verantwortet er ein Fine-Dining-Menü, das sich sehen lassen kann. Überhaupt ist die Kulinarik in diesem mondänen Wintersporthotel mehr als nur erwähnenswert. In der Beatles Bar gibt es nicht nur großartige Spirits und Cocktails, sondern auch Barfood, das weit über den Standard hinausgeht. Das Dinner trägt jedenfalls kristallklar die Handschrift Fischers. Sprich: Die Gerichte sind klar, strukturiert, zauberhaft angerichtet und sowohl für Gaumen wie auch Auge ein Fest. Dazu ein professioneller Service mit profundem Know-how und ein stattlicher Weinkeller, auf den er zugreifen kann. Alles in allem in kulinarischer Hinsicht eine Bank.

Die Kohlmayrei

14/20

im Hotel das Kohlmayr

Koch: Richard Hohner

5562 Obertauern, Ringstraße 5 • 05525 62491
info@daskohlmayr.at • www.daskohlmayr.at
So–Fr 18–21 Uhr • ♿ • €€

Das Kohlmayr ist ein sagenhaft gutes und gemütliches Hotel mit einem nicht minder sagenhaft guten Restaurant. 12 Plätze stehen À-la-carte-Gästen zur Verfügung. Wer aber das Glück hat, einen der begehrten Plätze zu ergattern, darf sich glücklich schätzen. Die Küche bietet zwei Menüs an. Eines für Vegetarier, das andere für Fleischtiger. Das Menü „Zehnerkar“ (das mit den Pflanzen) startet mit einem Tatar aus Roten Rüben mit einem intensiven Gelee aus Shiitakepilzen, Schalotten und einer Art Petersilientempura. Ein paar Gänge später: ein mustergültiges Risotto, kombiniert mit Spinat, Birne und Dolcelatte und garniert mit einem Schwarzbrotchip. Auch beim „Kohlmayr-Menü“ (das mit dem Fleisch) gibt es Highlights, zum Beispiel die gebeizte Lachsforelle, die mit einer Mousse, einem Gurkengel und einer Pannacotta mit Kren serviert wird. Oder der Seesaibling: eingerollt in einer Scheibe Lardo im Petersiliensud. Feine Klinge, das Ganze.

Fritz & Friedrich

15/20

Koch: Michiel van den Berg

5562 Obertauern, Rosenweg 1 • 06456 73540
genuss@fritzundfriedrich.com • www.fritzundfriedrich.com
Mi–So 18.30–21.30 Uhr

Neue Karte(n), neues Spiel. Im vergangenen Jahr wussten wir, dass sich im Fritz & Friedrich einiges ändern wird. Wir wussten nur nicht, was und wie. Jetzt sind wir klüger. Und sagen wir so: Es hat uns ziemlich von den Socken gehauen. Die Aufwertung auf 15 Punkte ist also nicht als Leistungssteigerung, sondern als völlig neue Bewertung der veränderten Situation zu sehen. Weil: Es gibt ein Degustationsmenü, das „Johanneswasserfall-Menü", bei dem man zwischen vier, sechs oder neun Gängen wählen kann. Unsere dringende Empfehlung: volle Kanne. Die neun Gänge zahlen sich aus, weil unvergesslich. Allein der dritte Gang – Steirerkäse (sollte eigentlich „Steirerkas" heißen) mit Schwarzbrot und Hirn – ist so abartig gut, dass man alleine dafür einen Abstecher nach Obertauern machen möchte. Bemerkung: aber auch für den Rest. Rinderfilet mit Gänseleber und Trüffel (eine Hommage an den Klassiker „Steak Rossini") oder die zarte Wachtelbrust mit Zuckermais und Koriander. Eine Zierde ihrer Art. In Summe ein hochfeines Menü, Produktversessenheit, solides Handwerk und eine ordentliche Portion Kreativität. Weiter so.

Panorama

TIPP

5562 Obertauern, Brettsteinstraße 1 • 06456 7432, 0664 140 3367
info@panorama.at • www.restaurant-obertauern.at
Di–So ab 18 Uhr • €€

Das Restaurant Panorama in Obertauern überzeugt mit seinem heimeligen Ambiente. Nach einem aktiven Tag in den Bergen können sich die Gäste auf beste Art und Weise verwöhnen lassen. Neben dem Dinner werden übrigens auch beim Frühstück keine Wünsche offengelassen. Das Highlight ist jedoch definitiv das Abendessen im À-la-carte-Restaurant. In den einladenden Stuben werden ganzjährig spannende Gerichte serviert, wobei die Speisen regelmäßig wechseln. Zu Tisch kommen kräftige Boullions, Beef Tatar, hausgebeizter Alpenlachs, selbst gemachter Almkäse, diverse Steaks sowie Klassiker wie Wiener Schnitzel. Ebenso vielversprechend ist die Weinkarte des Hauses, die neben italienischen und französischen überwiegend mit österreichischen Positionen besetzt ist. Anschließend lädt die Hotelbar dazu ein, den ereignisreichen Tag Revue passieren zu lassen.

Gusto im Wörtherhof

13/20

Koch: Gregor Langreiter

5661 Rauris, Wörth, Dorfstraße 22 • 06544 6404, 0664 302 2398
gusto@rauris.net • www.restaurant-gusto.at

Mi–So 18–22 Uhr • €€

Seit vielen Jahren ist das Gusto im Wörtherhof ein Garant für beste verlässliche Bioküche. Drei- und Vier-Gänge-Menüs geben einen guten Überblick über das regionale heimische Angebot. Begrüßung mit feiner Radieschen-Kokos-Suppe. Sehr gute Ceviche vom Saibling und steirische Gebirgsgarnele mit Melone und Ananas. Ausgezeichnet der rosa gebratene Rücken vom Salzburger Hirschkalb mit Radieschen, Schnittlauchpüree und Preiselbeeren. Der gegrillte Wolfsbarsch mit Mandeln, Biobrokkoli, Tomatenrisotto und Krustentierschaum lässt keine Wünsche offen. Köstlich die weitum beliebten flaumigen Topfenknödel mit Erdbeeren und Eierliköreis. Familiärer Service.

Herzlstubn ↗

12,5/20

im Hotel Kendler

Koch: Patrick Spitzer

5753 Saalbach, Oberdorf 39 • 0 65 41 62 25
post@kendler.at • www.kendler.at

Mi–So 19–21.30 Uhr • €€

À-la-carte-Gäste sind in der stilvoll-gemütlichen Herzlstubn gut aufgehoben. Feine Nussbutter und Kernöltopfen – eine ansprechende Begrüßung. Das ambitionierte Gourmetmenü bietet einen guten Querschnitt durch das kreative Angebot der Küche. Sehr gut die Frühlingskräutersuppe mit knusprigem Sandwich von der Forelle. Nach vorzüglichem Thunfisch folgt bestens zubereitetes Spanferkel, serviert in zwei Gängen: als geschmortes Backerl und als rosa Rücken mit Bulgur. Erfrischender Zwischengang mit Kerbelsorbet. Köstliches warmes Schokoladentörtchen mit Brombeere. Kompetenter Service, gut sortierter Weinkeller. Hausgemachte Pralinen zum Abschied.

Auerhahn

12/20

Koch: Gerhard Pongratz

5020 Salzburg, Bahnhofstraße 15 • 0662 451052
hotel@auerhahn-salzburg.at • www.auerhahn-salzburg.at

Mi–Sa 12–13.30 und 18–21.30, So 12–13.15 Uhr • €

Objektiv gesehen liegt der Auerhahn hinter dem Salzburger Hauptbahnhof mit Blick auf Gleise. Die müssen Küchenchef Gerhard Pongratz irgendwie aber doch an Wellen erinnern. Egal, ob See oder Meer: Seine besten Gerichte basieren auf Fisch. Seesaibling kommt raffiniert auf Kohlrabi und Risotto. Vorher noch die Krebsensuppe mit Lachstoast – richtig gut. Wer anderes probiert – Melone mit Schafskäse oder Nudeln mit Eierschwammerl –, der wird die Würzung als allzu sanft empfinden. Aber alles endet ohnehin beim Topfenknödel mit Preiselbeerschaum – und der bleibt unübertroffen. Weinkarte? Attraktiv. Service? Flott und freundlich. Zu Recht die Haube.

Bangkok

11,5/20

5020 Salzburg, Bayerhamerstraße 33 • 0662 873688
restaurant.bangkok@yahoo.com • www.restaurant-bangkok.at

Das Bangkok wirkt bunt und irgendwie fernöstlich dekoriert. Das passt auch. Thaiküche ist nicht einfach irgendwie asiatisch, sie folgt ganz eigenen Regeln. Und nein, Stäbchen gibt es auch nicht. Man isst vielmehr mit Löffel und Gabel. Geschmacksverstärker sind verpönt, die Klassiker schmecken daher reintönig – ob rotes Curry mit Schweinefleisch und Schlangenbohnen (herrlich scharf) oder Huhn mit Chili und Basilikum aus dem Wok. Dazu attraktive Eigenkreationen wie Oktopussalat mit Mango und sauren Lilien oder Crème brulée, mit Matcha parfümiert. Sehr flotter Service. Thaikost vom Feinsten. Haubenwürdig!

Blaue Gans Ⓝ

13/20

Koch: Michael Scheiber

5020 Salzburg, Getreidegasse 41–43 • 0662 8424910
restaurant@blauegans.at • www.blauegans.at/restaurant

Mo–Sa 12–22 Uhr (während der Festspielzeit auch sonntags geöffnet)

Hier wuselt und brummt es jeden Abend. Die Blaue Gans ist ein Klassiker in Salzburg und eine Bank für gute Stimmung. Hier glückt die Mischung aus Wirtshaus und Bistro! Die französisch (Fleisch und Fisch im Fokus) angehauchten Gerichte kommen mit (sehr) viel Power. Etwas mehr Balance und Leichtigkeit wären gut verträglich. Seit unserem letzten Besuch kommen auch mehr vegetarische Gerichte auf die Karte – das ist sehr positiv. Lachsforelle, Safranrisotto und das klassische Schnitzel überzeugen. Die Gastgeberqualität von Hotelier Andreas Gfrerer wünschen wir uns auch im Restaurant. Gute Weinauswahl (Tipp: tolle Halbflaschen).

Gault&Millau
Entdecken.
Entspannen.
Erleben.
Newsletter abonnieren und informiert bleiben auf
gaultmillau.at
© August_0802/Shutterstock

Brandstätter

13,5/20

Koch: Karl Poller

5020 Salzburg, Münchner Bundesstraße 69 • 0662 43 45 35
info@hotel-brandstaetter.com • www.hotel-brandstaetter.com

Mo–Fr 11.30–14 und 17.30–21.30 Uhr • €€

Es gibt eine Parallele zwischen dem Gasthof und dem ebenfalls im Besitz der Familie Brandstätter befindlichen Café Bazar in Salzburg: Beide Lokale machen alles richtig. Wie das beste Kaffeehaus der Stadt verzichtet auch der Gasthof auf Experimente und Schickimicki-Unfug und bietet stattdessen neben geschmackvoller Gemütlichkeit und der Schönheit des Orts einfach gute Qualität. Die knackigen Rotgarnelen mit Häuptelsalat, Avocados und feiner Dillcreme schmecken genauso gut wie die gebratene Entenleber mit Marille und Sellerie. Bestes Handwerk auch beim Rehrücken mit Eierschwammerln, Brokkoli und grünem Pfeffer. Und bei den Desserts sind die flaumig zarten Marillenknödel eine sichere Bank. Alles klassisch, dazu eine fair kalkulierte Weinkarte und ein ausgesprochen freundlicher und aufmerksamer Service – und das sogar in der Festspielzeit!

Brunnauer

16/20

Ambiente Award 2009

Koch: Richard Brunnauer

5020 Salzburg, Fürstenallee 5 • 0662 251010
office@restaurant-brunnauer.at • www.restaurant-brunnauer.at
Mo 18–22, Di–Fr 12–14 und 18–22 Uhr (während der Festspiel- und Adventszeit erweiterte Öffnungszeiten) • €€

Ein Besuch in dieser Salzburger Fine-Dining-Institution verspricht – wie schon seit vielen Jahren – handwerklich perfekte Küchenleistungen, präsentiert von einem kundigen Service. Im Gastgarten des Familienbetriebs am Fuße der Festung Hohensalzburg machen der Businesslunch wie auch die gediegene À-la-carte-Auswahl gleich noch mal so viel Freude. Aber auch die eleganten Gaststuben gewährleisten eine diskrete Genussatmosphäre. Die Küche meidet Ausflüge ins trendige Milieu und erfüllt lieber die Wünsche an eine österreichische Fine-Dining-Küche mit Blick über den Tellerrand: Sei es gebratene Wachtelbrust mit Coleslaw und Eierschwammerl, Heilbutt mit Fregola Sarda und Karfiol oder Topfenmousse mit Zwetschenkompott und Crumble – alles ist ohne Fehl und Tadel. Die Wein- und Getränkeauswahl ist sorgsam bestückt. Die Weinkarte birgt einige Schätze und deckt die Weinländer Österreich, Frankreich, Deutschland und Italien in ihrer Vielfalt und Qualität für fast alle Anlässe ausreichend ab.

Didilicious

12/20

by Didi Maier

Koch: Didi Maier

5020 Salzburg, Europastraße 1 • 0662 265657, 0676 666 7677
office@didimaier.com • www.didimaier.com

Mit seiner vielfältigen Küche holt Didi Maier seine Gäste ab. Eine Bandbreite an internationalem Soulfood verspricht das umfangreiche Menü. Bei Didi begibt man sich auf eine kurze kulinarische Weltreise in gemütlich-ungezwungenem Ambiente. Die asiatisch angehauchte Gemüsesuppe mit Huhn, Kokosmilch und Blattspinat ist wahrlich eine Kraftbrühe. An den vergangenen Italienurlaub erinnern die hausgemachten Ravioli mit Ricottafüllung. Fleischtiger sollten die mit Honig marinierten BBQ-Spareribs probieren. Kindheitserinnerungen erwecken hingegen die warmen Topfen-Mohn-Knödel.

Die Gersberg Alm

12,5/20

Koch: Florian Dornstauder

5020 Salzburg, Gersberg 37 • 0662 641257
office@gersbergalm.at • www.gersbergalm.at

Mo–Sa 12–21 Uhr, (Ostern, Weihnachten und während der Salzburger Festspiele auch sonntags geöffnet) • €

In wunderschöner Lage bietet die Gersberg Alm gutbürgerliche Küche mit feinen Fünf-Gänge-Menüs an. Gebackene Blunzenpralinen mit Linsensalat und steirischem Kernöl sind ein interessanter Einstieg. Die Spargelschaumsuppe mit Brandteig und Osso Collo schmeckt sehr gut, ein schonend gegartes Saiblingsfilet mit Erbsen, grünem Spargel und Rhabarber wird bestens zubereitet serviert. Von hoher Qualität ist ein Zweierlei vom Milchlamm mit jungen Karotten und Brennnesselstampf. Köstlich die Dessertvariation von Erdbeere, Haselnuss und Sauerampfer. Empfehlenswert die feine vegetarische Menüvariante mit Spargeltatar, Artischockentascherl und Morcheln.

Esszimmer

17/20

Koch: Andreas Kaiblinger

5020 Salzburg, Müllner Hauptstraße 33 • 0662 870 899
office@esszimmer.com • www.esszimmer.com

Di–Sa 12–14 und 18.30–22 Uhr

Den Namen „Esszimmer“ kann man durchaus auch so verstehen, da er seit vielen Jahren als verlässlich guter Raum für Kulinarik vom Feinsten zur fixen Möblage der österreichischen Topgastronomie gehört. Und wie es bei bewährten Zimmern und Möbelstücken so ist: Irgendwann nimmt man sie als selbstverständlich hin – und versagt ihnen die verdiente Aufmerksamkeit. Beim Restaurant des Ehepaars Kaiblinger liegt das vielleicht auch daran, dass die Küche von Andreas und deren Präsentation durch Andrea maximal unaufgeregt sind. Hier gibt es keine Showeffekte, sondern subtile Kreativität, bestes Handwerk und nicht die geringste Spur von Exaltiertheit.

Die Reinanke mit Tomate, Sardelle und Kernöl ist einfach eine stimmige Geschmackskombination, die gebratene Jakobsmuschel mit Ochsenschwanzragout und Wakame-Seetang ist es ebenso – und darüber hinaus auch noch richtig pfiffig. Die Gänseleberterrine mit Kirsche und Sellerie wird von einer mit servierten glacierten Rehleber noch übertroffen und so zu einem „Best of Leber“-Gericht.

Und dann der absolute Höhepunkt: ein geräucherter Saibling mit Oktopus auf passierter Artischocke, Kräutersaitlingen, Koriander und Tomate. Das ist rauchig und nussig, aber nicht überladen, ein echtes Geschmacksfeuerwerk, wie es nur von einem der besten Köche des Landes gezündet werden kann. Der darauf folgende Rehrücken mit Dim-Sum, Süßkartoffel, Rotkraut und Brotöl ist wieder mehr auf der klassischen Seite zu Hause, zeugt aber auch von Kaiblingers Vorliebe für Understatement mit geschmacklichem Aha-Erlebnis.

Die Desserts sind fein, halten aber mit dem zuvor gezeigten Höchstniveau nicht ganz mit. Auf der Weinkarte gibt es einige spannende Fundstücke und die Preisgestaltung ist für Salzburger Verhältnisse geradezu kundenfreundlich. Auch das ist ein erfreulicher Aspekt, dem man als Gast in der gehobenen Gastronomie – wenn man in der diesbezüglich nicht ungefährlichen Mozartstadt nicht über den Tisch gezogen werden will – vielleicht mehr Beachtung schenken sollte.

Gasthof Goldgasse

11,5/20

5020 Salzburg, Goldgasse 10 • 0662 848200
info@gasthofgoldgasse.at • www.gasthofgoldgasse.at

Etwas abseits der überlaufenen Einkaufsmeilen Salzburgs liegt – nur einen Steinwurf entfernt vom Trubel – der Gasthof Goldgasse. Der Gast sitzt in der gemütlichen Gaststube oder im Sommer direkt auf der Goldgasse. Aus der kleinen Speisekarte sind Backhendl, Wiener Schnitzel oder Rindsgekochtes, aber auch die Bratwurst zu empfehlen. Als kräftig erweist sich die Rindssuppe, wahlweise mit Leberknödeln, Frittaten oder Sellerie-Liebstöckel-Tascherl. Apfel- und Topfenstrudel sind Klassiker des Hauses. Freundliche Bedienung, ordentliches Weinangebot.

Gasthof Schloss Aigen

13/20

Koch: Kurt Berger

5026 Salzburg/Aigen, Schwarzenbergpromenade 37 • 0662 621284, 0664 408 1515
office@schloss-aigen.at • www.schloss-aigen.at

Do 17.30–21, Fr 11.30–14 und 17.30–21, Sa und So 11.30–21 Uhr

Das Gasthaus Schloss Aigen ist mit seinen heimeligen Stuben und dem wunderbaren Gastgarten das verlängerte Wohnzimmer vieler Salzburger. Besonders Rindfleischfans kommen hier auf ihre Kosten. Und auch Kurt Bergers Grammelknödel haben spätestens seit ihrem Auftritt in Tim Mälzers Koch-Battle „Kitchen Impossible" Kultstatus. Heuer machen wir allerdings einige Schwachstellen aus. So kommt die Spargelschaumsuppe ganz ohne Schaum, dünn und enorm bitter daher. Die Saucen und Beilagen zur gekochten gepökelten Rindszunge sind mangelhaft: Die Schnittlauchsauce ist recht fad, die Rösti matschig und gleichzeitig verbrannt, der Semmelkren ohne Semmelsubstanz und der Apfelkren gerät wegen fehlender Würze eher zum Dessert. Wirklich fein ist die Weinkarte, wobei die Preise auf recht gehobenem Niveau liegen. Liebenswürdig-amikal agiert das Serviceteam.

Glass Garden

17,5/20 ♛♛♛♛ im Hotel Schloss Mönchstein

5020 Salzburg, Mönchsberg-Park 26 • 0662 848 55 50
salzburg@monchstein.at • www.monchstein.at
Do–Mo 12–13 und 18–20 Uhr • €€

Unten tummeln sich Touristen im Nieselregen. Selbst sitzt man mit Traumblick über die Festspielstadt ein paar Etagen darüber. Gut geschützt hinter Glas des Restaurants des Luxushotels Mönchstein lassen wir uns kulinarisch anspruchsvoll verwöhnen. Der Name „Glass Garden" ist wohl deshalb auf Englisch gehalten, weil hier vorwiegend ein internationales Publikum einkehrt, dem man nicht nur ein Gourmetmenü (mit vegetarischer Alternative) bieten will, sondern auch saftige Steaks und das unverzichtbare Wiener Schnitzel. Viele einheimische Stammgäste lieben die im Ganzen gebratene Seezunge.

Das Gourmetmenü, das in unterschiedlicher Länge geordert werden kann, zeigt sich konservativ, aber keineswegs langweilig. Ein zarter Kaninchenrücken mit Basilikum und Burrata, dazu eine verführerische Gazpacho mit Roten Rüben, zeigt dies gleich zu Beginn. Dann ein braver Saibling mit Radieschen und Spinat, gefolgt von einem köstlichen Filet vom Ibérico-Schwein auf kräftigem Jus. Anschließend eine Languste mit Pak Choi, Koji und Erdnüssen – exotisch-kreativ und in sich absolut stimmig.

Regional wird es mit der Gams zur Hauptspeise, die in zwei Gängen zu Tisch kommt: zuerst als zartes Butterschnitzel von der Keule mit Heidelbeeren, dann als gebratener Rücken mit Steinpilzen und Artischocken. Wunderbar!

Nicht restlos begeistern uns diesmal die Desserts. Wir schätzen zwar die Bemühung, eine Crêpe bei Tisch fachgerecht zu flambieren. Allerdings rechtfertigen weder die Textur noch die spannend klingende Begleitung von Apfel und Avocado diesen Aufwand. Vorbildlich ist das umfangreiche und klug zusammengestellte Angebot an glasweisen Weinen. Wer auf hochpreisige Prestige-Etiketten verzichten kann, findet auch flaschenweise tolle Weine, die erstaunlich fair kalkuliert sind.

Goldener Hirsch

13/20

Koch: Daniel Mild

5020 Salzburg, Getreidegasse 37 • 0662 808 48 61
restaurant.goldenerhirsch@luxurycollection.com • www.restaurantgoldenerhirsch.at
12–14.30 und 18.30–21.30 Uhr • • €€

Ein Glas Champagner oder als preisgünstigere Alternative ein Crémant von der Loire: Im Restaurant des Hotels Goldener Hirsch lässt man es sich gut gehen – und das nicht zur Festspielzeit. Die Küche scheint ihren Stil gefunden zu haben. Der Nachteil für den Gast: Es wird nicht mehr mit dem Drive gekocht, der letztes Jahr noch begeisterte. Das Thunfischtatar wird mit Burrata serviert. Schmeckt, aber von großer Kochkunst kann hier nicht die Rede sein. Die Gurkenkaltschale mit Flusskrebsen fällt in die gleiche Kategorie. Zu den Medaillons vom Milchkalb gibt es Ciabatta-Scheiterhaufen, dazu empfiehlt der aufmerksame Service einen gut temperierten Pinot Noir aus dem Burgenland. Ins Schwärmen gerät man indes beim Dessert: Die Variation von der Wachauer Marille – Sorbet, Törtchen und Marillenröster – ist erfrischend und zugleich angenehm süß.

Herzl Ⓝ

11,5/20

im Hotel Goldener Hirsch

Koch: Daniel Mild

5020 Salzburg, Getreidegasse 37 • 0662 8084889
restaurant.goldenerhirsch@luxurycollection.com • www.restaurantherzl.at
12–21.30 Uhr • ♿ • €

Montags bis freitags bietet das Herzl ein günstiges Mittagsmenü, sonntags sind Bratlessen und Kaiserschmarren angesagt. Im Restaurant des Nobelhotels Hirschen überzeugen aber auch andere Gerichte: Rosa gebratener Kalbstafelspitz, Gansl-Erdäpfel-Knödel mit Szegediner Kraut bei den Vorspeisen, knusprige Bauernente mit Serviettenknödel, gebratene Kalbsleber mit Erdäpfelpüree oder Ragout vom Milchkalb mit Kräuterspätzle bei den Hauptgerichten zeigen solide Handwerkskunst. Der Service – auch bei größerem Gästeansturm immer aufmerksam – empfiehlt zum Abschluss noch Himbeersorbet oder Nougat-Krokant-Parfait.

Gault&Millau
Genussmesse,
Weinfest
und vieles
mehr ...
Alle Tickets zu unseren
kulinarischen Events auf
gaultmillau.at

Huber's im Fischerwirt

15,5/20

Koch: Harald Huber

5020 Salzburg, Peter-Pfenninger-Straße 8 • 0662 424059, 0664 885 14113
restaurant@fischerwirt-liefering.at • www.fischerwirt-liefering.at
Do–Mo 11.30–22 Uhr • • €€

Man lasse sich vom Namen nicht in die Irre führen. Der Fischerwirt steht zwar schon seit 1879, aber ein Wirtshaus ist das nicht mehr. Als vor zehn Jahren die Schubraupe nur noch die Grundmauern stehen ließ, entstand ein Restaurant von barockem Flair, edel dekoriert. Das übernahmen die Hubers: Andrea leitet den Service, Harald macht den Küchenchef. Sie setzen – weitab der Touristenströme – auf eine konservative Klientel. Mit Erfolg. Wir entscheiden uns zum Start für Artischocken mit Selleriecreme in feinherbem Madeira-Sud. Ausgesprochen harmonisch. Ebenso die intensive Hummersuppe samt Ravioli mit Hummerfarce. Geschmortes und Gebratenes vom Hirschkalb in arttypischer Sauce, erfreulich. Und richtig gut die Balance von Beeren und Teig der Schwarzbeernocken zu Milcheis – in der Karte unter der hiesigen Bezeichnung „Heidelbeer-Datschi" zu finden. Der Service ist geschwind und hochprofessionell, die Weinkarte umfangreich.

Ikarus

19/20

Ambiente Award 2006, Service Award 2011

Red Bull Hangar-7

Koch: Martin Klein

5020 Salzburg, Wilhelm-Spazier-Straße 7a • 0662 21970
office@hangar-7.com • www.hangar-7.com

Mo–Do 19–22, Fr–So 12–14 und 19–22, So 12–14 Uhr •

In der Regel startet ein Abend im Ikarus an der Bar. Das ist auch gleich die erste Empfehlung: Zeit für einen Apéro an der Bar einplanen. Einstimmen auf das, was kommt. Am besten mit einem Glas Bollinger. Der Name des Champagnerhauses wird an diesem Abend noch öfter auffallen. Etwa am Tisch dann, wenn der Sommelier mit dem Aperitifwagen vorbeikommt. Ein derart gut bestückter und mit viel Know-how zusammengestellter Wagen ist sehr selten. Wir sind hier, um das Ikarus-Menü zu genießen. Es ist September. Das heißt, wir kommen auch in den Genuss, das eine oder andere Gericht des Gastkochs zu probieren. Die Idee gefällt uns. Konkret aber zum Menü. Es startet wie stets mit einem Potpourri verschiedener Amuse-Gueules. Elegant und feingliedrig. Ein Tapioka-Chip mit Saiblingskaviar, Sudachi und Minze, eine – herrlich erfrischende – kleine Praline aus Kokos, Limette und Koriander und eine Apfelpraline mit spanischem Jamón. Angerichtet auf einer bizarren Skulptur aus Bienenwachs. Ein großartiger Start. Überraschend, erfrischend, neugierig machend. Das sind übrigens auch die „Grüße", die vor dem Menü des Gastkochs Curtis Duffy geschickt werden.

Mit der Gänseleber geht es dann richtig los. Da bleibt Klein seinem Credo „Überrasche Sie!" treu. Die Foie gras wird serviert, als wäre sie ein Müsli. Oder Granola. Mit Wachauer Marille und Vadouvan, einer indischen Gewürzmischung. Substanz, Crunch, Cremigkeit, Opulenz. Eine reife Spätlese von Prüm dazu. So könnten wir täglich frühstücken. Nach der Gänseleber bringt der Service eine spannende Interpretation von „Carbonara" an den Tisch. Geschmacklich ganz nah am Original und doch einzigartig. Anders. Pecorino, Guanciale, gepickeltes Ei, Palmherzen, Steinpilze. Dann der Waller. Ganz zart geräuchert. (Er wird unter einer eleganten Glas-Cloche serviert und darf auch am Tisch noch etwas Aroma aufnehmen.) Mit Feige und Yuzu-Koji.

Der stärkste Gang ist aber der Hummer. Im Menü steht zwar Hummerravioli, es ist aber – zum Glück – nur ein stattlich großes Hummerraviolo. Dazu Schnecken aus Wien, Topinambur und Uhudlertrauben. Eine Liaison von Boden und See. Die Schnecken sorgen für eine solide Erdigkeit, der Hummerraviolo für den Geschmack des Meeres und die Uhudlertrauben für eine überraschende Leichtigkeit. Wie eine sensorische Windböe. Sehr gelungen. Als Hauptgang Lamm von den Pyrenäen, als Dessert Großartiges aus der Patisserie, präsentiert von der charmanten Patissière. In Summe ein großartiges Menü mit phänomenaler Weinbegleitung.

Mühlbacher

15/20

5'
restaurant-mueb

Salzburg hat viel zu bieten – selbstvers'
risch. Das schon länger bestehende /
rants in der Mozartstadt wurde in de'
ergänzt. Hier speist man ausschließli
freut sich über einen aufmerksam'
renden Wein aus einer fair kalku'
spannter Atmosphäre – nach Sc
Selberschneiden und slowenis'
oder staunt über die vegetarisc'
beeren beziehungsweise Sell
der Küche zart, die Haut ist k
nambur in verschiedenen Te'
weise als Schlussakkord ei'
nehm süßes Milch-Honig-'

Pan e Vi'

13,5/20

Gibt es nur B
statement, '
der 1950er
gestellt, a
schen mi'
reiht si'
Luxus.
auf R'
zu R
ten
un
selbst ge

© Helge Kirchberger Photography – Red Bull Hangar-7

IMLAUER Sky Bar &

12/20

skyrestaurant

Von der Skybar lockt der Blick in die
ne im Dunkeln versinkt. Elegant d
Kellner flitzen. Die Lage sorgt für
mischen. Die Küche hatte in de
ist jetzt besser geworden. Inter
Saibling. Sehr gut auch die Fl
das Wildkirschen-Duo aus Ku

M32

11,5/20

Di–So 9–2

Im M32 is
burg. Di
historis
liegt d
groß
ren
der
Sp
a

SENNS.Restaurant

18,5/20

Köche: Andreas Senn & Christian Geisler
5020 Salzburg, Söllheimer Straße 16, Objekt 6, im Gusswerk • 0664 454 0232
info@senns.restaurant • www.senns.restaurant
Di–Sa 18.30–21.30 Uhr • ♿ • €€€

Das Ambiente ist spektakulär. Nicht alle Tage essen wir unter einer tonnenschweren Glocke, einem Relikt aus vergangenen Tagen der Glockengießerei im Salzburger Industrieviertel. Nach dem Konkurs der Gießerei blieb die Glocke an ihrem Geburtsort, sie war misslungen, der Klang nicht rein. Genau das Gegenteil kann man über Andreas Senns und Christian Geislers Küche sagen – perfektionistisch bis ins Detail, akkurat und punktgenau.

Welche Inszenierung folgt, ist größtenteils sehr beeindruckend, beginnend beim in alle Geschmacksrichtungen ausscherenden Amuse von süßen Karottenröllchen bis zu bitter gebranntem Lauch. Der Räucheraal mit Fetaschnee und Melone ist ein gelungener Start: Wenn der Fetaschnee mit der Sauce in Berührung kommt, wird er cremig mild, gepaart mit dem Räucheraal in zarten Würfeln ist das wie eine fluffige Wolke.

Die Steam-Buns mit Schweinebauch, Hoisinschalotten und Gurken sind eine köstliche Schweinerei, der Gang mit rohen Streifen vom Mondsee-Saibling, umhüllt von dünnen Spargelscheiben, mit Miniaturen von Radieschen und Daikon auf dem Rücken, Beurre-blanc-Eis mit einer kräftigen Noilly-Prat-Note und Radieschen: ein eleganter Teller, sehr sophisticated. Ein klares Konzept, gekonnt umgesetzt. Wie brät man ein Stück Entenleber derartig knusprig? Mit Sellerie, Amalfizitrone und Dashi ein unheimlich stimmiger Gang. Es gibt keine fetten Buttersaucen, sondern leichte Fonds und Essenzen, die aber besonders aromatisch konzentriert sind.

So viel zur Euphorie, trotzdem möchten wir gerne ein paar Wünsche äußern: Ein Restaurant dieser Klasse sollte die Weinbegleitung und vor allem die Auswahl an glasweisen Weinen überdenken. Was hier zur Zeit geboten wird, steht in keinem Verhältnis zur Klasse der Küche. Dieses bühnenhafte Ambiente bedarf einer starken Inszenierung, aber manchmal wäre es doch sehr nett, wenn sich das Personal zu einem Lächeln hinreißen lassen würde. Schön, wenn Haute Cuisine ernst genommen wird, aber der Gast fühlt sich wohler, wenn das Personal auch ein bisschen Spaß dabei hat. Und nicht nach jedem Gang „Hat es gemundet?“ fragt.

St. Peter Stiftskulinarium

12,5/20

Restaurant Peter

Koch: Jan Gellermann

5020 Salzburg, St.-Peter-Bezirk 1/4 • 0662 841 26 80,
reservierung@stpeter.at • www.stpeter.at

Do–Sa 17.30–23 Uhr

Das außergewöhnliche Ambiente im einzigartigen Arkadenhof und in den historischen Stuben beeindruckt die zahlreichen Gäste. Das Angebot der Küche ist traditionell, die kleine Karte zeigt einen interessanten Querschnitt aller Speisen. Nach Begrüßung mit Brot und Aufstrich stehen hausgemachte Tafelspitzsuppe mit Kaspressknödel zur Wahl. Es gibt auch Rote Rüben mit Creme von Sauerrahm und Kren. Dieses Gericht fällt uns schwer zu empfehlen, denn eine Spur mehr Fantasie und Pfiff täten ihm gut. Das Safranrisotto mit gebratenem Calamaretti dagegen ist schwer in Ordnung. Feine Qualität und Geschmack zeigt auch die Brust von der Barbarieente mit Jus, Couscous und Jungzwiebel. Bei den Desserts empfehlen wir die hausgemachte Zitronentarte mit Fruchtsorbet. Die umfangreiche Weinkarte bietet für jeden Anspruch passende Spezialitäten, der Service agiert freundlich und verlässlich.

Strasserwirt

12,5/20

5020 Salzburg, Leopoldskronstraße 39 • 0662 826391
office@zumstrasserwirt.at • www.zumstrasserwirt.at

Neue Führung im Strasserwirt – und das seit März 2023. Die neuen Pächter setzen auf original Österreich mit knusprigem Schweinebraten, begleitet von Serviettenknödeln und Sauerkraut. Oder auch Grillteller beziehungsweise Bratwurst. Wer fleischlos unterwegs ist, findet ohne Probleme das passende Angebot für sich. Im lauschigen Gastgarten sitzt es sich besonders gemütlich, Kinder und auch Vierbeiner werden ausdrücklich willkommen geheißen. Weinkeller und Wintergarten bieten auch einen schönen Rahmen für kleine Feiern. Aus der Dessertkarte sollte man sich die Palatschinken nicht entgehen lassen. Flinker, aufmerksamer Service.

yaoyao

11,5/20

Koch: Yaoyao Hu

5020 Salzburg, Europastraße 1 • 0662 257447
restaurant@yaoyao.at • www.yaoyao.at
Mo–Do 11.30–14.30 und 17–22, Fr 11.30–14.30 und 17.30–22, Sa 11.30–22 Uhr • ♿ • €€€

Wer die asiatische Küche liebt, wird auch die Kreationen von Chef Yaoyao Hu lieben. Er holt aus jedem Lebensmittel das Maximum an Geschmack heraus. So bilden Gräten und Karkassen vom Fisch sowie Gewürze die Grundlage für die herrliche Fischsuppe mit Zitronengras, Limette und frischem Koriander. Nach chinesischer Tradition werden auch die Nudeln für Ramen, Curry und Co eigens hergestellt und gezogen. Mit seinem Handwerk hält Yaoyao sogar einen Weltrekord über die längste handgezogene Nudel mit unglaublichen 580 Metern Länge. Ein Stück der österreichischen Küche fließt bei der Zubereitung der Nigiri ein. Neben Aal, Jakobsmuschel und Seeigel wird der Sushireis auch mit Lachsforelle und Seesaibling gedeckelt.

Zum Buberlgut

14/20

Koch: Mathias Kraus

5020 Salzburg, Gneiser Straße 31 • 0662 82 68 66
salzburg@buberlgut.at • www.buberlgut.at

Mi–So 12–14.30 und 18–24 Uhr • €€

In der gemütlichen Atmosphäre des 400 Jahre alten Bauernhofs wird man mit feinem Prosciutto und hausgemachtem Gebäck begrüßt. Der Einfallsreichtum der Küche zeigt sich vor allem in den kreativen Gerichten der Abendmenüs, aber auch beim einfacheren und günstigeren Mittagsmenü. Sehr gut zum Beispiel die Topinamburschaumsuppe mit Kräutercroutons. Auch das auf der Haut gebratene Wolfsbarschfilet mit weißer Polenta und Safransauce, frischer Feige, gebratenen Artischocken und gerösteten Pinienkernen gelingt ausgezeichnet. Dessertempfehlung: die flaumigen Topfenknödel mit Haselnussbröseln. Professioneller Service, sattelfest in Sachen Weinempfehlung.

Atelier Fischer

16,5/20

Koch: Stefan Fischer

5340 St. Gilgen, Ischler Straße 16 • 0 62 27 70 40
innovationcooking@gmail.com • restaurant-atelier.eatbu.com

Do–Di 18–22 Uhr (nur geöffnet von Anfang Juni bis Ende September)

Stefan Fischer kreiert hier mit direktem Blick auf den Wolfgangsee Ausnahme-Kulinarik-Kunst. Für wenige Tische pro Abend wird im Sommer fein und handwerklich solide gekocht – ein echtes Fine-Dining-Erlebnis, wie man es in Österreich selten sieht. Präzise, progressiv, bravourös. Zum Start kommen La-Ratte-Kartoffeln und Schwertfisch-Carpaccio, geräuchert, und gleich drauf ein Chip vom Aal und Rote Rüben mit Amarant. Rauch zieht sich als Bindeglied durchs gesamte Menü. Der Garnelengang macht sprachlos: das Tatar, bedeckt mit geflämmter Melone, im Ganzen gespickt mit Amarant und Vogelbeeren und als Basque mit Gin-Eis. Dann Fregola Sarda mit Carbonaraeis, Krause Glucke, Wacholderöl. Drüber gehobelte Rinderherz-Bottarga – erneut geräuchert. Die auf Heu geräucherte und später gegrillte steirische Taube wird mutig im Ganzen unter der Cloche präsentiert. Auf den Teller kommt sie auf geschmorten Zwiebeln, wildem Knoblauch und intensivem Weinjus – nur getoppt von der Taubenconsommé, die mit einem Taubenraviolo zum absoluten Genussmoment wird.

Batzenhäusl

14/20

Koch: Christof Ehart

5340 St. Gilgen, Schmalnau 1 • 06227 2356
info@batzenhaeusl.com • www.batzenhaeusl.com

Do–Mo 17–22 Uhr • €€

Wenn sich ein Landgasthof 420 Jahre lang halten kann, wird die Lage wohl gut sein: Einst am Übergang von Salzburg ins Habsburgische gelegen, musste hier jeder einen Batzen Maut zahlen. Von damals zeugen eine Holzdecke im Gastraum und eine alte Stube mit einer Sammlung schöner Porzellanlampen. Sonnig ist der Garten vor dem Haus. Die Familie Mozart soll hier eingekehrt sein, auf Rindsvögerl – auch heute noch eine gut gemachte Spezialität. Dazu gibt's viel Fisch: Lachs, zart gegart in Sesamöl; Forellentatar, von Wasabi leicht geschärft; Zander, gebraten auf Risotto. Klassisches wie Frittatensuppe und Wiener Schnitzel kommen tadellos daher. Empfehlenswert: die Eissorten und Sorbets. Es lockt dazu eine breite wie tiefe Weinkarte, der Service zeigt sich kompetent, flott und kinderfreundlich. Die nächsten Jahre sind wohl auch gesichert.

Haus am Hang

15/20

Gourmet Restaurant & Terrasse

5340 St. Gilgen, Mondsee-Bundesstraße 10 • 0664 443 5701
office@haus-am-hang.at • www.haus-am-hang.at

Mi–So 12–14 und 18–22 Uhr • €€

Es wirkte bisher eher unscheinbar, das Haus am Hang. Jetzt haben die Bocsas investiert. Imposant die Front, attraktiv die neue Terrasse – passend zum Restaurant mit Designerlampen und edlem Parkett. Noch schöner ist der Blick über St. Gilgen und den Wolfgangsee. Jetzt passt das Haus zum kulinarischen Anspruch des Chefs. Neu ist das Menü „Lucky's Asiareise" mit einer zarten vietnamesischen Teigtasche auf frischer Salatkombi von Romana, Zwiebel und Gurke. Als mediterrane Kost gibt es röstigen Oktopus auf Erdäpfelpüree, kontrastiert von Spinat. Allerdings: Das Ragout aus Kaninchenrücken mit Kohlrabi wirkt – trotz üppig Trüffel – langweilig. Auch die Chorizo-Sauce zum knusprigen Spanferkel erscheint ziemlich mild. Dann kommt das ausdrucksstarke Dessert namens Mokkaexplosion: Espuma und Eis von starkem Kaffee auf knusprigen Mandeln. Die Weinkarte ist hochwertig, der Service professionell.

fredl's

12,5/20

in der Reinbachstube

Koch: Fredi Rohrmoser

5600 St. Johann im Pongau, Bundesstraße 9 • 06412 6023
info@reinbachstube.at • www.reinbachstube.at

Mi, So 11.30–14, Do, Fr 11.30–14 und 18–21, Sa 18–21 Uhr

Die ehemalige Reinbachstube besticht durch eine persönliche Atmosphäre und einen freundlichen Service. Der Küchenchef, der sein Handwerk bei den Obauers in Werfen gelernt hat, erklärt und beantwortet gerne Fragen zu den Speisen. Das Abendmenü ist zu einem fairen Preis erhältlich und kann mit einer passenden Weinbegleitung kombiniert werden. Das etwas veraltete Interior könnte gemütlicher sein, doch die Speisen überzeugen auf hohem Niveau. Sie sind geschmackvoll angerichtet und bieten einen spannenden Genussverlauf. Die traditionellen österreichischen Gerichte werden mit Einflüssen aus anderen Geschmackswelten überzeugend kombiniert und kommen modern interpretiert auf die Teller.

Kräuterreich by Vitus Winkler

18,5/20

Köche: Vitus Winkler & Ralph Kollnitzer

5621 St. Veit im Pongau, Kirchweg 2 • 06415 4323, 0664 886 24005
sonnhof@vituswinkler.at • www.vituswinkler.at

Do–Mo 18–21 Uhr •

Nur selten wird man in Österreich in so einer lockeren Atmosphäre derart gut essen können. Vitus Winkler ist und bleibt eine Ausnahmeerscheinung in der heimischen Gastronomie. Gut, für die gigantische Aussicht auf die umliegenden Pongauer Berge kann er nichts, aber für die verschiedensten Gerichte, die allesamt in irgendeiner Form mit regionalen Kräutern verknüpft werden, schon.

Bereits die kräftige, nach Wald und Wiese duftende Spargelessenz zu Beginn deutet an, in welche Richtung es weitergeht – Holzmesser, Teller und Schüsseln, die anmuten, als hätte man sie eben von einem feinsinnigen Steinmetz abgeholt, und dann gleich ein erster Höhepunkt: eine Lachsforellenceviche mit Rhabarber, etwas Nussgranola, wilde Kamille – ein perfekter Ausgleich zwischen Säure und Süße.

Nun geht es Schlag auf Schlag. Selten haben wir Ronen oder eben Rote Rüben so elegant verpackt serviert bekommen, wohlig erdig, nicht zu süß, die Gundelrebe verleiht dieser Kreation dann noch einen ganz speziellen Geschmack. Der Huflattich mit dem Löwenzahn scheint zuerst nichts Besonderes. Am Gaumen entwickelt sich jedoch ein intensives köstliches Aroma, das von einer Kimchi-Mayonnaise noch weiter befeuert wird.

Dann ein konfierter Stör, dank Mädesüß (einem wunderbaren Rosengewächs), Basilikumsamen in der Beurre blanc und Apfel-Sellerie ein zart rauchiger Genuss. Ausgezeichnet auch die hauchdünn geschnittene geräucherte Kalbszunge auf hausgemachten Briochewürfeln und einer Beurre blanc mit Blut.

Nahezu jeder Gang birgt irgendein überraschendes Element in sich. Wie der Karottengang: eine Art Schaumbad mit Badekugel und Schwamm und kleinem Raviolo. Kreationen, deren Optik und subtile Geschmacksnuancen noch in den kommenden Tagen abrufbar sind. Gratulation an Vitus Winkler, seine Frau und das gesamte Team, die hier im Kräuterreich im Sonnhof in St. Veit mit dem Restaurant und dem Hotel ein Gesamtkunstwerk geschaffen haben.

Seesushi ➚

12,5/20

5350 Strobl, Weißenbachtalstraße 15 • 0 61 37 54 31
office@seesushi.net • seesushi.net

Die beiden Geschwister Viki und Dominik Edlinger zelebrieren mitten in Strobl japanische Izakaya-Küche at its best. Dass dabei der Regionsbezug verlorengeht, muss man nicht fürchten, vielmehr stehen lokale Erzeugnisse im Fokus. So werden beispielsweise Sashimi und Ceviche aus Ausseer Saibling und Forelle hergestellt (SeeViche), die Gebirgsgarnele wird gebacken und in Pankobrösel serviert. Neben Sushi und Co dürfen auch kleine, saisonal wechselnde Gerichte erwartet werden. Saibling und Rind gibt es mit Misobutter vom Grill, lokalen Schafskäse mit süßsauren eingelegten Pilzen und Buchweizen. Ein junges urbanes Konzept, das nicht unbegründet große Beliebtheit erfährt. So ist man auch bereits in vollem Gange, was Expansionspläne betrifft. „2024 wird viel passieren", sagt man uns. Wir sind schon jetzt seensüchtig gespannt.

Schwaigerlehen – Berngarten

12/20

Rauchkuchl

Koch: Tobias Bacher

5724 Stuhlfelden, Weyerstraße 8 • 0 65 62 51 18
anfrage@schwaigerlehen.at • www.schwaigerlehen.at

Im 500 Jahre alten Schwaigerlehen kocht Tobias Bacher in der Rauchkuchl vor den Augen der Gäste täglich neu zusammengestellte mehrgängige Überraschungsmenüs der alpinen Naturküche. Es gibt keine Speisekarte, daher kann bei zeitgerechter Vorbestellung die Zusammenstellung der Speisen beeinflusst werden. Nach der Begrüßung mit Brot aus der Familienbäckerei mit nett dekorierten Aufstrichen und Speck folgt eine ausgezeichnete Kräuterschaumsuppe. Bestens zubereitet ist der intensive und aromatische Schweinsbraten mit gebratener Gemüsevariation und Kräutern. Danach – beziehungsweise dazu – köstliche Desserts und eine feine Weinauswahl sowie ein vielfältiges Angebot an selbst hergestellten Säften.

Goldader

13,5/20

Alpine Kulinarik

Koch: Edgar Erlacher

5580 Tamsweg, Gewerbepark Litzelsdorf 281 • 06474 8191777
reservierung@goldader.at • www.goldader.at
Di–Sa 17.30–21.30 Uhr • ♿ • €

Das Ambiente ist mondän, der Service herzlich und kundig. Die Küche zelebriert die moderne Version der alpinen Kulinarik. Die Lungauer Forelle auf knuspriger Haut wird von fluffigen Gnocchi, zwei Texturen von der Roten Rübe, Mohnbrösel und fermentierten Holunderbeeren begleitet. Eine Schoko-Salzkaramell-Creme in Form eines Zirbenzapfens mit Heidelbeereis und Zirbencrumble sorgt für einen fulminanten Schlussakkord eines sehr guten Menüs, das aber noch nicht den Spannungsbogen hält, wie es jene großen Namen der zeitgemäßen alpinen Küche vermögen. Die Weinkarte ist mit zahlreichen Trophäen aus der Wachau, der Steiermark, dem Bordeaux und der Toskana sehr ambitioniert bestückt. Wie die Menüs sind auch die Weine sehr kundenfreundlich kalkuliert. Für den Aperitif empfiehlt sich die Dachterrasse mit einem 360-Grad-Panoramablick auf die Lungauer Bergwelt.

Taxenbacherhof

12,5/20

Koch: Wolfgang Brugger

5660 Taxenbach, Raiffeisenstraße 6 • 06543 5215
info@taxenbacherhof.at • www.taxenbacherhof.at
Mo, Mi, Do und Fr 18–20.30, Sa, So 12–14 und 18–20.30 Uhr; Fei 12–14 und 18–20 Uhr • ♿ • €€

Die gute und verlässliche Küche bietet neben einigen Bioangeboten vom Rind und Landschwein auch noch seltene Hausmannskost auf hohem Niveau. Beispiele (und Empfehlungen) gefällig? Gebackener Blunzenstrudel mit Ananas und Currykraut. Oder „Brugger's Dosenfisch", ein spannender Gang mit Edelfisch, Garnele, Jakobsmuschel und süßsaurem Kürbis. Sehr kreativ und ausgiebig. Erstklassig auch die Kokos-Fischsuppe mit Mango. Weitere Highlights der Karte: das feine Ragout vom Tauernhirsch mit Spätzle und Rotkrautröllchen und zum Abschluss das erfrischende Eis. Gute Bier- und Weinauswahl, der Service herzlich ist und kompetent.

Gault&Millau
Entdecken,
genießen
& erleben.
Newsletter abonnieren und informiert bleiben auf
gaultmillau.at

Cuisino Restaurant Klessheim

13/20

im Schloss Klessheim

Koch: Daniel Steinfeldt

5071 Wals bei Salzburg, Schloss Klessheim • 0662 85445518600
cuisino.salzburg@casinos.at • www.casinos.at

Mi–So 17–22 Uhr • ♿ • €€

Rouge ou noir? Die Frage stellt sich nicht nur am Roulettetisch, sondern auch im Cuisino Restaurant Klessheim. Denn die beiden angebotenen Menüs tragen die Namen der im Glücksspiel so gefragten Farben. Und wie es bei der Jagd nach Fortunas Gunst halt so ist: Einmal gewinnt man, einmal verliert man. Die Perlhuhnterrine zum Kir Royal als Gruß aus der Küche begeistert ebenso wie das Thunfischtatar mit Wasabicreme. Ein uneinheitliches Bild dann bei den Suppen: Die Sellerieschaumsuppe schmeckt intensiv nach der Knolle, bei der ebenso verkosteten Spargelcremesuppe kann man das Frühlingsgemüse hingegen kaum erkennen. Für ein ausgeglichenes Ergebnis sorgt dann der gebratene Bachsaibling mit Erbsencreme und der gut gewürzte Kalbsrücken mit Rahmspitzkraut und flaumigen Kräuterknödeln. Und bevor wir uns vom Parterre in den ersten Stock begeben, um beim Blackjack 21 zu erreichen, zeigt die nicht zu süße Rhabarbertarte noch, dass die Patisserie ihr Handwerk versteht.

Fuchsbau

12/20

Koch: Stefan Fuchs

5071 Wals bei Salzburg, Käferheimstraße 152 • 0664 177 9177
Info@fuchsbau-wals.at • www.fuchsbau-wals.at

Mi–Sa 17–21, So 10.30–14.30 und 17.30–21 Uhr • ♿ • €€

Stefan Fuchs nennt sein Restaurant, die alte Saalachstube, jetzt Fuchsbau. Es geht ihm dabei darum, die Veränderung sichtbar zu machen. Zum Upgrade des „Baus" passt auch die Aufwertung der Küchenlinie. Es sind ambitionierte alpine Gerichte, die Stefan Fuchs in seiner Küche fabriziert. Wobei die Wirtshauskost Bestand haben darf: Sie bleibt. Das würzige Rehfleisch, mit dem die Ravioli gefüllt sind, steht in gutem Kontrast zur pikanten Süße der glasigen Zwiebeln. Der gedämpfte Saibling ist wunderbar saftig und wird mit knackigem Wurzelgemüse angerichtet. Herausragend das Topfen-Mohn-Himbeer-Küchlein. Einige gute Bioweine, freundlicher Service. Der Fuchsbau hat eindeutig an Klasse gewonnen.

Obauer

19/20 🍴🍴🍴🍴🍴

Koch des Jahrzehnts, Koch des Jahres 1989

Restaurant & Hotel

Koch: Rudi Obauer

5450 Werfen, Markt 46 • 06468 5212
ok@obauer.com • www.obauer.com
Mi 18–21, Do–So 12–13.30 und 18.15–21 Uhr • €€€

Bei der Beschreibung eines Besuchs bei den Obauers kommt man nicht herum, das Wort „Alte Schule" in den Mund zu nehmen. Das ist durchaus als Kompliment gemeint. Karl und Rudi würden dies auch als solches verstehen. Über manche Modeerscheinung der aktuellen Gourmetwelt schauen sie gnädig hinweg. Der Dampfer bleibt auf Kurs, auch wenn an Deck – sprich im Service – eine sehr junge Crew mit viel Freude und stetem Lächeln im Gesicht ihren Dienst versieht.

In anderen Luxusrestaurants hat man oft nur die Wahl zwischen zwei Menüs – wenn überhaupt. Hier hat man die Qual der Wahl. Entweder ein kurzes Mittagsmenü oder ein vier- beziehungsweise sechsgängiges Menü mit optionalen Ergänzungsgerichten. Außerdem noch ein gutes Dutzend separat gelisteter À-la-carte-Gerichte, von denen eines verlockender klingt als das nächste. Man gibt einfach bekannt, auf was man besonders Lust hat, und schon geht's los.

Zunächst ein paar verführerische Küchengrüße – in Erinnerung bleibt der Kitzsalat mit Brombeeren –, dann kommt der erste „richtige" Gang zu Tisch: gedämpfter Zander auf geschmolzenen, mit Safran gewürzten Tomaten. Eine gar nicht laute, aber absolut stimmige Komposition. Zweierlei vom Alpenschwein mit dem zartesten Eierschwammerlraviolo nördlich Italiens ist ebenfalls eine Offenbarung. Dazu ein bisschen Schweinehaut für den Crunch, ein paar frische Erbsen und alles in einem Jus, in dem man versinken möchte.

Leicht und erfrischend dann die gefüllte Zucchiniblüte mit Schwammerln und Tomatenkompott. Anschließend der Höhepunkt: Kalbsniere mit Datteln! Dieses Gericht bringt die Genialität der Obauer-Küche geradezu paradigmatisch auf den Punkt: geschmacksintensiv und doch elegant, simpel und doch komplex, alle Komponenten (auch ein wenig Sardellenfilet) deutlich wahrnehmbar, doch gemeinsam mit der Malzsauce zu einem molligen Ganzen verbunden, bei dem man zu träumen beginnt. Dazu ein kleines Beigericht: ein rosa Artischockenherz, das einerseits den Gaumen erfrischt und andererseits auch für sich alleine ein tolles Gericht wäre.

Zum Schluss noch verführerische Dessertvariationen, mit denen wir langsam wieder Bodenhaftung gewinnen. Alles eitel Wonne? Bis auf einen Gang mit rohem Fisch, über den wir uns nicht weiter auslassen wollen – nur so viel: Garnelen aus dem Meer sind einfach besser als aus unserem Binnenland –, zeigten sich die Obauers in absoluter Hochform. Hier zu essen, macht einfach Spaß. Hier zu trinken übrigens auch. Dafür garantiert Sommelier Max Zankl mit einer originellen Weinbegleitung samt launiger Kommentierung.

Das Vogl

12,5/20

im HAIDVOGL MAVIDA Zell am See

5700 Zell am See, Kirchenweg 11 • 06542 5410506
restaurant@dasvogl.at • www.dasvogl.at
Mi–Sa 17–21.30 Uhr

Modernes Interieur sowie ein aufmerksamer Service des kompetenten Maître erwarten den Gast im hauseigenen Restaurant des Wellnesshotels MAVIDA der Familie Haidvogl. Aus dem großen Menü sticht in erster Linie eine Komposition vom Pinzgauer Almschwein – gegarter Schweinebauch mit Kohlrabi nebst Pulled-Pork-Knödel – heraus, vor dem rosa Maibock erster Güte kann zudem erfrischend-knackiger Spargel eines regionalen Produzenten mit Sauerampfer überzeugen. Ein sommerliches Dessert rund um die Zutaten Erdbeere und Topfen bietet einen gelungenen Abschluss. Umfassende Weinkarte mit teilweise toller Jahrgangstiefe und trinkfreudiger Kalkulation.

Erlhof

15/20

Restaurant und Landhotel

Koch: Josef Brüggler

5700 Zell am See, Thumersbach, Erlhofweg 11 • 06542 56637, 0664 143 4100
willkommen@erlhof.at • www.erlhof.at

Mo 12–14 und 18–21, Do–So 12–15 und 18–21 Uhr • €€

Patron Josef Brüggler gehört seit über 20 Jahren zu den Topköchen Österreichs. Seinem Stil ist er über all die Jahre treu geblieben – und dafür schätzen ihn seine Gäste. Das typische Fine-Dining-Ambiente, ein umsichtiger Service und die Lage am Zeller See tragen zum stimmigen Gesamtbild dieses familiengeführten Betriebs bei. Die Küche präsentiert sich handwerklich exzellent. Die in einer herrlichen Kräutervinaigrette gewürzten hauchdünnen Züngerl erweisen diesem Klassiker eine würdige Referenz. Eine perfekt gegarte Reinanke überzeugt mit einer herzhaften Kruste und schwebt auf einer sämig-kräftigen Paprikacreme. Das Rosmarinhendl mit Weißweinrisotto ist an diesem Tag eher nicht die Idealbesetzung im „Schmankerlmenü". Die Lachsschnitzel mit animierend frischer Champagnersauce und flaumige Marillenknödel erfüllen hingegen alle Erwartungen.Die Wein- und Digestifkarte bietet für Etikettentrinker die Qual der Wahl. Die Auswahl an gediegenen alkoholfreien Getränken hat noch Luft nach oben.

Gault&Millau
Entdecken.
Entspannen.
Erleben.
Newsletter abonnieren und informiert bleiben auf
gaultmillau.at
© August_0802/Shutterstock

Flos Restaurant

15/20

im Boutique Hotel Martha

Koch: Florian Zillner

5700 Zell am See, Schmittenstraße 79 • 06542 72123
table@flosrestaurant.at • www.flosrestaurant.at

Do–Di 18–20.30 Uhr • €€

Aus Tradition und modernen Einflüssen kreiert, verlassen nach und nach wahrhaftige Tellerkunstwerke die Küche von Jungkoch Flo. Nicht nur optisch, sondern auch geschmacklich wird man vom mediterranen Salat mit gebeiztem Seesaibling und frischem Basilikumpesto abgeholt. Das Rib-Eye vom heimischen Rind – herrlich zart und perfekt gegart – harmoniert gekonnt mit knackigem Saisongemüse und dem Erdäpfelgratin. Das Einkorn-Risotto (die vegetarische Alternative) mit würzigem Bärlauch und reichlich Parmesan spiegelt die Kombination aus Tradition und Moderne wider. Topfenschmarren, frisch aus dem Ofen, mit Zwetschkenröster – ein mehr als gelungener Abschluss.

Mayer's Restaurant

17/20

auf Schloss Prielau

Koch: Andreas Mayer

5700 Zell am See, Hofmannsthalstraße 10 • 06542 729110, 0664 101 7169
info@schloss-prielau.at • www.mayers-restaurant.at

Mi–So 19–24 Uhr • ♿ • €€€

Im wunderschönen Park von Schloss Prielau liegt das Mayer's Restaurant. In angenehm beruhigender Atmosphäre zeigt das Menü „Fisch und Fleisch" mit wahlweise vier, sechs oder acht Gängen sowie die vegetarische Variante „Duft vom Gemüse" mit fünf Gängen einen erlesenen Querschnitt der kreativen Küche.

Originell ist schon die Begrüßung mit auf Gabeln im Heuhaufen aufgespießter Pilzvariation. Bei jedem Gang werden die Produkte von hoher Qualität mit regionalen Schwerpunkten in origineller Aufmachung serviert. Alpengarnele mit Tatar und Wachtelei, dann Steinbutt mit raren Tomatensorten, Pulpo und Artischocke – alles vorzüglich zubereitet.

Die Kombination Zanderfilet mit Kalbsbries und Kalbskopf sowie Imperial-Kaviar stellt sich als hervorragende Idee heraus. Ausgezeichnet auch die Taubenbrust mit grünen Bohnen und Entenleber. Das Topfensoufflé mit Rhabarber, Erdbeeren und Sorbet ist ein köstliches Dessert. Zum Abschied serviert der umsichtige Service feine Pralinen. Umfangreiche Weinauswahl, auch glasweise.

Salzburger Stube

16/20

im Genießer-, Golf- & Wellnesshotel Salzburgerhof

Koch: Stefan Reiter

5700 Zell am See, Auerspergstraße 11 • 06542 765
5sterne@salzburgerhof.at • www.salzburgerhof.at

Di–Sa 18.30–21 Uhr • €€

Gault&Millau-Leser haben mit diesem Tipp den Vorteil, dass sie bei Schönwetter nach einem Gartenplatz fragen sollten, denn die Blütenpracht ist im Frühjahr und Sommer wahrlich eindrucksvoll. Man darf zwischen einem fünfgängigen Dinner-Menü, einem sechs- bis siebengängigen Gourmetmenü und einem Schmankerlmenü mit Klassikern wählen. Alle Varianten implizieren perfektes Handwerk, regionale Verankerung und dennoch internationalen Anspruch. Der Küchenchef findet in der Region Köstlichkeiten wie saftigen Hirschschinken, Seeforellen, Saiblinge und herrliches Wild, will seinen Gästen aber auch internationale Zutaten wie Petersfisch nicht vorenthalten. Gedeck und Grüße sind vielfältig, ohne verspielt zu sein. Uns begeistert zu Beginn eine Schaumsuppe vom Frühlingslauch mit Fontana-Bio-Eigelbcreme, wunderbar sämig und harmonisch. Geschmolzener Kalbskopf mit Spargel und Kaviar ist ein Gedicht – so cremig und geschmacksintensiv, ohne opulent zu sein, zeugt von Kunst und Können. Die Messlatte wird mit einem perfekten Maibock mit Selleriepüree erhöht, diese Qualität gibt es nur an ganz, ganz wenigen Adressen. Die Patisserie fällt nicht ab, überrascht aber auch nicht mit Kreativität. Ein Besuch im Salzburger Hof ist wegen der hochstehenden Küche und eines harmonischen Ensembles immer einen Besuch wert.

Seensucht

13/20

im Seehotel Bellevue

Koch: Michael Schnell

5700 Zell am See, Seeuferstraße 41 • 06542 21828, 0664 245 8318
info@seehotel-bellevue.at • www.restaurant-am-see.at
Mi–Sa 18–22 Uhr • ♿ • €€€

Die Terrasse des Seehotels Bellevue thront über dem Ostufer des Zeller Sees und bietet ein traumhaftes Panorama bis zum Gletscher am Kitzsteinhorn. Das Restaurant „Seensucht" offeriert solide drei- beziehungsweise viergängige Menüs, die erfreulicherweise öfter wechseln, als die Homepage offenbar mithalten kann. Wir probieren exzellente, mit Speck umwickelte Zanderbackerl und Cocobohne sowie empfehlenswerten hausgebeizten Hirschrücken mit eingelegtem Gemüse als ersten Gang. Zanderfilet als Hauptgericht mit Rosmarinjus und Fichtensprossenöl ist stimmig und herrlich zart, nur sehr zurückhaltend gewürzt. Das Zweierlei vom Lamm – Sous-vide-Rücken und geschmorte Hüfte – ist sündig gut, wilder Brokkoli und Risina-Fagiolo begleiten das Hauptgericht ideal. Der Restaurantleiter ist nur kurz gesehen und gibt gute, aber im Nachhinein betrachtet kostspielige Weinempfehlungen ab. Bei der Patisserie wird mit Blattgold dick aufgetragen und diverse Sorbets sind kreativ und geschmackvoll zusammengestellt, leider ist die Temperierung unbefriedigend – im Kern zu gefroren.

Gault&Millau
Süße,
Säure
& Tannine
Alle News rund um österreichische Weine
im Newsletter und auf gaultmillau.at
© Natalia Klenova/Shutterstock

Zum Hirschen

13/20

Hotel/Restaurant

Koch: René Fichtner

5700 Zell am See, Dreifaltigkeitsgasse 1 • 06542 774
hotel@zum-hirschen.at • www.zum-hirschen.at

Mo–Sa 12–14 und 18–22 Uhr • €

Tafelspitz, Wiener Schnitzel und Steaks werden im Hirschen schmackhaft und gut zubereitet. Gleichzeitig kommt auch die kreative Küche nicht zu kurz und wird vom Küchenteam bei unserem Besuch ohne aromatische Fehltritte zubereitet: Sowohl die gebratene Miesmuschel auf Quinoasalat und Gurkencreme als auch der gebeizte weiße Spargel mit Burratacreme, Walnusscrunch und marinierten grünen Spargelstreifen können absolut überzeugen. Der gebeizte Thunfisch mit Erdnussmantel hat mit in Wasabi marinierten Senfgurken, Chili-Karotten und einem sämigen Risotto kongeniale Begleiter und verdient ein Sonderlob. Die Getränke- und Weinkarte bietet eine ausreichende Auswahl, ohne jedoch zu begeistern. Sowohl die alpin-eleganten Stuben wie auch die quirlige Terrasse am Beginn der Fußgängerzone in Zell am See laden zum Genießen und Verweilen ein.

Steiermark

Das „grüne Herz“ Österreichs überzeugt mit einer Vielfalt an Genussmomenten.

Bewegung und Genusskultur finden in der Steiermark zueinander.

Bewusst genießen. Regional, saisonal und nachhaltig. Zeit haben und sich Zeit nehmen für gutes Essen und gute Gespräche. Das alles liegt den Steirerinnen und Steirern besonders am Herzen.

Und das spiegelt sich auch in der Kulinarik des Landes wider: Vom Anbau bis zur Verarbeitung, Veredelung und Vollendung auf dem Teller werden in den Genussmanufakturen und in den Küchen kreativer Köchinnen und Köche zahlreiche Genussmomente geschaffen. Das gilt für Buschenschanken, Almhütten wie Haubenrestaurants.

Was die Menschen dabei inspiriert und antreibt, ist die enge Verbindung zur Natur. Vom gebirgigen Norden bis zu den Weinbergen im Süden, Westen und Osten des Landes beeindruckt die Steiermark mit einer großen landschaftlichen Vielfalt. Wälder, Almen und Gärten schaffen die Voraussetzungen zur Produktion bester regionaler Produkte. Die Vielfalt reicht dabei von prominenten Aushängeschildern wie Äpfeln, Kürbissen und Wein bis hin zu feinen Spezialitäten und regionalen Geheimtipps.

Der Weg ist das Ziel

Feinschmecker können diese Genussvielfalt gleich auf mehrere Arten erleben: Über 400 Kilometer und acht Etappen führt etwa die Weinland Steiermark Radtour gleich durch alle drei Weinbaugebiete der Steiermark. Zahlreiche Genussmanufakturen und Buschenschanken laden entlang der Strecke zu einer wohlschmeckenden Pause ein. Wer lieber auf vier Rädern unterwegs ist, sollte sich die Vulkanland Route 66 nicht entgehen lassen. Die „Straße der Lebenslust" führt mitten durch das Thermen- & Vulkanland und wartet mit einer unglaublichen Dichte an kulinarischen und handwerklichen Höhepunkten – von Vulcano-Schinken bis Zotter-Schokolade – auf. So kann man sich wunderbar von einer Station zur nächsten treiben lassen.

Vom Weinberg auf die Alm

Echte Weingourmets kommen wiederum an den acht steirischen Weinstraßen voll auf ihre Kosten. Die Bandbreite der Weine, die es hier zu verkosten gilt, ist groß. Aber eine Sorte sticht dann doch heraus: Der Sauvignon Blanc ist DAS Aushängeschild der Südsteiermark. Mittlerweile ist er sogar so erfolgreich, dass er bereits mehrfach den Weltmeistertitel des „Concours Mondial du Sauvignon" erobert hat.

Die Haubengastronomie beschränkt sich aber keineswegs auf die Weinbaugebiete und die Städte. Mit dem Projekt „Almkulinarik by Richard Rauch" kann man in der Region Schladming-Dachstein gleich auf mehreren Hütten ausgezeichnete Haubenküche genießen.

BEST OF

18,5/20	**AM PFARRHOF** Sankt Andrä im Sausal	Seite 710
18,5/20	**DIE WEINBANK – RESTAURANT** Ehrenhausen	Seite 644
18/20	**GESCHWISTER RAUCH – RESTAURANT** Bad Gleichenberg	Seite 636
17/20	**GEIGER ALM** Altaussee	Seite 628
17/20	**KRAINER** Langenwang	Seite 688
17/20	**SAZIANI STUB'N** Straden	Seite 726
17/20	**SCHLOSSKELLER SÜDSTEIERMARK GOURMETSTUBE** Leibnitz	Seite 692
17/20	**ZUR GOLDENEN BIRN** Graz	Seite 678

LEGENDE

- Orte allgemein
- Orte mit (1 Haube)
- Orte mit (2 Hauben)
- Orte mit (3 Hauben)
- Orte mit (4 Hauben)
- Orte mit (5 Hauben)

St. Sebastian
Mariazell
Neuberg
Mürzzuschlag
Mürz
Aflenz Kurort
Turnau
Langenwang
Thörl
Kindberg
Ratten
Mönichwald
Fischbach
Friedberg
Kapfenberg
Leoben
Bruck
a. d. Mur
Birkfeld
St. Kathrein
am Offenegg
Pöllauberg
Hartberg
Frohnleiten
Anger
Mur
Weiz
Puch
Bad Waltersdorf
Rein
Weinitzen
Gleisdorf
Ilz
Köflach
GRAZ
Voitsberg
Fürstenfeld
Raab
Ligist
Lieboch
Feldbach
Mur
Premstätten
St. Stefan
Fehring
St. Josef
Stainz
Wildon
Bad
Gleichenberg
Kapfen-
stein
Groß
St. Florian
St. Nikolai
im Sausal
Deutsch-
landsberg
Gralla
Straden
St. Andrä
im Sausal
Leibnitz
Kitzeck
St. Veit am Vogau
Ehrenhausen
Schwanberg
Glein-
stätten
Gamlitz
Mureck
Bad Radkersburg
Straß
Leutschach
Sulztal
SLO

Gault&Millau
Entdecken,
genießen
& erleben.
Newsletter abonnieren und informiert bleiben auf
gaultmillau.at
© Maksym Fesenko/Shutterstock

Restaurant Zirbe

12/20

im Imlauer Hotel Schloss Pichlarn

Koch: Gottfried Prall

8943 Aigen im Ennstal, Zur Linde 1 • 03682 24440
hotel@schlosspichlarn.at • www.schlosspichlarn.at

Wer im Hotel Schloss Pichlarn nächtigt, kann sich auf kulinarische Gaumenfreuden von Küchenchef Gottfried Prall freuen. Im täglich wechselnden Vier-Gänge-Menü liegt der Fokus auf Saisonalität – aber stets verbunden mit kreativen Einfällen. Auf Anfrage wird die Menüreihenfolge auch komplett vegetarisch serviert. Das aufmerksame und zuvorkommende Servicepersonal serviert zu zartem Fisch, hausgemachten Ravioli und raffinierten Dessertkreationen stets eine harmonische Weinbegleitung. Abgerundet wird der Abend durch das gemütlich-rustikale Ambiente der Gaststube. Der grüne Kachelofen strahlt selbst im nicht beheizten Zustand Wärme aus und ist ein wahrer Blickfang.

Geiger Alm

17/20

Service Award 2024

Koch: Dominik Utassy

8992 Altaussee, Lichtersberg 85 • 0660 939 0028
restaurant@geigeralm.at • www.geigeralm.at
Di–Sa ab 18–24 Uhr • ♿ • €€

Die Bezeichnung „Alm“ ist korrekt: Man sitzt im kleinen, mit fünf Tischen ausgestatteten Gastraum einer Almhütte, die früher eine Skihütte am Fuß des Losers war. Die Bezeichnung „Haute-Cuisine-Gourmetrestaurant“ trifft es allerdings auch. Dominik Utassy verblüfft mit einem achtgängigen Menü von internationalem Format. Gattin Eva serviert dazu eine mehr als ebenbürtige Weinbegleitung.

Eine sehr klassische Hummervariation mit Mangold, Kapern und Estragon-Mayonnaise sowie ein kongenial vom Grünen Veltliner Rosenberg von Bernhard Ott begleiteter Kaninchenrücken mit Artischocke legen gleich zu Beginn die Latte hoch, bevor es zu viel des Guten zu werden droht: Wolfsbarsch mit Kirschen, Gänseleber, Erbsen, Erbsenpüree und Thai-Spargel – das klingt nach geschmacklichem Overkill. Doch erstaunlicherweise beantwortet man nach dem Verzehr die Frage: „Was hätte man besser weggelassen?“ mit: „Nix!“.

Nehmen wir zum Beispiel den dritten Gang. Er heißt schlicht „Maibock vom Loser“ und ist mit Abstand das stärkste Gericht des Abends. Meint jedenfalls der Koch, nachdem wir nach dem letzten Gang ins Gespräch kommen. Und wir sind uns dabei sehr einig. Das Gericht fährt ordentlich ein. Dominik Utassy kombiniert – das hat er früher schon einmal gemacht – den jungen Maibock unter anderem mit pochierter Auster. Einer Pléiade Poget Nr. 2, um genau zu sein. Kompakt, kraftvoller Biss, feste Textur. Dazu kombiniert Utassy Brunnenkresse, Kren, Wollmispel und Kräuterseitlinge und einen Austernjus.

Utassy beweist mit seiner äußerst ambitionierten Küche, dass bei entsprechender Könnerschaft, „mehr“ manchmal tatsächlich „mehr“ sein kann.

Mayrei

13,5/20

Koch: Andreas Maier

8992 Altaussee, Fischerndorf 80 • 0 36 22 20 478
info@restaurant-mayrei.at • www.restaurant-mayrei.at

Di–Sa 18–24 Uhr • €€

Der Blick auf den Altausseer See rückt die Plätze auf der Terrasse der MAYREI in den Fokus. In der Speisekarte legt man sich auf keine kulinarische Richtung fest, ist aber der japanischen Esskultur sehr verbunden, die gern mit steirischen Zutaten verflochten wird. Neben Nigiri, Sashimi oder Lachs-Aburi stehen je drei Vor-, Haupt- und Nachspeisen zur Auswahl. So wird ein Berg frischen Krens über Edamame gerissen, Kürbisshoyu gibt das volle Aroma an den Agedashi-Tofu ab und Beef-Tatar wird mit Bambus und Buchenpilzen bestückt. Zu Wolfsbarsch und Ibérico werden unter anderem italienische Bioweine aus dem Piemont kredenzt. Der Abschluss gelingt exotisch mit Passionsfrucht, Yuzu und Zitronenverbene.

Strandcafé

12/20

8992 Altaussee, Puchen 197 • 0664 212 9309
willkommen@strandcafe.at • www.strandcafe.at

tgl 11.30–15 und 18–21 Uhr von Mai bis Sept. 2024 • €€

Das Strandcafé am Altausseer See ist eine Institution. Erreichbar ist es über einen traumhaften Spaziergang am Seeufer entlang. Auf der Terrasse schaut man, die mächtige Trisselwand im Rücken, über den See auf den Loser. Auf der Karte dominiert der Ausseer Saibling. Er wird in unterschiedlicher Form angeboten und jede einzelne davon ist eine Bank. Zum Beispiel als Saiblingsconsommé mit Fenchel, Safran und Saiblingsstreifen oder als erfrischende Ceviche samt Saiblingskaviar. Saibling im Ganzen oder als Filet, gebraten, confiert mit Sommergemüse und Beurre blanc. Natürlich gibt es auch Alternativen. Und auch die sind ausgesprochen gut.

Der Luis

16,5/20

im Posthotel Thaller

Koch: Luis Thaller

8184 Anger, Hauptplatz 3 • 0 3175 22 06
derluis@posthotel-thaller.at • www.restaurant-derluis.at

Di, Fr 18–21.30, Sa 12–14 und 18–21 Uhr

An kleinen steinernen Mauerresten lässt sich erahnen, dass die Tradition dieses alten Wirtshauses in Anger schon Jahrhunderte zurückreicht. Seit 1875 wird das Gasthaus von der Familie Thaller geführt, sie managt heute auch das Hotel und den „Luis“, der seit Längerem beweist, dass sich in den alten Gemäuern qualitätshohe junge Küchenkultur, die sich an der Regionalität orientiert, entwickelt hat. Luis Thaller hat als Mitglied der kleinen Runde der jungen süd- und oststeirischen „Wilden“ – von Gerhard Fuchs bis Harald Irka – neue Akzente gesetzt. Diese ziehen sich durch die gesamte Menükombination. Die gebeizte Seeforelle in Roter Rübe mit Erdnuss und Lardo: eine köstliche Verschmelzung. Das punktgenaue Weichei mit Sellerie und Grammeln ist schon zum Markenzeichen avanciert. Wunderbar abgerundet der „Ox“, ein Rückenstück mit Shiitake und Topinambur. Brie de Meaux und eine Zitrusfrüchtetarte runden einen exquisiten Mittagstisch samt Kostproben aus dem reichhaltigen Weinbuch ab.

Das James am Golfplatz↗

13,5/20

Koch: Christian Wölkart

8990 Bad Aussee, Sommersbergseestraße 392 • 0676 847 670800
restaurant@dasjames.at • www.dasjames.at
Fr–Di 11–22 Uhr •

First things first. Das Salonmenü von Christian Wölkart ist eine Wucht. Aber mehr dazu gleich. Zuerst sei noch erwähnt, dass man im „James am Golfplatz“ eine atemberaubende Aussicht genießt. Der Blick gleitet über den Golfplatz, in einiger Entfernung, aber doch so nah, dass es beeindruckend ist: der Loser und die Trisselwand. Zurück zum Menü. Das startet mit „Geschichtetem von der Strauchtomate“, ein herrlich erfrischender und komplexer Auftakt mit Basilikumjus, Pinienkernen, Löwenzahn und – wir haben Frühling – einer Margaritenblüte. Der Ausseer Saibling kommt mit Bauernspecklinsen, Petersilie und Kalbsminzglace. Das Acht-Stunden-Beiried vom Hochlandrind, das als Hauptgang serviert wird, ist ein Traum. Als Käse zum Abschluss bringt Wölkart Kräuter-Bärlauch-Brie an den Tisch – mit Orangensenfmarmelade und Dinkelbrot.

Gault&Millau
Entdecken.
Entspannen.
Erleben.
Newsletter abonnieren und informiert bleiben auf
gaultmillau.at
© August_0802/Shutterstock

Erzherzog Johann

12,5/20

Koch: Christian Spreitz

8990 Bad Aussee, Kurhausplatz 62 • 03622 525070
info@erzherzogjohann.at • www.erzherzogjohann.at
18.30–21 Uhr

Das Ausseerland ist landschaftlich und kulinarisch vielseitig aufgestellt. Der Küchenchef im Erzherzog Johann, Christian Spreitz, weiß die Zutaten der Region zu schätzen und gekonnt in seine Menüfolgen einzubauen. Ohne unnötigen Schnickschnack und voll auf den Geschmack fokussiert. Am Beginn des Menüs stehen eine großartige Räucherfischcremesuppe und der Saibling auf herrlich cremigem und mit Safran verfeinertem Risotto. Lediglich das Dessert – ein Joghurttörtchen mit exotischen Früchten – tanzt ein wenig aus der Reihe des winterlichen Menüs. Mit geringerem Fischanteil überzeugt auch das Menü „Anna Plochl“: glasierte Taubenbrust mit Pilz-Cannelloni, Kalbsfilet auf Wirsing und ein Traum von Nougatparfait.

Geschwister Rauch – Restaurant

18/20

Koch des Jahres 2015, Service Award 2023

Koch: Richard Rauch

8343 Bad Gleichenberg, Trautmannsdorf 6 • 03159 4106
office@geschwister-rauch.at • www.geschwister-rauch.at

Di–Sa 18–19 Uhr

Vorfreude ist Programm, wenn man an einem Tisch Platz nimmt, an dem man von Richard Rauch wahlweise auf eine Gaumenreise „Klassik" oder „Fisch" geschickt wird. Seine Schwester, Sonja, wählt je nach Vorliebe treffsicher die Weine für die stimmige Begleitung, gern auch biodynamisch oder eben pfiffig, etwa mit Sparkling Sake.

Schon die kleinteiligen Grüße aus der Küche sind eine Klasse für sich, doch das Zusammenspiel aus sanft-erdigem Topinambur mit salzigem Kaviar in den hellen, blumigen Aromen von Heu baden zu lassen, ist schlichtweg genial. In diesem Duktus geht es weiter, etwa mit dem hinreißenden Zusammenspiel aus Thunfisch, Blutorangenfilets und Roter Rübe. Confierter Saibling trägt die süßliche Fülle eines Erbsen-Kokos-Spinats, wunderbar leicht gelingt auch der gedämpfte Zander, der sich mit Seitlingen, Hendlhaut und Topfennockerl auf mild-würzige Zitrusnoten einlässt.

Mit der gebackenen Garnele auf Pak Choi und lila Süßkartoffelpüree gelingt ein Gang aus der Asiaküche, der begeistert und auch mild-aromatischen Gemüsesorten eine Bühne gibt. Unter einer Baiserhaube stecken herb-säuerliche Ölweidebeeren und die Süße von Topazäpfeln mit Salzkaramellschaum.

Charmant vorgetragen werden die einzelnen Gänge teils von Lehrlingen und Jungköchen, die auch motiviert werden, eigene Ideen umzusetzen. So ergänzen sich unter einer nachgebildeten Schweineschnauze Kren-Crème-brulée, Rohnengranité, Grammelchips und Ingwerschaum zu einem kreativen Ganzen. Vom kleinteiligen Abschluss sei die semigefrorene Mousse mit dunkel-malzigem Muscovadozucker, Ras-el-Hanout-Keks und Orangensirup hervorgehoben.

Ein Besuch bei den Geschwistern Rauch ist immer wie ein Kurzurlaub, doch könnte man mit einer Übernachtung in der nahen Villa Rosa samt erweitertem Frühstück einen weiteren Höhepunkt folgen lassen.

© Jörg Lehmann

Geschwister Rauch – Wirtshaus

14,5/20

vulgo Steira Wirt

Koch: Richard Rauch

8343 Bad Gleichenberg, Trautmannsdorf 6 • 03159 4106
reservierung@geschwister-rauch.at • www.geschwister-rauch.at

Große Küche muss nicht aufwendig sein. Es ist das gekonnte Kochhandwerk, das den Unterschied macht. Genau deshalb ist es stets eine Freude, wenn ausgezeichnete Köche wie eben Richard Rauch neben der Gourmet- auch eine Wirtshauslinie betreiben. Der Kreativität und Raffinesse tut das keinen Abbruch, wie sich im Sommermenü zeigt: Die „Gazpacho von der Freilandgurke" wird verfeinert mit Schafsfrischkäse, der Apfel verleiht elegante Säure. Backerl und Beiried vom Vulkanlandochsen sind so zart wie aromatisch – Mangold, Heidelbeeren und Eierschwammerl dazu sind saisonale Mitspieler auf dem Teller. Vom Holzkohlengrill kommt das Freilandschwein, herrlich durchzogen mit Fett, und als Topping gebratene Gänseleber. Ein Muss sind die Marillenknödel, die man vermutlich nirgendwo in der Steiermark besser bekommt. Bodenständig auf Höchstniveau.

Lounge 81

13/20

Köchin: Christina Luger

8344 Bad Gleichenberg, Steinbach 81 a • 0664 384 8978
lounge81@thomasrauch.at • www.lounge81.at

Mo, Fr, Sa 17–22, So 11.30–14.30 und 16.30–21 Uhr • • €

Die Lounge 81 nimmt den ersten Stock eines Hauses im Grünen ein. An warmen Tagen wird die Fenstertür aufgeschoben und so fühlt es sich an, als würde man im Freien sitzen, auch wenn man nicht auf einem der Tische auf dem Balkon Platz nimmt. Neben dem herrlichen Panorama tragen die täglich neu erdachten Gerichte von Christina Luger aus der einsehbaren Küche und der wohltuend unaufgeregte Service von Thomas Rauch zum Genuss bei. Neben der À-la-carte-Auswahl wird ein Überraschungsmenü von vier bis acht Gängen mit durchwegs steirischen Spezialitäten geboten, etwa eine würzige Gazpacho mit Wassermelone und Alpengarnelen, knusprig gebackene Sommerrolle mit steirischer Chorizo, Wels-„Green-Curry“ mit Quinoa und zum Dessert eine Variation von der Marille. Bemerkenswert ist auch die Weinauswahl, zu einem Gutteil mit dem Fokus auf Heimat.

Johanns Living

16/20

Koch: Mike Johann

8600 Bruck an der Mur, Hugo-von-Montfort-Gasse 2 • 0664 2413129, 0664 241 3129
info@johanns.at • www.johanns.at

Mo–Sa 12–14 und 18–22 Uhr • €€

„Klein, aber fein" wird ja durchaus inflationär verwendet, aber im Fall von „Johanns Living" passt es wie die sprichwörtliche Faust aufs Auge. Mike Johann und seine charmante Gattin Emilia haben sich einen kulinarischen Minitempel geschaffen, den sie souverän schupfen. Wir gehen „all in" und werden mit einem fein ziselierten Paradeistörtchen mit Marille und Burrata von Robert Paget – nicht nur optisch für uns der Gang des Abends – und einem harmonischen Dialog von Pfirsich, Saibling und Eisenkraut begrüßt. Nicht minder erwähnenswert dann der Spicy-Fischeintopf mit Waller und steirischen Garnelen und das Rennfelder Reh mit Pastinake. Einzig die Interpretation der Bananenschnitte entspricht nicht ganz unseren dann schon sehr hohen Erwartungen. Trotzdem: ein sehr feiner Abend. Tipp zum Schluss: Ob des opulenten Weinangebots ist es gut zu wissen, dass im Haus auch äußerst geschmackvolle Zimmer angeboten werden.

Burg Deutschlandsberg

14/20

Koch: Karl Kollmann

8530 Deutschlandsberg, Burgplatz 1 • 03462 5656
info@burg-deutschlandsberg.at • www.burg-deutschlandsberg.at

Di–Sa 18–21.30 Uhr • €€

Der Wappensaal ist eindrucksvoll historisch, die Terrasse bietet einen Million-Dollar-Blick auf die Weststeiermark: Kein Wunder, dass das Burgrestaurant Gäste von nah und fern anzieht. Erfreulich die kulinarische Begrüßung: Es gibt eine fruchtige Gazpacho mit einem mürben Flammkuchenstreifen, dazu einen getrüffelten Kartoffelcremewürfel mit Petersilgelee und Pumpernickel – ein tolles Aromenspiel! Kräftig-süßlich ist die Maiscreme zum kross gebratenen Wallerfilet. Man wagt zu experimentieren. Die fruchtige Kürbis-Kokos-Cremesuppe ist mit einem Schinkenraviolo aber nicht ganz harmonisch kombiniert. Perfekt gebraten, aber sehr salzig-würzig: die halbe Wachtel mit Perlgraupen und grünen Bohnen. Mehr als gut gesalzen präsentiert sich auch die schmelzzarte Lammkrone in Olivenkruste mit kräftigem Jus, samtigem Selleriepüree, Gnocchi und frittiertem Brokkoli. Tadellos die Topfentarte mit Topfenknödel und Erdbeersorbet. Die Weinempfehlungen des jungen liebenswürdigen Kellners vertragen noch etwas Schliff.

Die Weinbank – Restaurant

18,5/20

Koch: Gerhard Fuchs

8461 Ehrenhausen, Hauptstraße 44 • 03453 22291
prostmahlzeit@dieweinbank.at • www.dieweinbank.at

Mi 19–21, Do–So 12–13.30 und 19–21 Uhr •

Oft schließen wir mit der Feststellung, dass es ein feiner Abend war. Drehen wir das Ganze einfach einmal um. Es war ein feiner, nein, ein großartiger Abend. Das hat zum einen natürlich mit der subtilen und eleganten Küche von Gerhard Fuchs und zum anderen mit der imposanten Weinbegleitung von Alexander Zach zu tun. Vor allem aber hat es mit dem Selbstverständnis des kongenialen Duos als Gastgeber zu tun. Immer auf Augenhöhe, immer herzlich, immer bereit, das Beste zu geben.

Fuchs startet unscheinbar und fulminant. Unscheinbar, weil die „Consommé Sherry" mit Grießnockerl eben genau das ist. Ein „Supperl". Fulminant, weil sie geschmacklich eine Wucht ist. Genau wie das kleine Erdäpfelgulasch mit Braunschweiger und Sauerteigbrot mit Camelina-Joghurt-Butter. Zach stellt als Wein einen Champagner von Richard Fouquet dazu. Umwerfend – auch die Kombination. Dann eine Jakobsmuschel aus Istrien, in Gewürzbutter, Ehrenhausener Topinambur und Röhrlsalat.

Den Waller kombiniert Fuchs mit Lardo, Kimchi und Ponzu, den Saibling, beide übrigens vom Schlein, mit Sauerkraut, Kaviar, Püree und Buddhas Hand. Einer der herausragenden Gänge des Abends im Übrigen. Auch, aber natürlich nicht nur, wegen der hocharomatischen Beurre blanc. Danach stellt Fuchs sein Signature Dish auf den Tisch: den Dotterraviolo mit Périgord-Trüffel. Eigentlich ein Dotterraviolo mit Cremespinat, Parmesanemulsion, Trüffeljus und eben Périgord-Trüffel. Zu Recht ein Dauerbrenner. Genau wie der Wein, den Zach dazu reicht. Der heißt sogar „Zum Dotterraviolo" und kommt vom Rebenhofwinzer Hartmut Aubell.

Dann wieder was aus Istrien. Diesmal wild gefangener Kaisergranat – mit Forellenkaviar, Märzschwammerl aus den Murauer Auen, Erbsen und Kerbelknollenpüree. Auch das ein überaus gelungener Gang. Nach drei weiteren Highlights (Schattenfisch aus der Adria, Grammelknödel vom Mangalitza und Île-de-France-Lamm vom Chianinahof) beendet Zach das Menü mit einer Crêpe-Suzette-Performance, die sich sehen lassen kann. Wie gesagt: ein Abend, der lange in Erinnerung bleibt.

Die Weinbank – Wirtshaus ⓘ

15,5/20

Koch: Gerhard Fuchs

8461 Ehrenhausen, Hauptstraße 44 • 03453 22291, 0664 196 6026
prostmahlzeit@dieweinbank.at • www.dieweinbank.at

Mi, Do 11.30–13.30 und 18–21, Fr–So 11.30–21 Uhr • €€

Anders als die meisten heimischen Spitzenköche mit Zweitlokal hat Gerhard Fuchs seine niederschwellige Casual-Gaststätte im gleichen Haus wie sein zu Recht gefeiertes Fine-Dining-Restaurant untergebracht. Doch trotz fließender räumlicher Übergänge ist die Bezeichnung „Wirtshaus" kein Etikettenschwindel. Hier gibt es schnörkellose klassische Gerichte mit raffiniertem Extrakick auf höchstem Niveau. Saibling – zunächst mariniert mit Gazpacho und großartigem Senfeis, dann in Butter gebraten mit Erdäpfeln und Eierschwammerln –, beide Male einfach und perfekt. Ebenso das Milchkalbskotelett mit unübertreffbarer Kärntner Kasnudel und Steinpilzen. Und dann noch ein Marillenknödel mit Butterbrösel, Sauerrahmeis und Vanillesauce – wahrlich ein Klassiker, den wir noch nirgendwo besser gegessen haben als hier. Die einzige Doublette, nämlich dass Christian Zach auch im Wirtshaus für die perfekte Weinbegleitung zuständig ist, macht das Ganze endgültig zu einem kulinarischen Fest, zu dem Vergleichbares um diesen Preis erst einmal gefunden werden muss.

Magnothek am Zieregg

13/20

Koch: Ali Farzat

8461 Ehrenhausen, Zieregg 3 • 03453 22122
wirtshaus@magnothek.at • www.magnothek.at

Do–Mo 12–21 Uhr • ♿ • €

Es tut sich was am Zieregg. Der Weinberg ist einer der eindrucksvollsten (und deshalb wohl auch einer der bekanntesten) des Landes und wurde von der Winzerfamilie Tement einer radikalen Neuordnung unterzogen. Auch in der Magnothek, dem Wirtshaus am Zieregg, verändert sich einiges. Im Sommer 2023 hat Ali Farzat die Küche in der Magnothek übernommen. Damit schließen sich Kreise. Farzat kennt den Zieregg gut. Immerhin stehen die Bienenvölker des Hobbyimkers in diesem Weinberg. Und kochen kann er auch. Hat er als Souschef von Gerhard Fuchs mehr als bewiesen. Bei unserem Test war die Karte noch von Magnothek-Klassikern geprägt. Farzat meistert die mit links. Steirisches Backhendl, Saibling vom Schlein. Kasnudeln mit Steinpilzen und Amaranthbutter. Alles bestens. Es wird sich aber noch was ändern. Ende 2023 übernehmen Trixi und Oliver Drenning (Kogel 3) die Magnothek als neue Pächter. Farzat wird bleiben.

Wirtshaus Wolfgang Maitz

15/20

Koch: Patrick Stessl

8461 Ehrenhausen, Ratsch 45 • 03453 2153
wirtshaus@maitz.co.at • www.maitz.co.at

Di–Sa 13–21 Uhr (geöffnet von Anfang März bis Mitte Dez.) • €

Hier könnte der Text vom vorigen Jahr stehen. So gut, so konstant, so gastfreundlich. Das Wirtshaus Maitz ist vom lokalen Geheimtipp zu einer der sichersten und verlässlichsten Wirtshausadressen an der Südsteirischen Weinstraße geworden. Hier pilgern viele Gäste für „DAS CORDON" her (Achtung: Es gibt hier einen Sammelpass für Stammgäste!) oder für einen der vielen anderen Genussteller. Der „Steirische Thunfisch" (gebeiztes Duroc-Schwein im Tataki-Stil), der Seesaibling mit Rettich, Blutwurst im Ganzen oder ein saisonales Wildbutterschnitzel; die Profis stellen zwischendurch ein grandioses Rib-Eye in die Mitte des Tischs: Alles pfeift, würde man in der Region sagen. Und der Wein: Vorteil ist nicht nur, dass man hier auf einem Weingut diniert und somit beste Ware von Wolfi Maitz bekommt, sondern auch, dass hier der Spitzensommelier und Co-Gastgeber René Kollegger die besten Flaschen von Piemont bis Jura findet. Hier machen Essen und Trinken richtig Spaß.

Lilli Fine Dining ↗

16/20

Koch: Walter Triebl

8350 Fehring, Hauptplatz 9 • 03155 21012
wirtshaus@lilli-fehring.at • lilli-fehring.at

Mo, Do–Sa 11.30–14 und 18–20, So 11.30–14 Uhr, Fine Dining nur von Do bis Sa ab 18 Uhr • ♿

In ihrem Lokal mit den modern gestalteten Stuben setzen Walter Triebl und seine Partnerin, Verena Leitner, Wirtshausküche und Fine Dining um. In Letzteres steckt der Küchenchef geballten Ideenreichtum. Auf Holzlettern mit dem Schriftzug „Lilli" wird mit Tarteletts gegrüßt, die abbilden, was die Küche ausmacht: viel Verständnis für das großteils regionale Produkt und das Zusammenspiel der Aromen. Eine gewisse Vorliebe für Japan fließt nun in die leichte, verspielte Küche ein und das ergibt spannende neue Kreationen. In Holundersirup eingelegte Wassermelone ergänzt sich hervorragend mit Hamachi, für den Umamikick sorgt geröstete Norialge. Hausgemachten Seidentofu kombiniert Triebl in einem Erbsensüppchen mit kräutrigen Zitrusnoten von Verbene, Melisse und Minze. Der Kabeljau mit Bonitoflocken ruht auf einer Fischsauce mit Kapern, Schnittlauch und Pinienkernen. Exzellent ist auch das Tatar von der Süßwassergarnele aus dem Burgenland mit Melothria, gelben Himbeeren, Chawanmushi und Kaviar. Erdbeeren in allen Varianten bilden mit Minzbrause den süßen Abschluss. Begleitet wird gern steirisch, an der Weinkarte hat man inzwischen kräftig gearbeitet.

Malerwinkl⊘

15,5/20 (3 Hauben)

Restaurant & Kunsthotel

Koch: Peter Troißinger

8361 Fehring, Hatzendorf 152 • 03155 2253, 0664 450 0855
office@malerwinkl.com • www.malerwinkl.com

Mi–Fr 14–23, Sa 7–15 und 17–23, So 7–15 Uhr, Fei • ♿ • €€

Nein, die Kunst, vor der der Malerwinkl überquillt, ist nicht besser geworden. Freundlich könnte man sie als kindlich-verspielt bezeichnen. Dafür hat aber Peter Troißinger sein Küchenwerk fabelhaft präzisiert: Man liest die bunte Speisekarte, ergibt sich der Vorfreude und alle Erwartungen werden mehr als erfüllt. Die Muskatkürbissuppe ist eine Delikatesse, den gratinierten, herrlich mürben Oktopus begleiten Artischocken, schwarzer Knoblauch und eine wunderbar fruchtige Vinaigrette. Der Perlfisch, eine Rarität vom Attersee, kommt mit Radiccio Trevisano, Pinienkernen und Erdäpfelschaum. Der Steinbutt, perfekt an der Gräte gegrillt, mit Salzzitronenrahm, Kohlrabi und Speck-Kalbsnatursafterl ist ein Ereignis für sich. Das Dessert – geeiste Zotter-Schokoladenmousse mit Passionsfruchtschaum und marinierten Orangen – ist herausragend. Das Ganze begleitet von einer klug bestückten Weinkarte und einem sorgsamen Service.

Schlosswirt Kornberg

11/20

Koch: Raimund Pammer

8330 Feldbach, Dörfl 2 • 03152 2057, 0664 512 4224
office@schlosskornberg.at • www.schlosswirt.com
Mi–So 10–18 Uhr •

Das Gewölbe im Schloss Kornberg ist zwar von festen Mauern umgeben, beengt fühlt man sich darin aber trotzdem nicht. Im Gegenteil: Die warmen Farben an den Wänden sowie einige Details im Gastraum sorgen für Wohlfühlatmosphäre. Das Tatar vom geräucherten Lachs mit Kaviar, begleitet von einem leichten Riesling, macht Lust auf mehr. Burgenländische und steirische Weine namhafter Weingüter begleiten auch die nachfolgenden Gänge. Die rosa gebratene Entenbrust ist ein bereits bekanntes Gericht, neu dagegen die gefüllte Maishuhnbrust mit frischem Basilikumpesto und Schmortomaten – Italienfeeling pur! Der Apfelstrudel zum Schluss ist genau, wie er sein soll, und eine Zierde seiner Art.

Zum Forsthaus

14,5/20

Koch: Christian Übeleis

8654 Fischbach, Fischbach 2 • 03170 201, 0676 939 3494
office@forsthaus.co.at • www.forsthaus.co.at

Mi–Sa 11–14 und 18–20.30, So 11–15 Uhr • €

Wie eine kleine Zeitreise mutet es an, in den zwar nicht gerade modernen, aber dafür um so gemütlicheren Stuben des ehrwürdigen Forsthauses zu Fischbach – das auch zum Übernachten einlädt – vom charmanten Service umhegt und verpflegt zu werden. Zumindest solange, bis das beste Beef Tatar der Saison mit Erdäpfelchips, confiertem Eidotter und Kernölcreme und die geschmackvolle weiße Spargelcremesuppe mit Garnelen uns ins Hier und Jetzt zurückholen. Die butterweiche Goldforelle aus Rettenegg mit cremigem Blattspinat, Paradeisern und Frischkäseravioli (mit Suchtfaktor), gefolgt von Marillenpalatschinken der extraflaumigen Art machen unser Glück vollkommen.

Pierer

TIPP

Almwellness-Hotel

8163 Fladnitz an der Teichalm, Teichalm 77 • 03179 7172
hotel.pierer@almurlaub.at • www.almurlaub.at

Das Hotel Pierer entwickelt sich mehr und mehr zur Genussoase. Neben dem umfangreichen Wellnessangebot kann sich auch die Kulinarik des Hauses sehen lassen. Im À-la-carte-Restaurant, das sich auch an Tagesgäste richtet, genießt man eine „Naturküche Alminarium". Hierfür stammen sämtliche Produkte aus der Region beziehungsweise von der Alm, denn die Küche hat es sich zum Ziel genommen, diese nachhaltige und heimische Produktvielfalt widerzuspiegeln. Dass Wein daneben einen wesentlichen Stellenwert innehat, liegt bei Familie Pierer, die über ein eigenes südsteirisches Weingut verfügt, auf der Hand. Mit dem jüngsten Projekt des Hauses – dem Weintresor Pierer – wurde dies jedoch auf eine neue Ebene gehoben. Auf drei Ebenen werden hier Weine und Spirituosen unter besten Bedingungen gelagert. Aktuell befinden sich circa 8.000 Flaschen im Tresor.

Schloss Gabelhofen

15/20

Koch: Andreas Resch

8753 Fohnsdorf, Schlossgasse 54 • 03573 5555
willkommen@schloss-gabelhofen.at • www.schloss-gabelhofen.at

12–14 und 18–22 Uhr • ♿ • €

Das denkmalgeschützte Schloss wird vor allem für Seminare, Feiern und Hochzeiten genutzt. Dabei lohnt es sich auch, hier „nur" zum Essen vorbeizukommen. Mit Bedacht werden Lebensmittel aus der Region verarbeitet, zum Teil auch Eigenprodukte wie Lamm von der Fleischerei Seetalblick, Hirsch und Reh aus dem Forst Authal oder Saibling und Forelle von der Fischerei Ausseerland. Diese Qualität der Grundprodukte ist die Basis für Gerichte wie den gebeizten Saibling, der sich in einem leichten Buttermilchsud gefällt. Das Seetaler Weidelamm kommt geschmort auf den Teller, dazu klassisch Ratatouille und Rosmarinpolenta. Einfallsreich auch die fleischlose Küche: Gnocchetti mit herrlichem Thymianaroma und dezentem Säurekick durch die Zitronen-Crème-fraîche. Statt in der Weinkarte nach dem passenden Begleiter zu suchen, folgen wir der Empfehlung des Sommeliers und steigen die paar Stufen hinab in den Weinkeller. Ein feudales Vergnügen, wie man sich das in einem Schloss auch erwarten darf.

Landhaus Rois

13/20

8130 Frohnleiten, Gschwendt 7 • 0 31 26 82 17, 0664 211 6003
rois@aon.at • www.landhausrois.at

In gut 25 Minuten erreicht man das Landhaus Rois mit dem Auto vom Grazer Stadtzentrum. Und dass sich die Anreise nach Frohnleiten lohnt, wird einem schnell klar: Der Service agiert aufmerksam, die Preise sind fair kalkuliert und die Speisen zeigen handwerkliches Know-how. Die Küche bietet den für die Steiermark typischen Vogerlsalat – mit Kernöl und Speck –, Rindsuppe mit Milzschnitten, Kalbstafelspitz mit Schnittlauchsauce oder geschmortes Lammhaxerl mit Artischocken. In der Saison überzeugen frische Eierschwammerl, die mit zartem Kalbsteak oder in Form eines Schwammerlgulaschs serviert werden. Zu den Nachspeisen: Das Sorbet von den Rosenblüten erinnert eher an ein gutes Joghurteis, geschmacklich ist von den Rosen kaum etwas zu erkennen. Der flaumige Ribiselkuchen überzeugt da schon mehr. Das Haus bietet auch Gästezimmer an.

Jaglhof

14/20

8462 Gamlitz, Sernau 25 • 0 3454 66 75
jaglhof@domaines-kilger.com • www.jaglhof.at
Di, Mi, Do 16.30–21, Fr und Sa 11.30–21 Uhr

Ein Rückzugsort in den südsteirischen Weinbergen, der von Eigentümer und Investor Hans Kilger zuletzt aufwendig renoviert wurde. Mittags nimmt man im neu gestalteten Restaurant Platz. Die Philosophie ist eine Wirtshauslinie, die mit kreativen Einfällen des Küchenchefs geschickt garniert wird. Das Beef Tatar vom Bison aus eigener Zucht gilt als Signature Dish und wird diesem Ruf mehr als gerecht. Es ist schon ein Vorteil, wenn man auf Bestes aus eigener Produktion zurückgreifen kann. Wie zum Beispiel auf den Gebirgssaibling, der mit wunderbar körnigem Risotto auf den Teller kommt, umschmeichelt von einem feinen Zitronenschäumchen – ein kleiner, aber willkommener Säurekick. Wer an heißen Sommertagen dann eine Abkühlung will, findet diese bei der Sorbetvariation als Dessert oder bei einem Sprung in den Infinitypool. Beides eine Empfehlung.

Sattlerhof

16,5/20

Genießerhotel & Weingut

Koch: Markus Sattler

8462 Gamlitz, Sernau 2a • 03453 4454
restaurant@sattlerhof.at • www.sattlerhof.at

Di–Sa 18–21 Uhr

Nach Stationen in Malmö und Kopenhagen ist nun auch Sohn Markus Sattler zurückgekehrt und hat das Küchenzepter von Papa Hannes übernommen. Damit ist die junge Generation komplett. Tochter Anna und ihr Partner Thomas Ferrand sind als Maître und Sommelier schon länger zu Hause. Also ordentlich frischer Wind im Sattlerhof und gleich zu Beginn ein fulminanter Start: geflämmter wilder Brokkoli in Buttermilch, Stachelbeere als Säurekick und Mangalitza-Lardo, der dem Gericht Cremigkeit verleiht. Immer wieder gibt der Küchenchef Einblick in die aufwendigen Zubereitungen. So erfahren wir, dass der Saibling mit Tannennadeln geräuchert wurde. Serviert wird er mit gehobeltem Dotter, Kapern und einer zarten Spargelsauce mit Johannisbeerblattöl. Pure Harmonie. Fantastisch auch der Weidegockel aus dem Dry-Ager, eingestrichen mit Shio Koji. Schwarzes Knoblauchgel, Zitrone und Estragon sind die würdige Bühne für den Gockel. Und so nutzt auch Markus Sattler seine neue Bühne. Da wächst ein Star heran.

Der Literwirt

12,5/20

Koch: Walter Schmid

8443 Gleinstätten, Goldes 1 • 03457 2255, 0650 470 1747
office@literwirt.at • www.literwirt.at
• €€

Man steht (sitzt!) unweigerlich im Mittelpunkt, wenn man beschließt, am Muttertag in einem schmucken Landgasthaus mutterseelenallein zu schnabulieren. Aber auch die Aufmerksamkeit der bestens gelaunten Crew ist ganz bei mir, als sie mich mit gebeiztem Saibling mit Radieschen, Molke und Dill und einer perfekt abgeschmeckten Bärlauchschaumsuppe mit Tortelloni, gefüllt mit Rinderwangerln, verwöhnt. Auch das Schweinsfilet mit Spargel, Sauce hollandaise und Braterdäpfeln und vor allem das Grießflammeri mit Topfeneis, Rhabarber und Rum versüßen meine „Einsamkeit", prächtig unterstützt von der stimmig zusammengestellten Weinkarte des geschmackvoll modernisierten Literwirts.

echt JAN AIGNER.

14,5/20

Genusshandwerk im Forum Kloster

Koch: Jan Aigner

8200 Gleisdorf, Franz-Josef-Straße 7 • 0660 971 0390
forumkloster@genusshandwerk.com • www.echt.genusshandwerk.com

Di–Sa 16–24 Uhr • ♿ • €€

Jan Aigner, in Linz geboren und Gewinner der allerersten Sat1-Kochshow „The Taste" 2014, hat sich im „Genusshandwerk" im eindrucksvollen Forum Kloster zu Gleisdorf vollends eingelebt. Das durften wir heuer bei so richtig knusprigen Calamari mit Pimentos, Basilikum und lobenswerter Limetten-Mayonnaise und bei einer belebenden, unheimlich dichten Essenz von Austernpilzen mit gerösteten Austernpilzen, Sesam und Bioeigelb erleben. Nicht minder gelungen dann das hauchzarte, äußerst artgerecht behandelte Filet vom Wildfang-Heilbutt mit würzigem Spargel-Kartoffel-Gröstl und einer Kaviar-Beurre-blanc – zum Niederknien! – sowie „Tropical Rondo", einem perfekten Zusammenspiel von Ananas, Mango, Kokos und Zitrone. Die Weinkarte wird uns vom gut aufgelegten Service auf dem iPad präsentiert und bietet vor allem Klassisches mit Schwerpunkt auf der näheren Umgebung.

Murnockerl

11/20

Koch: Thomas Koch

8431 Gralla, Obere Murstraße 21 • 03452 73303, 0664 127 5400
restaurant@murnockerl-gourmet.at • www.murnockerl-gourmet.at

Mi–Fr 17–22, Sa 11.30–22, So 11.30–15 Uhr • €€

Schweinsbraten-„Carpaccio“ mit mariniertem Kraut und kräftiger Senfmarinade, deftige Käferbohnensuppe mit Sauerrahm und Grammeln: Schon am Intro zeigt sich, dass diskrete Aromen in dem auf Tradition gebürsteten Restaurant nicht das große Thema sind. Hier wird mit Gusto und großer Geste gekocht, vor allem Regionales, mediterran „überglänzt“ und – etwa mit essbaren Blüten – farbenprächtig angerichtet. Reife Steaks zählen hier zu den Spezialitäten, daneben gefällt das gebratene Forellenfilet mit Rollgerstl-Risotto, Gemüse und – siehe da! – Bergkäse. Sehr ordentlich: der warme Schokokuchen mit weißem Nougateis und der Sterzflammeri mit Himbeersauce. Der Wirt hat verlässlich originelle Sprüche und Weinempfehlungen in petto.

aiola Upstairs

12/20

8010 Graz, Schlossberg 2 • 0316 818797, 0664 226 5426
upstairs@aiola.at • www.aiola.at

Please wait to be seated. Nicht jeder, der im Aiola Upstairs einkehrt, hält sich an den Wunsch der Geschäftsleitung und sucht sich selbst seinen Tisch. Und so kann es sein, dass es am Grazer Schlossberg ganz schön hektisch werden kann. Der Service nimmt es gelassen und hält die Wartezeiten in Grenzen. Die Küche versucht ihr Bestes und während am Nachbartisch noch das Frühstück verzehrt wird, gibt es ein würziges Thunfischtatar und dazu eingelegtes Gemüse. Bei so viel Nachfrage passiert es dann schon mal, dass sich neben der Maishendlbrust Eierschwammerln befinden, die sich nicht mehr ganz auf der Höhe befinden. Wodka zum Holunderblütensorbet versüßt einen durchschnittlichen Besuch.

Artis

15/20

Koch: Philipp Dyczek

8010 Graz, Schmiedgasse 18–20 • 0676 401 0368
info@restaurant-artis.com • restaurant-artis.com
Di–Do 17–21, Fr und Sa 17–22 Uhr •

Im Herzen von Graz liegt das kleine feine Restaurant Artis. Wer hier isst, muss sich überraschen lassen. Entweder mit vier, sechs oder acht Gängen. Speise- oder Weinkarte im klassischen Sinne gibt es keine – quasi Grazer Omakase. Die Küchenphilosophie ist von französischer Grundstruktur mit stark asiatischen Einfällen. Das zeigt sich schon in den Grüßen der Küche mit Thunfischtatar auf Wasabi und Saiblingskaviar und Zitrone oder beim Sashimi von der Gelbflossenmakrele mit Vanilleöl und kräftigem Dashi-Aufguss. Der Hauptgang beweist die minimalistische Herangehensweise von Chefkoch Philipp Dyczek mit einer perfekt gebratenen Miéral-Taubenbrust mit Portweinjus – dieser Gang verdient aufgrund seiner Harmonie ein großes Kompliment! Wunderbar zurückhaltend in der Süße und basierend auf dem Spiel der Konsistenzen von Krokant und Weichem überzeugt die Variation von Holunder, Rhabarber und Pfirsich. Übrigens: Auch Vegetariern oder Veganern werden hier passende Angebote gemacht. Der Service operiert trotz jugendlichem Alter umsichtig und stets aufmerksam. Das Weinangebot ist originell und der Güte des Hauses angebracht.

Bar Amouro Ⓝ

11,5/20

8010 Graz, Schmiedgasse 10–12 • 0316 696060
baramouro@aiola.at • baramouro.at

Das regsame Gastropaar Judith und Gerald Schwarz hat Graz eine der schönsten Bars der Stadt beschert. Vielleicht auch eine der besten. Das Amouro, eine fabelhaft möblierte, weitläufige Loungelandschaft, die zu jeder Tageszeit einladend und angenehm ist. Neben der üppigen und eindrucksvollen Frühstückskarte finden sich Dutzende Tapas. Austern gibt es jederzeit. Uneingeschränkt empfehlenswert: der fantastisch mürbe gegrillte Oktopus mit Hummus, Oliven und knusprigen Kapern. Der vegane Amouro-Burger mit gebratenem Karfiol, Karamellzwiebeln, Avocado und Selleriestroh ist ebenso entzückend wie das fruchtige Baba Ganoush. Weine, Spirits und Cocktails sind klarerweise in großer Auswahl vorhanden. Ein neuer „Place to be“!

Café Sacher-Graz

11/20

8010 Graz, Herrengasse 6 • 0316 80050
graz@sacher.com • www.sacher.com

Ein Besuch im Traditionskaffeehaus Sacher ist zweifelsohne immer mit einem Blick auf die Kaiserzeit verbunden. Das geschichtsträchtige Interieur aus rotem Samt und Holz versetzt den Gast binnen weniger Minuten in das alte Wien. Ein Gefühl, das auch beim Blick auf das kulinarische Angebot anhält: So reihen sich auf der Speisekarte österreichische Klassiker wie Tafelspitz, Erdäpfelsuppe, Wiener Schnitzel und Backhendl neben einfache Gerichte (Toast und Co) sowie Mehlspeisenvariationen wie Topfenstrudel, böhmische Liwanzen oder Kaiserschmarren ein. Der dazugehörige Einspänner oder die Melange sind fast so obligat wie ein Stück der Original Sacher-Torte mit Schlag. Die kleine Weinkarte bietet eine feine Auswahl österreichischer Tropfen. Schön, wenn an manchen Orten die Zeit stehen geblieben zu sein scheint – und sich dennoch weiterdreht.

Caylend

14/20

Koch: Giacomo Corbatto

8020 Graz, Stigergasse 1 • 0316 711515
caylend@gmx.at • www.caylend.at

Mi–Fr 16–24, Sa, So 12–24 Uhr • €

„Lend in Sicht!" Humorvoll und kreativ betreiben Simone Maringer und Peter Wölfer im hippen Grazer Stadtviertel Lend ihr kleines Lokal Caylend mit köstlicher Fusionsküche. Das (karibische) Meer spielt eine wichtige Rolle dabei. Erkennbar nicht nur an der blau-weißen Einrichtung im „Kajüte" genannten Hauptraum, sondern auch an der schönen Auswahl an feinem Fisch. Als Ceviche des Tages wird Stör angeboten – eine erfrischende, ein wenig säuerliche Angelegenheit. Doch im Caylend gibt es auch Mousse von der Foie gras mit Ananas in verschiedenen Texturen (gelungenes Spiel mit der süßen Komponente) und sogar ein immens knuspriges Schweinshaxerl mit gefüllten Ravioli, gebackenen Melanzani und dezentem Miso-Püree. Wer danach noch das Signature-Dessert des Hauses, Erdnussbutter-Semifreddo mit betörendem Hot-Chocolate-Fudge, schaffen will, sollte doch einen ziemlich großen Appetit mitbringen. Beachtliche Weinauswahl.

Didi Dorner im Magnolia

16,5/20

Koch: Didi Dorner

8010 Graz, Jakob-Redtenbacher-Gasse 24 • 0316 82 38 35, 0699 130 18818
restaurant@dididorner.at • www.dididorner.at

Seit vielen Jahren hat Ausnahmetalent Didi Dorner seine Wirkungsstätte in einem Seitenflügel des zentrumsnahen Augartenhotels und bekocht seine (maximal rund ein Dutzend) Gäste in bewährter Weise. Kurz nach 19 Uhr fährt der freundliche italienische Maître den Sprudelwagen vor und bietet nicht alltägliche Champagner und Schaumweine (unter anderem Harkamps Zero Dosage) zu den traditionellen Tramezzini mit Alpenlachs und Basilikum. Weiter geht es im Sommer mit erfrischender Gazpacho mit Gurkenstückchen sowie einem traumhaften zart-fleischigen Thunfisch mit – nochmals – Tomate und Gurke. Dorner ist nicht nur ein Produktfetischist (großartig das butterweiche Ennstaler Milchlammfilet in einem ausgesprochen gut gelungenen Rotweinbutterjus mit frischen Eierschwammerln), sondern belässt auch in der Regel allem den Eigengeschmack – durchaus herausfordernd bei Gurke und Co. Zu jedem Gang gibt's den passenden Wein. Die perfekt mit einem Basilikumsorbet von köstlich-cremiger Konsistenz harmonierenden marinierten Erdbeeren und eine – nur scheinbar simple – Pannacotta mit Weichseln und geeister Schokocreme lassen alle Dorner'schen Schrullen wie die Verpflichtung zur Barzahlung etc. in den Hintergrund treten. Wir kommen wieder. Immerhin ist Dorners Magnolia eines der besten Grazer Restaurants.

El Gaucho

13/20 (2 Hauben)

im Landhaus

8010 Graz, Landhausgasse 1 • 0316 83 00 83
landhaus@elgaucho.at • www.elgaucho.at
Mo–Do 17–23, Fr, Sa 11.30–23, So 11.30–22 Uhr

Vor zehn Jahren war die Eröffnung eines Steakhauses in Graz noch ein Ereignis. Heute ist das El Gaucho eine extrem gut frequentierte Institution, mit Schwesterlokalen in Baden, Wien und München. Hat man sich erst einmal durch die mächtige Palaistüre gestemmt, findet man sich in einem lichten Gewölberaum wieder, in dem es dezent nach Gegrilltem duftet. Seit Beginn sorgen gute Fleischqualität und perfekte Garung für treue Kunden. Erwähnt seien außerdem die delikaten Sides wie wilder Brokkoli, Kohlsprossen oder Melanzani. Die Weinkarte ist umfangreich, der Service top. Was will man mehr?

El Pescador

11/20

im Rathaus

8010 Graz, Landhausgasse 6 • 0316 82 90 30
fisch@elpescador.at • www.elpescador.at

Eigentlich ein sicherer Hafen für Meeresfisch im Grazer Zentrum. Bei gutem Wetter sitzt man draußen in der Landhausgasse – ein Ambiente mit mediterranem Flair. Austern zum Start sind ein obligatorisches Vergnügen, das man mit dem glasweise angebotenen Champagner kombiniert. Die Krabben-Cevapcici, die in der Karte als „Special" angepriesen werden, klingen ungewöhnlich – aber leider schmecken sie auch so. Die rohen Jakobsmuschelscheiben gelingen in der Teriyakisauce dagegen prächtig. Wir setzen die Segel hin zum süßen Finale und – leider – wieder eine Flaute: Der flüssige (!) Kern im Schokokuchen fällt unter das Kapitel Seemannsgarn.

Florian

12/20

im Parkhotel Graz

Koch: Kurt Mörth

8010 Graz, Leonhardstraße 8 • 0316 36 30 60
office@parkhotel-graz.at • www.florian-graz.at

Mo–Sa 12–14 und 18–22, So 12–14 Uhr

Auch wenn dem bewährten Restaurant Florian mit dem ehrgeizigen Projekt „Zur Goldenen Birn" hausinterne Konkurrenz vor die Nase gesetzt wurde, ruhen die altehrwürdigen Hallen tiefenentspannt in sich selbst. Das mit einem Augenzwinkern agierende Team ist um unser Wohlergehen besorgt und die wohlsortierte Weinkarte wie auch die gut gelaunte Küchenbrigade unterstützen das Unterfangen mit einem gelungenen Zusammenspiel von grünem Spargel, Lardo, Forelle und Forellenkaviar, gefolgt von glaciertem Kalbsbries mit Spitzmorcheln, weißem Spargel und Erdäpfelflan kongenial. Mit dem Erdbeertörtchen mit Moccaeis findet ein gelungener Abend einen würdigen Abschluss.

Gerüchteküche

14,5/20

Koch: Michael Wankerl

8010 Graz, Gartengasse 28 • 0664 883 18444
info@geruechtekueche.org • www.geruechtekueche.org

Mo–Do 11.30–14 und Mo–Fr ab 18.30 Uhr •

Unglaublich, wie es Michael Wankerl in seiner vegetarischen „Gerüchteküche“ beim abendlichen Sechs-Gänge-Überraschungsmenü gelingt, Gemüse derart reizvoll und schmackhaft zuzubereiten. Gewiss, der Aufwand dahinter ist beachtlich, damit aus Kohlrabi, Rübe, Sellerie und Co so köstliche Speisen, begleitet von wunderbaren Weinen und Säften, entstehen. Dankbar genießen wir eine mollige Kohlrabi-Pannacotta mit Grünalgenkaviar und eingelegten Holunderblüten in subtiler Erdmandelsauce, staunen über die Gelbe Rübe in Rosenblütenform mit Leinsamenchips, Limonencreme ud Schnittlauchöl, freuen uns über Tomate, fermentierten Pfirsich und knackige Bärlauchknospen und bewundern den besonders intensiven Röstgemüsejus zur Sellerie in verschiedenen Texturen mit Erdäpfelgratin. Zum fast schon herkömmlichen Dessert – Blaubeeren mit Vanilleeis und Schoko-Mandel-Kuchen – serviert der freundlich-versierte Ober einen passenden Riesling aus der Pfalz. So macht gesundes Essen Spaß!

Kehlberghof

14/20

KöchInnen: Hermann Ortner & Sarah Klug

8054 Graz/Straßgang, Kehlbergstraße 83 • 0316 28 41 25
restaurant@kehlberghof.at • www.kehlberghof.at

Di–Sa 11.30–14 und 18–21 Uhr • €€

Die erhabene Lage des Kehlberghofs erlaubt einen schönen Blick auf die steirische Landeshauptstadt. Mit viel Gespür für regionale Produkte wird hier ausgezeichnet bodenständig gekocht, doch auch die ideenreiche Menüfolge mit Blick über den heimischen Tellerrand bereitet viel Freude. So frischt Bergamottencreme luftgetrockneten Vulcanoschinken auf, geräuchertes Thunfischtatar wird in der Salzigkeit mit Queller unterstützt, Selleriegnocchi erden den rosa Hirschrücken, eine Spur aus gehobeltem schwarzem Périgord-Trüffel überzieht die hausgemachte Pasta. Gern setzt die Küche auf die Kraft von Kräutern und Gewürzen, so wird Rosmarinschaum zum glasig gebratenen Zander oder Safrancreme zu Edelbittermousse und Pistazien-Spongecake kombiniert. Die Weinkarte ist hervorragend sortiert, alternativ kann man sich getrost der kundigen Auswahl des routinierten Personals überlassen.

Kornati

12/20

Koch: Borivoj Radmanovic

8010 Graz, Franckstraße 44 • 0660 310 8104
kornatigraz@gmail.com • www.kornati.at

Mo–Sa 17–23 Uhr • €

Istrische und dalmatinische Weine begleiten das Degustationsmenü mit Kroatienschwerpunkt. Zu Beginn setzt man auf die sichere Kombination aus Roten Rüben, Ziegenkäse und gerösteten Walnüssen. Etwas experimenteller gestaltet man die knusprigen Calamari mit Essiggurken-Aioli. Die milde Karfiolcreme balanciert die säuerliche Note aus. Es folgt ein schwarzes Risotto. Danach ein gegrilltes Filet vom Petersfisch mit asiatischem Ingwer-Sellerie-Jus und Pak Choi. Auch in diesem Gang findet man die Karfiolcreme wieder. Ein Traum aus Schokolade, Maroni und in Rotwein eingelegten Zwetschken finalisiert die Menüreihenfolge. Aber auch das Zitronensorbet ist eine Empfehlung.

Miss Cho

11/20

8010 Graz, Schmiedgasse 9 • 0316 830276
misscho@aiola.at • www.misscho.at
Di–Sa 17–1 Uhr

Es ist eine etwas schummrige Scheinwelt, in die man eintaucht, wenn man ins Kellergewölbe des Miss Cho hinabsteigt. Kunstblumen ringsum, am Plafond drehen sich Discokugeln, aus den Lautsprechern pulsiert Elektro-Beat, ähnlich der Berieselung in Fitnessstudios. Asian Dinner Club nennt sich das Miss Cho – daher wohl auch die simulierte Clubatmosphäre. Wir wählen ein Sashimi- und Nigiri-Set, das höhere Qualitätsstandards leider unterschreitet. Nett hingegen als Starter der fein gehobelte Karfiol mit Grapefruitnote. Dem Zander fehlt allerdings die asiatische Note und – das eigentliche Problem – die geschmackliche Finesse.

Mohrenwirt

13,5/20

Koch: Lukas Lepsic
8020 Graz, Mariahilferstraße 16 • 0316 904440
essen@mohrenwirt-graz.at • www.mohrenwirt-graz.at
Mi–Sa 11.30–23 Uhr

Der Mohrenwirt zählt zu den raren, wirklich gelungenen Transformationen in der Grazer Restaurantszene. Das traditionelle Ambiente des alten Wirtshauses wurde gefühlvoll in einen zeitgemäßen „neuen Mohrenwirt" umgewandelt. In angrenzender Nähe zum Kunsthaus lässt sich kulinarisch bodenständig und – vor allem auch im stimmigen Schanigarten – gemütlich verweilen. Ein sanfter Einstieg lohnt sich mit der Roten Rübe, umrundet mit Krenrahm, Birne und Brunnenkresse. Für Hungrige ein Muss: das Körbchen mit dem Buttermilch-Biobackhendl. Wer es kräftig gewürzt liebt, dem seien die Kukuruz-Tortillas vom Biolamm empfohlen. Der Ausseer Saibling bekommt mit Misosauce und Petersilienöl eine völlig neue Note. Und natürlich: kein Abend ohne Mohrenwirts Kaiserschmarren. Besonders löblich ist die Ausweisung aller Produzenten, die die Mohrenwirt-Küche beliefern.

Schmidhofer im Palais

15/20

Köche: Herbert Schmidhofer & Christian Bernhard

8010 Graz, Sackstraße 16 • 0676 442 4030
mail@schmidhoferimpalais.at • www.schmidhoferimpalais.at

Mo–Fr 12–14.30 und 18–21.30 Uhr • ♿ • €€

Zweifellos ist dieses Restaurant im Sommer unter den lichten Gewölben im fabelhaften Hof des Palais Herberstein eines der schönsten Lokale von Graz. So eine Adresse hat es verdient, auf gehobenem Niveau solide und verlässlich bekocht zu werden, was Herbert Schmidhofer einigermaßen gelingt. Der Melanzaniauflauf mit Black Tiger Prawns, Tomaten-Oliven-Ragout und Parmesanschaum kommt als delikater Auftakt. Die knusprigen und gut gewürzten Asia-Krautrollen mit Wokgemüse und Kokos-Curry-Schaum munden auch, wiewohl das Kraut ein wenig überdünstet ist. Der Zwiebelrostbraten vom Black Angus mit Buttermilchspätzle und knackigen Speckbohnen ist zwar sehr dicht im Geschmack, das Fleisch hat allerdings unter der – landesüblich – mangelhaften Reifung gelitten. Die Weinauswahl ist gut, auch bei den Weinen, die glasweise angeboten werden.

Stammtisch am Paulustor

14/20

Koch: Andreas Hamler

8010 Graz, Paulustorgasse 8 • 0316 813803
info@stammtisch.restaurant • stammtisch.restaurant

Mi–Sa 11.30–14.30 und 17.30–21 Uhr • ♿ • €€

Am Fuße des Schlossbergs teilt sich der Stammtisch am Paulustor Teile der Räumlichkeiten mit einem Fachgeschäft für Interieur. Ganz gewiss kommt aber bei all dem Augenschmaus der des Gaumens bei wunderbar abgeschmecktem Seeforellen-Sashimi mit Steinpilzen, Weinbergpfirsich, Ponzu und Koriander oder der herrlich frischen Gazpacho mit gegrillter Melone, Schafkäse und Garnele nicht zu kurz. Das Duell Short-Rib von der Kalbin aus dem Smoker mit geflämmter Zucchinicreme, Koriander und Gurke gegen rosa gebratenes Rinderfilet mit grünem Spargel und Eierschwammerlrisotto entscheidet dann Erstere in puncto Eigenständigkeit klar für sich. Die Weinkarte ist klassisch angelegt und ein braver Speisenbegleiter und auch der Service verdient mehr Lob als die flaumigen Topfen-Erdbeer-Knödel mit Erdbeerragout und Schokoladeneis, die uns an diesem Abend nicht überzeugen wollen.

Starcke Haus

14,5/20

Koch: Milivoj Novak

8010 Graz, Schlossberg 4 • 0316 834300
office@starcke.at • www.starcke.at

Mo, Di, Fr und Sa 18.30–22 Uhr •

Ein ehemaliges Winzerhäuschen mit einem der schönsten Ausblicke auf Graz. Innen Romantik pur. Und vor allem: Küchenchef Milivoj Novak kocht gerade so gut wie nie! Schon die kleinen Häppchen vorab (Waller auf lauwarmem Blätterteig, Frühlingsrolle, roh mariniertes Rind mit Trüffelmayonnaise) bereiten Freude. Novak – ruhig, zurückhaltend und sympathisch – schupft bei geringer Gästezahl auch den Service und bietet aufwendig zubereitete Gerichte aus hochwertigen Produkten. Ein Streifzug durch sein Menü: heimischer Silberlachs in Buttermilch mit köstlichen, selbst gezogenen Paradeisern, Kartoffelcreme mit Sommermangold und reichlich Trüffelscheiben on top, ein ungemein zarter konfierter Seesaibling mit Karotten, Kohlrabi und knusprigem schwarzem Reis, mustergültiges Reh mit Zucchini in verschiedenen Formen. Novak legt neben Regionalität auch Wert auf Saisonalität. Da kann das Cult-Beef schon einmal ausschließlich vom gerade reifen Fenchel, teilweise im Salzteig, begleitet werden. Gewagt, gewonnen! Zu jedem Gang gibt es den passenden Wein glasweise und auch das Schokoladen-Himbeer-Topfen-Dessert gerät nicht nur optisch zum Genuss.

Steak Boutique Ⓝ

12/20

Koch: Thomas Mauerhofer

8010 Graz, Bindergasse 1 • 0316 225719
info@steak-boutique.at • www.steak-boutique.at

Mo–Sa 11.30–14 und 18–22 Uhr

Ein mit Glas überdachter Innenhof in der Altstadt beherbergt den Gastraum eines ausgezeichneten amerikanischen Steakhauses. Im einsehbaren Reiferaum lagern Dry-Aged-Cuts in herausragender Qualität vom Black Angus aus Nebraska und vom österreichischen Fleckvieh. 28 Tage wird gereift, bevor Porterhouse, New York Strip oder Bone-in-Rib-Eye zischend und brutzelnd vom rund 900 Grad heißen Grill auf den Tisch kommen. Auf der Fleischseite finden sich auch Spezialitäten wie Wagyu-Sashimi, Liebhaber von Fisch und Meeresfrüchten wählen Jakobsmuscheln mit Wildkräuterpesto oder das hervorragende Thunfischsteak. Auch die Dessertkarte birgt eine amerikanisch-heimische Mischung, etwa Cheesecake und Mohntarte. Aus der gut sortierten Weinkarte werden auch glasweise heimische Weiße und kalifornische Rote kredenzt.

Sudhaus

13/20

Restaurant & Brauerei

Koch: Mario Schnitzer

8054 Graz, Weblinger Straße 10 • 0316 2695700
info@sudhaus.at • www.sudhaus.at

Mo–Do 16–21.30, Fr 12–21.30 Uhr • ♿

Den Eingang der offenen, luftigen Architektur ziert ein Braukessel hinter Glas. Das ist keine dekorativ-romantische Geste: Hier wird tatsächlich Bier gebraut und das – wie am Instrumentenpark erkennbar – in Präzisionsarbeit: Das luftige Restaurant dient untertags auch als Kantine für die Mitarbeiter eines Messgeräteherstellers. In der Küche wird entsprechend präzise gearbeitet, das zeigt sich schon am Gedeck: Ceviche mit fein säuerlichem Ronen-Couscous. Nicht zu intensiv die Rindsuppe mit flaumigem Grießnockerl, herrlich die vegane Bruschetta mit geschmorten Melanzani und Paradeisern. Das Forellenfilet mit Ravioli, Erdäpfeln und Babyzucchini ist zwar eine Spur zu kräftig angebraten, perfekt sind dafür die Gnocchi in nicht zu üppigem Eierschwammerlrahm. Großartig die Desserts: hauchzarte Marillenknödel und eine tolle Crème brulée mit Erdbeereis und Basilikumsauce. Das hausgebraute Bier schmeckt – sommers auch auf der gelungenen Lounge-Terrasse im ersten Stock – hervorragend, am Weinangebot könnte man nachdrehen.

Thorbauer®

10,5/20

Wirtshaus

Koch: Martin Thorbauer

8052 Graz/Wetzelsdorf, Steinbergstraße 76 • 0316 577155, 0664 240 3495
office@thorbauer.com • www.thorbauer.com

Mi–Sa 11–20, So 11–15 Uhr • €

Der Thorbauer ist ein bekanntes Ausflugswirtshaus an der Steinbergstraße, eine beliebte Abkürzung der Grazer hinaus in den grünen Westen der Steiermark. An dieser Adresse blieben schon Generationen von Gästen hängen und erfreuten sich gepflegter Wirtshauskultur mit den Klassikern der traditionellen Küche: Beef Tatar vom Weidelandrind, Kartoffel- oder Vogerlsalat, obligatorisch mit Kernöl, geröstete Leber vom Schwein, Hühnerleber oder Backhenderl aus dem Weidekorb, das man mit oder ohne Haut ordern kann. Grillteller mit Pommes, Calamari oder Burger dürfen in einem Etablissement wie diesem nicht fehlen. Gehört quasi zum Inventar.

Toshi ⓝ

12,5/20

by Memori

8020 Graz, Südtirolerplatz 9 • 0664 137 2386
sushi@toshi.at • www.toshi.at

Die kleine Sushi-Bar nahe dem Kunsthaus ist häufig bis auf den letzten Platz besetzt. Schon beim Betreten fallen die Kühlschränke ins Auge, gefüllt mit einer spannenden Auswahl an Naturweinen und Sake, aber auch Craft-Bier und Spritzer in der Flasche stehen bereit. Unkompliziert geht es auch weiter. Im Service nimmt man sich viel Zeit und empfiehlt die eine oder andere Spezialität, etwa Garnelen im Tempuramantel oder Rotkrautsalat mit Oktopus. Neben klassischem Nigiri-Sushi und Sashimi in exzellenter Qualität werden auch Signature Dishes gereicht. So ergänzen Röstzwiebeln und Zitrusnoten das Sashimi vom weißen Thunfisch. Den fein erdachten Desserts sollte unbedingt Aufmerksamkeit gewidmet werden, etwa dem Azukibohnengelee mit warmem, sehr sanftem Matchaschaum oder dem Schokokuchen mit Sake-Sabayon und Ingwer.

Zur goldenen Birn®

17/20

Patissier des Jahres 2024

im Parkhotel Graz

Koch: Alexander Posch

8010 Graz, Leonhardstraße 8 • 0316 36 30 33
zurgoldenenbirn@parkhotel-graz.at • www.zurgoldenenbirn.at

Do–Sa 18–23 Uhr

In der 450-jährigen Geschichte des Gasthauses Zur goldenen Birn, seit circa 100 Jahren als Parkhotel bekannt, hat man hier wohl noch nie so gut gegessen wie heute. Die Besitzerfamilie Florian tüftelte schon seit längerer Zeit an einem Fine-Dining-Konzept und setzte dieses nun mit Küchenchef Alexander Posch (Stainzerhof, Vinea) kongenial um. Das Besondere liegt darin, dass die Grundlage des obligatorischen zehngängigen, einige Male im Jahr wechselnden Menüs zur Gänze aus alten, vielfach royalen Rezepten und Gerichten aus der Monarchie besteht, die aufwendig zubereitet und an die heutige Zeit angepasst werden.

Die optische Darbietung erreicht Perfektion, beginnend mit den Klassikern Szegediner, Pörkölt und Austern-Gulasch (himmlisch die geeisten Sauerrahmperlen!) als Amuse-Bouche. Eine höchst subtile Gerstenschleimsuppe begeistert mit Karotten in verschiedenen Texturen und das Signature Dish, eine wunderhübsch arrangierte „goldene Birne“ aus Gänselebercreme, Birnenmousse, -eis und -granité, macht ihrem Namen alle Ehre.

Im Mittelalter beliebt: „blanc manger“ (weißes Gericht), hier aus Wolfsbarsch bester Konsistenz, fermentiertem Karfiol und Joghurt, angerichtet auf original Meißner Porzellan aus der privaten Kollektion der Seniorchefin. Köstlich der Wildschweinebauch und eine aufwendig zubereitete Ente à la Peking.

Gespeist wird – an einer Handvoll Tische – im ehemaligen Rittersaal, der umfassend modernisiert wurde und nurmehr mit dezenten Andeutungen (Beleuchtungskörper in Form stilisierter Fackeln) an seine frühere veraltet-schwülstige Ausstattung erinnert. Neben der Weinkarte mit Schwerpunkt Spitzenweine der Südsteiermark wird auch eine glasweise internationale Begleitung geboten. Insgesamt eine große kulinarische Bereicherung für Graz!

1574
zur
goldenen
1874

Edler Landhaus Oswald

14,5/20

Köchin: Nina Edler

8522 Groß-St. Florian, Unterbergla 15 • 03464 2270, 0664 335 6453
office@landhaus-oswald.at • www.landhaus-oswald.at

Mi–Fr 11–14.30 und 17–21, Sa 11–21, So 11–15 Uhr • ♿ • €€

Schon am Parkplatz erkennt man, welch großer Beliebtheit bei Gästen von nah und fern sich der „Oswald“ erfreut. Was sich nach der äußerst herzlichen Begrüßung durch das mehr als aufgeräumte Serviceteam, nach dem Betreten der gemütlichen, einladenden Stuben und nach einem ersten Blick in die kaum einen Wunsch offenlassende voluminöse Weinkarte erklärt. Völlig klar wird es nach dem gegrillten Oktopus mit Peperonata, mediterranem Salat und Zitrus-Aioli – ein fulminanter Start – und der belebenden Hühner-Consommé mit Asia-Gemüse, Kaffirlimette und Garnele. Nicht minder gelungen geht es weiter mit Dreierlei vom Spargel – in Butter, gebacken und als Lasagne mit Steirer-Remoulade und Sauce hollandaise – und „Ice, Ice, Baby“ – Eierlikörei, Erdbeersorbet und weißes Schokoladeneis. Auch wir werden uns sehr bald wieder hierorts einparken!

G'Schlössl Murtal

TIPP

8734 Großlobming, Murhof 1 • 03512 46904
willkommen@gschloessl-murtal.at • www.gschloessl-murtal.at
12–21.30 Uhr • ♿ • €

Das G'Schlössl im Murtal liegt inmitten des idyllischen Schlossparks und verfügt neben einer schönen Unterkunft auch über ein Restaurant, ein Wirtshaus und einen Gastgarten, wo Tagesgäste gerne empfangen werden. Überdies blickt das Haus auf eine lange Vergangenheit zurück – bis ins Jahr 1898. Der einstige Herrschaftssitz wurde 2012 restauriert, wobei viel Wert darauf gelegt wurde, dass Elemente, die den Charme des Gebäudes ausmachen, erhalten geblieben sind. Dieses Bewusstsein für die Vergangenheit des Hauses zeigt sich gleichermaßen auf der Speisekarte. Serviert wird nur Bestes aus der Region oder sogar aus den eigenen Zuchtbetrieben. Nach einem Aperitif können Gäste entweder das G'Schlössl-Menü wählen oder die Speisen à la carte bestellen. Geräucherter Saibling, Wiener Schnitzel, Pasta und Kalbsrückensteak stehen auf der Karte.

Restaurant Seehotel Grundlsee

13/20

8993 Grundlsee, Mosern 22 • 03622 86044
willkommen@seehotel-grundlsee.at • www.seehotel-grundlsee.at
Mi–So 12–17 und 18–21 Uhr • €

Die Berge, der See, die Terrasse. Um so schön zu essen, müsste man weit fahren. Okay, wenn man schon einmal im Ausseerland ist, vielleicht nicht ganz so weit. Das Ambiente ist umwerfend. Die Küche ist regional-bodenständig – solide. Ein Riesling-Risotto mit frischen Pilzen, Kräutern und Grana Padano. Oder Kräuterravioli mit Salbeibutter und getrockneten Tomaten. Beides Gerichte, die nicht nur Vegetarierherzen höherschlagen lassen. Und was wäre ein Dinner am Grundlsee ohne Grundlseer Seesaibling? Im konkreten Fall mit Petersilienkartoffeln und Mandel-Zitronen-Butter. Sehen lassen kann sich übrigens auch die Weinauswahl. Und die Mittagskarte.

Pusswald

12,5/20

Koch: Johannes Pusswald

8230 Hartberg, Grazer Straße 18 • 03332 62584, 0664 432 6330
info@restaurant-pusswald.at • www.restaurant-pusswald.at
Mi–Sa 11.30–14 und 18–22 Uhr • • €€

Seit Langem wird hier konsequent die Liebe zum breit gedachten Mediterranen gelebt. Zum Gedeck werden zarter Prosciutto und Hummus serviert, als Gruß aus der Küche mild-fruchtige Gazpacho. Köstliche Draufgabe zum georderten Vitello tonnato: ein würziges Thunfischlaibchen. Die gratinierten Jakobsmuscheln sind ziemlich üppig, das gebratene Branzinofilet makellos, mit wunderbar krosser Haut. Der dazu gereichte Risotto ai funghi schmeckt dagegen eher üppig-dumpf. Ausgewogener präsentiert sich da schon die Suprême vom Hendl mit knackigem Sommergemüse und kräftigem Erdäpfelgratin. Herrlich auch die flaumigen Marillenknödel und eine exzellente, fein aromatische und ausnehmend hübsch angerichtete Pannacotta. Gepflegte Weinauswahl, engagierter Service.

Gasthaus Haberl

15/20

& Fink's Delikatessen

Köche: Hans Peter Fink & Bernhard Steflitsch

8262 Ilz, Walkersdorf 23 • 03385 260
office@finks-haberl.at • www.finks-haberl.at

Di–Fr 17–20, Sa 11.30–14 und 17–20 Uhr • ♿ • €€

Im Gasthaus Haberl kocht Hans Peter Fink seit Jahren auf einem gleichbleibend hohen Niveau. Er lässt sich von Innovationen oder exotischen Einflüssen nicht verunsichern und bleibt bei seiner regional und saisonal geprägten klassischen Küche. Ein wunderbarer Räuchersaibling aus Aussee, steirischer Käferbohnensalat, gereifte Steaks, auch ein Burger dazwischen, selbstverständlich vom Almochsen. Je nach Saison mit Spargel, Pilzen oder anderem. Schlicht von den Zutaten, dafür mit besten Saucen und kleinen feinen Gewürznoten versehen, kommen die Speisen sowohl optisch als auch geschmacklich einwandfrei auf den Tisch. Hier wäre speziell das feine Filetsteak mit Morcheln und einer köstlichen Kerbelcreme hervorzuheben. Dazu verfügt das Gasthaus Haberl über einen großartigen Weinkeller, in dem – neben den üblichen Verdächtigen der heimischen und speziell der steirischen Weinszene – auch außergewöhnliche Tropfen zu finden sind, gerne auch auf Empfehlung der versierten Kellner hören. Die Weine darf man dann auch zusammen mit diversen Köstlichkeiten aus dem Fink's Delikatessen-Shop mit nach Hause nehmen. Ein Ausflug nach Ilz lohnt auf jeden Fall.

Arkadia ⓟ

12/20

Koch: Mario Kaura

8750 Judenburg, Burggasse 3 • 03572 44459
info@restaurant-arkadia.at • www.restaurant-arkadia.at

Mo, Di, Fr 11–14 und 17.30–21, Sa 11–21, So 11–17 Uhr • ♿ • €

Wer im Arkadia speist, der sollte genügend Hunger mitbringen. Denn die Portionen sind groß, vielleicht sogar eine Spur zu groß. Egal, die Qualität stimmt und das ist bei einem Restaurantbesuch das Wichtigste. Als Vorspeise teilt man sich daher im Idealfall das Steinofenbrot mit Burrata und Serranoschinken. Weiter geht es dann mit Linguine, die durch Kalbsragout, Limette, Pilze und Speck geschmacklich aufgewertet werden. Die Kärntner Kasnudeln sollte man als Hauptgang wählen, denn vier Stück à 100 Gramm sind wohl als Appetitmacher nicht die richtige Wahl. Die gebratenen Ripperl vom Rind sind zart und gut gewürzt, dazu gibt's Steak fries und Guacamole. Ein Eiskaffee rundet den Besuch ab.

Spary

14/20

Koch: Klaus Lobnik

8773 Kammern, Liesing 21 • 0664 106 2878
gasthaus.spary@gmx.at • www.spary.at

Mo–Sa 11.30–14 und 18–21.30, So 11.30–16 Uhr • €

Der Gasthof Spary zählt zu den Höhepunkten steirischer Gastlichkeit in der Hochsteiermark und ist gleichsam eine verlässliche Adresse für Wildspezialitäten – von der samtigen Wildrahmsuppe bis zum Fasan im Speckmantel. Zugaben wie Preiselbeeren sind hausgemacht. Auch jenseits der Saison weiß man hier mit hochwertigen Produkten umzugehen und als Gast genießt man etwa gebackene Erzbergstollenpilze, ausgelöste Flusskrebse mit Trüffelnudeln oder Klassiker wie einen löffelmürben Tafelspitz mit allem, was dazugehört. Auf einer Schiefertafel sind interessante offene Weine verzeichnet. Zum Durchprobieren empfehlen sich die süßen Dessertminiaturen: vom Kürbisparfait bis zur Marillenpalatschinke.

Schloss Kapfenstein

11/20

Koch: Martin Winkler-Hermaden

8353 Kapfenstein, Kapfenstein 1 • 03157 300300
hotel@schloss-kapfenstein.at • www.winkler-hermaden.at

Fr, Sa 12–15 und 17.30–20, So 12–15 Uhr • €

Personalmangel scheint dieses Jahr auch das Restaurant im Schloss Kapfenstein getroffen zu haben. So war es auswärtigen Gästen lange Zeit nur möglich, das Menü, das den Hausgästen serviert wird, zu bestellen. Die getesteten Gerichte fallen in Summe sehr unterschiedlich aus: Die Tafelspitzsulz mit Kürbiskernöl schmeckt, beim Esterházy-Rostbraten mit Bandnudeln hat man hingegen so ziemlich auf alle Gewürze, inklusive Salz, vergessen. Irgendwie scheint dem Koch die Liebe zum Detail verloren gegangen zu sein. Die Weinkarte bietet zum Glück weiterhin die besten Weiß- und Rotweine des hauseigenen Weinguts an, besonders die Sauvignon Blancs und Pinot Noirs sind einen Versuch wert.

Das Kappel

12/20

Wein-Gut-Hotel

Koch: Kevin Wischollek

8442 Kitzeck im Sausal, Steinriegel 25 • 03456 2347
info@daskappel.at • www.daskappel.at

Do 17.30–20.30, Fr–Sa 11.30–14 und 17.30–20.30, So 11.30–14 Uhr • €

Das Restaurant mit dem Terrassenblick auf die Hügel des Sausals ist ein klassisches Ausflugsziel. Um so sympathischer, dass die Küche hier zu einem recht unbefangenen Umgang mit der Tradition gefunden hat. Die Tafelspitzsulz mit eingelegtem Kürbis, Vogerlsalat und Kernöl stellt vor allem ihre säuerlichen Komponenten aus, dafür entzückt das feine Aromenspiel der Ceviche vom steirischen Saibling mit Gelben Rüben und geräucherter Buttermilch. Zart rosa Kalbsschnitten harmonieren mit kernigem Risotto und knackigem Brokkoli. Der Felsenbarsch mit Eierschwammerln, Quinoa und Colakraut ist perfekt auf den Punkt gebraten. Solider Abschluss: Mousse von der Zotter-Bitterschokolade mit Sauerrahmbröseln und feinem Brombeersorbet. Der Großteil der Lebensmittel ist regionaler Herkunft, die Weine natürlich ebenso.

Krainer

17/20

KöchInnen: Astrid & Andreas Krainer

8665 Langenwang, Grazer Straße 12 • 03854 2022
restaurant@hotel-krainer.com • www.hotel-krainer.com

Do–Sa 18.30–20 Uhr • ♿ • €€

Ganz auf Peter Roseggers Waldheimat eingestimmt ist nicht nur, wer das gleichnamige Hotelzimmer des Familienbetriebs bezieht. „Wald und Heimat" werden bei Astrid und Andreas Krainer großgeschrieben und in eine moderne steirische Küche übersetzt. Kreativ ist man schon beim Aperitif, wo aus einem Negroni ein erfrischender Nekraini wird, eine Mischung aus Gin mit Hanfblüten, Wermut, Campari und Orangenzeste. Erstere kommen aus der eigenen Ideenküche. Auch die Speisekarte ist ein tiefes Bekenntnis zum regionalen Produkt und zu kleinbäuerlichen Strukturen.

Je nach Saison kommt möglichst nah Gezogenes, teils wenig Alltägliches auf die Karte wie Mürztaler Tomatillos oder Rottenmanner „White Panther"-Garnelen. Letztere werden mit Spargel und herrlich reduziertem Krustentierschaum zu einem ersten Höhepunkt. Auf die mild-süßliche Kohlrabilasagne allein könnte man schon eine Lobeshymne anstimmen, doch in Kombination mit dem ausgezeichneten Hecht und der Salzigkeit des Kaviars, umrahmt von einer schaumigen Morchel-Beurre-blanc ist das Gericht einfach exzellent.

Einzelne Teile des Steinguts, in dem angerichtet wird, stammen aus den Händen von Astrid Krainer, auch ein Messer mit originellem Schwung wurde selbst geschmiedet und leistet beim Lamm ausgezeichnete Dienste. Wobei die geschmorte Variante mit Radieschen so zart ist, dass es auch ein stumpferes Exemplar damit aufnehmen könnte. Rosa gebraten und im Zusammenspiel mit schwarzem Knoblauch sowie den sanften Raucharomen von Ofenlauch gelingt der zweite Akt zum Thema Lamm ebenso hervorragend. Dazu werden knusprig frittierte Pommes und Zwetschkenketchup gereicht.

Erdbeere und Rhabarber bilden mit Vanillesauce und Geeistem einen braven Abschluss. In der Weinbegleitung rücken die Steiermark und österreichische Winzer in den Fokus. Das spiegelt sich auch in der sorgfältig bestückten Weinkarte wider.

Alte Post Südsteiermark

12,5/20

Koch: Stefan Nauschnegg

8430 Leibnitz, Sparkassenplatz 7 • 03452 82373
office@zur-alten-post.at • www.zur-alten-post.at

Mo–Sa 11–21.30 Uhr •

Was wäre die Steiermark ohne Backhendl, Käferbohnen und Erdäpfel-Vogerl-Salat? Das kann und will man sich auch nicht in der Alten Post in Leibnitz vorstellen und daher verzichtet man – trotz asiatischer Einflüsse – nicht auf den allzeit beliebten Klassiker. Seesaibling als Ceviche mit frischer Grapefruit sowie Zweierlei vom Tataki – einmal vom Thunfisch und einmal vom Rind – werden als Vorspeise angeboten. Dazu japanischer Salat aus Kohlrabi, Erbse und Sesam sowie Shiitakepilzen und geschmorten Zwiebeln. Dann das Backhendl: sehr gelungen und empfehlenswert! Ebenso ein Tipp ist das Risotto aus Graupen mit Zucchini und Pecorino. Zum Schluss ein Eis: selbst gemachtes Sorbet aus der Isabellatraube. Also, quasi Essbefehl!

Kogel 3 ↗

14/20

Koch: Stefan Hacker

8430 Leibnitz, Kogelbergstraße 62 • 03452 74935
beatrix@kogel3.at • www.kogel3.at

Di–Do 16–22, Fr und Sa 12–22 Uhr •

Wie alle Gastroprojekte des verstorbenen Dietrich Mateschitz, ist auch das Kogel 3 von zwangloser, aber konsequenter Eleganz. Die fabelhafte Lage und die famose Gastgeberin Beatrix Drennig tun das ihrige, um einen immer wieder hinzulocken. Die Kogel-3-Küche arbeitet seit Jahren auf gutem Niveau, Regionales und Weltläufiges finden sich auf der Karte. Für den Start empfiehlt sich ein köstliches Duett aus gratiniertem Ziegenkäse und frischer Feige, begleitet von Nussbrot und Oliven-Schalotten-Vinaigrette. Dann ein tadellos gebratenes Filetsteak mit reschem Marktgemüse und Mandelbutter. Etwas subtiler ist der knusprige Branzino mit Mungobohnen, Pancetta, karamellisierter Zwiebel und Misoschaum. Die grandiose Gibanica müsste man selbst in ihrem Herkunftsland Slowenien lange suchen. Dass die Weinauswahl perfekt ist, versteht sich schon fast von selbst.

Schlosskeller Südsteiermark Gourmetstube

17/20

Koch: Markus Rath

8430 Leibnitz, Seggaubergstraße 5 • 03452 74499
info@schlosskellersuedsteiermark.at • www.schlosskellersuedsteiermark.at

Mi–Sa 18–20 Uhr •

Der Schlosskeller Südsteiermark liegt westlich von Leibnitz, vom Sulmsee und dem Seggauberg nur einen Steinwurf entfernt. Bei Schönwetter wird das Überraschungsmenü draußen, auf der Terrasse, serviert. Oder eben drinnen, in der gastlichen Stube. Markus Rath, vormals Georgium am Längsee, verantwortet sowohl die Küche im Wirtshaus wie auch jene der Gourmetstube. Um Letztere geht es hier. Und um das Überraschungsmenü, das dort angeboten wird.

Es startet mit einem Saibling. Wunderschön im Ring angerichtet mit Kresse und Schafsjoghurt. Ein herrlicher Auftakt. Erfrischend, hocharomatisch, zauberhafte Textur. Gedämpft-gebackenes Brot im Dim-Sum-Körberl und mit pfeffriger Butter serviert. Später kombiniert Rath Amurkarpfen mit Kalbsbries. Dazu Radieschen und Brennnessel. Sehr gelungen. Der Garpunkt des Graskarpfens ist Weltklasse, das Bries an seiner Seite eine überraschende, wenngleich großartige Ergänzung. Als Käsegang wird Schwarzes Schaf vom Nuart auf den Tisch gestellt. Wow! Nicht nur der Käse. Das ganze Menü.

Abschließend können wir nur betonen, dass uns unsere Unaufmerksamkeit im vergangenen Jahr leidtut. Die Küchenlinie und die Performance hätten da schon früher genaueres Hinschauen verdient. Sie ist authentisch und bodenständig, gleichzeitig aber von beeindruckender Tiefe und Finesse. Eingekauft wird großteils von Partnern und Landwirten der Region, und weil das Restaurant im Herzen der Südsteiermark liegt, beeindruckt nicht nur die Küche. Auch der Keller kann sich sehen lassen. Folglich wird die Weinkarte auch nicht Weinkarte, sondern „Weinbuch" genannt und bietet spannende Kapitel: Bio, Jahrgangstiefe, Raritäten und die einen oder anderen Juwelen aus dem Alpen-Adria-Raum.

Schlosskeller Südsteiermark Wirtshaus

14/20

Koch: Markus Rath

8430 Leibnitz, Seggaubergstraße 5 • 03452 74499
info@schlosskellersuedsteiermark.at • www.schlosskellersuedsteiermark.at

Mi–Fr 16–21, Sa 11.30–21, So 11.30–14.30 Uhr • €€

Wir haben einen Fehler gemacht. Im vergangenen Jahr haben wir den Schlosskeller in der Südsteiermark mit zwei Hauben bewertet – dabei ist uns die Gourmetstube durch die Finger gerutscht. Kommt nicht wieder vor. Nicht getäuscht haben wir uns nämlich bei der Bewertung des Wirtshauses. Die zwei Hauben sind solide und verdient. Die Karte ist eine Augenweide und die Auswahl nicht einfach. Besondere Empfehlungen? Gerne. Das Eierschwammerlrisotto mit Parmesanemulsion und Baumspinat zum Beispiel. Oder das Wiener Schnitzel vom steirischen Kalb. Großartig! Und noch ein Klassiker der heimischen Gasthauskultur: gefüllte Paprika. Mustergültige gefüllte Paprika, wohlgemerkt. Wir bleiben dabei. Und kommen wieder.

Staribacher

12/20

Hotel & Restaurant

Koch: Christian Pfanner

8430 Leibnitz, Grottenhof 5 • 03452 82550611
restaurant@staribacher.at • www.staribacher.at/restaurant
Di–Sa 12–14 und 18–21 Uhr • ♿ • €

Ein Traditionshaus, das sich der Innovation nicht verweigert. Beim Staribacher werden die Klassiker wie Frittatensuppe, Sulz, Backhendl oder Zwiebelrostbraten ebenso sorgfältig zubereitet wie zeitgeistigere Gerichte, etwa die cremige Burrata mit Tomaten und Mango oder die Eierschwammerlsuppe mit Apfelchutney und deftigen Vogelbeeren. Herrlich der zarte Seesaibling im Safransud mit molligem Risotto oder der knusprige, in Buchweizen panierte Karpfen mit kräftigem Erdäpfel-Gurken-Salat. Bei der glasierten Kalbsleber mit Petersilpüree setzt Marille als Beilage einen fruchtigen Akzent. Wer den flüssigen Schokokuchen mit Mangosorbet zu wenig üppig findet, sollte unbedingt die hausgemachten Kardinalschnitten probieren – zu Recht ein Klassiker.

Der Hans

TIPP

im Hotel Alte Post Südsteiermark

8430 Leibnitz, Grazer Gasse 7 • 03452 82373
steak@derhans.at • www.derhans.at
Di–Sa 18–21 Uhr • ♿

Im „Hans“ sind Fleischfreunde genau richtig. Das von zwei Brüdern geführte Restaurant setzt auf die Lieblingssteaks des Vaters der beiden – Hans. Ein Blick in die Karte verrät, dass Hans’ Vorliebe für Cuts durchaus vielseitig sein muss: Vom Chateaubriand, Tomahawk und Kobe-Filet bis hin zu Black Angus Ribs hält das Lokal wirklich für jeden Steakliebhaber das Passende bereit. Auserwählte Fleischstücke werden darüber hinaus noch mit Blattgold verziert, um die hochwertigen Steaks zusätzlich zu optischen Highlights zu machen. Bei den Vorspeisen bedient man sich an Klassikern wie Beef Tatar und Carpaccio vom Rind. Ansprechend sind auch die vielen Beilagen, die zu den Cuts dazu bestellt werden können, darunter Pommes frites, Kartoffelgratin, gebackene Austernpilze und Grillgemüse. Fleischlosen Gästen wird Fisch oder ein „No Beef Steak“ angeboten.

Port361

13,5/20

Koch: Peter Brandner

8700 Leoben, Kärntnerstraße 361 • 0664 142 9930
info@port361.at • www.port361.at

Mi–Sa 17.30–24 Uhr

Klar, unverfälscht und echt – das ist die Philosophie des Port361. Wir können sagen: Das trifft es! Wir sind nicht nur überrascht, sondern begeistert von der „einfachen“ Variation unseres Überraschungsmenüs. Die Lockerheit des Chefs Peter ist vielleicht nicht das Richtige für jeden Gast, wir fühlen uns jedoch herzlich willkommen und sehr gut aufgehoben. Die moderne Atmosphäre des Lokals sowie die offene Küche, die einem erlaubt, dem Koch über die Schulter zu blicken, gefallen uns ausgesprochen gut. Abgerundet durch die hervorragende Weinbegleitung des Jungsommeliers Florian erleben wir einen kulinarischen Abend der Sonderklasse. Eine Harmonie aus Schärfe, Frische, Fruchtigkeit, Säure und ein Mundgefühl, das seinesgleichen sucht. Tischreservierung nicht vergessen und einen tollen Abend genießen!

Kreuzwirt

13/20 (2 Hauben) — im Landgut am Pössnitzberg

Koch: Daniel Rauter

8463 Leutschach, Pössnitz 168 • 03454 205
gut@poessnitzberg.at • www.poessnitzberg.at

Mo–Fr 17–21.30, Sa 12–21.30, So 12–20 Uhr • ♿ • €

Die große Terrasse und der verglaste Kubus des Restaurants erlauben einen schönen Ausblick auf die Südsteiermark. Wo jahrelang Gerhard Fuchs (jetzt „Die Weinbank“, Ehrenhausen) für die Weinbaufamilie Polz gezaubert hat, wird jetzt gutbürgerlich mit dem Fokus auf Regionalität gekocht. Frische Zutaten spielen eine große Rolle. Herauszustreichen sind etwa das Dreierlei von der Bachforelle, die Zitronentagliolini mit Rohnensugo, die Beiried von der Kalbin und die geeiste Himbeercremeschnitte zum süßen Abschluss. Eine stattliche Anzahl an steirischen Gebiets-, Orts- und Riedenweinen von Hannes Sabathi wird mit der Speisekarte offeriert. In der Weinkarte versammeln sich nationale wie internationale Betriebe.

Lieperts

16,5/20

Koch: Manuel Liepert

8463 Leutschach, Arnfelser Straße 2 • 0664 141 8116
office@lieperts.at • www.lieperts.at

Mo, Di, Fr, Sa 8–21, So 8–12 Uhr

Eine räumliche Veränderung zuerst: Neben dem stilvollen Speisesalon gibt es nunmehr ein elegantes Sonnendeck mit Brunnen und Ahornbäumen, wo vorher ein schmuckloser Hinterhof war – eine echte Aufwertung des Hauses. Unverändert fein ist indes Manuel Lieperts Küche. Gäbe es eine Meisterschaft für Küchengrüße, wäre er der Champion. Was er da mit Zander, Entenleber, Schweinskopf etc. an den Tisch schickt, ist zauberhaft. Typisch für Liepert ist, Aromen fein zu verweben und dennoch einzeln schmeckbar zu belassen, etwa beim Spargel mit Miso, Yuzu und Leutschacher Zitrone. Der karamellisierte Sous-vide-Karfiol mit Trüffeljus und Nussbutterschaum ist ein Kunstwerk für sich. Und auf die Idee, Campari mit Roter Rübe und Apfelespuma zu kombinieren, muss man erst einmal kommen. Fantastisch! Die Weinkarte bietet auch weniger bekannte, aber umso interessantere Weine, etwa einen fabelhaften Grauburgunder vom Bioweingut Thomas Menhard, einem stillen Pionier der ersten Biostunde. Mittlerweile warten auch vier schmucke Zimmer auf Übernachtungsgäste.

Liebocher Stub'n

11/20

Koch: Markus Gröblbauer

8501 Lieboch, Packerstraße 122a • 0677 637 08726
office@lieboch-living.at • www.lieboch-living.at

Di–Sa 16.30–21 Uhr • €

Der Zugang ist niederschwellig und die Mehrzahl der Gäste kommt bloß auf ein paar Feierabendgetränke. Wer in den nicht ungemütlichen, mit viel Holz recht modern eingerichteten Stuben essen möchte, ist mit dem „Verwöhnprogramm", einem vier- bis sechsgängigen, preislich attraktiven Menü recht gut bedient. Nicht alles gelingt perfekt (paradeislastige Fischsuppe mit vielen Muschelschalen), aber Etliches durchaus erfreulich wie ein lauwarmer, zart-fleischiger Oktopus oder ein cremig-schmelzendes Himbeersorbet als klassische Zwischendurch-Erfrischung. Schade, dass die glasweise angebotenen Weine ohne Herkunft und Jahrgang in der Karte aufscheinen.

Wörgötter Ⓝ

14/20

Koch: Florian Wörgötter

8563 Ligist, Ligist 40 • 0 3143 22 79, 0660 374 1708
info@restaurant-woergoetter.at • www.wörgötter.at
Mi, So 11.30–14.30, Do, Fr und Sa 11.30–14.30 und 18–21 Uhr • ♿ • €

Vor rund zwei Jahren ist Florian Wörgötter in den elterlichen Betrieb zurückgekehrt, nun wird neben der in dem Familienbetrieb traditionellen Wirtshausküche auch Fine Dining geboten. Das geht dem Sohn des Hauses mit scheinbarer Leichtigkeit von der Hand. Sanft gebeizten Saibling kombiniert er mit eingelegten Saturnpfirsichen, säuerlichem Sanddornsud und Kombu-Algen-Chips. Ausgezeichnet gelingt das zart rosa Kalbsfilet mit Miso-Hollandaise und glasierten Karotten, für den knusprigen Effekt sorgt frittierte Hühnerhaut. Auch die Desserts können wunderbar mithalten. Allerlei Erdbeervarianten werden mit Shisosud und Joghurtespuma gepaart. Die Früchte der Saison spiegeln sich auch in den gereichten Kleinigkeiten – von Rhabarberpralinen bis Melissenbrause über weißer Erdbeere – wider. Aufmerksamer Service, interessante Weinkarte – insgesamt ein Vergnügen.

Knappenwirt

11,5/20

Koch: Michael Lohr

8812 Mariahof, Hoferdorf 113 • 03584 2542, 0664 146 1126
info@knappenwirt.at • www.knappenwirt.at

Di 17–20, Mi–Sa 11.30–14 und 17–20, So 11.30–14 Uhr • ♿ • €

Feines aus der Region, auch aus ihren Gewässern und Wäldern, dominiert auf der Karte des gemütlich-schlichten Lokals mit geräumigem Wintergarten. Lachsforelle, Hirsch und Reh werden hier kundig zubereitet, der Fisch ist etwa hausgebeizt und kommt mit milder Safran-Aioli, der Hirschrücken am Spieß wird mit köstlichen Paunzen und Gemüse serviert. Eine weitere Spezialität des Hauses, das parallel Restaurant- und Wirtshauskost bietet, sind Nudeltaschen – hervorragend etwa mit Ochsenschlepp und Steinpilzen, mit Lamm und Kräutern oder klassisch mit Bröseltopfen und Erdäpfeln gefüllt. Erfrischend und leicht sind die Pannacotta mit Orangenzesten oder die hausgemachten fein-aromatischen Fruchtsorbets.

Mönichwalderhof

13,5/20

Koch: Bernd Konrath

8252 Mönichwald, Karnerviertel 10 • 03336 4481, 0664 559 6441
moenichwalderhof@aon.at • www.moenichwalderhof.at

Do–Sa 17.30–21 Uhr • ♿

„In the middle of nowhere" oder besser: direkt an der Steirischen Blumenstraße befindet sich der Mönichwalderhof. Ein Urlaubsparadies für Senioren, aber auch ein Ausflugsziel für „Gourmets", denn was der junge Chef des Hauses, Bernd Konrath, mit großer Begeisterung und äußerst geschmackssicher auf die Teller zaubert, weiß zu begeistern. Besonders hervorheben möchten wir den confierten Seesaibling mit Leindotter, Apfel, Sellerie und Avocado, aber auch die intensive Steinpilz-Consommé mit Dim-Sum, Eierschwammerln und gebeiztem Dotter. Höhepunkt dann der Kaisergranat auf Bisquet mit halbgetrockneten Tomaten, Spitzpaprikacreme und Gnocchi. Zwei kleine Wermutstropfen zu guter Letzt: einerseits der Sitzplatz im Speisesaal und andererseits ein Weinkartl, das schon die eine oder andere Position mehr vertragen könnte.

Gasthof Schäffer

14/20

Koch: Thomas Schäffer

8692 Neuberg an der Mürz, Hauptstraße 9 • 03857 8332
genuss@gasthofschaeffer.at • www.gasthofschäffer.at

„Lassen Sie sich von Thomas in die Welt der Kulinarik entführen. Immer der Jahreszeit angepasst, mit den besten Zutaten aus der Region und stets überaus kreativ!" Ein Überraschungsmenü auf Vorreservierung in vier bis sechs Gängen mit Gruß aus der Küche und einer Weinbegleitung, die tatsächlich keine Wünsche offenlässt. Ob Fisch aus dem eigenen Teich oder aus der Region, als Vorspeisenvariation, Ceviche und Carpaccio oder gebraten als Hauptgang – jeder Fischliebhaber kommt hier auf seine Kosten. Als Fleischliebhaber wird es einem schwerfallen, sich zu entscheiden, daher ist das Überraschungsmenü sehr zu empfehlen. Ob Wild oder Rind: Es kommen zart rosa gebratene Gustostücke mit hervorragend abgeschmeckten Saucen und Beilagen, die nicht nur auf dem Teller hübsch anzusehen sind, sondern auch eine geschmackliche Unterstützung darbieten. Ein herzliches Willkommen – eintreten und wohlfühlen – rundet hier einen großartigen Abend ab. Wir kommen gerne wieder.

Haider

TIPP

8225 Pöllau bei Hartberg, Ortenhofenstraße 73 • 03335 2353, 0664 924 5845
restauranthaider@gmail.com • www.restaurant-haider.at

Im Restaurant Haider in Pöllau treffen nationale und internationale Kreationen aufeinander. Das Konzept: eine Küchenlinie, die sich der Leidenschaft und Kreativität verpflichtet hat und dafür überwiegend regionale Produkte verwertet. Darauf setzt die aus Brasilien stammende Küchenchefin Hortencia De Araujo mit ihrem Team, um den Gästen ein einmaliges kulinarisches Erlebnis zu schaffen. Neben bester Produktqualität wird im Haider auch darauf geachtet, dass die persönliche Note nicht zu kurz kommt. Daher fließen immer wieder brasilianische Einflüsse in die Gerichte mit ein. Unter anderem gibt es Carpaccio vom Rinderfilet, Shiitake-Tarte, Basilikum-Maiscremesuppe, Spinat-Arancini sowie eine feine Dessertauswahl. Empfehlenswert sind in jedem Fall die mehrgängigen Menüs. Die umfangreiche Weinkarte sorgt für die passende Speisebegleitung.

Retter Bio-Restaurant

11,5/20

Retter Bio-Natur-Resort Pöllauberg

Koch: Jürgen Archam

8225 Pöllauberg, Pöllauberg 88 • 03335 2690
hotel@retter.at • www.retter.at

Mo–Sa 11.30–14 und 17–20, So 11.30–15 Uhr • €

Der „Retter" in Pöllauberg ist nicht nur eines der herausragendsten Seminarhotels des Landes, es ist auch ein Pionierbetrieb in Sachen Bio. Natürliche Materialien in der Architektur, Ladestationen für E-Bikes und E-Autos und natürlich ein biozertifiziertes Restaurant, das als Schulbeispiel für nachhaltige Gastronomie gelten kann. Das Restaurant heißt übrigens „Muskat und Lorbeer" und bietet Biokulinarik vom Feinsten. Die verwendeten Produkte kommen aus einem Radius von maximal 25 Kilometern. Die Küchenlinie ist modern, frisch und von eleganter Leichtigkeit geprägt. Dass Regio- und Saisonalität eine tragende Rolle spielen, versteht sich von selbst.

Restaurant Kupferdachl

15/20

Koch: Daniel Edelsbrunner

8141 Premstätten, Hauptstraße 15 • 03136 523670
restaurant@kupferdachl.at • www.kupferdachl.at

Ein knorriger jahrhundertealter Olivenbaum schmückt den idyllischen Garten, eine kleine Brücke über den Koi-Teich setzt dem Ganzen eine leicht asiatische Note auf. Unter der stilvollen Holzüberdachung lässt es sich weit bis in den Herbst hinein, mit Blick ins Grüne, die großartige Küche des Kupferdachls genießen. Ein schönes Ambiente für ein Genussmenü von Daniel Edelsbrunner, das schon eingangs mit fein abgerundeten Überraschungen wie fermentierten Erdbeeren, Kohlrabinudeln mit Orangen sowie rohen und leicht gebratenen Alpengarnelen überrascht. Mit viel Feingefühl arrangiert Edelsbrunner sein confiertes Saiblingsfilet mit Zitrone, Kapern und Saiblingskaviar. Mutig, aber köstlich ist die süße Abrundung: ein Erdbeersorbet mit Fenchel, Joghurt und Estragon. Die sehr umsichtig durchkomponierte Weinkarte, die bis Istrien verweist, lädt zu einem längeren Aufenthalt.

Kirchenwirt Hofer®

11,5/20

Koch: Konrad Sommerbauer

8182 Puch bei Weiz, Puch bei Weiz 2 • 03177 2247
info@kirchenwirt-hofer.at • www.kirchenwirt-hofer.at

Do–Sa 11.30–14.30 und 17.30–20.30 Uhr • €€

Ein liebliches Dorfgasthaus in einem charmanten Örtchen, das sich dem Apfel verschrieben hat: Das ist der Kirchenwirt Hofer, dem es gelingt, österreichische Köstlichkeiten im Stile einer französischen Brasserie zu servieren – aber dabei nie die Bodenhaftung zu verlieren. Der Familienbetrieb arbeitet eng mit der heimischen Landwirtschaft zusammen, das Fleisch liefern idealerweise Jäger des Vertrauens. Gerne werden auch mediterrane Akzente gesetzt, etwa bei Gnocchi oder Strozzapreti mit Schafskäse und marinierten Nüssen. Gefällig die Hauptspeisen mit Hühnerbrust, Beiried oder Seeforelle. Eine Besonderheit sind die BBQ-Tage im Sommer, an denen nach Lust und Laune kreuz und quer zwischen Gemüse und Fleisch gewählt werden kann. Sehr aufmerksamer Service und angepasstes Weinsortiment.

Pehab Ⓝ

13/20

Aktivhotel

Koch: Michael Tritscher

8972 Ramsau am Dachstein, Ramsau 62 • 03687 81732
hotel@pehab.at • www.pehab.at

17.30–20.30 Uhr •

Bei unserem Besuch entscheiden wir uns für das auf Bestellung angebotene Überraschungsmenü, das mit einem dekonstruierten Gabelbissen beginnt. Die perfekt al dente zubereiteten Brennnessel-Faggotini als Einlage einer Petersil-Riesling-Schaumsuppe sind der erste Höhepunkt. Der Riesling der Domäne Wachau findet sich dann auch in der Weinbegleitung wieder. Allerlei von der Roten Rübe und Kaninchen-Tataki bilden eine harmonische Kombination, als Begleitung dazu ein Roter Veltliner von Stefan Bauer aus Königsbrunn am Wagram. Nach einem Sauerampfer-Sorbet kommt ein auf den Punkt gebratener Lammrücken mit Topinambur, Spargel und frisch geriebenem Trüffel auf den Tisch. Der Topinambur wird – wie die Rüben auch – in mehreren Texturen serviert. Zum Schluss Tobleroneeis und Erdbeeren. Die fair kalkulierte Weinkarte bietet ausschließlich österreichische Weine.

Zur Klause

12/20

Gasthof

Köchin: Monika Fasching-Posch

8673 Ratten, Filzmoos 32 • 03173 2448, 0664 503 5920
ratten@zurklause.at • www.gasthof-zurklause.at

Do–Di 11.30–14 und 18–21 Uhr • €

Der von außen etwas unscheinbare Gasthof in Filzmoos ist vor allem für Wildliebhaber einen Besuch wert. Jungreh und Wildschwein aus dem eigenen Revier werden in unterschiedlichen Degustationsmenüs sowie in saisonalen Schwerpunkten gekonnt auf dem Teller inszeniert. Neben der bodenständigen Küche wagt man sich auch an Neuinterpretationen wie beispielsweise ein Lachscarpaccio. Auf das Dessert kann man sich ebenfalls freuen: cremiges Mohnparfait, luftig-leichte Schokoladenmousse, säuerlich-süßer Fruchtspiegel und knuspriges Zuckergitter. Die verschiedenen Texturen und abwechslungsreichen Geschmacksprofile erfreuen den Gaumen – ein ganzheitliches Highlight!

Zur Linde

11,5/20

Koch: Peter Falb

8103 Rein, Hörgas 1 • 03124 51069
gasthof@zurlinde-stiftrein.at • www.zurlinde-stiftrein.at

Do–Sa 11–20, So 10–17 Uhr

Der familiengeführte Betrieb der Geidels blickt auf eine über 200-jährige Tradition zurück und ist im Wienerwald ein geschätzter Vertreter für zeitgemäße Landhausküche. Regionale und saisonale Zutaten geben bei der Speisenzubereitung den Ton an – sie werden hier und da mal mit asiatischen, mal mit mediterranen Einflüssen vermengt. So befinden sich im Menü Wirtshausklassiker wie Backhendl, Zwiebelrostbraten und Eierschwammerltatar neben Gerichten wie Sommerrollen, hausgemachten Steinpilzravioli oder Jahrgangssardinen mit frischer Sauerteig-Ciabatta. Steakliebhaber kommen bei den Varianten vom Dry-Aged-Beef auf ihre Kosten, bei Weinaffinen bleiben dank der gut sortierten Auswahl (offen und flaschenweise) mit Fokus auf Österreich keine Wünsche offen: Wein aus Kleinflaschen, Natural Wines, regionales Bier und alkoholfreie lokale Alternativen sorgen für die passende Begleitung im Glas.

arx Restaurant

11,5/20

Koch: Roland Waibel

8973 Rohrmoos-Schladming, Rohrmoosstraße 91 • 03687 61493, 0664 936 0507
office@das-arx.at • www.das-arx.at

Di–Sa 18–21 Uhr • €€

Chefkoch Christof Schiller und sein Team kochen, was in der Region und im eigenen Kräutergarten gerade wächst und was die Jahreszeit so hergibt. Da es keine Karte gibt, wird hier, neben dem Cut, Catch und Veggie of the Day, auch ein Überraschungsmenü serviert. Ein kleiner Mangel im Veggie-Menü ist, dass meist lediglich die tierische Zutat weggelassen wird – hier hätte man sich ein wenig mehr Kreativität und Vielfalt gewünscht. Betreffend Weinbegleitung wird uns mit viel Liebe zum Detail und Wissen jeder Wein präsentiert.

Am Pfarrhof

18,5/20

Ambiente Award 2016

Koch: Harald Irka

8444 Sankt Andrä im Sausal, St. Andrä im Sausal 1 • 0660 394 4628
office@ampfarrhof.com • www.ampfarrhof.com

Fr und Sa 18.30–19.30, So 11.30–12.30 Uhr

Der Pfarrhof ist eines der schönsten Restaurants unseres Landes. Er ist auch eines der besten. Mit wenigen Protagonisten gelingt es Harald Irka in der Küche und seiner Lebensgefährtin Lisa Gasser im Service auf einer kleinen Regionalbühne allabendlich eine große Oper aufzuführen. Wie das geht? Zum einen ist die Regionalbühne ein zauberhaftes Refugium, zum anderen beweist Irka seit vielen Jahren, dass er einer der talentiertesten Küchenchefs Österreichs ist. Sommelier Petr Hlinak findet stets die passenden Weine: Naturweine aus der Steiermark, deutsche Rieslinge, Feines aus dem Burgund und ganz Klassisches aus dem Sauternes zum (gar nicht so) süßen Finale.

Irka setzt auf eine stimmige Mischung aus regionalen und saisonalen Produkten, die er mit erstklassigen Meeresfrüchten ergänzt. Sein Geschmackssinn zeigt sich beim dezenten Einsatz asiatischer Aromen, mit denen er einige seiner Gerichte subtil verfeinert. Auch den Umgang mit dezenter Schärfe macht ihm so schnell keiner nach.

Nach ein paar feinen Küchengrüßen geht es mit einer rohen Gelbflossenmakrele (dazu Melone und frische Gartenkräuter) so richtig los. Es folgt ein Taschenkrebssalat mit einem Carabinero-Jus, der mit Walderdbeeren aromatisiert wurde. Großartig! Der Black Cod mit Miesmuscheln in Harissa-Schaum ist genauso ein Gedicht wie der Kaninchenrücken, gepaart mit Carabineros und dezenter Jalapeño-Schärfe.

Statt rotem Fleisch gibt es als letzten pikanten Gang eine zarte Perlhuhnbrust mit Eierschwammerln und Trüffel. Dann noch zwei Desserts (genial das Frischkäsetörtchen mit Basilikumeis) und man versinkt in wohliger Zufriedenheit. Gut gelaunt ist man sowieso, denn die Fröhlichkeit, mit der Lisa Gasser die Gäste umsorgt, ist ansteckend.

Das große Menü wird übrigens nur mehr am Wochenende angeboten. Am Mittwoch und Donnerstag gibt es unter dem Titel „Ostrea" feine Meeresfrüchte im À-la-carte-Format. Das schmeckt genauso gut, nur sind die Portionsgrößen etwas üppiger und das Menü dauert etwas kürzer.

Broadmoar

15/20

by Johann Schmuck

Koch: Patrick Faist

8503 St. Josef, Oisnitz 36 • 0664 187 8740
reservierung@johann-schmuck.at • www.johann-schmuck.at

Mi–Fr 18–22, Sa 11–22 Uhr •

Am Niveau gemessen, sind die beiden Nachbarn durchaus ebenbürtig. Nebenan das Edelgestüt mit den Turnierpferden, im Frontbereich das Broadmoar. Beides erstklassig. Und beide vermitteln ein gewisses erdiges Element. Diesem fühlt sich Tausendsassa Johann Schmuck verpflichtet, der neben der „Mühle" und dem „Terra" hier, in der Einschicht im weststeirischen Oisnitz, sein drittes Lokal betreibt. Veredelte Natur wird hier serviert – und das erfrischend innovativ, wenn auch die kleinen Entrees des Frühlingsmenüs ein wenig zu verspielt daherkommen. Einzelne Facetten der ersten Häppchen wie der geröstete Lauch mit Mandeln und einem Hauch Dukkah haben Raffinesse, ebenso wie der auf Holzkohle stark geröstete Spargel mit Chiliöl und geraspeltem Fenchel. Der ebenso auf der Glut punktgenau gegarte Waller auf feinem Sößchen unterstreicht, dass hier mit bodenständig-kreativer Lust gekocht und auch die umgebende Natur miteinbezogen wird, wie der schöne Abschluss mit dem Sauerampfereis unter Beweis stellt.

Genussgasthof Willenshofer

TIPP

8672 St. Kathrein am Hauenstein, Obere Zeil 6 • 03173 2335, 0664 937 8879
office@genussgasthof.com • www.genussgasthof.com
Do–Sa 11.30–14 und 17.30–19.30 Uhr • €

Der Genussgasthof Willenshofer ist ein echter Geheimtipp. In St. Kathrein am Hauenstein kann man sich von der Gastgeberfamilie, die den Betrieb seit mittlerweile drei Generationen führt, mit regionalen und internationalen Spezialitäten verwöhnen lassen. Dass der Gasthof familiengeführt ist, macht sich vor allem bei der Gasfreundschaft bemerkbar, denn es wird stets versucht, alle Gäste glücklich zu machen. Das gelingt einerseits mit der hohen Produktqualität der Lebensmittel, andererseits mit dem Können des Küchenteams. Chef de Cuisine Stefan Willenshofer vereint in seiner Linie moderne, steirische Saisonküche mit internationalen Einflüssen. So kommen Gerichte wie gebackene Kalbsleber, Bergsaiblingsfilet, französische Barbarie-Entenbrust und vieles mehr zu Tisch. Für noch mehr Transparenz werden alle Produzenten und Bauern aufgelistet.

ZeitRAUM ⊘

16,5/20

by Stefan Eder

Koch: Stefan Eder

8171 St. Kathrein am Offenegg, Dorf 3 • 03179 82350
info@der-wilde-eder.at • www.der-wilde-eder.at

Mo, Fr und Sa 18–23 Uhr

Im „WILDen Eder“ hat man sich dazu entschlossen, neben dem Wirtshaus einen eigenen ZeitRaum für Fine Dining zu schaffen. Und so kostet man in aller Ruhe an Holztischen mit eingebauten Besteckfächern die kulinarische Reise aus, die Stefan Eder persönlich begleitet. Zur Einstimmung bringt ein „Ei-Pad“ aus Holz neben würzigem Cremespinat mit Erdäpfelstroh in der Eischale auch den Nachhaltigkeitsgedanken des Hauses an den Tisch. Eine Minipfanne mit gebackenem Ochsenschlepp, Sauce Rouille und Radicchiomarmelade verheißt einen kreativen Abend. Immer wieder wird Bezug auf den Namen des Restaurants genommen: So finden sich auf stilisierten Planetenbahnen Kräutermousse, Hanfchip und nach Matjesart fermentierter Saibling. Ebenso harmonisch wie vergnüglich ist die Kaltschalte aus Erdbeere, Breinwurst und hausgemachtem Lardo, danach lockt fermentierter Spargel mit Kürbiskernshoyu auf die japanische Spur, Anklänge von Exotik bereichern den exzellenten Stör. Hervorragend gelingt auch ein Duett vom Ziegenkitz, unter anderem mit geschmortem Bauchfleisch im Raviolo, mit Sauerampfer und Nussbutter. Wer die vegetarische Menüvariante wählt, darf sich ebenso auf abwechslungsreiche und fein ausgeführte Gerichte freuen. Für eine spannende Weinbegleitung ist gesorgt, wer sich lieber selbst entscheidet: Die Weinkarte versammelt eine bemerkenswerte Auswahl und Anzahl an Posten. Empfehlenswert ist auch die alkoholfreie Getränkebegleitung, sie birgt unter anderem Savory Drinks wie den herrlich erfrischenden „Gulaschsaft“ mit Aromen von Kümmel und Paprika zum Brotgang. Zum zauberhaften Abschluss hat Konditorweltmeisterin Eveline Wild die Hand im Spiel. Es folgt großes Schokoladentheater. Angelehnt an die Literaturverfilmung „Willy Wonka & the Chocolate Factory“ kommt ein goldenes Schokoladenticket auf den Tisch. Wer es löst, findet ein paar Münzen für einen Süßigkeitenspender und dreht getunkte Mandeln heraus. Ein Schoko-Umriss der Titelfigur auf dem Teller birgt zu guter Letzt eine hinreißende Mischung aus geeisten Heidelbeeren, Maiwipferl und Hollerstraube.

Mayer

13,5/20

Wirtshaus & Dorfhotel

Koch: Stefan Ell-Mayer

8954 St. Martin am Grimming, St. Martin am Grimming 9–12 • 0 36 84 22 03
urlaub@mayer-grimming.at • www.mayer-grimming.at

Di–Fr 17–21, Sa 11–14 und 17–21, So 11–14 Uhr • €€

Küchenchef Stefan Ell-Mayer möchte seinen Gästen aus heimischen Produkten Gerichte mit internationalem Touch servieren. Dies gelingt ihm mit Unterstützung seines Teams auf gutem Niveau. Wer sich überraschen lässt, kann ein spannendes Menü genießen, etwa Schwarzwurzeln mit Blutorangen oder Vitello tonnato. Eine kräftige Rindsuppe mit Pilztascherl und Lachsforellenwürferl leitet zum Hauptgang über: würzig gebratenes Rinderfilet mit knusprigem Kohl oder – nicht ganz so würzig geratene – geschmorte Ochsenbackerln. Bei den Nachspeisen dominiert die Klassik: Die elegante Crème brulée ist eine echte Empfehlung. Wer hier speist und Wein genießt,kann in modern eingerichteten Zimmern nächtigen.

Harkamp

12/20

im Weingartenhotel Harkamp Südsteiermark

Koch: Heinz Harkamp

8505 St. Nikolai im Sausal, Flamberg 46 • 03185 2280
office@weingartenhotel.at • www.weingartenhotel.at

Die Aussicht allein wäre genug Grund zu verweilen, am Rand des Weingartens mit Blick auf Sausal, Kitzeck und Demmerkogel. Hochzeitsgesellschaften und Stammgäste tummeln sich hier gern, Letztere sicher auch wegen der Klassiker des Hauses: die rahmige, mit Zimt verfeinerte Weinsuppe etwa, detto das knusprige Backhendl. Das würzige Weingelee zum Nachtisch, auch so ein Hausklassiker, wird jetzt mit Schokomousse und Pannacotta kombiniert – keine schlechte Idee. Im Gegenteil. Über derlei Standards hinaus gibt es gut gebräunten Ziegenkäse mit duftenden Amalfizitronen und Melonensalat oder hausgemachte Gnocchi mi knackigen Eierschwammerln und frischem Sommertrüffel. Adäquater Abschluss: ein flaumiger kleiner Mohngugelhupf mit Orangensalat und Marillen-Mascarpone-Creme. Interessant: die hausgemachten Weine, darunter biodynamische Sekte und großartige maischevergorene Weine. Harkamp eben. Der Service ist freundlich und zuvorkommend.

Lurgbauer

15,5/20

Koch: Maximilian Leodolter

8630 St. Sebastian bei Mariazell, Lurg 1 • 03882 3718
lurgbauer@mariazell.at • www.lurgbauer.at
Mi–Sa 12–14 und 18–20, So 12–15 Uhr • ♿ • €€

St. Sebastian ist die nördlichste Gemeinde der Steiermark. Mariazell ist dem Ötscher im südlichen Mostviertel näher als jedem anderen Berg in der Steiermark. Der Lurgbauer ist sogar noch weiter nördlich. Quasi der nördlichste Bauer des Bundeslands. Jedenfalls ein guter Grund, nach Mariazell zu pilgern. Egal, von welcher Seite. Die Säulen von Max Leodolters Küche sind einerseits die Rinder vom eigenen Hof. Stattliche, tiefschwarze Aberdeen-Angus-Rinder und Weidekälber. Andererseits auch die anderen hofeigenen Produkte und solche von kleinen Mariazeller Produzenten. Mariazeller Saibling zum Beispiel, der am Hof geräuchert und mit Dillgurke, Borretsch-Öl und Vitello-Creme serviert wird. Eine spannende Interpretation. Das Kalb kommt geschmort mit Fenchel und Kräuterrisotto, die diversen Cuts vom Angus vom Holzkohlengrill und perfekt auf den (gewünschten) Punkt gebraten. Bei der Käseauswahl dominiert – absolut stimmig – Rohmilchkäse. Überhaupt ist der Lurgbauer eines der spannendsten From-farm-to-table-Restaurants des Landes.

BioAlm Wassermann

12/20

Koch: Philipp Wassermann

8511 St. Stefan ob Stainz, Sommereben 8 • 03143 8113, 0676 919 8091
gasthof@wassermann-wirt.at • www.bioalm.com

Mo, Di, Fr, Sa 11.30–14.30 und 17.30–20, So 11.30–15 Uhr • €€

Vorneweg muss er ohne Einleitung sofortige Erwähnung finden: der Zwiebelrostbraten der seinesgleichen sucht – sei es in Sachen herausragender Fleischqualität, lobenswertester Zubereitung oder g'schmackigem Safterl! Ja, okay, auch die Hirschsalami als Gruß aus der Küche, die Räucherfischterrine mit knackigen Eierschwammerln, die reichlich bestückte Eierschwammerlsuppe sowie der erfrischende Eiskaffee sind ohne Fehl und Tadel. Und auch der zuvorkommende Service und die die Umgebung sorgfältig abbildende Weinkarte sind im so gemütlichen wie fernab vom Schuss gelegenen „Wassermann" absolut zu unserer Zufriedenheit. Aber der Zwiebelrostbraten …

Thaller

16,5/20

Koch: Norbert Thaller

8423 St. Veit am Vogau, Am Kirchplatz 4 • 03453 2508
restaurant@gasthaus-thaller.at • www.gasthaus-thaller.at

Mo und Do–Sa 12–14 und 18.30–22, So 12–17 Uhr • €

Jeden Mittag beweist Norbert Thaller mit einer – mittlerweile verkleinerten – Wirtshauskarte, dass es sich hier um eine der besten Adressen dieses Genres handelt. Fast bedauert man, im abendlichen Fine Dining in ein anderweitiges Menü gezwungen zu sein. Bis der Meister loslegt: Eine Rehconsommé mit Märzschnecklingen und Liebstöckel ist die Ouvertüre zu einem Abend der sorgsam geordneten Aromen, die Thallers Küchenstil ausmachen. Nichts wird geschmacklich übertüncht, die Harmonie des Nebeneinanders macht den Zauber aus. Das bleibt auch beim Forellenrollmops mit gesäuertem Kraut, entsaftetem Paprika und Kräuteröl deutlich. Als Highlight erweist sich der Spargel mit Ei, Bergamottecreme und Hühnerhautgrammeln – alles mit reichlich Kräutern. Die gigantische Weinkarte umfasst eine große Auswahl heimischer Weine. Sie wird international begleitet, darunter von rund 150 französischen Weinen.

JOHANN Genussraum

14/20

Koch: Lukas Cirjak

8970 Schladming, Hauptplatz 10 • 03687 22571
info@johann-schladming.at • www.johann-schladming.at

Hier trifft urbaner Lifestyle auf alpine Gemütlichkeit – und das mitten am Schladminger Hauptplatz. Wohlfühlen und genießen lässt es sich auf der modernen Terrasse oder im gemütlichen Gastraum hervorragend. Die steirischen Wurzeln sind hier nicht nur in der Karte zur Begrüßung ersichtlich, sondern auch in den regionalen Produkten. Küchenchef Lukas Cirjak und sein Team legen nicht nur Wert auf Qualität, sondern auch auf lässige Gerichte, die dazu einladen, einmal etwas Neues zu probieren. Kochkunst riechen und schmecken können, das ist ein Versprechen, welches hier eingehalten wird. Eine Weinkarte, die für jeden das Passende bietet, rundet das gelungene Angebot ab.

Stegweber

12,5/20

Koch: Thomas Neumann

8541 Schwanberg, Aichegg 44 • 03467 8395
postmaster@stegweber.at • www.stegweber.at

Die feine Handschrift von Thomas Neumann lockt einmal mehr nach Schwanberg in die Weststeiermark. In dem Familienbetrieb mit der geräumigen Stube und dem ruhigen sommerlichen Gastgarten versteht er es meisterhaft, die Aromen regionaler Produkte herauszuarbeiten. Weinempfehlungen und Tagesgerichte trägt der Chef persönlich vor. Karamellisierte Apfelspalten und Kartoffelpüree ergänzen eine hervorragende Apfel-Curry-Suppe. Glasig gebratene Garnelen toppen einen cremig gerührten Safranrisotto, geschmortes Kraut begleitet einen knusprig gebratenen Bachsaibling, sämige Selleriecreme den zart-rosa Rücken vom Hirschkalb. Zum süßen Abschluss stehen auch hausgemachte Mehlspeisen bereit.

Hofwirt

12/20

Koch: Martin Kriechbaum

8732 Seckau, Marienplatz 7 • 03514 54290
willkommen@hofwirt.at • www.hotel-hofwirt.at

Mi–Sa 11.30–21, So 11.30–18 Uhr • ♿ • €€

Nach einem Besuch der Benediktinerabtei Seckau kehren Besucher gerne im Hofwirt ein. Im denkmalgeschützten Barockbau werden seit 1603 Speisen und Getränke serviert. Heute bietet die Küche Speisen an, die zwischen Tradition und Moderne angesiedelt sind. So darf das in goldgelber Panier servierte Backhenderl mit Erdäpfelsalat ebenso wenig fehlen wie eine kräftige Rindsuppe mit Frittaten. Alpengarnelen vom Grill auf Liebstöckel-Risotto oder die veganen Tagliatelle mit Kräuterpesto stehen am anderen Ende des Angebots. Im Sommer sollte man unter den alten Kastanienbäumen noch einen der angebotenen Eisbecher probieren und im Winter kommen Naschkatzen etwa mit Apfel- oder Topfenstrudel auf ihre Kosten.

Krenn

12,5/20

Koch: Marc Zach

8951 Stainach-Pürgg, Pürgg 11 • 03682 22274
willkommen@gasthaus-krenn.at • www.gasthauskrenn-puergg.at

Mi, Do 16–21, Fr–So 11.30–21 Uhr • €

Im schattigen Gastgarten oder in den mit viel Holz eingerichteten Stuben bietet das Gasthaus Krenn ein interessantes Speiseangebot. Die Bärlauchnockerl mit Spargel sind gut gewürzt, das Roastbeef rosa gebraten und der dazu servierte Käferbohnenhummus entpuppt sich als geschmacklich interessante Begleitung. Das bei den zahlreichen Tagesgästen, die das pittoreske Pürgg besuchen, beliebte Wiener Schnitzel mit Preiselbeeren gibt es hier natürlich auch. Ebenso hoch im Kurs steht der zarte Schweinsbraten mit flaumigen Semmelknödeln und kaltem Krautsalat. Der Service, der mit viel Charme agiert, kann uns zum Finale noch zu einem Cappuccino und einem kleinen Stück Gugelhupf überreden.

Das Ursprung

11,5/20

8510 Stainz, Rassach 45a • 03463 55585
dasursprung@gmail.com • www.dasursprung.at

Der rustikale Bau an der Bundesstraße war schon ein Schweinestall und eine Tankstelle, die aktuelle Inkarnation ist gewiss die sympathischste. Serviert wird gehobene Wirtshausküche in Gasthausportionen. Die Karte ist klein, aber interessant: das Karfioltörtchen mit eingelegten Karfiolröschen ein Geschmackserlebnis, die toll marinierte Poké-Bowl mit Lachsforelle aus dem nahen Ort Wildbach und körnigem Reis jedenfalls ein spannender Versuch. Das Wiener Schnitzel brüstet sich mit makelloser Panier, der gebratene Saibling kämpft gegen seine üppige Sauce eher auf verlorenem Posten. Das Frozen Yogurt mit Honig, gekochten Marillen und Schoko-Crumble erweist sich als krönender Abschluss, die Raffaello-Mousse ist mit frischen Erdbeeren gut balanciert. Freundlicher, kompetenter Service.

Rauch-Hof

13,5/20

Köchin: Karin Rauch

8510 Stainz, Wald Süd 21 • 03463 2882
office@rauch-hof.at • www.rauch-hof.at

Mi, Do 18–21, Fr, Sa 12–14.30 und 18–20, So 12–14.30 und 18–20 Uhr • €

Seit Jahrzehnten führen Karin und Willi Rauch ihr kleines Ferien-Retreat mit glücklicher Hand. Herzstück ist das Restaurant, in welchem sich eine urige Gaststube und ein herrlicher Garten zum Genießen anbieten. Wir haben Glück und sitzen in der Sonne. Nebst lokalen Spezialitäten gibt es auch Weltläufiges, etwa eine asiatische Spargelsuppe, beherzt gewürzt. Die in Nussbutter gebratene Forelle, eine selbst gezüchtete Spezialität des Hauses, richtet Karin mit Rosinen, Orange und gerösteten Mandeln an – eine überraschende, aber stimmige Kombination. Eine Pannacotta mit Rosenblütensirup und Sorbet ist ein stimmiger Abschluss. Erfreulich ist auch die Auswahl an offenen Weinen, allesamt von heimischen Spitzenwinzern.

Terra

16,5/20

Köche: Johann Schmuck & Maximilian Grandtner

8510 Stainz, Rathausplatz 2/Unterboden • 0664 238 2860
reservierung@johann-schmuck.at • johann-schmuck.at

Mi–Fr 17–23, Sa 12–23 Uhr

Die im Ortskern von Stainz gelegene Mühle bietet seit mittlerweile zehn Jahren solide Zwei-Hauben-Gerichte. In einem ehemaligen Keller direkt darunter hat sich das kleine Terra zur qualitativen Spitze emporgehoben. Das obligatorische Sieben-Gänge-Menü zu 175 Euro besteht de facto aus nahezu doppelt so vielen Gängen und begeistert vor allem beim Gemüse, das oft fermentiert eingesetzt wird. Allein die stimmige Kombination von Saibling und Kohlrabi in mehreren Texturen lohnt den Besuch. Das Ambiente dazu: warme Holztöne, ein virtueller Kamin und Moos an den Wänden zur Schallminimierung, wie der sympathische Maître und Sommelier Joachim Retz, der auch zu jedem Gang den richtigen Wein mit viel Verve anbietet, erläutert. Auf hohem Level auch die dehydrierte Melone mit Burrata und Artischocken sowie das besonders hübsch angerichtete Zwischengericht aus Tomate, Gurke und Ziegenkäse. Einzig der Branzino aus dem Salzwasserbecken (Michis Frische Fische, Weiz) hätte vielleicht aus dem Meer noch besser gemundet.

Wirtshaus im Stainzerhof

12/20

Koch: Leonhard Salchegger

8510 Stainz, Grazer Straße 2 • 03463 22122
welcome@stainzerhof.at • www.stainzerhof.at

Di–Sa 11.30–14 und 17.30–21 Uhr • ♿ • €

Terrakottafarben, schlichte Tischdeko und ein angenehm schattiges Plätzchen unter der saftig grünen Trauerbuche versprühen pures Urlaubsfeeling. Ein Glas Chianti Classico in der Hand – und der italienisch angehauchte Abend kann beginnen. Burrata, Walnuss und Orange zum Auftakt, danach Ossobuco auf cremigem Safranrisotto. Ein Deut besser: der Saibling mit Polenta und würzigem Paprika-Kürbis-Gemüse. Erwähnenswert ist jedenfalls auch die Käseauswahl.

Genusstheater

15/20

im Weingut Krispel

Koch: Daniel Weißer

8345 Straden, Neusetz 29 • 03473 7862
office@krispel.at • www.krispel.at

variabel

Die Krispel'schen Produkte Wein und Schwein stellen eine ungewöhnliche, aber reizvolle Kombination dar – vor allem, wenn beides in so hoher Qualität hergestellt wird. Der von außen eher abweichend-wuchtig wirkende Baukörper öffnet sich nach Betreten zu einem Innenhof mit imposanter Schauküche, selbstbewusst „Genusstheater" genannt.Küchenchef Daniel Weißer offeriert neben zwei vier- bis fünfgängigen Menüs auch klassische Kleingerichte, darunter ein köstliches Carpaccio vom gebeizten Wollschweinsrücken. Die das saisonale Angebot berücksichtigenden Menüs – im Frühling zum Beispiel eine gelungene Kombination von Spargel, violetten Erdäpfeln, Selchfleisch und Vogelmiere – zeichnen sich durch fantasievolle Kreationen aus: gewagt gewürzt der steirische Stör mit Erdnüssen in Krustentierschaum und ungemein zart, geschmackvoll, schlicht perfekt ein Dry-Aged-Wollschwein-Karree mit Brennnessel, Morcheln und Bratkartöffelchen. Die glasweise Weinbegleitung begeistert durch große Vielfalt – vom Champagner über Naturwein von der Mosel bis zum hauseigenen gereiften Weißburgunder.

Saziani Stub'n

17/20

Koch: Christoph Mandl

8345 Straden, Sazianiweg 42 • 03473 8651
saziani@neumeister.cc • www.neumeister.cc

Mi–Fr 18–20, Sa 12–13.30 und 18–20, So 12–14.30 Uhr • €

Albert Neumeister hat Großes für die österreichische Küche geleistet. Ein paar der besten Köche dieses Landes arbeiteten für ihn und bekamen in seiner Saziani Stub'n die Möglichkeit, ihre ganz persönlichen Stile und Qualitäten zu entwickeln. Just als Neumeister sich vor über einem Jahr Richtung Pension zurückziehen wollte, schien die Serie der Superköche abzureißen. Doch nun schaut es wieder nach einem Happy End aus.

Mit dem jungen Christoph Mandl, 12 Jahre lang unter anderem als Souschef beim „Koch des Jahres 2024", Alain Weissgerber, im Taubenkobel tätig, hat das Restaurant nicht nur einen neuen, wieder einmal fantastischen Koch, sondern ab 2024 auch einen neuen Pächter gefunden. Und das gibt allen Anlass zur Hoffnung auf eine gesicherte Zukunft, denn gemeinsam mit seiner im Service und als Sommelière agierenden Verlobten Ruth Heuch sorgt Mandl jetzt schon für große kulinarische Freude.

Dazu braucht er ein bisschen Anlauf. Anders als bei seinem Vorgänger Harald Irka, wo schon die Amuse-Gueules wie ein eigenes Menü wirkten, geht es bei Mandl erst mit dem ersten Gang richtig los: Zwei Garnelen, einmal aus dem Atlantik, einmal aus burgenländischer Zucht, harmonieren gleichermaßen gut mit Erbse und Minze. Ebenso eine Taglilie aus dem hauseigenen Kräutergarten mit Paradeiser und Liebstöckel.

Erster Höhepunkt sind verschiedene marinierte Pilze mit Salzzitrone und einer intensiven Nussbutter-Mandel-Sauce, die verblüffend mit einem Glas Moarfeitl Morillon – natürlich von Neumeister! – korrespondiert. Zucchiniblüte mit Kernöl, Spitzkraut mit Lavendel, Steinbutt mit Paprika und Knoblauch sowie Rehkitz mit Kohlrabi und Sanddorn bringen Mandls besondere Stärke auf den Punkt: sein unglaubliches Gespür für perfekt abgeschmeckte Saucen und Safterln, die nie zu vordergründig sind, die man aber immer bis zum letzten Tropfen auftunken möchte.

Diese Küche ist unprätentiös, geradlinig, frei von Showeffekten, aber gleichzeitig sinnlich und raffiniert. Und vor allem macht sie Lust auf ihre Weiterentwicklung in Straden.

© Zanshin Kuge

Oliver kocht

13,5/20

Koch: Oliver Kerngast

8472 Straß in der Steiermark, Murfelder Straße 42 • 03453 21001, 0664 416 0993
servus@oliver-kocht.at • www.oliver-kocht.at

Mo 17–21, Di–Fr 11.30–15.30 und 17–21 Uhr

Drinnen schlicht-modernes Ambiente, draußen urig-heimelige, gepflegte Gartenoase, in der bei Schönwetter verstreut unter Sonnenschirmen gespeist werden kann. Die Location ist auch für Urlaubsreisende ein idealer Fleck, hier an der steirisch-slowenischen Grenze eine Rast einzulegen. Es ist die Vielfalt, die „Oliver kocht" sympathisch macht. Neben heimischen Klassikern – vom Wiener Schnitzel vom Kalb bis zum Vogersalat – weiß Oliver Kerngast natürlich so einiges aus den regionalen Zutaten zu zaubern. Dafür rollt er etwa als Vorspeise einen „Roten Teppich" aus: eine schöne Variation mit einem Carpaccio vom Rind, Couscous-Wan-Tan und Apfelchutney. Köstlich auch die im Ofen geschmorten Backerln vom Vulkanlandschwein. Schön, dass man sich hier auch an eine süße Institution erinnert: „Heiße Liebe" – Himbeeren mit Vanilleeis und Schlag.

Lilli & Jojo

14,5/20

Das kleine Wirtshaus

Koch: Joachim Gradwohl

8461 Sulztal an der Weinstraße, Sulztal an der Weinstraße 22 • 03453 2310, 0676 394 3503
cuisine@lilliundjojo.at • www.lilliundjojo.at

Mo 12–20.30, Fr–So 15–17.30 und 18–20.30 Uhr •

Einst in den Haubenküchen der Bundeshauptstadt zu Hause, hat sich der hochbegabte Joachim Gradwohl mit seiner Partner Lilli Kollar an der Südsteirischen Weinstraße ein kleines Paradies geschaffen. Während Lilli sich mit ihren Damen im liebevoll gestalteten Ambiente charmant um die Gästeschar kümmert, zaubert Jojo am liebsten Überraschungsmenüs, die überzeugen. Bei unserem Besuch werden wir mit Hühnerleberparfait, Apfel und selbst gebackener Brioche, gefolgt von Gnocchi mit steirischer Salsiccia verwöhnt. Auch ein hauchzarter Waller mit Kohlrabi, Liebstöckel und Erdäpfel sowie eine Crème brulée mit steirischen Erdbeeren sind herausragend. Umfassende Weinkarte, regional breit wie tief. Was für ein schönes Ziel für einen Ausflug in die Steiermark!

Hubinger

14/20

Koch: Johann Wöls

8622 Thörl, Etmißl 25 • 03861 8114, 0664 100 9915
office@hubinger.com • www.hubinger.com

Mi–Sa 11.30–14 und 17.30–21, So 11.30–16 Uhr • €€

Wer sommers den Gastgarten der urigen Stube vorzieht, hört vor allem Schwalben, glückliche Kühe und das Rauschen des Etmißlbachs. Ähnlich erfreulich ist unser Mittagessen. Zwei wirklich feine Suppen, Süßwasserfisch und Asmonteschaum, beide mit Gemüse-Brunoise, sind ein fulminanter Auftakt. Das zart gebratene Ziegenkitz im Thymiansaft mit Kräuterravioli ist mustergültig und sucht seinesgleichen. Die Forellenvariation – Filet, Mousse, Tatar und Carpaccio (ganz ausgezeichnet) – wird von einem Wirbelsturm an frischen Kräutern begleitet. Zum Abschluss begeistert ein Waldmeisterparfait mit gepfefferten Erdbeeren.

Wirtshaus Steirereck

15,5/20

Koch: Jürgen Schneider

8625 Turnau, Pogusch 21 • 03863 2000
pogusch@steirereck.at • www.steirereck.at
Mi 17–21, Do, Fr und Sa 11.30–21, So 11.30–19 Uhr • ♿ • €

Durchorganisiert ist das Gasthaus am Pogusch – aber anders ginge es wohl auch nicht. Empfang, Tischzuweisung, Bestellaufnahme. Wie das genau mit dem Draußensitzen funktioniert, haben wir nicht verstanden: Ein paar Gäste hatten dort schon Platz genommen, aber wir wollten nicht das Prozedere stören und blieben im Inneren. Zumal dort Speck, Brot und Butter schon bereitstanden – alles in Topqualität. Liebhaber feinster Flaschen rennen nun gleich in den begehbaren Keller, reifer Raritäten halber. Man kann aber auch sitzen bleiben und Gutes glasweise bestellen (warum nicht mit einem Madeira Rainwater von Barbeito beginnen?). Der Wildkräutersalat ist nicht nur ein geschmacklicher Knaller, sondern wird auch optisch so attraktiv präsentiert, dass wir hin und weg sind. Eine kleine Portion Wildkarpfen mit Aromaten, Kürbiskernöl und Erdäpfelpüree bildet den perfekten Übergang zum Latschen-Buttermilch-Hendl samt Erdäpfel-Wiesenkräuter-Salat. Knusprig außen, saftig innen: prima. Auch an den Erdbeeren (Sorten Wädenswil und Mieze Schindler) haben wir nicht die Spur auszusetzen: Sie sind geliert, geeist und um Sauerklee und Brandteigkrapfen angereichert. Vermisst haben wir an diesem Abend eigentlich nur einen Gastgeber, der mal nach dem Rechten gesehen hätte.

Gasthaus zum Bergmann

13/20

Wirtshaus des Jahres 2017

Koch: Jakob Meier

8864 Turrach, Turrach 3 • 0353 3275, 0676 553 8325
gasthofzumbergmann@aon.at • www.gasthauszumbergmann.at
Mi–So 9–14 und 17–21 Uhr; in der Wintersaison nur am Abend geöffnet

Genuss und Tradition inmitten der Berge! Hier findet man traditionelle Gerichte mit modernen Akzenten. Auch Gastfreundschaft wird hier großgeschrieben. In der gemütlichen Gaststube kann man sofort erkennen, dass hier vor allem die Jagd eine große Rolle spielt. In der Speisekarte wird dies noch deutlicher, das Rehtatar sei jedem ans Herz gelegt. Nicht nur die Frische der Produkte, sondern auch das kulinarische Handwerk sieht und schmeckt man in allen Gerichten. Ob Saibling oder Hirsch, auf den Punkt gebraten und mit köstlichen Beilagen vollendet – hier bleibt kein Wunsch offen. Für Vegetarier sind zwar nur die Steinpilz-Gyoza eine Option, da diese aber so köstlich sind, wollen wir als Zwischengang nicht darauf verzichten. Die süße Verführung „Snickers“ rundet einen kulinarisch exzellenten Abend ab.

Genusstreffpunkt Höfer

13/20

Koch: Manuel Höfer-Schwarze

8044 Weinitzen, Höhenweg 22 • 03132 2629, 0664 184 6561
hoefer@genusstreffpunkt.at • www.genusstreffpunkt.at
Fr 16–21, Sa 11.30–21, So 11.30–16.30 Uhr • €€

Der Name des Grazer Restaurants mit hauseigener Vinothek und Blick ins Grüne ist Programm. Küchenchef Manuel überrascht seine Gäste gerne mit einer „Genussreise“, einem Fünf-Gänge-Menü mit saisonalen Schwerpunkten. Die Gänseleberpastete mit eingelegten Vogelbeeren und hausgemachter Brioche fällt beim Überfliegen der Speisekarte direkt ins Auge. Sowohl optisch als auch geschmacklich eine herausragende Leistung. Als sensorischer Höhepunkt zeigt sich der Hauptgang: Zweierlei vom Kalb, bestehend aus perfekt gebratenem Rücken sowie Ravioli mit Blattspinat, Knoblauch und Safranschaum. Als Wein wird ein fruchtiger Zweigelt vom Weingut Umathum empfohlen. Als etwas bodenständiger, aber um keinen Deut schlechter präsentieren sich die hauchdünnen Palatschinken mit Marillenröster. Wer sich für das frisch zubereitete Schokoküchlein mit flüssigem Kern entscheidet, muss sich ein wenig gedulden. Die Wartezeit ist nach dem ersten Löffel jedoch gleich wieder vergessen.

Restaurant Steirerschlössl

16/20

Koch: Martin Steinkellner

8740 Zeltweg, Hauptstraße 100 • 03577 22601, 0664 853 4398
willkommen@steirerschloessl.at • www.steirerschloessl.at

Mo–Sa 12–14.30 und 18–22, So 18–22 Uhr • ♿ • €€

Wer hier einkehrt, nimmt ein Ästhetik-Vollbad: drinnen im fein restaurierten Jugendstilambiente oder sommers draußen im äußerst gepflegten Hotelpark. Die Küche steht im Wesentlichen auf zwei Säulen: dem abendlichen (samstags auch mittags verfügbaren) Gourmetmenü mit vier bis sechs Gängen oder der gutbürgerlichen täglichen Karte, die sehr faire Preise hat. Wir probieren beides. Die solide Frittatensuppe und die feinen Rindsrouladen: Fleisch innen rosa, das Gemüse knackig. Zum Gourmetmenü-Auftakt machen Jakobsmuschel, Kräuterrisotto, Avocado-Tatar, Minicarpaccio und weitere Köstlichkeiten in kleiner anmutiger Form den Auftakt. Lachs, Spargel, Lardo sowie Tomatenessenz mit Minipofesen werden dann als erste reguläre Gänge gereicht. In unserem Fall wirft ausgerechnet der Hauptgang Fragen auf. Der sous-vide gegarte Saibling ähnelt einer Fischpastete, die beiliegenden Morcheln sind ledrig und mau. Die biblische Weinkarte verzeichnet viele heimische Klassiker, aber auch Domaine de la Romanée-Conti oder Château Margaux.

Schloss-Taverne

16,5/20

im Schloss Farrach

Koch: Alexander Stöhr

8740 Zeltweg, Schlossweg 13 • 03577 25257, 0660 158 5503
restaurant@schlossfarrach.at • www.schlossfarrach.at

Mi–Sa 12–14 und 18–21, So 12–16 Uhr • €

Die Dichte an Spitzenrestaurants in und um Zeltweg ist mittlerweile groß, wobei das mit einer außergewöhnlichen Mosaik-Fassade beeindruckende Schloss Farrach den Anfang machte. Alexander Stöhr in der Küche und Ehegattin Karin mit Sohn Niko im Service sind eifrig bemüht, ihr Schloss immer wieder zu verschönern, wie zuletzt der attraktive Gastgarten und der zeitgemäß-moderne, geschmackvolle Speisesaal beweisen. Die Küche gibt sich eher klassisch und beeindruckt mit hervorragenden Produkten, die sorgfältig und besonders schmackhaft zubereitet werden. Eine ausschließlich aus dem eigenen Garten stammende Tomatenvielfalt wird durch Burrata und Gazpacho-Sorbet stimmig ergänzt, einfach köstlich ist der French Toast mit klein geschnittenen Trüffeln und cremig-erfrischendem Ricotta. Das mürbe Hirschkalbsfilet adelt neben getrüffeltem Kohlrabi ein wunderbarer Jus, mit dem der leicht gekühlt (glasweise) servierte Nebbiolo (Langhe) bestens harmoniert. Alle angebotenen Weine stammen übrigens nur von der Familie Stöhr bekannten Produzenten und werden mit Fachwissen präsentiert.

TIROL

© Roman Babakin/Shutterstock

19/20	**STÜVA** Ischgl	Seite 794

18/20	**TANNENHOF** St. Anton am Arlberg	Seite 844
17,5/20	**GRÜNDLER'S GOURMETSTÜBERL** Achenkirch	Seite 742
17,5/20	**INTERALPEN-CHEF'S TABLE** Telfs-Buchen/Seefeld	Seite 868
17,5/20	**ONIRIQ** Innsbruck	Seite 780
17,5/20	**PAZNAUNERSTUBE** Ischgl	Seite 788
17,5/20	**SCHWARZER ADLER** Hall in Tirol	Seite 764
17/20	**BEEF CLUB** Fiss	Seite 756
17/20	**BERGGERICHT** Kitzbühel	Seite 802
17/20	**DER GANNERHOF** Innervillgraten	Seite 772
17/20	**HUBERTUSSTUBE** Neustift im Stubaital	Seite 826
17/20	**KAMMERLI** Nauders	Seite 822
17/20	**SCHLOSSHERRNSTUBE** Ischgl	Seite 790
17/20	**SIGWART'S TIROLER WEINSTUBEN** Brixlegg	Seite 750

LEGENDE

- ○ Orte allgemein
- Orte mit (1 Zahn)
- Orte mit (2 Zähne)
- Orte mit (3 Zähne)
- Orte mit (4 Zähne)
- Orte mit (5 Zähne)

Erl
Ebbs
Kufstein
Schwoich
Söll
Ellmau
St. Johann
Achenkirch
Achensee
Inn
Bad Häring
Going
St. Jakob in Haus
Wörgl
Brixen
Reith
Kitzbühel
Pertisau
Maurach
Brixlegg
Alpbach
Hopf-garten
Kirch-berg
Schwaz
Fügen
Uderns
Jochberg
all
Wattens
Stumm
Rinn
ans
Zellberg
Zell am Ziller
Hippach
Mayrhofen im Zillertal
Tux
Hintertux
Matrei
Kals am Großglockner
St. Jakob in Defereggen
Nußdorf-Debant
Lienz
Inner-villgraten
Anras
Amlach
Lavant
Strassen

Gault&Millau
Genussmesse, Weinfest und vieles mehr …
Alle Tickets zu unseren kulinarischen Events auf gaultmillau.at

Gründler's Genießerwirtshaus Ⓝ

13,5/20

im Genießerhotel Alpin

Köche: Armin & Alexander Gründler

6215 Achenkirch, Seestraße Nr. 35 • 05246 6800
hotel@kulinarikhotel-alpin.at • www.kulinarikhotel-alpin.at

Do–Mo 11–14 und 17.30–21 Uhr • €€

Wer in Gründlers Genießerwirtshaus einkehrt, spürt und schmeckt sofort, dass hier mit Armin und Alexander Gründler dieselben Meister am Werk sind wie im Vier-Hauben-Gourmetstüberl gleich nebenan. Eine großartige Möglichkeit, bodenständige Gerichte der „Karwendelküche" auf höchstem handwerklichem Niveau zu genießen. Die verarbeiteten Produkte stammen hier wie da zum Großteil von Bauern und Betrieben aus der Region. Im Wirtshaus kann man à la carte bestellen oder ein mehrgängiges Überraschungsmenü wählen. Gebackenes Schnitzel vom Ziegenkitz, Rieslingbeuscherl oder flaumige Bärlauch-Erdäpfel sind nur einige Highlights der kreativen Wirtshauskarte. Kult ist das Backhendl, im Pfandl serviert, mit lauwarmem Erdäpfel-Vogerl-Salat.

Gründler's Gourmetstüberl

17,5/20

im Genießerhotel Alpin

Köche: Armin & Alexander Gründler

6215 Achenkirch, Seestraße 35 • 05246 6800
hotel@kulinarikhotel-alpin.at • www.kulinarikhotel-alpin.at

Do–Mo 17.30–21 Uhr • €€

Wer denkt, viele Köche verdürben den Brei, der wird im Gründler's Gourmetstüberl in Achenkirch eines Besseren belehrt. Denn hier führen Vater und Sohn gemeinsam Regie – und was dabei herauskommt, ist ganz großes Kino. Der Titel: „Das Beste aus der Karwendelküche". In der Hauptrolle: erlesene Zutaten aus der Region, die von Alexander und Armin Gründler geschmacklich wie optisch als echte Kunstwerke auf den Teller gebracht werden.

Der Seesaibling an grünem Apfel, Stangensellerie, Amarant und Vogelmiere ist eine gelungene frische Einstimmung auf das, was folgt: Tiroler Biopilze mit Spargel, Erbsen und Wachtelei als perfekt abgestimmte Komposition. Dann der auf den Punkt gegarte Mai-Rehbock, begleitet von wildem Brokkoli, flaumigen Vinschgerlgnocchi und – Räucheraal. Dieser sorgt beim Betrachten der Speisekarte zwar kurz für gespannte Ambivalenz, beim Genuss des Gerichts jedoch für Verzückung, da der Fisch das Wild tatsächlich hervorragend ergänzt. Als „Süßer Frühlingstraum" macht das Dessert – Topfen, Erdbeere, Rhabarber und Nüsse – seinem Namen alle Ehre: Die verschiedenen Texturen aus cremig und knackig, fruchtig und schokoladig lassen uns beglückt zurück.

Das Genießermenü gibt es wahlweise in vier, fünf oder sechs Gängen, ergänzt von mehreren Grüßen aus der Küche sowie begleitet von schönen Weinen, die von Sommelière Caroline Gründler ausgesucht werden. Gespeist wird in einem gemütlichen Stüberl mit einer Handvoll Tischen, das modern-alpine Interieur sowie der aufmerksame Service sorgen für Wohlfühlatmosphäre. Ein Familienbetrieb par excellence, der übrigens neben dem Gourmetstüberl auch noch ein Wirtshaus mit ebenfalls empfehlenswerter Slow-Food-Küche bietet.

falstaff
TOP 50
Gault Millau
2023
Gründler's
Gourmetstüberl

Fuggerstube

15/20

im Der Böglerhof – pure nature resort

Koch: Hannes Treichl

6236 Alpbach, Nr. 166 • 05336 5227
info@boeglerhof.at • www.boeglerhof.at

Do–Sa 18.30–23 Uhr

Das Restaurant Fuggerstube befindet sich im bekannten und geschichtsträchtigen Böglerhof in Alpbach. Eine so schön erhaltene originale Stube findet man selten. Als Auftakt kommen ein paar Grüße aus der Küche, bei dem einer besonders hervorsticht: eine Selleriecreme mit Rinderherz – ein grandioser Start. Danach ein Kalbsbries mit Berglinsen und Pilzen – auch das ein sehr stimmiges Gericht. Der Hauptgang mit einem Kalbsfilet und einem gekochten Kalbfleisch sowie Kalbsfond schließt nicht ganz an die vorherigen Gerichte an. Das Filet ist zwar sehr gut gebraten, könnte aber geschmacklich mehr Tiefe haben. Der Fond verleiht dem Geschmack auch keine zusätzliche Substanz und das gekochte Kalb wirkt leicht deplatziert. Das abschließende Dessert mit einem Granny-Smith-Apfel, angegossen mit Verjus, imponiert durch ein gewagtes Spiel mit Säure. In Summe ein stimmiger Abend, der von einem professionellen und zuvorkommenden Service – und vor allem von exzellenten Weinen – begleitet wird. Das ergibt – das haben weitere Besuche in dieser Saison gezeigt – eine deutliche Steigerung.

Genießer-Parkhotel Tristachersee

12,5/20

Koch: Christian Hofer

9908 Amlach/Lienz, Tristachersee 1 • 04852 67666
parkhotel@tristachersee.at • www.parkhotel-tristachersee.at

Do–Di 12–13.30 und 18.30–20.30 Uhr • €€

In nur wenigen Minuten Fahrt von Lienz erreicht man den malerisch gelegenen Tristacher See am Fuße der Lienzer Dolomiten. Das ansässige Parkhotel nutzt seine Monopollage bestmöglich, um Gästen ein einzigartiges Urlaubserlebnis zu bereiten. Unter der Ägide von Chefin und Neo-Sommelière Marie-Theres Kreuzer umweht ein frischer Wind das Wintergartenrestaurant. Sprichwörtlich naheliegend sind insbesondere Fischgerichte immer eine sichere Wahl. Mit etwas Glück ergattert man Huchen, eine wahre Rarität auf Speisekarten. Klassische Servicekunst zelebriert Familie Kreuzer mit dem Flambieren beim Gast.

Das Pfleger ↗

15/20 (3 Hauben)

Koch: Thomas Mascher

9912 Anras, Dorf 15 • 04846 6244, 0664 915 9167
info@hotel-pfleger.at • www.hotel-pfleger.at

Do 18–21, Fr–So 12–14 und 18–21 Uhr • €

Das Gasthaus Das Pfleger ist ein traditionelles Wirtshaus in der Gemeinde Anras in Osttirol. Es befindet sich in einem charmanten Gebäude mit alpenländischem Flair, strahlt eine gemütliche Atmosphäre aus und ist für seine herzliche Gastfreundschaft und regionale Küche bekannt. Die Speisekarte bietet eine Vielzahl von traditionellen Tiroler Gerichten, die mit frischen und hochwertigen Zutaten zubereitet werden. Hier können Gäste die köstliche Tiroler Küche in ihrer ganzen Vielfalt genießen. Einen wahren Gaumenschmaus bieten die Überraschungsmenüs „Chef's choice", die als Vier- oder Fünf-Gänge-Menü genossen werden können. Die Küche überzeugt mit interessanten Kombinationen. Alle Zutaten sind von erstklassiger Qualität, die Speisen optisch wunderbar präsentiert – sie erzeugen wahre Glücksgefühle in den Geschmacksnerven.

Atelier Freund-Schafft Ⓝ

15/20 (3 Hauben)

im Hotel Panorama Royal

Koch: Markus Freund

6323 Bad Häring, Panoramastraße 2 • 05332 77117
office@panorama-royal.at • www.panorama-royal.at

Es war im Jahr 2023 eine der großen Restauranteröffnungen in Tirol. Im Vier-Sterne-Superior-Hotel Panorama Royal in Bad Häring eröffnete mit dem „Atelier Freund-Schafft" eine solide Fine-Dining-Location im Osten des westlichen Bundeslands. Am Herd steht Küchenchef Markus Freund (der Namensgeber) und was er und sein Team im Atelier aus der Küche schicken, ist umwerfend. Aus Spargel und Flusskrebs entsteht ein eleganter feingliedriger und frühlingshafter Gang zum Einstieg. Aber auch der Saibling mit Sarmakraut und Mispeln zeigt, welch unglaubliches Potenzial in diesem „Atelier" und seiner Mannschaft steckt. Unbedingt hervorzuheben ist auch die Arbeit von Andrea Weidenauer, der Chef-Patissière an Freunds Seite. Ihre Desserts tragen eine klare Handschrift, eine deutliche Signatur.

Das Walters®

14,5/20

Koch: Manuel Lehne

6633 Biberwier, Schmitte 8 • 05673 210 2110
info@das-walters.at • www.das-walters.at

Do–Mo 18–21 Uhr

Direkt neben dem spektakulären Chaletdorf La Posch in Biberwier findet man das urige und sehr gemütliche Restaurant Das Walters. Seit 2021 ist Manuel Lehne in der stylishen Schauküche am Werk. Schon der erste Blick auf die kleine Karte zeigt, wo die kulinarische Reise hingeht: alpine Küche, vereint mit mediterranen und asiatischen Elementen. Ein besonderes Anliegen ist dem erfahrenen Küchenchef die Verwendung saisonaler und regionaler Zutaten. Den Start macht ein Tatar von der Biberwierer Lachsforelle, serviert auf einer säuerlich-frischen Buttermilch-Vinaigrette, aromatisch akzentuiert durch Misocreme (Gewürzpaste aus Sojabohnen) und Koriander. Weiter geht es mit dem Zweierlei vom Angus-Rind – Backerl und Rücken kommen in jeweils perfektem Garzustand auf den Teller. Dazu gibt es hervorragende Kalbsschwanztortellini, knusprig gebackenen Karfiol und gebratenen grünen Spargel. Den Abschluss macht köstliches Cremeeis vom Sauerampfer, den der Chef eigenhändig auf der benachbarten Wiese gepflückt hat. Eine gelungene Reminiszenz an geschmackliche Kindheitserinnerungen.

Spitzbuam Ⓝ

14/20

Koch: Florian Straif

6364 Brixen im Thale, Ahornweg 4 • 0664 142 8928
tisch@spitzbuam.restaurant • www.spitzbuam.restaurant
Di–Sa 18–23 Uhr • • €€

Unprätentiös und herzlich ist der erste Eindruck, als wir das kleine Restaurant im Hotel Hubertus in Brixen im Thale betreten. Dahinter stehen Peter Wahrstätter als Gastgeber und engagierter Sommelier und Florian Straif in der Küche. Die Weinkarte besteht hauptsächlich aus österreichischen und französischen Positionen. Besonders fein ist Nabemono, eine Art Eintopf vom Fisch, mit Garnelen, Miesmuscheln, Meerbarbe und Jakobsmuschel-Carpaccio. Die Einlagen allesamt von sehr guter Qualität. Wenn man etwas bemängeln möchte, dann, dass die Suppe zwar mit sehr dichten Aromen von Zitronengras und Fischsauce auffährt, aber nur lauwarm ist. Alleine für die Eierschwammerln in Kaschmir-Curry würden wir wiederkommen: kleinste, feine, knackige Exemplare – das macht wirklich Spaß. Die Hauptgänge spielen in derselben Liga: Der japanische Knurrhahn wird mit einer Kaviar-Beurre-blanc serviert, dazu risottoartig zubereitete Fregola Sarda, die dem Ganzen aber etwas die Show stiehlt. In Summe ein äußerst erfreulicher Neuzugang in der Region, unterhaltsam und sympathisch.

Herrnhaus

12/20

Koch: Lukas Moigg

6230 Brixlegg, Herrnhausplatz 1 • 05337 62223
kontakt@herrnhaus.at • www.herrnhaus.at
Sa–Di 11–14 und 17–21, Mi–Fr 17–21 Uhr • ♿ • €€

Das Herrnhaus ist, was es ist: ein Herrenhaus. Ein Fels in der kulinarischen Brandung des Inntals und eine Perle der Gastlichkeit in Brixlegg. Feste, dicke Mauern, gemütliche Stuben und die Gerichte auf der Karte scheinen in Stein gemeißelt. Es sind die Klassiker der heimischen Wirtshausküche, allerdings auf eine Art zelebriert, die Freude macht. Das Kalbsbeuschel etwa, das man gerne auch als ersten Gang bestellen kann, ist eine Zierde seiner Art. Auch die Wildgerichte: Hier spürt (und schmeckt) man, dass Christian und Lukas Moigg sowie Simon Hutter Jäger aus Leidenschaft sind. Der Kramsacher Hirsch, serviert als Ragout und als gefülltes Schnitzel mit Blaukraut und Gnocchi, hat das Zeug zum Kult.

Sigwart's Tiroler Weinstuben

17/20

Zur grauen Katze

Köchin: Gertrud Sigwart

6230 Brixlegg, Marktstraße 40 • 05337 63390
tiroler-weinstuben@aon.at • www.tiroler-weinstuben.at

Do 17–21.30, Fr–So 12–21.30 Uhr • €€€

Die traditionsreiche Sigwart's Tiroler Weinstuben in Brixlegg wird von Chefin Traudi Sigwart zusammen mit ihrem Mann Anton, der auch für die herausragende Weinkarte verantwortlich ist, und ihrer Schwester Veronika bereits in sechster Generation betrieben. Besonders gemütlich sitzen und speisen lässt es sich der Zirbenstube, in der schon vor 200 Jahren Gäste bewirtet wurden.

Die Küche von Traudi Sigwart, die eine Vorliebe für die französische und asiatische Küche hat, ist gleichermaßen bodenständig und innovativ. Hochwertige, vorwiegend – aber nicht nur – regionale Zutaten werden auf höchstem handwerklichem Niveau zu durchaus üppigen und sehr fantasievollen Kreationen verarbeitet. Die Kräuter und eine große Auswahl an Obst und Gemüse stammen aus eigenem Anbau. Pilze und Beeren werden in der nahen Umgebung selbst gesammelt. Wild und Süßwasserfische stammen nach Verfügbarkeit aus der Region. Meeresfische und die anderen Zutaten für Traudi Sigwarts Weltküche werden mehrmals die Woche frisch geliefert.

Die Karte besteht aus einem À-la-carte-Teil, dem kleinen Menü „Tiroler Sommer" und dem zehngängigen Gourmetmenü, inspiriert von Sternekoch Marc Haeberlin. Den Anfang macht ein erfrischendes Kaiserhummer-Tatar mit Kaviar, gefolgt von einem feinen Entenleberspiegel mit knusprigen Brioche-Crumbles und Cassisessenz. Die Nudelteigrose mit Rehfüllung ist perfekt al dente, die Pfifferlinge sind knackig und hocharomatisch.

Das Highlight des Menüs ist der Hauptgang mit einem Duett der zarten Brüstchen von Wachtel und Taube mit Périgord-Trüffel, Weißkraut, Trüffelpüree und Strohkartoffel auf einer kräftigen Bordeaux-Geflügelsauce. Fulminant zum Dessert ist der Klassiker „Pfirsich Haeberlin" nach einem Rezept der oben erwähnten Sterneküche aus dem Elsass. Fazit: Wer ein Kenner der Tiroler Gourmetszene sein möchte, muss die unverwechselbare Küche von Traudi Sigwart unbedingt in seinem kulinarischen Portfolio haben.

Der Unterwirt

15,5/20

Das kleine Gourmethotel

Koch: Christian Ranacher

6341 Ebbs, Wildbichler Straße 38 • 05373 42 288, 0676 966 4238
info@unterwirt.at • www.unterwirt.at

Mi 18–21, Do–Sa 12–14 und 18–21, So 12–21 Uhr • • €€

Ein uralt-prächtiges Haus, von zwei Unterwirtinnen-Schwestern mit Charme, Witz und Kunstsinn geführt. Dahinter ein verwunschener Garten, ein romantischer Ort für ein Mahl unter Lampions. Die Stuben zeigen Schönheit und Würde. Hier kocht Christian Ranacher samt jungem Team – und wie: einfallsreich, optisch bunt und haptisch variabel. Da wird die Graukassuppe zur Delikatesse, da parfümiert Kalbsleber ein feines Eis, beim Gang „Lachsforelle (geröstet) & Taube" wird weiße Taubensauce verwendet. Dazu gibt es Trauben und Topinambur. Der gebratene Zander kommt mit Quitte und weißen Bohnen.Portweineis trifft auf Maracuja. Vielerlei Küchentechniken sind im Einsatz, dennoch bleibt alles unanstrengend-lässig. Attraktiv ist die Weinkarte, der Service vom Feinsten. Professionell, unaufgeregt, entspannt.

Kaiserhof

14,5/20

Gourmetrestaurant Kulinarium

Koch: David Wagger

6352 Ellmau, Harmstätt 8 • 05358 2022, 0664 540 8120
info@kaiserhof-ellmau.at • www.kaiserhof-ellmau.at

Mi–So 17.30–21 Uhr •

Der Kaiserhof verdankt seinen Namen dem Kaisergebirge, das mit seinen ikonischen Gipfeln die Silhouette der Kitzbüheler Alpen prägt. Zu seinen Füßen: das malerische Ellmau, welches dank der TV-Serie „Der Bergdoktor" Berühmtheit erlangt hat. Auf einer Anhöhe thront das Wellnesshotel, in dem auch das À-la-carte-Gourmetrestaurant „Kulinarium" beheimatet ist. In der Küche hat nun David Wagger das Zepter von Günter Lampert übernommen. Er bietet verschiedene – auch vegetarische – Optionen, aus denen das mehrgängige Genießermenü ganz nach persönlichem Belieben gewählt werden kann, der Gang zum reich bestückten Salatbuffet ist ebenfalls inkludiert. Besonders hervorzuheben: der äußerst aufmerksame Service sowie die umfassende Weinkarte. Und für alle Fans der TV-Serie: Bei der Auffahrt zum Hotel passiert man sogar das Bergdoktor-Haus.

Blaue Quelle ⌀

14,5/20

Hotel Gasthof

Koch: Alexander Struth

6343 Erl, Mühlgraben 52 • 05373 8128
info@blauequelle.at • www.blauequelle.at

Die Blaue Quelle unweit des Festspielhauses Erl bietet viel zu selten Gewordenes: feine Wirtshausgerichte aus besten Zutaten, serviert in drei behaglichen Stuben, deren uriges Interieur das tirolerisch-bayerische Grenzgebiet widerspiegelt. Dass sich auf der Karte neben Klassikern der österreichischen Küche auch Fernöstliches findet, mag anfangs irritieren. Aber: Das Backhendl zeigt sich unter einer wunderbaren Panade saftig und zart, die Regenbogenforelle blau aromatisch und geschmackvoll. Auch das knackige Gemüsecurry hätte nicht besser sein können. Die im Glas servierte Mango-Pannacotta gleicht von der Konsistenz mehr einer Creme, überzeugt aber mit intensiv-fruchtigem Geschmack. Und dann ist da noch diese Schokotarte – köstlich! Bestnoten auch für den Service: trotz vollem Haus präsent und freundlich. Preislich für die gebotene Qualität absolut angemessen.

Dresch ↗

12/20

Gasthaus-Hotel

Koch: Karl Anker

6343 Erl, Oberweidau 2 • 05373 8129
anker@dresch.at • www.dresch.at

Mo, Di, Fr 17.30–20.30, Sa und So 11.30–13.45 und 17.30–20.30 Uhr • ♿ • €

Ein Blick auf die Speisekarte reicht, um festzustellen, dass man beim Dresch – kulinarisch gesehen – in einem sicheren Hafen gelandet ist. Auf der ersten Seite werden die Partner und Lieferanten auf die Bühne gehoben und die Herkunft der Lebensmittel angegeben. Wenn man genau nachschaut, sieht man, dass der Gasthof Dresch Mitglied der freiwilligen „Da kommt's her"-Initiative in Tirol ist. Sehr löblich. Die Küche selbst sowieso. Darüber haben wir hier schon oft geschrieben – und daran hat sich nichts geändert. Doch! Irgendwie hat man das Gefühl, dass es hier immer stimmiger wird.

Beef Club ↗

17/20 (4 Hauben)

im Schlosshotel Fiss

Köche: Mathias Seidel & Nikolaus Platteter

6533 Fiss, Laurschweg 28 • 05476 6397
beefclub@schlosshotel-fiss.com • www.schlosshotel-fiss.com
Mi–So 18.30–23 Uhr • ♿ • €€€

Am oberen Ortsrand von Fiss ragt das Schlosshotel wie ein alpiner Palast aus dem Berg. In diesem Fünf-Sterne-Haus, das auch bei Urlaubern mit Familien großen Anklang findet, ist alles etwas größer und vieles auch etwas besser. Zuletzt gönnte man einigen besonders motivierten Köchen, allesamt in tollen Restaurants ausgebildet, mit dem „Beef Club" eine eigene kulinarische Spielwiese.

Das Gedeck mit Blutwurst-Brioche und Kaviar, Mandel-Tartelette mit gehobelter Gänseleber und einer im Filoteig gebackenen Langustine sind herrlich mundende Gaumenschmeichler, ebenso wie der aufwendige Brotservice (30- bis 48-stündige Teigführung) und das Kaninchenragout mit Parmesan-Espuma und gehobeltem Eigelb als Amuse.

King Fish in Hamachi-Qualität, serviert mit Salicorne- und Rettich-Aromen und Steinbutt im Pata-Negra-Sud mit Saubohnen, Lardowürfel und einem feinen Püree von süßlich geschmorten Zwiebeln sind weitere Ausrufezeichen. Saftige, blutrosa gegarte Challans-Ente mit Zweierlei von der Entenleber und eine Tarte mit Lorbeereis (!) sind weitere gute Gründe für einen nochmaligen Besuch.

© Mike Rabensteiner

Bruderherzstube

14,5/20 im Hotel Das Marent

6533 Fiss, Oberer Spelsweg 6 • 05476 20320
genuss@bruderherzstube.at • www.bruderherzstube.at

„Bruderherz“ nennt der eine Bruder den anderen. Gemeint sind im konkreten Fall die Brüder Marent, also Christian und Alexander. Die beiden liefern hochfeine internationale Küche mit südlichem Twist und Hang zur Heimat. Konkret sieht das so aus, dass sie Kabeljau mit Olive und Chorizo kombinieren, die Trüffelgnocchi mit Herbsttrompeten und – mutig, aber absolut stimmig – Kalb mit Hummer, Melanzani und Algen. Es gibt, dem Geist der Zeit geschuldet, auch ein hervorragendes vegetarisches Menü voller Energie und Kreativität. Roten Rüben stellen die beiden Pecorino und Holunderessig an die Seite, dem Weißkraut Shiitakepilze. Umwerfend.

Mountain Loft

11/20 Bergstation Spieljoch

Koch: Giaonpaolo Piechele
6263 Fügen, Hochfügener Straße 77 • 05288 62991, 0676 886 32222
info@spieljochbahn.at • www.spieljochbahn.at
9–17 Uhr • ♿ • €€

Im Zillertaler Mountainloft schnuppert man Alpenluft, aber auch der Geruch von frischer Pizza liegt in der Luft. Von Margherita bis Diavolo wird das Angebot um die „Tyroler“ Eigenkreation mit Speck, Zwiebeln und würzigem Bergkäse erweitert – eine gute Wahl, wie wir finden. Klarer Favorit ist jedoch der Tiroler Schlutzkrapfen mit g'schmackigem Graukäse – eine Hommage an die Region. Die fantastische Aussicht wird mit einem herrlichen Kaiserschmarren abgerundet. Allerdings fehlt hier der Bezug zur Klassik. Statt eines Rösters serviert man auf dem Berg leicht kristallisiertes Vanilleeis. Ja, eh.

Bio-Hotel Stanglwirt

11/20

6353 Going, Kaiserweg 1 • 05358 2000, 0535 820 007921
daheim@stanglwirt.com • www.stanglwirt.com

11–22 Uhr

Sattelfest und überzeitlich in der Region verankert: Der „Stanglwirt" im Tiroler Unterland, am Fuße des Wilden Kaisers, ist sowohl unverzichtbares Hotelimperium als auch konstant gutes Wirtshaus mit vorrangig bodenständiger Küche. Die Grundlage für die in diesem Rahmen kredenzten heimischen Wirtshausklassiker, die punktuell auch neben zeitgemäß-luftigere Küche gestellt werden, bildet die eigene Biolandwirtschaft. Das Ergebnis dieser Symbiose genießt man am besten in der „Kuhstall-Stube", die einen Blick auf den namensgebenden Kuhstall gewährt und gewissermaßen dazu beiträgt, dass sich der Nahrungskreislauf nicht nur symbolisch schließt.

Alps & Ocean

16/20

im Hotel Sonnenhof

Koch: Patrick Müller

6673 Grän, Füssner-Jöchle-Straße 5 • 05675 6375
post@sonnenhof-tirol.com • www.sonnenhof-tirol.com

Do–So 18.30–21.30 Uhr • €€

Das Gourmetrestaurant Alps & Ocean und die Weinwelt der Brüder Patrick und Rainer Müller sind die Leuchttürme des Hotels Sonnenhof in Grän. Hier, im Tannheimer Tal, lockt ein Fine-Dining-Erlebnis den erlesenen Gaumen. Zu Recht: Der ganze Abend gleicht einer Operette an Geschmäckern. Nicht ganz günstig zwar, aber hier wird abgeliefert. Den Auftakt macht ein gebeiztes Saiblingsfilet, unterstützt von etwas Beurre blanc – sehr graziös, keinesfalls überladen. Das Karottentatar mit Apfelmustard besticht gleichermaßen mit seiner Einfach- wie Herzhaftigkeit – denkwürdig. Der Ozean lässt grüßen bei bretonischem Hummer an Krustentier-Espuma, ebenfalls mit Spargel, danach Steinbutt-Bisque und gebrannte Tomaten. Alpenflair bringt ein rosa gebratener Lammrücken, äußerst fein abgestimmt an Banyuls-Jus mit saisonalem Gemüse. Die abwechslungsreiche Weinbegleitung komplettiert Gang um Gang. Erfrischend leicht und ein schier melodischer Ausklang ist die Dessertkreation aus Joghurt, Basilikum und Erdbeeren.

Das Müllers

14,5/20

im Hotel Sonnenhof

Koch: Patrick Müller

6673 Grän, Füssner-Jöchle-Straße 5 • 05675 6375
post@sonnenhof-tirol.com • www.sonnenhof-tirol.com

Mo und Di 12–17 Uhr, Mi–So 12–14 und 18.30–21 Uhr • €€

Ohne Frage einer der Vorzeigebetriebe im schönsten Hochtal Europas, dem Tannheimer Tal. Nicht nur eines, sondern gleich zwei ausgezeichnete Restaurants erfreuen Gaumen und Seele im Hotel Sonnenhof in Grän. Direkt am Waldrand, am Ende der Skipiste, genießt man im Das Müllers gehobene Wirtshausküche mit einer ordentlichen Prise Luxus. Nicht ganz günstig, aber äußerst kreativ, originell und mit Liebe zum Produkt präsentieren sich die Gerichte von Chefkoch Patrick Müller. Neben bretonischem Wolfsbarsch, heimischem Flusszander und einer feinen Auswahl an Steaks gibt es saisonal ausgezeichnete Wildgerichte. Frische Gillardeau-Austern und Trüffel haben hier im Sonnenhof allerdings immer Saison.

Grunstube Ⓝ

14/20

im Hotel Bergblick

Koch: Peter Reithmayr

6673 Grän, Am Lumberg 20 • 05675 63960
info@hotelbergblick.at • www.hotelbergblick.at

Kein unbekannter Name ziert das mit Wachs versiegelte Menü der neuen Gourmet-Grunstube des Hotels Bergblick im Tannheimer Tal. Peter Reithmayr bringt frischen Wind in die Spitzengastronomie des hohen Norden Tirols. Den Auftakt macht ein hausgebeizter Saibling an Radieschen im Buttermilchsud. Im nächsten Gang dann ein Potpourri aus Texturen der Roten Rübe, abgestimmt mit Heidelbeere und Kaviar, sehr genussvoll umgesetzt und ein Highlight der Menüfolge. Auf ein kunstvolles Oxalis-Sorbet folgt Renke Natur mit Kerbel und Dotter. Das klassische Tiroler Lamm, auf den Punkt gebraten, rundet das Menü äußerst stimmig ab. Den süßen Abschluss leitet ein Apfel-Kren-Sorbet ein, beinahe ein Tick zu pikant, um es als Pre-Dessert durchgehen zu lassen. Der Beni-Wild-Schokolade-Ring bringt dann aber ordentlich Süße in den letzten Gang, wobei das Ziegeneis darauf einen starken Kontrast bildet. Ein erinnerungswürdiger Abend; in puncto Service und Kommunikation ist allerdings noch etwas Luft nach oben.

Bretze ⓝ

11/20

6060 Hall in Tirol, Salzburger Straße 5/7 • 05223 25125
info@bretze.xyz • www.bretze.xyz

Die „Bretze“ in Hall ist tatsächlich ein Gasthaus der besonderen Art. Über Jahrzehnte hinweg sind hier bildende Künstler abgestiegen, die ihre Bilder gegen Speis, Trank und Logis eingetauscht haben. Dementsprechend sind die wunderbaren Stuben bis auf den letzten Platz an der Wand mit Bildern gefüllt. Auch eine kleine Galerie findet sich hier. Klein, fein und besonders ist auch die Speisekarte. Es gibt österreichische Klassiker wie Tafelspitz, Wiener Schnitzel oder Tiroler Gröstl. Daneben aber auch Speisen, die man in der Umgebung erst einmal finden muss, beispielsweise Fleischravioli in Brodo, ein köstliches gebackenes Senfei mit Kartoffelpüree und Blattspinat und danach eine perfekte Crêpe Suzette. Ein wirklich feiner Augen- und Gaumenschmaus zugleich.

Schwarzer Adler

17,5/20

Koch: Johannes Nuding

6060 Hall in Tirol, Eugenstraße 3 • 05223 25122
reservations@schwarzeradler-hall.tirol • www.schwarzeradler-hall.tirol

Johannes Nuding ist jetzt seit über einem Jahr in seiner Tiroler Heimat zurück und sein Menü zeigt, dass er dem „Ankommen" immer näherkommt. Wovon wir sprechen, ist, dass die Küche immer schlüssiger wird, der Service richtig rund läuft und Nuding ganz offensichtlich auch bei der Beschaffung der Produkte deutlich weiter ist, als das noch vor einem Jahr der Fall war. All das ist sicht- und spürbar – und es gefällt uns.

Für die, die den Schwarzen Adler noch nicht kennen: Es gibt zwei „Linien". Eine, wenn man den Adler betritt und nach rechts geht (das Bistro Secco), und eben den Schwarzen Adler, das Fine-Dining-Restaurant auf der linken Seite. Dort, im Adler, startet das Menü (Achtung, es wechselt je nach Verfügbarkeit der Produkte und Saison) mit Feuilletées als Amuse-Bouche. Damit wird auch deutlich, woher Nuding kommt. Seine tiefe Verwurzelung in der französischen Küche kann er jedenfalls nicht verleugnen. Wozu auch? Allerdings geht es nicht ausschließlich frankophil zu. Bei den nächsten beiden Gängen wird es mediterran. „Kartoffelgnoccho" und Creme vom Hokkaidokürbis, Trevisano, Radicchio di Verona und Lardo di Colonnata. Herkunft hat in Nudings Konzept und Küche einen hohen Stellenwert.

Danach ein ausgesprochen spannendes Gericht: ein in Buttermilch mariniertes französisches Perlhuhn mit Sesam, sautiertem Spitzkohl mit Kapuzinerkresse und Koriander. Eingekochte Orangen und Pampelmusen mit emulgierter Miso. Großartig. Dann eine Suppe. Wobei „Suppe" die Sache nicht wirklich trifft. Nuding nennt sie auch nicht Suppe, sondern „Bouillon Forestier". Ein komplexes Gericht, bei dem Nuding und sein Team klar zeigen, was sie draufhaben. Steinpilze und Eierschwammerl. Datterini, Zucchini. Pochierter Rücken vom Kabeljau und pochierte Amalfizitrone. Grüne Brandade und Hefeflocken mit Panko und brauner Butter. Das Gericht ist in seiner Komplexität eine Wohltat.

Es gibt dann zwar noch einen wunderbaren Gang mit Duroc aus der Wildschönau und ein paar echt lässige Käse- und Dessertgänge. Alles bestens. Aber die „Suppe" bleibt einfach hängen. Weiter so.

Secco

12/20

Koch: Johannes Nuding

6060 Hall in Tirol, Eugenstraße 3 • 0664 918 35 07
info@schwarzeradler-hall.tirol • www.schwarzeradler-hall.tirol/secco

€

Das Secco ist wohl nicht mehr einer der bestgehüteten Geheimtipps in der Gastronomieszene, es ist mittlerweile ein Toptipp sondergleichen. Dreigänge Mittagsmenüs für nur 24 Euro. Das Preis-Leistungs-Verhältnis für die gebotene Qualität wie Regionalität stimmt. Auf dieser kulinarischen Kurzreise vermittelt der Chef Johannes Nuding ein französisches Bistrogefühl. Obgleich es die günstigere Seite des „Schwarzen Adlers“ darstellt, überrascht es mit seiner entspannten Atmosphäre, dem aufmerksamen Service und der ausgezeichneten Weinkarte. Bei Schönwetter lässt sich auch im Freien genießen. Der Platz ist allerdings rar, eine Reservierung dringend empfohlen.

Neurauter

11/20

Koch: Franz Neurauter

6402 Hatting, Innstraße 1 • 05238 88254
info@gasthof-neurauter.at • www.gasthof-neurauter.at

Mo, Do, Fr und Sa 11.30–13.45 und 17.30–20.30, So 11.30–14 Uhr • ♿ • €€

Im Gastraum des Traditionsgasthofs Neurauter fühlt man sich trotz des modernen Flairs pudelwohl. Große Fenster sowie einzelne Akzente versprühen ein gemütliches Ambiente. Die internationale Besetzung der Weinkarte überrascht positiv. Die kräftige Rindssuppe gibt es – ganz tirolerisch – mit oder ohne Speckknödel. Sich für den Knödel zu entscheiden, gehört fast zum guten Ton. Und man bereut es keine Sekunde. Suppe und Knödel für sich grundsolide, in Kombination jedoch ein wenig gar salzig. Die Wirtshaustrilogie mit Ofenleber, sous-vide gegartem Schweinebauch und zart geschmortem Ochsenfleisch gelingt da wesentlich besser. Ebenso die vegetarische Variation, bestehend aus Tiroler Klassikern: Schlutzkrapfen, Graukasnocken und Spinatknödel. Herausragend bei den Desserts: die Crème brulée mit hausgemachtem Rahmeis.

Berghof Crystal↗

15/20

Hotel Spa & Sports

Koch: Bastian Dengg

6293 Hintertux, Hintertux 754 • 05287 8585
info@berghof.at • www.berghof.at

Do–So 18.30–21 Uhr

Seit der Sohn des Hauses, Bastian Dengg, in der Küche das Sagen hat, kocht sich der Berghof in die Riege der besten Restaurants Tirols. Kein Wunder bei den Lehrmeistern Martin Sieberer und Traudi Sigwart. Das Degustationsmenü bewegt sich zwischen Tradition und Kreativität, Handwerk und Geschmack – zum perfekten Einstieg in Form einer Schwarzwurzel im Olivensand mit Kräutercrumble und Physalis auf den Teller gebracht. Die Consommé double vom Kitz mit einem Pulled-Kitz-Raviolo schmeckt intensiv und fein zugleich – eine kulinarische Rarität! „Fjord trifft Alpen" – so kündigt sich der Fischgang an: ein glasiger Skrei im Heusud. Ein Gedicht auch die saftige und perfekt gegarte Krone vom Tuxer Berglamm. Der 50 Wochen gereifte Zillertaler Graukäse ist geschmacklich eine Herausforderung, aber spannend. Toller Abschluss: eine Eierlikörmousse, umhüllt von einer Eierschale aus weißer Schokolade. Die Weinkarte kann mit dem hohen Niveau der Küche nicht ganz Schritt halten. Der Service: familiär und kompetent.

Sieghard

13,5/20

Koch: Markus Bichler

6283 Hippach/Schwendau, Johann-Sponring-Straße 83 • 05282 3309, 0676 912 1575
info@sieghard.at • www.sieghard.at/restaurant

Do–Sa 18–21.30 Uhr • €€

Im Herzen der Tiroler Alpen trifft moderner Landhausstil auf traditionelle Gastlichkeit. „Das kleine Hotel mit der großen Küche" – so der Slogan des Hotels Sieghard im Zillertal – hat seine Berechtigung. Das Fünf-Gänge-Genießermenü klingt mehr als einladend und könnte saisonaler kaum sein. Den Auftakt macht ein delikates Carpaccio vom Kaninchen an Karottenvinaigrette mit Schnittlaucheis. Auf die fein abgestimmte Kartoffel-Bärlauch-Suppe folgt das Highlight des Menüs: lauwarme Seeforelle, auf den Punkt gegart, dazu Spargelrisotto. Beim Hauptgang dann wieder etwas klassischer, aber nicht weniger schmackhaft: Rinderfilet. Zum Dessert gibt es die ersten Erdbeeren der Saison als Mousse, Sorbet und Ragout. Zur weiteren Auswahl stehen ein Wirtshausmenü sowie ein Sharing-Dinner. Kulinarische Hochgenüsse in heimeliger Atmosphäre, hier kehrt man gerne ein.

Sennerland

12/20

Koch: Martin Soyer

6604 Höfen, Hauptstraße 26 • 05672 72400, 0664 882 34681
info@sennerland.at • www.sennerland.at

Di–So 12–20.45 Uhr • €€

Hier dreht sich alles um Käse und Co. Schon beim Betreten der Gaststube präsentiert sich eine reich bestückte Käsetheke, ergänzend dazu die neu entwickelten Gewürze des Küchenchefs Martin Soyer im Restaurant Sennerland in Höfen. Die Speisekarte bietet eine Mischung aus traditionellen sowie saisonalen Gerichten. Neben Käse- und Spargelcremesuppe gibt es Pasta, die im großen Parmesanlaib am Tisch geschwenkt wird, hausgemachte Ravioli vom Tarrenzer Ochsen und Schweinefilet im Kräutermantel – ästhetisch wie auch geschmacklich sehr überzeugend.

Restaurant Zeitlos

12,5/20

Köchin: Tamara Lerchner

6361 Hopfgarten im Brixental, Marktgasse 4 • 0676 433 6055
monika.pirchmoser@restaurant-zeitlos.at • www.restaurant-zeitlos.at

Di–Sa 18–21 Uhr

Italienisch-mediterrane Küche mit österreichischen Wurzeln: So bezeichnet das Zeitlos seine Küchenphilosophie. Können wir dem zustimmen? Ja, können wir. Uneingeschränkt. Chefköchin Tamara Lerchner beweist solides Handwerk, wenn sie unter einem historischen Steingewölbe Klassiker der italienischen Küche wie beispielsweise Carpaccio vom Biokalb präsentiert und kreatives Fingerspitzengefühl zeigt, sobald sie eigene Kreationen in Szene setzt. So etwa den Räucherlachs im Krenmantel an Erbsencreme und Senfkaviar. Oder Tamaras Popcornmousse mit frischen Früchten und Schlagobers. Bei allen Präsentationen gibt die Saison den Ton an. Der Service agiert freundlich und umsichtig.

Sporthotel Igls®

11/20

6080 Igls, Hilberstraße 17 • 0512 377241
hotel@sporthotel-igls.com • www.sporthotel-igls.com

Das Sporthotel in Igls ist ein Geheimtipp für Touristen wie für Einheimische in Tirol. Das geschichtsträchtige Haus verbindet Tradition wie Moderne und lädt zu schönem Essen ein. Der einfühlsame Service präsentiert uns gekonnt die Frühlingszwiebelsuppe als Vorspeise. Die heimischen Käsespätzle und das exotische grüne Curry als Hauptspeise tun ihren Dienst sehr wohl. Die zwei gelungenen Desserts, bestehend aus Apfel-Crumble und geeistem Erdbeermark, sorgen für einen gekonnten süßen Abschluss. Eine gute Weinkarte und ein aufmerksamer wie weinkompetenter Service (inklusive Verkostung) runden den Abend positiv ab.

Der Gannerhof

17/20

Koch: Josef Mühlmann

9932 Innervillgraten, Gasse 93 • 04843 5240, 0650 203 7008
gannerhof@gannerhof.at • www.gannerhof.at

Mi–So 18.30–22 Uhr • • €€

Der Gannerhof liegt nicht gerade zentral – und das kann mitunter eine etwas längere Anfahrt bedeuten. Das macht aber nichts, denn man wird bei der Fahrt zum Restaurant schon alleine durch die malerische Landschaft, die im hellen Sonnenlicht strahlt, belohnt. Der Gannerhof passt perfekt in diese Landschaft und wurde behutsam immer weiterentwickelt und renoviert, blieb dabei aber stets authentisch und original. Die Stuben sind schlicht, aber gemütlich.

Der Start mit selbst gebackenem Brot, Senf, selbst geräuchertem Speck und saurem Gemüse aus dem eigenen Gemüsegarten ist puristisch und auf das Wesentliche reduziert. Jedes Produkt ist hervorragend. Der Auftakt beschreibt auch die ganze Philosophie des Gannerhofs und seines Chefs Josef Mühlmann perfekt. Hier sind Regionalität, Bio und Nachhaltigkeit kein Lippenbekenntnis, sondern schon seit Jahren gelebte Realität aus Überzeugung. So geht Nachhaltigkeit!

Bei den Grüßen danach wird die Forelle vom Raucharoma überdeckt. Der Salat mit Ziegentopfen und Kräutersauce mit Chlorophyll ist ein Gedicht. Hier passt alles zusammen, es ist ein Spiel aus Frische und Säure, das durch den Topfen eine gehaltvolle verbindende Komponente hat. Das Forellenfilet mit Kartoffel und Hühnerbrühe kann dagegen nicht ganz überzeugen. Das Forellenfilet ist zwar gut gegart, steht jedoch – sowohl von der Menge als auch vom Geschmack der Kartoffel in Verbindung mit der Hühnerbrühe – nicht im Vordergrund.

Das Menü ist geprägt von Regionalität, was sehr gut ist, aber auch in vielen Komponenten durch Rauch oder geräucherte Bestandteile. Die Weinkarte weist eine große Fülle an ausschließlich österreichischen Weinen mit teilweise beeindruckender Jahrgangstiefe zu sehr fairen Preisen auf.

Gannerhof

Fischiff

12,5/20

Koch: Reinhard Hamun

6020 Innsbruck, Josef-Wilberger-Straße 19 • 0512 26 26 64
office@fruchthof.at • www.fruchthof.at

Di–Fr 11.30–21, Sa 11.30–14 Uhr • €€€

In Sachen Fisch ist das Fischiff einer von zwei Polen in Innsbruck. Früher, bevor das Frischeparadies das Ruder auf dem Fruchthof übernahm, war Josef Peer der Käpt'n auf dem Fischiff. Jetzt macht er sein eigenes (großartiges) Ding – und zwischen den beiden herrscht eine gesunde Konkurrenz. Die Kunden profitieren davon. Im Fischiff wird feinste Ware ultrafrisch zubereitet und serviert. Das alte Interieur – Seemannszeug und Schiffsplanken ohne Ende – blieb. Als Fisch wird alles geboten, was Rang und Namen hat. Wolfsbarsch (als herrliches Carpaccio), Seeteufel (mit Blutwurstravioli) oder Seehecht in formidabler Nussbuttersauce.

© Andreas Friedle

Gaia Cuisine

13/20

6020 Innsbruck, Höttinger Gasse 6 • 0512 275674, 0676 911 2012
sanyonagpal@hotmail.com • www.gaiacuisine.at

Wenn nordisch-schlichtes Design auf ein historisch-rustikales Gewölbe nahe der Innsbrucker Altstadt trifft, ist für Fine Dining in lässig-edler Atmosphäre gesorgt. Denn so spannend wie das Interieur präsentieren sich die bildschön angerichteten Teller: ambitionierte Cross-over-Gerichte, die internationale Foodies ebenso glücklich machen wie Freunde regionaler Köstlichkeiten. Gebeizter Gin-Lachs mit Rote-Bete-Mousse an Wintersalat und Käse-Birne-Fiocchi mit Schafskäsemousse und knusprigem Rucola bilden den gelungenen Auftakt. Die zart geschmorten Kalbsbackerln begeistern in vollmundigem Jus, der Kabeljau mit ofengeschmortem Kürbis. Das Finale bestimmt eine mutige Paarung: süßes Blaukraut zur Cointreau-Nougat-Mousse zeugt von der kulinarischen Experimentierfreude, Reisnocken aus der Butterpfanne sind hingegen für Nachtischtraditionalisten eine gleichfalls originelle wie köstliche Wahl.

Il Convento

12/20

Koch: Sem Ciccioni

6020 Innsbruck, Burggraben 29 • 0512 581354, 0664 886 55266
benvenuto@ilconvento.at • www.ilconvento.at

Mo–Sa 11.30–14 und 17.30–22.30 Uhr • €€

Das Il Covento ist zweifellos eine der ersten Anlaufstellen, wenn man mitten in Innsbruck Lust auf italienisches Essen und mediterranes Flair hat. Das dreistöckige Restaurant ist eingebettet in die uralten Stadtmauern und besticht durch moderne Architektur. Ähnlich verhält es sich mit dem kulinarischen Angebot: authentische italienische Küche, zeitgemäß interpretiert. Auf den Tisch kommen traditionelle Klassiker aus bella Italia, hausgemachte Pasta, frischer Fisch und – wenn man zur richtigen Zeit da ist – Albatrüffel. Fast schon ein Muss: der lauwarme Oktopussalat mit Kartoffel und Sellerie.

l'Arc Ⓝ

14,5/20

Koch: Markus Niederwanger

6020 Innsbruck, Leopoldstraße 7 • 0676 602 0547
info@larc.at • www.larc.at

Di–Sa 18–24 Uhr • €

Das l'Arc schließt eine Lücke in Innsbruck. Auf dem Schild und auf der Karte steht zwar „mediterran", der letzte Schliff ist aber „français". Konkret bedeutet das, dass die Vorspeisen „horsd'œuvres" heißen und die Hauptspeisen „plats principaux". Eine waschechte Brasserie eben – mit sensationell guter Bar. Geniale butterweiche (geschmorte) Rinderbäckchen mit gebackenem Kalbsbries, marinierter Hirsch davor oder eine grandiose Melanzani-Champignon-Creme. Im l'Arc steht offenkundig jemand am Herd, der seinen Job beherrscht. Ein kurzer Blick in die Küche gibt schnell Aufschluss: Hier kocht jetzt Markus Niederwanger, der das letzte Jahrzehnt (oder länger) in der Küche des Aurelio in Lech gestanden hat und dort den Stil der „Natural Art Cuisine" geprägt hat. Ein Riesengewinn für die Tiroler Hauptstadt! Ach ja, das l'Arc ist wie gesagt auch eine Bar. Also gibt es hier zusätzlich zum Wein auch eine Cocktailbegleitung.

Lichtblick

12,5/20

Koch: Gabriel Mauracher

6020 Innsbruck, Maria-Theresien-Straße 18/7 • 0512 56 65 50
office@restaurant-lichtblick.at • www.restaurant-lichtblick.at
Mo–Sa 11.30–14 und 18–22 Uhr • • €€

Klare Linien, modernes Design – und zwar sowohl im Restaurant selbst als auch auf den Tellern. Dreierlei Menüs stehen zur Auswahl, eines davon ist vegetarisch. Das herzhafte Eclair mit Ziegenfrischkäse, mariniertem Frisée und Preiselbeerespuma überzeugt optisch wie auch geschmacklich. Auf das französische Gebäck folgt ein wachsweiches Bioei auf Spinatbett, würziger Paprikacreme und getrüffelter Schaumhaube. Zum Schluss ein nussiges Brandteigkrapferl, dem das Orangensorbet eine frische Note verleiht.

Oniriq

17,5/20

Koch: Udo Herrmann

6020 Innsbruck, Bürgerstraße 13 • 0660 156 0902
restaurant@oniriq.at • www.oniriq.at

Nach dem Abgang von Nikolaj Prachensky als Sommelier des Restaurants im vergangenen Herbst wird der Traum (französisch Oniriq) nunmehr auch ohne Gründer und Chefkoch Christoph Bickel fortgesetzt. Während man die Position des Maître mit Neuzugang Marlon Hallmann besetzte, rückte hinter dem Herd Bickels Souschef Udo Herrmann nach und zeichnet für die Kulinarik verantwortlich.

Sowohl die Küchenlinie als auch das Restaurant sind „nordisch" inspiriert. Das mit Kunstwerken ausstaffierte Interieur punktet mit warmen Holztönen und klaren Linien, in der Küche wird mit großer Leidenschaft fermentiert. Während bereits zum Apéro ein „Beiwagen" mit Prickelndem aufgefahren wird, fällt man die Entscheidung, ob vegetarisch oder nicht und ob fünf oder sieben Gänge gespeist werden sollen.

Mit einem elaborierten „Minifrühstück" grüßt die Küche: Ein Shot schmeckt köstlich wie gesund, das dekonstruierte Müsli mit Hafer-Espuma, Karotte und Apfelgel macht Appetit auf mehr. Ein mit Salzzitronen-Beurre-blanc gefüllter Raviolo begleitet Schnecken und Grünkohl. Der geschmackliche Akkord überzeugt vollumfänglich, hingegen hätte der Nudelteig etwas feiner gearbeitet sein können.

Spannend das im Ofen geschmorte Radieschen mit Zwiebelschaum und Pastinake, akzentuiert mit Berbere-Gewürzmischung. Geschmorter Stangensellerie zum Hauptgang, serviert mit Lauchjus und Schwarzwurzelragout, Haselnuss sowie eingelegten Buchenpilzen und vollendet mit geriebenem gebeiztem Eigelb. Vollmundig im Geschmack vermissen wir zu keiner Sekunde ein Stück Fleisch, wünschen uns jedoch etwas mehr textuelle Differenz.

Großer Auftritt beim Pre-Dessert: ein im Steinvulkan angerichtetes Kräutergericht, das dank Sauerampfer für nicht wenig Dramaturgie am Gaumen sorgt. Milch in verschiedenen Texturen mit Rhabarbergelee und Milchreis zum Abschluss wiederum ist gefällig.

Pippilotta

12/20

6020 Innsbruck, Heiliggeiststraße 7–9 • 050 4341112
reservierung@pippilotta.tirol • www.pippilotta.tirol

Das Pippilotta in Innsbruck ist ganz und gar nicht wie andere Restaurants in oder außerhalb der Tiroler Landeshauptstadt. Und das ist auch sehr gut so, denn das an Astrid Lindgren und deren Figur angelehnte Konzept gibt Menschen mit Behinderung unter der Begleitung von Assistenten die Möglichkeit einer fixen Beschäftigung. Ebenso kunterbunt wie diese Idee, die die jeweiligen individuellen Fertigkeiten der besonderen Mitarbeiter berücksichtigt, ist dann auch die Speisekarte. So lässt sich im Pippilotta ausgiebig und gut frühstücken, die Mittagspause kulinarisch gestalten oder am Abend auf die Abendkarte zurückgreifen.

Sensei

11,5/20

Sushibar

Koch: Dil Kumar Ghamal

6020 Innsbruck, Maria-Theresien-Straße 11 • 0512 56 27 30, 0676 683 1556
office@senseisushibar.at • www.senseisushibar.at

12–15 und 18–22 Uhr • €

Wer in Innsbruck Lust auf asiatische Küche hat, kommt an der Sensei Sushibar nicht vorbei – und das nicht nur wegen der zentralen Lage mitten in der Altstadt der Alpenmetropole. Dil Ghamal und sein stylishes Restaurant sind seit vielen Jahren ein Fixstern für Einheimische und Touristen, wenn es um den Genuss fernöstlicher Gerichte geht. Ein Pluspunkt sind die Öffnungszeiten – außer sonntags kommt man täglich mittags und abends in den Genuss von Sushi, Sashimi und Maki, aber auch von warmen Gerichten. Gekonntes Handwerk trifft hier auf Frische und kreative Zubereitung. Das Auge isst mit.

Sitzwohl in der Gilmschule

13,5/20

Restaurant-Bar

Köchin: Elisabeth Geisler

6020 Innsbruck, Im Stadtforum (ehemalige Gilmschule) • 0512 56 28 88
info@restaurantsitzwohl.at • www.restaurantsitzwohl.at

Mo–Fr 11.30–14 und 18–22 Uhr • ♿ • €€

Getreu dem Motto „nomen est omen" könnte das Sitzwohl auch „Speiswohl" heißen, denn es ist eine stets verlässliche Adresse zur kulinarischen Einkehr im Herzen von Innsbruck. Mittags überzeugt der Businesslunch mit solidem Preis-Leistungs-Verhältnis – bei Schönwetter auch auf der Terrasse. Abends darf man sich auf Fine-Dining-Wohlfühlküche freuen, deren Tiroler Wurzeln gerne bis zum Mittelmeer oder auch weiter reichen. Zum Auftakt herrlich zart geschmorter Oktopus mit Olivengnocchi oder die Wildfanggarnele an Erdäpfelsalat mit wachsweichem Wachtelei, gefolgt vom Tiroler Kwellsaibling auf Rote-Rüben-Hummus – eine genussvolle Verbindung von regionaler Spezialität und Levante-Küche. Das gegrillte Thunfischsteak an cremigem Zitronengras-Risotto bringt die Aromen Italiens auf die Teller. Zum Dessert: Salzkaramellparfait auf Kokosstreusel, welches allein schon einen erneuten Besuch rechtfertigen würde. Lediglich das moderne, jedoch durchaus edle Ambiente dürfte für unseren Geschmack einen Hauch mehr Sinnlichkeit vertragen. In Summe aber ein mehr als gelungenes Erlebnis.

Kostbar

TIPP

6020 Innsbruck, Sparkassenplatz 3 • 0664 350 3500
office@kostbar.co.at • www.kostbar.co.at
Mo–Fr 9–18 Uhr

Ob zum Mitnehmen oder zum Vor-Ort-Genießen: Das Kostbar in Tirol ist eine vielversprechende Adresse für den kleinen bis großen Hunger. Das in Innsbruck-Stadt gelegene Restaurant zählt mittlerweile einen zweiten Standort in Mutters und legt viel Wert auf Regionalität, Saisonalität und Rücksicht auf die Umwelt. Der Betrieb ist seit mehr als 100 Jahren in Familienhand – begonnen mit einem einfachen Marktstand bis hin zum Großhandel für Obst- und Gemüse, dessen Produkte nun in den Kostbars angeboten werden. So genießen Gäste zu Mittag ein abwechslungsreiches Menü – von Salaten über Wraps bis hin zu Gyros –, einen nachmittäglichen Kaffee inklusive Mehlspeise oder eine feine Kugel Eis. Das neue „Fit-Essen“ wurde gemeinsam mit Profisportlern entwickelt, richtet sich an ernährungsbewusste Personen und soll eine gesunde Lebensweise unterstützen.

Alpenhaus VIP

12/20 🍴

6561 Ischgl, Pardatsch-Idalpe 7 • 05444 606844
restaurant@silvretta.at • www.ischgl.com/de/Active/Active-Winter/Bergrestaurants/Alpenhaus

Das Alpenhaus ist die kulinarische Pflichtadresse für jeden Genussmenschen in der Silvretta-Region. Die überschaubare Karte offeriert einen eleganten Mix aus Tiroler Gerichten und Klassikern der Bergküche – alles aber in einem eleganten rustikalen Flair mit einer wunderschönen Aussicht auf die Bergkulisse. Ganz klassisch – dem Berg und dem Wetter gemäß – starten wir mit einer frischen Almkäse- und einer Kürbiscremesuppe. Danach gebratener Almkäse als Hauptspeise. Sehr freundlicher und zuvorkommender Service. Die Weinempfehlungen des Sommeliers sind treffsicher und sollten befolgt werden. Die süße Geheimempfehlung des charismatischen Restaurantleiters: die exquisite Dessertvariation mit Nachspeisen wie backfrischem Schokoladenküchlein mit Vanilleeis und Schokosauce, dem Klassiker Kaiserschmarren mit Zwetschkenröster und Apfelstrudel mit Vanillesauce.

Fliana Gourmet ↗

16,5/20

Koch: Andreas Spitzer

6561 Ischgl, Fimbabahnweg 8 • 05444 55430
hotel@fliana.com • www.fliana.com

Do–Di 19–22 Uhr

Das Fliana Gourmet steht für eine gelungene Fusion von internationaler mit Tiroler Küche. Zur Auswahl stehen – neben dem traditionellen À-la-carte-Angebot – die kleine wie die große Genussreise, welche immer wieder verändert werden. Bedient wird man von einem exzellenten Serviceteam sowie vom Küchenchef höchstpersönlich. Unsere kleine Fisch- sowie vegetarische Genussreise startet mit einem gelungenen Martini-Cocktail zu frischem Brot mit einer Butterselektion. Die vier folgenden sehr guten Gänge werden von der Käsevariation am Ende (mit über 14 Sorten) getoppt – alles fachmännisch vom Chefkoch und Käsesommelier Andi Spitzer präsentiert und serviert. Die kompetente Beratung des Sommeliers rundet diese kulinarische Reise ab. Die hausgemachten Petits Fours sind nochmals ein Highlight. Einfach top!

Heimatbühne

15,5/20

im Trofana Royal Resort

Koch: Martin Sieberer

6561 Ischgl, Dorfstraße 95 • 05444 600
office@trofana.at • www.trofana-royal.at

12–14 und 19–21 Uhr • €€

Die Heimatbühne ist neben der Fine-Dining-Institution Paznaunerstube die zweite Adresse für Gourmets im Trofana Royal. Hier werden regionale Tradition, ausgeprägtes Qualitätsbewusstsein und handwerkliches Können vor den Vorhang geholt – à la carte oder als Degustationsmenü. Authentische Tiroler Rezepte werden von Martin Sieberer anspruchsvoll und modern weiterentwickelt, die einzelnen Gerichte charmant und eindrucksvoll präsentiert. So machen herzhafte Tiroler Schlutzkrapfen in der Werkzeugkiste den Anfang. Wie es sich in der Tiroler Küche gehört: begleitet von einem knackfrischen Salat und einem Haferl frischer Milch. Spanferkelbratl mit Ripperl vom Ochsen kommen – sowohl als auch – in perfektem Garzustand auf den Teller: das Schwein knusprig, der Ochse zart. Würzige Grammelknödel, Kraut und das „guate Saftl" machen diesen „Gipfelstürmer", im Gussreindl serviert, perfekt. Unverzichtbar zum Dessert sind die hervorragenden Moosbeernocken. Davor, dazwischen und danach runden exzellente kleine Zugaben das gelungene Menü ab.

KOYA

11/20

in der Trofana Alm

6561 Ischgl, Dorfstraße 1191, 1. Stock •
alm@trofana.at • www.trofana-alm.at/koya-trofana-alm
15–22 Uhr

Entspannte Atmosphäre, geeignet für ein unkompliziertes Essen mit Freunden oder das Businessdinner nach Feierabend. Das exotische kulinarische Abenteuer lässt uns schnell glauben, dass wir in einem Restaurant im Fernen Osten wären. Der Fokus liegt klar auf japanischer Küche und Brasserie und überzeugt mit außergewöhnlichen Kombinationen. Ausgezeichneter Papaya-Mango-Salat, hausgemachte Sin Mai, eine große Bandbreite an Sushi, Sashimi, Maki sowie Wok-Nudel-Gerichte. Wer nach diesem Mahl einer süßen Verlockung nicht widerstehen kann, der kommt einen Stock tiefer, in der Trofana Alm, auf seine Kosten.

Lucy Wang

11,5/20

6561 Ischgl, Dorfstraße 68 • 05444 20007
info@lucywang.at • www.lucywang.at

Das trendige Restaurant eignet sich für einen kulinarischen Abend mit Freunden – wenngleich wir heuer ein paar Schwächen ausfindig machen konnten. Der Schwerpunkt liegt nach wie vor auf asiatisch-westlicher Fusionsküche: Sushi und Sashimi samt einiger veganer Alternativen. Die mit Miso glasierte Melanzani mit Sesam und Kräutern gelingt hervorragend, hingegen enttäuscht der Wolfsbarsch. Der süße Ausklang – Schokokuchen mit Vanilleeis und Erdbeeren – macht den sauren Beigeschmack weg, die empfohlene Cheesecake-Creme spielt hingegen nicht in dieser Liga. Während die Weinkarte sich mit österreichischen wie internationalen Topweinen präsentiert, wirkt das Serviceteam leicht überfordert und unaufmerksam. In Summe ein solider, wenngleich durchwachsener Abend.

Paznaunerstube

17,5/20

Koch des Jahres 2000, Service Award 2006

im Trofana Royal Resort

Koch: Martin Sieberer

6561 Ischgl, Dorfstraße 95 • 05444 600
office@trofana.at • www.trofana.at
Mo–Sa 19–21 Uhr • ♿ • €€€

Martin Sieberer ist seit 1996 als Küchenchef die kulinarische Leitfigur der Paznaunerstube im Fünf-Sterne-Superior-Hotel Trofana Royal in Ischgl. Der Betrieb, in dem auch Sieberers Söhne werken, ist seit Jahrzehnten die erste Anlaufstation für Genießer aus aller Welt, gilt Sieberer doch als einer der beständigsten und innovativsten Köche der heimischen Fine-Dining-Szene.

Neben dem regelmäßig wechselnden berühmten Royalmenü gibt es in der gediegenen luxuriösen Stube auch ein Überraschungsmenü. Beide sind auch als vegetarische Variante zu haben. An dieser Stelle möchten wir Vegetarier zumindest gewarnt haben: In der Paznaunerstube wird „vegetarisch" mit „ohne Fleisch" übersetzt. Im vegetarischen Überraschungsmenü können – Überraschung! – bis zu sechs Fischgänge auftauchen. Wir wollen das zumindest gesagt haben.

Das Menü startet mit ausgezeichneten Amuse-Gueules, etwa knusprigem Kräuterferkel mit Trüffel, Räucheraal, Rotmeergarnele, Huchen oder Filet vom bretonischen Steinbutt. Danach kommt Gänseleber auf Brioche. Dazu Crumble, erfrischendes Kirscheis und eine eher schwere Erdnuss-Karamell-Sauce. Die Kirsche auf dem Teller entpuppt sich als raffiniert mit Gänseleber gefülltes Gelee. Ein betagter Sieberer-Klassiker zwar, aber immer noch für Überraschungen gut.

Es folgen drei Fischgänge. Den Anfang macht gebeizter Fjordlachs mit einem knackigen Leinsamenchip auf Kohlrabimousse. Frische Akzente setzen hier ausgeklügelte Fruchtgelee-Kompositionen. Der Wolfbarsch ist auf den Punkt gebraten, die Linsen mit Bacon-Ganache sind dazu nahezu brav im Geschmack. Zuletzt köstlicher bretonischer Hummer auf Karotten-Curry-Schaum. Das Trüffelei wird recht klassisch serviert: das Ei, getoppt von luftigem Kartoffelespuma, reichlich schwarzem Trüffel und einem Hauch Thymian.

Vor dem Hauptgang raucht und brodelt es dann gewaltig. Das Sorbet aus verschiedenen Kräutern wird auf einem spektakulären Teller serviert, der eine eindrucksvolle Trockeneis-Show möglich macht. Der rosa gebratene Rehrücken mit Topinambur in unterschiedlichsten Texturen ist der unscheinbarste Gang des Menüs. Mit dem Blutorangentörtchen wird es zum Schluss richtig süß und fruchtig. Die Weinbegleitung ist, wie erwartet, kompetent ausgewählt, der Service aufmerksam, freundlich und zuvorkommend.

Schlossherrnstube

17/20

im Schlosshotel Ischgl

Koch: Patrick Raaß

6561 Ischgl, Dorfstraße 85 • 05444 5633
office@schlosshotel-ischgl.com • www.schlosshotel-ischgl.com

Fr–Di 17–23 Uhr

Die Schlossherrnstube im Ischgler Schlosshotel wird vom Tiroler Chef Patrick Raaß geleitet. Das Fünf-Sterne-Superior-Hotel befindet sich im Zentrum von Ischgl, direkt neben der legendären „Champagnerhütte" und nah dran an den anderen angesagten Après-Ski-Bars. Das Hotel bietet so einiges an Gastronomie und kulinarischen Highlights. Die Schlossherrnstube überzeugt aber – mit den servierten Gerichten sowieso – auch mit einem einzigartigen Flair, der zwischen rustikaler Bodenständigkeit und mondänem Luxus oszilliert.

Als Gedeck wird eine originelle Variation serviert, die aus sechs Sorten Butter besteht: von Ziegenbutter bis zu klassischer Butter. Nach dem Amuse-Bouche startet das vegetarische Menü des Gourmetrestaurants mit dem Bioei mit Brunnenkresse und Sauerrahm, darauf folgen hausgemachte Kartoffelgnocchi mit Erbsen, Mimolette und Zwiebeln. Ein Gang der zeigt, dass Raaß die Sache mit der Harmonie fest im Griff hat. Und dass er das Handwerk im tiefen Sinn des Begriffs versteht. Bei den Gnocchi könnte sich so mancher italienische Chef was abschauen.

Der nächste Gang – die Kärntner Kasnudeln mit Spinat und Périgord-Trüffel – überzeugt vollends. Fein abgestimmt, den Trüffeln eine Bühne geboten und die Kasnudeln ins sensorische Rampenlicht gestellt. Danach Radicchio mit klassischem Fourme d'Ambert. Zur Nachspeise wird Souffle mit Topfen und heimischen Heidelbeeren aufgetischt. Gegen Ende bescheren die Petis Fours uns einen süßen Abend.

Der Service ist aufmerksam und gut, die Weinempfehlungen durch die Sommelière passend und professionell. Sie hat auch die Möglichkeit, beherzt auf einen der am besten bestückten Keller des Landes zuzugreifen. Die Wein- aber auch die Champagnerauswahl sind legendär.

Gault&Millau
Entdecken,
genießen
& erleben.
Newsletter abonnieren und informiert bleiben auf
gaultmillau.at

Space 73

14/20

im Hotel Yscla

Koch: Benjamin Parth

6561 Ischgl, Dorfstraße 73 • 05444 527564
info@yscla.at • www.yscla.at

Mo–So 16–23 Uhr • ♿ • €€

Freundlicher und kompetenter Service ist selten – im trendigen und modernen Space 73 finden Gäste genau das. Unkompliziert fungiert das Restaurant als Versammlungsort für Einheimische und Touristen gleichermaßen. Hier können gemütlich und entspannt unkomplizierte Gerichte oder einfach ein guter Kaffee bei Musik genossen werden. Bruschetta, Zwiebelsuppe und Aubergine-Mozzarella als Hauptspeise sind jedenfalls eine Empfehlung. Neben der ausgezeichneten Weinkarte überraschen vor allem die Desserts. Crêpes Suzette sind stets ein krönender Abschluss – und im Space 73 gelingen sie hervorragend.

Stüva

19/20

Koch des Jahres 2019

im Genießerhotel Yscla

Koch: Benjamin Parth

6561 Ischgl, Dorfstraße 73 • 05444 5275
info@yscla.at • www.yscla.at

Di–So 18.30–19.45 Uhr

Wir machen das normalerweise nicht, ausnahmsweise sei uns aber ein kleiner – respektvoller – Seitenhieb auf den bewertenden Mitbewerb gestattet. Just in dem Jahr, in dem wir uns bei Benjamin Parth für die fünfte Haube entschieden haben – eine Entscheidung übrigens, die wir sehr ernst nehmen und an der stets eine ganze Reihe von Personen beteiligt ist –, setzt Rolling Pin in seiner Bestenliste Benjamin Parth auf Platz 94. Ganz ehrlich: Wir haben uns selten so köstlich amüsiert. Das liegt vor allem daran, weil wir in der vergangenen Saison beobachten konnten, dass die fünfte Haube für Benjamin Parth und sein Team im Stüva nicht bedeutet, sich auf den Lorbeeren auszuruhen. Im Gegenteil. Bei unseren Besuchen danach waren eine enorme Leidenschaft und viel Motivation, noch besser zu werden, zu spüren. Die Gerichte im Menü werden immer geradliniger, immer präziser und immer fokussierter.

Nehmen wir einfach einmal nur die ersten drei Gänge im aktuellen Menü. Dazu ist vorab zu sagen, dass zwei der drei Gänge Parths Hang zu höchstwertiger Fisch- beziehungsweise Meerestierzubereitung zeigen. Der Langostino, schwimmend in einem herrlich aromatischen und zauberhaft exotischen Curry und orientalischen Chutney. Stimmt, der Langostino ist kein neues Gericht im Stüva. Dass es sich wacker im Menü hält und dort immer wieder auftaucht, hat einen guten Grund. Es ist schlicht Weltklasse. Genau wie übrigens der legendäre Saibling mit Erdäpfelpüree und Enzianschaum. Auch den gibt es schon eine ganze Weile, und auch das aus demselben Grund.

Die wesentlichen Säulen von Benjamin Parths Küche sind Produktversessenheit, Reduktion auf drei wesentliche Komponenten und ein Höchstmaß an Präzision im Umgang mit Temperaturen. Die Logistik zwischen Küche, Pass und Tisch ist sekundengetaktet. Das bedeutet, dass vor allem die Fischgerichte mit einem Garpunkt vor dem Gast landen, der schlicht nicht zu überbieten ist.

Nehmen wir den Steinbutt als Beispiel her. Wild gefangener Steinbutt ist aus dem Stüva-Menü seit Jahren nicht wegzudenken. Vor ein paar Jahren kam er mit einer Zitronensauce, Champignons und zarten Scheiben von der Jakobsmuschel, später mit Zitronenmelisse, Kaviar und einem Taschenkrebs, jetzt kombiniert Parth ihn mit dem Geschmack von Paprika. Was in dieser Zeit allerdings gleich bleibt, ist die atemberaubende Qualität des Butts und die vollendete Zubereitung.

Weitere Highlights im aktuellen Menü: das Reh. Auch das auf den Punkt und mit fulminanter Pfeffersauce präsentiert. Die Patisserie schickt wie gewohnt kleine Kunstwerke aus der Küche und davor (!) rollt der Service den Wagen mit dem außergewöhnlichen Käsesortiment von Maître Bernard Antony in die Stube. Nummer 94? Ja, eh.

© YSCLA Stüva – Gerhard Berger

Weinstube

13/20

im Schlosshotel Ischgl

Koch: Patrick Raaß

6561 Ischgl, Dorfstraße 85 • 05444 5633
office@schlosshotel-ischgl.com • www.schlosshotel-ischgl.com

12–23 Uhr

„Vergeblich klopft, wer ohne Wein ist, an der Musen Pforte", sprach einst Aristoteles. Die Weinstube im Schlosshotel ist nicht nur ein bequemer Ort der Einkehr, sondern bietet auch eine tolle Weinkarte. Der Laie wie Connaisseur findet in dieser Stube sicherlich passende Tropfen zum Gericht. Das Lokal präsentiert sich rustikal wie schlicht. Das backofenfrische Brot macht süchtig, ebenfalls das griechische Olivenöl sowie die Tiroler Butter. Der Büffelmozzarella schmeckt fast so wie in Italien. Selbst das Thai-Curry lässt nicht nach. Highlight des Abends ist allerdings ein heimischer Klassiker: der Kaiserschmarren – selten in so hoher Perfektion genossen.

Jodlbühel

11/20

Landhotel-Gasthof

Koch: Tomas Hejkrlik

6373 Jochberg, Kitzbüheler Straße 43 • 05355 5270, 0664 285 0880
info@jodlbuehel.at • www.jodlbuehel.at

Mo, Di, Do, Fr und Sa 17–21, So 12–14 und 17–21 Uhr • €€

Im Gasthof Jodlbühel pflegt man einen traditionellen authentischen Küchenstil, der von größtenteils holzvertäfelten Stuben gespiegelt wird. Trotz der Fokussierung auf Wirtshausklassiker geht es kulinarisch aber weniger rustikal zu, als sich eigentlich annehmen ließe. Die Weinkarte kann sich wirklich sehen lassen und auch die All-Time-Hausmannskost-Classics legt die Küche gekonnt aus und grundiert diese Interpretationen mit Fleisch und Gemüse von hervorragender Qualität aus dem unmittelbaren Umland. Die vertraute, bestens aufbereitete Kost und die Atmosphäre vor Ort lassen einen jedenfalls wohlfühlen und gerne länger bleiben.

Schwarzer Adler®

12,5/20

6373 Jochberg, Dorf 13 • 05355 5327
gertireitter@gmail.com • www.schwarzeradlerjochberg.at

Der Schwarze Adler in Jochberg ist eine zuverlässige Adresse für Tiroler Küche mit kreativem Twist. Schon bei den Vorspeisen ist eine gewisse Verspieltheit offensichtlich, was durchaus Spaß macht – etwa die Blunzen im knusprigen Rösti mit feinem Sauerkraut. Als Hauptgang freuen wir uns über die klassische Pasta mit Sommertrüffel: hausgemachte Tagliolini mit Trüffelbutter und Schnittlauch. Manche Zutaten muss man einfach wirken lassen. So einfach, so gut. Auch eine nette Idee ist der Eierschwammerl-Erdäpfel-Strudel mit einem Ragout von kleinen Exemplaren der saisonalen Pilze – die Erdäpfel machen das Ganze etwas leichter und fluffiger als der klassische Serviettenknödel. Unter dem Strich: liebevoll und durchdachte Speisen in einem wunderbar historischen Ambiente. Koch und Wirtin machen ihre Arbeit offensichtlich gerne, wir kommen wieder.

Wirtshaus Bärenbichl

11,5/20

6373 Jochberg, Bärenbichlweg 35 • 05355 5347
michaela.aufschnaiter@aon.at • www.baerenbichl.at

Im Familienbetrieb genießen die zahlreichen Gäste die gemütlich-rustikale Atmosphäre der Stube und den herrlichen Blick von der Terrasse ins Tal. Die traditionelle Tiroler Küche bietet sehr gute regionale Spezialitäten und Klassiker. Pflichtbeginn sind natürlich die herrlichen Schlutzkrapferln mit Spinat-Topfen-Fülle, brauner Butter und gemischtem Salat. Ein Glücksfall ist die Tagesspezialität: ein außerordentlich zartes Hirschgulasch. Oder fangfrische Forellen aus dem hauseigenen Quellwasserbecken mit Petersilkartoffeln. Köstlich – und fast schon ein Signature Dish im Bärenbichl – die Moosbeernocken, wahlweise als kleine oder große Portion. Ebenso empfehlenswert ist das hausgemachte Eis. Freundlicher und herzlicher Service.

Gradonna

12/20

Mountain Resort Châlets & Hotel

Koch: Michael Karl

9981 Kals am Großglockner, Gradonna 1 • 04876 82000
info@gradonna.at • www.gradonna.at

€€

Der Hotelsolitär, welcher das Restaurant beherbergt, hat vor allem eines mit den umliegenden Bergen gemein: eine atemberaubende Größe. Das moderne Interieur folgt klaren Linien, Stein und Glas beherrschen die Optik. Das Restaurant versteht sich primär auf seine Hotelgäste, was Außenstehenden jedoch oft die zusätzliche Option von Spezialitätenbuffets eröffnet. Die Speisekarte bietet österreichische Küche mit mediterranem Einschlag, die Weinauswahl ist dem Hause angemessen. Der Service profitiert enorm vom erfahrenen Maître im Gespann mit einem jungen wie engagierten Sommelier.

Falkeis Ⓝ

11/20

Gasthof

Koch: Rudolf Falkeis

6526 Kauns, Dorfstraße 54 • 05472 6225, 0650 300 9154
info@gasthof-falkeis.at • www.gasthof-falkeis.at

Mi–Sa 17.30–21.30, So 11.30–14 und 17.30–21.30 Uhr • €

Die Karte liest sich auf den ersten Blick recht klassisch und bodenständig. Aber wenn die ersten Gerichte dann an den Tisch kommen, ist die Überraschung groß. Wunderbare Wirtshausklassiker! Wenig Chichi, dafür viel Handwerk und Geschmack. Und ein Preis-Leistungs-Verhältnis, das seinesgleichen sucht. Ein paar Beispiele? Eine Kauner Graukassuppe, die würzig und intensiv ist, Schlutzkrapfen, die eine Zierde ihrer Art sind, ein Hirschragout zum Niederknien und – Überraschung – sogar das Cordon bleu ist umwerfend. Nicht, dass man ihn nach Vorspeise und Hauptgang noch brauchen würde, aber den Kaiserschmarren sollte man sich keinesfalls entgehen lassen.

Stubn 1972

15/20

in Minglers Sportalm, Gourmet- und Genießerhotel

Koch: Bernhard Hochkogler

6365 Kirchberg in Tirol, Brandseitweg 26 • 05357 2778
info@hotel-sportalm.at • www.hotel-sportalm.at

Mi–Sa 18.30–21 Uhr

À-la-carte-Gäste können aus einem täglich wechselnden Menü wählen und werden in einem eigenen gemütlichen Raum im Hotel Sportalm betreut. Die freundliche Begrüßung wird mit feiner Lardo-, Steinpilz- und Schinkenbutter sowie weiters mit Jakobsmuscheln und Kapuzinerkresseeis begleitet. Die kreative und fantasievolle Küche bietet drei- bis sechsgängige Menüs mit regionalen Produkten. Den Start machen herzhafte Spinatknödel mit Parmigiano Reggiano, Nussbuttercrumble und Sommertrüffel. Als Zwischengang wird ein erfrischendes Champagnersorbet serviert. Das saftige Filet vom Wolfsbarsch mit jungem Knoblauch und glasiertem Bouillabaisse-Gemüse ist ausgezeichnet, ebenso die Nüsschen vom Weidelamm mit Dijonsenf, Rosmarin, Zwiebelbohnen, Risottopraline und kräftigem Lammjus. Das Dessert ist ein Gedicht aus Mandelschokolade, Dulce de Leche, Weichseln und Cashewkerneis. Sehr gute Weinauswahl auch mit offenen Angeboten, freundlicher und kompetenter Service.

Berggericht

17/20

Koch: Marco Gatterer

6370 Kitzbühel, Hinterstadt 15 • 0670 604 5450
hallo@berggericht.at • www.berggericht.at

Mi–So 19–24 Uhr

Im Vorjahr ist das Berggericht neu in die Wertung eingestiegen – mit hoher Punktzahl. Und vom Start weg mit vier Hauben. Das ist natürlich eine deutliche Ansage. Und obwohl wir die Entscheidung mehrfach (sprich, durch mehrere Besuche) abgesichert haben, waren wir mehr als gespannt, wie sich das Berggericht in Kitzbühel entwickeln würde. Ein kleiner Spoiler vorweg: Wir waren auch heuer wieder begeistert. Das Team um Marco Gatterer wirkt agil und motiviert. Die Gerichte im „Gericht“ sind noch eine Spur präziser und noch eine Spur interessanter geworden.

Hier ein paar Details: Schon bei den Amuse-Gueules wartet das Berggericht mit Raritäten auf. Der Einstiegsgang heißt „Speck & Gebäck“, wobei neben dem köstlichen Wurzelspeck nicht minder köstliche Pferdebresaola gereicht wird. Und Almbutter vom Scherrhof in Kirchberg. Man legt Wert auf Herkunft. Danach ein kreativer Paradeisergang: seltene Tomaten, Stracciatella di bufala, gewürzmariniert. Sehr erfrischend. Ein einfacher, bunter und ausgesprochen guter Teller. An dieser Stelle wird ein Upgrade angeboten: das Berggericht-Royal-Törtchen in zwei Varianten. Die Basis für beide ist Beef Tatar von der Kalbin, knusprig gebratene Kartoffeln und Sauerrahm. Die eigentlichen Upgrades sind zehn Gramm Kaviar: einmal Imperial Gold, einmal Albino Beluga. Letzterer ist zwar eine Spur teurer, man sollte ihn sich aber gönnen. Die Kombination ist umwerfend!

Beim Tiroler Gebirgssaibling stehen einfach nur die Geschmacksrichtungen dabei: süß, sauer, salzig, bitter und umami. Das trifft es natürlich ganz gut, ist gleichzeitig aber auch eine wenig Understatement. Der Saibling kommt perfekt gesliced und mit einem ebenso perfekten Gargrad auf den Teller. Den Kaisergranat kombiniert Gatterer mit Erbsen und Minze (sehr spannend), die Gams aus dem Karwendel mit Waldpilzen und Foie gras. Das erinnert fast ein wenig an „Steak Rossini“, den üppigen alten Klassiker. Wenn diese Ähnlichkeit gewollt war: well done. Wenn nicht, trotzdem well done. In Summe ein hochklassiges Menü und eine schöne Bestätigung.

Tennerhof – ein Tirol Ⓝ

10,5/20

Tennerhof Gourmet & Spa de Charme Hotel

Koch: Johannes Denk

6370 Kitzbühel, Griesenauweg 26 • 05356 63181
office@tennerhof.com • www.tennerhof.com

19–21 Uhr • €€

Der Tennerhof ist ein Traditionsbetrieb, der schon lange Zeit als Fixstern am Kitzbüheler Tourismushimmel strahlt. Das Hotel bietet nicht nur allen erdenklichen Luxus, sondern auch ein öffentlich zugängliches Restaurant, das sich „ein Tirol" nennt. Das Restaurant verfügt auch über eine Terrasse, die mit einem grandiosen Blick auf die weltbekannte Streif punktet. Die Linie des Restaurants kann als international bezeichnet werden und reicht von österreichischen Klassikern bis zu asiatisch angehauchten Gerichten. Leider kann die Küche des Tennerhofs nicht mit dem Anspruch des Hotels, den es ansonsten hat, mithalten. Der geflämmte Bluefin Tuna ist von guter Qualität, wird allerdings in einem Sud sowie mit diversen Gels angereichert, die viel zu sauer sind, sodass der Eigenschmack des Fischs komplett verloren geht. Die Eierschwammerlnudeln sind in der Mitte noch ungekocht – nicht al dente, sondern hart. Die Ente im Hauptgang ist ebenfalls extrem hart im Biss und annähernd nicht zu kauen. Die Weinkarte hingegen punktet mit allem, was das Herz begehrt und ist – vor allem in Anbetracht dessen, dass man sich an einem der Topplätze in Kitzbühel befindet – auch sehr angemessen kalkuliert.

Tennerhof Gourmet Restaurant

14/20

Service Award 2009

Tennerhof Gourmet & Spa de Charme Hotel

Koch: Johannes Denk

6370 Kitzbühel, Griesenauweg 26 • 05356 63181
office@tennerhof.com • www.tennerhof.com

Mi–Sa 19–21 Uhr

Das Hotel Tennerhof gehört zu den bevorzugten Adressen der verwöhnten Kitzbüheler Klientel. Es liegt im noblen Chalet-Viertel der Gamsstadt, mit herrlichem Ausblick auf die gegenüberliegende Streif-Abfahrt. Da darf ein zum rustikalen Luxushotel passendes Gourmetrestaurant nicht fehlen. Und eines vorweg: Der ersichtliche Aufwand und die Präsentation der Speisen erinnern den Gast unweigerlich an die besten Adressen Tirols. Auf das Blutwurstbrot-Gedeck folgen eine Ceviche von der Tiroler Alpengarnele mit Fenchel und hausgemachte Pasta mit Wintertrüffel. Alles ordentlich zubereitet. Die Wildessenz mit Rehtatar ist zu sehr einreduziert und dadurch leider salzig-scharf. Schade. Kreativ präsentiert sich die Languste mit Tom Kha Gai, klassisch dann das Zweierlei vom Atterox mit Salzsellerie. Kürbis mit Maroni und Joghurt finalisieren das Menü.

Zuma ⓝ

14/20

im Hotel Weisses Rössl

6370 Kitzbühel, Bichlstrasse 5 • 05356 71900
hotel@roesslkitz.at • www.roesslkitz.at, www.zumarestaurant.com

Das Konzept des Zuma wurde 2002 in London aus der Taufe gehoben. Beflügelt durch den großen Erfolg des Fine-Dining-Konzepts wurden inzwischen Dependancen in Metropolen wie Hongkong, Dubai, New York, Rom und Istanbul eröffnet. In Kitzbühel findet man das Zuma im Hotel Weisses Rössl als Winter-Pop-up mit zeitgenössischen japanischen Gerichten und Sushi-Variationen. Wir starten mit zarten „crispy squid" mit Jalapeño-Schärfe, die den Gaumen in Position bringt. Die Gyoza sind mit einer eigenwillig mehligen Füllung aus Black Cod und Garnelen das Negativgericht des Abends, der würzige frittierte Tofu mit Avocado-Blattsalat die unerwartete positive Überraschung. Ebenso das Misohuhn: gelungen, saftig und geschmacksintensiv. Fazit: Hier werden Gerichte serviert, die man mittlerweile kennt, die streckenweise aber etwas mehr den Fokus aufs Detail bedürfen. Eine Bitte: Es wäre hilfreich, wenn das Lichtkonzept zur Dinner-Primetime etwas mehr Helligkeit zuließe.

Hagstein

TIPP

Gasthof

6370 Kitzbühel, Hagsteinweg 95 • 05356 65216
info@gasthof-hagstein.at • www.gasthof-hagstein.at

Auf 1.000 Metern Seehöhe genießt man im Berggasthof Hagstein eine gutbürgerliche Küche mit familiärem und zuvorkommendem Service. Sowohl im Sommer als auch im Winter lädt die Sonnenterrasse zum Speisen mit herrlichen Aussichten auf die umliegende Bergwelt ein. In den urigen Stuben, die auf das 18. Jahrhundert zurückgehen, entgegnet den Gästen viel Behaglichkeit und echtes Hüttenfeeling. In Sachen Produktauswahl ist man im Hagstein in Kitzbühel äußerst wählerisch – das Küchenteam weiß genau, woher die Lebensmittel stammen, und bezieht diese überwiegend aus der Region. So entstehen die kulinarischen Köstlichkeiten, die von Tiroler Klassikern über saisonale Spezialitäten bis hin zu leichten Gerichten reichen: Bauernspeck und Almkäse, Haussülze, Grammelschmalzbrot, Wiener Schnitzel, Kaiserschmarren, Apfelräder im Bierteig und vieles mehr.

Tiroler Hof Kufstein

13/20

Gourmet Wirtshaus im Boutique Hotel Viktorias Home

Koch: Viktoria Fahringer

6330 Kufstein, Am Rain 16 • 0660 623 3110
tirolerhof@viktoriashome.at • www.viktoriashome.at
Fr, Sa 17.30–22.30, So 11–14.30 und 17.30–22.30 Uhr • ♿ • €€

Schon der Name beweist Ambition: Gourmet Wirtshaus. Viktoria Fahringer war jüngste Haubenköchin Österreichs und räumte Nachwuchspreise ab. Ihr Vater macht die Wirtshauskost, sie das Fine Dining. Viktoria hat ein Herz und Talent für vegetarische Gerichte. Die geschmorte Karotte reicht sie mit Zitrone und Olivenöl, Zwiebelvariationen stehen neben Lauch – und die Ravioli erleben ein Kräutergewitter samt Spargel und Pesto: exzellent. Tadellos auch arabisch gewürztes Lamm oder Maishühnchen mit Madeira-Jus. Danach trifft Erdbeere auf Waldmeister, wieder ganz fein. Familiärer Service, gute Weinberatung. So geht der Gourmet gern ins Wirtshaus.

R35 by Patrick Landerer

12,5/20

im Hotel „Das Landerer"

Koch: Patrick Landerer

6532 Ladis, Razilweg 35 • 05472 6830
r35@daslanderer.com • www.r35-ladis.com

Fr–Mi 18–22 Uhr

Etwas karg und nüchtern präsentiert sich das Gourmetlokal R35 im Stil eines alpenländischen Bistros. Freundlich hingegen der Service, der flott und kompetent durch den Abend begleitet. Originell die Art der Menüauswahl: Man entscheidet sich für einen Hauptgang und ein bis drei Vorspeisen. Drei Grüße aus der Küche gibt es obendrein. Die Gerichte spiegeln das Bekenntnis zur Regionalität ebenso wider wie den Trend zur veganen Küche. Kleines Highlight ist die gebeizte Regenbogenforelle mit Molkecreme, auch der Alpensaibling mit Rollgerste überzeugt. Insgesamt bleibt das Geschmackserlebnis aber etwas hinter den Erwartungen zurück, ebenso wie die Weinauswahl.

VIER Studios & Restaurant

11,5/20

Koch: Florian Schranz

6444 Längenfeld, Runhof 108 • 05253 94100
office@vier-studios.at • www.vier-studios.at

Mi–Mo 18–21 Uhr • €€

Erde, Wasser, Feuer, Luft: Mit diesen Begriffen versucht das VIER sowohl die Küchenphilosophie zum Ausdruck zu bringen als auch die kulinarische Bandbreite zusammenzuhalten. In leicht mondänem, aber auch lässigem Umfeld darf dann – unabhängig vom theoretischen Überbau – zeitgemäß-leicht, aber auch durchaus – dem Feuer sei Dank – üppig geschlemmt werden. Dabei spielt kulinarisch nicht nur das Ötztal eine gewichtige Rolle, sondern der Blick wandert gerne auch über den Talrand hinaus und setzt sich eine internationale Brille auf. Diese Gratwanderung gelingt souverän: Sowohl heimische Kost als auch Amerikanisches munden, der ausgewählte Wein schmeckt.

Wilder Mann

12,5/20

Gasthof

Koch: Michael Streng

6072 Lans, Römerstraße 12 • 0512 379696
info@wildermann-lans.at • www.wildermann-lans.at

11.30–21.30 Uhr

Der Wilde Mann in Lans ist ein Gasthaus, das man nur noch sehr selten in Tirol findet. Unverfälschte Tradition und Authentizität spiegeln sich vor allem in den originalen alten Stuben wider. Die Speisekarte enthält einige Klassiker der österreichischen Küche, aber auch moderne Interpretationen und gehobene französische Bistro-Gerichte. Zu den Dauerbrennern im Haus zählt die Hochrippe mit Gemüse und Rösti – alles auf den Punkt gegart. Das Fleisch zartrosa, das Gemüse hat Röstaromen und ist trotzdem noch knackig und hat Biss. Handwerkliches Geschick wird auch beim Bauernbratl vom Lamm gezeigt, das in einem herrlichen Lammfond mit Gemüse serviert wird. Die Gerichte dürften durch die Bank etwas weniger würzig ausfallen, um somit den Eigengeschmack der hochwertigen Produkte mehr herauszustreichen.

Vincena

14,5/20

im Dolomitengolf Suites

Koch: David Senfter

9906 Lavant, Am Golfplatz 2 • 04852 611 22 500, 0676 784 6923
info@dolomitengolf-suites.com • www.vincena.at

18.30–21.30 Uhr

Wenn Golfliebhaber direkt vom Golfplatz in den Restaurantsaal wechseln wollen, dann sind sie im Vincena genau richtig. Sowohl von der Sonnenterrasse als auch vom großzügigen Speisesaal mit den breiten Glasfronten sieht man direkt hinaus auf die Lienzer Dolomiten und das bunte Golftreiben. Für den externen Gast gibt es ein übersichtliches Menü, das international geprägt ist. Gyoza, Burrata oder Kohlrabischaumsuppe sind Beweis dafür. Bei den Hauptspeisen überzeugt der knusprig gebratene Saibling, der sanft auf Gerste liegt. Das Küchenteam braucht sicher noch Zeit, um sich abzustimmen, die Ansätze sind aber ordentlich. Bei den Desserts sei das ordentlich bestückte Käsebuffet empfohlen. Besonders hervorzuheben: die umfangreiche Weinkarte und der äußerst aufmerksame und herzliche Service. So lässt es sich gut gehen. Apropos: Natürlich sind auch Nicht-Golfspieler hier willkommen!

180°

11/20

Koch: Theo Hofherr

6631 Lermoos, Silbergasse 1 • 05673 20931
180grad@restaurant-180grad.at • www.restaurant-180grad.at
Mi–Sa 12–21, So 10.30–21 Uhr • ♿ • €€

Das kulinarische Angebot ist vielfältig und einfallsreich. Fondue-Abende, die Hongkong-Spezialität „Bubble-Waffel“ (klassisch mit Waldbeere oder exotisch mit Ananas) oder Strudel in verschiedenen Variationen kommen bei den Gästen gut an. Die Zusammenarbeit mit nahen Bauern wird gesucht, aber auch Exotisches in Form von Thai-Curry aus dem Wok, vegetarisch oder mit Hühnerstreifen, findet sich regelmäßig auf der Karte. Das Panorama mit Blick auf die Zugspitze ist großartig. Auch auf den Kaiserschmarren muss hier nicht verzichtet werden. Apropos Süßes: Hausgemachte Süßigkeiten und Pralinen aus der hauseigenen Konditorei sind im Haus erhältlich.

Genießerhotel Post Lermoos

15/20

Alpine Luxury, Gourmet & SPA

Koch: Thomas Strasser

6631 Lermoos, Kirchplatz 6 • 05673 22810, 0664 256 4998
welcome@post-lermoos.at • www.post-lermoos.at
tgl 12–13.45 und 18.30–20 Uhr • ♿ • €€

Gourmet für alle. Im Alpine Luxury, Gourmet & SPA Hotel Post in Lermoos verlässt täglich ein sechs- bis achtgängiges Menü die Küche von Chefkoch Thomas Strasser und verwöhnt nicht nur den Gaumen der Hausgäste. Die geschmackvoll eingerichtete Stube wirkt zeitlos und edel, in Tirol würde man sagen: heimelig. Der Ausblick ist ebenfalls einmalig: Auf der anderen Seite des Tals erhebt sich das mächtige Zugspitzmassiv. Die Auswahl ist recht überschaubar, es gibt neben dem Abendmenü eine kleine Karte mit drei Gerichten. Als Gedeck wird ein Blutwurstbrot gereicht, das dem bekannten Beispiel im Restaurant Steirereck im Wiener Stadtpark um nichts nachsteht. Saisonale und regionale Produkte werden kreativ serviert. Mit einer guten Mischung aus Fleisch, Fisch und Gemüse verwöhnt uns die Küche. Ein Highlight aus der Menüfolge ist der kurz gebratene Zwiebelrostbraten, auch der Flusszander an Kräuter-Drillingen ist äußerst delikat und auf den Punkt gegart. Schön sortiert ist die Weinkarte mit über 1.000 Positionen.

MONTE DinnerClub

13/20

im Alpenparks Hotel Montana

Koch: Marcel Steiner

9971 Matrei in Osttirol, Gereitstraße 2 • 04875 51020, 0664 887 30555
monte@alpenparks.at • www.facebook.com/montematrei

Dinnerclub klingt nach Ibiza oder Berlin – und doch befindet sich diese urbane Antithese zum Tiroler Brauchtum in Matrei in Osttirol. Mittlerweile schwingt der Chef des Hauses, Tausendsassa Marcel Steiner, nicht nur den Kochlöffel selber, sondern sorgt in Personalunion zudem für eine adäquate Weinbegleitung und die passenden Beats. Nach den ersten Happen startet das Degustationsmenü mit Ceviche vom Seesaibling mit Brassica, Pomelo-Miso und Grüll-Kaviar. Außerordentlich gut gefällt darauf folgend ein Stundenei mit „grüner Espuma" und Osso Collo. Mehr Feinabstimmung wären sowohl beim Zander mit Spargel als auch beim heimischen Hirsch mit einer Deklination von Sellerie gefragt gewesen. Der Abschluss rund um Schafkäse vom Kollnighof mit Basilikum und Limette ist wiederum gewagt wie gekonnt.

Rauterstube

15/20

im Hotel Rauter

Koch: Max Van Triel

9971 Matrei in Osttirol, Rauterplatz 3 • 04875 6611, 0664 413 9618
info@hotel-rauter.at • www.rauterstube.at

€€

Große Kontinuität beweist die Rauter-Küche seit Jahrzehnten. Der Gastraum erfährt peu à peu ein dezentes Facelift, hinter dem Pass mit Max Van Triel hingegen einen Reset. Gastgeberfamilie Obwexer versteht sich weltläufig, was sich auch in einem imposanten Weinkeller mit Schwerpunkt Frankreich zeigt. Die Küche bedient sich – frei von Dogmen – sowohl am Besten der Region als auch an Luxusprodukten internationaler Provenienz. Die Terrine von der Gänseleber zeugt von höchster Handwerkskunst sowie feinst abgestimmten Aromen à la Harald Wohlfahrt. Tiroler Weinbergschnecken werden gekonnt von Knoblauch und Eigelb mit Petersilie kontrastiert. Butterweiche Rindsbackerl, in Rotwein geschmort, ergänzen sich kongenial mit Räucheraal und Kopfsalat. Die Sauce Escabeche zum Steinbutt gerät überraschend mächtig und lässt den noblen Fisch etwas in den Hintergrund treten. Das Soufflé von dunkler Schokolade ist klassisch-konservativ, „Le Citron Fou" hingegen entpuppt sich als verspieltes Techno-Zitronen-Dessert.

Saluti

15,5/20

Koch: Ernst Moser

9971 Matrei in Osttirol, Griesstraße 10 • 04875 6726, 0664 433 16139
pizzeriasaluti@aon.at • www.saluti-matrei.com
Mi–Sa 17.30–22, So 12–14 und 17.30–22 Uhr • €

Das „Sportbuffet“ der örtlichen Tennisanlagen erfährt seit Jahren kulinarische Höhenflüge dank der Heimkehr des umtriebigen Spitzengastronomen Ernst Moser. Entsprechend bunt gemischt is(s)t das Publikum: von hungrigen Sportlern, die sich über hausgemachte Pasta hermachen, über Familien mit Gusto auf Pizza bis hin zu Damen und Herren in feinem Zwirn, die in der gut bestückten Weinkarte schmökern. Am besten, man begibt sich in die Hände des Chefs und lässt sich überraschen. Jakobsmuscheln mit Radieschen und eingelegtem Spargel zeugen vom kreativen Vermögen des Chefs. Von exzellenter Güte ist die roh marinierte Makrele mit Yuzu und Wassermelone. Morcheln begleiten einen auf den Punkt gebratenen Steinbutt, während das Spanferkel Gesellschaft von Schnecken bekommt: köstlich! Das Dessert reicht Moser gerne als Variation: fluffige Mousse au Chocolat mit Kumquat, mustergültige Crème brulée und erfrischendes Kräutereis mit Rhabarber machen satt wie glücklich. Der Service agiert herzlich und kompetent.

Michl Stub'n

12,5/20

im Hotel Vier Jahreszeiten

Koch: Daniel Koch

6212 Maurach am Achensee, Eggweg 2–3 • 05243 5375
hotel@4jahreszeiten.at • www.4jahreszeiten.at
Mi–So 18–20 Uhr

Der Stil des Hauses sowie des Gourmetrestaurants lässt sich mit zwei Begriffen beschreiben: alpine Moderne. Diese zeichnet auch die Herdkunst des Restaurants aus. Leicht marinierter Lachs, Gurke, Radieschen und Dill bilden als Gesamtbild eine angenehm frische und leichte Vorspeise. Das Augenmerk des Hauptgangs liegt auf dem rosa gebratenen Entrecôte, wobei der hausgemachte Raviolo, der als Beilage fungiert, ebenfalls mithalten kann, dem saftigen Stück Fleisch jedoch nicht die Show stiehlt. Das Dessert, bestehend aus verschiedenen Texturen – eine luftige Mousse, cremiges Parfait sowie perfekt temperierte Schokolade –, sorgt für ein aufregendes Mundgefühl.

KLE ⊘

13/20

Huber's Boutiquehotel

Koch: Klemens Huber

6290 Mayrhofen, Dornaustraße 612 • 05285 62569
info@hbhotel.at • www.hbhotel.at

Mi–Sa 18–23 Uhr • ♿

Klar, leicht und echt: Das scheint das Motto bei den Gerichten in Huber's Boutiquehotel zu sein. Den falschen Apostroph nehmen wir nicht auf unsere Kappe. Der ist aber auch schon das Einzige, das stört. Das Motto („Klar, leicht, echt") hat es sogar bis in die Restaurantbezeichnung geschafft. Das neue Projekt heißt KLE und kann was. Ernst gemeinte Saisonalität, dafür kein Dogma in Richtung Regionalität. Das ist erfrischend. Vor allem der Hummersuppe wegen, die mit Hummerravioli, Tatar vom Seesaibling und Yuzu daherkommt. Der nächste Gang ist dann wieder zillertalerisch. Zumindest, was die Herkunft betrifft. Seesaibling von der Fischzucht Moser mit fermentiertem Knoblauch, Shimeji-Pilz und Misosud. Großartig!

Rocky 7 ↗

15/20

im ZillergrundRock Luxury Mountain Resort

Koch: Alexander Hönigsberger

6290 Mayrhofen, Zillergrund 903 • 05285 62377
info@zillergrund.at • www.zillergrund.at
Mi–Fr 18.30–20 Uhr • ♿

Auf den herzlichen Empfang im Rocky 7 folgt erst mal ein Chapeau! Bereits bei der Weinauswahl ziehen wir den Hut, Hausherr Christian Pfister nennt präzise alle Jahrgänge der umfangreichen Karte. Küchenchef Alexander Hönigsberger verspricht ein legeres Gourmeterlebnis und übertrifft alle Erwartungen. Zum Start Carpaccio und Beef Tatar, dazu Krustentiermousse. Weiter geht es mit einem Aromatiksalat, sehr kreativ umgesetzt. Ein Spargelrisotto wird ergänzt von zweierlei Suppe: Schwarzwurzelvelouté und Steinpilzessenz. Die Hauptgerichte leitet ein zartes Saiblingsfilet ein, dann eine regelrechte Fusion von Kalb und Rind – alles sehr clean angerichtet, geschmacklich allerdings deliziös. Zum Dessert Topfensoufflé. Das Orangensüppchen mit Wasabi-Limetten-Sorbet bereitet einen wahrlich erfrischenden Ausklang. Ein denkwürdiger Abend.

Zillertalerhof

11/20

Alpine Hideaway

Köchin: Silvia Wohlfahrt

6290 Mayrhofen, Am Marienbrunnen 341 • 05285 62265
welcome@zillertalerhof.at • www.zillertalerhof.at

Fr–Mi 18.30–20 Uhr •

Seitdem Franz-Josef und Katharina Perauer, Junggastgeber aus Leidenschaft, sich dem Zillertalerhof angenommen haben, beobachtet man eine stetige Veränderung – zum Positiven wohlgemerkt. Schritt für Schritt versucht man, das ganzheitliche Urlaubserlebnis der Hotelgäste zu steigern. Die kulinarische Komponente wird hier natürlich nicht außer Acht gelassen. Ein alpines Fine-Dining-Erlebnis versprechen Küchenchefin Silvia Wohlfahrt und ihr Team. Mit viel Liebe zum Detail und dem Fokus auf regionalen Zutaten entstehen kreative Neuinterpretationen klassischer Gerichte. Mit dem Anspruch, sich stets zu verbessern und weiterzuentwickeln, werden wir bereits mit der Vorspeise des Fünf-Gänge-Menüs geschmacklich abgeholt. Toller Service, stimmige Geschmackskombinationen und perfekte Garpunkte bleiben schlussendlich in Erinnerung.

Kammerli

17/20

Köche: Michael Ploner, Oliver Mijic & Jürgen Mathoy

6543 Nauders, Unterdorfstraße 196 • 05473 872210
kammerli@hotel-central.at • www.kammerli.com

Do–Sa 18.30–22.30 Uhr

Das Kammerli im Hotel Central in Nauders hat sich in kurzer Zeit zum „Must-eat“ für jeden Gourmet entwickelt. Junior- und Küchenchef Michael Ploner und sein Team – Olli Mijic und Jürgen Mathoy – legen die Messlatte in Tirol auch diese Saison wieder ein Stück höher. Jung, kreativ, überraschend und gleichzeitig bodenständig und regional tief verwurzelt lässt sich ihr Kochstil beschreiben. Das altehrwürdige Kammerli hat 500 Jahre auf dem Buckel und nur 12 Plätze. Und die sind – no na ned – heiß begehrt.

Michael Ploner führt durch den Abend und erzählt zu jedem Gericht kurz seine Entstehungsgeschichte. Gleichzeitig werden die jeweilige Weinbegleitung und die ausgezeichneten, selbst zubereiteten alkoholfreien Getränke vorgestellt. Das Sommermenü umfasst mit Vor- und Nachspiel zehn Gänge, die alle mit sehr viel Liebe zum Detail begeistern.

Das erste Highlight ist die „Couch-Potato“: eine Fondant-Kartoffel, obenauf mit Fichtennadeln, Zitronenthymian und Gurke, sommerlich mariniertem Kalbstatar und knusprigen Pommes soufflées – angegossen mit einem leicht geräucherten Sud, ist das Gericht ein Kompliment an die französische Küche. Bemerkenswert ist das „Butter-Brot“, in der Mitte des Menüs platziert und eine Reminiszenz an bäuerliche Mahlzeiten: auf Holzkohle geröstetes 30-Stunden-Brot aus Dinkel-, Roggen- und Weizenmehl mit einem Butter-Dreierlei, dazu ein Schüsselchen kräftiger Kalbsjus mit einem Löffel Schnittlauchmayonnaise zum Tunken. Einfach und grandios.

Zum Fischgang kommt Stör aus Oberösterreich, auf dem Konro-Grill punktgenau zubereitet, garniert mit selbst gesammelten Seekräutern, dazu Kartoffelpüree und eine klassische Vichyssoise. „Ente gut, alles gut“, so lautet das Motto des Hauptgangs, der auf zwei Teller aufgeteilt ist. Den Anfang macht eine umwerfende Entenkrokette mit marinierten Shiitakepilzen aus Tirol, eine Zuckerschote, gefüllt mit Erbsencreme on top, angegossen mit Entenjus. Es folgt eine Scheibe rosa gebratene Entenbrust, dazu ein 35-Schichten-Mille-feuille aus Sellerie und Lauch, konfiert mit Entenfett. Den „Anfang vom Ende“ machen, unter anderem, die besten jemals im Restaurant gekosteten Paunzen mit Apfelmus. Hut ab für dieses von Anfang bis Ende perfekt durchdachte und präsentierte Konzept der jungen Kochmannschaft aus Nauders.

Gault&Millau
Genussmesse, Weinfest und vieles mehr ...
Alle Tickets zu unseren kulinarischen Events auf gaultmillau.at

Der Hoferwirt

12,5/20

Hotel & Restaurant

6167 Neustift im Stubaital, Dorf 12 • 05226 2201
info@hoferwirt.at • www.hoferwirt.at
11.30–14 und 17–21 Uhr

Wer auf der Suche nach einem echten Tiroler Wirtshaus ist, wird mit dem traditionsreichen Hoferwirt in Neustift im Stubaital jedenfalls fündig. Kulinarische Schätze aus der hauseigenen Landwirtschaft, frische Forellen und Saiblinge aus dem eigenen Fischteich, Wild aus der eigenen Jagd und herzhafte Almprodukte werden gekonnt zu „Stubaier Köstlichkeiten“ verarbeitet. Die klare Waldpilzsuppe mit Ochsenschwanzravioli, das 12 Stunden geschmorte und im Smoker geräucherte Neustifter Vollmilchkalb und die hausgemachten Wuchteln sind Protagonisten einer erinnerungswürdigen Tiroler Sonntagsmahlzeit.

Hubertusstube

17/20

SPA-Hotel Jagdhof

Koch: Christian Jeske

6167 Neustift im Stubaital, Scheibe 44 • 05226 2666
mail@hotel-jagdhof.at • www.hotel-jagdhof.at

Mi–Sa 19–22.30 Uhr

Eine halbe Autostunde von Innsbruck entfernt liegt der familiengeführte Jagdhof Neustift. Das Fünf-Sterne-Hotel zählt nicht nur zu den besten Häusern im Stubaital, sondern zu den renommiertesten im ganzen Land. Dies kommt nicht von ungefähr: Ein luxuriöses Spa, exquisite Zimmer und Suiten sowie heimelige Stuben bilden einen Wohlfühlkosmos der Extraklasse. Und was wäre eine perfekte Hardware ohne Hochgenuss für den Gaumen?!

Kronjuwel im umfangreichen kulinarischen Angebot ist das Gourmetrestaurant Hubertusstube. Hier kreiert Christian Jeske mit Können und Raffinesse Gerichte, die gleichermaßen grandios wie bildschön sind. Als Gruß sendet er sechs verschiedene Amuse, beim – natürlich selbst gebackenen – Brot gilt es, Zurückhaltung zu üben, um den Appetit für das zu bewahren, was folgt: Zum Anfangen die hauchdünn aufgeschnittene Jakobsmuschel mit Avocado, Oscietra-Kaviar und Fruchtakzenten von Granny Smith und Holunder – geschmackvoll serviert im knusprigen Kartoffelring. Ebenso köstlich der aromatische Kwell-Saibling mit gekräuseltem Heu, Crosne, Bottarga und einem erfrischenden Rote-Rüben-Sorbet. Als Zwischengang dann ein auf den Punkt gegarter Langustino, garniert mit schwarzem Knoblauch an Topinambur und Junglauch-Emulsion.

Beim Hauptgang zeugen sowohl der Huchen als auch das Schwarzfederhuhn vom Können der Küchenbrigade. Der Fisch mit zweierlei Blumenkohl, Zitrusaromen und Shiso ist ein Gedicht und auch das Huhn mit wildem Spargel, Haferwurzel und Malz ist tadellos. Zum Abschluss wählen wir sowohl die gelungene Kreation aus Valrhona-Schokolade als auch die Käsevariation – eine Menüfolge, die keine Wünsche offenlässt und von einer wunderbaren Weinbegleitung komplettiert wird. Die Selektion aus dem mit über 1.000 Positionen mehr als gut bestückten Weinkeller ist ein Beweis dafür, dass hier nicht nur der Küchenchef, sondern auch der äußerst zuvorkommende Sommelier sein Handwerk versteht.

im Stadl

12,5/20

Koch: Werner Wibmer

9990 Nussdorf-Debant, Toni-Egger-Straße 28 a • 04852 67727
info@imstadl.at • www.imstadl.at
Di 17.45–20.30, Mi–So 11.30–14 und 17.45–20.30 Uhr •

Etwas versteckt zwischen Großmärkten und einer Druckerei befindet sich das schmucke Restaurant „im Stadl" in Nussdorf-Debant. Der Name suggeriert Rustikalität, das Interieur hingegen gibt sich überraschend modern mit einem prägnanten Wandgemälde von Jos Pirkner. Die À-la-carte-Karte deckt von der Grießnockerlsuppe über das Wiener Schnitzel bis hin zu den Mehlspeisen alle gängigen Klassiker ab. Chef Werner Wibmer beherrscht auch die Hochküche, welche in Form eines Überraschungsmenüs dargeboten wird. Maître Peter Knöbelreiter kredenzt gerne ein frisch gezapftes Bier, ein Blick in seine Weinkarte offenbart darüber hinaus so manchen Schatz.

Austria Stube®

15/20 🎩🎩🎩

Hotel Austria & Hotel Bellevue

Koch: Christopher Korp

6456 Obergurgl, Kressbrunnenweg 3 & 4/U3 • 05256 6282
mst@austria-bellevue.com • www.austria-bellevue.com

21. April bis 20. Juni und 14. Sept. bis 15. Nov. 2024 • ♿

Wow, was für ein Einstieg! Wir können gar nicht sagen, was uns besser gefällt: die sympathische helle Atmosphäre im Restaurant mit ihren natürlichen Materialien, das Menü, das auf der Grundlage herausragender Produkte eine solide Performance bietet, oder das Weinkonzept von Maximilian Steiner, das in dieser Form einzigartig ist. Beginnen wir beim Menü. Dafür sind wir schließlich da. Nicht ganz, aber ziemlich am Beginn steht Saibling. Gekonnt mit (zarter) Buttermilch, Kaviar und gefleckt-gestreiften Zebratomaten. Großartig! Das Bries hernach wird mit Erbsen und Löwenzahn kombiniert, die Wachtel (der Hauptgang) mit Sanddorn, Quitte und Blumenkohl. Sämtliche Gerichte überzeugen durch Präzision und Feinheit, das ganze Menü wirkt durchdacht und gut abgestimmt. Und die besagte Weinbegleitung? Hier gibt es drei Varianten zur Auswahl: Premium, Superior und Ultimate. Wobei Ultimate die Sache schon ganz gut trifft: ein reifer Château Grillet, der Unendlich vom F.X. Pichler und ein Glas Échezeaux. Nur, um ein paar Beispiele zu nennen.

Edelweiss & Gurgl

11/20

Koch: Christian Weis

6456 Obergurgl, Ramolweg 5 • 05256 6223
info@edelweiss-gurgl.com • www.edelweiss-gurgl.com
18–20.30 Uhr • €€

Im Edelweiss & Gurgl, das zum gleichnamigen Hotel in Obergurgl im Ötztal gehörende Gourmetrestaurant, ist gut in der Region verankert und durchaus bodenständig ausgerichtet. Im Zentrum stehen überwiegend Produkte aus der Region – und so gelangen etwa das Grauvieh aus der Gegend oder die Ötztaler Forellen auf die liebevoll angerichteten Teller. Daneben gibt es fast schon rustikal anmutende Wirtshausklassiker, deren Zubereitung ebenfalls mehr als nur solide gelingt. Mit Burgern in guter Qualität, natürlich ebenfalls mit Fleisch aus der Region, wird der Blick über den Ötztaler Tellerrand hinausgewagt. Nicht zuletzt gibt es eine ansprechende Weinkarte.

Gourmetstube Hochfirst

14,5/20

im Alpen-Wellness Resort Hochfirst

Koch: Mario Scandura

6456 Obergurgl, Gurglerstraße 123 • 05256 63250
gourmet@hochfirst.com • www.hochfirst.com

Mo, Di, Do, Fr und So 18.30–22.30 Uhr

Die Gourmetstube, zum Ein-Saison-Betrieb Hochfirst gehörend, schöpft im Winter aus dem Vollen. Das Innen und das Außen stimmen: Draußen liegt der glitzernde Schnee im abgelegenen Obergurgl im Ötztal, drinnen glänzt und begeistert das Tellerdesign. Das Ambiente der Räume und die Zubereitung der Speisen sind dabei mehr als überzeugend und auch der Spagat zwischen den Kulinarikwelten gelingt – Austern stehen nämlich ebenso auf der Speisekarte wie Traditionelles der Marke Zwiebelrostbraten, selbstverständlich in feinster Qualität. Auch ansonsten geht es hochwertig zu und das Ötztaler Weiderind mundet ebenso wie die Trüffel. Vorzüglich auch: die Weinkarte!

Grünerhof®

13/20

Koch: Maximilian Grüner

6456 Obergurgl, Gaisbergweg 2 • 05256 6526
info@gruenerhof.at • www.gruenerhof.at

Maximilian Grüner ist ein junger Tiroler Koch, den man unbedingt im Auge behalten muss. Sein Restaurant im Grünerhof im Ötztaler Obergurgl ist ein spannender Ort. Er selbst ging nach der Lehre erst nach Dänemark und dann zu Haeberlin in die „L'Auberge de l'Ill" im Elsass. So ambitioniert wie der junge Koch sind auch seine Gerichte: klassisch-elegant angerichtet und voller Geschmack. Grüners Teller sind eine Wohltat. Klassiker der heimischen Küche, aber modern und mit Pfiff interpretiert. Spargeltarte und Wachtel Suprême sind dabei ebenso auf der Karte zu finden wie gefüllte Paprika oder Burgunderbraten. Solides Handwerk, große Empfehlung.

Der Stern®

12/20

6416 Obsteig, Unterstrass 253 • 05264 8101
info@hotelstern.at • hotelstern.at/t

Im Wirtshaus Stern in der kleinen Ortschaft Obsteig gibt es eine klare Botschaft, die da lautet: „Mit Butz und Stingl". So wird gekocht und auch gegessen. Die Vorgabe ist, keine Lebensmittelverschwendung zu betreiben und möglichst keinen Abfall zu produzieren. Aus der Sicht des Gasts eine einfache Übung, weil alles, was auf den Tisch kommt, von außerordentlicher Qualität und „richtig guat" zubereitet ist. Authentische Tiroler Gerichte, neu und kreativ überarbeitet – am liebsten mit Zutaten, die direkt vor der Haustüre selbst produziert oder bei Bauern aus der Umgebung eingekauft werden.

Wilderer Gourmetstube

14,5/20

im Hotel Das Karwendel

Köchin: Stefanie Rieser

6213 Pertisau, Karwendelstraße 1 • 05243 5284
info@karwendel-achensee.com • www.karwendel-achensee.com

Mi–Sa 18.30–22 Uhr • €€

Nur 12 Plätze zählt die kleine Gourmetstube im Hotel Das Karwendel am Achensee. Schon seit vielen Jahren ist Juniorchefin Stefanie Rieser auch Küchenchefin und sowohl sehr versiert als auch mit viel Einfallsreichtum am Werk. Wer sich mit einiger Vorlaufzeit einen der wenigen Plätze sichern kann, darf sich auf einen rundum gelungenen Abend freuen. Das siebengängige Gourmetmenü ist mit viel Erfahrung und Kreativität konzipiert. Auf jedem Teller finden sich frische und überraschende Geschmacksnoten, die den Sommer auf die Zunge bringen. Ein feines Tatar aus Flusskrebs, Mango und Papaya ist die umwerfende Einlage der weißen Basilikumschaumsuppe. Erinnerungswürdig ist das hausgeräucherte Kalbsfilet auf einer Bärlauch-Vinaigrette mit gebratenem grünem Spargel und einem Hauch Barbecuesauce. Richtig spannend und sehr clean ist der Käsegang: eine dünne Scheibe Blauschimmelkäse Fourme d'Ambert (eine der ältesten Käsesorten Frankreichs), garniert mit Met-Schaum, Korinthen und Mandelraspeln. Danach ein Spaziergang zum See – und der Sommerabend endet absolut perfekt.

Bistro Höll

11,5/20

Koch: Christian Schwertner

6405 Pfaffenhofen, Höll 65 • 0676 409 8461
valentin@bistrohoell.at • www.bistrohoell.at

Mi–Sa 11.30–14 und 18–22 Uhr •

Wenn man die Straße zum Bistro Höll durch den Wald über den Berg hinauffährt, ahnt man nicht, dass einen hier ein gutes Restaurant mit einer grandiosen Aussicht erwartet. Angekommen im Gastraum, fühlt man sich in der heimeligen Wohnzimmeratmosphäre, die der Raum ausstrahlt, sofort wohl. Die Speisekarte mit mediterranem Schwerpunkt wird durch Tagesempfehlungen ergänzt. Als Gruß aus der Küche kommt eine kalte, asiatisch inspirierte Kräutersuppe mit exzellentem Jakobsmuscheltatar. Ein sehr guter Start. Die Jakobsmuschel in der Vorspeise wie auch das Risotto mit Garnelen und Salsiccia dürften etwas weniger Salz vertragen. Der Wolfsbarsch in der Salzkruste ist indes auf dem Punkt und eine wirkliche Wohltat.

s'Pfandl

11/20 🍴

Koch: Thomas Hagleitner

6370 Reith bei Kitzbühel, Kitzbüheler Straße 69 • 05356 62271, 0676 326 5235
info@pfandl.co.at • www.pfandl.co.at

Di–So 17–24 Uhr • ♿ • €€

Urig, gemütlich, authentisch: Sowohl auf der überdachten Terrasse, in der großzügigen Stube oder im gut bestückten Weinkeller herrscht Tiroler Wohlfühlatmosphäre. Mit Dreierlei vom Schlutzkrapfen, einem ortstypischen Klassiker, beginnt der Abend. Es folgt die Forelle Müllerin Art mit angenehmem Knoblaucharoma. Für Abwechslung sorgen die saisonalen Empfehlungen der Küche. Die flaumigen Knödel mit gerösteten Butterbröseln sind im Sommer und auch zur kälteren Jahreszeit eine passende Nachspeise.

Gault&Millau
Entdecken.
Entspannen.
Erleben.
Newsletter abonnieren und informiert bleiben auf
gaultmillau.at
August_0802/Shutterstock

Hotel zum Mohren ↗

12/20

Koch: Thomas Ruepp

6600 Reutte, Untermarkt 26 • 05672 62345
info@hotel-mohren.at • www.hotel-mohren.at

Mo–Sa 11.30–13.30 und 17.30–20.30 Uhr • ♿ • €€

Tiroler Wirtshausküche vom Feinsten. Zünftige Traditionsgerichte dominieren die Speisekarte des Mohrenwirt, jedoch nicht nur. Beim Betreten der Gaststube passiert man den großen Dry-Ager, bestückt mit köstlichen Steaks – die Königsdisziplin von Küchenchef und Patron Thomas Ruepp. Zur Vorspeise ein Klassiker: Carpaccio unter einer Wolke aus Parmesan. Auf den ersten Blick die Sorge, dieser könnte den Geschmack trüben, jedoch keineswegs, das feine Fleisch ist kaum gewürzt – köstlich. Das Hirschgulasch mit Apfelrotkraut ist geschmacklich kaum zu toppen, so auch der Lammrücken. Die Nachspeisen sind nicht nur optisch ein Genuss. Immer wieder gerne.

Gasthof zur Arche

13/20

6074 Rinn, Hauptstraße 18 • 05223 22872
zurarche.at

Es gibt nicht mehr viele Tiroler Gasthäuser mit dieser schönen heimeligen Atmosphäre. Die Arche in Rinn nahe Innsbruck ist so ein Gasthaus. Serviert wird einheimische Küche mit lokalen Grundprodukten. Eine Speisekarte sucht man vergeblich, die Speisenfolge wird von der Hausherrin selbst vorgetragen. Man kann sich dann – wie in unserem Fall – zwischen Fisch und Hirschkalb als Hauptgang entscheiden. Wir wählen das Hirschkalb aus dem Gschnitztal, geschmort und gebraten – eine sehr gute Wahl. Die Weinauswahl könnte größer sein, allerdings sind die empfohlenen Weine sehr gut auf die Speisen abgestimmt. Insgesamt erhält man eine feine klassische Tiroler Gasthausküche, die immer wieder durchblicken lässt, wie gut der Küchenchef sein Handwerk beherrscht.

Alpin Gourmet Stube ↗

16,5/20

im Hotel Gletscherblick

Koch: Paul Markovics

6580 St. Anton am Arlberg, St. Jakober Dorfstraße 35 • 05446 3285, 0664 459 6195
info@hotel-gletscherblick.at • www.hotel-gletscherblick.at

Di–Sa 19–21 Uhr • €€

Sobald man das Hotel betritt, taucht man in eine warme alpenländische Atmosphäre ein und wird freundlich von der Chefin des Hauses begrüßt. Angekommen in der Gourmetstube, einem kleinen, etwas vom restlichen Speisesaal abgegrenzten Bereich, fühlt man sich sofort wohl. Der Sommelier berät fachkundig und führt gekonnt durch die umfangreiche Weinkarte. Als Start kommt ein Reigen aus Amuse-Gueules auf den Tisch – jedes für sich ein kleines optisches wie geschmackliches Kunstwerk. Den Auftakt macht ein vegetarisches Gericht, das geschickt mit Konsistenzen und Aggregatzuständen spielt. So bekommt man zum Beispiel den Parmesan als Eis serviert und den Salat in flüssiger Form. Ein Highlight ist die gegarte Lachsforelle in einem leichten und zugleich vollmundigen Sobrasada-Sud, kombiniert mit Selleriecreme, roh mariniertem Apfel und rohem Salat. Dieses Gericht geht nicht besser! Die Handschrift des Kochs zieht sich konsequent durch das ganze Menü und man erkennt die Hingabe und die Affinität zu einer säurebetonten Küche.

Alte Post®

11/20

6580 St. Anton am Arlberg, Dorfstraße 11 • 05446 25530, 0664 337 5805
st.anton@hotel-alte-post.at • www.hotel-alte-post.at

Ein eingesessenes ehrwürdiges Hotel mitten in St. Anton am Arlberg mit solider Geschichte. Und seit Jahren ist es auch ein sicherer Hafen für Genießer. Ein bisschen was hat sich an der Linie geändert, aber definitiv nicht zum Schlechteren. Das Angebot an Speisen ist etwas bodenständiger geworden. Die Gerichte selbst sind aber immer noch von außergewöhnlicher Qualität. Die Klassiker unter den Hauptspeisen wie Wiener Schnitzel gelingen tadellos, das Weißweinrisotto findet man in der Karte unter „Highlights" – zu Recht. Es ist cremig, frisch, mustergültig. Auch der Kaiserschmarren, ebenfalls unter den Highlights, ist großartig. Immer auch auf die Tagesempfehlungen achten!

Alte Stube

13,5/20

im Hotel Schwarzer Adler

Koch: Stephan Dialer

6580 St. Anton am Arlberg, Dorfstraße 35 • 05446 2244
hotel@schwarzeradler.com • www.schwarzeradler.com

Mi–Mo 18.30–21 Uhr

Seit 400 Jahren wird im Schwarzen Adler Gastfreundschaft im Zentrum des Skihotspots St. Anton gepflegt und die Alte Stube gehört zu den ältesten und ehrwürdigsten Ecken des Hauses. Der Service operiert zwar etwas unbedacht (Mineralwasser wird zwar eingestellt, aber nicht ein- oder nachgeschenkt, eine Suppe wird verwechselt), aber doch freundlich. Der klaren Safransuppe mangelt es allerdings an Kraft, ansprechend dagegen die in kleine Stücke geschnittenen Fische, inklusive Alpengarnele. Spannender ist da schon der Hauptgang vom Perlhuhn: gebraten und gebacken, mit kräftig-cremigem Morchelrisotto und Gemüse. Mustergültig auch der flaumig servierte Kaiserschmarren mit Apfelmus. Hervorzuheben: Auch ein rein vegetarisches Menü findet sich im Angebot. Die Weinkarte ist übersichtlich und konzentriert sich auf Österreich.

Raffl's Eat Art

15/20

im Raffl's St. Antoner Hof

Koch: Angelo Rindler

6580 St. Anton am Arlberg, Arlbergstraße 69 • 05446 2910
hotel@antonerhof.at • www.raffls.com

18.30–22 Uhr • €€€

Wie heißt es so schön? Der erste Eindruck zählt, der letzte Eindruck bleibt. Sowohl als auch hat bei einem Besuch von Raffl's Eat Art im St. Antoner Hof gute Chancen. Nicht nur optisch. Die einst traditionelle Gaststube hat einen neuen, schrill-poppigen Anstrich bekommen, auch die Speisekarte präsentiert sich kreativ und hochambitioniert. Und Kunst kostet was, wie die Preise zeigen. Das Menü hat fünf Gänge und spielt alle Stücke, wenn man Liebhaber einer gelungenen Cross-over-Küche ist. Asien trifft Italien trifft Österreich. Heißt in Gerichte übersetzt: japanische Gelbschwanzmakrele in Dashi mit Avocado und Kaviar on top. Seezunge und Milchkalb. Getrüffelter Raviolo mit Erbse und würzigem Pecorino. Zum Hauptgang zartrosa Gebratenes vom Reh. Der Abschluss schmeckt mit Mango, Kokos, Limette und Rum aufregend exotisch und schließt den internationalen Reigen. Bemerkenswert unter den sogenannten Classic-Gerichten sind das durchaus luxuriöse Kaviar-Sandwich mit Lauch, Vin Jaune, Lachs und edlem Golden-Queen-Kaviar oder die hausgemachten Bandnudeln mit Rahmsauce und frischem weißem Trüffel. Den À-la-carte-Saisonabschluss im April macht – no na – eine kleine feine Spargelkarte.

Tannenhof

18/20

Koch: Gustav Jantscher

6580 St. Anton am Arlberg, Nassereiner Straße 98 • 05446 30311, 0664 356 3601
info@hoteltannenhof.net • www.hoteltannenhof.net
Mi–So 12–14 und 18.30–20.30 Uhr • ♿ • €€€

Das Konzept von Gustav Jantscher und seinem Menü im Tannenhof wird immer schlüssiger. Und immer besser. Jantscher ist ein Mann mit vielen Talenten. Und mit vielen Leidenschaften. Er züchtet Tauben, Fasane, Masthühner (großes Hendlkino), Kaninchen und Bienenköniginnen. Und seit ein paar Jahren ist er passionierter Jäger. Den Tieren – und der Natur im Allgemeinen – begegnet er mit Respekt und Ehrfurcht. Verwertet wird, was das Tier bietet.

Bereits vor den ersten Gängen, beim „Gedeck“, wird klar, was Jantscher damit meint. Er serviert das Brot nicht einfach nur mit Butter. Mit im Spiel ist eine sensationell gute Salami vom Steinbock, Speck vom Lammbauch und geräucherte Brust vom Auerhahn. Produkte von Tieren, die er selbst erlegt hat und die dann in seiner Werkstatt entstanden sind.

Später, es ist der zweite oder dritte Gang im großen Gourmetmenü, schickt Jantscher einen mutigen Gang aus der Küche: gebackenes Hirn und Zunge vom Hirschkalb. Einfach nur großartig. Nicht nur, weil Hirn und Zunge vom Hirsch es üblicherweise nicht auf einen Teller im Restaurant schaffen und der Gang damit eine handfeste Rarität ist. Nein, weil das Gericht vom Geschmack bis zur Textur alle Stücke spielt. Dann die Wachtel, nicht weniger gelungen. Zartrosa gebraten, mit weißem Trüffel verfeinert. Eine Zierde ihrer Art.

Schließlich, als Hauptgang auf zwei Tellern zelebriert: wieder der Steinbock. Ein Kotelett samt Knochen, etwas Topinambur. Allerdings nur ganz wenig. Eigentlich ist es Steinbock – und nichts als das. Auf dem zweiten Teller, auf sämigem Kartoffelpüree, die Leber vom Bock.

Ja, es ist ein fleischlastiges Menü. Man verlässt den Tannenhof trotzdem in bester Laune und Verfassung. In Summe ist es nämlich ein absolut stimmiges Konzept und ein großartiges Menü. Chapeau. Und die Weinkarte? Auf über 30 Seiten feine Weine aus Österreich, der Schweiz, Frankreich und Deutschland. Große Formate ebenso wie eine stattliche Jahrgangstiefe. „Aus dem Vollen schöpfen“ scheint die Devise zu sein.

Ullrs Wine & Dine®

13/20

Köche: Michael Gfall & Erkan Cakir

6580 St. Anton am Arlberg, Alte Arlbergstraße 2 • 05446 35200
info@ullrhaus.at • www.ullrhaus.at

Ästhetik und Reduktion zeichnen das Innendesign des Ullrhauses aus. Das nach dem nordischen Gott des Skifahrens benannte Designhotel mit perfekter Lage in St. Anton – Rendlgondeln auf der einen und Galzigbahn auf der anderen Seite – setzt in der Kulinarik diesen Stil fort und bietet international orientierte Geschmackswelten. Die Gänseleber wird zum einen auf einer buttrigen Brioche gebraten, zum anderen frisch auf Baumkuchenbasis und erfrischendem Weintraubensorbet serviert. Ein ansprechendes Gericht, in der Portion aber deutlich zu klein geraten. Großzügiger dann schon die Kalbswangen mit karamellisierten Perlzwiebeln und Buchweizen als Beilage. Der Service agiert freundlich, die Weinkarte setzt neben österreichischen Gewächsen stark auf Internationalität.

Verwallstube

15/20

am Galzig

Koch: Matthias Weinhuber

6580 St. Anton am Arlberg, Kandaharweg 9 • 05446 235 25 10, 0676 846 542501
verwallstube@abbag.com • www.verwallstube.at
Fr–Mi 11.30–15 Uhr, Do 11.30–15 und 19–22 Uhr • ♿ • €€

Es tut sich was am Galzig. Die Verwallstube strahlt in neuem Glanz, im Weinschrank posieren große Gewächse und aus der Küche kommen moderne, elegante und präzise angerichtete Gerichte. So macht der Einkehrschwung Spaß! Es gibt eine Seite auf der Karte, die quasi eine Hommage an die „guten alten Gerichte“ ist. Die Seite heißt „eh & je“ und beinhaltet Evergreens wie die Bouillabaisse oder die im Ganzen gebratene Seezunge. Zwar kein Verwall-Klassiker, aber einer der österreichischen Küche ist das Altwiener Backfleisch. Das ist zwar nicht immer auf der Karte, aber sollte es drauf sein, bitte unbedingt zuschlagen! Mustergültig. Darüber hinaus im Angebot: Stanzertaler Hirsch, Wels vom Bodensee oder – als Vorspeise – ein herrlicher Sashimiteller vom Yellow-Fin-Thun mit Frühlingsrolle, Sprossen, Wakame und Ponzu. Ein Hauch Asia am Arlberg. Auch an den Grüßen aus der Küche und an den Zwischengängen kann man erkennen, dass in der Verwallstube ein frischer Wind weht. Vor dem Hauptgang schickt die Küche eine kleine Portion Risotto mit Roten Rüben, Himbeeren und Krenschaum auf die Terrasse. Sehr elegant, sehr erfrischend.

Hospiz Alm

15,5/20

Koch: David Kurz

6580 St. Christoph am Arlberg, St. Christoph 18 • 05446 3625
service.alm@arlberghospiz.at • www.arlberghospiz.at

10–1 Uhr

Eingangs sei gesagt, dass die traditionsreiche Hospiz Alm in St. Christoph wohl eines der wandelbarsten Restaurants am Arlberg ist. Was zu Mittag eine Nobelskihütte ist – Austern schmecken auch in Skischuhen hervorragend –, verwandelt sich am Abend in ein stimmungsvolles Restaurant mit gemütlichen Stuben und einem riesigen Indoorgrill, auf dem vor den Augen der Gäste T-Bone- und Tomahawk-Steaks oder Kalbskronen perfekt auf den Punkt zubereitet werden. Eindrucksvoll tranchiert werden die edlen Fleischteile direkt am Tisch. So viel zum rustikalen Teil der Abendkarte, auf der sich selbstverständlich auch Klassiker wie die Consommé vom Tiroler Almochsen oder Wiener Schnitzel vom Kalbsrücken finden. Was hingegen wie ein Klassiker klingt und als neue Interpretation auf den Teller kommt, ist der herzhafte Grammelknödel mit Grüll-Kaviar. Ein echtes Erlebnis. Ähnlich spektakulär ist die zarte Jakobsmuschel mit Erbse, Lobello-Tomate und Bottarga (getrockneter Fischrogen) on top. Die glacierten Kalbsbackerln mit Gänseleber überzeugen mit handwerklicher und geschmacklicher Perfektion. Das Hospiz-Alm-Menü gibt es von fünf bis acht Gängen, bestehend aus einem deliziösen Querschnitt des Könnens von Küchenchef David Kurz. Weltweit einzigartig ist der Wine Dome von Adi Werner im ehemaligen Skikeller der Alm – seines Zeichens weltgrößter Großflaschenkeller für Bordeauxweine mit einer beeindruckenden Sammlung von über 7.000 Magnumflaschen. Wer hier von Chefsommelier Karl-Heinz Pale oder seinem Sohn Alexander eine Führung und Verkostung kredenzt bekommt, dem bleibt dieses Erlebnis sicher unvergesslich.

Jakobistub'n

11/20

im Hotel Jesacherhof

Koch: Sandro Zanato

9963 St. Jakob in Defereggen, Außerrotte 37 • 04873 5333
info@jesacherhof.at • www.jesacherhof.at

12–13.45 und 19–20.30 Uhr • €

Der Jesacherhof im Defereggental bildet ein respektables Ensemble im St. Jakober Ortsteil Außerrotte. Das gediegene Hotel im alpinen Stil verwöhnt neben hauseigenen Gästen auch Hungrige von außerhalb im Restaurant Jakobistub'n. Getreu dem Motto „weniger ist mehr" bietet die Küche eine regelmäßig wechselnde Karte mit den Gerichten des Halbpensionsmenüs. Verarbeitet werden bevorzugt heimische Produkte von Forelle bis Rind, die Küche hat jedoch keine Scheu vor weltläufigen Akzenten à la Glasnudelsalat. Die Weinkarte ist mit Liebe zusammengestellt und bietet auch glasweise einige Möglichkeiten.

Esskultur

15/20

by Unterlechner, im Genießerhotel Unterlechner

Koch: Sebastian Jöchl

6392 St. Jakob in Haus, Reith 23 • 05354 88 291, 0664 225 5291
anfrage@unterlechner.com • www.unterlechner.com

Mi–Fr 18–21 Uhr • ♿ • €€

Restaurants, die mit eigens für sie getöpfertem Geschirr arbeiten, gibt es einige. Die Familie Eselböck hat im Burgenland sehr früh damit begonnen und eindeutig Trends gesetzt. Aber ein Gastgeber, der sich nach seiner Schicht im Service in den Keller an die Drehscheibe setzt und am Geschirr fürs eigene Restaurant arbeitet – damit dürfte Christian Unterlechner allein auf weiter Flur sein. Individualität auf hohem Niveau eben. Wie auch auf den Tellern selbst. Ein Kalbskopf mit Apfel, Löwenzahn und Kohlrabi als Start, eine burgenländische Taube (siehe da!) mit Purple-Curry und Mispel und als Hauptgang entweder Waller mit Saubohnen oder Waldviertler Barbarieente mit Eierschwammerln und Urkarotte. Die Weinbegleitung (Eins a im Übrigen) ist als Weinreise konzipiert, hauptsächlich durch heimische Gefilde mit Stationen im Burgund und an der Mosel. Großes Kino. Gratulation zur „Beförderung"!

Crystal

14/20

Das Alpenrefugium

Koch: Jonny Quiambao

6380 St. Johann in Tirol, Hornweg 5 • 05352 62630
info@hotel-crystal.at • www.hotel-crystal.at

Mo 12–13.30, Di–Fr 12–13.30 und 18.30–22, Sa 18–22 Uhr

Das Hotel Crystal bietet eine ausgezeichnete Lage für Reisende, die die Schönheit der Tiroler Alpen erkunden möchten. Das Haus liegt inmitten einer atemberaubenden Berglandschaft und bietet eine Vielzahl von Freizeit- und Erholungsmöglichkeiten in unmittelbarer Nähe. Die Kulinarik im Hotel Crystal ist ein wahrer Genuss. So legt man großen Wert auf Qualität, Frische und Vielfalt in der gastronomischen Angebotspalette. Als Überraschung stehen drei Menüs von vier bis sechs Gängen zur Auswahl. Es gilt „Chef's Choice": Gegessen wird, was auf den Tisch kommt. Als besonderes Erlebnis wird eine Geschichte kulinarisch umgesetzt. Uns begleitet zu „Alice im Wunderland" als Vorspeise unter anderem ein Kaninchen-Raviolo mit Tomate und Zitronenverbene. Als Hauptspeise wird Hummer mit Popcorn, Erbse und Koriander zum krönenden Höhepunkt.

Post

12,5/20

Hotel & Wirtshaus Post

6380 St. Johann in Tirol, Speckbacher Strasse 1 • 05352 636 43 0
office@dashotelpost.at • www.dashotelpost.at

Im gut besuchten Hotel & Wirtshaus Post bietet die gutbürgerliche Küche neben preisgünstigen Mittagsmenüs vielfältige Wirtshausgerichte von ausgezeichneter Qualität an. Die Süßkartoffelsuppe mit Ingwer und Zwiebel gelingt ausgezeichnet, ebenso die gebratene Kalbsleber mit Erdäpfelpüree. Als ungewöhnlich große Portion kommt die Bauernente mit Erdäpfelknödel, Blaukraut, Orangen und Thymiansauce auf den Tisch. Es stehen aber auch herzhafte Post-Maki mit Saibling auf der Karte. Köstlich das Dessert: eine heiße Rumzwetschke mit Vanilleeis. Flinker, aufmerksamer Service, umfangreiches Bier- und Weinangebot, auch gute glasweise Auswahl.

Bierol

12,5/20

Taproom & Restaurant

Koch: Thomas Moser

6334 Schwoich, Sonnendorf 27 • 0660 549 0045
caroline@bierol.at • www.bierol.at

Do, Fr 17.30–21, Sa, So 11.30–13.30 und 17.30–21 Uhr • €€

Das Lokal „Bierol – Taproom & Restaurant" gibt sich im Haubensegment durchaus innovativ: Statt einer Weinbegleitung werden zum Essen vorrangig feinste Biere kredenzt – von bodenständig bis experimentell. Ebendiese Bandbreite lässt sich fast eins zu eins auf die Küchenlinie übertragen: Man zeigt sich fest in der Region verankert, das Fleisch kommt aus dem unmittelbaren Umfeld und der Ausgangspunkt für die Kreationen ist stets das Handfeste. Von dort aus gönnt man sich, abhängig von der Jahreszeit und den verfügbaren Produkten, Ausflüge in fremdartige oder deutlich gehobenere Gefilde – dieser Bogen gelingt hervorragend. Man fühlt sich als Gast wahrlich pudelwohl.

Alpin Resort Sacher Seefeld-Tirol

14/20

6100 Seefeld, Geigenbühelstraße 185 • 05212 22720
hotel@astoria-seefeld.com • www.astoria-seefeld.com

Es ist schon eine recht traumhafte Gegend, dieses Seefelder Hochplateau und seine umliegenden Berge. Ein guter Ort für einen großen traditionsreichen Namen. Das „Alpin Resort Sacher Seefeld-Tirol" ist nicht nur ein mondänes, luxuriöses Hotel, es beherbergt auch ein Restaurant, das mit seinem „Tiroler Fine Dining" für Furore in der Region sorgt. Zu Recht. Das Menü startet mit großartig gemachten Ravioli vom Räucherfisch mit Kaviar, Beurre blanc und Tiroler Kresse. Ein fulminanter und rauchiger Auftakt. Nach einer klaren Tomatenessenz geht es wieder mit Fisch weiter: confierte Alpenlachsforelle mit Jungfenchel, Radieschen und schwarzem Knoblauch. Als Highlight ein Taubengericht, bei dem die Taube auf verschiedene Arten zubereitet und serviert wird. Das Ganze mit Paprika, Szechuanpfeffer, wildem Brokkkoli und Pilzen aus dem Wald. Feine Weine, professioneller Service.

Seespitz®

10,5/20

6100 Seefeld, Innsbrucker Straße 1 • 05212 2217
info@seespitz.at • www.seespitz.at

Das Seespitz verspricht – nomen est omen – eine entspannte Zeit am kleinen See. Der Blick von der Terrasse ist wunderschön und beruhigend. Mittags, zur Lunchtime, gibt es kleine und große Gerichte von Panini über Pasta bis hin zu gebratenen Garnelen und Tiroler Gröstl. Also, für jeden etwas – und das auf durchwegs solidem Niveau. Abends kann man als externer Gast – das Seespitz ist eigentlich ein erstklassiges Hotel – auf einen Platz im Restaurant hoffen und ein mehrgängiges Menü genießen. Vorausgesetzt, die Kapazitäten dafür sind verfügbar.

Das Köhle

15/20 (3 Hauben)

Köhles Chefs Table by Lukas Neier

Koch: Lukas Neier

6534 Serfaus, Dorfbahnstraße 24 • 05476 6244
info@das-koehle.at • www.das-koehle.at

€€

Entspannt, freundlich und kreativ werkt Lukas Neier in seiner Küche. „Köhles Chefs Table" ist ein ungezwungener Hotspot der Oberländer Kulinarikszene. Zusammen mit seinem Team ist der junge Küchenchef seit einigen Jahren erfolgreich auf der Fine-Dining-Überholspur unterwegs. Am liebsten arbeitet er mit Lebensmitteln, die er in unmittelbarer Nähe auf dem Plateau Serfaus-Fiss-Ladis beziehen kann, die er im Wald und auf der Wiese sammelt oder teilweise auch selbst veredelt, wie die geräucherten Schinken von Lamm und Reh. Auch Fisch und Fleisch im mehrgängigen Überraschungsmenü halten das Regionalitätsversprechen. Der Fischgang begeistert mit zweierlei Saibling – mariniert und flambiert –, getoppt mit fermentierter Rübe und Kaviar. Der saftige Schopf vom Steinschaf bietet mit Senfkörnern und Senfeis ein echt überraschendes Geschmackserlebnis. Im Hauptgang spielt Neier mit den Texturen: Zu zarter Rippe und perfekt rosa gebratenem Beiried gibt es Kürbis als Püree, fermentiert und knusprig als Popcorn. Schokolade, Preiselbeereis und Haselnuss sind – säuerlich und zartbitter – ein gelungener Abschluss für ein ambitioniertes Menü.

Ad Vinum ↗

13,5/20

Koch: Marcus Grüner

6450 Sölden, Schmiedhofstraße 2 • 05254 30700
info@ad-vinum.at • www.ad-vinum.at

Mo–Fr 15–23 Uhr • €€

Wo guter Wein serviert wird, legt man meist auch Wert auf gutes Essen. Im Keller des Ad Vinum liegen nach eigenen Angaben mehr als 10.000 Flaschen. Durchwegs große Namen aus bekannten Weinbauregionen, aber auch Tropfen kleiner und aufstrebender Winzer. Da müssen Gerichte und Menüs schon ordentlich punkten, um wahrgenommen zu werden. Genuss trifft auf Heimat, versprechen die Gastgeber, und bleiben diesem Versprechen auch auf der ganzen Linie treu. Das liest sich beispielsweise so: Saibling von der Ötztaler Ache mit schwarzem Rettich, Granny Smith und Schüttelbrotbrösel. Schön gedacht, noch besser gelungen und mit vortrefflicher handwerklicher Akkuratesse realisiert. Ansprechende Tischkultur, zuvorkommender Service.

Black Sheep Fine Alpine Dining®

13/20

im Bergland Design- und Wellnesshotel Sölden

Koch: Thomas Ellwanger

6450 Sölden, Dorfstraße 114 • 05254 22400
info@bergland-soelden.at • www.bergland-soelden.at

Mo, Di, Mi und So 19–22 Uhr •

Schafsköpfe über den Tischen. Einer davon schwarz. Keine echten Schafe natürlich. Skulpturen. Stimmungsvoll und modern. Genau wie die Teller, die im Black Sheep serviert werden. Wobei – auch das sind teilweise Skulpturen. Sowohl die Teller, aber auch, was auf ihnen präsentiert wird. Auf der Karte liest sich das Ganze mit lokalem Kolorit. Zirmbutter, Etztoler gsalchte Spezialitäten, Sauertoagbräetle. Also Zirbenbutter, Geräuchertes (Speck und Co) aus dem Ötztal und Sauerteigbrot. Was aus der Küche geschickt wird, ist schön und geschmacklich ohne Tadel. Gsolztes Huchenfilet zum Beispiel. Oder Gams. Oder Grauvieh. Richtig spannend wird es noch einmal zum Abschluss: Schneamilch. Ein fast vergessenes Rezept aus den Bergen. Weiter so.

ice Q

13/20

Ambiente Award 2019

Koch: Klaus Holzer

6450 Sölden, Dorfstraße 115 • 0664 960 9368
iceq@central-soelden.at • www.iceq.at
9–16 Uhr • ♿ • €€€

Wenn man in die Runde schaut, sitzen vorwiegend Asiaten in diesem schillernden Restaurant auf über 3.000 Metern Höhe mit sagenhaftem Blick auf die Ötztaler Bergwelt. „James Bond 007: Spectre", der hier gedreht wurde, trägt da sicher das seine dazu bei. Wer das Glück hat, einen Tisch direkt an der Glasfront zu ergattern, merkt vom Trubel fast gar nichts und kann sich aufs Essen und die imposante Aussicht konzentrieren. Für die Höhe ist das Gebotene mehr als ordentlich und – trotz vorwiegend internationalem Publikum – fokussieren die zwei Menüs auf regionale Produkte, beispielsweise Lachsforelle, Lamm oder heimischen Käse von Kuh, Ziege und Schaf. Neben den Menüs gibt es noch ein kleines À-la-carte-Angebot. Weine, alkoholfreie Getränke und Destillate sind top. Der Service schafft es trotz Andrang, eine persönliche Note zu bewahren.

© Rudi Wyhlidal

Ötztaler Stube

16/20

Das Central – Alpine. Luxury. Life.

Koch: Michael Kofler

6450 Sölden, Auweg 3 • 05254 2260
info@central-soelden.at • www.central-soelden.com/kulinarik/gourmet-und-wein/oetztaler-stube.html
Mi–Sa 19–21 Uhr • ♿ • €€

Solides Fine Dining mit gepflegter Tisch- und Weinkultur im mondänen Hotel Das Central in Sölden. Eine Kombination, die seit Jahren gut funktioniert. Und seit an dem einen oder anderen Rädchen gedreht wurde, ist die Küche noch einen Tick besser geworden. Klarer, prägnanter. Die – manchmal etwas verspielten – Extravaganzen sind von den Tellern verschwunden. Die Show wurde leiser und die Gerichte besser. Die Alpengarnele aus Hall kommt mit Gurke, Verjus und einem reifen Sauvignon Blanc aus der Südsteiermark. An dieser Stelle sei gleich einmal gesagt, dass der Weinservice ebenso fulminant ist wie der Weinkeller, dessen er sich bedient. Danach jagt ein Highlight das nächste, auf dem Teller wie im Glas. Längenfelder Saibling mit Alpenkaviar, Frischkäsetascherl mit Trockenfleisch vom Rotwild und schwarzem Trüffel. Beim Hauptgang, dem Tiroler Milchkalb mit Wurzelgemüse und Romanasalat, kommt das Keller-As ins Spiel: Pino 3000, eine Burgundercuvée von drei Winzern aus drei Ländern, die in 3.000 Metern reift.

Die Krummerei

TIPP

6306 Söll, Dorf 7 • 0664 494 5726
info@krummerei.at • www.krummerei.at
11.30–14 und 17.30–20.30 Uhr • ♿ • €€€

Das Haus, in dem sich die Krummerei befindet, ist schon seit 1855 in Familienbesitz. Vom kleinen Geschäft hat es sich mittlerweile zu einem Restaurant mit Apartments sowie einem Delikatessengeschäft entwickelt. Wolfgang Moese bietet in seiner Küche etwas für jeden Geschmack, und das von früh bis spät. Ob auf einen Kaffee, zum erlesenen Wirtshausmenü oder einfach nur auf ein Glas Wein – die Krummerei bietet für jede Gelegenheit den passenden Platz. In der Küche wird regional und kreativ gearbeitet. Es werden Burrata mit Melone und Prosciutto, aber auch Klassiker wie Beef Tatar serviert. Wer es nach Söll schafft, sollte auch unbedingt die Mehlspeisen der Seniorchefin probieren. In der Weinkarte setzt die Chefin des Hauses und Sommelière Anita Schernthanner auf österreichische Klassiker mit Einflüssen aus Italien und Frankreich.

Schwarzfischer®

11/20

6422 Stams, Wirtsgasse 2 • 0660 115 8184
info@schwarzfischer-stams.at • www.schwarzfischer-stams.at

Was für ein Name! Er suggeriert das Verbotene, Verruchte. Fast ein wenig Wilderer-Romantik für Petrijünger. Aber keine Bange. Es ist alles in bester Ordnung. Juristisch wie kulinarisch. Die Schwarzfischer-Crew setzt auf Regionalität (die Fische kommen aus eiskaltem und kristallklarem Stamser Gebirgswasser), Einfachheit und klare Linien. Das Vitello Forello ist als Vorspeise gedacht, kann (und sollte) aber auch als Hauptgang bestellt werden. Die Sushi-Bowl mit Lachsforelle sucht ihresgleichen im Land und das Saiblingsfilet zeigt, dass die Schwarzfischer mit dem Feuer umgehen können. Ein paar lässige Cocktails, gute Weine. Passt.

Zirbenstube „Postamt“ ⊘

15,5/20

im Lechquell Hotel Post

Koch: Florian Obwegeser

6655 Steeg/Lechtal, Nr. 17 • 05633 5307, 0664 111 1580
hotel@poststeeg.at • www.poststeeg.at

Do–Sa ab 18.30 Uhr

Eingebettet in die Bergwelt der Lechtaler Alpen liegt das Lechquell Hotel Post in Steeg. Einen Gänsehautmoment erleben wir schon beim Eintritt in die getäfelte Zirbenstube, die einst ein Postamt war: Es ist, als würde die Zeit für einen Moment stehen bleiben. Postwirtin Martina Obwegeser zelebriert Tiroler Gastlichkeit in ihrer höchsten Form und ergänzt das Postamt-Menü mit einer feinen Weinauswahl. Es startet mit gebeizter Tiroler Lachsforelle an einer Komposition aus Roter Bete. Ein Highlight des Abends ist das lauwarme Forellenfilet an Butterbröseln. Als erstes Hauptgericht dann ein Stück vom Schweinebauch. Die knusprige Kruste ist filmreif. Exzellent auch das Warther Hirschfilet aus eigener Jagd an Petersiliensoufflé. Nicht weniger großartig – und zwar optisch wie kulinarisch – ist die Dessertkreation aus Erdbeere, Pistazie und weißer Schokolade, welche Patissière Jasmin Jehle persönlich am Tisch vollendet. Wir ziehen den Hut und läuten mit Küchenchef Florian Obwegeser den Abend bei einem kleinen Plausch aus. Das war großes Kino.

Strasserwirt

12/20

Ansitz zu Tirol

Koch: Werner Gander

9918 Strassen, Dorfstraße 28 • 04846 6354, 0664 968 9152
hotel@strasserwirt.com • www.strasserwirt.com

18.30–21 Uhr

Der Strasserwirt ist eine Osttiroler Institution und seit Generationen verlässlicher Einkehrpunkt für Hungrige wie Rastsuchende. In liebevoll gestalteten Stuben mit Kreuzgewölbe trifft Tradition auf modernen Komfort. Als Ruhepol in der Küche sorgt Werner Gander für kulinarische Kontinuität. Nach obligater Reservierung verwöhnt der Chef de Cuisine À-la-carte-Gäste mit einem drei- bis fünfgängigen Menü regionaler Couleur, tadellos zubereitet mit heimischen Zutaten. Der aufmerksame Service empfiehlt nach dem Mahl kompetent aus der umfangreichen Auswahl Osttiroler Schnäpse.

GuatzEssen

16,5/20

Newcomer 2024

Koch: Peter Fankhauser

6275 Stumm im Zillertal, Obere März 36 • 0664 167 0350
info@guatzessen.at • www.guatzessen.at

Di–Sa 17.30–23 Uhr •

Ein Abend im ersten rein vegetarischen Restaurant im Zillertal ist eine spannende Angelegenheit – und das aus verschiedenen Gründen. Neben dem besonderen kulinarischen Konzept gibt es ein mehrfach ausgezeichnetes Nachhaltigkeitskonzept, das im hauseigenen Garten beginnt und auf dem Teller endet: „From farm to table". Laut Küchenchef Peter Fankhauser stammen 80 Prozent der in seiner Küche verarbeiteten Lebensmittel aus dem weitläufigen Permakulturgarten, die restlichen 20 Prozent werden in der Region eingekauft. Das Genießermenü kann in drei, fünf oder sieben Gängen bestellt werden. Die Gerichte ändern sich mehrmals im Monat und richten sich danach, was gerade erntereif ist. Bei unserem Besuch heißen die Gänge schlicht „Rote Bete", „Bärlauch", „Pilze", „Zimtkartoffel" und „Apfel". Mit unglaublichem Feingefühl werden die Zutaten abgestimmt und lassen viel Raum für den mehr oder weniger intensiven, aber immer eigenständigen Eigengeschmack. Die fantastische Optik der einzelnen Gänge hinterlässt – wie beobachtet – so manchen Gast sprachlos. Was man hier keinesfalls vermisst, ist Fleisch, Fisch und Co.

Landgasthof Linde

12/20

Wirtshaus des Jahres 2020

6275 Stumm im Zillertal, Dorf 2 • 05283 2277
info@landgasthof-linde.at • www.landgasthof-linde.at

Die schwere Holztür des Landgasthofs Linde in Stumm gleicht einer Pforte in die gute alte Zeit: Dicke Gemäuer und gemütliche Stuben strahlen Behaglichkeit und beste Tiroler Gastlichkeit aus, im Sommer ist die Gartenterrasse eine echte Oase. Wer Leber liebt, sollte das Signature Dish – die Zillertaler Ofenleber – wählen. Das Kalbsbackerl und der Zwiebelrostbraten (alles mit Fleisch aus der eigenen Landwirtschaft) oder das getrüffelte Spargelrisotto sind vorzügliche Alternativen. Zum Auftakt machen sich Tafelspitzsülzchen und Tatar gut, während Grießflammeri und Erdbeer-Rhabarber-Parfait den schönen Abschluss eines gelungenen Menüs bilden.

Nester

12,5/20

Metzgerei und Gasthaus

Köche: Georg Hauser & Roland Stocker

6275 Stumm im Zillertal, Dorf 24 • 05283 2264, 0664 412 4258
info@nester.at • www.nester.at

Do–Mo 11.30–13.30 und 17.30–21 Uhr

Der „Nester" in Stumm ist das, was das Zillertal eigentlich sein sollte: bodenständig, schnörkellos, traditionsbewusst und doch weltoffen. Die hier noch vorhandene und direkt angeschlossene Metzgerei macht zum Glück genau das möglich. Die Symbiose zwischen rustikal und fein gelingt dadurch besonders gut, sowohl was die Stuben als auch was die aufgetischten Köstlichkeiten betrifft. Diese lediglich als Wirtshausklassiker abzutun, wäre vermessen. Aber im Grunde sind sie genau das, nur eben so gekonnt umgesetzt wie an wenigen vergleichbaren Orten. Flankiert werden diese Klassiker mit gezielt gesetzten Kontrapunkten und moderneren Einsprengseln.

Tannheimer Stube

14,5/20

Hohenfels – Das Genusshotel

6675 Tannheim, Kreuzgasse 8 • 05675 6286, 0676 376 4209
info@hohenfels.at • www.hohenfels.at
12–21 Uhr • ♿ • €€

Es hat sich was getan, im Tannheimer Tal. Gleich zu Beginn der Saison wurde bekannt, dass die Betreiberfamilie das Hotel Hohenfels an einen Investor verkauft hat. Was sich dadurch im Hotel verändert, wissen wir nicht. Im Restaurant wurde das Konzept jedenfalls stark verändert. Somit ist die neue Punktzahl auch nicht als Abwertung zu sehen, sondern vielmehr als Anpassung an die neue Situation. Die Karte wurde bodenständiger, das Angebot etwas breiter. Und eine Spur klassischer. Schlecht? Keine Rede. Ganz im Gegenteil. Karte und Küchen zeigen, dass hier mit Leidenschaft gekocht wird. Und auch, dass das Team in der Küche sein Handwerk versteht. Die Rieslingschaumsuppe – ein Gedicht! Die Spinatknödel mit brauner Butter, ein Tiroler Evergreen, ebenso. Auch bei den Desserts dominieren die Klassiker. Eiskaffee, Mousse au Chocolat oder schlicht Apfelstrudel mit Vanilleeis. Großes Wirtshauskino.

Interalpen-Chef's Table

17,5/20

im Interalpen-Hotel Tyrol

Koch: Mario Döring

6410 Telfs-Buchen/Seefeld, Dr.-Hans-Liebherr-Alpenstraße 1 • 0 508 09 30
reservation@interalpen.com • www.interalpen.com

19–24 Uhr

Hoch über Telfs-Buchen ragt das 600 Betten große Interalpen-Hotel Tyrol aus dem Naturschutzgebiet. Mit dem Flugzeug anreisende Hotelgäste können den Prachtbau mit dem 7.000 Quadratmeter großen Wellnessbereich beim Anflug zum Innsbrucker Flughafen erspähen. Für mit dem Auto anreisende Urlauber endet die Fahrt direkt in der im prunken Holzbarock ausgestalteten Tiefgaragenrezeption. In der Küche mit 70-Personen-Brigade (!) werden die Dimensionen nicht kleiner – mit einer Ausnahme: die beiden Chef's Table beziehungsweise Hochtische direkt in der Küche.

Fetziger Sound hallt angenehm aus den Lautsprechern. Küchenchef Mario Döring beginnt bald sein 17. Dienstjahr im Interalpen. Er und drei Assistenten bekochen und bedienen höchstpersönlich die Chef's-Table-Aficionados. Vorab gibt es ein paar Happen: Blauflossenthunfischbauch mit Imperial-Kaviar, Beef Tatar mit Kimchi-Mayo, gebackene Pulled-Pork-Praline und Tiroler Alpengarnele mit süßsaurer Marinade. Es sollen vom Start weg keine Zweifel aufkommen, dass es sich hier um eine kulinarische Vorzeigeadresse handelt.

Nach einem umfangreichen Brotgedeck mit einem – Achtung, sättigend! – verdammt guten Gänseschmalz werden roh marinierte Jakobsmuscheln in einer genial rezeptierten Sanddorn-Marinade und Buttermilchschaum serviert. Besser geht's nicht! Was dann noch kommt, ist eine lukullisch ausgereifte Kalorienlawine, von der man sich gerne erfassen lässt. Auf die herrlich rauchig geröstete Paprika mit Shiso-Bouillon folgt ein Piri-Piri-Hendl mit Steinpilzen und Wolfsbarsch mit Topinambur und Grünkohl. Atlantikhummer mit Salzzitronen-Beurre-blanc und das Zweierlei vom Alpenrind mit in Gänseschmalz gegarter Kerbelknolle lassen keine Wünsche offen – außer jenen nach einer kurzen Pause.

Spektakulär präsentiert sich die transparente „Dessertkugel" – ein Klassiker der Interalpen-Patisserie –, gefüllt mit Gschmandeis, Petersilespuma und Preiselbeeren. Ein opulentes Törtchen aus Maroni, Quitte und Haselnüssen bildet das Finale. Der Weinkeller ist, wie alles in diesem Haus, groß beziehungsweise großartig.

Interalpen-Hotel Tyrol

13/20

À-la-carte-Restaurant

Koch: Mario Döring

6410 Telfs-Buchen/Seefeld, Dr.-Hans-Liebherr-Alpenstraße 1 • 0043 508 09 30
reservation@interalpen.com • www.interalpen.com

12–22.30 Uhr • €€

Beim Interalpen ist schon die Anfahrt ein Erlebnis. Nachdem man von einer der öffentlichen Straßen zwischen Seefeld und Leutasch abfährt, hat man noch ein paar Kurven durch einen zauberhaften Wald vor sich. Egal, ob im Sommer oder im Winter: Der Wald ist immer zauberhaft. Das Restaurant entspricht den Erwartungen, die geweckt werden, sobald man das eindrucksvolle Hotel erblickt. Mittags und abends steht das Restaurant auch À-la-carte-Gästen zur Verfügung. Ein Angebot, das man unbedingt nutzen sollte. Feine Tafelkultur und ein Service Marke „Alte Schule". Dazu solide Klassiker der gehobenen österreichischen Küche, aber auch internationale Gerichte sind auf der Karte zu finden. Überzeugend die Schaumsuppe von der Edelkastanie mit knusprig gebackenem Kalbsbries und Lavendel. Aber auch die Tagliatelle mit schwarzem Trüffel, Wiesenchampignons, Estragon und Pecorino sind eine uneingeschränkte Empfehlung. Genau wie die Fischgerichte. Für die gilt die Empfehlung umfassend: vom Wolfsbarsch über den Steinbutt bis hin zum gebratenen Hummerschwanz. Es ist ein Hauch von gediegenem Luxus, der über dem Interalpen schwebt. Und damit auch über der Küche des Restaurants.

Bergfried Chefs Table

16/20

Aktiv- & Wellnesshotel Bergfried

Koch: Sebastian Stock

6293 Tux, Lanersbach 483 • 05287 87239
info@bergfried.at • www.bergfried.at

Di–Sa 19–23 Uhr

Ein Hochtisch. Ein paar hohe Stühle. Gediegene Tafelkultur. Tradtion mit ein paar „Spritzern" Avantgarde. Vermutlich, um einen exklusiven Einblick in Sebastian Stocks Reich, die Küche, zu erlangen. Am Chef's Table im Hotel Bergfried in Tux wird Genuss zelebriert. Bei entspannter Atmosphäre und bei großartigen Weinen. Was dann kommt, ist gut: kleine Röllchen, Wraps und Knödelchen. Stock arbeitet hier bereits mit einer Vielfalt an Aromen und Texturen, bleibt der Region dabei aber stets treu und beweist eine sichere Hand in der Kombination seiner Zutaten. Bei der Forelle zum Beispiel. Ihr setzt er Kürbis an die Seite. In verschiedenen Formen und Konsistenzen. Und es funktioniert. Die Eierschwammerl serviert Stock als bodenständig-erdiges Gericht, das gleichzeitig auch Leichtigkeit und Eleganz vermittelt. Und es sind Trüffel im Spiel. Beim Hauptgang setzt sich bei Stock sein wildes Ich durch. Der Teller sieht aus wie ein Gemälde von Jackson Pollock. Und schmeckt über die Maßen gut. Der Abend am Chef's Table ist eine Überraschung. Im durchaus positiven Sinn. Und er bleibt in Erinnerung.

Genießerstube im Alpenhof

15/20 ♕♕♕

Koch: Maximilian Stock

6293 Tux, Hintertux 750 • 05287 8550
info@alpenhof.at • www.alpenhof.at
Mi–Sa 18.30–20 Uhr • ♿

Wenn so – wie im Alpenhof – konsequent Regionales innovativ, aber mit Bodenhaftung und handwerklicher Akkuratesse zusammenfinden, dann ist das Ergebnis am Gaumen überzeugend. Serviert wird in einer kleinen Stube mit wenigen Tischen ein Menü unter dem Motto „Alpine Taste“, das in vier bis sieben Gängen geordert werden kann. Das Menü beginnt mit einem Feuerwerk kleiner Häppchen. Etwas kurios sind die Schmalzbuchteln, die gesondert als Hauptgang mit geräucherter Paprikabutter, Liebstöckel und Röstzwiebelaufstrich serviert werden. Der Dry-Aged-Saibling der heimischen Fischzucht liegt sanft auf einer Karotten-Beurre-blanc, verfeinert durch Estragon und komplettiert durch eine warm aufgeschlagene Sauce maltaise auf dem Fisch. Hier stellt sich allerdings die Frage, ob die Sauce maltaise – auch wenn mustergültig zubereitet – nicht zu viel des Guten ist. Großen Wert legt man auf die Kategorie „Süßes“: Die Variation von Sauerklee und Himbeere, komplettiert durch weiße Schokolade Yuna Edelweiß, ist ein leichter, passender Abschluss zum Menü. Ansprechende Weinkarte, sehr aufmerksamer Service.

Die Genusswerkstatt

11/20

6271 Uderns, Golfstraße 1 • 05288 63000508
office@die-genuss-werkstatt.at • www.die-genuss-werkstatt.at
7.30–20.30 Uhr • ♿ • €€

Egal, ob man selbst Golf spielt oder nicht – die Aussicht auf das gepflegte Grün ist eine Wohltat fürs Auge. Die Panoramafenster der Genusswerkstatt bieten davon reichlich: In der Sportresidenz Uderns beheimatet, empfängt das im alpin-modernen Stil eingerichtete Restaurant des Golfclubs Zillertal vom Brunch bis zum Abendessen hungrige Gäste. Die Küche: Größtenteils bodenständig-traditionell, die Karte bietet aber auch Gerichte asiatischer oder mediterraner Herkunft. Und der Mittwochabend steht immer im Zeichen von Fernost: Dann wartet die Genusswerkstatt mit dem wöchentlichen Sushi-Abend auf. Hervorzuheben: der stets aufmerksame Service.

Schloss Mitterhart Ⓝ

10,5/20

6134 Vomp, Innhöfe 3 • 05242 63285
office@schloss-mitterhart.at • www.schloss-mitterhart.at
Di–Sa 11.30–20.30 Uhr • €

Das unter Denkmalschutz stehende Schlösschen liegt in fantastischer Lage direkt am vorbeiführenden Inntalradweg. Die große Sonnenterrasse grenzt unmittelbar an einen wunderbar weitläufigen Garten, der vor allem für die Kinder spannend ist, wenn die Eltern noch mit dem Genuss ihres Sonntagsbratens beschäftigt sind. Die gutbürgerliche Küche des Hauses setzt für ihre Speisen – heimische Köstlichkeiten und internationale Gerichte – auf die Ursprünglichkeit der Tiroler Küche, auf Regionalität und saisonale Zutaten. Frische Kräuter wie Minze, Kerbel, Majoran, Rosmarin, Salbei und viele mehr stammen aus dem eigenen Garten.

Daniels Kristallwelten

11,5/20

6112 Wattens, Kristallweltenstraße 1 • 05224 51080
reservations.kristallwelten@swarovski.com • www.swarovski.com/kristallwelten

In den Kristallwelten glitzert es nicht nur in den „Wunderkammern“, sondern auch auf den Tellern des angeschlossenen Restaurants. Zielgruppengerecht – schließlich tummeln sich hier nicht nur Kulinariker, sondern auch Eltern mit Kindern – ist die Bandbreite groß. Von überaus bodenständig-lokal über international bis hin zu leicht gehoben spannt man einen schönen Bogen mit Saisonalität und Regionalität als rotem Faden. Die Gerichte verstehen – dem Ort angemessen – durchaus zu glänzen und auch der leicht indische Touch – schließlich sind Inder eine nicht wegzudenkende Besuchergruppe der Kristallwelten – weiß zu gefallen.

Das Grander ↗

15/20

Koch: Thomas Grander

6112 Wattens, Dr.-Felix-Bunzl-Straße 6 • 05224 52626, 0650 354 4093
info@das-grander.at • www.grander-restaurant.at
Mo–Fr 11.30–13.30 und 18–21.15, Sa 18–21.15 Uhr • ♿ • €€

Diesen Sprung hätten wir schon längst machen sollen! Thomas Grander beweist seit Langem eine sichere Hand bei der Zusammenstellung seiner Menüs. Ganz offensichtlich gibt es auch solide Kontakte zur Jägerschaft, denn hin und wieder finden sich Gerichte auf der Karte, die ihresgleichen suchen. Das Tatar vom Mufflon, das Grander mit Roscoff-Zwiebel kombiniert. Oder die Rotkohlschaumsuppe mit Hirschschinkenschöberl. Oder das Rehkitz (geschmort und gebraten). Und die Desserts? Da hat sich Thomas Grander ein ganz besonderes Talent geangelt. Melanie Pöttinger, „unsere" Patissière des Jahres 2019, mit Stationen bei Martin Sieberer und Rudi Obauer. Ihr Lebkuchencrumble (mit viel Karamell) war eines unserer liebsten Vorweihnachtsdesserts.

HeLeni

13,5/20

Koch: Christian Haller

6280 Zell am Ziller, Rohrerstraße 5 • 05282 2236, 0664 223 6000
info@zillerseasons.at • www.heleni.at

Do–Sa 18–21.30 Uhr

Was uns in der schönen alten, etwas beengten Zirbenstube erwartet, ist eine kulinarische Achterbahnfahrt. Gerade die ersten Gänge – Kaviarblinis mit einem etwas zu flüssig geratenen Kartoffelespuma und Schlutzkrapfen, die eine Spur zu bissfest geraten sind – enttäuschen ein wenig. Die Bärlauchsuppe macht Lust auf den Frühling, ebenso der erste Höhepunkt des Abends, ein Gerloser Hirschcarpaccio mit Radieschenkaltschale. Frühlingshaft und ausgezeichnet auch der Hauptgang mit einem fantastischen Lammkarree, begleitet von frischen Morcheln. Etwas durchwachsen dann wieder das Dessert, das zwar handwerklich großartig ist, geschmacklich aber zu stark von der Petersilie dominiert wird. Es fehlen einfach Frucht und Säure. Sehr erfreulich das Saisonale und Regionale der Küche (absolut stimmig zur nachhaltig-ganzheitlichen Philosophie des Hotels) sowie die umfangreiche Weinkarte und der aufmerksame Service.

Schulhaus Tirol ↗

15/20

Koch: Stefan Geisler

6277 Zellberg, Zellberg 162 • 05282 3376, 0664 341 7561
info@schulhaus.tirol • www.schulhaus.tirol

Mi–Sa 18–23 Uhr • ♿ • €€

Allerbeste Hanglage. Das bedeutet, dass man, sofern die Temperaturen es zulassen, auf der Terrasse sitzen und nicht nur das Menü, sondern auch einen wunderschönen Ausblick auf einen spannenden Teil des Zillertals genießen kann. In Bezug auf sein Menü und die Speisekarte hat Stefan Geisler einen eigenwilligen, aber sehr klaren Zugang. Unter der Überschrift „Tiroler Kalb“ findet man sowohl Suppe wie Schnitzel. Beides übrigens solides Handwerk und eine Entscheidung, bei der man nichts falsch macht. Es zeigt aber auch den Zugang selbst. Höchster Respekt vor den Partnern und Produzenten, sowie vor der Herkunft und den Lebensmitteln. Saibling und Forelle kommen vom kleschkalten Sidanbach (und sind genau deswegen von umwerfender Qualität). Für die Saltimbocca vom Huhn verwendet Geisler Biohendln vom Riegerhof. Es ist eine feine, produkt- und produzentenfokussierte Küche, in der Geisler mit sicherer Hand das Beste aus der Region herausholt.

Morent-Tyrol

14,5/20

Köchin: Lisa Morent

6677 Zöblen im Tannheimer Tal, Nr. 14 • 0676 774 7070
feinschmecker@morent.at • www.morent.at
Mi–Sa 18–21.30, So 12–14.30 Uhr • ♿ • €€

Um es kurz und knackig auf den Punkt zu bringen: Es tut sich gewaltig was im Morent und wir können auf das, was uns erwartet, nur gespannt sein. Weil: Ralf Morent, Slow-Food-Legende im Tannheimer Tal, übergibt den Betrieb an seine Tochter Lisa. Die junge Frau werkt derzeit, also in der Zeit, in der die Küche (die Hardware) im Morent fundamental erneuert wird, als Souschefin im Hohenfels. Davor im Team von Max Natmessnig am Chef's Table in der Roten Wand. Wenn der – nein, die – Morent also im Frühjahr wieder aufsperrt, können wir uns auf einiges gefasst machen. Was sie kann, zeigt sie jetzt schon. Das Slow-Food-Menü ist einerseits heimatverbunden, reicht andererseits aber auch weit in die Welt hinaus. Ziegenkäse und Charcuterie von der Gams zum Start, danach gleich Sepia und Langusten, dann wieder Hirsch und Wachtel. Lisa Morent versteht ihr Handwerk. Wir freuen uns sehr darauf, wenn es richtig losgeht.

Gault&Millau
Entdecken,
genießen
& erleben.
Newsletter abonnieren und informiert bleiben auf
gaultmillau.at

Vorarlberg

Handwerk, Architektur und Kulinarik auf höchstem Niveau.

Fotos © Burg Hotel

„Die Burg“ – ein Ort,
an dem die Menschen
das Leben feiern.

Vorarlberg bietet vom Bodensee bis zum Arlberg eine riesige Bandbreite an Verlockungen für Genießer und Naturliebhaber. Die Region ist bekannt für traditionelle Landwirtschaft, moderne Architektur und exquisite

Kulinarik. Insbesondere der Arlberg hat sich zu einem internationalen Hotspot für Gourmets entwickelt. Eine der besten Adressen für Feinschmecker und Weinfreunde ist das Burg Hotel der Familie Lucian in Oberlech.

Das Vier-Sterne-Superior-Hotel mit der schönsten Sonnenterrasse Lechs wird bereits in

dritter Generation geführt. Nach dem Auf- und Ausbau wurde besonderer Fokus auf die Weiterentwicklung der Kulinarik gesetzt: Die Famillie legt großen Wert auf täglich selbst gebackendes Brot, regionale Produkte und Wildspezialitäten aus der eigenen Jagd.

SPORT UND WELLNESS

Die ganze Familie Lucian empfängt die Gäste mit wahrer Leidenschaft und tiefer Gastfreundschaft. Sie ermöglicht ihren Gästen unvergessliche Erfahrungen in einer traumhaften Umgebung. Egal ob Ski-in/Ski-out direkt in Oberlech oder als Ausgangspunkt für den Bergsommer mit seinen zahlreichen Outdooraktivitäten: Das Burg Hotel ist fast das ganze Jahr über eine der besten Herbergen für Aktive und Genießer. Am Berg ermöglicht die Burg fast alles – ob ganz privates Picknick mit fertiggestelltem Korb voller Leckereien oder das Biken auf Trails.

Von den umfassenden Freizeitmöglichkeiten erholen sich die Gäste im hochwertig gestalteten Wellnessbereich. Auf den 1.550 Quadratmetern der Burg Oase locken unter anderem eine Pulverschneekabine, eine Biozirbensauna, Erlebnisduschen mit Nebel- und Regeneffekten, eine Infrarotkabine mit Sole und Sprühnebel oder auch ein Whirlpool am Feuerplatz.

PARADIES FÜR GOURMETS

Die Kulinarik der Burg genießt einen ausgezeichneten, prämierten Ruf – Chefkoch Sebastian Daeche und sein Team komponieren und redigieren Zutaten mit erstklassiger Qualität und traditionelle Geschmäcker mit modernen Einflüssen. In den hauseigenen Restaurants werden Gäste mit einer Vielzahl von kulinarischen Köstlichkeiten verwöhnt. Besonders hervorzuheben ist die haubengekrönte Lechtaler Stube, wo Gäste mit nachhaltiger und fantasievoller Kochkunst verwöhnt werden. In der Burg Schenke, dem urigsten Ort in der ganzen Burg – mit Gastgeberin Helga Kaimbacher, die bereits seit 50 Jahren hier arbeitet –, finden das legendäre Fondue und Raclette statt.

WEINLEIDENSCHAFT

Im Weinkeller des Burg Hotels lagern 60.000 Flaschen, 4.500 Positionen – exquisite Weine, seltene Jahrgangstiefe aus Österreich und der ganzen Welt. Das passionierte Sommelierteam findet zu jedem Gericht den perfekt passenden Wein.

Ganzjahreshotspot ist bei der Burg die allseits bekannte Sonnenterrasse – hier treffen sich alle. Die einladend eingedeckten Tische und der uneingeschränkte Blick auf die Berge sind legendär. Im Winter lockt die Eisbar als perfekte Après-Ski-Location.

www.burghotel-lech.com

BEST
OF

18,5/20	**ROTE WAND CHEF'S TABLE** Lech am Arlberg	Seite 930
18/20	**GRIGGELER STUBA** Lech am Arlberg	Seite 918
18/20	**KILIAN STUBA** Hirschegg /Kleinwalsertal	Seite 906
17/20	**AURELIO'S** Lech am Arlberg	Seite 914
17/20	**JAKOB & ETHEL IM KLÖSTERLE** Lech am Arlberg	Seite 921

16/20	**LA FENICE** Lech am Arlberg	Seite 925
16/20	**MANGOLD** Lochau	Seite 937
16/20	**WEISS** Bregenz	Seite 895

LEGENDE

- Orte allgemein
- Orte mit 1 Haube
- Orte mit 2 Hauben
- Orte mit 3 Hauben
- Orte mit 4 Hauben
- Orte mit 5 Hauben

Gasthaus Löwen

13,5/20

Koch: Gernot Bischofberger

6883 Au im Bregenzerwald, Rehmen 87 • 05515 25964
office@loewen-au.at • bergbrennerei-loewen.at
Mi–Sa 11.30–20 Uhr • ♿ • €

Ein beeindruckendes Bregenzerwälder Bergpanorama umgibt dieses denkmalgeschützte Gebäude mit Brennerei, in dem man eine ausgezeichnete Küche genießen kann und aufmerksam-herzlich bedient wird. In den heimeligen, gemütlichen Stuben kommt ein bildhafter Teller mit alten Tomatensorten, Pfirsich, Mandeln und Basilikum auf den Tisch, bevor ein zarter Tafelspitz mit seinen klassischen Beilagen und eine sehr geschmackvolle pfannenfrische Kalbsleber mit Majoran und Bratkartoffeln serviert wird. Empfehlenswert auch das weiße Welsfilet vom Grill mit Bärlauch-Tortellini und Wurzelgemüse – alles in höchster Qualität und fein zubereitet von Gernot Bischofberger. Dazu ausgezeichnete Weine aus der gut bestückten Weinkarte. Beachtenswert sind auch die hausgemachten Kuchen und Torten. Ein sehenswerter Genuss ist zuletzt der Rundgang durch die einzigartige Bergbrennerei mit ihren edlen Produkten.

Biohotel Schwanen

15,5/20

Köchin: Franziska Hiller

6874 Bizau, Kirchdorf 77 • 05514 2133
emanuel@biohotel-schwanen.com • www.biohotel-schwanen.com
Do–Mo 11.30–13.30 und 17.30–20.30 Uhr • ♿ • €

Leicht macht es einem der Emanuel Moosbrugger nicht. Das fängt schon beim Apéro an. Hausgemachter Holunder- oder Himbeersaft? Ein Crémant vom Elsässer Biopionier? Oder – ganz klassisch – Pastis? Wobei sogar der Pastis im Schwanen bio ist. Auch die Küche. Die ist in zum überwältigenden Großteil ebenfalls bio. Was nicht zertifiziert ist, kommt aus Jagd oder Wildfang. Das Reh zum Beispiel stammt vom benachbarten Revier Schönenbach. Das Schnitzel von seinem Schlögel ist mustergültig. Liegt wahrscheinlich an Antonias Wildgewürz. Aus Wildfang hingegen der Kabeljau. Der wird im Ofen gebraten und mit Millefeuille von Erdäpfeln serviert. Ganz feine Klinge. Was im Schwanen wunderbar gelingt, ist, dass unterschiedliche Zugänge und Philosophien unter einen Hut gebracht werden. Die Ernährungslehre von Hildegard von Bingen, der Regionalismus von Slow Food, die Ideen der Biobewegung. Und unsere Hauben. Die vergeben wir – auch in diesem Jahr wieder – mit Freude. Und nicht wegen der Philosophie. Vielmehr, weil die Teller eine wahre Freude sind.

Gufer 55

13/20

Köchin: Andrea Beck

6708 Brand, Gufer 55 • 05559 22550, 0664 452 2974
gufer55@aon.at • www.gufer55.at
Do–Mo 11.30–21 Uhr

Diese Adresse ist außerhalb des Brandnertals immer noch ein Geheimtipp. Das holzgetäfelte Lokal am Ortsende präsentiert sich trotz seiner ausgezeichneten Küche niederschwellig und ist daher auch bei der lokalen Bevölkerung sehr beliebt. Die Mille-feuille-Kreation von Birne, Roter Bete, Wasabi-Brunnenkresse-Creme, Burrata und Walnüssen hat das Zeug zum Klassiker. Auch die Ceviche vom Brandner Saibling ist aller Ehren wert, ebenso wie die beste Rindsuppe im Tal. Hier nicht erwartet hätten wir ein tadelloses „Fritto misto“ aus gebackener Garnele, Calamari und Chilimayonnaise. Statt hausgemachter Sepiapasta mit Burrata oder eines Thai-Currys fällt die Wahl auf lange genug geschmorte Kalbsbäckle mit cremiger Polenta. Bei den Desserts hat man die Qual der Wahl zwischen „Polsterzipfel“ mit Brandner Lugmilk, griechischem Joghurt mit Karamell oder Enzian-Trüffel-Praline.

Restaurant Hochsitz

TIPP

im Hotel Walliserhof

6708 Brand, Gufer 43 • 05559 241
office@walliserhof.at • www.walliserhof.at
7.30–20 Uhr • €

Das Restaurant Hochsitz befindet sich im Gourmethotel Walliserhof in Brand und setzt durch und durch auf die Stärken der Region. Alles, was verarbeitet wird, wird mit Überzeugung bei den Lieferanten und Produzenten des Vertrauens eingekauft. Das Resultat erleben die Gäste täglich beim ausgewogenen Frühstück, abwechslungsreichen Mittagessen und abendlichen Dinner. Aufgetischt werden kreative und regionale Soulfood-Menüs, wofür regelmäßig Hirsche, Gamswild und Rehwild im Ganzen – also „nose to tail" – verarbeitet werden. Dafür geht der Senior des Hauses höchstpersönlich auf die Jagd. Dank der Panoramafenster profitieren die Gäste bei einem Besuch sowohl im Sommer als auch im Winter von der schönen umliegenden Vorarlberger Berglandschaft. Authentische Gastfreundschaft wird im ganzen Restaurant sowie Hotel großgeschrieben.

Falstaff

14,5/20

Cuisino Restaurant Bregenz

Koch: Stefan Lenz

6900 Bregenz, Platz der Wiener Symphoniker 3 • 05574 4512712500
restaurant.bregenz@casinos.at • www.falstaffbregenz.at

18–23 Uhr • ♿ • €€

Dieses Galerierestaurant oberhalb der Spieltische hat schon ein besonderes Flair für die Genüsse aus Stefan Lenz' Küche. In der internationalen, mit Bedacht bestückten Weinkarte findet sich der gesuchte Begleiter dazu. Nach Apéro und Aufstrich überrascht eine leicht gebeizte Forelle mit Gurke und Miso als genialer Beginn. Pulpo und Jakobsmuschel mit Kerbelravioli verwöhnen genauso wie die feine, geschmackvolle Riesling-Kräuter-Schaumsuppe, gefolgt von einem butterweichen Kalbsfilet mit Morcheljus und einer etwas bissfesten Waldviertler Entenbrust mit Powidl, Wirsing und „Daumnidei" (gebratene Gnocchi) als wunderbar abgestimmtes köstliches Gericht. Als ganz besondere Gaumenfreude kommen auch Steinbutt und Garnele auf den Tisch. Zum Abschluss serviert der charmante Service fruchtig-frisches Kirschen- und Zitronensorbet auf frischen Früchten.

Petrus

12,5/20

Koch: Moritz Weymann

6900 Bregenz, Anton-Schneider-Straße 11 • 0664 436 9457
reservierung@petrus-bregenz.at • www.petrus-bregenz.at

Di–Sa 9–24 Uhr • €€

Mitten in der Bregenzer Altstadt hält das Petrus die französische Lebensart mit einer schönen Weinkarte, überaus charmantem Service und einer Bistro-Speisekarte hoch. Zum Elsässer Weißburgunder lassen wir uns vom Menu du jour die bestens abgescheckte Kohlrabicremesuppe mit Croutons und die gästefreundlich portionierten Moules in Kokos-Curry-Sud mit Koriander und Pommes schmecken. Aber auch Artichaut braisé – geschmorte Artischocke mit Romanesco-Dip – und das Coq au vin – Hühnerschenkel in Rotweinsauce – mit Schalotten, Speck, Champignons und Kartoffelpüree gelingen bestens. Die Crème brulée setzt dann zum späten Abschluss einen weiteren Höhepunkt in dem so sympathischen Etablissement.

© Mario

Weiss

16/20

Koch: Erik Pedersen

6900 Bregenz, Anton-Schneider-Straße 5 • 05574 90859, 0676 486 3021
hi@weiss-bregenz.at • www.weiss-bregenz.at

Mo, Fr und Sa 17–22, So 9–14 Uhr

Moderne Gastronomie in ehrwürdigem Rahmen, einsehbare Küche, junges Team. Und dann sitzen wir draußen im Garten und fühlen uns glücklich. Erst recht, als der Champagner kommt: ein Blanc de Noirs von Fleury aus Courteron. Man könnte auch Riesling von Clemens Busch bestellen, hausgemachte Soda mit Mädesüß und jede Menge andere coole Drinks. Apropos cool: Das ist auch Milena Broger, die bei unserem Besuch den Service leitet. Zwecks Erläuterung der Speisen kommen dagegen Köchinnen und Köche unter Leitung von Erik Pedersen an den Tisch. Viele Gänge aber sprechen mit ihrer puristischen Art eh für sich. Das Salatbouquet mit Petersilienmayo oder die Zucchini mit eingelegten Senfkörnern. Hausgemachter Halloumikäse mit Shishito-Paprika ist das Highlight des Abends, während wir die Textur des Rindertatars (mit Tomate und Hefeemulsion) als zu weich empfinden. Besser: das gegrillte Frühkraut mit Bergkäsesauce, von kerniger Konsistenz ist das Wasserbüffel-Entrecôte. Während das Himbeersorbet mit Beeren erfrischend ist, aber etwas uninspiriert wirkt, passt beim French Toast mit Kirschen und tollem Zitronenthymian-Eis alles zusammen. Ein Dessert, an das wir uns lange erinnern werden. Tipp: mal zum Frühstück kommen!

Damülser Hof ↗

11,5/20

Wellness & Spa

Koch: Christoph Klauser

6884 Damüls, Damüls 147 • 05510 2100
hotel@damuelserhof.at • www.damuelserhof.at

12–14 und 18–20.30 Uhr • ♿

Nach einem Wintertag kann man es sich im eleganten Speisesaal des Hotels gemütlich machen. Einfach zurücklehnen und sich an den Momenten des Genusses erfreuen. Zum Aperitif gibt es kleine Happen in Form von Lachsbrötchen mit Kren, dann feines Roastbeef oder dünne Scheiben vom Alpschwein mit Ingwerkraut. Eine vortreffliche Hühnerbrust mit Beilagen und auch ein gekonnt gebratenes Rotbarbenfilet sind Highlights aus der übersichtlichen Karte. Eine gute Weinauswahl dazu ist fast selbstverständlich. Den Abschluss versüßt – zum Beispiel – ein flaumiger Cheesecake mit Himbeeren.

Löffelspitze®

13/20 (2 Hauben)

Alpenstern Panoramahotel

Köche: Peter Bischof & Sandro Abel

6884 Damüls, Oberdamüls 191 • 05510 513
info@hotel-alpenstern.at • www.hotel-alpenstern.at

Die privilegierte Lage des Alpenstern bereitet einem schon visuelles Vergnügen, bevor das Panoramarestaurant mit Aussicht auf die beeindruckende Damülser Bergwelt ein wunderbares Ambiente für gutes Essen bietet. Mit heimischen Gerichten wie Käsespätzle aus dem Bregenzerwald, Schlutzkrapfen oder Kalbsbäckle, Ausgewähltem aus der internationalen Welt wie New York Strip Cut Steak oder grünem Curry, Vollwertgerichten, Vegetarischem und Veganem sowie einem mehrgängigen Degustationsmenü verwöhnen Peter Bischof und Sandro Abel. Dazu sucht man sich seinen Begleiter aus dem gut bestückten Weinkeller aus. Im Restaurant Löffelspitze lässt man sich gerne mit einem Acht-Gänge-Menü mit dazu ausgewählten Cocktails überraschen. Der aufmerksame, freundliche Service vermittelt das Gefühl, hier gut aufgehoben zu sein.

Nevo

11/20

Koch: Neven Krizman

6884 Damüls, Kirchdorf 137 • 0664 261 6908
info@nevo-restaurant.at • www.nevo-restaurant.at

Di–So 15–21 Uhr • ♿ • €€

Mit dem Nevo im Ortszentrum hat Damüls ein modernes, der Zeit angepasstes Restaurant, in dem man trotz einfacher Tischkultur viel Freude am guten Essen haben kann. Es wird eine gelungene Mischung aus ambitionierter Küche mit modernen Akzenten und asiatischem Einschlag geboten: Poké-Bowl mit gebeiztem Lachs, Sushireis, Avocado, Wakame und Sesam, aber auch Waldpilzcremesuppe oder Barbarieentenbrust, die sich etwas mehr Feinheit verdient hätte. Köstliches Thai-Curry mit Huhn – vegetarisch mit Gemüse – und zum Abschluss Kaiserschmarren mit einem Glas Riesling-Dessertwein, von der charmanten Chefin empfohlen, sorgen für kulinarische Erinnerungen.

Nach Redaktionsschluss erreichte uns die Nachricht, dass der Betrieb ab Dezember 2023 an einem neuen Standort wieder eröffnet, die neue Adresse lautet: Restaurant Nevo, Bundesstraße 85, 6923 Lauterach.

Der Verwalter

13/20

6850 Dornbirn, Schlossgasse 1 • 05572 23379, 0664 131 2980
hotel@zumverwalter.at • www.zumverwalter.at

In den gemütlichen Stuben des Verwalters erwartet einen ein angenehmes Ambiente mit Wohlfühlflair, um sich den Genüssen hinzugeben – im Sommer gerne auch in der Gartenlounge oder auf der Terrasse. Brot und Aufstrich, Gruß aus der Küche und die umfangreiche Auswahl der Weinkarte sind erste Herausforderungen. Schön auf dem Teller, geschmackvoll und füllend die Pasta mit Morcheln, Spargel und Ziegenkäse, gut und lauwarm die Tafelspitzsuppe mit Bärlauchflädle. Bildschön angerichtet und köstlich der Kalbstafelspitz mit klassischen Beilagen. Zur tadellosen Seezunge mit Salbei-Kartoffelpüree, Ratatouille und Bouillabaisse-Muschelragout findet das versprochene Verwalter-Pesto leider nicht den Weg zum Tisch. Ein cremiger Flan von Vanille, Beeren, Mango und Eierlikör bildet den Abschluss des Menüs.

hirsch IV

11/20

im Hotel Hirschen

Koch: Christopher Kührt

6850 Dornbirn, Haselstauderstraße 31 • 05572 26363
info@hotel-hirschen.at • www.hotel-hirschen-dornbirn.at

Mo, Di, Mi, Fr, Sa 16–21 Uhr • ♿ • €€

In der entspannten und angenehmen Atmosphäre des Abendrestaurants sucht man sich seine Favoriten aus der übersichtlichen Karte aus, während appetitliches Hausbrot, Olivenöl, Lavendelsalz und fein gewürzte Nüsse serviert werden. Gut sortierte Weinkarte, leider ohne Jahrgänge. Spezialitäten vom Kürbis – als wohlige Suppe mit Kürbisölperlen und als Risotto mit Kurkuma-Kokos-Schaum – sind ein guter Tipp für den Start. Gebratener Saibling mit Rahmspinat und Rehragout mit Spätzle, Quittenblaukraut und Kastanien empfehlen sich hingegen als Hauptgericht. Ein mustergültig gerührter Eiskaffee wird zum krönenden Abschluss des Abends.

Mehdafu

13/20

im Hotel Schönblick

Koch: Karlheinz Hehle

6911 Eichenberg, Dorf 6 • 05574 45965, 0676 939 4999
hotel.schoenblick@schoenblick.at • www.schoenblick.at

Di–Sa 18–22 Uhr • €€

Vorarlbergs schönste Aussichtsterrasse über dem Bodensee hat junge Verstärkung in der Küche bekommen. Das Vater-Sohn-Gespann setzt zu kulinarischen Höhenflügen im Restaurant „Mehdafu" („Mehr davon") an. Die hausgemachte französische Gänseleberterrine teilt sich den Teller mit geräuchertem Bodenseefelchen und ist ein bärenstarker Menüauftakt. Der Bilderbuch-Milzschnittensuppe folgt eine „Kalbs-Metzgete" auf Edelniveau: zuerst Kalbszunge, -niere und -leber mit Madeirasauce und Rösti. Ein Teller später folgen herrlich zubereitetes Kalbsbries, Kalbsbäckchen und Kalbsrücken mit Kräuterjus und hausgemachten Rote-Bete-Gnocchi. Die Dessertvariation – Schokomousse und Soufflé, Crème brulée und Eis – ist ähnlich beeindruckend. Übrigens: Die Weinkarte beinhaltet die wahrscheinlich größte Auswahl an Bodensee-Rheintal-Weinen in Vorarlberg.

Gutwinski

13/20

6800 Feldkirch, Rosengasse 4–6 • 05522 72175
hotel@gutwinski.cc • www.gutwinski.cc

Ob im sommerlichen Garten oder im stilvollen, eleganten Ambiente des Restaurants, im Gutwinski ist man bestens aufgehoben. Aus der saisonalen, kreativen Karte sucht man sich eine feine Kürbis-Ingwer-Suppe oder ein köstliches veganes Salonbeuschel aus. Der freundliche, kompetente Service bringt weiters einen ansprechenden Hirschrücken mit Nusskruste, Steinpilzravioli und Sprossenkohl an den Tisch, der zarte Kalbstafelspitz mit seinen Beilagen überzeugt ebenfalls. Auch den Abschluss beherrschen sie im Gutwinski. Sehr gut gelingt das Zwetschkensorbet, aber auch die Nougatbuchteln mit Bananen-Joghurt-Eis machen Spaß.

Zanona

12/20

6800 Feldkirch, Montfortgasse 3 • 05522 73635, 0664 385 4396
info@zanona.at • www.zanona.at

Nicht selten kommt es vor, dass Profis aus der Fleischhauer- und Konditoreibranche in den Küchen des Landes für kulinarische Höhenflüge sorgen. So auch in der mehr als 800 Jahre alten Montfortstadt Feldkirch. Das Zanona darf sich als die beste Konditoreiadresse im Bezirk rühmen und lockt darüber hinaus viele Restaurantfeinspitze an. Abends werden verschiedene kleine Menüs angeboten. Insbesondere Klassiker der österreichischen und mediterranen Küche finden sich auf der Karte. Eine Spezialität des Hauses stellt die Bouillabaisse dar. Der Drei-Generationen-Betrieb ist nicht zuletzt auch wegen der süßen Menüausklänge bei den Gästen sehr beliebt.

Patagonia

12/20

6974 Gaißau, Rheinstraße 97 • 05578 71554
www.patagonia.at

Mitten im Dreiländereck, unweit der Schweizer Grenze, kann man sich in diesem argentinischen Steakhaus voll und ganz dem Fleischgenuss hingeben. Authentische Vorspeisen wie Gambas in Knochblauchsauce, Chorizo und Empanadas sorgen für einen gelungenen Einstieg. Zart und selbstverständlich mit exakt getroffenem Gargrad – dem Holzofengrill sei Dank – wird das Steak in seinen unterschiedlichen Cuts und in bester Qualität serviert. Dazu schmecken die vielfältigen Beilagen wie Maiskolben vom Rost, Quinoa oder Folienerdäpfel. Besonders empfehlenswert ist die nationale Spezialität, gegrillte Ochsenquerrippe, und für Fischliebhaber gibt es täglich frischen Fisch im Ganzen. Als Dessert schwankt man zwischen dem hausgemachten Karamelleis oder der herrlich süßen Flan patagónico, dem Klassiker des spanischen Nachspeise-Repertoires, der aus Karamell und Kondensmilch zubereitet wird. Das viele Holz, das sich mit Industriedesign in den Innenräumen paart, sorgt für ein elegantes, wenngleich ungezwungenes Ambiente.

Montafoner Stube

13/20

im Hotel Madrisa

Koch: Zdenek Cepera

6787 Gargellen, Madrisaweg 39 • 05557 6331
gast@madrisahotel.com • www.madrisahotel.com

Do–Di 11.30–13 und 18.30–20.30 Uhr

Die Montafoner Stube gehört seit Jahren zu den besten Gourmetlokalen im Montafon. Dafür verantwortlich sind der langjährige Küchenchef Zdenek Cepera und die hoteleigene Bioberglandwirtschaft. Diese Hotel-Alplandwirtschaft gibt es in dieser Art nur zweimal in Vorarlberg. Das Carpaccio vom Rind ist von seltener Produktqualität, ebenso wie der „Madrisa Rindsburger“ als Vorspeise. Nicht missen möchte man die Sura-Kees-Suppe, ein Highlight, und die gefüllte Paprika mit Kartoffelpüree und Sura-Kees-Pesto. Dieser Sauermilchkäse ist seit jeher das kulinarische Wahrzeichen der Talschaft. Exzellent gerät auch das Lammbeuschel, das klassisch mit einem Gulaschsafterl on top serviert wird. Nicht verzichten sollte man an dieser Adresse auf die Dessertvariation als süßes Finale – und ein Glas tschechischen Weins aus des Küchenchefs eigenem Weingarten.

El Dorado

12/20

Steakhouse

Köchin: Melanie Metzler

6840 Götzis, Am Garnmarkt 13 • 05523 56806
info@eldorado-steakhouse.at • www.eldorado-steakhouse.at

Mi–Fr 17–22, Sa, So 11.30–14 und 17–22 Uhr • ♿

Fleisch- und Grillliebhaber kommen im südamerikanischen Steakhaus voll und ganz auf ihre Kosten. Die Speisekarte hält hier eine vielversprechende Auswahl an qualitativ hochwertigen Cut-Spezialitäten bereit: T-Bone-, Pfeffersteak und Lammkoteletts geben sich die Hand mit beliebten Beilagen wie Folienerdäpfeln, Speckbohnen und Maiskolben. Wer es ausgefallener will, sollte das mit Blattgold verzierte Rinderfilet versuchen. Auch wer sich nach Pasta sehnt, wird dank der reichlichen Auswahl nicht enttäuscht. Zum Dessert genießt man Schokofondue und Eiskaffee. Das Ambiente ist gemütlich und angenehm. Hervorzuheben ist die gut sortierte Rumauswahl.

Gault&Millau
Genussmesse, Weinfest und vieles mehr ...
Alle Tickets zu unseren kulinarischen Events auf gaultmillau.at

Carnozet↗

13,5/20

im Travel Charme Ifen Hotel

Koch: Sascha Kemmerer

6992 Hirschegg/Kleinwalsertal, Oberseitestraße 6 • 05517 608540
ifen@travelcharme.com • www.travelcharme.com/ifenhotel

18.30–21 Uhr • ♿ • €€

Gut gegessen hat man im Carnozet ja seit Jahr und Tag, und doch scheint seit unserem letzten Besuch ein Ruck durch Küche, Keller und Schank gegangen zu sein. Alles scheint nuancierter, feiner, raffinierter. Etwa das gelierte Törtchen vom kanadischen Hummer mit Orangen-Estragon-Vinaigrette, Zuckerschotensalat und Süßkartoffelchips und die leicht getrüffelte Maronischaumsuppe mit Bodenseeapfel und Croutons. Beherzt und selbstbewusst gewürzt, beides. Weiter geht es mit auf der Haut gebratenem Seesaiblingsfilet mit Veltlinersauce auf cremigem Wurzelspinat und dem gebratenen Brüstchen vom Wälder Hennele mit Maroni-Nage auf gerührter Pilzgerste, die die Höchstform von Sascha Kemmerer und seinem Team genauso unter Beweis stellen wie die luftige Mousse von Gewürzkuchen und Ländle-Rahm mit eingelegten Gewürzorangen und Nougat. Ein toller Abend!

Kesslers Walsereck

11/20

im Naturhotel Chesa Valisa

Koch: Andreas Ziep

6992 Hirschegg/Kleinwalsertal, Gerbeweg 18 • 05517 54140
info@naturhotel.at • www.naturhotel.at

12–16.30 und 18–22 Uhr • €

In einem der schönsten Häuser des an schönen Häusern sehr reichen Kleinwalsertals wird man als À-la-carte-Gast von der charmanten Juniorchefin herzlich begrüßt und an einen der gemütlichen Tische gebracht. Die Weinkarte ist gut sortiert, aber leider hat uns das Winterkonzept nicht wirklich überzeugt. Man wählt aus dem Menü der „Pensionsgäste“ recht kleine Portionen oder einen der Klassiker aus der Sommerkarte. Die Gerichte sind solide und mit Liebe angerichtet. Sprich, absolut schön anzuschauen und in ästhetischer Hinsicht gut zum Haus passend. Leider fehlt es den Gerichten wie den Kartoffelplätzchen mit Zwiebelcreme und Wirsing oder dem roten Linsen-Dal mit gebratenem Gemüse und Pilzen an geschmacklicher Tiefe und spannenden Akzenten. Trotzdem: Das Gesamtkonzept überzeugt sehr wohl.

Kilian Stuba

18/20

Köche: Sascha Kemmerer & Hans-Jörg Fink

6992 Hirschegg/Kleinwalsertal, Oberseitestraße 6 • 05517 608541
ifen@travelcharme.com • www.travelcharme.com/ifenhotel

Mi–Sa 18.30–21 Uhr • ♿

Das geschmackvoll gestaltete Fine-Dining-Restaurant inmitten des geschichtsträchtigen Ifenhotels, das nicht nur seit seiner Erbauung in den 30ern des vorigen Jahrhunderts als erste Adresse des Kleinwalsertals gilt, sondern auch in den Weltkriegstagen als Prominentengefängnis für „Ehrengefangene" der Nationalsozialisten diente, ist ein Garant für beste Gastkultur, feine Weine und eine frankophile Küche, die auch die Produkte der Region zu schätzen weiß.

Schon die Grüße aus der Küche – Champignons mit Sellerie und Périgord-Trüffel, gefolgt von durch Maracuja-Koriander-Sud angebeizter Lachsforelle mit grünen Curryaromen – sind Vorboten auf ein gelungenes Menü. Weiter geht es mit dem Zwiegespräch der kurz auf der Plancha gegrillten norwegischen Jakobsmuschel mit Königskrabben-Vinaigrette, Ländle-Crème-fraîche und Imperial-Gold-Kaviar und einer Plauderei der elsässischen Entenmastleber, mit weißem Portwein roh mariniert, Boskoopapfel-Chutney, gebundener kühler Entenbouillon und Haselnussöl. Herausragend auch einerseits der Seesaibling, sanft confiert, mit Paradeiser-Kaviar-Vinaigrette, Karfiol und Roggenbrot-Crunch und andererseits der geangelte Skrei von den Lofoten, in Lake gebeizt und gedämpft, auf Paradeiser-Miso-Beurre-blanc mit rosa Gari (eingelegter Sushi-Ingwer), Edamame und Shimeji-Pilzen.

Die Stars des Abends aber sind der geschmorte Walser Ochsenschlepp im Tortellini mit Entenleber-Madeira-Nage, Esskastanien und Périgord-Trüffel und zu guter Letzt die Limetten-Crémeux sowie die Thai-Mango mit gebackenem Kokostrüffel von der Valrhona-Grand-Cru-Schokolade.

Besonders in Erinnerung bleibt uns auch, dass der so hochtalentierte wie bescheidene Sascha Kemmerer – Küchenchef des Hauses – gemeinsam mit dem charmanten Service zu jedem Gang aus der Küche ausrückt, um jedes Gericht liebevoll zu erklären und auch sonst übers Tal und seine werten Kollegen in den vielen besuchenswerten Gaststätten des Kleinwalsertals höchst wertschätzend zu plaudern.

Sonnenstüble®

15,5/20

im Hotel Birkenhöhe

Köche: Felix & Matthias Bantel

6992 Hirschegg/Kleinwalsertal, Oberseitestraße 34 • 05517 5587
info@birkenhoehe.com • www.birkenhoehe.com

Fr–So 19–22 Uhr • ♿ • €€

Immer wieder schwärmten bei unserem Kulinarikausflug ins Kleinwalsertal Wirte und Köche renommierter Häuser von Felix Bantel und legten uns einen Besuch im Sonnenstüble des Hotels Birkenhöhe nahe. Also landeten wir – folgsam – in der gemütlichen Stube, umhegt und verpflegt vom bestens gelaunten Personal und hocherfreut über die wunderbar zusammengestellte dicke Weinkarte. Nicht weniger interessant dann die Speisekarte, auf der wir Biogänseleber im Duett mit leicht geräucherter Taube und geschmortem Sellerie mit Haselnüssen und Périgord-Trüffel, gefolgt vom gebratenen Filet der Dorade mit Bohnenragout, Chorizo und knuspriger Focaccia und einer Tarte à la reine – einer Steinpilztarte mit Lauch, Erdäpfel und wunderbarer Beurre blanc – finden. Den wirklich gelungenen Abend, an dem wir auch den (noch) recht schüchternen Meisterkoch kennenlernen dürfen, schließen „Schokolade trifft Rum" – Augenweide wie Gaumenschmaus – und wunderbar hausgemachtes Konfekt ab. Eine Entdeckung!

Ernele ↗

14/20

im Hotel Das Schiff

Koch: Felix Groß

6952 Hittisau, Heideggen 311 • 05513 62200
info@schiff-hittisau.com • www.schiff-hittisau.com

Mi–Sa 12–22 Uhr • €

Wer im „Schiff" in Hittisau seinen Anker wirft, hat für den Aufenthalt im Bregenzerwald kulinarisch ausgesorgt: Drei Restaurants befinden sich im Romantik Hotel. Der Kosename von Seniorchefin Erna Metzeler stand Pate für die Ladenwirtschaft Ernele im Holz-Glas-Kubus. Passend zum leger-freundlichen Ambiente begrüßt Küchenchef Felix Groß seine Gäste persönlich. Wir entscheiden uns für die „kulinarischen GROSSartigkeiten": bis zu 13 regional-saisonale Gerichte aus der offenen Küche. Vom Kartoffeltascherl mit Maroni-Palmkohl-Füllung über das Sashimi vom Black Cod bis zur Saiblingspraline. Ein Gurkensorbet mit Gin leitet zum Zander mit Safran über. Das Finale: Crème brulée, Marzipaneis, Brownie. Der Service agiert flink. Die Weinkarte bietet eine gute Auswahl an Tropfen aus Österreich, Deutschland und Frankreich.

Krone

15/20

Ambiente Award 2012

Hotel Gasthof

Koch: Michael Garcia-Lopez

6952 Hittisau, Am Platz 185 • 05513 6201
gasthof@krone-hittisau.at • www.krone-hittisau.at

Mo, Di, Fr 18–20.45, Sa 12–13.45 und 18–20.45, So 12–13.45 Uhr • €€

Eingebettet mitten in den Bregenzerwald-Charme thront das Wälderhaus der Krone. Im hellen Ambiente der Stüberl sitzt man gemütlich und lässt sich vom aufmerksamen, freundlichen Service mit den köstlichen Gerichten aus Maximilian Nussbaumers Küche verwöhnen. In so einer Atmosphäre steigt die Vorfreude auf echte, authentische Kulinarik. Regional und saisonal sind hier Grundvoraussetzung und kein Trend. Gebackenes Kaninchen mit Frühlingssalat, eigelegtem Spargel und Wachteleier aus Hittisau. Welsfilet, cremige Gemüsegerste, Blattspinat und Zitronen-Kapern-Öl sind herausragend. Klassischer wird es beim Zweierlei vom Lamm (Ragout und Nuss) oder bei Brust von der „Wälderhenne". Der Kaiserschmarren ist ein würdiges Finale. Die Weinkarte ist überraschend mutig. Grandiose Auswahl der „Schmecke das Leben"-Winzer aus der Steiermark.

Wälder Stube 1840

15/20

im Hotel Das Schiff

Koch: Bernd Reimer

6952 Hittisau, Heideggen 311 • 05513 62200
info@schiff-hittisau.com • www.schiff-hittisau.com

Di–Fr 17.30–22 Uhr

Mit einem Aufenthalt im Hittisauer Schiff oder einem Besuch in seinen zwei edlen „Kajüten" Ernele und Wälder Stube 1840 ist man wohl nie am falschen Dampfer, wie sich auch heuer wieder bei unserer Stippvisite in den traditionellen, Gemütlich- und Heimeligkeit ausstrahlenden Stuben erwies. Kaum von der bestens disponierten Crew aufs Freundlichste begrüßt, ist auch schon eine gute Flasche aus der wohlsortierten Weinkarte geordert, und die Spiele können beginnen. Mit einer herrlichen Komposition aus Kaninchen, Wiesenkräutern, Pilzen, Eidotter und Tomate und unserem Favoriten des Abends, der Königskrabbe auf Krustentierfond mit Anchovis und Mango. Weiter geht es mit einem himmlischen Stück vom Seehecht in einer Essenz von Sellerie und einem originellen Gulasch vom Spanferkel. Top auch der in Butter perfekt confierte St. Pierre mit Sauerkraut, Kapern und Stör-Kaviar sowie das luftige Topfensoufflé mit Nashi-Birne, Schokolade, Nuss und Sumach. Schiff, der Kurs stimmt!

Adler

14,5/20

Gasthof

Koch: Jürgen Hirschbühl

6942 Krumbach, Dorf 5 • 05513 8156, 0664 534 6306
mail@adler-krumbach.at • www.adler-krumbach.at

Mo, Fr, Sa 17–22, So 11–14 und 17–22 Uhr • ♿ • €€

Wundervoll essen im wundervollen Bregenzerwald: Genau darum geht es im traumhaften Garten beim Adler in Krumbach. Perfekt eingespielt agieren Mutter und Tochter im Service und bringen ein sehr positives Flair in ein ohnehin schon idyllisches Ambiente. Alle Gerichte sind so, wie man es sich bei der Bestellung erhofft. Speisenkombinationen hat man in der Form schon so gegessen, doch hier geht es nicht um fancy Neukreationen, sondern um perfekte Zubereitung, liebevolles Anrichten und die Sicherheit, dass jeder geschmacklich voll auf seine Kosten kommt. Lachsforelle mit Dill, Gurke und Buttermilch, Dreierlei vom Blumenkohl, ein perfekt zart und gleichzeitig intensives Pulled Beef und gebratene Lachsforelle mit Curryschaum, Limetten-Kokos-Reis und Zuckerschoten. Eine Punktlandung. Wäre die Weinkarte auf dem Küchenniveau, würde man hier wohl ewig verweilen.

Schulhus

15/20

Köchin: Gabi Strahammer

6942 Krumbach, Glatzegg 58 • 05513 8389
reservierung@schulhus.at • www.schulhus.at

Do–So 12–14 und 18–22 Uhr • ♿ • €€

Seit vielen Jahren zählt das Schulhus zu einer Einkehrkonstante im Bregenzerwald. Idyllisch gelegen zwischen Wiesen und Bergen, sitzt man auf der einladenden Sommerterrasse in aller Ruhe. Hier genießt man neben ländlichem Charme ungekünstelte und traditionsverbundene Mehr-Gänge-Menüs, die sich vorwiegend aus regionalen Zutaten zusammensetzen, gepaart mit aufmerksamem Service und Gastgeberleidenschaft. So starten wir unseren Besuch erfrischend und sommerlich-leicht mit gratiniertem Ziegenfrischkäse an Lavendelkruste. Handwerklich einwandfrei sind auch die Ravioli mit Brennnesselfüllung. Beim Hauptgang und Fang des Tages – Zanderfilet auf mediterranem Gemüsebett – vermissen wir dann aber doch ein klein wenig Aromenvielfalt und Kreativität auf dem Teller, die beim finalen Dessert durchaus zu spüren ist. Nicht unbegründet entpuppt sich die Beerenpavlova mit eigens hergestelltem Kräutereis als Highlight des Abends. Die gebotene Wein- und Getränkeauswahl ist überschaubar, dafür ausgewählt und stimmig.

Krone ↗

14,5/20

Koch: Manfred Nussbaumer

6941 Langenegg, Gfäll 107 • 05513 6178, 0664 541 0481
info@krone-langenegg.at • www.krone-langenegg.at

Mo–Sa 17–20 Uhr • ♿ • €€

Es ist immer wieder eine Freude, in der Krone einzukehren. Im hellen Ambiente der Stüberl sitzt man gemütlich und lässt sich vom aufmerksamen, freundlichen Service mit den köstlichen Gerichten aus Manfred Nussbaumers Küche verwöhnen. Begonnen mit warmem knusprigem Brot, Kräuteraufstrich, „Mostbröckle“ aus der eigenen Räucherkammer und Pulled-Pork-Tortellini auf Kraut zum Gruß aus der Küche, folgt dann eine hinreißende Forellenpraline mit Avocado, Curry-Mayonnaise und Mango-Chutney. Beeindruckend, fein und zart das Beef Stroganoff, von herrlichen Butterspätzle begleitet, appetitlich und lobenswert Rücken und Nüsschen vom Weidelamm mit Ratatouille, Speckbohnen und Mandelbällchen – alle Gerichte bildhaft auf den Teller gebracht. Ein fruchtiges Holunder-Heidelbeer-Sorbet oder ein ausgezeichnetes Schokoladensoufflé beenden einen sehr gelungenen Besuch.

Guth

15,5/20

Koch: Thomas Scheucher

6923 Lauterach, Wälderstraße 10 • 05574 72470
tisch@restaurantguth.at • www.restaurantguth.at
Mo–Fr 12–13.30 und 18–21 Uhr • ♿ • €€

Sofort zu Hause fühlt man sich im Guth ob der geschmackvoll modernen und doch so gemütlichen Einrichtung, dem herrlichen Blick auf den großzügigen Garten samt Skulpturenpark, der überbordenden Gastfreundlichkeit der kompetenten Servicebrigade, einer Weinkarte, die alle Stücke spielt, und einem zum Genuss animierenden Speisenangebot, das wunderbar die Balance zwischen Klassisch-Altbewährtem und neu Kreiertem hält. Bei unserem Besuch erlebten wir die eine oder andere Überraschung. Gleich zu Beginn etwa, bei der Crème brulée von der Gänseleber mit Schwarzen Johannisbeeren, gebrannten Biomandeln und Riebel oder bei den hausgemachten Tagliolini mit Oktopus, Calamari, Garnele und Bouchotmuscheln im Chili-Limetten-Fond – ein herrlich mediterranes Gericht am kalten Wintertag. Die folgende geschäumte Thai-Currysuppe mit Junglauch, Shiitake und Karotte begeistert uns aufgrund der präzisen wie überraschenden Aromen. Ebenso wie die getrüffelte Perlhuhnbrust mit Périgord-Trüffel, Polentaschnitte und Spitzkraut, die klassischen Rinderfiletspitzen „Stroganoff“ mit Schwobaspätzle oder der hausgemachte gerührte Eiskaffee zum Abschluss.

Aurelio's

17/20

Gourmetrestaurant

Koch: Roland Auer

6764 Lech am Arlberg, Tannberg 130 • 05583 2214
office@aureliolech.com • www.aureliolech.com

Das aus zwei Einheiten bestehende Fünf-Sterne-Superior-Chalet-Hotel Aurelio gehört zu den luxuriösesten Beherbergungen in Westösterreich. In den beiden Pools im Keller kann man tatsächlich „Längen" schwimmen und sich danach vielleicht am offenen Lobby-Kamin und bei einem Cocktail wärmen. Beim Angebot im À-la-carte-Restaurant versucht man, für die sehr vermögende Hausklientel den Spagat zwischen einer absichtlich rustikalen Karte mit Wagyu-Burger, Wild-Käsekrainer und „From nose to tail"-Federvieh einerseits und einem klassischen Gourmetmenü andererseits zu schaffen. Und es gelingt mit Bravour!

Der neue Tiroler Küchenchef startet mit Austern, Rote Rüben Tatar und Kaviar und setzt mit einem Rohkost-Cannellono mit Molkemarinade nach. Beides herrlich schmeckend und erfrischend. Das offene Ei mit Spinat, pochiertem Wachtelei und mit brauner Butter aromatisiertem Kartoffelschaum fällt unter die Kategorie „Bestseller". Sehr clever zubereitet ist dann der unter der Räucherglocke servierte Saibling mit Bio-Ei-Espuma und Pulver von getrockneter Fischhaut. Die Kreation des neu und dekorativ interpretierten Tomaten-Brot-Salat ist für Auge und Gaumen gleichermaßen ein Highlight.

Zander wird an dieser Adresse auf Ochsenschwanzraviolo im Trockenwurstsud serviert – eine alpine „Mare e monti"-Abwandlung. Den genau richtigen Garpunkt trifft man beim Dry-Aged-Wagyu vom heimischen Züchter, begleitet von einer hervorragend zubereiteten Mille-feuille von der Bergkartoffel und Urkarotte. Die Selektion von Alpkäse wird dieses Mal nicht in Anspruch genommen, sehr wohl aber die Variation vom Granny-Smith-Apfel: mit Ingwer und Limette marinierte hauchdünne Apfelscheiben und grünes Apfeleis. Bei den kleinen Naschereien zum Espresso-Schluck sollte man die Portwein-Thymian-Praline jedenfalls probieren.

Die Serviceleitung agiert seit Jahren in Hochform und bringt so manche Weinüberraschung aus dem sehr gut sortierten Keller hervor. Diese Genussadresse ist seit vielen Jahren ein sicherer Hort für Feinschmecker. Die Wertung von 17 Punkten verstehen wir nicht als Abwertung, sondern als neue Einordnung für einen neuen Mann in der Küche. Einen Mann mit viel Potenzial, wohlgemerkt.

Der Berghof

14/20

Koch: Rick Frank

6764 Lech am Arlberg, Dorf 161 • 05583 2635
info@derberghof.at • www.derberghof.at

12–18 und 19–21.30 Uhr •

Im kürzlich umfassend modernisierten Hotel Der Berghof in privilegierter Lage kann man sich auch als Non-Residential unter die zum Salatbuffet wuselnden Hotelgäste mischen und das feine Abendmenü oder ein paar klassisch österreichische Gerichte à la carte genießen. Highlights unseres Besuchs: mild-subtiler Lachs-Escabeche, wundervoller Zander mit Polentaschnitte, zart-mürber Rehrücken mit Quinoa und Vorarlberger Käse sowie das hinsichtlich Konsistenz und Geschmacksharmonie bestens getroffene Apfelparfait mit Five-Spices-Ganache. Wer es etwas ruhiger und exklusiver mag, kann in einem separaten Raum das siebengängige, von Küchenchef Rick Frank zubereitete und vor Kreativität sprühende Gourmetmenü ordern.

Fux

14/20

Restaurant & Bar

Koch: Rene Dick

6764 Lech am Arlberg, Omesberg 587 • 05583 2992
fux@fux-mi.net • www.fux-mi.net

16–22 Uhr • ♿

Dass ein Restaurant mit europäisch-asiatischer Küche auch gut ins noble Lech passt, beweist das Fux, indem es das Beste aus beiden Welten bietet. In gediegener Atmosphäre sucht man sich seine Favoriten aus der Karte und lässt sich neben Spezialitäten wie Nigiri, Sashimi, Maki, Lech-Rolls, Dim-Sum, Kokossuppe, Yellow Fin Tuna auch mit Rib-Eye vom Angus- oder Wagyu-Rind verwöhnen. Feiner Kokoslachs mit Wakame, Ponzu und Sesam sowie „Fux Classic Rolls" mit Yuzumajo sind überzeugende leichte Vorspeisen. Raffiniert in Geschmack und Zusammenstellung kommt das Maishuhn mit Sticky Chicken, Shiitake-Polenta und wildem Brokkoli, genüsslich und lobenswert das rote Thai-Curry mit Garnelen und Basmatireis. „Nama" als unwiderstehliche Schokoladenwürfel mit Matcha, schwarzem Sesam und Kumquats erfreuen als Dessert. Die umfangreiche Weinkarte zeigt, dass hier Wein eine Leidenschaft ist, die von Peter Strolz mit Akribie und Herzblut betrieben wird.

Griggeler Stuba

18/20

Service Award 2010

im Burg Vital Resort, Oberlech

Koch: Nicholas Hahn

6764 Lech am Arlberg, Oberlech 568 • 05583 3140
restaurant@burgvitalresort.com • www.burgvitalresort.com

Mo–Fr 19–21.30 Uhr

Eine schöne alte Stube – oder „Stuba" im hiesigen Dialekt – hat schon etwas Gemütliches und ist der perfekte Rahmen, um einen genussvollen Abend zu verbringen. Stilvoll starten wir mit Premium-Champagner und ein paar Miniaturgrüßen aus der Küche: Carabinero-Tatar mit Kaviar und Räucheraal-Essenz mit Forellenkaviar umreißen das Rogenthema auf köstliche Art und Weise, das etwas später mit Beluga-Kaviar, Kartoffelpüree, Eigelb und Belper Knolle seinen krönenden Abschluss findet.

Dann zeigt eine Variation des roten Paprika in verschiedenen Texturen, wie facettenreich und vielschichtig dieses oft als derb angesehene Gemüse sein kann. Dazu ein gereifter Silvaner aus Rheinhessen – eine unerwartet stimmige Kombination. Außerdem vereint dieser Gang sensorischen Hochgenuss mit einer lehrreichen Lektion: So schmeckt Paprika!

Ja, auch die Lachsforelle und das Zanderfilet schmecken uns sehr gut, sind aber vergleichsweise „brav". Nicht so das grandiose Kalbsbries in Trüffelsauce mit weißem Spargel und frischen Erbsen – das vielleicht beste Innereiengericht dieses Jahres! Mit geschmortem Wagyu-Beef und einer auf den Punkt gegarten Taube mit Heidelbeeren ergibt sich die Möglichkeit, vom Weißwein zum Rotwein zu wechseln, was in diesem Haus natürlich immer äußert reizvoll ist.

Ein wirklich großartiges Menü findet mit einem kreativen Kürbisdessert leider keinen würdigen Abschluss, was irgendwie schade ist. Natürlich schaut das Dessert toll aus und schmeckt auch sehr gut. Aber nach dem bemerkenswerten Höhenflug des zuvor Gezeigtem ist es dann doch vergleichsweise simpel. Den großartigen Gesamteindruck kann der süße Kürbis aber nicht wirklich trüben. Die Griggeler Stuba war und ist eines der besten Restaurants unseres Landes, in dem man Gerichte bekommt, die lange in Erinnerung bleiben.

© Herbert Lehmann

Jägerstube

15/20

im Hotel Post Lech

Koch: Michael Rieser

6764 Lech am Arlberg, Dorf 11 • 05583 2206
info@postlech.com • www.postlech.com

11.30–15.30 und 18.30–20.30 Uhr

Für die führenden Häuser in Lech ist es stets eine Herausforderung, moderne Gourmetküche und À-la-carte-Restaurants in den alten Walser- und Bauernstuben unterzubringen. In der Jägerstube im Hotel Post werkt ein neuer Küchenchef. Michael Rieser, zuvor bei Simon Taxacher in Kirchberg, muss den Spagat zwischen Hausmenügästen, klassischer Küche (Fisch in der Salzkruste, Käsespätzle etc.) und einem vier- bis sechsgängigen Gourmetmenü schaffen. Dank hervorragender Grundprodukte – traumhaft zarter Kabeljau; exzellenter Kaviar, puristisch mit Erdapfel und Kräutertopfen – macht Letzteres durchaus Freude, wenn auch (noch) nicht alles perfekt gelingt. Der Kalbsbauch sous-vide mit dominanten Rüben und viel Malzgeschmack in schwerem Jus braucht noch etwas Feintuning. Bestens dafür die Wälder Schokolade mit Mais und Brombeersauce sowie alles zum Thema Wein (mehr als 20 „gealterte österreichische Weiße“!).

Jakob & Ethel im Klösterle

17/20

Newcomer 2021

KöchInnen: Ethel Hoon & Jakob Zeller
6764 Lech am Arlberg, Zug 27 • 0 55 83 31 90
kloesterle@almhof.at • restaurant-kloesterle.at
Mi–Mo 17.30–23.30 Uhr von Dez. 2023 bis Mitte Apr. 2024 und von Juli bis Mitte Okt. 2024

Wer hätte gedacht, dass am ersten Tag der Sommersaison bereits alle Tische besetzt sein würden im etwas anderen Restaurant. Jakob Zeller und Ethel Hoon arbeiten dort, wo die Welt beinahe zu Ende ist und eine Schranke Autofahrer vom weiteren Vordringen abhält. Wer reserviert hat (ja, unbedingt!), sollte sich bemerkbar machen, dann wird ihm aufgetan.

Apropos auftun. Das Standardmenü umfasst vier Gänge, fast ohne Fleisch und Fisch, aber eine tierische Erweiterung ist möglich. Pflanzen stehen klar im Vordergrund, und weil dies mehr oder weniger auch für den Winter gilt, wird im Sommer und Herbst konserviert, was das Zeug hält. Sich die Vorratskammer im ersten Stock der urigen Hütte, eines Walserhauses, zeigen zu lassen, lohnt sich.

Nun sind das theoretische Konzept und die Erfahrungen von Ethel und Jakob im legendären Fäviken in Schweden das eine, die Umsetzung ist etwas anderes. Schmeckt alles so, wie es schmecken soll? Und wie. Fast zumindest. Der Saiblingstoast mit Tomatenchutney, die Kohlrabiröllchen mit Kastanienmiso, der Mangalitza-Speck: toll. Einen besseren Gemüsegang als jenen mit Mangold und Buchweizen haben wir lange nicht gegessen, nur der Brokkoli vom Grill lässt den Goût von stark erhitztem Fett durchschimmern. Saibling mit einer Sauce aus Lupinen und Latschenkiefer samt Zitronenkoshu-Rösti ist fast so gut wie das Hendl mit schwarzem Curry (Chili, Zwiebeln, Zitronengras, schwarze Tinte und mehr ...). Hatten wir den hausgemachten Tofu schon erwähnt? Nein? Ein Knaller!

Wer ziselierte Leichtigkeit erwartet, wird überrascht feststellen, dass es auch mal kraftvoll zugehen darf bei Jakob und Ethel. Pavlova mit eingelegten Mirabellen, Milcheiscreme mit gemälzten Sonnenblumenkernen, Krapfen, Heu-Sabayon mit Erdbeerkompott ... Dazu etwas Unerwartetes aus dem klug zusammengestellten Weinsortiment: ein Marsala.

Johannesstübli

15,5/20

im Hotel Goldener Berg

Koch: Oliver Fleisch

6764 Lech am Arlberg, Oberlech 117 • 05583 22050
happy@goldenerberg.at • www.goldenerberg.at

von Mitte Dez. 2023 bis Apr. 2024

Es wäre ein platter Sager: „Fleisch hat genug vom Fleisch." Was aber im Johannesstübli, dem Restaurant, das zum Sporthotel Goldener Berg in Oberlech gehört, aus der Küche geschickt wird, ist für mehr gut als für einen oberflächlichen Schenkelklopfer. Der Hintergrund dazu: Oliver Fleisch, der Küchenchef im Stübli, setzt auf „plant-based alpine cuisine" und macht seine Sache dabei richtig gut. Nein, das Johannesstübli ist kein rein vegatarisches oder gar veganes Restaurant. Aber Gemüse und Pilze spielen ganz klar die Hauptrolle. Fleisch gibt es auch. An der Wand hängt sogar eine Rotwildtrophäe. Auf der Karte stehen Hirschtatar und gegrilltes Entenherz. Oder ein exquisiter gebeizter Zuger Saibling. Aber wie gesagt: Den Kern der Karte, und das ist auch optisch gut erkennbar, bildet das Vegetarische. Tofu (im Haus gemacht) mit Spinat, diversen Pilzen, Kastanien und Alpendashi. Oder, später bei den Hauptgängen, ein Trüffelrisotto mit gebratener Artischocke und Espuma vom Bergkäse. Oliver Fleisch versteht sein Handwerk.

Kristiania Restaurant

11,5/20 | im Hotel Kristiania Lech

6764 Lech am Arlberg, Omesberg 331 • 05583 25610
info@kristiania.at • www.kristiania.at
12–16 und 19–21 Uhr • €€€

Wer das Kristiania Restaurant schön öfters besuchte, hat viele schöne Erinnerungen an diese Adresse. Der letzte Besuch in diesem Haus hinterlässt leider einen weniger überzeugenden Eindruck. Das Amuse ist augenscheinlich aus der Kategorie „Halbpensionsküche". Besser gerät die Hirschconsommé mit gebackenen Leberknödeln. Während die Küche beim Waller scheinbar keinerlei Rücksicht auf den Garpunkt nimmt, wird wenigstens bei der Zubereitung des Hirschrückens danach getrachtet, dass das Tier nicht ganz umsonst starb. Die Kürbisrisotto-Portion hätte auch einen Holzfäller sättigen können. Dafür ist das Tiramisu-Dessert ein angenehmer Abschluss.

Krone-Stuben

15/20

im Hotel Die Krone von Lech

Koch: Thomas Hammerschmid

6764 Lech am Arlberg, Dorf 13 • 05583 2551
email@kronelech.at • www.kronelech.at

11.30–21.30 Uhr • €€

„Die Krone von Lech" ist der Mittelpunkt des Edelurlaubsorts Lech. Die Après-Ski-Bar, besonders geräumig und nobel vor dem Hotel situiert, sowieso. Im Inneren der Fünf-Sterne-Herberge werben gleich drei verschiedene Restaurantangebote um die verwöhnte Klientel. Egal, ob man wegen des fulminant bestückten Weinkellers oder doch eher der lukullischen Versuchungen wegen in die Krone kommt, bereuen wird man es kaum. Für einen ersten Gaumengefallen bietet sich die umfangreiche Kaviar- und Austernauswahl an, mittags und abends. Das Rehtatar mit Trüffel und fermentierten Shiitakepilzen ist ein erstes raffiniertes Statement aus der Küche. Dem folgen die klassische „Krone-Hochzeitssuppe" – alternativ zur klaren Tomatenessenz beziehungsweise Käsecremesuppe – und ein Zander unter „Kartoffelschuppen", begleitet von einer Rote-Bete-Variation. Ob Pasta mit Trüffelnage oder Meeresfrüchte, rosa Lamm- oder Rehrücken, die Auswahl ist in diesem Haus traditionellerweise riesig und ausgezeichnet zugleich. Dessertfinale: Baba au rhum. Köstlich!

La Fenice

16/20

im Hotel Arlberg

Koch: Patrick Tober

6764 Lech am Arlberg, Tannberg 187 • 05583 21340
info@arlberghotel.at • www.arlberghotel.at

Es ist das Streben nach Exzellenz, das Lech zu einer der „Best of the Alps“-Destinationen macht. Toprestaurants wie das La Fenice im Hotel Arlberg tragen wesentlich zu diesem Ruf bei! Der Name ist Programm. Gekonnt verbindet Küchenchef Patrick Tober Mediterranes mit Alpinem, verfeinert Lokales mit Internationalem – und das schon seit Jahren und auf anhaltend hohem Niveau. So sind die mit Linsen gefüllten Kohlrabiravioli geschmacklich fein, der Kohlrabi zart und dezent. Der Huchen mit Tropea-Zwiebeln und Champignons in einem Pilzsud ist ein sehr eleganter Fischgang. Sprichwörtlich auf der Zunge zergeht der Brasato, bestehend aus Rinderfilet und Rinderbacken mit Graupenrisotto und einer fermentierten Brombeere. Das Kaffeetiramisu mit Kaffeekaviar ist französische Patisseriekunst und auf angenehme Weise nicht zu süß. Der Chef de Rang agiert souverän, freundlich und äußerst kompetent. Die Weinkarte lässt keine Wünsche offen, wobei man sich völlig auf die empfohlene Weinbegleitung verlassen kann.

Lechtaler Stube

15/20

im Burg-Hotel Oberlech

6764 Lech am Arlberg, Oberlech 266 • 05583 2291
info@burghotel-lech.com • www.burghotel-lech.com

„Die Burg", wie das renommierte Burg-Hotel in Oberlech kurz genannt wird, ist ein Sehnsuchtsort für Feinschmecker und Weinenthusiasten. Mittags agiert auf der großen Sonnen- und À-la-carte-Terrasse ein umtriebiger Service zwischen Celebrities, Wirtschaftsgrößen und anderen Urlaubern. Abends verwandeln sich die wenigen Tische vis-à-vis der Hotelbar zu einem Gourmetrefugium. Wer es noch nicht probiert hat, sollte das am Tisch zubereitete Beef Tatar keinesfalls auslassen. Zum Menüstart gibt es ein mundendes Dreierlei von der Jakobsmuschel mit Avocado und Ingweraromen. Als „Suppentiger" hat man die Qual der Wahl zwischen stets hervorragender Waldpilzessenz mit Steinpilzen und Kalbsbries oder gebundener Bouillabaisse mit Kaisergranat. Die Taubenbrust mit Entenleber wird à point zubereitet, ebenso wie das Zanderfilet mit feiner Blutwurst. Fischliebhaber begeistert auch der Seeteufel mit Languste als Hauptgang. Ein Stück Kriegeralpe-Bergkäse und eine Schokoladentarte machen restlos glücklich. Sensationelle Weinauswahl, auch glasweise!

Murmeli

15/20

Koch: Wolfgang Strauss

6764 Lech am Arlberg, Oberlech 297 • 05583 2467
hotel@murmeli.at • www.murmeli.at

Di–So 12–14 und 20–21.30 Uhr • €€

Die Sonnenterrasse des Murmeli genießt Legendenstatus. Rechtzeitige (vor allem recht zeitige) Reservierung vorausgesetzt, lässt man sich von Annemarie und Wolfgang Strauss genussvoll verwöhnen. Ein willkommener Aperitif, Aufstrich und frisches Baguette, von wärmender Frühlingssonne unterstützt, sind ein erfreulicher Auftakt. Die Sulz vom Tafelspitz und eine vortreffliche Bouillabaisse mit Knoblauchbrot beeindrucken nach dem Start, bevor der freundliche Service appetitliche Ravioli von geschmorten Kalbswangen und ein vorzügliches Fischcurry mit Basmatireis serviert. Der unvergleichliche Ausblick auf die Lecher Bergwelt mit Rüfikopf und Omeshorn versüßt einem die Auswahl der Desserts: vom Pannacotta übers Schokosoufflé bis zum delikaten Murmelis Eiskaffee. Ein erfrischender Weißwein aus der internationalen Weinkarte trägt zur Gemütlichkeit das seine bei.

Pfeffermühle

13/20

Hotel Pfefferkorn

Koch: Christian Wild

6764 Lech am Arlberg, Nr. 138 • 05583 25250, 0664 261 7137
info@pfefferkorns.net • www.pfefferkorns.net

Di–So 18.30–23.30 Uhr • ♿ • €€€

Der Name des Hauses, Pfefferkorn, war Namenspatron für das À-la-carte-Restaurant des Hotels. Das Restaurant selbst, das früher in einem kleinen Stüberl in der Hausmitte untergebracht war, wurde Richtung Hoteleingang verlegt und bekam ein ordentliches Facelifting. An dieser Adresse wird großer Wert auf eine österreichisch-regionale Küche gelegt. Der sehr aufmerksame Service steht dem um nichts nach. Schon bei den Fisch- und vegetarischen Vorspeisen wie auch bei den Suppen werden unterschiedliche geriebene Pfeffersorten zur Abrundung angeboten. Nomen est omen – der Restaurantname verpflichtet. Das gleiche Angebot gibt es auch für die Kalbsbacken und den Lammrücken, übrigens allesamt tadellos gegart und beispielsweise von Speckstrudel, Aubergine beziehungsweise Topinambur begleitet. Der Keller offeriert eine große Auswahl an gereiften Weinen.

Picea

15/20

im Burg Vital Resort

Koch: Dominik Baumann

6764 Lech am Arlberg, Oberlech 568 • 05583 3140
office@burgvitalresort.com • www.burgvitalresort.com

12–15 und 18.30–21.30 Uhr • €€

Mit der Griggeler Stuba, dem Wirtshaus und dem Picea gibt es im Burg Vital gleich drei verschiedene Restaurants. Das erstaunt insofern, als in diesem Refugium des guten Geschmacks fast ausschließlich Hausgäste speisen. Das Wirtshausangebot ist für all jene Gäste gedacht, die nur ein bis zwei Gänge genießen wollen. Die Griggeler Stuba stellt das exklusive Gourmethighlight dar, das man sich eventuell an einem Abend während des Urlaubs gönnt. Normalerweise nimmt man als Hausgast das Abendessen im Picea zu sich. Somit ist es das wichtigste Restaurant des Hauses. Die Bezeichnung „Halbpension", die anderswo zutreffen würde, wäre in Anbetracht der gebotenen Qualität aber eine glatte Untertreibung. Außer bei Vollbelegung des Hauses in der Hochsaison, kann man das Picea schließlich auch als auswärtiger Gast besuchen. Formal umschrieben gibt es ein Fünf-Gänge-Menü mit Variationsmöglichkeit, sodass man hier auch beim fleischlosen Genuss niemals darben muss. So verführt man Feinschmecker zum vegetarischen Genuss. Gesund, schonend zubereitet und allerhöchste Produktqualität gilt natürlich auch bei Fisch und Fleisch. Hier zeigt sich, wie man Luxusgastronomie ohne große Geste auf den Teller bringt. Die Weinkarte bietet alles, was das Herz begehrt.

© Herbert Lehmann

Rote Wand Chef's Table

18,5/20

Rote Wand Gourmet Hotel

Koch: Julian Stieger

6764 Lech am Arlberg, Zug 5 • 05583 34350
gasthof@rotewand.com • www.rotewand.com

Mit Julian Stieger, noch keine 30, hat ein Mann den Chef's Table in der Roten Wand übernommen, dessen Werdegang und Vita sich sehen lassen können. Und der auch das Potenzial hat, ganz oben im Land mitzukochen. Beispiele für seine Stationen? Souschef im Kopenhagener Geranium, Eleven Madison Park, Steirereck. Der gebürtige Oberösterreicher hat schon einiges an Erfahrung auf dem Buckel und noch viel vor. Die Gerichte, die er seit seiner Zepterübernahme auf die Theke stellt, werden immer attraktiver. Sie sind eine Augenweide und Meisterwerke kulinarischer Präzision. Der Abend am Chef's Table ist exakt getaktet und folgt einer ebenso exakten Orchestrierung.

Gestartet wird mit den Amuses-Gueules, einem Glas Champagner und der Präsentation der Produkte, mit denen Stieger und sein Team an diesem Abend kochen werden. Bereits diese Appetizer sind von so herausragender Qualität und Kreativität, dass sie nicht unerwähnt bleiben sollten. Eine herrlich intensive und gleichzeitig erfrischende Aalinfusion als Auftakt, gestockte Milch mit Uhudler und Kaviar, die mittlerweile legendäre Roscoff-Zwiebel im Sandwich aus feingliedrigem Teigblatt.

Hier das Menü im Einzelnen zu beschreiben würde den Rahmen sprengen. Nehmen wir stattdessen zwei Highlights heraus. Der Zuger Saibling (wunderschön angerichtet) kommt mit Dattelnoten, die Auster (ebenfalls ästhetisch anspruchsvoll präsentiert) mit Birne. Nach der Gelben Rübe mit Ziegenkäse und Zitronenverbene wird das Blunzenbrot serviert. Ein deftiger, fast muskulöser Gang mit Belper Knolle und reichlich darüber gehobelter Trüffel.

Ein paar Gänge später, nach einem kleinen Pancake aus Portobello-Pilz mit Pilzsud, Kiefernpesto und geräucherten Spänen vom Pilz sowie Foie gras mit Wassermelone, Stubenküken und Steinbock dann das eleganteste und feinste Dessert seit Langem: hauchdünn geschnittene Apfelscheiben, wie Fischschuppen präsentiert und mit Salzkaramell verfeinert. Was in der Roten Wand im Moment in kulinarischer Hinsicht angeboten wird, ist erstklassig. Da ist der Chef's Table im alten Schulhaus nur die Spitze des Eisbergs.

Rote Wand Stuben

15/20

im Rote Wand Gourmet Hotel

6764 Lech am Arlberg, Zug 5 • 05583 34350
gasthof@rotewand.com • www.rotewand.com

Joschi Walchs Rote Wand Gourmet Hotel avanciert zu einem der interessantesten Hotspots für Foodies im Alpenraum. Neben dem viel besprochenen Chef's Table und dem neuen „Friends and Fools"-Food-Lounge-Konzept sind auch die Rote Wand Stuben eine beliebte Anlauflaustelle für Feinschmecker. Zuletzt wurde die Hotel-Halbpension auf à la carte umgestellt. Das Hotel leistet sich in vier Restaurants insgesamt vier (!) Küchenchefs. An dieser Adresse überlässt man nichts dem kulinarischen Zufall. Nach Sauerteigbrot und Alpbutter, beides hausgemacht, werden zwei bis vier Menügänge empfohlen. Statt Paté vom heimischen Wild, Kalbstatar, Schweinekopf mit Trüffel oder Zuger Lachsforelle fällt die Wahl auf das „Old Fashioned Menü". Terrine von der Gänseleber mit superben Butterbrioche und eine Hummer-Bisque mit Fregola Sarda und Rettich sind „Zugabe"-Rufe würdig. Nicht minder mundwässernd gerät das klassische Filet Rossini vom Alpenrind mit Erdäpfelrisotto und Portweinzwiebel. Die Crêpes Suzette mit Vanilleeis vervollständigen das lukullische Glück.

Severin*s – The Alpine Retreat

15/20

Koch: Thomas Koch

6764 Lech am Arlberg, Stubenbach 273 • 05583 339070
info@severins-lech.at • www.severins-lech.at

Mo–Sa 18.30–22 Uhr • €€

Das Severin*s liegt etwas außerhalb vom Ortskern in Lech, ist aber gut zu erreichen. In erster Linie ist es ein luxuriöses Hotel, aber auch das Restaurant kann sich sehen lassen. Das Ambiente ist gediegen, der Weinkeller gut gefüllt. Der Raum ist geprägt von rustikalem Holz und versprüht trotzdem modernes Flair. In der Küche spielt das Vorarlberger Fleckvieh eine ebenso tragende Rolle wie der Zuger Saibling und das Gemüse vom Parade-Ländle-Landwirt Simon Vetter. Apropos Simon Vetter. Von ihm kommt auch die Rote Rübe. Und nachdem diese Rübe zum Gemüse des Jahres gekürt wurde, setzen sich viele Köche mit ihr auseinander. Im Severin*s wird eine im Salzteig gebackene Rote Rübe zubereitet und mit gestockter Buchweizen-„Pannacotta“, Passionsfrucht, Schnittlauch und Boskoop-Apfel serviert. Eine großartige Kombination, die zeigt, dass hier nicht nur handwerklich sehr gut gearbeitet wird, sondern dass auch die Kreativität nicht zu kurz kommt. Spannend sind auch die nach den Desserts (sensationelle Sorbets) servierten Pralinen. Neben klassischen Weinen gibt es auch Port und Sherry glasweise. Very nice place.

Tannbergerhof

13/20

Hotel & Restaurant

Koch: Sebastian Müller

6764 Lech am Arlberg, Dorf 111 • 05583 2202
info@tannbergerhof.com • www.tannbergerhof.com
11.30–21 Uhr • €€

Seit vor einigen Jahren die Familie Pfefferkorn den gegenüber ihrer „Krone“ liegenden Tannbergerhof übernommen hat, bemerkt man peu à peu Verschönerungen und Verbesserungen. Im kulinarischen Bereich hat sich das kleine À-la-carte-Restaurant Martinstüberl als Hort gutbürgerlicher Küche einen Namen gemacht. Ausflüge ins Gourmetfach gelangen zuletzt nicht immer perfekt (ziemlich zäher Seeteufel; langweilige, vor allem aus Salat bestehende „Variation aus dem Wasser“ mit Räucherlachs, Saibling und gebackenem Garnelenknödel), doch die ordentliche Hirschkrone oder das gebackene Cappuccino-Eis mit Mokka-Pannacotta machen durchaus Spaß. Ambitionierter und motivierter Service unter dem fröhlichen Schwaben Gabriel und dem umsichtigen Nachwuchskellner Emre. Das glasweise Weinangebot ist noch ausbaufähig.

Textur Ⓝ

14/20

im Hotel Sonnenburg

6764 Lech am Arlberg, Oberlech 55 • 05583 2147
welcome@sonnenburg.at • www.sonnenburg.at

Im „Literatur-Fünf-Sterne-Hotel“ Sonnenburg schlug man kürzlich mit dem Restaurant „Textur“ ein neues Kapitel auf. Die Komposition der Gerichte ist an Textpassagen in bekannten Büchern und Beststellerromanen angelehnt. Optisch können die Gerichte mit Kreationen von Weltklasselokalen durchaus mithalten. Dieser Aufwand war aber an (scheinbar/vorerst?) wenigen Öffnungstagen nur sehr wenigen Gästen vorbehalten. Die kleine, mit Büchern dekorierte Gourmetstube bietet wenig Platz. Forelle mit Calamansi und eine gekonnt an der Gräte gegarte Seezunge, gefolgt von Schweinebacke mit Brunnenkresse-Risotto und Hirsch mit Kirscharomen und Sellerie sind superbe Statements der Küche. Das Honig-Mohn-Dessert weiß auch zu entzücken. Zur finalen Einordnung weiß man aber nicht, ob das Gebotene eine Restaurant-Performance oder ein kulinarisches „Salon Privé“-Erlebnis darstellt … Reservierung jedenfalls erforderlich!

Walserstube-Jägerstube®

15,5/20

im Hotel Jagdhaus Monzabon

Koch: Michael Broger

6764 Lech am Arlberg, Tannberg 228 • 05583 2104
info@monzabon.at • www.monzabon.at

Mo, Di, Fr und Sa 18.30–20 Uhr

Solange es so begeisterungsfähige, Neuem aufgeschlossene, wissbegierige und freundliche Gastronomen gibt wie den Juniorchef und Diplom-Sommelier Tobias Schneider im kleinen Gourmetrestaurant Walserstube-Jägerstube des Hotels Monzabon, braucht einem nicht bange um den Fortbestand der Familienbetriebe hierzulande sein. Küchenchef Michael Broger bietet zwei drei- bis fünfgängige Menüs aus wundervollen Produkten, die er aufwendig zu harmonischen Gerichten verwandelt. Schon die Vielzahl der kleinen Gourmetfreuden zu Beginn bereitet großen Genuss. Köstlich dann die Entenleber in verschiedenen Texturen, fein der dezent gewürzte Heilbutt und große Klasse sowohl das Rehfilet als auch das Zweierlei vom Wagyu-Rind (zart-mürbe und schön marmoriert). Die Weinbegleitung (Schneider ist auch mit Sake versiert) lässt keine Wünsche offen, ebenso wenig die Desserts (Bananensplit 2.4, die bereits fünfte hauseigene Version des Klassikers aus dem vorigen Jahrhundert), die ausgezeichnet gelingen.

Wunderkammer ↗

15,5/20

im Hotel Almhof Schneider

Koch: Gerhard Dörflinger

6764 Lech am Arlberg, Tannberg 59 • 05583 3500
info@almhof.at • www.almhof.at

12–17 und 18.30–21.30 Uhr • ♿ • €€

Zwar nicht vom äußerlichen Prunk her abgeleitet, aber hinsichtlich der Bedeutung für den renommierten Urlaubsort Lech ist der Almhof Schneider so etwas wie ein Grand Hotel in dieser mondänen Walser-Gemeinde am Arlberg. Die Konzentration auf ein À-la-carte-Restaurant im Haus vergangenen Winter brachte dem Küchenniveau in der von Künstler Paul Renner gestalteten Wunderkammer einen Zusatzschub. Nach einem schönen Trockenfleischgedeck sind der frittierte Schwarzkohl mit dreierlei Mayo und geröstetem Knochenmark auf Röstschwarzbrot sowie die formidable Rindsuppe schon Klassiker an dieser Adresse. Alternativ böten sich Kalbshirn mit Ei oder Pasta beziehungsweise Risotto des Tages an. Alles von beeindruckender Raffinesse. Ob rosa gebratene Entenbrust oder zart-weiches Rindsbackerl, mundwässernde Lammkrone oder Hirschrücken, hier kann der Gast aus einer großen Auswahl seine Beilagen selbst konfigurieren. Ausgezeichnete Dessertauswahl! Die Weinberatung und -auswahl gehört zum Besten, was (West-)Österreich zu bieten hat.

© Max Zambelli

Mangold

16/20 ♕♕♕

Koch: Michael Schwarzenbacher

6911 Lochau, Pfänderstraße 3 • 05574 42431
office@restaurant-mangold.at • www.restaurant-mangold.at

Do–Sa 12–14 und 18–22 Uhr • ♿ • €€

Ein wahrhaft sympathischer Wohlfühlort – die geschmackvollen Stuben mit ihrem authentischen Ländle-Flair tragen viel dazu bei. Top ist das Serviceteam rund um Andrea Schwarzenbacher, das sich rührend um seine Gäste, viele davon Stammklientel, kümmert. Schon bei den Empfehlungen zum Aperitif wird klar, dass hier alles mit besonderer Sorgfalt ausgewählt ist. Auch die Weinkarte spiegelt das in ihrer Tiefe und Breite wider. Die Küche von Michael Schwarzenbacher komplettiert das Ganze idealtypisch im Rhythmus der Saisonen. Ein Must ist das Menü, das der Küchenchef „Soulfood" nennt, Vegetarier werden die Speisenfolge „Immergrün" lieben. Wir probieren uns durch die À-la-carte-Auswahl und kosten einen mit Périgord-Trüffel-Vinaigrette marinierten, dünn geschnittenen Kalbskopf samt knusprigen Pastinaken. Zum Niederknien. Am Punkt ist die Kalbsleber mit ihrem rosa Kern, dazu Kräuter und Reis. Und: Ohne das göttliche Dessert von Rhabarber, Bauerntopfen und Hibiskus sollte man nicht vom Tisch aufstehen.

Freigeist

12/20

Koch: Paul Hunger

6890 Lustenau, Raiffeisenstraße 4a • 05577 83056
meintisch@zum-freigeist.at • www.zum-freigeist.at

Mi–Sa 11.30–14 und 18–22 Uhr • €€

Der Name im Restaurant von Chefkoch Bernd Moosmann ist Programm: Unkonventionell und freigeistig gestaltet sich das bunte Interieur mit Vintage-Flair genauso wie die Speisekarte. Regionale zeitgeistige Gerichte dominieren das Menü. Das hilft, diversen Ansprüchen und Altersklassen gerecht zu werden. Nicht unbegründet kehren hier Jung und Alt gerne ein, um regionale Interpretationen wie die alpine Ramen mit Hirschravioli und Steinpilzen zu genießen. Salzwassergarnelen serviert man mit Popcornkruste, Agnolotti mit Trüffel und Spargel. Zum Abschluss freut man sich über Klassiker wie Crème brulée, Topfen-Nougat-Knödel oder Zitronensorbet auf Prosecco. Neben hausgemachten Limonaden darf eine ausgewählte kleine Weinkarte erwartet werden. Im Sommer sitzt man gemütlich im Gastgarten.

Haller's Geniesserhotel

15,5/20

Koch: Lovro Balind

6993 Mittelberg/Kleinwalsertal, Von-Klenze-Weg 5 • 05517 5551, 0664 109 7530
info@hallers.at • www.hallers.at

Do–So 18–21 Uhr • €€

Auf das Haller's ist Verlass. Groß daher unsere Freude, wieder mal inmitten der Pensionsgästeschar als À-la-carte-Gäste die Küche des Hotels genießen zu dürfen. Fröhlich von Frau Haller begrüßt, kommen die ersten Gänge auf den Tisch: Rinder-Kebab mit Avocado, Paprika, Perlzwiebeln, getrüffeltem Schmand und Salsa verde – optisch wie geschmacklich mindestens so gut wie die perfekte Hummer-Bouillon mit Reiskrokant. Auch die Gerichte danach halten das Niveau: etwa die mürbe Rindsroulade mit Kartoffeln, Gemüse und dichtem Jus oder das gegrillte Lachsfilet mit Erbsen, Trüffelgnocchi, Kohlrabi und Dillschaum. Schließlich der „Mohr im Hemd“ in Begleitung von Vanilleeiscreme – ein würdiger Abschluss.

Hoheneck

12,5/20

Wirtshaus

Koch: Jürgen Denk

6993 Mittelberg/Kleinwalsertal, Walserstraße 365 • 05517 55 22
reservieren@hoheneck.at • www.hoheneck.at
Mi–Mo 12–22 Uhr • €€

Prächtig auf einer Anhöhe mitten im schönen Mittelberg gelegen, befindet sich das Paradegasthaus, das immer wieder aufs Neue Freude bereitet. Auf der Karte finden sich Hoheneck-Klassiker wie das Filet vom Saibling in Mädesüß und Himbeeren, gegart mit geschmorter Urkarotte, Buttermilch-Latschenkiefer-Dressing und gebratenem, in Rosmarinöl eingelegtem Kräuterseitling oder das Fleischchüachle vom Rind (eine Art faschierter Braten) mit hausgemachtem Ragout von Zwiebel und Tannenhonig, Knöpfle und Vorarlberger Bergkäse. Und dann noch „Bacherner Riibi zoogne Chüachle Tannabros“ – gebackene süße Polenta, mit Mädesüß verfeinert, gefülltes Hefeküchlein und Tannenwipfelpraline mit eingemachten Walser Heidelbeeren – zum Abschluss.

Das Himmelwärts

13/20

im Resort & Spa Alpencamping Nenzing

Köche: Heinz Farmer & Georg Löser

6710 Nenzing, Garfrenga 1 • 05525 62491
office@alpencamping.at • www.alpencamping.at

17–23 Uhr • €€

Das familiengeführte „Alpencamping" ist ein Ort des Wohlfühlens, der Erholung und des Genusses mit Panoramablick in eine bildschöne Bergwelt. Rustikale Gemütlichkeit nimmt einem nach einer freundlichen Begrüßung gefangen, köstliches Baguette, Olivenöl, Verhackertes, Wildpastete und Ziegenfrischkäse kommen auf den Tisch. Auf der auf Fisch und Steaks spezialisierten Karte stehen fein abgestimmtes Lachstatar oder eine tadellose Maronicremesuppe mit Apfelchips zur Auswahl. Außerdem überzeugen ein zartes Hirschrückensteak mit herausragender Portweinsauce und Rahmwirsing ebenso wie glasig gebratener Kabeljau mit Safransauce, Blattspinat und Basmatireis. Sommelière Michelle Morik empfiehlt Weine vom Aperitif bis zum Dessert. Sehr gekonnt übrigens das Zimtparfait mit Röster von der Zwetschke.

Gasthof Mohren

12,5/20

Herburgers Mohren

Koch: Pascal Lang

6830 Rankweil, Stiegstraße 17 • 05522 44275
office@mohren.at • www.mohren.at

Di–Do 11.30–13.45 und 17.30–21.15, Fr 11.30–13.45 und 17.30–21.30, Sa 17–21.30 Uhr • • €€

Die Marktgemeinde Rankweil hat gleich vier „Slow Food"-Betriebe vorzuweisen. Der beliebte Gasthof Mohren gehört dazu und hat sich ganz der regionalen Küche und Zusammenarbeit mit Produzenten in der nahen Umgebung verschrieben. Rinder werden vorbildlich im Ganzen bestellt und „from nose to tail" verarbeitet. Im Hotelgarten, einem der schönsten im Alpenrheintal, gackern gut ein Dutzend Federviehrassen um die Wette. Mittags wird vorzugsweise ein Businesslunch-Angebot serviert, obwohl Bestellungen aus der À-la-carte-Karte jederzeit möglich sind. Abends lässt man es sich bei warmen Temperaturen auf der Restaurantterrasse gut gehen, beispielsweise mit einer Lachs-Avocado-Roulade, Hokkaidokürbis- oder Alpkäse-Schaumsuppe, „Mohren's Hühnerei" mit Sauce hollandaise und Zweierlei vom Gisinger Rind mit herrlichem Kartoffelgratin. Und ein Grießflammeri als süße Zugabe.

Tafelspitz

12/20

Koch: Christoph Marte

6830 Rankweil, Bahnhofstraße 13 • 05522 36780
info@tafelspitz-lokal.at • www.tafelspitz-lokal.at

Mo–Mi 11.30–13.30, Do, Fr 11.30–13.30 und 18–21 Uhr • ♿ • €€

Die feine Küchenklinge erkennt man im Tafelspitz oft erst auf den zweiten Blick. Hier wird eine der besten Mittagsküchen im Vorarlberger Vorderland geboten. Entsprechend gut besucht ist das Lokal. An mindestens zwei Abenden schlägt dann aber die kreative Stunde des ambitionierten Kochs, in diesem Fall Küchenchef und Patron in Personalunion. Österreichische Klassiker dominieren auf der Karte. Die Leber mit Rösti weiß zu überzeugen, ebenso wie die Garpunkte bei den Fleisch- und Fischgerichten. Aber auch die südländische Küche, beispielsweise eine wunderbare Paella, wird hier mit Bravour zubereitet. Der Wiener Eiskaffee, gerührt, krönt das Menü.

Walserstuba

15/20

Grüne Haube 2024

Koch: Jeremias Riezler

6991 Riezlern/Kleinwalsertal, Eggstraße 2 • 05517 53460
info@walserstuba.at • www.walserstuba.at

Do–So 19–23 Uhr

Der Urwalser Jeremias Riezler hat wieder eine Idee gehabt. À la carte war gestern in der in seinem Biohotel gelegenen Walserstuba, denn aktuell offeriert er „Kulinarische Bergabenteuer" in zehn kleinen Gängen und den Platz am Chuchedisch – seine Variante des Chef's Table, wo er Einblick in sein Zauberreich gewährt. In der Küche waren wir nicht, aber trotzdem wurden wir vom Chef bestens betreut und mit so Außergewöhnlichem wie alpinen Antipasti mit Blattwerk und Holunder-Kapern oder Hals und Euter von der alten Kuh, in der eigenen Brühe gesotten, verwöhnt. Der Maestro nimmt sich Zeit und erklärt uns auch bei der Walser Zwetschkensuppe mit Strauben, Geist, Mädesüß und Geißmilch-Schnee oder dem Gipfeltreffen von Walser Gams und Hirsch mit buntem Wintergemüse und Bärenklau-Honig genau über den Ursprung und die Zubereitung der Gerichte auf. Dies alles mit sehr viel Charme und einer gehörigen Portion Schalk im Nacken. Bald kommt der zum Sorbetwagen umfunktionierte Kinderwagen und zum finalen Gipfelsturm der „Alp-Traum mit Schottagsiig, Sennsüpple, Heidelbeeren und Riibl", bevor das Abenteuer sein glückliches Ende findet.

Hirschen ⓝ

10/20

6886 Schoppernau, Oberdorf 46 • 05515 21150
hotel@hirschen.at • www.hirschen.at
Di–Sa 18.30–20 Uhr • ♿ • €€€

Der traditionelle familiengeführte „Hirschen“ liegt in Schoppernau inmitten des schönen Bregenzerwalds. Hier kann man sich am Abend mit einem Sechs-Gänge-Wahlmenü für Hausgäste aus saisonalen und regionalen Gerichten verwöhnen lassen. Es werden regelmäßig Themen- und Dessertbuffets geboten und nach Reservierung zwei Mal wöchentlich ein sogenannter „Chef's Table“ in der Küche. Im behaglichen Ambiente der Stüberl werden beispielsweise Bärlauchcremesuppe, Gnocchi mit Spinat und Rucola, Lachs mit Wildreis oder Schweinsrahmgeschnetzeltes mit Röstinchen serviert. Eine Topfenmousse mit Marillenröster schließt das Menü ab.

Löwen Stube

15/20

im Löwen Hotel Montafon

Koch: Thomas Carvalho de Sousa

6780 Schruns, Silvrettastraße 8 • 05556 7141, 0664 889 77802
info@loewen-hotel.com • www.loewen-hotel.com
Mi–Sa 18.30–20.30 Uhr • ♿

Das ohnedies schon sprichwörtlich großartige Löwen Hotel Montafon hat zuletzt noch einen großen Anbau mit zusätzlichen Suiten und anderen Räumlichkeiten hinzubekommen. Dem Anspruch des Platzhirschs will man auch in der Löwen Stube gerecht werden. Dieses Gourmetrefugium ist seit Jahren eine sichere Anlaufstelle für die Feinschmecker im Tal. Nach einem schönen Brotgedeck wird Tatar von der Gelbflossenmakrele mit Sauerrahm und Avocado aufgetragen. Dem folgt eine selten erhältliche Topinambur-Consommé und ein gekonnt pochierter Bodenseesaibling im Pilzfond. Die mit Blutwurst gefüllten Teigtaschen als Fischbeilage erinnern an bekannte Vorbilder. Das Bratapfelsorbet für die Erfrischung zwischendurch ist ebenfalls eine gute Idee. Dem Tal zur Ehre gereicht die Hüfte vom Montafoner Steinschaf – eine autochthone Rasse – mit Sellerie. Die Hand beim Salzen ist aber etwas gar locker. Sehr angenehm fällt auch die Dessertkreation von Tonkabohne, Birne und Kalamansi – zarte Säure! – auf, ebenso wie die Rosenblüten mit Mandelaromen und Limette.

Adler

13,5/20

Koch: Felix Messner

6867 Schwarzenberg, Hof 15 • 05512 2966
office@adler-schwarzenberg.at • www.adler-schwarzenberg.at

Do–Sa 11.30–14 und 18–21, So 11.30–14 und 18–20 Uhr • €

Auch heuer traten wir wieder in Schwarzenberg an, um die Flughöhe des Adlers abzuschätzen. Die Stube wie stets – eine geschmackvolle Mischung aus Tradition und Moderne. Solide Empfehlungen: Kräuterziegenkäse auf Vogerlsalat mit Speck und wachsweichem Wachtelei und die Rindsuppe mit Julienne-Gemüse und Frittaten. Oder Käsespätzle mit Röstzwiebeln und dem in Vorarlberg üblichen Apfelmus. Außerdem Tafelspitz mit Spinat, Bratkartoffeln und hausgemachten Saucen. Den Platz, der noch bleibt, nutzen wir für den karamellisierter Kaiserschmarren mit Zwetschkenröster. Eine gute Entscheidung.

Alte Mühle

12,5/20

Köchin: Marietta Wild

6867 Schwarzenberg, Dorn 138 • 05512 3780
reservierung@alte-muehle.cc • www.alte-muehle.cc

Do–So 12–13.15 und 18–20.30 Uhr • €€

Klein, aber fein. Wer in der Alten Mühle essen möchte, sollte keinesfalls vergessen zu reservieren, denn das charmante Gasthaus ist stets gut besucht. Mit gerade einmal sechs Tischen ist die heimelige Stube bereits gut gefüllt. Der Vorteil einer kleinen Runde: ein hervorragender und vor allem zuvorkommender Service, ein gemütlich-ruhiges Ambiente sowie Qualität anstelle von Quantität der Speisen. Das Augenmerk richtet sich auf ortstypische Zutaten. Dazu kommen saisonales Gemüse und Kräuter aus eigenem Anbau. Der ehrliche Geschmack wird von der passenden Weinbegleitung von Sommelier Jakob Handler unterstrichen.

Hirschen

15/20

Koch: Jonathan Burger

6867 Schwarzenberg, Hof 14 • 05512 29440
info@hirschenschwarzenberg.at • www.hirschenschwarzenberg.at

Di–Sa 12–17 und 18–20.30 Uhr

„You`ve found an artful place." Das ist das Versprechen des Hirschen im Bregenzerwald. Und es ist spürbar. Vollumfänglich. Ein ehrwürdiges Haus und eine der schönsten Stuben des Landes. Dazu nahezu täglich wechselnde Gerichte. Sehr oft gespickt mit Eigenproduktionen – Shisu, Shoyu, Miso, Fermentiertes. Aber auch Verschiedenes aus dem eigenen Schinkenschatzkeller oder Gemüse vom Kooperationspartner Vetterhof in Lustenau. Das Dreamteam bilden Raphaela Wirrer (Patisserie) und Jonathan Burger (Head Chef). Beide (und ihr Team) sind so tief in der Kochmaterie, dass man hier auf jedem Teller Genuss, Akribie, Nachhaltigkeit, Region und Innovation verspürt. Aber nie geht dieser Einsatz auf Kosten des Geschmacks. Intensive Fischsuppe, Stroganoff, Ochsenschwanzravioli, Ziegennieren oder – ein Must-have – Kässpätzle. Raphaela ist eine begnadete Süßspeisenköchin bei der diese oft gar nicht so süß sind. Der Service ist frisch, jugendlich, ungezwungen. Hier tut sich immer was – eine echte Empfehlung.

Panoramagasthof Kristberg

TIPP

6782 Silbertal im Montafon, Kristbergstraße 47 • 05556 72290, 0664 207 9670
info@kristberg.at • www.kristberg.at
7.45–18 Uhr • ♿ • €

Am Kristberg herrscht eine ganz besondere Atmosphäre. Inmitten der Montafoner Bergwelt kann man im Panoramagasthof mit einem phänomenalen Ausblick und zudem zu köstlichen Gerichten einkehren. Der Betrieb ist von der Bergbahn sowie mittels Wander- und Fahrradweg problemlos zu erreichen. Im Gasthof dreht sich alles um den Genuss von traditioneller Vorarlberger Küche und heimischen Spezialitäten. Ganztags kann hier gespeist werden: vom umfangreichen und auch bei den Einheimischen sehr beliebten Bergfrühstück bis hin zum abendlichen Verwöhnmenü, wo auch eine vegetarische Variante gewählt werden kann. Sämtliche kulinarischen Angebote des Panoramagasthofs bieten regionale Köstlichkeiten wie Sura Käs, Speck, frische Milch und vieles mehr an. Empfehlenswert ist besonders ein Besuch im Sommer, wo man entspannt auf der Sonnenterrasse genießen kann.

Fuxbau

15,5/20

Restaurant & Bar

Koch: Markus Gitterle

6762 Stuben/Arlberg, Dorfstraße 22 • 05582 30188400
servus@restaurant-fuxbau.at • www.restaurant-fuxbau.at

Mi–So 10.30–14.30 und 18–21 Uhr

Ein wenig hat sich natürlich schon verändert, nachdem Tobias Schöpf von Stuben nach Zug an die Rote Wand gewechselt hat. Aber nicht viel. Was gleich geblieben ist, ist die Leidenschaft, mit der in der Küche gearbeitet wird. Fokus auf das, worauf es ankommt, authentisch und klar. Und Markus Gitterle weiß, worauf es ankommt. Zäumen wir das Pferd ausnahmsweise einmal von hinten auf, denn die Desserts im Fuxbau sind eine kleine Sensation. Ohne eine dieser süßen Verführungen sollte man den Bau nicht verlassen. Egal, ob das herrlich filigrane wie intensive Honigdessert oder die gebackenen Mäuse (die wie sardische Seadas mit Bergkäse daherkommen) oder dem „Wunsch der Kaiserin“, einem Schulbeispiel von einem Kaiserschmarren. Aber auch der Rest des Menüs kann sich sehen lassen: Lammbeuschel mit Serviettenknödel, Butterschnitzel vom Wild mit Eierschwammerl. Alles weit über dem Durchschnitt. Große Freude bereitet auch die Taube. Ein perfekt gebratenes Haxerl, wie man es aus Frankreich und dem Burgenland kennt. Feine Weine.

Altes Gericht

14/20

Ambiente Award 2020

6832 Sulz, Taverneweg 1 • 05522 43111
info@altesgericht.at • www.altesgericht.at

Diese Adresse zählt zu den schönsten und besten Feinschmeckerzielen im Alpenrheintal: Sie ist bei den Einheimischen wie auch bei den Nachbarn über der Staatsgrenze – ob der seit Jahrzehnten gebotenen Qualität – gleichermaßen beliebt. Bis zu vier Mitglieder der Betreiberfamilie arbeiten im Betrieb. Der hausgebeizte Label-Rouge-Lachs mit Kresse und Buttermilcharomen ist ein erstes Ausrufezeichen. Consommé von Edelfischen – inklusive Zanderravioli – ist eine Wahl aus der beeindruckenden Suppenauswahl. Das in der meisterlich zubereiteten Kartoffelkruste eingeklemmte Filet vom Wolfsbarsch ist glasig gegart und bildet in Begleitung mit weißem Spargel, Sauce hollandaise und Safranschaum das kulinarische Gipfelkreuz des Menüs. Großartig! Als würdiges Finale erweist sich die gebackene Holunderblüte mit Vanilleschaum und Joghurt-Topfen-Mousse.

Montafoner Hof

15/20

Genießerhotel

Koch: Holger Stösser

6774 Tschagguns, Kreuzgasse 9 • 05556 71000
info@montafonerhof.com • www.montafonerhof.com

Das Genussrefugium der gastronomieverliebten Familie Tschohl funktioniert als Hybrid: auf der einen Straßenseite das mehr als 500 Jahre alte Gasthaus Löwen, vis-à-vis das Hotel Montafoner Hof mit rustikaler Gourmetstube und hervorragender Wildküche. Der langjährige Küchenchef, mittlerweile selbst Jäger, beherrscht natürlich die volle Klaviatur der Geschmäcker. Der Hirschschinken und das geräucherte Safran-Fischsüppchen sind ein mehr als gelungener Menüauftakt. Aufwendig zubereitet und ebenso opulent im Geschmack zeichnet sich das Kalbscarpaccio mit Vielerlei vom Spargel – inklusive gebackenem Spargel – aus. Die Kalbsbriesschöberl-Suppe wird angenehm in Erinnerung bleiben. Und endlich kommt wieder einmal ein Kalbskotelett, schön rosa gegart und von Artischocken begleitet, auf den Tisch. Solche Delikatessen scheinen in der hiesigen Hochküche leider „vom Aussterben bedroht“ zu sein. Ein Festmahl! Das süße Finale ist ein Doppelpack aus verschiedenen Yuzu- und Himbeer-Dessertdelikatessen. Schöne österreichische Weinauswahl.

Schöne Aussicht

12,5/20

Koch: Robert Ritter

6836 Viktorsberg, Klosterweg 7 • 05523 64715
info@gh-schoeneaussicht.at • www.gh-schoeneaussicht.at
Do–Sa 11.30–13.30 und 18–21, So 11.30–13.30 Uhr • €€

Die Zimmer im Gasthof Schöne Aussicht bieten eine herrliche Aussicht über das Alpenrheintal, die Restaurantterrasse sowieso. Nicht minder beglückend ist der Blick auf die Speise- und Weinkarte. Letztere gilt als eine der besten Gasthaus-Weinkarten des Landes – frankophil und sehr fair kalkuliert! Die Suppen des Hauses sind allesamt eine Empfehlung. Das Kartoffelpüree lässt Vergleiche zu bekannten französischen Vorbildern zu, ebenso wie die Braten- beziehungsweise Saucengerichte. Ein Ritter-Klassiker ist das geschmorte Rotwein-Federvieh mit hausgemachten Kroketten. Hier wird das Essen zum Fest. Der sympathische Restaurantservice steht dem um nichts nach.

Bibers ↗

14,5/20

Restaurant & Bar im Berghotel Biberkopf

Koch: Philip Lochmann

6767 Warth, Warth 28 • 05583 41800
office@biberkopf.at • www.biberkopf.at

18–21 Uhr • ♿

Die Walsergemeinde Warth am Arlberg liegt am Anfang des Lechtals und ist nur während des Sommers/Herbsts über Lech am Arlberg erreichbar. Der neue Chef's Table im Berghotel Biberkopf ist aber jedenfalls einen Umweg wert. Das außen unscheinbare Designhotel offenbart erst beim Betreten seine innenarchitektonischen Pretiosen. Mittendrin: der Chef's Table, der für maximal zwölf Gäste ein kulinarisches Spektakel garantiert. Aus vier Amuse- und Zwischengängen und einem acht kleine Gänge umfassenden Hauptteil besteht die Menüfolge, die sich sehen und schmecken lassen kann. Forellentartar mit Sauerklee, Alpenrind-Consommé mit gebranntem Lauchöl und ein Gemüse-Wildkräuter-Tartelette mit Apfel-Gurken-Gelee sind erste Highlights aus der offenen Küche. Auch die Pilzessenz, den mit Buttermilch-Blini servierten Saibling in Alpenkräutertee und Fichtensprossen und das kurz gebratene Wagyu-Rind mit Kerbelwurzel und Beef-Tea-Gelee möchte man gerne öfters aufgetischt bekommen. Super Finale: die Dessertkreation mit Birne, Gerste und dunklem Bier.

© rol.art images

Hirlanda

13/20

6763 Zürs am Arlberg, Zürs 80 • 05583 2262
hotel@hirlanda.at • www.hirlanda.at

Das Hirlanda gehört genauso zu Zürs wie die einladenden Pisten und Hänge rund um den Ort. Hier werden verlässlich gute Küche, eine solide Weinauswahl und freundlicher Service geboten. Die legendäre Mini-Bouillabaisse mit Knoblauchbrot und Sauce Rouille überzeugt genauso wie die Trüffelravioli, Scampi mit Blattspinat oder gebratene Seezunge mit wildem Brokkoli. Besonders beliebt, weil auf den Punkt gebraten, sind Rindsfilets, Lammrücken oder Chateaubriand vom Holzkohlengrill. Ein krönender Abschluss: der Kaiserschmarren mit hausgemachtem Zwetschkenröster.

Tian ↗

15,5/20

im Hotel Edelweiss

6763 Zürs am Arlberg, Zürs 79 • 05583 2662
welcome@edelweiss-arlberg.at • www.edelweiss-arlberg.at

Passend zur traditionell-alpinen Einrichtung in einem der ältesten Hotels von Zürs sind die ersten Küchengrüße des – obligatorischen – „Sharing-Menüs" unter dem Titel „Seinerzeit": Stosuppe, Erdäpfel mit Schnittlauch, confierter Sellerie – Letzterer mit Parmesan verfeinert, dazu knusprige Baunzerln aus Reismehl mit köstlicher Trüffelcreme. Womit Paul Ivić im Wiener Stammhaus begeistert, gelingt auch hier: Bändigung des mitunter strengen Geschmacks herkömmlichen Gemüses, subtile Saucen. Eine Klasse für sich das Tian-Tatar: Rote-Rüben-Basis mit geheim gehaltenen Gemüse- und Fruchtbeigaben. Ideal dazu Christian Tschidas „Birdscape" (auch glasweise). Weitere Highlights: Schwarzkohlrisotto mit Pilzen und Kaffeeöl – eine etwas üppige, aber köstlich-harmonische Angelegenheit. Der ziemlich feste Topinambur mundet dank Begleitung – Spitzkraut und Sonnenblumensauce – bestens, ebenso die Desserts: Schokomousserolle mit Mandarinen und Kokos-Milchreis mit Blutorange und Granatapfel. So geht „plant-based fine dining".

Gault&Millau

präsentiert die Jahrgangstabelle

Jahr	Niederösterr.	Burgenland	Steiermark	Wien	Südtirol	Piemont	Toskana	Bordeaux	Burgund	Rioja
2002	6	7	6	6	4	4	4	4	6	5
2003	5+	7	6	7	5+	6	6	5+	6	5
2004	5+	5+	4+	4	5	6	6	5	5	6
2005	5	4	5	5	4+	5	4+	6	5+	5+
2006	6	7	5+	6	5	5	6	5	5	4+
2007	5	5	5+	5	5	5	6	4	5	4+
2008	4	5	5+	5	4+	5	5	4–6	5	5
2009	7	7	6	6	7	7	7	7	6	6
2010	3–5	4–5	5	4–5	5	5	5	7	4	6
2011	6	6–7	6	6	5	5	5	4–5	4–5	4–5
2012	6	6	6	6	5	6	6	4	6+	5
2013	6	6	6	6	6	5	5	3	5	4
2014	4	4–5	3–4	4	4+	5+	5	5	5	4
2015	7	7	7	6	7	6	6	7	7	6
2016	5	5	4	7	5	6	6	6	4	6
2017	6	7	6	6	5	4	5	4	6	5
2018	6	7	6–7	6	6	7	6–7	6	6+	5+
2019	7	7	7	7	6	6–7	6–7	6	6	6–7
2020	6	6–7	5–6	6	5+	6	7	5+	5–6	6
2021	7	6	6+	6	6	6–7	6–7	5+	5	7
2022	5–6	6+	6	5–6	6	5–6*	6*	7	6*	5–6*

0 = abzulehnen; 1 = schlecht; 2 = klein; 3 = mäßig; 4 = gut; 5 = sehr gut; 6 = erstklassig; 7 = hervorragend

* vorläufige Einschätzung, da valide Verkostungsergebnisse noch fehlen

G

K

L

P

Q

R

S

Seekarhaus 5562 Obertauern 563

1

2

3

4

5

6

9